中国共产党历史（地方卷）集成　社会主义革命和建设时期

中国共产党陕西历史

第二卷（1949—1978）

中共陕西省委党史研究室 著

中共党史出版社

图书在版编目（CIP）数据

中国共产党陕西历史．第二卷，1949—1978/中共陕西省委党史研究室著．--北京：中共党史出版社，2024.1

（中国共产党历史（地方卷）集成．社会主义革命和建设时期）

ISBN 978-7-5098-6414-2

Ⅰ．①中…　Ⅱ．①中…　Ⅲ．①中国共产党—地方组织—党史—陕西—1949—1978　Ⅳ．①D235.41

中国国家版本馆CIP数据核字（2023）第203996号

书　　名：**中国共产党陕西历史　第二卷（1949—1978）**
作　　者：中共陕西省委党史研究室

出版发行：中共党史出版社
责任编辑：李亚平
责任校对：申宁
责任印制：段文超
社　　址：北京市海淀区芙蓉里南街6号院1号楼　**邮编**：100080
网　　址：www.dscbs.com
经　　销：新华书店
印　　刷：北京汇林印务有限公司
开　　本：710mm×1000mm　1/16
字　　数：520千字
印　　张：34.25　18面插页
版　　次：2024年1月第1版
印　　次：2024年1月第1次印刷
书　　号：ISBN 978-7-5098-6414-2
定　　价：86.00元

此书如有印装质量问题，请联系中共党史出版社读者服务部　电话：010-83072535

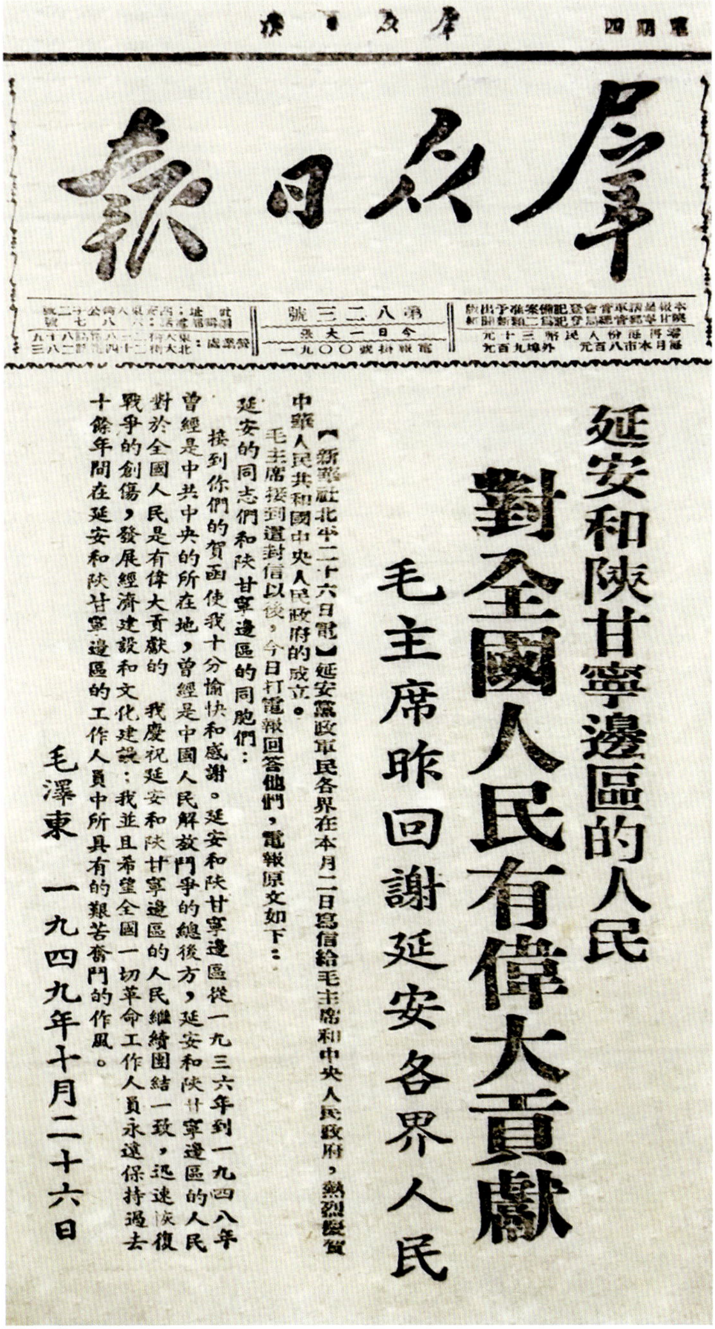

群眾日報　星期四

第八二三號　今日一大張

延安和陝甘寧邊區的人民
對全國人民有偉大貢獻
毛主席昨回謝延安各界人民

【新華社北平二十六日電】延安黨政軍民各界在本月二日寫信給毛主席和中央人民政府，熱烈慶賀中華人民共和國中央人民政府的成立。

毛主席接到這封信以後，今日打電報回答他們，電報原文如下：

延安的同志們和陝甘寧邊區的同胞們：

接到你們的賀函使我十分愉快和感謝。延安和陝甘寧邊區從一九三六年到一九四八年曾經是中共中央的所在地，曾經是中國人民解放鬥爭的總後方，延安和陝甘寧邊區的人民對於全國人民是有偉大貢獻的。我慶祝延安和陝甘寧邊區的人民繼續團結一致，迅速恢復戰爭的創傷，發展經濟建設和文化建設；我並且希望全國一切革命工作人員永遠保持過去十餘年間在延安和陝甘寧邊區的工作人員中所具有的艱苦奮鬥的作風。

毛澤東

一九四九年十月二十六日

1949 年 10 月 27 日，《群众日报》刊登毛泽东给延安和陕甘宁边区人民的“复电”。

1950年1月19日，西北军政委员会成立。图为西北军政委员会主席、副主席和委员合影。

1950年7月20日至31日，中国共产党陕西省第一届代表会议在西北大学召开。

1950 年 9 月，西北军政委员会检察署等单位在革命公园广场召开焚毁没收烟毒大会。

1951 年，延安盲艺人韩起祥在宝塔山下说书宣传抗美援朝。

1951 年，咸阳专区干部向群众宣传《婚姻法》。

1951 年 12 月，西安合营企业职工在“三反”运动中介绍自己的思想变化情况。

1952年5月17日,西北地区最大的新型纺织厂——国营西北第一棉纺织厂在咸阳举行开工典礼。

1952年,陕南新解放区土改结束。图为南郑专区西乡县农民分到土地证后,一家人高兴地聚在一起观看。

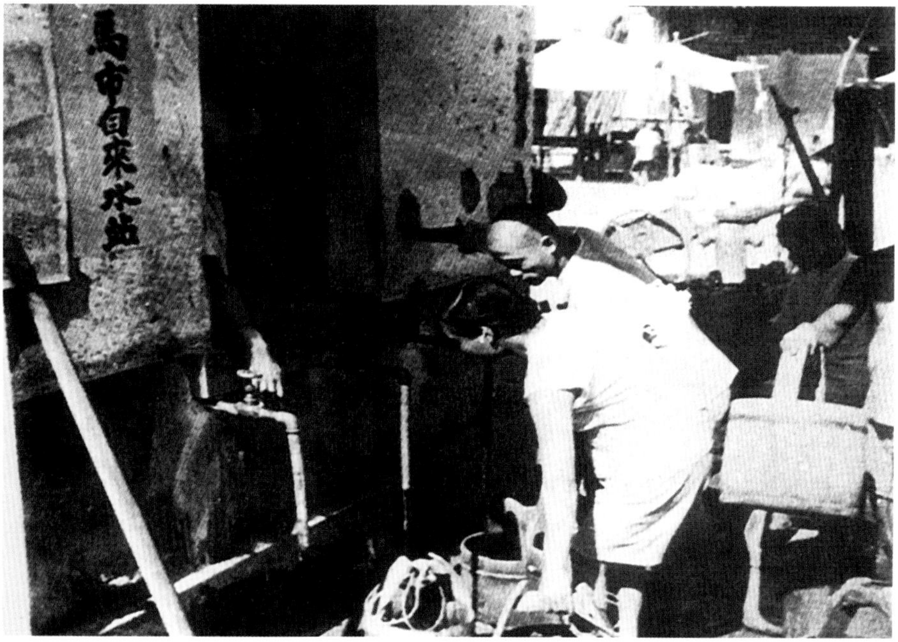

1952年10月，西北地区第一个自来水厂——西安市自来水厂建成并开始供水。图为居民到自来水站取水的情景。

1953年10月，西北地区第一座现代化火力发电厂——西安第二发电厂（即灞桥热电厂）建成。

1953 年 10 月，兴平县张明亮初级农业生产合作社成立。

1954 年 7 月 21 日至 31 日，中国共产党陕西省第一次代表大会在西北局党校召开。图为中国共产党陕西省第一届委员会全体委员合影。

1954 年 8 月 5 日至 12 日，陕西省第一届人民代表大会第一次会议在西安群众礼堂举行。图为本次会议代表在签名时的情景。

1956 年 1 月 15 日，西安市各界 10 多万人庆祝私营工商业、手工业全行业公私合营和合作化的胜利完成。

1956 年 3 月 1 日至 11 日，陕西、甘肃、山西、内蒙古、河南五省（自治区）青年造林大会在延安召开。图为参加这次造林大会的青年代表在举行联欢活动。

“一五”计划和三线建设时期，上海、北京等地一大批干部、工人和知识分子西迁，支援陕西建设。图为 1956 年 9 月，交通大学西安部分举行开学典礼。

1956 年,农学家赵洪璋在田间检查小麦长势情况。

1957 年 7 月,西北地区第一座产能最大、装备最好的现代化煤矿竖井——铜川三里洞煤矿建成投产。

20 世纪 50 年代，著名作家柳青（前排左一）到长安县皇甫村定居体验生活，创作反映农业合作化的长篇小说《创业史》。图为柳青与皇甫村村民在一起交流。

20 世纪 50 年代，全国农业劳动模范张秋香传授棉花作物种植技术。

20 世纪 60 年代初,西北国棉一厂职工赵梦桃(前排左二)与小组成员交流纺纱技术。

1967 年,略阳钢铁厂生产车间一角。

1968年5月1日，陕西省革命委员会、西安市革命委员会同时成立。图为西安群众上街游行庆祝。

1969年1月，延安人民欢迎插队落户的北京知识青年。

20 世纪 70 年代初，修建冯家山水库的场景。

1970 年 10 月，陕西第一座大型水电工程——石泉水电站动工修建。

1975年3月至5月，筹建中的陕西省革命委员会测绘局大地测量队（即国测一大队）8名队员参加珠穆朗玛峰登山队测量分队，成功实现了中国人对珠穆朗玛峰的首次精确测量。

1975年7月1日，宝成铁路全线完成电气化改造并通车，成为中国第一条电气化铁路。

1976 年 10 月,陕西各界在西安举行庆祝粉碎“四人帮”大会。

1974 年,榆林补浪河公社成立长城姑娘治沙连。图为 1977 年秋,治沙连的女民兵们向沙漠进军。

1977 年,高考制度恢复。图为恢复高考后西北大学招收的首批学生学习党的十一届三中全会精神。

1978 年,关闭多年的集市贸易逐渐恢复。

1978 年,陕西理论界开展实践是检验真理唯一标准问题讨论。

1978 年,全省向科学技术现代化进军的群众运动蓬勃发展。图为西安交通大学学生在图书馆发奋学习。

第二卷

目 录

第一编
实现向社会主义的过渡

（1949年10月—1956年9月）

第二编
在曲折探索中建设社会主义

（1956年9月—1966年5月）

第三编
“文化大革命”十年内乱

（1966年5月—1976年10月）

第 四 编
在徘徊前进中实现伟大转折
（1976 年 10 月—1978 年 12 月）

第　一　编

实现向社会主义的过渡

（1949年10月—1956年9月）

从1949年10月到1952年底，在中国共产党的领导下，陕西各级党组织带领人民群众学习贯彻毛泽东“复电”精神，建立并为巩固各级人民民主政权而斗争，全面接管城市，召开中国共产党陕西省第一次代表会议，肃清陕西境内国民党残余武装力量，开展镇压反革命运动和抗美援朝运动。同时，没收官僚资本归国家所有，建立国营经济，完成新解放区的土地改革和各项民主改革，恢复国民经济，为开展有计划的经济建设和社会主义改造准备了条件。

1953年中共中央提出党在过渡时期总路线后，中共陕西省委认真学习宣传贯彻社会主义工业化和社会主义改造并举的方针，制定和实施发展国民经济的第一个五年计划，学习宣传贯彻《中华人民共和国宪法》，推动全省教育科学文化等事业发展，开展“一五”计划的工业建设，基本完成农业、手工业和资本主义工商业的社会主义改造任务。1956年，社会主义基本制度在全省的确立，实现了陕西历史上最深刻的社会变革。

第一章
建立和巩固人民政权

1949年10月1日，中华人民共和国中央人民政府在北京宣告成立。2日，西安各界群众冒雨集会游行庆祝。当日，延安各界群众集会庆祝，并向中央人民政府主席毛泽东发出致敬电。26日，毛泽东复电致谢延安和陕甘宁边区群众。在学习贯彻“复电”精神中，陕西各级党组织领导全省人民建立各级人民民主政权，完成城市接管和社会改造，开展剿匪反霸、镇压反革命和抗美援朝运动，稳定社会秩序，医治战争创伤，以高昂的热情努力创造新生活。

一、贯彻“复电”精神与建立各级党组织

学习贯彻毛泽东“复电”精神

1949年9月21日至30日，中国人民政治协商会议第一届全体会议在北平（今北京）召开。22日，中共中央西北局[①]向中国人民政治协

---

① 中共中央西北局是中共中央在西北地区的代表机关，1941年5月13日在延安成立。1949年5月底至6月初，西北局机关陆续迁入西安。6月西北局改组，彭德怀、贺龙、习仲勋分别担任第一书记、第二书记、第三书记，领导陕西、甘肃、宁夏、青海、新疆和西安市等5省1市。新中国成立前夕，陕西省境内的中共西安市委、陕北区党委、陕南区党委和大荔、渭南、三原、咸阳、彬县、宝鸡6个地委直属西北局领导。

商会议发出贺电:“对于瞩望已久的集中了中国人民百余年来革命斗争成果的中国人民政协的胜利揭幕,谨致热烈的祝贺。我们西北军民当更加速地完成西北与全中国的解放,努力建设人民的新西北,以迎接会议的成功,庆祝人民民主的诞生。”[①]29 日,陕北区工会、陕北区民主妇联临时委员会、新民主主义青年团陕北区委和中华全国新闻工作者协会陕北分会代表陕北老区人民致电毛泽东,祝贺中国人民政治协商会议胜利召开。陕北区党委、陕北区行政公署(以下简称“陕北行署”)和西北军区、第一野战军、陕北军区也先后致电祝贺。

1949 年 10 月 1 日,中华人民共和国中央人民政府成立。2 日,西安各界 20 万群众在革命公园集会共同庆祝中央人民政府成立,西北局第三书记习仲勋发表了题为《建设新中国,争取世界和平,团结在毛主席的旗帜下前进》的演讲,指出我们从来未曾有过这样可以骄傲的日子,我们中国人民受尽了苦难折磨,终于站起来了。陕甘宁边区政府[②]代主席刘景范、西安市[③]市长贾拓夫先后发表演说。会后,20 万群众游行庆祝。

同日,陕甘宁边区政府及西安市各机关、各团体纷纷致电中央人民政府和中央人民政府主席毛泽东,庆贺中央人民政府成立。陕甘宁边区政府代主席刘景范、副主席杨明轩和贾拓夫及西安市各界代表会议等向毛泽东主席、朱德副主席等发出贺电。

10 月 2 日,延安群众万余人在南关大操场集会庆祝,大会向毛泽东和中央人民政府发出贺电,表示中央人民政府的成立标志着中国历史的新纪元,也标志着中华民族从此走向独立、民主、和平、统一、富强的康庄大道,这是中国有史以来真正的人民政府,延安各界人民誓在中央人民政府领导下,为建设陕北而奋斗。

---

① 《群众日报》1949 年 9 月 22 日。

② 1937 年 7 月全面抗战爆发后,国共两党开始第二次合作。根据两党协议,9 月 20 日陕甘宁边区政府在延安宣告成立。1950 年 1 月西北军政委员会成立,陕甘宁边区建制撤销。

③ 1949 年 5 月 20 日西安市解放,隶属陕甘宁边区管理,1950 年 1 月改由西北军政委员会(1953 年 1 月西北军政委员会改为西北行政委员会)领导,1953 年 3 月成为全国 12 个中央直辖市之一,1954 年 8 月改为陕西省辖市。

10月26日，毛泽东复电延安和陕甘宁边区人民："接到你们的贺函，使我十分愉快和感谢。延安和陕甘宁边区，从一九三六年到一九四八年，曾经是中共中央的所在地，曾经是中国人民解放斗争的总后方。延安和陕甘宁边区的人民对于全国人民是有伟大贡献的。我庆祝延安和陕甘宁边区的人民继续团结一致，迅速恢复战争的创伤，发展经济建设和文化建设。我并且希望，全国一切革命工作人员永远保持过去十余年间在延安和陕甘宁边区的工作人员中所具有的艰苦奋斗的作风。"①

27日，《群众日报》头版刊发"复电"全文。陕北老区的干部群众掀起学习贯彻"复电"热潮，延安在城内张贴散发"复电"传单。11月2日，陕北行署和延安县委作出三项决议：一是将"复电"作为各级干部学习的重要文件之一；二是将"复电"作为各地开展冬学②的教材；三是各地领导机关联系检查每个干部的思想作风，发扬过去十余年艰苦奋斗的作风，克服与纠正某些干部中出现的太平、享乐观点。延安县委还到农村大量分发"复电"抄印件，要求干部带领广大群众开展学习贯彻活动。

11月3日，陕北区党委、陕北行署、陕北军区领导分别发表讲话，号召全区工作人员和人民群众用实际行动学习贯彻"复电"精神。陕北区党委书记李合邦指出：毛主席直接给我们指示，说明他对工作生活达十余年的延安和边区人民的深厚关怀和极高期望，同时也说明延安和陕甘宁边区今后工作任务的繁重，需要更迅速地加强。陕北区党委和陕北行署联合作出《关于深入学习复电的决定》，要求各地委、县委、延安党政军民各界认真深入地学习"复电"，各级干部要根据"复电"精神检查工作和思想作风，把"复电"精神贯彻到陕北的每一个地方，把老区恢复得更好，建设得更好。

11月4日，《群众日报》在《遵循毛主席的指示进一步建设陕北》的社论中指出，毛泽东主席给延安和陕甘宁边区人民的"复电"，是陕北人民生活中一件最荣幸也是最具有教育意义的大事。陕北老区的人民虽

① 《毛泽东文集》第6卷，中央文献出版社1999年版，第17页。

② 冬学，指抗日战争时期中国共产党在各敌后抗日根据地农村进行的一种群众教育形式，主要利用冬闲时间组织农民学习政治和文化，后来有些冬学机构保留下来成为常年民校。

然作出了一定的贡献和牺牲，但在新的形势下要克服自身存在的缺点和不足，继续坚持和发扬艰苦奋斗和对党忠诚的优良传统及作风，认真学习“复电”，深入贯彻“复电”精神，把电文的精神作为今后努力的方向。当天，延安县委 60 多名县级机关干部分赴各区乡宣传“复电”精神。全县人民表示坚决发扬艰苦奋斗的作风，克服一切困难，使 1950 年底全县生产恢复到胡宗南部队进攻延安前的水平。陕甘宁边区劳动英雄杨步浩提出与其他先进人物开展生产竞赛，以发展生产的实际行动来感谢毛主席的关怀和厚爱。

榆林分区召开各种形式的讨论会和座谈会，大家一致表示要继续保持多年来的艰苦奋斗作风，恢复战争创伤，完成各种建设。榆林地委书记朱侠夫要求：榆林要以最大努力保持艰苦奋斗的作风，大力组织全区群众，迅速剿灭残匪，肃清特务和一切隐蔽的反动分子，消灭封建残余势力，逐步地有计划地完成各种建设事业。他还特别强调，新参加革命的同志更应学习艰苦奋斗的作风，改造并提高思想，忠心耿耿为人民服务。

11 月 18 日，延安各界人民代表会议决定，动员全区人民，遵照毛泽东“复电”精神，搞好冬季生产工作，打好 1950 年大生产运动的基础。延安干部群众发扬延安时期艰苦奋斗的优良作风，大力开展增产节约运动和大生产运动。在土地改革（简称“土改”）的基础上，开展对土地的登记、评产和调剂等工作，解决部分缺地少地农户地不够种的困难。在原有互相变工①、扎工②的基础上，引导农民建立各种形式的生产互助组织，解决农业生产中劳动力和畜力不足的突出矛盾，促使粮食总产量不断提高。

1950 年 1 月，中共陕西省委、陕西省人民政府成立后，要求全省认真学习“复电”，继续发扬艰苦奋斗的精神。1952 年 7 月 25 日，省政府

---

① 变工，又称换工，是农民之间调剂劳畜力的一种方法。参加变工的农民，各以自己的劳力或畜力轮流为参加变工的各家农户耕种、锄草、收割，结算时以一工抵一工，多出了人工或畜工的户由少出了的户还工或付出报酬。

② 扎工，是中国农村旧有的一种劳动互助形式。一般由若干土地不足的贫苦农民结合在一起，集体出雇，为别人耕种，取得报酬。比变工人数多、劳力强，适于进行季节性强、费工较多的开荒、抢种、抢收等农活。

在《陕西省老根据地1952年下半年与1953年建设计划纲要(草案)》中明确要求,全省继续“发扬革命传统、争取更大光荣”,“以艰苦奋斗的精神开展老根据地的经济建设和文化建设”。全省党员干部和群众以“复电”中提倡的艰苦奋斗精神积极医治战争创伤,努力恢复国民经济。

中共陕西省委成立后面临的形势与任务

1949年5月20日,西安解放。5月底至6月初,西北局机关由延安陆续迁至西安,着手组建陕西省委。1950年1月6日,中央批准中国共产党陕西省委员会成立。陕西省委由17名委员组成①,书记马明方,第一副书记张邦英,第二副书记李合邦,隶属西北局领导。下辖陕北区党委(辖榆林、绥德、黄龙3个地委、定边中心县委和7个直属县委)、陕南区党委(辖商洛、安康、汉中3个地委和南郑市委)和大荔、渭南、三原、咸阳、彬县、宝鸡6个地委。省委设办公厅、组织部、宣传部、统战部、纪律检查委员会、政策研究室、职工运动委员会、青年工作委员会、妇女工作委员会、省级直属机关党委、省党校、陕西日报社等12个工作部门。2月18日,省委机关在西安市五岳庙街公字2号(今五岳庙门125号)正式办公。

省委成立后,陕西省人民政府1月10日宣告成立。随着省委、省政府的成立,陕西社会秩序开始逐步稳定,人民生活逐步安定。但是,由于国民党长期反动统治的破坏、抢掠和连年战争,刚刚获得解放的陕西还存在很多困难,党组织和新生的人民民主政权面临严峻考验。

在社会秩序方面,敌特匪患猖獗,城乡治安很不稳定。1950年1月陕西全境解放后,在秦岭、大巴山、麟游山区、黄龙山区以及榆林漠北地区还有国民党残余部队、土匪、反动地方武装等3万余人。在城市,大量国民党潜伏特务、地痞、流氓和散兵游勇混迹其中,伺机作乱;在农村,残余兵匪和反动武装与潜伏特务互相勾结,为害一方。他们散布谣言,蛊惑人心,私藏枪支,抗交公粮,勒索民财,强奸妇女,残杀干部群众,同新

① 1950年2月23日,西北局报请中央同意,对陕西省委进行调整,调整后的省委由18名委员组成。

生的人民政权对抗，严重危及人民生命财产安全和社会秩序稳定。

在经济发展方面，国民经济遭受重创，工农业生产陷入困境。由于连年战争，1949 年全省工农业总产值仅有 10.85 亿元[①]，国民收入总额 7.83 亿元。全省只有少量私人陶瓷、玻璃、酿酒、印刷、肥皂、卷烟和手工造纸的小作坊。加之，城乡流通不畅，物资奇缺，投机资本家囤积居奇，哄抬物价，导致市场混乱，人心惶惶。长期的恶性通货膨胀造成物价飞涨，金融秩序混乱，给国民经济恢复带来极大困难。

在人民生活方面，民生所需严重匮乏，群众生活极度困难。1949 年秋至 1950 年春，关中、陕南、陕北很多地县出现水、旱、虫、冰雹等自然灾害，农业大面积减产歉收，全省 70 多万人受灾，216 万多人缺粮。“澄、蒲、朝[②]三县在新年前后的十余天之中，因生活无着，债务无法清理，倒贩生意亏本等原因，先后发生自杀命案 10 起，发生群众公开结伙到有粮户家中抢粮、硬借粮现象数起”，“在蒲城贾曲区四乡约有 10% 的人家已无粮，焦家村 17 户中有 3 户无粮”[③]。不少地区学生退学，商铺关门，厂矿停业，有的地区甚至出现卖家具、宰杀耕牛、“吃大户”[④]等现象[⑤]。

这些复杂形势和困难局面，迫切要求陕西各级党组织团结和依靠全省人民迅速医治战争创伤，尽快恢复工农业生产，稳定政治经济社会秩序，巩固新生人民政权，并逐步发展各项社会事业。

召开中共陕西省第一次代表会议

为了尽快恢复和发展生产，争取国家财政经济状况基本好转，1950 年 6 月，党的七届三中全会召开，毛泽东在《为争取国家财政经济状况的基本好转而斗争》的报告中提出党现阶段的主要任务是完成土改、合

① 1955 年 2 月 21 日，国务院颁布《关于发行新的人民币和收回现行的人民币的命令》，宣布自 3 月 1 日起发行中国人民银行新人民币，以新币 1 元等于旧币 1 万元的折合比率回收旧人民币。本书所用人民币单位一律为新币。

② “朝”，即朝邑县，旧县名，1958 年因修建三门峡水库被撤销，并入今大荔县，改为朝邑镇。

③ 《关于大荔分区粮荒情况及生产自救问题给彭、习、马书记的报告信》，1950 年 2 月 6 日。

④ “吃大户”，指在旧社会遇到荒年，受灾农民难以生存，相互团结在一起到地主富豪家吃饭或夺取粮食。它是农民一种自发的斗争形式。

⑤ 《陕西省人民政府救灾的指示》，1950 年 2 月 24 日。

理调整现有工商业和大量节减国家机构所需经费，明确了旧文化教育事业改革、救济失业人员和灾民、召开各界人民代表会议、剿匪反霸、巩固和加强党的组织等工作策略方针，围绕恢复和发展生产这个中心，解决面临的困难，开展许多紧迫的工作。

为贯彻落实党的七届三中全会精神，1950 年 7 月 20 日至 31 日，中国共产党陕西省第一次代表会议在西安召开，89 名代表出席，代表全省 64861 名党员。张凤翙、韩兆鹗等 20 名党外人士应邀参加，关中各县和省级各机关科级以上干部 128 人列席，省级机关党员干部及土改训练班 200 名学员旁听大会的主要报告。

会上，西北局第二书记习仲勋传达党的七届三中全会精神，省委书记马明方作《关于陕西省土地改革和目前一般工作任务的报告》。报告从六个方面总结部署工作，分别是陕西当前的任务、关中全部地区和榆林部分地区完成土改、陕南和商洛地区开展减租反恶霸群众运动、陕北老解放区[①]继续以生产为中心任务、改进财政经济工作和巩固社会治安、提高干部素质加强干部团结。张邦英、李景膺、杨得志、马定邦、刘子义分别作关于陕南、陕北、军事、整风、公安工作的报告。会议决定 1950 年秋收后至 1951 年春耕前，在关中 41 县（市）约 670 万人口的地区和榆林专区长城以内汉族居住区约 7 万人口的地区进行土改；在汉中、安康、商洛等 430 多万人口的地区开展减租、反霸、剿匪、治安等工作；在陕北的绥德、延安一带（约有 110 多万人口）继续恢复与发展生产，活跃农村经济，医治战争创伤；在黄龙、三边（安边、靖边、定边）、神府一带（约 50 多万人口）完成评产和颁发土地证。会议要求认真整顿党员干部思想作风，开展批评与自我批评，反对官僚主义和命令主义，加强与人民的紧密联系，完成党的中心工作。会议选举马明方、张邦英、李合邦、杨得志、李志民、白治民、崔田夫、吴岱峰、杨伯伦、刘文蔚、时逸之、甘一飞、刘金轩、陈先瑞、李耀、李景膺、白清江、吕剑人等 18 人为省委委员。

与会代表围绕学习贯彻党的七届三中全会精神、落实马明方所作的

---

① 解放战争时期陕西省原属于陕甘宁边区的陕北 21 个县，被称为老解放区。1948 年黄龙、宜君、宜川、洛川、黄陵等 5 个县相继解放，被称之为半老解放区。省内其他解放较晚的地区，在全省解放后被称为新解放区。

工作报告以及土改和整顿党的作风等工作部署充分讨论,积极发言。各地代表联系实际开展自我批评,并对省级单位和基层工作中存在的问题提出批评和改进建议。列席会议的党外人士对受邀参会感到高兴,认为这是对他们的信任和关怀,也踊跃发表意见和看法。

这次会议检查和总结了省委成立以来领导全省人民接管城市,建立人民政权、地方基层党组织以及开展减租反霸,生产救灾和土改等工作,提出了开展土改、恢复生产、发展经济、巩固和建设人民政权以及加强党的建设等具体政策和工作方针。会议统一了全省党员干部思想,明确了主要目标任务,部署了重点工作,为做好陕西民主建政工作奠定了良好基础。

建立地方各级党组织

1949 年 5 月 20 日,西安解放当天,西北局宣布成立中国共产党西安市委员会①,书记贾拓夫、副书记赵伯平,常委 6 名、委员 18 名。市委设组织部、宣传部、统战部、社会部、职工工作委员会、青年工作委员会、妇女工作委员会、干部训练班等 8 个工作部门。市委机关先驻西华门,后迁新民街。市委成立后的首要任务,是领导建立西安市地方各级党组织及各机关和部分工厂、企业、学校的党组织。5 月 26 日,市委召开第一次会议,在旧中国区公所建制的基础上建立 12 个区中共临时委员会②。同年 11 月,经调整充实后改为正式区委。

1949 年 5 月 5 日,陕北区党委成立,机关驻延安王家坪,书记李合邦,委员 13 名。区党委设组织部、宣传部、社会部、秘书处和职工工作委员会、青年工作委员会、妇女工作委员会等工作部门,隶属西北局领导。1950 年 1 月,陕北区党委划归新成立的陕西省委领导,下辖绥德、榆林、黄龙 3 个地委以及定边中心县委和延安、延长、延川、子长、志丹、安塞、甘泉 7 个直属县委。4 月 23 日,西北局撤销陕北区党委,黄龙地委随

① 中共西安市委员会,1949 年 5 月至 1954 年 8 月由中共中央西北局领导,1954 年 8 月 25 日后由中共陕西省委领导。

② 指中共西安市第一区至第十二区临时委员会,每个临时区委设书记 1 人,委员 3 人至 6 人。

之撤销。绥德地委、榆林地委和5月1日新成立的延安地委直属省委领导。

陕南区党委1948年6月在郧阳县[①]成立，隶属中原局领导，书记汪锋。下设秘书、组织、宣传、总务、地方工作5个科，辖中共陕南区第二地委（豫陕鄂边区原第二地委）、第四地委（豫陕鄂边区原第四地委）。1949年1月5日，陕南区第二地委改称商洛地委，陕南区第四地委改称两郧地委。5月12日，安康地委在郧阳县成立，隶属陕南区党委领导。6月，中共中央电令，原属中原局领导的陕南区党委改由西北局领导。7月，汉中地委在宝鸡县黄家崖成立。12月，陕南地区基本解放，汉中地委机关迁到城固县城。同时，陕南区党委机关由郧阳县迁到南郑市。此时，陕南区党委共辖商洛、两郧、安康、汉中4个地委和南郑市委。1950年1月，陕南区党委隶属陕西省委领导。

1949年3月，西北局和陕甘宁边区政府决定，东府地委更名为大荔地委，书记刘文蔚，机关驻大荔县城，下辖大荔、韩城、合阳、澄城、白水、蒲城、朝邑、平民[②]等8个县委，隶属西北局领导。4月，关中地委改称三原地委，隶属西北局领导，书记白治民。机关驻地先在旬邑县马栏镇，后迁至三原县城，下辖三原、泾阳、同官（今铜川市王益区）、耀县、富平、淳化和高陵等7个县委。5月，西府分区划分为彬县分区和宝鸡分区，分别成立彬县地委和宝鸡地委，均隶属西北局领导。彬县地委下辖彬县、长武、永寿、乾县、麟游、礼泉和旬邑等7个县委，地委机关驻彬县城内南大街，书记杨伯伦。宝鸡地委下辖宝鸡市委及宝鸡、凤翔、岐山、扶风、眉县、陇县、千阳、凤县8个县委，地委机关驻宝鸡市区，书记吕剑人。当月，咸长地委改为咸阳地委，书记张中，机关驻咸阳县城，下辖咸阳、长安、兴平、武功、周至、户县等6个县委。渭华地委更名为渭南地委，书记白清江，机关驻渭南县城，下辖蓝田、临潼、渭南、华县、华阴、潼关等6个县委。1950年1月，大荔地委、三原地委、彬县地委、宝鸡地委、咸阳地委、渭南地委等6个地委划归陕西省委领导。

---

① 1949年5月设两郧专区，由陕南行署领导。两郧专区行署驻郧阳县，辖郧阳县、均县、房县、竹山、竹溪、郧西6县。1950年3月，两郧专区划归湖北省，改为郧阳专区，郧阳县改为郧县。

② 平民，旧县名，1950年建制撤销并入朝邑县。

1950年4月，根据中央统一国家财政、施行整编的精神，西北局决定撤销陕北区党委及黄龙地委，5月成立延安地委，并将大荔、渭南、三原、咸阳、彬县、宝鸡等6个地委合并重新划分为渭南、咸阳、宝鸡3个地委。原咸阳地委所辖长安县委改由省委直辖。当月，西北局报经中央批准，组成新的陕南区党委，第一书记张邦英，第二书记汪锋。同时，商洛地委划归陕西省委领导，两郧地委划归湖北省委领导，原汉中地委所辖11个县委归陕南区党委领导。同年6月，凤县县委划归陕南区党委领导。1951年2月24日，经省委批准，撤销陕南区党委，成立南郑地委。南郑地委直属省委领导，下辖原属陕南区党委的12个县委和南郑市委。此时，安康地委也直属陕西省委领导。1953年1月，省委决定撤销咸阳地委，地委所辖14个县（市）委中的4个县（市）委（咸阳县、户县、铜川县、咸阳市）由省委直辖，其余各县分别划归宝鸡地委和渭南地委。12月，南郑地委更名为汉中地委。

到1953年底，陕西省委共辖榆林、绥德、延安、宝鸡、渭南、汉中、安康、商洛等8个地委和98个县（市）委，全省共有党支部6797个、党员114590名。

各级党组织的建立，使全省工作有了坚强的领导力量和组织核心，为动员和组织广大党员干部群众积极贯彻落实党的路线方针政策、稳定社会秩序、恢复国民经济、发展各项事业，提供了有力的政治保障和组织保障。

二、接管城市和建立各级人民政权

全面接管城市

按照中央和西北局的部署，省委、省政府有序接管城市，建立各级人民政权，并召开各级人民代表会议，在全省城市建立起新的人民政权，使人民当家作主成为看得见、能感受的实实在在的革命成果。

1949年5月西安解放前夕，西北局研究部署城市接管工作，提出了“各按系统、自上而下、原封不动、先接后分”的接收原则，要求各城市按旧系统原封不动接收后再行分配。首先，清点接收武器、弹药、机器、设备、档案、卷宗等资产；其次，整理人事，保持旧有机构和旧有人员按原职上班，负责保管所有档案、设备等，开列清册，办理点交，再由接管人员有秩序地完整接收。接收后，旧的机关立即宣布解散，新的国家机关立即进入工作。对于工矿、铁路、公路、民航、邮电等机构，则保持组织、人员、制度、待遇等暂时不变，一律照旧。再派军事代表监督和领导其继续生产，防止怠工或破坏。

省委、省政府成立后，建立党领导下的人民当家作主的各级新政权。全省共接管城市 13 个（包括解放区专员公署所在地），即榆林、洛川、大荔、渭南、三原、彬县、咸阳、宝鸡、南郑（今汉中市）、安康、商县（今商洛市商州区）、同官和西安市。接管城市主要采取三种形式：一是由人民解放军军事管制委员会（以下简称“军管会”）接管，如西安、榆林、同官、三原、宝鸡、南郑、安康等。二是由县人民政府接管，如洛川、大荔、渭南、咸阳、彬县等。三是由城市工作委员会和城防司令部接管，如商县。

1949 年 5 月 18 日，咸阳解放。20 日，西安解放。24 日，西安市军管会成立，主任贺龙，副主任贾拓夫、赵寿山、甘泗淇。6 月 1 日，榆林和平解放，次日榆林军管会成立，主任曹力如，副主任吴岱峰、朱侠夫、张博学。7 月 12 日，商县县城解放，16 日，商县城市工作委员会和城防司令部成立，主任王杰，副主任吕明皓。7 月 14 日，宝鸡市解放，16 日，宝鸡市军管会成立，主任张毅忱，副主任吴生秀、陈国栋。11 月 27 日，安康市解放，次日安康军管会成立，主任刘金轩，副主任唐方雷。12 月 6 日，南郑解放，8 日，南郑市军管会发布成立布告，主任陈先瑞，副主任张涛、刘国声。各地相继成立的军管会具体负责该市的接管工作。

6 月 1 日，西北局印发《关于入城注意事项的规定》，要求人民军队保护城市人民生命财产安全，保护一切公共和私人的工厂、矿井、银行、商店、铁路、车辆、邮政、电灯、电报、医院、学校、图书馆、广播电台等和名胜古迹，以及一切建筑物、公共场所、公共设备，严防被破坏。在城市接管中，对于旧的反动政治机构，即各级政府机关、保甲、军队、警察、法庭以及反动党派等组织予以彻底粉碎，代之以人民的政治机构；对其设备则保护和保存并接收过来，对其人员除首恶分子、破坏分子给予惩办外，对一般旧的政府公职人员不一律排斥，经过必要的改造后予以酌情使用。对旧统治阶级的文化教育组织制度进行改造，使之适合人民的需要，禁止使用内容反动的课程教材，对其中的反动特务分子一律撤换，对文化教育机关予以保护。对工矿、银行、邮电、铁路、医院等，原封不动保存其机构和设备加以使用。对接收官僚资本的各项制度，则给予逐步合理改革，使之更适应人民政权需要，能够为新生的政权和经济发展服务。

在城市接管初期，各地党组织积极发动群众，组织开展了大量宣传工作，使党的城市政策深入人心。同时，从工人、职员、学生和其他劳动人民中选拔优秀分子，参与城市管理和建设，协助接收国家财产，为恢复城市秩序积极工作。西安市军管会有计划地开办轮训队和纠察队，培养积极分子，并提出“恢复生产、恢复业务”的口号，得到了工人的热烈拥护。铁路工人提出“修桥通车”，电厂提出“修炉供电”，大华纱厂提出“抢修原动部”等口号。经过工人们的积极工作，潼关到西安段的铁路桥梁 20 天修通，电厂两天后恢复部分供电，大华纱厂 20 天复工，提前 10 天使 3 万锭子转动起来。宝鸡市军管会和市政府先后召开全市群众大会和工商界人士座谈会，宣传党的工商业政策，组织工厂恢复生产，帮助商店恢复营业，还大力开展支援前线工作，组织动员支前民工 316 万人，调用牲口 8400 头，调运小麦 34 万斤。汉中分区针对接管干部不熟悉情况的突出问题，充分发动和组织群众，协助军管会开展相关工作。

到 1949 年 6 月底，西安市完成接管工作，共接管国民党政府的旧军事、旧行政、旧文化等系统大小 56 个单位，连同 12 个区政府接收的 12 个区公所共 68 个单位。根据中央和西北局指示，7 月 13 日、23 日，西安市委、西安市军管会和西安市政府分别成立西安市各界代表会，作为市军管会和市政府在军事管制时期传达政策、联系群众的协议机关。7 月 28 日，西安市军管会和西安市政府召开西安市各界代表会第一次会议，西安人民开始行使当家作主的权利。至 11 月，西安市各界代表会共举行三次会议，在协助市军管会和市政府支援前线、安定社会秩序、稳定金融、恢复生产、协调劳资关系、发展文教事业以及扩大统一战线、密切党和政府与人民群众的联系、促进全市人民团结等方面，都发挥了重要作用。

8月上旬，榆林市完成接管工作，共接管旧军事、旧行政等6个系统大小50多个单位，旧职人员602人。9月，宝鸡市完成接管工作，全面接管旧政权的金融、工商、财政、建设和交通等53个单位。10月，商县完成各级接管工作，在全县建立9个区级政权和131个村级政权。12月，汉中市接管旧政权78个单位，旧职人员约2000人。同月，安康市全面接管旧政权的各行业共90多个单位，旧职人员1200余人。

全省各城市接管工作顺利完成，国民党旧政权各级权力机关被摧毁，新的民主管理机构逐步建立并开始正式运转，全省政治经济运行走上了人民当家作主的新轨道。

建立各级人民民主政权

新中国成立的时候，陕北等老解放区属陕甘宁边区政府领导，人民政权已经建立，主要任务是加快恢复战争创伤和发展生产。关中、陕南等新解放区相继建立各级人民政权，主要任务是摧毁旧的政权体系，建立新的社会秩序。

1949年5月25日，西安市人民政府成立，隶属陕甘宁边区政府领导，市长贾拓夫。同日，西安市警备司令部成立，司令员张经武，政委徐立清。西安市人民政府成立后，开始组建相应工作机构，成立了12个区人民政府。关中各地相继解放后，陕甘宁解放区相继增设了宝鸡、彬县、大荔、渭南、咸阳等5个分区行政督察专员公署，关中专署改为三原专署。同时，为了完成接管新区的中心任务，支援第一野战军解放大西北，陕甘宁边区政府南迁西安。为加强老解放区工作，在延安成立了陕北区行政主任公署，管辖榆林、三边、绥德、黄龙4个分区行政督察专员公署及原由延属分区管辖的延安、延长、志丹等7个直属县。陕南区行政主任公署成立后，隶属中原人民政府领导，下辖第二专署和第四专署。1949年1月5日，陕南区第二、第四专署分别改称商洛、两郧专署。5月安康分区专员公署成立，7月汉中分区专员公署成立。到当年9月底，陕南区行政主任公署共辖商洛、两郧、安康和汉中4个分区专员公署。

1950年1月11日，安康军分区派独立七团与平利独立营，歼灭镇坪的国民党残余武装力量，解放了陕西最后一个被国民党势力盘踞的县城，标志着陕西全境解放。在各县县城解放前后，关中和陕南新解放区各县相继成立县委和县人民政府。

1950 年 1 月 10 日，陕西省人民政府在西安成立，主席马明方，副主席张邦英、张凤翙、韩兆鹗，管辖陕北、陕南两个区行政主任公署及榆林、绥德、黄龙、汉中、安康、商洛、咸阳、邠县（今彬县）、三原、宝鸡、渭南、大荔 12 个分区，其中包括 3 个县级市、96 个县。5 月 2 日，省政府撤销陕北区行政主任公署和黄龙、大荔、邠县、三原 4 个分区，成立延安分区行政督察专员公署。保留陕南区行政主任公署，汉中分区暂不设立专员公署，由陕南区行政主任公署直接领导南郑等 13 个市、县及安康分区。全省划分为 8 个专区，1 个直辖县（即长安县），共 97 个县（市）。

1 月 19 日，西北军政委员会在西安成立，主席彭德怀，副主席习仲勋、张治中，同时撤销陕甘宁边区政府和西安市军管会。西北军政委员会是中央人民政府在西北地区实行军事管制的代表机关，代行西北人民政府职权，统一领导陕西、甘肃、宁夏、新疆、青海 5 省及西安市的人民政府工作。从 1949 年至 1954 年，陕西省境内设有两个省级行政机构，分别是陕西省人民政府和西安市人民政府，均属西北军政委员会（后改为西北行政委员会）直接领导。西北军政委员会成立后，在巩固西北地区各级人民政权、稳定社会和金融秩序、改善民生、恢复国民经济和开展大规模经济建设等方面做了大量工作，发挥了重要作用，有力推动了党中央决策部署在西北地区的贯彻落实。

新中国成立初期，由于当时不具备召开人民代表大会选举人民政府的条件，各级地方人民政府通过逐步过渡的方式产生。1950 年，根据中央、西北军政委员会的指示，全省进行了区、县的民主建政工作。4 月，西安市召开第二届各界代表会议第一次会议，选举市长、副市长及政府委员，同时选举 12 个区的区长、副区长和 4 个郊区的乡长、副乡长。陕北老解放区 14 个县普遍召开人民代表会议并进行普选。除麟游县外，黄龙半老解放区，关中、榆林新解放区 53 个县（市）的各界人民代表会议都代行人民代表大会职权，选举县人民政府县长、副县长和县政府委员，成立各界人民代表会议常务委员会。陕南 30 个县（市）召开各界人民代表会议，选举县（市）长、副县（市）长，成立县（市）人民政府委员会和各界人民代表会议常务委员会。除老解放区14个县外,全省各县、区召开农代会,成立县、区农民协会,组织农民参加农村社会改革和农村人民政权建设。1950年底,全省共建立县辖区697个、乡政府5926个,辖行政村20394个、自然村60806个。

这种逐步过渡的民主建政方式,既适应了当时特定历史阶段的需要,又贯彻和体现了民主集中制原则,妥善解决了建立人民政府应当而且必须遵循的民主程序问题,密切了党和政府与人民群众的联系,保持了社会稳定,推动了生产的恢复和发展。

召开省各界人民代表会议

人民代表大会制度是中华人民共和国的根本政治制度。新中国成立初期,由于国家经济尚待恢复,土改还未完成,城市群众也没充分组织起来,实行普选的条件尚不成熟,根据《中国人民政治协商会议共同纲领》的规定,在普选的地方人民代表大会产生之前,由地方各界人民代表会议代行人民代表大会职权。因此,召开各界人民代表会议,让各界人民代表参政议政,选举建立新的人民政权,便成为新中国成立初期民主政治建设的主要形式和基本任务。

经陕西省人民政府第十三次行政会议提议,由西北军政委员会转呈中央人民政府批准,决定召开陕西各界人民代表会议。1950年8月13日至23日,陕西省第一届各界人民代表会议在西安召开,510名代表出席。其中,男473人、占92.7%,女37人、占7.3%,少数民族10人、占2%,非共产党员404人、占79.2%。西北军政委员会文教委员会主任杨明轩到会祝贺,西北局第一书记、西北军政委员会主席彭德怀出席闭幕式并讲话。

会议听取了省政府主席马明方所作的《陕西省人民政府六个月施政工作暨今后土地改革和一般工作任务的报告》。报告全面总结陕西省人民政府成立6个月以来在生产救灾、财政经济、农村社会改革、文教卫生、治安司法、民主建设等方面的工作,指出"这次代行人代大会职权的省各代会议的召开,是全省人民团结胜利的表现,我们希望把这次会议开好,解决陕西人民所急待解决的问题,扩大省人民政府的民主基础,把全省的民主建设更加提高一步”。报告提出当前和今后的主要任务是在关中全部地区、榆林部分地区完成土改，在陕南、商洛地区开展减租、反恶霸的群众运动，在陕北老解放区继续以生产为中心推动各项工作，在全省范围内继续肃清土匪、特务，巩固革命秩序，调整工商业，改进财政经济工作，积极恢复农业和工业生产。

会上，省政府副主席张邦英作《陕南区工作报告》，原陕北区行政主任公署代主任李景膺作《关于陕北工作的报告》，省财政厅厅长杨玉亭作《陕西省人民政府半年来财经工作暨 1950 年财政收支概算报告》，省人民法院提交书面工作报告。会议审议通过《陕西省人民政府六个月施政工作暨今后土地改革和一般工作任务的报告及其他各项工作报告的决议》。决议认为，省政府成立 6 个月以来施政工作是有显著成绩的，报告提出的各项工作任务完全符合陕西实际和广大人民要求，全体代表要以身作则，密切联系各阶层人民，群策群力，为贯彻大会决议而奋斗。

这次会议代行陕西省人民代表大会职权，选举产生陕西省人民政府组成人员，主席马明方，副主席张邦英、张凤翙、韩兆鹗，委员 37 人。会议选举产生陕西省第一届各界人民代表会议协商委员会，主席马明方，副主席张邦英、韩兆鹗、孙蔚如，委员 54 人。会议团结了全省各族人民、各民主党派、各人民团体及各阶层民主人士，充分体现了人民民主政权的广泛性、代表性和统一战线的凝聚力，开启了陕西人民当家作主的新征程，也标志着中国共产党与各民主党派和各界人士在人民民主政权中的合作进入了新的历史时期。

1951 年 12 月 16 日至 23 日，陕西省第一届第二次各界人民代表会议在西安召开，西北军政委员会副主席张治中到会讲话。会议响应毛泽东“增加生产，厉行节约，以支援中国人民志愿军”的号召，讨论全省开展爱国主义增产节约运动的部署。会议听取省政府主席马明方所作的《为开展爱国主义的增产节约运动而奋斗》的报告，作出《陕西省 1952 年的工作方针任务的决议》，号召全体代表利用一切机会宣传会议精神，密切联系各界人民，为完成增产原粮 6 亿斤、增产皮棉 65 万担及其他工作任务而共同奋斗。

1952 年 11 月 17 日至 26 日，陕西省第二届第一次各界人民代表会议在西安召开，670 名代表出席会议。其中男 594 人、占 88.66%，女 76 人、占 11.34%，少数民族代表 8 人、占 1.2%，非共产党员 409 人、占 61.04%，西北军政委员会副主席习仲勋、张治中到会讲话。会议听取省政府主席马明方作的《陕西省人民政府两年来的工作成就和今后任务》的报告，省农业厅厅长谢怀德作的《在整顿巩固的基础上，把农业互助合作运动推向前进》的报告，审议通过《陕西省第二届第一次各界人民代表会议决议》，提出今后的中心任务是加强城市工业建设，开展农业生产互助合作运动等工作。会议选举产生陕西省人民政府组成人员，主席赵寿山，副主席潘自力、张凤翙、韩兆鹗，委员 40 人。选举产生陕西省第二届各界人民代表会议协商委员会，主席潘自力，副主席李合邦、韩兆鹗、孙蔚如，委员 57 人。

从 1950 年到 1953 年，陕西省、专区（市）、县、乡普遍经历了各界人民代表会议代行人民代表大会的历史时期。作为新中国成立初期的地方过渡政权组织，陕西省各界人民代表会议在保障人民群众民主权利、调动人民当家作主积极性、密切政府同人民群众联系、建立和健全人民民主制度等方面做了大量卓有成效的工作，发挥了独特的重要作用，为实现新民主主义向社会主义过渡、建立普选的人民代表大会制度奠定了坚实政治基础。

建立群团组织

工会、青年团、妇联、农协等群团组织是中国共产党和人民政府密切联系群众的重要桥梁，建立与发展新型的群团组织是中国共产党领导下开展民主建政工作的一个重要内容。为适应新形势新任务需要、更广泛地团结和组织群众投入到新中国建设事业中来，在党的领导下，陕西省工会、青年团、妇联、农协等纷纷建立和发展起来。

在工会组织建设方面，1949 年 10 月 17 日，西北局印发《为加强各级党委对工会工作领导的指示》，要求各级党委迅速建立起职工委员会，担负起领导工人运动的任务。1950 年 5 月 10 日至 14 日，西安市首届工人代表大会在西安举行，选举产生西安市总工会第一届执行委员会和经费审查委员会，执行委员会选举赵伯平为主席。7 月 1 日至 12 日，西北总工会暨陕西省总工会第一次会员代表大会在西安举行,选举产生西北总工会第一届执行委员会,主席贾拓夫,选举产生陕西省总工会第一届执行委员会和经费审查委员会,主席刘文蔚。陕西省总工会是中国工会的地方组织,受省委和西北总工会双重领导。西安市总工会成立时受西北总工会领导,1954 年西北总工会撤销后受陕西省总工会领导。陕西省总工会直接领导榆林、延安、渭南、汉中、安康、商洛等地工会办事处工作。

在省委和西北总工会领导下,省总工会以"面向生产"为中心积极开展工作,推动社会改革。比如,在抗美援朝运动中,省总工会在全省职工群众中广泛开展爱国主义与国际主义教育,有力地支援了中国人民志愿军。

1950 年 8 月,西北职工委员会、陕西省总工会、西安市职工委员会等联合组织开展《中华人民共和国工会法》学习活动,推动各级党员干部、职工群众了解和执行《中华人民共和国工会法》。针对西北地区工人群众工作薄弱和事故频发的情况,12 月,西北局专题召开工会工作会议,发出《关于检查工会法执行情况的指示》,吸收西北、陕西、西安市工运干部参加,结合讨论中央关于工会干部问题、建立财务制度的通知,检查工会法执行情况,促进工会顺利开展工作。12 月 26 日,西北局将会议情况向中央专题报告。30 日,毛泽东指示将报告转发全国,要求各地在 1951 年春季党的七届四中全会召开前,认真检查一次工会工作,并指出:"各地工会工作存在着严重的缺点,而各级党委一般地说来注意得很不够,或者完全没有注意,这是不对的,必须改变这种情况。"①

在各级党委领导下,陕西工会组织先后在 31 个较大的公私营厂矿及宝鸡、安康等市的搬运业中开展民主改革运动,清除反革命分子及封建把头,加强职工内部团结,扫除生产障碍。在"三反""五反"运动中,省总工会领导全省工人向贪污盗窃行为开展斗争,反对"三害""五毒",推动工人群众从思想上划清阶级界限,巩固了工人阶级的领导权。

---

① 中共中央文献研究室编:《建国以来毛泽东文稿》(1949.9—1950.12)第 1 册,中央文献出版社 1987 年版,第 753 页。

在青年团组织建设方面，1950 年 4 月，省委和团西北工委报经团中央批准，成立中国新民主主义青年团陕西省工作委员会（以下简称“团省工委”）。团省工委属团中央派出机构，隶属省委和团西北工委双重领导。6 月，省委决定李连璧任团省工委副书记。8 月，团西北工委报经团中央同意，任命王治周为团省工委书记。团省工委下设组织部、宣传部、学生部等部门，领导原属团陕北区委所辖的绥德、黄龙、榆林和延安团地委，以及新成立的渭南、咸阳、宝鸡、商洛分区团工委和团陕南区工委。团省工委成立后，省委多次发出关于加强党对团工作领导的指示，并经常有针对性地向各级党委转发团省工委的有关工作报告等文件，具体指导团组织开展活动。

1950 年 8 月，团省工委召开团地委书记联席会议，提出以农村为重心兼顾城市，组织全省团员青年在关中土改、陕南反霸减租、陕北生产等群众运动中发挥先锋作用。同时，有领导、有条件、有步骤地层层召开团代会，建立健全各级团组织。11 月，省委发出《关于加强青年团工作的指示》，要求各级党委把大力做好团的工作作为党的组织工作的重要方针之一，经常研究和主动指导团的工作，帮助团组织带领青年积极参加土改、扩军、增产节约、夏征夏购、扫盲运动等党的中心工作，团委书记一般列席同级党委常委会议，保证团在党的统一领导下独立开展活动。

1951 年 1 月 15 日，省委印发《关于土地改革运动中加强党对青年团工作领导的几个具体意见》，要求各级党委在土改中发动青年群众，加强团的建设，提高和锻炼团干部。各级团组织围绕中心任务积极开展工作，在抗美援朝、土改、“三反”“五反”等运动中，及时吸纳大批青年积极分子加入团组织。到 1951 年 6 月，全省团员人数达到 11.6 万名。8 月，全省学生代表大会召开，成立陕西省学生联合会。

1953 年 5 月 4 日至 12 日，中国新民主主义青年团陕西省第一次代表大会在西安召开。大会选举产生青年团陕西省第一届委员会，书记张德立。

在妇联组织建设方面，1949 年 10 月，陕甘宁边区民主妇联召开关中新解放地区妇女工作会议，提出了发动妇女群众参加剿匪、反对恶霸、肃清特务、反对地主阶级等任务，并讨论制定了今后妇女工作的方针。

1950年3月,陕西省民主妇女联合会筹备委员会在西安成立。10月5日至11日,陕西省妇女第一届代表大会在西安召开,247名各界妇女代表出席大会,筹委会主任曹冠群作了《全陕妇女团结起来,为实现当前任务而奋斗》的工作报告。会议确定全省妇女工作的中心任务是广泛发动组织妇女参加土改、生产建设、减租反霸等群众运动,并结合解除压迫妇女的封建束缚开展妇幼福利事业,与全省人民一道为建设新陕西和妇女的解放而奋斗。大会通过《陕西省民主妇联组织章程》,选举产生省妇女联合会第一届执行委员会,主任曹冠群。之后,各级妇联组织逐步发展壮大。陕西省妇女第一届代表大会召开时,全省只有三分之二的县(市)、五分之一的乡有妇女组织,专职妇女干部1051名。到1953年陕西省妇女第二届代表大会召开时,全省100个县、市、中心区有92个成立妇联,5个成立筹委会,6967个乡中有87%建立了妇联组织,区以上妇女干部1598名。

陕西各级党委采取灵活多样的形式,发动妇女群众参加民主选举,保障妇女选举权和被选举权。在1954年基层普选中,陕西省女选民有388.28万人,参选妇女占女选民的92.2%。据69个县(市、中心区)统计,有588名妇女当选为正、副乡长,其中49人为正乡长。

省妇联采取一系列措施废除束缚、歧视和摧残妇女的旧制度旧陋俗,提高妇女的社会地位,鼓励她们走出家门,参加社会生产活动。在公交、商贸、建设等部门及许多原来由男性“一统天下”的行业,都出现了女职工的身影。1949年,全省女职工只有3000多人,至1955年底,全省参加工业建设的女职工超过职工总数的20%。同时,各级妇联注重教育培养妇女干部,有计划地抽调干部参加全国妇联妇女干部学校、西北局党校、省委党校、专区干部学校学习,确立为人民服务思想,发挥党联系妇女群众的桥梁和纽带作用。

为改善妇女缺乏文化教育的状况,1950年10月,省妇联要求各级妇联组织动员10万以上妇女参加冬学,扩大妇女识字班,因地制宜建立识字组、读报组。1951年全省妇女参加冬学人数由1950年的30多万人增加到71万人,一些从未出过家门、从未受过教育的妇女开始接受文化教育,拥有了与男性平等的接受教育权利,社会地位也得到提升。

为了更好地开展土改，陕西各地建立了农民协会。1950 年 8 月 1 日至 7 日，陕西省首届农民代表大会在西安召开，449 名代表出席。会议重点讨论了新解放区土改及非土改区的减租、剿匪、反霸、肃特和整顿扩大农会等工作，通过了《陕西省农民协会组织章程》《告农民书》，选举产生了陕西省第一届农民协会，主席李合邦。各专区、县、区、乡、村农协先后成立。

省农民协会成立后，号召会员宣传党和政府的政策，提高农民思想觉悟，调动农民生产热情，在完成土改、基层政权建设、破除大量封建迷信活动以及调节农村阶级关系和社会关系中都发挥了积极作用。这一时期的农民协会实际充当了党在农村的政权机构的角色，1952 年土改任务基本完成后，省农民协会于 8 月撤销。

三、巩固新生的人民政权

开展剿匪斗争

国民党蒋介石集团败退到台湾前，胡宗南残余部队及大量宪兵、警察溃散在陕西为匪，形成了势力强大的土匪武装，省内有 160 余股、3 万余人。这些匪徒大多盘踞在大巴山、秦岭及麟游山区，少数分散在关中平原与陕北的黄龙山和榆林沙漠地带，他们利用山大林密、沟壑纵横、荒漠无际、人烟稀少等复杂地形，勾结地方反动团队、反动会道门[①]等组织，散布谣言、破坏交通，抢劫人民财产，杀害干部群众，煽动在押犯越狱，策划反革命暴乱，与新建立的人民政府对抗。

为巩固新生的人民政权，保护人民生命财产安全，遵照中央关于“必须坚决地肃清一切危害人民的土匪和特务、恶霸及其他反革命分子”

① 反动会道门，是旧中国遗留下来的反动封建迷信组织的合称，以烧香、拜佛、念咒、传经等封建迷信方式进行诈骗钱财、毒害人民、奸污妇女、欺压百姓等扰乱治安的反动活动，这些组织的头目多是地主、恶霸、特务、土匪、汉奸等。新中国成立后，多数头目继续为非作歹，甚至从事反革命破坏活动。

的指示，从1949年底到1953年，在西北局、西北军区领导下，省委、省政府和中国人民解放军第十九兵团[①]（兼陕西军区[②]）组织军队、地方武装和人民群众开展了近4年的剿匪斗争。这场斗争大体经历三个阶段。

第一阶段，集中优势兵力，围歼大股敌匪。陕南地区是全省解放较晚的地区，又地处鄂豫川陕交界地带，地形复杂、交通闭塞，惯匪与当地反动势力勾结，企图在陕南建立"反共游击基地"。胡宗南逃离陕南前，委任原郧西民众自卫团团长柯愈珊为"川陕鄂自卫指挥部"少将指挥官，任命原南阳绥靖区中将司令官王凌云为"川陕鄂豫绥靖公署"主任，分别纠集组建"新五军""新八军"，加上陕南原有的土匪组织"川陕救国军""鄂陕自卫总队"等，号称"十万大军"（实为2万余人），由王凌云统一指挥，企图在川陕交界的大巴山一带长期固守、伺机作乱。

1949年12月，西北军区决定由第十九军[③]（兼陕南军区）统一组织剿灭川北和陕南股匪。其中第五十五师负责西乡以东、第五十七师负责城固以西的区域。陕南军区集中第十九军全部兵力及陕南的全部地方武装，把川北和陕南划为5个剿匪区，在当地党委、政府统一领导和人民群众支持下，全面进剿窜踞巴山、秦岭的股匪。12月21日，陕南军区政治部发出《剿匪指示》，提出"政治进攻为主、军事进攻为辅"的剿匪方针和"首恶必办、胁从不问、立功受奖"的政策，在军事清剿中"有重点地分别清剿，首先剿灭股匪，然后驻剿散匪。不避风雪，不怕严寒，不怕

---

① 1948年12月，中国人民解放军华北军区命令，将华北军区第二兵团改称中国人民解放军第十九兵团。该兵团1949年1月15日正式起用新番号，归中央军委直接指挥。北平和平解放后，第十九兵团进行了整编，2月2日正式改编，司令员杨得志、政委罗瑞卿，辖第六十三军、第六十四军、第六十五军。1949年3月，第十九兵团奉命参加太原战役，6月转为第一野战军建制，参加了扶眉、兰州、宁夏等战役。

② 陕西全境解放前夕，为了加强对陕北、陕南军区和关中各军分区的统一领导，中央军委决定成立陕西军区（由第十九兵团兼管）。1949年12月10日，陕西军区在西安成立，下辖陕南军区、陕北军区和直属三原、邠县、大荔、渭南、咸阳、宝鸡军分区。1950年12月，第十九兵团离陕参加抗美援朝战争，同月第十九军由汉中进驻西安，代管陕西军区。1952年8月，陕西军区及部队进行精简整编，撤销第十九军番号，陕西军区改为陕西省军区。

③ 1949年4月1日，奉第二野战军前委命令，中国人民解放军第二野战军第十九军（兼陕南军区）在陕南军区基础上成立，下辖第五十五师（原十二旅）、第五十七师（原十七师）及商洛、两郧、安康3个军分区。

翻山奔袭夜袭，不怕扑空，分途合击”，“务求结合发动群众，根绝匪患”①。28 日，陕南军区两个团越过巴山主峰，采取长途奔袭、迂回包围战术，兵临万源、通江城下，守军不战而降。1950 年 1 月 2 日至 12 日，剿匪部队多路出击，全面摧毁“川陕鄂豫绥靖公署”，俘虏其“中将主任”王凌云及其官兵 6485 人，歼敌 1700 余人。1 月 17 日，安康军分区独立第七团在镇坪县元木沟歼灭柯愈珊匪部 790 多人，俘虏匪首柯愈珊。至 1950 年 1 月底，剿灭了陕南及川陕交界地区的土匪主力，粉碎了土匪在“匪患百年不绝之地”的大巴山建立反共游击区的企图。

1949 年 6 月榆林和平解放后，榆林县原国民党河东、河西两个乡自卫队合编为自卫团，榆林县原自卫总队队长高怀雄任团长，纠集 1000 多人，勾结惯匪张廷芝、神木县反动自卫团团长张世华等股匪约 2000 余人，在榆北掌高兔、十八台和伊克昭盟的乌审旗一带活动。他们利用当地蒙汉杂居、人烟稀少、交通不便等条件，凭借熟悉地形，自征粮草，种植罂粟，烧杀抢掠，袭扰当地驻军，不断扩大地盘，扬言要“打回榆林”。

在西北局、西北军区领导下，1949 年 6 月，榆林军分区组织力量对高怀雄股匪进行第一次清剿，共击毙土匪 270 名、俘虏 410 名，缴枪 600 余支、战马 320 匹。在剿匪部队的打击下，剩余散匪逃窜到三边（安边、靖边、定边）、宁夏、内蒙古藏匿。1950 年初，安边惯匪张廷芝、伊克昭盟惯匪奇玉山率领残匪勾结高怀雄匪部，在陕（西）绥（远）交界地区抢劫破坏，杀害百姓。榆林军分区组建剿匪部队，由副参谋长白伟章指挥，从 1 月 12 日到春节前夕，对土匪进行第二次清剿，歼匪 200 多人，但主要匪首高怀雄、张廷芝等逃跑。5 月至 8 月，榆林地委在进行军事清剿的同时组成两个工作团约 30 人，深入榆北广泛宣传党和政府政策，及时对回归匪众展开强大的政治瓦解工作，争取投诚和登记散匪 350 余人，缴长枪 139 支、短枪 14 支、轻机枪 2 挺、冲锋枪 2 支、马 5 匹。北线股匪基本被肃清，不足百人的散匪流窜内蒙古、宁夏盐池一带。

在近 3 个月的剿匪中，陕西军区共出动兵力 4.5 万余人，对流窜、盘

① 《中国人民解放军第十九军、陕南军区政治部剿匪指示》，中共陕西省委党史研究室、中国人民解放军陕西省军区司令部编：《陕西剿匪斗争》，陕西人民出版社 1998 年版，第 334—336 页。

踞在陕西境内和陕鄂、陕川、陕甘、陕绥边境地区的大股敌匪进行歼灭性打击，歼灭较大股匪 60 余股、1.96 万余人，缴获各种火炮 167 门，各种枪械 1.8 万多支，电台 47 部，全省 500 人以上的股匪基本被歼灭。针对陕南、榆林等地 60 多股 1 万余匪特的活动，陕西军区调派几乎所有部队展开围歼，短时间内取得了辉煌战果。

第二阶段，进剿驻剿结合，消灭小股匪特。1950 年 3 月后，部队大多投入生产活动，一些潜伏和溃散的匪特趁机聚集结股进行各种破坏活动，全省被匪特杀害的干部群众和解放军指战员达 840 余人。面对这种情况，西北局、省委发出《关于剿匪工作的指示》，《群众日报》先后发表《发动群众根绝匪患》《大家动手消灭土匪》等社论，号召党、政、军、民动员起来，不分地域联防互助，积极进行剿匪、防匪，保证反霸、土改和生产活动顺利进行。

根据西北局、省委指示，陕西军区对剿匪兵力重新部署。在陕南，成立陕甘、陕川边区联防剿匪指挥所，各县成立剿匪委员会。第十九军第五十五师和第五十七师分别组织部队驻剿和进剿镇巴、紫阳、岚皋、宁强西部等地活动猖獗的匪特。在关中，沿秦岭山区各县和匪患较严重的千阳、陇县、麟游、淳化等县相继成立剿匪委员会。宝鸡军分区从生产部队中抽调 400 余兵力，追剿“陕甘边区挺进游击总队”梅树成匪部。在陕北，成立伊克昭盟榆林剿匪联防指挥部，由陕北军区政委牛书申任总指挥，内蒙古骑兵五师师长吴广义和伊克昭盟军区副司令员高平任副总指挥，集中骑五师、西北军区独立二师和榆林军分区第三十九团、第四十团、骑兵大队以及伊盟军区的 3 个支队，清剿高怀雄、张廷芝、张世华、奇玉山等股匪。

在省委、陕西军区的统一领导下，陕南“巴山反共救国军”在紫阳县毛坝关等地的反革命暴乱很快被平息。伊盟榆林剿匪联防指挥部采用各部队同时行动、密切协同和步兵控制要塞、骑兵分路追击的战术，经过两个多月的战斗，消灭 5 股土匪，歼灭、俘虏土匪 400 余名，投诚登记土匪 1300 人，缴获大批枪支弹药。除高怀雄逃匿外，其他匪首分别在包头、榆林、神木、新街等地被镇压，基本消除了榆林地区的匪患。经过 1950 年春夏的重点驻剿和联防进剿，至 5 月底全省共歼匪 2400 余人。

1950年6月,朝鲜战争爆发,陕西各地匪特认为东山再起时机已到,由分散隐蔽转为成股公开活动。陕西省委和陕西军区调整剿匪力量,成立川陕、宁(陕)佛(坪)周(至)、周(至)眉(县)、渭(南)商(洛)等4个联防剿匪指挥部,在天(水)宝(鸡)、岐(山)扶(风)边界及淳化一带山区,分别成立联防指挥所。陕西军区抽调剿匪经验丰富、善做群众工作的干部战士2421人,组成72个剿匪建政武工队进驻重点地区,广泛发动群众,开展驻剿、清剿。渭(南)商(洛)联防剿匪指挥部在商洛地区党政军民的密切配合下,经过3个月的搜剿,歼匪200余人,受到省政府表彰。宝鸡分区剿匪委员会集中力量进剿"陕甘边区游击挺进纵队""西北征战军"等较大股匪,至1950年底,共歼匪近500名,基本摧毁土匪武装组织。

结合反霸和土改,紧紧依靠和充分发动群众,全省集中进剿和驻剿小股流窜或分散活动的散匪,共毙、伤、俘匪特9600人,缴获各种枪、炮6800余支(挺、门),破获匪特暴动抢劫案1222起,有力打击了匪特的猖獗破坏活动。

第三阶段,充分发动群众,彻底消除匪患。经过1950年大力清剿,到1951年初,全省境内残存小股匪特有39股、530余人,加上散匪和从外区窜进潜伏股匪,总数约千人,多是极端反动、怙恶不悛的匪首或骨干分子,虽然人数不多,但破坏性很大。1950年12月底和1951年1月初,驻陕第十九兵团部队陆续离陕赴朝参战,第十九军由陕南调防西安代理陕西军区。各地残匪趁部队防务调整未妥之机,暗中扩大组织、策划暴动,先后组织"西北救国救民军"等20余个反动组织,依托山区频繁活动,企图配合蒋介石集团"反攻大陆"。

省委、陕西军区依据匪情和西北局、西北军区指示,先后发出剿匪工作指示,陕西军区党委专门部署剿匪肃特工作,要求在匪患比较严重的太白、麟游山区和陕西与甘、川、鄂、豫、绥接壤的地区,以部队为主组成武工队,采取划区包干、分进合围、奔袭穷追、侦缉破案等方式,坚决歼灭残匪;正在进行土改的关中、汉中的平原和交通沿线地区,以公安和民兵为主,部队密切配合,坚决肃清潜伏的匪首、特务;陕北老解放区开展群众性的清匪、防匪运动,做到根除匪患。

陕西军区先后成立太白山区、渭商剿匪指挥部和三边、天（水）宝（鸡）、咸阳、褒（城）[①]留（坝）凤（县）、宁（陕）勉（县）略（阳）等14个剿匪委员会，抽调干部战士3946人，组成98个武装工作队和群众工作组，分赴匪情比较严重的山区，充分发动群众，建立民兵组织，开展联防搜剿。

太白山是秦岭主峰，地势复杂，交通闭塞，匪特活动猖獗。土匪与反动会道门串通一气，强迫山民种植鸦片。匪特、"一贯道"[②]、鸦片成为太白山山区解放初期的"三害"。1951年4月4日，省委发出《关于对太白山区剿匪的指示》，决定4月20日进剿，6月底完成任务，要求有关县区发动群众，建立和巩固乡村人民政权，务使匪徒得到肃清。同时，成立以董策丞为总指挥的"太白山区剿匪指挥部"，组建太白工委，抽调300名干部战士组成9个武工队，分路向太白山主峰合围。6月10日，省委发出《关于太白山区剿匪工作的指示》，决定除陕西军区再增派武工队加强武装力量外，眉县、岐山、宝鸡、凤县、留坝、佛坪、周至等7县按各自山区人口的多少，抽调足够数量的干部参加武装工作队，开展群众工作，建立人民政权，彻底肃清匪特，铲除罂粟苗。6月17日，省委发出《关于取缔太白山"一贯道"的指示》，要求采取有力措施，坚决取缔"一贯道"。剿匪指挥部和太白工委发动群众铲除罂粟苗1.1万亩，动员受蒙蔽的群众退出"一贯道"，帮助建立5个乡政府、10个村政权和35个农会，结合土改训练民兵500多人。1952年6月，剿匪部队奉命撤出山区，并设置太白区建制以巩固成果，后又设置太白县。

经过努力，全省各地共计毙、伤、俘土匪及抓获"一贯道"道首5974名，收缴六〇炮1门、重机枪2挺、各种枪支922支，基本肃清陕西境内股匪。这一阶段的剿匪是结合土改、镇反、"三反"等运动开展的，任务是彻底肃清陕西残匪。因此，历时较长，工作也比较细致。

1952年以后，针对残余匪特活动更加隐蔽和更加狡猾的情况，省

---

① 褒城县，旧县名，1958年建制撤销，所属地域分别划归勉县、汉中市、留坝县和南郑县。

② "一贯道"，又名中华道德慈善会，是旧中国流传最广、势力最大、危害最严重的一个反动会道门组织。发源于清末光绪年间，20世纪30年代至50年代期间成为帝国主义与国民党反动派掌握利用的工具，是欺骗与陷害群众的封建迷信组织。

委、省政府和省军区制定以公安部队和民兵为主、广泛发动群众侦察捕捉的清匪方针。省军区抽调12个连队,在各地政府配合下组建24个武装工作队2100余人,分赴陕南巴山沿线、秦岭地区、豫陕交界地区、川陕交界地区、陕甘交界地区进行驻剿。其他地区均由当地民兵和公安人员为主,设立侦察情报站,进行清查登记、侦察破案,彻底清除残存隐蔽匪特。1952年和1953年两年间,共搜捕隐蔽较深的匪特1330名,摧毁“秦岭守备反共游击队”“西北反共救国军”等匪特组织。

在剿匪斗争中,人民军队与地方政府、广大群众互相配合,奋勇剿匪。在陕南宁西剿匪中,第十九军五十七师某连连长赵志华率领全连战士活捉了“反共救国军”司令姜森、副司令张业鸿等匪首14人、匪徒105人,并缴获了一批物资,被评为师特等剿匪英雄,光荣出席了西北军区的英模代表大会。商南民兵田发祥积极协助部队剿匪,被评为全国民兵英雄,受到毛泽东、周恩来、朱德等党和国家领导人的接见。在剿匪过程中,还有许多人英勇献身,他们用生命捍卫了人民利益,巩固了新生的人民政权。勉县农会副主席李祯祥上山向土匪劝降,被匪首活埋。宁强匪首张海峰指示匪徒杀害了劝降的妇女代表。第十九军第五十七师在1950年剿匪斗争中有25名干部战士献出生命。

在剿匪斗争中,省委和陕西军区从实际出发确定剿匪方案,坚持军事进攻与政治攻心、分化瓦解相结合,最终取得了剿匪斗争的胜利。经过近4年的军民群策群力、努力工作,共消灭土匪3.16万人,破获匪特暴动案、抢劫案1500多起,缴获各种枪炮2.78余万支(门、挺)、子弹200多万发、电台100多部,清查暗藏特务1000多人,彻底根除了陕西匪患,保证了群众生命财产安全,巩固了人民政权,为恢复国民经济扫清了障碍。

镇压反革命运动

在进行土地改革的同时,全国还开展了镇压反革命运动。新中国成立之初,留在大陆的大批国民党特务、反动党团骨干分子等反革命分子同人民政府对抗。旧社会遗留的“一贯道”等反动会道门组织也大肆造谣惑众,扰乱社会秩序。他们炸毁桥梁、抢劫仓库、抗交公粮,煽动受蒙蔽的群众种植鸦片，袭击区公所、残杀干部群众，甚至密谋武装暴乱，妄图颠覆新生的人民政权，严重危害人民的生命财产安全，严重影响抗美援朝、土改和国民经济恢复工作。

1950 年 7 月 23 日，政务院和最高人民法院颁布《关于镇压反革命的指示》，要求各级人民政府对一切反革命活动必须及时地严厉镇压。10 月 10 日，中央发出《关于镇压反革命活动的指示》，要求各级党委全面贯彻党的“镇压与宽大相结合”政策，对已被捕和尚未被捕的反革命分子，按照罪恶轻重分别予以处理，对罪大恶极的反革命分子坚决镇压，对真正的胁从分子、主动坦白和立功分子予以宽大处理。

早在 1949 年 5 月 20 日西安解放不久，西北局就印发《关于加强保卫工作的决定》。6 月至 8 月，公安部队在全省新解放区内展开大规模搜捕敌特行动，搜捕首要特务分子 1180 名，登记特务分子 1667 名、反动党团骨干分子 4603 名，挖出了国民党西安绥署二处第一督导区（晋豫区站）、第二督导区（关中区站）和国防部二厅（陕豫督导组）特务系统上层潜伏指挥机构。9 月，陕甘宁边区公安厅抽调精兵强将实施侦查破案战役，挖出各特务系统潜伏组织 40 个、缴获电台 21 部，破获了“陇海路特别党部铜川工作站”“大荔专属汇报秘书室”“安康专属调查室”“西安绥署行动组”“关中反共自卫队”“汉中独立潜伏台”“秦岭地区工作督导组”等一批潜伏特务组织。

1950 年 10 月 20 日，省委专门研究部署镇压反革命工作，决定从 12 月起在全省开展大规模的镇压反革命运动，打击重点是土匪、特务、恶霸、反动党团骨干分子和反动会道门头子等五个方面的反革命分子，要求与剿匪、土改等工作结合起来开展。省委书记马明方在会上指出，解放后在关中出现反革命分子破坏是很自然的，因为这里是胡宗南的反革命基地。要研究敌人的隐蔽活动和重大案件，加强内外侦察；要把反革命的阴谋破坏活动和政治案件的处理放在首位，一时没有查清的案件要在土改中查清，在剿匪斗争中彻底消灭逃匪。

1951 年 1 月 5 日，西北军政委员会颁布《处理“一贯道”道产办法》，规定在取缔“一贯道”后没收其道产。2 月 21 日，中央人民政府公布《中华人民共和国惩治反革命条例》，规定了处理反革命案件的原则与方法,为镇反提供了法律武器和量刑标准。从 1950 年 12 月到 1951 年 9 月,中央发出一系列指示,明确了镇反的方针政策,先后召开 5 次全国公安会议,及时研究和处理工作中的问题,力求稳、准、狠地打击反革命分子。陕西都及时传达学习、结合实际落实,保证了镇压反革命破坏活动的顺利进行。

1951 年 3 月 18 日,省委发出《关于学习镇反条例及工会法的指示》,要求各地学习《中华人民共和国惩治反革命条例》、《人民日报》社论和有关报告,迅速开展镇压反革命工作。4 月 12 日至 13 日,省各界人民代表会议协商委员会召开座谈会,邀请各界人士讨论镇反问题,马明方介绍了镇反运动的情况。21 日,省委发出《关于对民主党派统战问题的通知》,要求在反动党团登记时掌握镇反政策和统战政策,起义人员不必进行反动党团登记,有嫌疑者依靠侦察取证,不用登记办法解决。

5 月 4 日,中央决定实行谨慎与收缩方针,集中力量处理积案,强调要重证据而不轻信口供,反对草率从事,反对逼供信,着重打击罪大恶极的反革命分子,对罪行较轻、愿意悔改的反革命分子实行宽大方针。省委、省政府认真传达贯彻中央指示,及时转发省公安厅镇反情况简报,要求各地科学掌握镇反政策,及时纠正错捕现象。同时,印发《关于镇压反革命宣传办法的指示》,引导广大干部群众学习掌握镇反政策,及时纠正乱捕乱打和不依照法律程序草率行事等错误做法,推动镇压反革命成为人人关心、人人有责的群众运动,5 日,省政府颁布《妨害国家货币治罪条例》,规定了死刑、无期徒刑、长期或较长期徒刑的量刑标准,为财经领域开展镇压反革命工作提供了法律依据。从 1951 年 3 月至 6 月,全省破获重大反革命案件 18 起,逮捕反革命分子 1000 人。

6 月下旬,省委召开关中、陕南地委书记及公安处长会议,初步总结镇反工作。会议指出,与隐蔽敌人的斗争是长期复杂的,6 月至 9 月的任务是严格控制、适当收缩,大力宣传镇反政策,迅速清理积案,组织劳动改造。会议强调,法庭审判要与广大群众检举控诉相结合,不漏掉一个坏人,不冤屈一个好人,并将县级审判委员会人数扩大到 15 到 20 人。会后,全省开始了清查工作,重点是查清混进党、政、军、文教、人民团体、工商界、宗教界、民主党派等八方面的反革命分子。在清查中,由于贯彻党的政策，实行自愿坦白、弄清历史、逐步改造、教育和团结的方针，有效团结了进步分子，集中打击了反革命分子，取得了初步胜利。

在镇反运动中，各级党委政府通过各界人民代表会议和座谈会组织群众学习《中华人民共和国惩治反革命条例》，宣传镇压与宽大相结合的政策，积极慎重开展工作。各地运用罪证实物、现身说法、巡回展览等方式，教育和启发群众检举反革命分子，控诉反革命分子罪行。同时，成立包括各界人士参加的清理反革命案件委员会，协助法院全面清理土匪、特务、恶霸、反动党团骨干和反动会道门骨干分子，按照罪行轻重和认罪态度分别严肃处理。

国民党溃退前夕，在西安安插了大批潜伏特务。1950 年 11 月 18 日，西安市启动镇压反革命工作。对清查出来的反革命分子，按照其罪行和认罪态度，根据“首恶者必办、胁从者不问、立功者受奖”的政策分别处理。除少数罪行严重的判刑或劳教外，对 3100 多名坦白自首、悔过登记的反革命分子，绝大多数实行就地管制。西安市还成立各界人民清理反革命案件委员会，发动和组织群众讨论处理意见，交法院依法处理。到 1953 年镇反运动结束时，复查纠正了个别错判、错捕的案件。在国营和私营企业中，还开展包括镇反在内的民主改革运动，打击了反革命分子和封建把头的嚣张气焰。

陕西认真学习中央结合土改开展镇反的要求，结合实际贯彻相关部署。针对关中地区一些地主分散土地、宰杀耕牛、毒害家畜和毁坏房屋、农具以及砍伐树木、竹林转移和破坏人民财物，组织假农会窃取乡村政权，收买拉拢，挑拨离间，破坏农民团结，甚至勾结土匪、特务进行暗害、叛乱等反动行径和罪行，全省各地进行严厉镇压和管制，收缴枪支 13468 支，设立土改人民法庭，及时审判土改案件及案件中兼有反革命罪行的案件。临潼县外号“秦桧”的大地主曾任国民党镇长，勾结土匪、私购枪支、霸占土地、勒索民财、强占民女，无恶不作，被依法处决后，农民拍手称快。不少群众给政府、电台、报社写信，表示拥护镇反运动，纷纷揭发反革命分子。慑于人民民主专政政权的威力，感化于人民政府实施镇压与宽大相结合的方针，许多反革命分子自首认罪，交出证件和武器，也都得到了宽大处理。

陕南地区结合土改工作实际,逮捕了2217名反革命分子。商洛分区发动民兵配合公安人员到外省、外县捕获重大反革命逃犯189人,仅在川、陕、甘交界的大南峪,一次就逮捕潜逃匪首12人。如商县大恶霸、反革命分子周寿娃,曾任国民党自卫队长、常备队长、营长、突击大队长等职,从1946年到新中国成立前,杀害群众,奸淫妇女,敲诈群众财产不计其数,被抓回审判后枪决。南郑、安康两分区捕获破坏土改的犯罪分子和不法地主1327名。渭南分区在外地捕回逃犯49人,在本地协助侦捕逃犯121名,破获地下军等一批重大案件。

1951年10月全国第四次公安会议后,全省各级党委逐级传达会议精神,继续收集反革命分子材料,召开反革命分子亲属座谈会,建立治安保卫委员会,组织开展劳动改造。从1952年6月到1953年6月,在各级党委领导下,经过摸底排队和认真复核,省和专区派出检查组协助各重点地区开展搜捕,沉重打击了残余敌人。在镇压反革命运动后期,党政机关、群众团体、文教科研部门和企事业单位开展了以清理内部为中心的肃反运动,清除了一批混入干部职工队伍的反革命分子,弄清了一些人的政治历史问题,纯洁了干部职工队伍。

截至1953年底,全省共剿灭土匪3万余人,关押反革命分子14608名,管制19372名①,并对关押罪犯进行劳动改造。通过镇压反革命,沉重打击了反革命分子的破坏活动,基本肃清了残留的反革命分子,巩固了人民民主政权。同时,提高了广大人民群众的政治觉悟,安定了社会秩序,有力配合了土地改革和抗美援朝运动,为全面大规模的经济建设提供了良好社会环境。

建立新民主主义经济秩序

没收官僚资本归国家所有是建立国营经济的重要前提,也是建立新民主主义经济的重要步骤。1949年1月15日,中共中央发出《关于

---

① 《潘自力在中共陕西省第一次代表大会上的工作报告》(1954年7月),陕西省档案馆编:《中共陕西省委文件选编》(1950—1966)第1册,1996年,第78页。

接收官僚资本企业的指示》,提出了接收官僚资本企业的“三原”[①] 方针。4 月 25 日发布的《中国人民解放军布告》指出:凡属国民党反动政府和大官僚分子所经营的工厂、商店、银行、仓库、船舶、码头、铁路、邮政、电报、电灯、电话、自来水和农场、牧场等,均由人民政府接管。也就是说,每解放一座城市,军管会就派出军事代表,接管官僚资本企业。陕西经济发展较为落后,省内的官僚资本企业不多,主要分布在西安、咸阳、宝鸡等陇海铁路沿线城市,汉中、渭南等地只有极少的官僚资本企业。5 月 16 日,西北局批准西安市委《关于接管方针及军事代表工作的决定》,规定西安等地接管工作的基本方针政策是一般不打乱国民党所属各种官僚资本企业的原来机构,实行自上而下地整套接管。

在接收官僚资本企业过程中,省委、省政府依靠企业中的工人群众,围绕恢复和发展生产的中心任务,一方面责成原有企业负责人办理移交清点手续,一方面发动工人群众积极配合对官僚资本企业的改造改组。在接收工作开始时,接收小组深入工人家庭,召开各种形式的职工座谈会和企业职工大会,广泛宣传党的政策,动员工人群众协助和支持人民政府接收该企业。接收清点委员会也吸收一定数量的工人代表参加,由他们和接管人员共同审查和清点企业财物,检举揭发隐瞒和破坏行为。

截至 1949 年 9 月,全省没收了一批官僚资本企业,在金融方面主要是没收中央银行西安分行、中国银行西安分行、交通银行西安分行、中国农民银行西安分行等 10 余家金融机构及其在 22 个县设立的分支机构。在民用工业方面主要是没收雍兴实业公司及其所属蔡家坡西北机器厂、面粉厂、纺织厂、虢镇酒精厂、精业纺织厂、咸阳纺织厂、西安皮革厂、西京机器厂、和丰面粉厂、陇县煤矿、汉中电厂等 10 余家企业。在军工企业方面主要是没收整染厂、制革厂、装具厂、汽车修配厂、修械厂等。在商业方面主要是没收中国农业供销公司、中国石油公司西安营业所和晋福煤炭公司等。在交通运输方面主要是没收西安铁路局、陕西公路局及

① “三原”,即“原职、原薪、原制度”。原职是指对被接收企业中的厂长等,只要不是反动分子就让其继续担任原来的职务;原薪是指对原管理者原来的实际工资标准、等级和实行多年的奖励制度、劳动保险制度等保持不变;原制度是指对原企业中的各种组织及制度,照旧保持,不任意改革和宣布废除。

所属企业，接管铁路451公里、公路3998公里、公路运输车辆977辆，还接管了西安机场、咸阳机场、榆林机场、汉中机场和安康机场。通过没收官僚资本企业，国民经济中关系国家经济命脉、关系国计民生的行业都掌握到人民政府手中，为恢复国民经济、巩固新生人民政权奠定了物质基础。

在接收官僚资本企业后，全省对这些企业进行民主改革和生产改革，组建新民主主义性质的国营经济。雍兴实业公司改组为西北人民纺织建设公司，陕西企业公司改组为关中企业公司，同官煤矿改组为国营煤矿，国民党政府在陕西的数十家金融机构及其分支机构，改组为中国人民银行领导下的银行分支机构。陕西省和西安市所属县、区都建立了工商业行政管理机构，逐步确立起决定社会经济性质和发展方向的国营经济的领导地位。根据1951年初政务院颁布的《关于没收战犯、汉奸、官僚资本家及反革命分子的财产的指示》《企业中公股公产清理办法》，全省没收了境内汉奸、战犯、官僚资本家及反革命分子的企业及其财产，清理了隐藏在私人资本主义企业中的官僚资本股份，并作为国有股份以参股渗股方式留给原私营企业使用，原私营企业按股向国家缴纳税利，这部分私营企业开始具有公私合营的性质。

新中国成立前后，全国各地货币市场极度混乱，国民党中央银行发行的金圆券大幅贬值，商家和居民拒绝使用，国民党统治时期恶性通货膨胀的影响仍在延续，不法投机商趁机兴风作浪，黄金、银元、外币等充斥市场，导致物价飞涨、经济秩序混乱。

针对猖獗的银元投机行为，人民政府成立人民银行，建立人民币市场和管理机构，加强对黄金和银元的管理，坚决稳定货币市场。1949年5月25日，西安市军管会发出第二号布告，确定以中国人民银行发行的人民币为本币，所有物价、账务、纳税以及公私往来均须以人民币为计算支付手段，一切公用事业一律收兑人民币。同日，中国人民银行西安市分行成立，设点收兑银元，宣布240元人民币兑换1元银元。6月，陕甘宁边区政府和西安市军管会先后颁布《管理私营银钱业暂行办法》《管理银洋暂行办法》《金银管理暂行办法》，明确规定凡金块、金条、金叶、金沙、银块、银条、银锭、元宝、金银首饰及其他杂质金银，准许私人自行储存,不准流通和买卖,可向人民银行及其代办所兑换人民币使用。随着城市接管工作的推进,各地军管会和人民政府开展人民币信誉宣传,宣布金圆券为非法货币,限期禁用;人民币为唯一合法货币,一切买卖、贷款、薪资、赈款一律使用人民币,拒用者以破坏金融罪论处。1950 年 1 月省政府成立后,立即发出《关于打击金银贩子、消灭黑市、加强缉私工作的指示》。宝鸡、榆林、南郑等地打击投机倒把,取缔金融黑市,加强缉私工作。全省城乡发动拒用银元、维护人民币活动,黄金、银元、铜元退出了流通领域,人民币的信誉不断提高。

除用行政手段打击不法投机资本外,人民政府还着力解决货币与物资供应的矛盾,通过掌握足够的粮食和纱布来稳定市场、控制物价。西安市从 1949 年 5 月底到 12 月底物价数次上涨,12 月比 5 月初上涨 54 倍,其中粮食 12 月比 11 月上涨 68%、棉花上涨 30%。西安市物价的波动,引起全省物价多次连锁上涨。1950 年 1 月,安康市大米每市斤 0. 071 元,到 2 月上涨到 0. 15 元、上涨 111. 26%,3 月上涨到 0. 213 元、上涨 200%。2 月下旬,西安市 60 种商品的平均物价较 1949 年 12 月底又上涨 243%,其中 14 种食品的平均价格上涨 381%。物价持续大幅上涨严重干扰了社会生产流通的正常秩序,降低了群众生活水平,成为恢复和发展国民经济的首要障碍。在中央政府的帮助和支持下,陕西省和西安市政府克服种种困难,从各方面组织和调集大量粮食、棉纱、棉布、煤炭等人民生活必需物资,当物价上涨猛烈时,由国营商业部门在西安、宝鸡、咸阳、汉中等主要城市敞开抛售,对工厂、学校等非供给制单位进行平价配售,控制市场行情,迫使投机商人把囤积的粮食、煤炭、棉布等物资平价出售,引导物价涨势回落。西安市 1949 年六七月物价上涨期间,市贸易公司抛售食用油 3 万吨、面粉 3 万袋、布 1700 匹、煤炭 900 吨,对贫苦工人和 8 万多公教人员实行优先购货,保证他们的基本生活需求。宝鸡市贸易公司购回棉布 5000 多匹、棉纱 2800 余捆、纸张 1. 8 万刀、面粉 3. 5 万余袋、肥皂 5 万余条、火柴 200 箱,有计划地有针对性地及时投放市场,保证了城镇居民的生活需要,维持了社会经济秩序稳定。

在稳定金融秩序和市场物价的同时,各级人民政府积极发展国营和供销合作商业,巩固和加强国营商业在商品流通领域的主导作用,严格市场管理，打击不法商人。截至1950年底，全省共设立国营专业批发公司及分支机构248个，农村供销合作社462个。各级政府还进行了工商业登记和资本清理工作，统一管理市场。到1951年7月，66个县市登记私营工商户6.33万家，资金2784万元，从业人数16.75万人。咸阳所辖各县工商业行政管理部门，整顿和改造旧社会遗留的一些交易所、行栈，对大肆抢购棉花的"利兴花行"等数家行栈、商店给予经济处罚和行政处理。西安、宝鸡还开展摊贩登记改组工作，有55%的摊贩经审核批准营业，不符合条件的转到其他行业。西安市查处面粉、纱布、石油、糖、皮革行业的投机商61户、非法经纪人70多人。南郑、渭南、大荔查处套购、倒卖粮食的不法商人14人。咸阳制定"市场商品价格由各行各业会议制定"的价格政策，对商品实行明码标价。省政府先后颁布《市场管理》《取缔市场投机商》等条例和办法，各地相继成立粮、棉、干鲜菜、山货等市场管理委员会，逐步加强市场管理工作。全国范围内"银元之战"和"粮棉之战"的胜利，有力打击了不法投机资本，初步稳定了城市物价和金融秩序。

1950年1月，中央人民政府在全国发行人民胜利折实公债①，加快货币回笼，减少财政赤字和物价波动，为恢复国民经济筹措部分资金。2月13日至25日，第一次全国财经会议召开。3月3日，政务院作出《关于统一国家财政经济工作的决定》，构建了以集中统一为基础的全国性财经管理体制雏形。中央随即发出通知，要求各级党委必须用一切办法保障政务院决定的实施。省委、省政府紧急行动，精简整编党政机关和人员，压缩行政管理费用和其他不必要的费用，节约开支；建立编制委员会与物资清理调配委员会，清理仓库库存，盘活存量物资；建立粮款国库制度和收支预决算制度，加强财政资金管理；严格执行政务院财经政策，征收农牧、工商和国营企业收入等五大类税，增加财政收入。这些措施的有力落实，保证了陕西地方财政的收支平衡。

在各级政府和全省人民群众的共同努力下，统一财经工作取得明显

---

① 人民胜利折实公债，是指新中国成立初期人民政府为回笼社会游资而采取的一种特殊公债形式，发行对象主要是工商业者。

成效，实现了财政收支、现金收支、物资调拨的基本平衡，通货膨胀得到有效遏制，物价渐趋稳定，为安定人民生活、恢复和发展工农业生产创造了必要条件。

开展生产救灾

由于战乱破坏和国民党统治时期横征暴敛，新中国成立初期，陕西经济十分落后。农村生产力水平低下，城市经济萧条，工业基础薄弱，人民生活困苦不堪。1950 年春，全省多地发生水、旱、雹、虫等自然灾害，关中地区的泾河、渭河、洛河、灞河沿岸各县，大荔分区所属各县、陕南汉水流域、川陕公路两旁以及陕北榆林一带，均出现了比较严重的灾情。蒲城一些农村近 10% 的人家无粮，泾阳敬中区三乡 306 户中有 116 户无粮，华阴五区六乡古城村 216 户中半数以上无粮。据不完全统计，全省受灾群众约 70 余万人、缺粮人口约 216.4 万人①。积极领导人民克服困难、战胜灾荒成为省委、省政府面临的突出问题。

1950 年 2 月 20 日，省委发出《关于当前中心工作任务的指示》，提出全省要“以生产救灾为中心”，除在匪情较严重的陕南巴山地区仍着重开展剿匪肃特等工作外，其他各地均须立即转入以生产救灾为中心的工作。各级党委要动员所有力量，发动与组织群众进行生产救灾，使一切劳力和物力都投入到生产和再生产中去。要整修水池，修补田垄，防治虫害，组织各种副业生产。要宣传生产致富，畅通农村借贷和土改中坚决不动中农等项政策②。24 日省政府发出救灾指示，要求各级政府“必须立刻将自己的工作转入以生产救灾为中心”。

3 月 27 日，省政府发出《关于生产救灾工作的指示》，要求各地积极开展生产自救，组织群众度过春荒。随后，省政府连续发布有关借贷、新解放区土改、农业生产中的雇佣和减租等政策的布告，省级机关抽派 637 名干部分赴各地宣传借贷、雇佣、出租、土改等政策，消除农民顾虑，引导群众敢于把所需物力投入生产和再生产。同时，积极帮助生产，坚

① 《陕西省人民政府六个月施政工作报告》，1950 年 8 月 13 日。
② 《群众日报》1950 年 2 月 27 日。

持依靠贫雇农、团结中农,发放救济粮、农业贷款,收购土产山货,开展以工代赈,整修水利,组织农民变工互助与互济互借,开辟副业生产门路,促进农业生产恢复。全省自上而下大力开展生产节约运动,响应"节约一粒米"号召,严禁宰杀耕牛、熬糖、酿酒,提倡春节不送礼不请客,婚丧等事务力求俭朴原则。据统计,关中、商洛等 34 县贷出粮食 553966 市石[①],黄龙安置难民 2282 户、共 9175 人,向灾区发放救济粮 28725 市石,发放扶助生产贷款折粮 21 万市石,发放小型水利贷款数百万元,扶助副业生产贷款折粮食 40476 市石,移民垦荒养活近万人[②]。

在省委领导下,经过 5 个月生产救灾,群众生活困难的局面大有好转,群众生产积极性逐步高涨,开垦了 110 多万亩荒地,仅渭南、咸阳 20 个县就扩大棉田 31.5 万亩。通过整修渠道,洛惠渠扩大灌溉面积 10 万亩,泾、渭、黑、沣四渠及陕南汉、褒、湑三渠新增灌溉面积 16.4 万亩,在关中适宜打井灌区修水井 6 万眼。全省人民基本度过了灾荒,新建的各级党组织经受住了考验,既展示了新生人民政权的动员组织能力,也展现了人民政权为人民的宗旨,使人民群众在切身实践中感受到新制度的优越性。

四、开展抗美援朝运动

成立领导机构和订立爱国公约

1950 年 6 月 25 日,朝鲜内战爆发。26 日,美国调动其驻日本的空军和海军部队入侵朝鲜,派遣其驻菲律宾的海军第七舰队侵入台湾海峡。27 日,美国总统杜鲁门发表声明称,台湾"未来地位的确定,必须等

① 市石,市制容量单位和重量单位。作为容量单位时,1 市石等于 100 市升,相当于 0.1 立方米。作为重量单位时,称市石,也称石。在关中一带,一石相当于 300—400 斤,因为一石等于 10 斗,1 斗粮有 30 斤的,也有 40 斤的。根据国务院 1977 年 5 月颁发的《中华人民共和国计量管理条例(试行)》规定,"市制"计量逐步被淘汰。

② 《陕西省人民政府六个月施政工作报告》,1950 年 8 月 13 日。

待太平洋安全的恢复、对日和约的签订或经由联合国的考虑"①。从8月27日起，美军飞机不断侵入中国领空，对我国境内目标进行侦察、轰炸和扫射，造成人民财产损失和人员伤亡。在多次严正警告和反复权衡利弊后，应朝鲜政府和金日成首相的请求，10月上旬，中共中央作出"抗美援朝、保家卫国"的战略性决策。8日，毛泽东发布命令，组建以彭德怀为司令员兼政治委员的中国人民志愿军。19日，中国人民志愿军进入朝鲜战场。25日，陕西各界发表联合声明，拥护全国各民主党派联合宣言，积极开展抗美援朝、保家卫国运动。12月，驻陕中国人民解放军第十九兵团奉命赴朝作战，陕西人民欢送子弟兵出征。

1951年2月25日，省委作出《关于开展抗美援朝运动的决定》，要求各级党委广泛进行时事教育和爱国主义教育，开展"仇视、鄙视、蔑视"美帝运动。3月，全省传达中国人民保卫世界和平反对美国侵略委员会（简称"抗美援朝总会"）关于普及抗美援朝运动的指示，从省到县成立各级抗美援朝分会。4月5日，省委指示各地集中力量开展宣传抗美援朝五一大示威。西安市回族老人王莲如不识字，但在亲邻的帮助下积极宣传抗美援朝运动，发起签名活动，短短几天动员2730人签名，成为全市闻名的"和平勇士"。陕北盲艺人韩起祥带领盲人训练班学员走村入户说书宣传，动员群众签名拥护和平公约。经过广泛宣传发动，5月1日当天，西安40万群众举行庆祝五一抗美援朝爱国示威大会和游行。在五一期间，全省834.38万人参加了游行示威，898.77万余人签名拥护和平公约，921.54万余人投票反对美国武装日本②。全省基督教、天主教、道教和佛教教徒也踊跃参加抗美援朝爱国运动，1.3万名基督教、天主教徒签署"三自"③革新宣言，表示与美帝断绝一切关系。

在朝鲜战场上，人民志愿军浴血奋战，捷报频传。省委积极组织志愿军回国代表团、赴朝慰问团和志愿军英雄模范赴各地作报告，把志愿

① 陶文钊主编：《美国对华政策文件集（1949—1972）》第2卷（上），世界知识出版社2004年版，第44—45页。

② 中国人民抗美援朝总会宣传部编：《伟大的抗美援朝运动》，人民出版社1954年版，第1182—1186页。

③ "三自"，即自治、自养、自传。

军的英勇事迹和辉煌战绩传达给全省人民，干部群众受到了强烈的爱国主义教育。1951 年 10 月 28 日，西安各界召开悼念大会，追悼在战场上光荣殉职的西安机务段司机刘敦高（湖北武汉人）、新华社随军记者郭普民（陕西留坝人）两位烈士。中共中央西北局、西北军政委员会、西北抗美援朝总分会筹委会以及陕西省、西安市党政机关、人民团体等各界送来花圈、挽联表示哀悼。西北抗美援朝总分会筹委会、中国人民赴朝慰问团第一分团、西安铁路分局、志愿军战斗英雄、烈士家属代表分别在会上发言，激发了各界对美帝国主义的仇恨，增强了人民同仇敌忾抗美援朝的决心。

1951 年 12 月 3 日至 9 日，陕西省抗美援朝分会筹备委员会第一次代表会议在西安召开，成立陕西省抗美援朝分会，主席张凤翙。12 日至 19 日，西北区抗美援朝会议召开，通过《关于继续加强抗美援朝工作的决议》，成立西北抗美援朝总分会领导机构，主席杨明轩。西北抗美援朝总分会和陕西省抗美援朝分会的成立，推动了西北地区和陕西省的抗美援朝运动不断形成热潮。

订立爱国公约是人民群众在抗美援朝运动中的创造，把人民群众抗美援朝、保家卫国的爱国热情与实际行动结合起来，用公约的形式加以强化和巩固，使爱国主义教育不断具体化。1951 年 2 月 2 日，中央发出《关于进一步开展抗美援朝爱国运动的指示》，把“发起订立爱国公约”明确为爱国运动的中心内容之一。全省各级党委认真落实中央指示，突出各地重点，分类推广制定爱国公约活动。城市主要是增产捐献和按期纳税等工作，农村主要是秋收、秋种、缴粮、卖棉存棉、土改、查田定产、冬季生产等工作。西安市工商联还召开时事座谈会，讨论通过抗美援朝、保家卫国的共同意见，制定五项爱国公约[①]，号召全市工商业者一致守信，以实际行动抗美援朝、保家卫国。在省委和省政府的领导下，各级抗美援朝分会积极组织，年底全省普遍订立了爱国公约。

---

① 五项爱国公约，即贡献一切力量，支援抗美援朝保家卫国的志愿行动；认清敌友，坚定立场，消除一切恐美思想，驳斥美帝战争贩子及蒋匪帮散布的谣言，并制止匪特造谣，严防匪特活动；协助政府稳定物价，检举囤积居奇、投机倒把和扰乱金融的不良分子；加紧生产，沟通物资，增强我们的战斗力量；加强时事学习，使每个工商业者在思想上对美帝侵略罪行，建立明确的认识。

在订立爱国公约的过程中，全省群众将抗美援朝运动与生产劳动紧密结合，开展爱国主义劳动竞赛。1951年1月至3月，关中蒲忠智等10个互助组以及陕北王家坪、郝家桥等模范村带头订立爱国生产计划，向全省互助组和农民发起竞赛倡议。5月11日，兴平县张明亮互助组带领全县47个互助组向全国各互助组发起夏收、夏选爱国生产竞赛的倡议，得到全国8400多个互助组响应①。在张明亮互助组影响下，关中有2000多个棉农互助组参加爱国保棉竞赛，全省有7.2万多个互助组订立生产计划。全省广大工人积极向马恒昌、郝建秀学习，创造出许多高效、快捷、节约的生产方法，涌现出大批先进集体和个人。西北国棉四厂工人孟天禄创造了“钢丝机工作法”，宝鸡新秦公司印染厂工人罗五妞等创造了“甲二落纱工作法”，西北第一机器厂工人李柴祥创造了“铸型工作法”等。新技术新方法的大量推广和运用，提高了劳动效率，激发了职工生产热情，促进了国民经济发展。

通过爱国主义劳动竞赛，全省人民生产积极性、创造性和技术水平普遍提高。1952年，全省粮食总产量39.75亿公斤、棉花146.8万担，全省工业总产值达到4.79亿元，比1949年增长73.2%。不仅支援了抗美援朝战争，而且加快了全省国民经济的恢复和发展，有力地推动了各项社会改革。

掀起捐献和参军参战热潮

1951年6月1日，抗美援朝总会发出《关于推行爱国公约、捐献飞机大炮和优待烈军属的号召》，7日印发《关于捐献武器支援中国人民志愿军的具体办法的通知》，要求全国各阶层开展捐献飞机大炮活动，全省干部群众积极响应。

为了减轻农民负担，省委提出在城市开展捐献飞机大炮，在农村开展“快缴粮、缴完粮”和“卖棉存棉”活动，把群众的爱国热情引导到长期增产节约与日常生产竞赛中。全省工人加班加点生产，用实际行动贡献力量。农民踊跃缴纳爱国公粮，有些地方还缴清前两年尾欠的公粮。

① 甘一飞在陕西省抗美援朝第一次代表会议上的报告，1951年12月8日。

募捐活动开始后，各地纷纷制订宣布捐献计划，并积极实施。西安市工商界发起“人人献出一日工资，尽自己力量参加爱国捐献运动”的号召。到志愿军入朝作战一周年前夕，西安市工商界共捐款 170.48 万元，提前半年完成捐献 10 架战斗机的计划，增献 1 架“志愿军英雄号”战斗机。西安大华纺织厂职工用节约的钱款捐献“大华职工号”战斗机 1 架。11 月 10 日，宝鸡市也提前和超额完成捐献战斗机 1 架、大炮 1 门的任务。

广大文艺工作者通过多写稿、多书画、多演出、多展览等方式，筹资捐献飞机大炮。爱国艺术家常香玉率领西安香玉剧社演职人员，从 1951 年 8 月 7 日到 1952 年 3 月 4 日前往全国各地义演 178 场，用演出收入的 15.2 万元捐献“香玉剧社号”战斗机 1 架。她还率剧组赴朝慰问志愿军，成为闻名全国的支前模范。

在捐献运动中，各阶层群众表现踊跃。户县农民杨直光自愿捐献祖传的两个金元宝，西安市政协委员王竞秋捐献金条 10 两，赵寿山夫人捐款 1.4 万元。西北军政委员会委员高桂滋把自己在西安和北京约 90 间房子卖掉，捐献战斗机 1 架。全省各民主党派、社会团体、宗教界爱国人士，也都纷纷用实际行动表达爱国热情。

到 1952 年 5 月底，全省捐献人民币 322.22 万元，折合战斗机 21 架，超过原计划 2 架。西安市捐献人民币 302.68 万元，折合战斗机 20 架，超过原计划 3 架。

为加速国防建设，在“抗美援朝、保家卫国”的号召下，1950 年 12 月，中央人民政府人民革命军事委员会和政务院作出关于招收青年学生、青年工人参加各种军事干部学校的决定。据统计，陕西省大、中专学校超过半数的学生报名，先后录取了 2977 人，比原计划多 97 人，超额完成招生任务。1951 年，西北局和西北军区先后 3 次向陕西省下达补充扩大兵员 8 万人的任务。到 10 月底，全省报名参军人数达 10 万余人，许多地方涌现出父替子报名、兄弟争相入伍、欢送的青年中途要求参军等感人事迹，人民群众普遍受到深刻的爱国主义教育。

全省广大工人、农民、学生在踊跃报名参加志愿军的同时，还积极加入支前运输和医疗战勤等工作。从 1950 年 10 月至 1952 年 5 月，陕西为入朝作战的第十九兵团补充兵员 3.1 万余人，零星调补赴朝部队人员

600余人，为志愿军组建5个补训团1.3万余人，代训汽车司机、卫生员900余人。西安铁路分局先后有39批1500多名职工赴朝修筑铁路，担负运输任务，立功受奖91人次。电务段青年工人杜函模先后4次立功，荣获朝鲜民主主义人民共和国二级战士荣誉勋章。西安车辆段工长郭翠孚、宝鸡机务段司炉工王学礼、眉县车站信号工丁大荣、潼关车站行车助理刘延禄等11人在朝鲜战场上献出了宝贵生命。

开展拥军优属和增产节约

在抗美援朝运动中，全省各地人民群众给志愿军和朝鲜军民捐送大量慰问品和慰问金。1950年底，榆林、绥德、延安、商洛等地宰杀肉牛1000头加工成牛肉干送往前线。许多群众特别是青年学生主动与志愿军将士通信，互相勉励、共同进步。到1953年7月，全省寄给志愿军将士慰问信10.48万封，各类慰问品365.2万件，锦旗700多面，书刊3.8万多册，慰问金和救助朝鲜难民资金54.6万多元。为转达陕西人民对前线志愿军的关怀和敬意，1951年到1953年，陕西各界选派代表和文艺工作者先后三次参加中国人民赴朝慰问团，通过赠送慰问品、举行演出、召开座谈会和看望伤病员等形式慰问志愿军和朝鲜军民。

为解除志愿军后顾之忧，全省开展了形式多样的拥军优属工作，生活上照顾、政治上重视烈军属成为各级党政组织和群众的共识。对生活困难的烈军属户及时补助实物和资金，对烈军属子女在升学就业上给予优待，农村普遍采取包耕代耕帮助他们解决生产困难。每逢春节、八一建军节及志愿军出国作战纪念日，全省各级党组织都开展慰问烈军属和志愿军伤病员等活动。1953年1月15日至2月15日，全省开展拥军优属运动月活动。省抗美援朝分会、省民政厅邀请西北行政区及省党政军机关（团体）等27个单位组成大型慰问团，分赴宝鸡、华阴荣军疗养院及高陵、灞桥、凤翔等志愿军休养院慰问。党和政府的关心爱护和帮助，有效激励了烈军属自强自立，积极参加生产，不少人成为劳动模范，全省涌现出长安县吕鲜艳等308名模范军属。

拥军优属工作既凝聚了全省人民团结一致的力量，又鼓舞了前方志愿军的战斗士气。志愿军将士英勇杀敌，不怕牺牲，许多人在前线立功受奖。全省先后有 3482 名优秀儿女在抗美援朝战场上献出宝贵生命，涌现出特等功臣杨育才、郝兴文、蔡兴海、卢耀文、苏世英、郭正喜、彭福礼、罗沧海和一等功臣杨树华、蔡金同等一大批战斗英雄。在金城战役中，勉县籍志愿军副排长杨育才率领侦察排突袭南朝鲜军精锐部队“白虎团”团部，缴获李承晚授予该团的虎头旗，为金城反击战胜利作出突出贡献，志愿军总部为其记特等功，授予他“一级战斗英雄”称号。杨育才的事迹后来被搬上银幕，电影《奇袭白虎团》就是以他的事迹为原型创作的。在上甘岭战役中，洛南籍志愿军班长郝兴文带领全班连续炸毁美军两个火力点，打退 16 次反扑，歼敌 500 余人，荣立特等功，被授予“二级战斗英雄”称号。在上甘岭战役中，泾阳籍志愿军副班长蔡兴海带领班里战士先后 7 次打退美军冲击，歼敌 400 余人，创造了“小兵群战法”，并很快被推广到整个上甘岭战场，他与黄继光、邱少云等一起被记功授奖，荣立特等功。耀县籍志愿军战士郭正喜与战友一起打退美军 4 次进攻，炸毁地堡 5 个，击毙 10 多人，荣立特等功。陕西籍志愿军战士在朝鲜前线的事迹感人肺腑、可歌可泣，充分体现了伟大的抗美援朝精神[①]。

与此同时，全省人民还开展了增产节约运动。1952 年 2 月至 4 月，志愿军归国代表团和朝鲜人民访华代表团来陕西作报告 60 余场，全省人民受到极大鼓舞。西安大华纱厂职工给毛泽东写信，汇报工厂增产节约计划，12 月 21 日，中央办公厅复信，勉励大华纱厂全体职工团结一致，为胜利实现增产节约计划而奋斗。西安市在增产节约生产竞赛中涌现出 1462 名劳动模范和一批先进工作小组。1952 年全省工人超额完成增产节约任务 185.2%。在农村，各地农业生产互助合作组织积极开荒种地、修渠挖井、改良农具、推广农业生产新技术，提高生产效率。商洛农民在抗旱中提出了“打井挖渠为增产、多收粮食抗美援朝”的口号，整修水渠 449 条，打井 400 多眼，保障农业生产。

---

① 抗美援朝精神，即祖国和人民利益高于一切、为了祖国和民族的尊严而奋不顾身的爱国主义精神；英勇顽强、舍生忘死的革命英雄主义精神；不畏艰难困苦、始终保持高昂士气的革命乐观主义精神；为完成祖国和人民赋予的使命、慷慨奉献自己一切的革命忠诚精神；为了人类和平与正义事业而奋斗的国际主义精神。

1952年1月,美国公然违背国际公约,在朝鲜战场和中国东北地区对中朝军民投放细菌武器,实施惨无人道的细菌战。按照中央部署和省委安排,全省开展了防疫运动(后称“爱国卫生运动”)。长安县大部分地区实行“三防三净”[①],修建牲口棚,实行人畜分居,1952年底被评为全国卫生模范县。1953年,全省共捕鼠1002.15万只,灭蝇蛆987吨,清除垃圾807.67万吨,改建厕所26.67万座。到1953年底,占全省人口82%的1077.39万人接种了牛痘。随着爱国卫生运动的深入,全省蚊蝇鼠害明显减少,传染病发病率下降,讲卫生、爱清洁成为多数人的自觉行动。

1953年7月27日,《关于朝鲜军事停战的协定》正式签订。8月2日,西北区、陕西省和西安市抗美援朝分会联合在西安革命公园召开大会,庆祝朝鲜停战协定签字,各界群众代表4300多人参加。至此,抗美援朝运动在陕西基本结束。

在抗美援朝运动中,全省人民受到了一场生动的爱国主义和国际主义教育,政治觉悟明显提高,民族自尊心和自信心进一步增强,精神面貌发生了深刻变化,人民群众由此激发出的爱国主义热情成为恢复和发展国民经济、推动各项社会改革的巨大动力。

---

① “三防三净”,即防蝇、防蚊、防虫,街巷院落净、厨房厕所净、衣服被褥净。

第二章

完成土地改革和各项民主改革

全省各级人民政权基本建立和社会秩序初步稳定后，中共陕西省委迅速在新解放区开展以土地改革为中心的各项民主改革，彻底废除封建剥削经济制度，肃清残存在城市居民和工矿企业中的封建势力，培育工人群众当家作主的意识。同时，宣传贯彻《婚姻法》，坚决取缔卖淫嫖娼、贩毒吸毒、设庄赌博等旧社会遗毒，开展扫盲和知识分子思想改造运动，荡涤旧社会的一切污泥浊水，实现了社会生活各个方面的深刻变革。

一、新解放区土地改革运动

准备新解放区土地改革

封建土地制度是造成农民贫穷和农业生产落后的总根源，废除封建土地制度、建立农民土地所有制是新民主主义经济纲领的主要内容。与全国其他省份相比，陕西突出的特点是新老解放区并存。早在抗日战争和解放战争时期，陕甘宁边区已经先后完成了土地改革。从 1948 年至 1950 年 2 月，黄龙地区解放较早的黄龙、宜君、宜川、洛川、黄陵 5 个县也完成了土地改革。这些老解放区、半老解放区的主要任务是巩固土改成果，恢复发展经济，开展各项建设。

与老解放区、半老解放区的土改任务不同，新解放区首先是剿灭股匪和发动农民开展反霸斗争，建立以农民群众占优势的基层民主政权，为土改准备必要的政治条件。同时，开展减租、减息和退押等工作，减轻农民经济负担，促进农业生产尽快恢复，建立完善农民协会等组织，提高农民群众的政治觉悟，为实现土改准备组织和群众条件。新中国成立后，陕西土改主要是在新解放的关中地区和陕南地区进行，任务是结合实际贯彻“依靠贫农、雇农，团结中农，中立富农，有步骤有分别地消灭封建剥削制度，发展农业生产”的政策。根据全省统一部署，关中地区的土改涉及关中新解放区的 41 个县（市）、670 万人口，陕南新解放区的土改涉及 30 个县（市）、440 万人口，榆林分区的土改涉及长城以内汉族居住的 8 个半区、12 万人口。

1950 年 6 月《中华人民共和国土地改革法》颁布前后，为了在新解放区有步骤地开展土改，省委部署和进行了一系列准备工作。

一是开展土地占有情况调查。根据党的七届三中全会和全国政协一届二次会议精神，省委组织干部深入调查全省土地占有情况。结果显示，新解放区土改前，陕北地区（老解放区、半老解放区除外）占农村总人口 3% 的地主占有 15%—20% 的耕地，5% 的富农占有 20% 的耕地，25% 的中农占有 25%—30% 的耕地，60% 的贫农占有 30% 的耕地，5% 的雇农及 2% 的其他居民共占耕地 5%。关中地区（不含西安市）1% 的地主占有土地近 4%，4%—5% 的富农占有土地 10% 左右，40% 的中农占有土地 50%，50% 的贫农占有土地 30% 左右，3% 左右的雇农占有土地不到 1%。西安市郊区占农业人口 3.4% 的地主占有 8.8% 的土地，占农业人口 32.13% 的富农、中农占有 46.65% 的土地，占农业人口 45.37% 的贫雇农占有 27.11% 的土地。陕南新解放区的土地占有比较集中，有不少地区的地主占有 80% 以上的土地，贫农占有不到 20% 的土地，有的地区地主人均占有耕地是贫农人均占有耕地的 15 倍。

从调查情况看，陕北地区地广人稀，地主占有土地面积较大，陕南次之，关中人口稠密，地主相对占有土地面积较少，地主阶级依靠土地地租和高利贷盘剥农民。地租通常占产量的一半左右，高的则达到 60%—80%。高利贷剥削也比较严重，而且名目繁多，有利上加利的“驴打滚”、隔夜计息的“黑到明”等形式。“农民对于土改的要求是很迫切的，希望经过土改能够摆脱封建的剥削和压迫，分得一定数量的土地。”① 对实际情况的深入调查，为分析阶级状况和制定土改政策提供了重要依据。

二是实行减租减息政策。1950 年 1 月 11 日，省政府决定在新解放区农村发动群众开展反霸斗争，实行减租减息，主要是减租，目的是从经济上反对地主阶级的地租剥削特别是地租之外的额外剥削，既调动农民的生产积极性，又尽量减少出现社会动荡。

在陕南新解放区，主要是开展反霸减租试点。新中国成立后，土匪、恶霸与反革命分子相互勾结，趁人民政府忙于生产救灾和民主建政，散布谣言、蛊惑群众、煽动暴乱、抢劫掠夺。1950 年 9 月，省委、省政府首先在南郑、安康、商洛分区开展反霸减租试点，探索实际工作经验。各地普遍成立农会，由当地干部、驻军指战员、农村积极分子、学校教员组成工作组（队），深入群众宣传中央、西北军政委员会和省委、省政府关于反霸减租减息政策，争取各方面的理解和支持，打击反动顽固势力。到年底，在陕南新解放区开展减租的 29 个县、2121 个乡中，被减租户 1.1 万多户，减租粮 47.3 万斤、退佃粮 358.8 万斤，12.9 万户农民获益。安康县黄洋、高林、心石 3 个区的 407 户农民，减租稞 5.52 万斤。汉中、西乡等 14 个县 200 多个乡，农民群众减租退押稻谷 3425 万斤。通过试点减租减息，农民经济负担大幅减少，购买力普遍提高，各地犁铆等农具生产销售呈现不断活跃态势。

在关中新解放区，则是普遍进行减租减息。1950 年春节前后，关中新解放区开始减租试点工作。6 月 20 日，省政府印发《陕西省新区农村减租暂行办法（草案）》，明确地主、富农、庙宇、祠堂、寺院、教会以及机关团体、工商业家在农村出租的土地，按原定租额实行“二五”减租 37.5%，即原交租一市石者减去二斗五升；出租人所得租额最高不得超过全年土地收获量，超过者应减至 37.5%，如果不足，则按减租后租额收租，不得增加；合伙种地租额按原租额减去 10%—20%，出租人所得最多

① 马明方：《陕西省人民政府六个月施政工作暨今后土地改革和一般工作任务的报告》，1950 年 8 月 23 日。

不得超过全年收获量的40%。安庄稼[①]租额不得超过全年收获量的50%；凡在县人民政府成立之日前的欠租，一律免交；废除旧租约，订立新租约，出租人不得额外多取，承租人亦应按照新约缴租。对残酷盘剥农民的高利贷实行“一五减息”（借贷一律按1.5%计息），即“在解放前农民向地主、旧式富农所借旧账，一律按月息分半计算清债（即每元每月付息一分半）”。27日，省委发出《关于新区减租工作的指示》，强调减租“是发动与组织农民，提高农民的阶级觉悟，削弱封建势力，为土地改革准备足够的条件的一个极其重要的步骤，除已完成土地改革的地区外，所有其他区域，包括当年秋收后准备实行土地改革的地区在内，均须依照省人民政府所颁新区农村减租暂行办法，实行减租”，要求减租必须在群众发动起来的基础上进行“开好区乡农代会、村农民大会，在这些会议上，宣传政策，讨论减租办法是发动群众进行减租的良好办法，各地应予采用。在这一工作中，既要反对只发布一纸命令，或由农会给佃户下一‘减租条子’等形式主义、又须反对代替包办的恩赐观点；更不得对农民施行强迫命令。同时还须教育干部认真学习减租政策，坚决按照政策办事”。

根据减租试点经验和省委、省政府要求，新解放区各地、县（市）、区抽调干部组成工作组，深入农村宣传减租减息政策，发动农民开展减租减息，有效减轻了佃农的租额负担。如长安县农民减租粮92.56万公斤；凤县减租粮27.6万公斤，废除债务人民币30.51万元、铜元2.96万文、银元1.08万元、银两2288两；长武县3146户农民减免所欠租粮73.8万公斤、银元1993.5元。

减租减息政策的实施，初步调整了新解放区农村封建的不合理分配制度，地主退回了雇农所缴的高额押金，减轻了农民租额负担，初步改善了农民生活，农民也加大了生产生活资料投入。同时，农会、青年团、妇联、民兵等群众组织的相继建立，农民的政治优势在乡村开始形成，为土改、社会改造创造了必要的物质基础和思想基础。到1951年底，全省减

---

① 安庄稼，也称招门客，出租人除出租土地及全部生产工具、籽种、肥料外，也借给承租人粮食、窑、房等，土地上的收获物按比例分配。

租减息工作基本结束。

三是制定土改政策。1950 年 3 月 1 日，省政府颁发《关于新区土地改革政策中的几个问题的布告》，明确了新解放区土改的具体规定：凡未进行土改地区，地主和富农的土地仍归地主、富农所有，并准许其雇人经营或出租，但不得因逃避土改而私相授受或隐匿、出卖；土改时对地主仍分给与农民同样数量、质量的一份土地，使之从事生产，获得生产能力与生活出路；对于富农，征收其土地占有的多余部分，其余土地仍归富农自己所有；无论土改前或土改中，对地主、富农所经营的工商业及作坊等一律保护，不受侵犯；在土改时中农（包括富裕中农在内）的土地、耕畜、农具及一切其他财物等完全不动；贫农、雇农应与中农巩固地结成同盟，以彻底完成土改的任务；当年内凡地主与农民间的租佃关系，应按政府法令自行减租、缴租，不得违犯；当年内不论农民或地主凡自己耕种或雇人耕种的土地，其地面一切作物，应归农民或地主、富农自己收获（即谁种谁收）。在土改时地主、富农的此项收获，也不没收或征收。5 月 12 日，省委常委会专题研究土改干部培训问题，决定在全省培训 2100 名土改干部，具体推动土改工作。

7 月 20 日召开的中国共产党陕西省第一次代表会议，全面部署了土改工作。8 月 1 日至 7 日召开的陕西省第一届农民代表大会，讨论了新解放区土改及非土改区减租反霸、剿匪肃特和扩大农会等工作。8 月 13 日至 23 日召开的陕西省第一届各界人民代表会议，审议通过了在新解放区开展土改的决议，明确了土改的路线、方针和政策。9 月 20 日，省政府土地改革委员会成立，主任委员马明方，下设办公室负责日常工作。

四是开展土改试点。根据省委部署，全省从 1950 年 8 月底开始土改试点，主要是在关中地区的长安县杜曲八乡、渭南县三乡、凤翔县陈村三乡、武功县长宁四乡、岐山县周原六乡和眉县五区四乡等 6 个乡进行。具体有 4 个步骤：第一步是宣传政策，掌握情况，初步发动群众整顿组织。土改工作组下乡后，通过反复讲解和宣传政策，引导群众全面了解土改的目的、政策、方法等，消除思想障碍。在此基础上整顿农村组织，纯洁农会领导成分和扩大农会组织，发现和培养土改积极分子，形成土改基本工作力量。第二步是民主划分阶级,查实土地占有情况。土改工作组向群众讲明划分阶级成分的原则与方法,经过讲、评、通过、批准4个环节,具体划分每户的阶级成分。土改试点的6个乡共定地主成分32户,占总户数的0.99%。第三步是依法没收征收,公平合理分配。农民协会将没收征收来的土地分配给无地少地的农民,方法是以乡为单位,将全乡应没收征收的土地与应分土地户的原有土地相加计算,得出每人应分土地的标准,然后在各户原耕地的基础上,按抽多补少、抽肥补瘦的原则予以分配。对没收的耕畜、农具、多余的粮食和房屋(被称为“四大财产”)的分配,按“填坑补缺”原则进行。第四步是健全各种组织,巩固既得成果,动员布置生产。通过整顿和加强乡村政权,巩固和扩大乡村组织及土改成果,引导农民发展农业生产。在土改试点期间,西北局、省委还就土改的一些具体政策问题先后下发通知、通报、说明和意见等,及时指导土改。9月中旬,土改试点工作结束。

10月4日至7日,省委召开关中地区6个乡土改试点工作总结会议,交流总结试点工作经验。会议认为,在整个土改运动中应该始终贯彻依靠贫农、雇农,团结中农,中立富农,有步骤、有分别地消灭封建剥削制度,发展农业生产的路线。这次会后,省委调派大批干部组成土改工作队,深入农村宣传政策,启发群众觉悟,培训积极分子,组织农民协会,划分阶级成分,开展说理斗争,分配胜利果实,开始了陕西历史上一场规模空前的土地改革。

全面展开新解放区土地改革

1950年10月至1952年6月,在全面总结土改试点工作经验教训的基础上,省委在关中新解放区和陕南新解放区有计划地分批开展土改,基本方式和过程是四个步骤:首先,宣传政策,发动群众,建立农民协会。其次,查实土地面积,评定阶级成分。再次,废除封建债务,没收征收地主的土地及其他财物,公平合理地分配给农民。最后,巩固和建立各种农村基层组织,选举乡政权。

在关中新解放区,土改分两期进行。1950年8月,省委、省政府制定《陕西省关中地区土地改革实施办法(草案)》《关中地区土地改革实施办法》。10月，抽调2万余人组成土改工作队，深入关中新解放区农村宣传政策、发动群众，开展土改。10月25日、11月15日，省政府先后批准宝鸡、咸阳、渭南专区和长安县成立土地改革委员会。

1950年11月到1951年1月，第一期土改涉及824个乡、220万人口。据25个县448个乡的统计，在土改中没收征收土地409300多亩，分配给64716户，得到土地321652人，其中贫雇农占55%。66741户农民分到耕畜4118头、农具57675件、房屋22144间、粮食5125市石、棉花5210斤，占人口大多数的贫雇农第一次拥有了自己的生产生活资料。

1951年1月到1951年5月，第二期土改在1246个乡、340多万人口中分两批进行。第一批471个乡于4月初完成，第二批775个乡到5月完成。1.4万余名土改干部参加，平均每个乡10人左右。在土改中，46万余户、202万人口分到335.6万亩土地（约占总耕地面积的12%），其中雇农中的82%、贫农中的49%和中农中的7.1%均分得土地。土改后，占农民总人口44.2%的贫农、雇农拥有了34.6%的耕地，每人平均占有耕地3亩左右。贫苦农民在土改中分得房屋24万余间、宅基地和晾晒场4.9万亩、耕畜4.25万头、农具167万余件、粮食3.9万市石、棉花13.6万斤、家具130多万件。同时，废除了封建债务，包括粮食122万市石、银元63万余元。经过土改，70余万户、326万人获得经济利益，占农民总人口的51%①，农村的土地占有情况发生了根本性变化。

在西安郊区，1950年11月14日开始土改试点，到1951年5月25日全面结束，历时193天。针对城市郊区土地关系比较复杂、许多土地同城市工商业联系紧密以及土地的非农化用途突出等问题，西安市郊土改委员会依据《土地改革法》和《城市郊区土地改革条例》，抽调干部161人组成工作队下乡开展工作。经过宣传政策、整顿农会、划分阶级等工作，共没收征收土地43727亩、房屋1402间、牲畜311头、粮食126487斤、大车115辆、大小农具16524件，8442户、40026名贫苦农民分得土地37638亩，人均0.94亩。

---

① 《陕西省一年来工作概况》，1951年12月。

陕南地区山大林深，人口分散，交通不便，社会情况复杂，土地较少而且集中，佃农较多，山货、副业收入占农业收入的20%以上，有些地方甚至达到50%。针对这种情况，1951年9月6日至14日，省委召开地委书记联席会议专题研究，要求坚决执行土改政策，力求公平合理，注意照顾原耕户；对地主的竹林、森林、茶山、木耳林等，凡适合农民经营的，均应妥善地分配给农民；平川地不征收富农的出租土地，山区富农出租的土地经调研后确定具体政策。

陕南新解放区土改分两期进行。从1951年10月开始，第一期在29个县1043个乡、200多万人口中进行，工作方法、步骤等基本与关中新解放区相同。由于群众工作细致深入、执行政策稳妥，1952年2月顺利完成。据760个乡的统计，共没收、征收土地77.32万亩，没收房屋19.4万间、耕畜2.3万头、农具60万件、粮食14.11万市石，占总人口80%以上的贫苦农民分得土地等生产生活资料。1952年2月29日，省委召开联席会议总结陕南第一期土改工作、研究部署第二期土改，要求商洛、安康、南郑3个专区限期完成土改。

1952年春节后，陕南新解放区第二期土改开始。这期土改的696个乡大部分是山区，工作组进入深山密林，采取召开家庭会、院场会、个别谈话等方式，开展思想发动和政策教育，培养、教育和使用乡村积极分子，组织群众追回被转移的土地和财产。各县把土改与农业生产相结合，要求干部下田办公，从解决群众的生产生活困难入手，具体开展土改工作。7月底，陕南新解放区第二期土改完成。据两期土改1242个乡的统计，50.81万户、226.21万人分得土地191.39万亩，其中贫雇农绝大多数都分到了土地。土改后，贫、雇农人均占有耕地1.2亩，是当地人均占有土地数的84%。中农拥有的土地比土改前增加45%。此外，农民分得房屋37.57万间、庄基和场基1.51万亩、牲畜1.7万头、农具117.76万件、粮食30.18万市石、棉花40.9万斤、家具9.4万件。清除了封建债务，包括粮食25.66万市石、银元18.06万元。获得土地财物等经济利益的农民，占总人口的76%[①]。

---

① 《陕南土地改革基本总结和今后农村工作任务》，1952年6月1日。

榆林专区长城以内的8个半区56个乡从1951年11月开始土改，1952年2月完成。没收征收799户地主富农的土地财产，其中土地43.1万亩、房屋3441间、耕畜468头、粮食1114市石、农具1371件、树木4065棵、家具1858件，分配给无地或少地的5.4万人，平均每人8亩。同时废除了大部分农民的封建债务，包括细粮392.8市石、银元17.1万元。

经过有步骤的分期分批土改，全省780万无地少地的贫困农民分得了1080万亩的土地。全省雇农和贫农人均占有耕地约4亩，其中关中为3亩左右、陕南为1.2亩、榆林为8亩。农民土地所有制的确立，有力地解放了农村社会生产力，为农业的恢复发展奠定了坚实基础。

查田定产与土地改革复查

为了进一步巩固和扩大土改成果，全省开展了查田定产[①]工作。1951年7月，财政部公布《农业税查田定产工作实施纲要》，详细规定了查田定产的步骤和方法。9月，马明方在《关中土地改革工作的总结和土地改革后的农村工作任务》报告中提出："关中地区在今冬明春，须妥善处理土地改革中遗留的问题，查实田亩，评定产量，确定地权。"在西北军政委员会的指导下，陕西查田定产工作分两批进行。关中地区从1951年冬到1952年春进行，陕南地区从1952年冬到1953年9月进行。

1951年冬，渭南、咸阳、岐山、长安、南郑、商县、汉阴等17个县、8个区开展查田定产试点。1952年8月8日，省政府印发《关于查田定产工作计划》，省、县（区）成立查田定产委员会和乡（村）农业税调查评议委员会，全省抽调2万多名干部进行短期专门培训，10月中旬下派到查田定产地区开展工作。全省查田定产工作分4个阶段。

第一阶段，梳理政策落实成效，开展查漏补缺。各地党组织和政府

① 查田定产，指查清土地亩数、划分土地类别、评定土地等级和土地产量，并定实常年产量的工作。这是新中国成立初期贯彻农业税依率计征，达到合理负担，以鼓励农民积极生产的重要措施。

宣传政策，发动群众，整顿基层组织，处理土改遗留问题。在处理土改遗留问题时，各地补订了一批土改中漏划的地主成分，改订少数错划的地主成分，依法没收分配补订地主的土地和财产。

第二阶段，实地丈量土地，消除纠纷和矛盾。省政府统一制发清理丈量土地使用的量具、训练技术人员，在丈量中采用平川普遍丈量、山区抽查丈量与个别评议相结合的办法，查实农村所有土地、房产，解决农民之间关于土地、庄基、债务等纠纷。据 34 县 8 区统计，较土改时土地数量多丈量出 420 万亩。同时，本着团结互助、有利生产的原则，通过商量、讨论和调解，妥善解决了土地、庄基、债务等纠纷 12.8 万余件，消除了矛盾、增强了团结，为农民公平合理地负担税赋奠定了基础。

第三阶段，确定土地等级，评定常年产量。评等定产是查田定产最重要的一环。为防止出现偏差，全省各地采取分步实施的办法，一是自下而上评定土地等级。在乡调查评定委员会领导下，根据土地自然条件、经营条件和一般种植习惯，经过实地勘察和群众讨论，再确定等级。二是自上而下调查确定产量。经过乡、区联评，由县根据历年征粮评产情况，典型调查和一般调查材料及积极分子、劳模、农民座谈会的发言，制订初步定产方案，提交县查田定产委员会或县政府、县人代会讨论通过，再以乡为单位公布，报西北军政委员会核准定案。

第四阶段，颁发土地证和房屋所有证，确定农业税征收基准，做好民主建政工作。根据省政府《颁发土地房产所有证及收费办法》和转发的《西北区颁发土地房产所有证暂行办法》，各地有计划地逐户颁发省政府印制的土地证、房屋所有证，依法确定产权，以法制形式保障和巩固土改成果。

结合查田定产工作，各地普遍开展民主建政和整顿农村基层组织工作，普遍建立乡级人民政权，选举产生乡政府及乡长、副乡长、委员，通过民主选举和群众评价干部的方式鉴别和教育干部，并整顿健全农村的农会、共青团、妇联、民兵等组织，加强农村领导力量，从政治和组织上巩固土改成果。

土地改革是一场深刻的社会革命，是社会关系和社会体系的彻底改造。但是，在完成这个艰巨繁杂的历史性任务过程中，由于土地面积广阔、干部力量分散、群众发动不够深入、生产季节转换等原因,加之一些地区的封建势力未能彻底消灭,有些地方对地主的经济清算不够彻底,出现了漏划地主、按政策应该没收的地主财产未能没收、土改成果分配不公平等问题,有的地方还发生允许征收富农的出租土地的问题,保存富农经济的政策没有真正全面贯彻落实。

为纠正阶级成分漏划或错划以及土改成果分配不公等突出问题,从1951年开始,全省分五步进行土改复查。一是了解情况,展开宣传、发动群众,对地主反扑进行严肃斗争。二是补充没收,纠正错划的阶级成分,确定地权。三是发扬民主,展开批评,整顿群众组织。四是处理土改遗留问题,调整土地,分配山林,发放土地证。五是动员农民发展生产,支援国家建设。据关中25个县统计,共补订漏划地主1078户,纠正错订地主31户。到1953年秋,土地复查工作全部结束。

随着土改的逐步完成,全省农村发生了巨大变化。首先,农村土地关系发生了根本变化。延续了两千多年的封建土地制度被彻底废除,农民梦寐以求的“耕者有其田”“居者有其屋”的愿望在共产党的领导下得以实现。经过土改,广大农民不仅获得了土地,还分到了大批其他生产资料,标志着中国共产党一成立就确定的反封建历史任务的完成,为新中国建立后经济的恢复发展和社会事业进步奠定了坚实基础。其次,农民政治地位得到提高,组织队伍迅速扩大。土改中新出现的积极分子有10余万人,新提拔的乡、村干部9万多人,受到锻炼的乡、村两级干部有27.3万余人。这些干部和积极分子成为人民民主政权的可靠支柱。再次,农民生产积极性提高,农村生产力得到解放。许多地方出现了农民自发组织的变工互助,掀起农业生产的热潮。长安县徐家寨的农民农历正月初三就下地劳动,通过变工互助,5天完成了全村1200亩耕地的施肥任务,比往年快了12倍。全省粮食总产量1951年较1950年增长了14.5%,棉花总产量较1950年增长了71.6%。

陕西土地改革全面贯彻了中央的决策部署,符合全省实际。土地改革之后,党和人民政府在群众中的威望大为提高,工农联盟进一步巩固,为恢复和发展国民经济、开展社会主义改造和大规模经济建设提供了良好前提条件。

二、民主改革和社会改造

工矿企业民主改革

工矿企业的民主改革是伴随着土地改革进行的一项重要社会改革。陕西经济社会落后，大中型工矿企业不多，且封建色彩较重。新中国成立后，为迅速接管城市官僚资本企业，采取了“原封不动、一律包下来”的政策，但封建把头势力与职员和工人对立、机构不适应和经营管理落后等问题没有解决。在西安大华纱厂中“一贯道”分子及国民党特务、“三青团”骨干、尉级以上旧军官有1000余人，占全厂工人总数的30%以上。这些反动人员有的伪装进步，混进共产党或青年团内，有的把持基层工会组织，在工矿企业内利用封建和帮会关系拉拢群众、打击积极分子、破坏生产经营活动，压制了工人的政治和生产热情，影响了工人当家作主的地位。

1950年初，中央对城市和工矿的民主改革作出整体部署，要求各地加强调查研究、培养积极分子、放手发动群众，引导工人群众分清敌我，从思想和组织上提高工人阶级的纯洁性。同时，政务院发布《关于废除各地搬运行业中封建把头制度暂行处理办法》，要求清除隐藏在企业内部的反革命分子和封建残余势力，废除各种官僚资本统治时期遗留下来压迫工人的制度。7月中旬，全省煤矿区、石碴厂、搬运业相继开展了反封建把头斗争，废除了大部分封建把头制度，78名较大的封建把头被管押或经过教育改造后继续参加生产。

1951年10月14日，省委发出《在公私营厂矿中发动群众开展民主改革运动的指示》，明确提出民主改革的基本内容和目的是充分发动工人群众，彻底打垮封建残余势力，为发展生产与逐步实现经济核算而努力。省委一方面在工矿企业建立健全党、团、工会组织，抽调干部深入企业调查研究，培训职工中的积极分子。另一方面放手发动和依靠职工群众，坚持“分清敌我、区别对待”的方针，向群众进行宣传，讲明民主改革的目的,启发工人自觉组织起来参与民主改革。在具体开展中,首先,改革企业的领导机构。在思想动员和弄清情况的基础上清除劣迹昭著的反动分子,调整不适合留在原职工作的人员,抽调得力干部担任厂长或经理,负责企业的经营管理,发现和培养工人和职员中的积极分子,逐步把他们提拔到各级负责岗位上来。其次,建立工厂管理委员会。根据1950年2月28日政务院财经委员会《关于国营、公营工厂建立工厂管理委员会的指示》,由工人选举出与企业行政人员同等数量的代表共同组成工厂管理委员会,对全厂重大的经营管理进行决策,实行民主化管理,从根本上保证企业的社会主义性质和劳动者在企业中的主人翁地位。再次,肃清封建残余势力。主要是破除旧企业残留下来的压迫和奴役工人的搜身制、封建把头制、包工制和不合理的处罚等管理制度,要求一切有问题的人老实交代自己的历史,以减免罪责或卸下包袱。再通过工人控诉和揭露梳理封建把头、坏分子、小把头和包工头,按正常和实际情况进行分类处理。同时,处理妨碍生产发展的反动封建迷信组织,激发职工劳动热情。比如,同官煤矿通过民主改革,工人生产积极性提高,生产效率大幅增长,产量提高90%以上,涌现出陈玉舜安全生产模范小组。再次,进一步消灭剥削关系。在消除封建把头、包工头剥削的同时,与资方协商初步调整改革极不合理的工资和奖励制度,试行八级工资制和计件工资制等,建立按劳分配制度。最后,消除职工队伍内部的对立现象。利用召开团结会、批评会、控诉封建残余分子罪恶等形式,教育工人群众认清过去为了找依靠、保饭碗参加帮派,反而受帮派头目压迫和剥削的事实,明确只有依靠共产党和人民政府、依靠工人阶级的团结,才能真正翻身解放、搞好生产、改善生活。经过这些工作,引导职工群众认清了帮派对立的根源和危害,感情上逐渐融洽、生产上团结互助,逐步建立起民主团结协作的新型关系。

在企业民主改革的基础上,1952年下半年开展生产改革。主要是建立健全企业管理机构,建立生产和技术管理责任制度,实行计划管理,逐步制定合理的生产定额,开展劳动竞赛和清产核资,建立健全经济核算制度等。各国营厂矿以生产为中心整顿劳动组织,建立新的劳动制度和劳动组织,把一批在生产上有经验、在群众中有威信的工人和职员提拔到生产和行政管理岗位上,企业的各级领导权逐步掌握到工人阶级手中。经过生产改革,适合生产需要的民主管理制度初步建立,广大工人群众当家作主、搞好生产的积极性得到调动,工业生产恢复取得显著成绩。

宣传贯彻《婚姻法》

婚姻制度是整个社会制度的重要组成部分,改革封建婚姻制度是民主改革和社会改造的重要方面。新中国成立后,在总结革命根据地和解放区改革旧婚姻制度经验的基础上,党和政府着手改革延续了几千年的封建婚姻制度。1950 年 5 月 1 日,中央人民政府颁布施行《中华人民共和国婚姻法》(以下简称《婚姻法》),这是新中国成立后制定的第一部法律。《婚姻法》以调整关系为主,明确规定"废除包办强迫、男尊女卑、漠视子女利益的封建婚姻制度。实行男女婚姻自由、一夫一妻、男女权利平等、保护妇女和子女合法权益的新民主主义婚姻制度"。省委、省政府十分重视《婚姻法》的宣传施行,要求各地党委政府采用办民校、读报组、黑板报以及集会等方式,在全省城乡开展大规模的宣传活动,号召广大妇女群众以《婚姻法》为武器,同封建婚姻、家庭里的封建势力及各种不合理现象作斗争。1950 年 10 月召开的陕西省第一次妇女代表大会,把"废除一切束缚妇女的封建传统习俗,贯彻《婚姻法》,为建设新陕西及妇女解放而斗争"写入组织章程。

1951 年 11 月 21 日,省政府发出《关于贯彻婚姻法的指示》,要求有计划地组织所有干部学习《婚姻法》,联系实际教育干部结合中心任务大张旗鼓地、普遍深入地宣传《婚姻法》,对正在处理或尚未处理虐待妇女的、或干涉婚姻自由以致一方受到伤害或死亡的案件,要依法坚决处理。省妇联要求各级妇联积极保护妇女的合法权益,解除封建恶习给予妇女的痛苦和不合理的婚姻,扫除阻止妇女参加社会活动的封建习俗。1952 年"三八"国际妇女节期间,陕西省和西安市妇联联合开展《婚姻法》宣传活动。省妇联联合有关单位组成婚姻问题宣传调查组,深入渭南县的两个乡宣传《婚姻法》、开展婚姻问题调查,西安市妇联组织宣讲员在省人民文化馆讲解、宣传《婚姻法》,南郑县妇联与文化馆等部门联合举办《婚姻法》图片展。通过宣传《婚姻法》和批判落后的婚姻观念，旧的婚姻理念开始瓦解，出现了自由登记结婚的新现象。比如，商洛专区处理了童养媳、虐待妇女案 7994 件，安康专区 23 个县的 19487 名童养媳获得解放。许多妇女改变旧观念，将工作积极、劳动好、学习好作为择偶条件。安康县琉璃乡戴季富、方凤英自由结婚后订立爱国公约和生产计划，两人白天一起劳动，晚上一起学习。群众羡慕地说："自由结婚真好，不误活、不花钱，两口子和气又勤快，娘老子不操心。"

《婚姻法》是以调整婚姻关系为主的法律，涉及作为社会细胞的家庭关系调整，社会各界都十分关注。但由于经济社会发展不平衡，各地在贯彻中也出现了一些问题，有的干部对《婚姻法》认识上有偏差，有的对贯彻工作抱着怀疑和漠不关心的态度。为此，1952 年 9 月，政务院印发《关于检查婚姻法执行情况的指示》，省政府随之组织检查组分赴陕北、关中、陕南检查宣传贯彻情况，各专区、县党政和有关部门也组成检查组分赴基层。从检查情况看，通过宣传贯彻《婚姻法》，群众特别是妇女群众的思想觉悟有了很大提高，包办、买卖、早婚、虐待等现象明显减少，社会气象焕然一新。据 35 个县的统计，登记结婚的 1950 年有 3247 对、1951 年有 10491 对、1952 年上半年有 14591 对，这些人中相当一部分是自愿自主登记结婚。登记离婚的 1950 年有 2626 对、1951 年有 4273 对、1952 年上半年有 5868 对。据统计，从 1951 年 10 月至 1952 年 7 月，人民法院受理了 87 个县（市）婚姻案件 20766 起、占民事案件总数的 81%，各地出现了解除包办婚约、寡妇改嫁等现象。但是，有些地方特别是农村包办婚姻、早婚和妇女被虐待或因婚姻问题自杀、被杀等现象依然存在。

为加大宣传贯彻力度，1953 年 1 月，省委制定《陕西省贯彻婚姻法实施方案》，成立陕西省贯彻婚姻法运动委员会，主任委员甘一飞，抽调干部与西北区贯彻婚姻法运动委员会在咸阳县等 83 处开展贯彻工作试点。2 月 4 日，政务院发出关于贯彻婚姻法的指示，提出在全国范围内（少数民族地区和尚未完成土地改革的地区除外）开展大规模的宣传和检查《婚姻法》执行情况的群众运动，从根本上摧毁包办强迫、男尊女卑的封建婚姻制度，树立男女平等、婚姻自主的新民主主义婚姻制度。

2月6日，省委确定3月为贯彻《婚姻法》运动月，并印发《关于进一步贯彻婚姻法的宣传提纲》和辅导材料，要求机关干部、学校师生、工厂工人学习文件和检查思想，成为《婚姻法》的切实执行者与宣传贯彻者。17日，省委向各地委、县（市）委发出《宣传贯彻婚姻法运动月中必须注意的几个问题》，要求各地根据当地情况采取各种形式，以真人真事宣传新婚姻制度的好处，揭露封建婚姻制度的害处。同时，随时掌握群众思想动态，严防自杀、被杀或借故报复等现象发生，坚决反对强迫命令、急躁粗暴的做法，严防反革命分子的破坏活动。根据省委要求，各专区、县（市）积极训练工作干部和宣传员，全省训练基层干部和积极分子30多万人，46个县训练县级宣传员骨干8009人。

全省《婚姻法》宣传月分三个阶段进行，即动员和学习阶段、培训宣传队伍阶段和开展宣传教育、结合实际解决问题阶段。各地组织群众认真学习《婚姻法》，围绕提倡婚姻自主、反对包办买卖、正确选择对象、认识早婚害处、建立幸福美满家庭等问题，举办辅导会、作报告等，收到了良好效果。武功县召开县、乡两级干部专题会议，县委书记亲自动员，县委办公室印发4种800多份宣传资料，县上的报纸、电台开辟专栏，全县城乡成年人中的80%受到婚姻法教育。县人民法院配合婚姻法宣传，公开审判涉及婚姻的案件。贞元、杜寨乡共有成年男女青年12381人，接受婚姻法教育的就有11752人，占成年人总数的95%以上。在宣传月期间，武功县有3对青年男女自由恋爱结婚，7名寡妇改嫁，公判离婚案件15起，3对包办婚姻解除了婚约。省贯彻婚姻法运动委员会派出两个宣传队到关中、陕南27个县的农村，通过放电影、演戏曲、图片展等形式宣传《婚姻法》。新编眉户剧《梁秋燕》批判了封建买卖婚姻的陈规陋俗，宣传了婚姻自由主题，以群众喜闻乐见的形式，生动鲜活地配合了《婚姻法》的宣传，深受老百姓好评。通过形式多样的宣传，“全省100个县、市的城市和5425个乡的广大农村，都按预定步骤进行了一个月左右的工作”，“贯彻中央‘坚持教育’的方针，使婚姻法在多数地方达到了家喻户晓，并在部分地区达到了深入人心的目的”[①]。

---

① 《陕西省贯彻婚姻法运动总结》，1953年5月18日。

经过广泛深入地宣传贯彻，新的婚姻制度逐渐建立，婚姻自主基本实现，童养媳现象基本消灭，虐待现象普遍减少，新型的婚姻家庭关系逐步建立。改革封建婚姻制度，从根本上动摇了封建婚姻制度和旧有家庭关系的根基，触动了旧的传统思想观念和伦理道德，社会风气发生很大变化，妇女特别是农村妇女的社会地位得到很大提高。

司法改革

1952 年 5 月，最高人民法院、司法部组织四个工作组分赴华东、中南、东北、西北、华北等地开展调查，发现接收的原司法人员中大部分存在旧的法律观点和司法作风。为了提高思想认识、纯洁司法队伍，经中央批准，政务院政法委员会决定从 1952 年 6 月开始在全国司法系统开展司法改革，目的是推动各级人民司法机关“从政治上、组织上和思想作风上纯洁起来”，内容是“反对旧法观点和改革整个司法机关”，指导方针是“思想改造与组织整顿相结合”。

从 1952 年 7 月至 12 月，在西北局和省委领导下，陕西各级人民法院开展了反对旧法观点、旧司法作风、整顿法院组织的司法改革。7 月 20 日，省人民法院在西安召开司法改革工作座谈会，传达上级司法改革会议精神，着重讨论陕西省司法工作的组织建设和思想建设。8 月 16 日，省政府发出的《关于领导进行司法改革运动的指示》提出，在“全省 789 名司法干部中有旧司法人员 132 名，此外还有参加过特务组织、敌伪党、团的骨干分子，逃亡地主、敌人特刑庭的书记官，保、镇长等，也混入了人民司法机关。以致产生刑讯逼供、错杀好人、冤狱好人、贪污受贿，以反动的六法[①]观点与旧衙门作风，对待人民司法工作。因此在某些地区严重脱离了人民群众，造成极不良的影响”[②]。8 月 27 日，陕西成立司法改革委员会，主任委员毛凤翔。同月，西安市成立司法改革委员会，

① 六法，指国民政府时期六个门类的法律法规汇编。目前学界有不同说法，主要观点有两种：民国初立法采用“民商分立”原则，六法有宪法、民法、刑法、商法、民事诉讼法、刑事诉讼法之说；1929 年后立法采用“民商合一”原则，六法有宪法、民法、刑法、民事诉讼法、刑事诉讼法、行政法之说，后者为学界主流观点。

② 《关于领导进行司法改革运动的指示》，1952 年 8 月 16 日。

市长方仲如兼任主任委员。各专区、县（市）也先后成立司法改革委员会或司法改革小组。省检察署也向各专区、县（市）署发出《整顿检察组织及干部思想》的指示。

8月10日至9月底，榆林、商洛、南郑3个法院分院和南郑、宝鸡2个市法院以及宝鸡、岐山、榆林、商县、华县、潼关、渭南、三原、铜川、户县等10个县法院进行司法改革试点，西北局、省级机关和试点县（市）所在专区抽调干部组成6个工作组，深入关中9个试点县（市）进行重点督导。在总结司法改革试点经验的基础上，10月27日，陕西省司法改革委员会下发《关于全面开展司法改革的计划》，11月，全省司法改革全面开展。

全省司法改革分三个阶段。第一阶段是学习文件提高认识。针对司法人员对司法改革存在的各种模糊认识，各级司法机关组织学习中央《关于废除国民党的六法全书与确定解放区的司法原则的指示》、政务院《关于加强人民司法工作的指示》等文件和陕西省人民法院编印的学习材料，消除思想顾虑，澄清思想认识。第二阶段是发动群众检举揭发，公开纠正和改判错案。通过召开干部会、积极分子会、群众座谈会等形式，在内外结合暴露问题中批判错误思想、纠正错案。据统计，全省解放三年来共受理民事、刑事案件102094件，在司法改革中查实有问题的7555件，完全错判的1116件，判决不当的1588件，错关押的349件354人，贪赃枉法、受贿、敲诈的260件，拖延处理的1062件，告而不理的297件，刑讯逼供的301件，对诉讼人强词夺理、态度蛮横的628件。结合检举揭发问题，选择典型案例公开纠正和改判错案，“挽回了在群众中所造成的不良影响，消除了旧法观点与旧衙门作风在群众中的市场。群众从本质上认清了人民法院与一切反动法院的区别，一致反映：‘法院判错了案子还能改，并向老百姓认错，真是活了几十年没见过的事’”[①]。第三阶段是整顿和组织处理。按照区别对待的政策，对不宜做司法工作的132名旧司法人员另作安置，补充了117名老干部、工农积极分子、青年干部和妇女干部，纯洁了法院干部队伍。同时，清理了积案，合理处理了一些长期无法弄清的案件。1952年12月底，陕西省司法改革工作

① 《陕西省司法改革工作总结报告》，1953年1月15日。

结束。

经过司法改革，党和政府在人民群众中的威信得到巩固提高，与人民群众的关系进一步密切，司法人员普遍改变了陈旧观念和官僚衙门作风，提高了素质和办事效率，初步明确了走群众路线的审判方向，逐步树立起人民司法公平、公正的形象。但由于历史条件的限制，司法改革也存在着对旧法观点批判不深、某些工作过头等不足。

扫除旧社会痼疾

吸毒贩毒、卖淫嫖娼、设庄赌博等封建制度下的社会痼疾摧残人民健康，腐蚀人民灵魂，毒化社会环境。新中国成立后，党和人民政府把铲除社会毒瘤、净化社会环境、树立健康进步文明的社会风尚作为民主改革的重要任务。

1950 年 2 月 24 日，政务院发布《关于严禁鸦片烟毒的通令》，要求各省、市、县人民政府迅速成立禁烟委员会，广泛开展禁毒宣传，深入发动群众检举揭发种烟、制毒、运毒、吸毒的一切违法犯罪行为，在全国范围内开展一场铲除鸦片烟毒的人民战争。4 月 23 日，省委发出《关于铲除各地烟苗的指示》，要求广泛宣传禁烟政策，铲除罂粟苗改种田禾。4 月 28 日，省政府颁发《查烟毒禁吸烟毒布告》，号召各界人民积极检举种、运、售、吸烟毒等不法行为，以期彻底肃清。6 月 1 日，省委就马栏子午岭两侧山区群众偷种罂粟一事，给延安地委、绥德地委发出《关于制止群众偷种大烟指示》，要求抽派干部深入检查，向群众讲明禁烟政策和禁烟好处，动员群众自行铲除。

为了让广大群众切实感受到人民政府禁烟禁毒的决心，形成强大的社会舆论，1950 年 9 月 30 日，西北军政委员会检察署、司法部和最高人民法院西北分院等单位在西安革命公园举行焚毁没收烟毒大会，社会各界代表 2000 余人到场监督，当众焚毁大烟土 11146 两、毒品 312 两、罂粟壳 2735 公斤。10 月 18 日，省政府颁布《陕西省禁烟禁毒暂行办法》，要求各地设置禁烟禁毒委员会，揭发敌特谣言，申明政府决心，发动群众铲除罂粟苗，订立公约；组织缉私队，结合剿匪缉捕贩运、售卖、制造、贮藏烟毒者；登记瘾民，限期戒除；表扬奖励缉私和检举制、贩、售、贮、吸烟毒的有功人员。

11 月 1 日,省政府成立禁烟禁毒委员会,主任韩兆鹗。在省禁烟禁毒委员会领导下,全省结合剿匪工作广泛开展了宣传和禁烟禁毒工作。西安市将焚烟照片和禁烟宣传标语制成幻灯片在电影院轮流放映,文教团体制作禁烟禁毒壁报、画报张贴宣传。秦腔剧作家范紫东创作《禁烟歌》,讲述鸦片的侵入及鸦片战争的耻辱历史,历数烟毒危害,力劝烟民戒烟自新。路禾父、杨伯伦、韩述之等知名人士发表《劝戒烟戒毒书》《动员群众肃清烟毒》《我对根绝烟毒的一些意见》等文章,宣传禁烟禁毒政策及好处。宝鸡、咸阳等地组织工作组深入山区向群众讲明种植、吸食鸦片烟毒的危害,动员群众自觉铲除罂粟苗。凤县、宝鸡、岐山、眉县、留坝、佛坪等县 29 个山区乡的群众,共铲除罂粟苗 11470 多亩。太白山区剿匪部队结合剿匪工作分块包干,利用一个月时间铲除太白山区全部罂粟苗 1.1 万亩。榆林地委针对分区北部地区群众大量种植罂粟的情况,先后三次发出指示,提出具体查禁办法,并派干部组成禁烟工作组,配合榆林县进行查禁。

1951 年 4 月 3 日,省政府颁布《陕西省禁烟禁毒惩治办法》,规定贩运、制造、售卖、贮藏烟毒者,分别处以死刑、无期徒刑、十年以上有期徒刑等,没收物品并处罚金,凡种罂粟苗者应自动铲除;制造、贩运、买卖烟毒,能向政府坦白悔改并交出违禁物品者,可免予处罚。5 月,省政府颁发《陕西省禁烟禁毒实施办法》,规定“凡有烟毒嗜好者,应即向政府申请登记,限期戒除,年在 45 岁以下,逾期仍未戒除,强制集中戒除。各县(市)应以市为重点,逐渐推及全面。在农村结合生产改造烟民”。

6 月 3 日,西安市在新城广场公开审判一批制造、贩卖毒品的罪犯,当场处决大毒犯 2 人,当众焚毁烟土 1458 两及一大批烟壳、青皮、烟枪、制毒机器。安康查封烟馆和赌场 33 个,打击大烟贩子 64 名,至 1951 年底共破获烟毒案 62 起,处理吸食毒案 35 起,没收大烟土 490 两。汉中先后查获毒品 1485 两,设立戒烟所,有 258 人完全戒掉毒瘾,宣判 122 名贩毒分子,没收其非法暴利 470 多万元,当场焚烧烟毒 3873 两和大批毒具,对其中罪大恶极的 3 人处以死刑。宝鸡市成立戒烟所帮助 1237 人戒毒。商县先后烧毁大烟土及烟棒子 632.67 两和部分烟具,查出案犯 406 人,逮捕处理 30 人。在各地党委政府的领导和人民群众的支持下,禁烟禁毒工作取得显著成效。

1952 年 5 月 21 日,政务院再次发布《严禁鸦片烟毒的通令》,要求各级政府有重点地开展群众性反毒运动,彻底粉碎制毒、贩毒的犯罪分子及反革命分子的阴谋,根除旧社会的恶劣遗毒。根据省委《关于禁毒行动的指示》,8 月 10 日晚,宝鸡、南郑、渭南、潼关等禁毒重点城市统一行动,将大毒犯全部逮捕。12 月,省公安厅又在宝鸡、渭南、榆林、安康 4 个专区的 17 个城镇开展肃毒运动。经过全省人民的努力,到 1952 年底,全省禁烟禁毒工作取得全面胜利,旧社会肆虐的种植、制造、贩卖、吸食烟毒的恶行基本禁绝,社会环境得到净化,受到群众广泛称赞。

新中国成立后,取缔妓院、荡涤旧社会遗留下来的污泥浊水是人民群众的迫切愿望。1951 年 4 月,西安市各界人民代表会议制订《封闭妓院准备工作计划》,市政府按照计划进行摸底调查。6 月 24 日,市政府制定《关于封闭妓院及处理妓院老板、妓女、茶役等工作方针》。26 日凌晨,市公安局、民政局、妇联、卫生局等部门统一行动,查封全市妓院,扣获老板、鸨儿、领家 410 人,集中妓女 642 人,茶役、干娘 228 人,老板家属 428 人,拘留嫖客 149 人,查获现金 1576.6 万余元及大量金银首饰和银元等。1951 年 5 月,咸阳封闭所有妓院。

各地妓院相继封闭后,妓女被解救到教养院,她们百分之百染有性病,重症者达 90% 以上。人民政府积极组织有经验的医生,用当时昂贵稀少的特效药盘尼西林等为其治疗,帮助大部分人员身体痊愈。

在开展妓女教育和改造中,各地通过个别谈话、召开小型诉苦会和放映《姊姊妹妹站起来》《白毛女》等电影,帮助她们认识到自己的不幸是万恶的旧社会造成的,老板、鸨儿、领家是她们不共戴天的仇人,引导她们转变思想,提高阶级觉悟。在抗美援朝运动中,为了积极响应捐献飞机大炮的活动,西安市教养院正在接受改造的学员们纷纷捐出自己的金银首饰,70 多名学员还自己编导了节目上街义演,将所得收入全部捐献。各地还开办了劳动习艺所,组织她们参加生产,掌握劳动技能,学到一技之长,成为自食其力的劳动者。有的教养院和劳动习艺所还帮助她们择偶成家,过上正常人的生活。

通过严厉取缔、教育改造与适当安置相结合等形式，至20世纪50年代中期，大部分妓女重归社会、自食其力，逐步融入了正常社会生产生活。

在禁毒禁娼的同时，省政府还在全省明令禁止一切形式的赌博，动员人民群众开展严禁赌博活动。1953年，省政府发出全面禁止赌博的布告。各级政府坚决取缔各种赌博场所，封闭赌场，没收赌资、赌具，运用宣传教育、群众运动等形式，打击赌头、惯赌分子，并帮助嗜赌者戒赌，有力地扫除了这一社会丑恶现象。

在省委、省政府的领导下，经过全省各方面共同努力，各主要城市基本清除了贩毒吸毒、卖淫嫖娼、设庄赌博等社会毒瘤，大大提高了党和政府在人民群众中的威信，初步显示了中国共产党的执政能力和领导水平。

三、开展工农教育和知识分子思想改造

培育工人阶级当家作主意识

新中国成立后，工人阶级的政治地位和社会地位大大提高。为了更好地依靠工人阶级恢复和发展生产、发挥职工在企业中当家作主的主体作用，在学习贯彻《中华人民共和国工会法》中，省委结合中心工作对工人开展政治启蒙教育，强化形势政策、革命传统和英模事迹、劳动纪律以及职业道德、文化、技术等教育，培育和激发工人阶级的当家作主意识。

在基本理论方面，结合当时的重点工作召开职工大会、举办职工夜校和短期训练班，向职工宣传劳动创造世界、中国革命和中国共产党、工人阶级是领导阶级、《工会法》、劳资两利政策等内容，1951年，全省组织举办轮训班143期，参加学习5424人。接受培训的职工逐步萌发出当家作主意识，积极投入政治斗争和生产劳动，成为党在城市的主要依靠力量。1952年，全省以《共产主义与共产党》为教材，开始在工人中进行比较系统的理论常识教育，先后举办短期业余政治学习班27期，培养

辅导骨干 1248 人。为了进一步做好工人的思想政治工作,在百人以上厂矿企业工会建立文教委员会,并设立宣传员。关中地区 72 个百人以上厂矿工会有宣传员 1987 人,具体负责职工的政治思想教育工作。

在形势和政策方面,新中国成立之初,结合建立各级人民政权和宣传贯彻落实《婚姻法》《工会法》、支援抗美援朝等重大活动,在全省开展了努力生产、支援前线等形势政策教育,为恢复和发展国民经济起到积极作用。1950 年,结合学习贯彻《婚姻法》《工会法》《劳动保险条例》等法律法规,采取新旧社会对比的方式,对职工进行法律条例的普及和宣传教育。在抗美援朝运动中,针对少数职工存在"朝鲜打仗与中国关系不大""战争离西北远"等模糊认识,开展了爱国主义和国际主义教育,不断激发职工的爱国热情,许多职工及家属积极为志愿军缝制军服军鞋,以高涨的热情投入到增产节约劳动竞赛中。结合工厂民主改革,开展了反对封建把头、翻身做主人的活动,全省 31 个厂矿(行业)镇压反革命分子、改造封建把头 60 余人,搬掉了长期压在工人身上的"石头",职工感到真正翻了身,更加热爱共产党、热爱新中国。

在劳动纪律与职业道德方面,要求各级工会对职工开展当家作主意识的启蒙教育,引导职工深刻认识新旧社会工人的劳动性质完全不同。1950 年,省总工会在关中地区一些厂矿企业进行劳动纪律和职业道德等教育,80% 以上的职工接受教育。西安大华纱厂工人说:"过去认为生产越多,资本家剥削越多。现在才知道将来还有个社会主义、共产主义,多生产就是为人民服务,为自己的将来创造幸福。"

在文化与技术方面,旧社会中全省各行各业的工人政治上受压迫、经济上受剥削,没有受教育的权利,厂矿企业职工 80% 以上是文盲,影响了生产发展。1950 年 6 月,政务院发出《关于职工业余教育的指示》,要求以识字教育为重点开展职工文化教育。9 月下旬召开的第一次全国工农教育会议明确要求,广泛开展识字教育,逐步减少文盲。同月,陕西省职工教育会在宝鸡私营申新纱厂、蔡家坡西北第二纺织厂进行职工识字教育试点。随后,全省职工文化教育工作全面铺开,主要是通过举办培训班和组织老职工言传身教、新老工人签订师徒合同、师傅包教包学、师徒互教互学等形式,开展群众性技术学习活动。到 1950 年底,全省 14

所职工业余学校共开办了 93 个扫盲班和识字班，3898 人参加学习，经过几个月学习，每人能默写 200 个生字。到 1952 年 9 月，全省参加文化学习职工达 3.48 万人，占全省职工总数 13.5%。

通过一系列政治思想和文化技能教育，全省广大职工当家作主意识不断加强，爱国生产热情明显高涨，新方法新经验新创造不断出现，各条战线先进模范层出不穷。1950 年 9 月，党中央、政务院召开全国工农兵劳动模范代表会议，陕西代表赵占魁、赵洪璋、梁秀英等 13 人参加会议并被授予“全国劳动模范”称号；1953 年 1 月，省委、省政府召开全省第一次工业劳动模范代表会议，表彰并奖励了西北国棉一厂纺纱工场等模范车间、黄玉珍小组等模范小组和孟天禄、罗五妞、郑金山等劳动模范。全省职工深受鼓舞、干劲大增，有力促进了国民经济的恢复和发展。

开展扫盲运动

旧社会劳动人民大多数是目不识丁的文盲，学习文化、提高技能是劳动人民的最大奢望。新中国成立初期，全省青壮年文盲约 450 多万人，影响着经济社会发展和人民当家作主的意识和能力。根据城乡实际，结合经济建设和各项政治工作，省委、省政府组织开展了扫除文盲和工农群众业余教育活动。

1949 年底，结合新解放区的土改和建立政权等工作，全省各级党委和政府在农村举办冬学和常年农民业余学校（以下简称“民校”），在城市举办职工、干部业余文化学校，开展以扫盲学文化为重点的业余教育。1950 年 10 月，省委发出《关于冬学工作的指示》，要求各地结合形势与中心任务进行政治与文化教育，开办识字班、识字组和冬学班，组织农民参加学习。1951 年 6 月，陕西成立职工业余教育委员会，指导全省职工业余教育。到 7 月，职工业余学校增至 75 处，学习班（组）8 个，培养学员 9811 人，较 1950 年增加 126%。12 月 7 日，省委、省政府分别发出《关于开展农民文化、政治学习运动的指示》和《关于举办在职工农干部文化补习教育的指示》，提出了“在巩固与提高的基础上，适当发展学校教育，大力开展工农教育”的方针，并抽调干部举办脱产学习的工农速成中学和工农干部文化补习学校。1951 年有 37 万人参加农民业余学校长期学习，并建立 1000 多个乡村图书室。到 1951 年底，82.36 万人（其中妇女 31.42 万人）参加了冬学。

1952 年 11 月 13 日，根据中央《关于推行速成识字法开展扫除文盲运动的指示》精神，陕西省成立扫盲委员会，结合实际确定了稳步前进、有领导、有计划、有条件、积极负责、有重点地试行速成识字法的工作方针，组织和领导开展全省扫盲运动。之后，全省训练 369 名速成识字教师，以关中地区为重点，在宝鸡、咸阳、渭南以及省级机关和关中 41 个县试点了两期有干部、职工、农民、市民参加的速成识字实验班，培训学员 14.92 万人。经过 200 小时左右的速成识字，绝大多数学员认识了 1500 至 2000 个生字，一般能阅读通俗读物，能写二三百字的文稿。从 1949 年到 1952 年，全省投入扫盲教育经费 45 万多元，配备扫盲专职教员 3126 名，训练兼职速成识字教师 2.37 万名，13.2 万名青壮年实现脱盲。

为了防止扫盲运动搞形式、走过场，切实增强扫盲运动实效，从 1952 年 11 月中旬至 1953 年 1 月，省委先后三次检查了省级机关及关中 3 个专区扫盲结业后部分干部、职工和农民的扫盲成果巩固情况。从检查结果看，扫盲工作是成功的，但也存在有的领导不负责任、不举办扫盲班，有的盲目办班、教师的教学质量达不到标准，发现问题不认真研究解决等问题。1953 年 1 月，政务院文教委员会召开大区文教委员会主任会议，认为 1952 年秋后扫盲工作存在“冒进”的问题。随后，中央人民政府扫除文盲工作委员会召开第一次全国扫除文盲工作会议，分析扫盲运动出现的“冒进”问题，决定整顿扫盲工作。根据全国扫盲工作会议精神，省委发出关于扫盲工作的指示，要求各地党委在检查总结 1952 年冬学和速成识字班扫盲工作经验的基础上，实事求是地开展 1953 年冬学与速成识字班工作。为纠正和解决扫盲工作中存在的问题，省委派出干部分赴各地检查督促，纠正扫盲工作盲目“冒进”的偏向，扎实稳妥推进扫盲工作。

经过扫盲运动，广大工农群众开始享受到文化和教育的权利，提高了文化水平，进一步认识到自己的主人翁地位与责任，在生产建设中焕发出昂扬斗志、激发出高昂干劲。

开展知识分子思想改造

新中国成立初期，陕西经济社会发展缓慢，教育事业也相当落后。据统计，全省有80%以上的人是文盲，小学适龄儿童的入学率仅占适龄儿童数的38%。全省小学教职工2.8万余人，普通中学教职工3000余人，普通高校教职工1000余人，中小学教职员工构成了当时陕西知识分子的主体。从旧社会过来的知识分子绝大多数是爱国的，但从新中国成立后的情况看，刚从旧社会进入新社会的许多知识分子对新社会新事物不了解、不熟悉，帝国主义、封建买办思想依然存在。如何团结和充分发挥其聪明才智，积极为国家建设服务，是当时必须完成的重要任务。

为帮助知识分子尽快摆脱剥削阶级世界观的束缚，清除帝国主义和国民党反动派的政治影响，树立为人民服务的思想，按照中央《关于在学校中进行思想改造和组织清理的指示》，陕西开展了以中小学教职员为重点的知识分子思想改造工作。

1952年6月，省委召开地委书记联席会议，制订了“陕西省中、小学教职员暑期学习会计划”，明确了组织领导和学习的内容、步骤、方法等任务，利用暑期开展全省中小学教师的思想改造与组织清理工作。

6月24日，省委发出《关于中小学教师思想改造的指示》，要求各地有计划地在全部中小学教职员中进行系统的思想改造。省委要求“整个运动，必须坚持依靠教师内在的力量。领导上要讲清方针、政策，高度发扬民主，从思想上充分发动群众”。7月，省委在宝鸡专区开展中小学教职员思想改造试点，共抽调各级干部140余人组成工作组，分赴南郑、商洛、渭南、宝鸡、咸阳专区进行指导，这些专区也抽调干部200余人参加工作组一并具体指导。为保证质量、顺利开展工作，省级组织总学委、专区组织分学委、县级组织支学委，各级学委都由党政负责领导分任正、副主任，领导和推动中小学教职员思想改造工作。

为了扎实有序搞好工作，省委和各地地委先后制订计划、准备材料、训练干部，调查公立、私立中小学和业余教职员的政治思想情况。从调查结果看，可分五类：第一类，思想进步，工作积极，作风正派，没有问题或问题不大，教学工作很受学生欢迎。第二类，思想中间偏左，作风有些毛病，但问题不大，教学工作及人缘均不坏，并要求进步。第三类，思想比较落后，作风不好，问题较大，但教学工作及人缘都不很坏，并愿意进步。第四类，思想反动，作风恶劣，教学工作及人缘均不好。第五类，思想反动，又有严重政治问题，民愤甚大，主要表现是追求名利，追求享受、雇佣和超阶级、超政治、纯学术、纯技术观点严重。省委认为，“学校教职员中不仅存在着旧社会所遗留的污毒，而且存在着资产阶级的腐朽思想”。

7 月 25 日，各地区中小学教职员暑期学习会启动。延安、榆林、绥德 3 个专区单独进行，南郑、安康 2 个专区合并进行，宝鸡、咸阳、渭南 3 个专区和长安县、商洛专区均集中在西安市进行。各专区学习会由专区直接领导，省委派人参加。各级学习会下分若干分会，地委、专署派主要干部或派县委书记、县长主持。全省参加学习会的 6044 人中，中学教员 2345 人、职员 549 人，小学教员 3064 人、职员 86 人，另有新吸收的 815 名小学教师和 620 名中学生代表参加了学习会。学习会分 3 个阶段进行。

第一阶段，学习周恩来在政协第一届全国委员会常务委员会第 34 次会议上的讲话、斯大林《中国革命问题》和《人民日报》《群众日报》有关社论，提高思想认识。针对教职员中存在的怕丢面子、怕失业、怕领导不信任等思想顾虑以及少数问题严重教师怕被法办的思想，省、专区文教行政部门的负责领导和各地党委、政府及学习会的负责干部亲自作报告，反复讲解政策，阐明思想改造的重大意义，启发和提高教师思想政治觉悟。对一些错误的认识进行分析批判，引导他们端正学习态度，消除思想顾虑。

第二阶段，揭露和批判资产阶级思想、交代问题，运用批评与自我批评的方法进行相互帮助。任务是彻底打击封建买办法西斯思想，分清敌我界限，揭露与批判资产阶级思想，确立工人阶级领导的思想。在这个阶段中，出现“群众不放松小资产阶级思想及纠缠在琐碎问题上的现象”“乱戴帽子”和“急躁追逼”的错误以及部分学生代表当面质问和批评教师的现象，省委及时纠正并指出，“必须教育干部、积极分子和群众，深刻领会检讨批判的目标是政治思想和立场观点问题，而且要集中在‘三敌思想’① 和资产阶级思想上，不要把小资产阶级思想当作打击的

① “三敌思想”，即封建思想、买办思想、法西斯思想。

目标”,“要搞好思想批判,必须在提高觉悟贯彻政策的基础上,造成进步的气氛,造成自觉改造的热潮”。省委要求“教职员中的党团员及进步分子要带头展开检讨,起示范和推动作用”①。在党团员带头检讨的示范作用下,90% 以上的教师都能大胆暴露问题、诚恳检讨。

第三阶段,组织清理。省委认为,组织清理必须依靠教师的政治自觉,严禁逼供侮辱,防止简单急躁,在“多数群众已在思想上分清敌我界限,多数有问题的人有了交代的政策,已为干部、积极分子所掌握的条件下慎重进行”②,采取召开小组会和自觉自愿方式,“自己交代、自作结论”。通过自查自纠和组织调查,及时处理了有问题的教职员。1952 年 9 月 7 日,学习会结束,先后培养积极分子千余人。其中 27 人加入中国共产党、152 人加入新民主主义青年团,113 人被确定为党团员重点发展对象。同时新提拔了一批校长和教导主任。

以中小学教职员为重点的知识分子思想改造运动是一次学习和普及马列主义、毛泽东思想的运动,也是一次通过批评和自我批评、引导和帮助知识分子进行自我教育的运动,对于全省广大教职员克服帝国主义、封建主义和官僚资本主义思想影响,树立为人民服务思想,保障党的教育方针贯彻执行具有重要作用。但工作中出现了要求过急过高、方法简单等偏差,伤害了一部分知识分子的感情。总的来说,广大知识分子清除了思想上残存的不良影响,掌握了马克思主义基础知识,由民族的爱国的立场前进到人民的立场,开始自觉地投入到经济建设和社会发展中。

开展党的宣传工作

新中国成立后,在全国范围内积极宣传党的路线、方针和政策,用马克思列宁主义、毛泽东思想教育党员干部群众,动员各方力量参加社会主义建设、共同建设新中国是十分迫切的政治任务。

1951 年 5 月,第一次全国宣传工作会议在北京召开,确定了党在实

① 《对当前教师思想改造工作的指示》,1952 年 8 月 29 日。

② 《陕西省中小学教师思想改造与组织清理工作总结》,1952 年 11 月 5 日。

施新民主主义建国纲领时期思想宣传工作的方针和任务，要求各级党的领导机关在党内外开展马列主义的宣传教育，并与党的中心工作结合起来进行。7月9日至17日，陕西省第一次宣传工作会议在西安召开，传达了全国宣传工作会议精神，学习了习仲勋所作的西北宣传工作总结报告，讨论了对宣传工作的认识、党的思想工作、组织宣传队伍、宣传工作的经常化及健全宣传机构等问题，并部署了在全体党员中进行共产主义与党的基本知识教育工作。省委书记马明方要求各级党委制订3年到5年以至8年到10年的学习计划，认真系统地学习马列主义和毛泽东思想，在党内普遍进行共产主义与共产党的教育，在党内外广泛开展新民主主义的政治、经济、文化的宣传教育，党员干部要运用多种形式做好经常性宣传工作。按照中央和省委的部署，全省各级党组织结合抗美援朝、土地改革、机关整党、增产捐献等中心任务，在党内外开展了马列主义的宣传教育。

为了督促各地区各单位重视和做好宣传工作，9月，省委制定《关于宣教工作报告制度的规定》，要求各地委和省级机关、群团组织党组，报社、新华分社、中苏友协和抗美援朝分会等单位每两个月向省委汇报宣教工作进展情况，向省委宣传部报送干部群众思想动态、落实单项宣教工作和各级宣传干部的情况等。

1951年1月，省委印发《贯彻中共中央〈关于在全党建立对人民群众的宣传网的决定〉的指示》，要求各级党委迅速建立通讯小组、读报小组和文艺小组，加强人民群众思想的舆论引导。2月，省委印发《关于建立宣传网问题的通知》，要求全省各级党委、宣传部门、文教机关、群团组织、学校、工厂、企业以及群众基础好的地方设立报告员，每个党支部设立宣传员。各地随即设立报告员和宣传员，由各地（县）委书记、宣传部长、专员和县长担任报告员。渭南、绥德、榆林等地增设宣传部门科室、增加人员编制，宝鸡、咸阳等地结合中心任务配备专职干部。各地定期培训和检查宣传员，安排相关具体任务，加强与群众的联系。1952年8月20日至29日，省委召开第一次宣传员代表大会，总结前期宣传工作情况，表彰了益冀东、杨菊梅、李藏珍等35个模范宣传员和潼关五区、眉县二区、乾县一区丈八乡等3个模范单位。到10月，全省发展宣传员达

4万多人，读报组近4万多个。全省各级报告员和宣传员工作制度的建立，初步构建起上联下通、遍布全省的宣传网，使党的政策和精神能够从上至下、畅通无阻地传达到各层各级，积极推动了人民群众社会主义思想教育。

掌握广播、新闻、出版等舆论工具，建立起传播革命思想和民族的、科学的、大众的新文化阵地，是加强党对宣传工作领导的重要内容。全省各级人民政权建立后，立即接管原国民党统治时期的新闻出版、广播、剧院等舆论工具，区别不同情况进行处理。对反动淫秽报刊勒令停业，对持中间立场及支持人民政权的私营报刊准许复刊，并迅速恢复和创办党的报刊，积极建立起为党、为人民服务的舆论阵地。诞生于革命战争年月、经受抗日战争和解放战争烽火洗礼的《边区群众报》（1948年1月更名为《群众日报》）原为陕甘宁边区党委机关报和西北局机关报。1952年12月31日，《群众日报》与1950年7月1日开始发行的陕西省委机关报《陕西日报》等四报合并，以《群众日报》名义发行，成为西北局兼陕西省委的机关报。西北大区撤销后，《群众日报》改为陕西省委机关报，并更名为《陕西日报》。自创刊以来《陕西日报》秉持宣传党的主张、反映群众呼声的办报宗旨，向群众学习、为群众服务、为群众讴歌，在各个时期发挥了重要作用。1950年4月，《延安报》创刊，其后《安康日报》《西北工人报》《新青年报》《西安日报》《陕西农民报》《陕西建筑报》等相继创刊。1952年10月6日，省委印发《关于进一步改进报纸工作的指示》，要求各级党委加强对报纸工作领导，确定了不同时期的宣传导向，逐步确立党委领导办报工作的新格局。到1952年，全省报纸发行量从2万多份增加到9.8万多份，读报组从1950年7月的几百个增加到7.5万个。

图书是宣传政策、引导社会舆论的重要媒介之一。1949年5月24日，中国人民解放军第一野战军随军书店在西安营业。25日，陕甘宁边区新华书店和西北印刷厂人员进入西安，在接管正中书局和陕西省银行印刷厂、新中国印刷厂、第二战区印刷厂的基础上，组建西北新华书店（后改名陕西新华书店）和西北新华印刷厂。11月，陕甘宁边区政府财政厅印刷厂在西安建立，三联书店西安分店开业。30余家私营书店接受新民主主义教育，在西北新华书店领导下开展日常经营。1950年3月，西北军政委员会出版局成立。1951年1月，西北人民出版社（后改名陕西人民出版社）和新华印刷厂西北印刷管理处分别成立，出版、印刷业务由西北人民出版社和新华印刷厂西北管理处分管。编辑、印刷、发行三方面都相继建立了党领导下的社长、厂长、经理负责制和编辑工作的三级审稿制。10月，西北新华印刷厂购置7台全张自动铅印机和两台对开胶印机及照相、排版全套设备，建成西北地区第一个彩色印刷基地，结束了西安不能印制彩色图书的历史。1952年4月中华书局、商务印书馆、开明书店在西安的分支机构同三联书店西安分店联合成立中国图书发行公司西安分公司，6月国营544厂在西安建成。这些举措增强了陕西彩印和发行实力，进一步拓宽了宣传党的政策、引导社会舆论的渠道。

这一时期，从西北新华书店到西北人民出版社，立足陕西、面向西北，认真落实《中国人民政治协商会议共同纲领》关于“发展人民出版事业，并注重出版有益于人民的通俗书报”的要求，贯彻执行地方化、群众化、通俗化的方针，编辑出版了一大批宣传马列主义、毛泽东思想，宣传党和政府的方针政策，弘扬优秀革命传统的图书，还配合土地改革、抗美援朝、农业互助合作和恢复工农业生产等中心工作编印了大量政治理论、文化科学及知识性读物。其中，《伟大光荣正确的中国共产党》《共产党员标准的八项条件通俗讲话》等影响较大，深受干部群众欢迎。

西北新华广播电台1948年12月25日在延安建成，直属西北局领导。1949年5月28日，西北新华广播电台先遣人员随解放军进入西安，接收国民党西安电台，并于6月1日在西安播音。随后西北新华广播电台先后改名为西安新华广播电台、西安人民广播电台。1950年9月1日改名为西北人民广播电台。同日，西安人民广播电台成立并播音。1953年2月14日，陕西人民广播电台建成并播音。宝鸡、铜川、汉中、安康、咸阳等广播电台也相继建成。这些电台开播后向全省人民群众宣传党和政府的方针、政策和主张，报道陕西的建设成就，反映人民群众的新生活，普及和教育科学文化。

报纸、广播、图书、出版、发行等机构成立后，积极围绕中心任务开展工作。1951 年 10 月,《毛泽东选集》第一卷出版发行,全省各级组织以《毛泽东选集》和有关马列著作为主要教材,组织干部脱产进党校培训或在职学习,引导干部群众系统地接受马列主义、毛泽东思想理论教育,习仲勋、马文瑞、贾拓夫、赵伯平等领导也多次到党校作报告。同时,陕西人民广播电台开办《干部理论学习讲座》,省委书记潘自力、宣传部长甘一飞、省政府秘书长时逸之等讲授《政治经济学》《社会发展史》等内容。全省在职干部理论学习由省委统一领导,各级理论学习委员会具体负责,分高、中、初级三个组进行。高、中级组系统学习《联共(布)党史简明教程》社会主义建设部分和斯大林的《苏联社会主义经济问题》,初级组学习《政治常识读本》和《经济建设常识读本》,县以下区、乡干部就近组织学习站开展学习。

在围绕中心任务进行正面宣传的同时,各级新闻媒体还开展批评报道,积极发挥舆论监督作用。比如,《群众日报》1950 年 4 月 7 日刊发《盲目生产,管理不善,拖欠工资,铜川私营新裕煤矿宣告破产,部分工人转业重新组织生产》的消息。5 月 28 日头版报道了西安电信局擅自动用事业费 3 万元、非法囤积 2000 余袋面粉致使发霉的新闻,6 月 14 日报道了该局已处理霉面的消息并配发其所作的检讨。1953 年春,《群众日报》根据读者来信综合整理的《关中地区二十多个县粮食供应紧张》一文,在《每日情况》(内部刊物)登出后,毛泽东作出批示,嘱咐交新华社内参刊登。

全省宣传思想领域在新中国成立初期建立机构和阵地、围绕阶段性中心工作宣传引导、服务马克思主义理论普及等工作,既初步展示了宣传动员作用,又重塑了社会风尚,有效增强了人民群众的爱国主义、集体主义和社会主义思想觉悟,为大规模经济建设奠定了坚实思想基础。

第三章

恢复和发展国民经济

为巩固新生人民政权，中共陕西省委在加强地方各级党组织和人民政权建设、开展各项民主改革的同时，紧紧围绕恢复和发展国民经济这一中心任务，认真贯彻实行公私兼顾、劳资两利、城乡互助、内外交流的基本方针，积极恢复工农业生产和交通运输事业，完善基础设施建设，调整工商业结构，实现了国民经济的有效恢复和初步发展。

一、恢复和发展农业生产

加大农业投资

随着新解放区土改的有序展开，为了尽快恢复和发展农业生产，省委、省政府要求各级党委政府积极组织互助合作，兴修水利设施，加强城乡交流，发放短期专项贷款和实物贷款，帮助农民群众解决生产中遇到的具体困难和突出问题。

1950 年 1 月 27 日至 2 月 2 日，省委、省政府召开全省农业生产会议，确定了 1950 年的农业生产方针，要求各级统一思想认识，组织带领群众开展劳动互助、发展生产，努力增加粮食和棉花产量。4 月 1 日，西北军政委员会发出《关于发放农贷的指示》，决定向西北五省区农民发放耕牛、农具、肥料、改良种子等实物信贷，贷出小麦 4950 万斤，其中陕西3480万斤。1950年,全省贷出水车415辆、粮食37亿公斤、棉花97.2万担。1951年1月8日,省政府发出《关于发放农业贷款的指示》,重点解决农民缺乏牲畜、农具、种子、肥料等实际困难。中国人民银行陕西省分行向农民提供各种贷款908万元,各级政府发放农业生产专项贷款761万元。1951年上半年,全省贷出化肥400多万斤、植肥530余万斤,农民贷款购买牲畜8292头(包含农民自筹资金购买的牲畜)。在发放实物信贷和货币贷款的同时,省政府还帮助农民建立信用合作组织,提倡农民间互济互借,集中和利用农民手中的分散资金发展农业生产。1952年建立信用合作社20个、信用互助组135个,参加成员8165人,吸收现金1.4万余元、粮食78170斤。据关中、商洛、延安和榆林地区的44个县不完全统计,农村互助借贷粮食55.5万市石、农具1.7万余件。

省政府投资1000万斤粮食扶持农田水利建设,支持关中地区在地下水距地面不足10米的地带开凿浅井,每打1眼井贷给小米1500斤。从1950年到1952年向农民发放凿井贷款19万元,贷出解放式轻三轮、小五轮等各式水车12555台,推广五寸步犁、玉米脱粒机、铡草机、小耘锄等新式农具6.05万台(部)。1952年,各县人民银行与供销联社实行农具贷款,通过贷款方式将新式农具发放给农民使用。乾县、武功、扶风等县2个月内共推广简化新式犁5191部、三齿耘锄25部。在贷款发放农具中,各地还培训技术员帮助农民安装和使用新式农具,推动尽快投入使用并发挥作用。在此期间,中国第一个农具研究机构——西北农具研究所在西安成立,陕西省农业机械厂和陕西农具厂也相继成立。在贯彻中央关于"大量增补小农具、修理旧农具"要求中,先后投资改建扩建了西北农业机械厂、新秦机器厂、安康农具厂和咸阳水利机械厂,进一步提高了农业机械制造能力,初步建立了陕西农机工业。这些企业三年累计生产棉花播种机40部、打稻机50部、解放式水车1.81万部、各式步犁11.97万部,基本满足了农业生产的需要,对农业生产的恢复和发展起到积极作用。

兴修农田水利

陕西地处内陆,水资源缺乏,大部分地区常年干旱少雨,制约着农业发展，因此省委、省政府把兴修水利作为恢复和发展农业的重点。1951年11月30日至12月12日，陕西省第三次农业生产会议召开，作出了加强农业建设的10项决议，提出“以蓄为主、小型为主、社办为主”的农田水利建设方针，强调要大力发展投资少、见效快的小型水利工程。根据各地实际情况，会议确定关中地区主要是打井修渠、陕南地区主要是建库修塘、陕北地区主要是打坝修池。

在此前后，可灌溉蒲城、大荔、朝邑等县10万亩农田的洛惠渠一期工程，灌溉面积1.4万亩的涝惠渠工程，灌溉面积16.4万亩的关中泾河、渭河、黑河、沣惠渠工程，灌溉农田8万亩的陕北织女渠、定惠渠工程，陕南的汉江、褒河、勉惠渠修复工程，泾阳、三原、高陵、华阴、华县积水排放工程和浐河、灞河疏通工程等，先后完工并投入使用。

为了进一步扩大灌溉面积，充分利用水资源，全省各级水利部门还组织农民修复改造关中地区原有的土井、管井和自流井，拨付资金扶助农民开凿新井。据统计，截至1952年底，全省共新修整修小型灌溉渠道1.16万余条、打水井17.5万眼，水浇地面积由1949年的353万亩增加到1952年的525.3万亩，增长了48.8%。这些农田水利设施的建设，改善了陕西省农村生活条件和农业生产条件，全省农民“靠天吃饭”的状况有了初步改善。

推动科学种田

在帮助农民解决生产困难的同时，省委、省政府不断加强农业新技术的推广应用，号召农民改进农业耕作技术，提高粮食产量。1950年全省农业生产会议第一次提出“技术为生产服务、为群众服务，技术与行政、群众相结合”和“精耕细作、多打粮食”等要求，并在全省组织开展群众性农业技术活动。春耕期间，各级农业部门动员组织群众锄麦田杂草以增加产量，仅渭南、大荔、兴平、武功等34县就锄麦田1139万亩。

为了科学选种，省农林厅制订《陕西省三年良种推广普及计划》，要求各地在积极整理推广原有农作物优良品种的同时，以县为单位开展群众性良种评选活动。在当年夏收中，组织233名农业技术干部和西北农学院部分师生到各地组织群众开展小麦选种。各县、区、乡都建立种子评选委员会，组织技术人员到田间评选，共评选出各类作物优良品种 518 个，并通过以粮换种的办法组织串换推广。同时，加强引进和自选自育新品种工作，不断扩大作物品种资源。针对有些农民对使用新的农业科学技术持半信半疑态度和“先看、再试、然后干”的特点，各级农业部门通过典型示范带动，让农民亲眼看到良种良方促进生产丰收的事实，再大面积推广。西北农学院培育的小麦新品种“碧蚂 1 号”1951 年在关中地区 36 个县试点种植，1952 年扩大到 113 个示范点，示范田小麦亩产量在同等水肥条件下比传统小麦品种平均增产 33.1%，示范田的成功效应提高了群众运用良种的积极性。全省各地还积极示范推广“马牙”“金皇后”“野鸡红”等玉米良种、“五一七”“岱字 15 号”等棉花良种以及“云南白”“胜利籼”等优良稻种。省政府及时总结和推广韩城县史安福水地小麦平均亩产 405 公斤、兴平县弓维周互助组旱地小麦丰产、柴明选棉花丰产等，以及农业精耕细作、保墒防旱等实践经验，促进了农业先进生产技术的普及推广。

在推广良种和先进生产技术的同时，省委、省政府还调整棉粮比价促进农业生产发展。1950 年 4 月，关中地区棉粮比价由 1950 年初的 0.5 公斤中级皮棉换 3.35 公斤小麦，调整为 0.5 公斤中级皮棉换 3.5 公斤小麦，随后又调整为 0.5 公斤中级皮棉换 4.25 公斤小麦。这项政策的确定和执行，促进了棉花播种面积的增加和单产的提高，农民群众都高兴地说“要发家、种棉花”。

通过一系列政策措施，全省农业生产很快恢复和发展。到 1952 年，全省农业总产值达到 15.33 亿元、比 1949 年增长 28%，农民平均消费水平为 64.2 元、比 1949 年提高 36.9%，全省粮食总产量达 39.7 亿公斤、比 1949 年增长 20.81%，棉花总产量 146.8 万担、比 1949 年增长 95.96%，油料总产量 138.6 万担、比 1949 年增长 23.2%，大家畜 204.4 万头、比 1949 年增长 37.2%，生猪存栏 178.5 万头、比 1949 年增长 139.9%，羊 164.4 万只、比 1949 年增长 77.1%，其他农作物的主要生产指标也都超过了 1949 年水平。全省农业生产的恢复和发展，为国民经济的恢复和第一个五年计划的制订与实施打下了坚实基础。

开展互助合作

早在抗日战争时期,陕北老解放区的安塞县曾出现过第一个农业生产合作社,后来米脂县和延安县又相继出现了3个农业生产合作社,农户之间的变工互助在陕北老解放区更为普遍。陕西全境解放后,陕北老解放区继续发展农业生产互助合作组织,关中、陕南新解放区结合剿匪反霸、减租减息和土改运动,积极组织农业生产互助组,引导农民走互助合作道路。

1950年3月5日,省政府发出《关于立即动员开展春耕工作的指示》,要求在自愿互利的原则下,提倡和组织互助变工。陕北老解放区的任务是巩固与发展现有变工组织,有重点地推广绥德王家坪的变工经验;新解放区、半老解放区的任务是根据群众原有变工习惯,通过典型示范逐渐加以推广。3月12日,省委发出《为动员春耕给全体党团员的指示信》,要求全省农村党团员"积极地领导群众、组织变工互助""成为生产中的模范",保证1950年农业生产计划顺利完成。1950年12月26日至1951年1月3日,省政府召开农业生产会议,总结1950年农业生产工作经验,确定了1951年农业生产和互助合作的工作方针、任务和发展方向。西北局第二书记习仲勋参加会议并作《如何做好1951年的农业工作》报告,他指出:"组织变工,开展合作运动,在群众中,原来就有唐将班子①、变工、换工等组织,必须注意领导,加以改进,并依此基础和农民习惯的组织形式,把农民个体劳动,逐步有计划地组织起来,这是今天在个体经济基础上提高生产的最有效办法。""我们中国农业生产将来的发展方向,是要走集体化的。但在目前,在相当长时期内,仍应该是领导农民群众在现有个体经济基础上逐步地组织起来,这是我们在农村中最主要的群众组织工作与教育工作。"② 省委书记马明方在会议总结

① 唐将班子,是关中、商洛农村民间旧有的一种劳动互助形式。组织形式一般可分为三种:一种叫"卖工班子",完全由外地来的短工组成,以出雇为主;一种叫"换工班子",由当地农民组成,以变工为主;一种叫"混合班子",由当地农民和外来短工混合组成,除必要的变工互助外,主要出雇于需要劳动力的人家。

② 陕西省农业合作史编委会编:《陕西省农业合作重要文献选编》上册,陕西人民出版社1993年版,第247—248页。

中指出,“对于劳动互助、变工组织,应该按照自愿两利的原则,采取亲帮亲、邻帮邻的办法,有重点地去建立,逐渐地推广开来”。

按照省委的工作部署,各地先通过选点试点取得经验,再结合当地实际发展互助合作组织。到1950年底,全省先后建立互助组8.42万个。长安县王莽村蒲忠智互助组、兴平县新政乡张明亮互助组、大荔县皇甫村马廷海互助组、榆林县北岳庙互助组、米脂县杜家石沟和罗家坪互助组、丹凤县贾宏福互助组、安康县陈家沟屈良和互助组、褒城县张寨何英互助组和其他许多试点的重点互助组,米脂县杜修义、绥德县王德彪、黄陵县鲁宗明、大荔县马廷海、韩城县史安福、眉县吕芳亭、兴平县赵近礼等,都是农业生产互助合作运动的标兵,是团结群众、推动农村工作的骨干,在互助合作运动中发挥了模范带头作用。

1951年2月,为了支援抗美援朝运动,中央发出在广大农村开展以增产丰收为内容的爱国运动的指示,全省各地互助组积极响应,大力开展爱国丰产竞赛运动。3月21日,长安县王莽村蒲忠智等10个互助组响应山西省平顺县西沟村李顺达互助组发起的爱国丰产竞赛,向关中各地区互助组提出每亩稻谷增产4市斗、小麦增产1市斗的目标,全省各地互助组纷纷响应。5月1日,兴平县新政乡张明亮等47个互助组响应农业部提出的五年普及良种计划的号召,向西北和全国小麦产区各农业互助组提出夏收、夏选(选留小麦良种)竞赛,全国各地互助组积极响应。夏收、夏选结束后,张明亮等47个互助组发表《公开信》,宣布他们选出小麦良种5万多斤,14个互助组的1397亩小麦增产2.8万斤。7月22日新华社报道,陕西小麦平均亩产193斤,比1950年增产32斤,超过新中国成立前平均亩产189斤最高纪录,关中地区平均亩产更是达到212斤。9月6日,陕西省夏收、夏选竞赛评判委员会评出全省模范互助组23个,其中特等组2个(兴平张明亮互助组、长安蒲忠智互助组),甲等组2个(长安梅振海互助组、兴平许敬章互助组),乙等组9个,丙等组10个,个人优等5名。11月农业部发布《一九五一年农业丰产奖励试行办法》,奖励高额丰产的农民、互助组,向丰产模范单位和个人颁发奖状、授予奖章。长安县王莽村互助联组获全国丰产模范互助组称号,兴平县张明亮、弓维周互助组分别获玉米、小麦丰产模范互助组称号，韩城县史安福、柴明选和白水县李荫亭、合阳县李百安分获小麦、棉花丰产模范称号，西乡县周盛贵获水稻丰产模范称号。12月15日，省政府召开首届劳动模范代表大会，表彰了在恢复、发展农业生产和互助合作运动中涌现的劳动模范。

1951年12月，中央印发《关于农业生产互助合作的决议（草案）》，要求广大农民开展大规模的农业生产互助合作运动。随后，省政府在《1952年工作计划大纲》中提出，要积极引导农民"开展劳动互助合作运动"。全省各区及县政府整顿已有的互助组，将一些临时性和季节性的互助组转为相对固定的、常设的劳动互助组。长安县王莽村14个互助组组成互助联组，扩大互助合作范围，全省各地推广了这种互助形式。陕北老解放区还试点农业生产合作社，开始组建一批公营农业示范农场。到1951年底，全省各类生产互助组发展到15.1万个，其中常年互助组1.3万个，参加互助合作的农户占到总农户的21%。1952年3月，长安县王莽村互助联组、兴平县弓维周互助组、韩城县史安福互助组、白水县李荫亭互助组、兴平县张明亮互助组、韩城县柴明选互助组获得农业部授予的1951年全国爱国丰产模范称号。到1952年6月，全省已建立33万多个互助组，参加互助组的农业劳动力295万多个，占农业总劳动力的46%，并建立起120个集体所有制性质的农业生产合作社。农业互助合作的进一步发展，既提高了农民生产的组织化程度，解决了农民个人难以解决的生产困难，也在农业生产中提升了农民群众的思想觉悟，增强了团结合作的集体主义精神。

陕西农业生产互助合作组织大致有三种类型：第一类是农业生产合作社，在互助合作运动初期属于极少数，仅出现在陕北老解放区的绥德、米脂、延安等地。这种农业生产合作社有健全的组织机构，有明确的分工分业和比较细致的生产计划，有评股分红、误工、结账等制度，培养了农民集体主义思想，农民经营范围扩大、收入增加，分散经营劳力不足的困难得到克服，集中力量投资扩大再生产的能力得到增强。

第二类是劳动生产互助组。这类互助合作组织有两种形式。一种是建立有公有财产、义仓等公有经济的互助组。一种是临时季节性和常年定型互助组，人数无具体规定，一般由几户或十几户农民自愿组成，组员的土地、耕畜、农具等生产资料和农产品仍为私有,各自独立经营,互助组成员间用劳力、畜力、农具等实行换工互助。

第三类是群众性合作农场。全省有黄龙小寺庄农场和扶眉集体农场两处,特点是集体劳动、集体生产、按劳分红,有比较健全的组织管理制度和比较细致的经营计划,经济收益也比较高。黄龙小寺庄合作农场1949年成立,成员8人,土地106亩,1950年扩大到210亩,1951年达到310亩,粮食收入1949年63石、1950年135石,其中副业收入折合粮食40石。由于生产效率比较高,全年省工160个,剩余的劳动力兼做运输等副业生产,农场每人平均分红10石左右的原粮。

农业互助合作组织调动了农民的生产积极性,很快显现出优越性。首先,基本上解决农民生产中劳力、畜力、农具、籽种不足等实际困难,单位面积产量增加,劳动效率也有很大提高。比如,西乡县玉皇村1952年的稻田每亩平均产量中,个体农民550斤,临时季节性互助组676斤,常年定型互助组887斤。其次,有利于开展农业基本建设。比如,在互助组的带动下,商洛专区修梯田3.3万亩、水地7.2万亩。再次,参加互助组的农民,有较强的组织性和集中性,容易接受党的教育和科学知识,是党和政府领导农村的重要力量依托。比如,1951年,省政府计划每亩预售棉花45斤,长安县高低堡子互助组积极响应,每亩预售85斤。

劳动互助合作组织的发展有力推动了农业生产发展,但在发展过程中也暴露出了一些问题。主要表现在两个方面。一方面是急于求成,有些地方的领导和干部不顾农民是否自愿,不管地区的差异和条件的不同,采取强迫命令的手段组织互助组。另一方面是消极对待,有些地方干部认为组织起来是可有可无的事,对互助组缺乏具体指导,只停留在一般号召上。有的干部借口不包办不代替,完全放弃领导,由群众“自愿结合”,造成劳力和畜力搭配不均,失去了互助应有的作用。针对这些情况,1952年5月底至6月初,西北局召开农业互助合作会议,分析形势、总结经验,检查存在的突出问题,明确互助合作运动发展的主要任务。6月2日至17日,省委召开地委书记扩大联席会议,贯彻落实西北局互助合作工作会议精神,总结检查全省农业生产和互助合作的发展实践。省委书记马明方在总结报告中指出,全省“农业生产互助组织已发展到260多万人,比去年12月生产会议时增加了一倍多。在生产中确实起了很大的作用,但由于干部弱、经验不足等原因,也出现了形式主义、强迫命令,缺乏和没有合理的计工算账制度等问题。因此今年秋冬到明年春季,对已经组织起来(约有260万多劳动力)的互助组,有计划地进行整顿,在巩固和提高的基础上逐渐地求得发展”①。

1952年冬至1953年春,各地采用召开互助合作代表会议、举办互助组组长轮训班、骨干训练班等形式,从思想上、组织上、制度上整顿全省34.8万个互助组和120个农业生产合作社,纠正了一些地方存在的盲目冒进和形式主义偏向,克服了一些干部不重视领导、任其自流的思想,农业互助合作运动开始走上比较健康的发展道路。从数量和形式看,整顿后的互助组由1952年的32.41万个减少到1953年底的25.75万个,参加互助组的总户数由1952年占总农户的49.5%下降为45.1%,一些临时互助组转为常年互助组,不少互助组建立健全规章制度。尤其是在试点以土地入股、统一经营为特点的初级农业生产合作社方面进行了一些探索,取得了不少经验,提高了农业互助合作组织的质量,合作社数量也由1952年底的105个上升到242个。全省不同形式的农业生产互助合作组织的发展,为农业生产合作社的起步奠定了良好基础。

开展防沙治沙

我国是世界上沙漠面积较大、分布较广、沙漠化危害严重的国家之一。陕西沙漠主要在陕北长城沿线的榆林地区,分布在榆林、靖边、定边、横山、神木、府谷、佳县7个县北部的96个乡镇,属于毛乌素沙漠,面积约1.8万平方公里。另外还有一处沙漠位于北洛河下游,即“大荔沙苑”②。

---

① 陕西省农业合作史编委会编:《陕西省农业合作重要文献选编》上册,陕西人民出版社1993年版,第266页。

② “大荔沙苑”,位于大荔县苏村镇境内,地处渭、洛河夹槽地带,是中国内陆平原最大的沙漠沙丘地带。

榆林地处陕西防沙治沙的第一线,新中国成立前,全区仅存60万亩天然林,林木覆盖率只有0.9%,流沙吞没农田牧场120万亩,沙区仅存的165万亩农田也处于沙丘包围之中,390万亩牧场沙化、盐渍化和退化严重,沙区6个城镇412个村庄被风沙侵袭压埋,形成了沙进人退的被动局面。榆林每年因水土流失输入黄河的泥沙高达5.3亿吨,占中上游入黄泥沙量的三分之一。当地流传的“山高尽秃头,滩地无树林。黄沙滚滚流,十耕九不收”“吃糠菜,住柳庵,一件皮袄四季穿”等顺口溜,是陕北生态和人民生活的真实写照。沙区人民为求生存,世代同沙漠进行斗争,终生盼望沙漠变良田。

新中国成立后,党和国家十分重视治沙工作,领导广大人民群众积极防沙治沙。1950年2月,中央人民政府林垦部(1951年改为中央人民政府林业部)召开第一次全国林业会议,提出了“普遍护林、重点造林”的方针。4月,陕西省政府制定规划,提出“沿古长城线,东自府谷大昌汉,西到定边盐场堡,营造陕北防沙林带”的任务。西北军政委员会成立后即制定了以发展农业和畜牧业为主的经济建设方针,提出“注意森林和草原的保护与培植,防治灾害”。5月6日,西北军政委员会发出护林通令,要求凡防风、防沙、护堤、护路、涵养水源等保安林,名胜古迹、风景林木与土地硗薄、山势险峻不易造林地区的现有林木“一律严禁砍伐”。遵照护林通令指示,西北军政委员会农林部及各省人民政府普遍进行宣传教育,严禁滥伐滥垦,逐步建立健全林区管理机构,发动群众开展护林运动。当月,西北军政委员会农林部在榆林成立了陕北防沙林场。6月,陕北防沙林业委员会成立,并在靖边、神木、镇川等地设立分场。同时,派出工作人员,分东西两段,用3个月的时间进行实地勘察,在定边、安边、响水、鱼河、高家堡、庙沟门等地成立6个分站,在神木瑶镇、靖边杨桥畔、榆林古城滩等地办起3个苗圃,初步形成由总场、分场、分站、苗圃构成的国家造林网络基地。到1950年底,西北地区建立了32个林管站,组织了312个群众护林小组,在一些社会治安不好的地方,还组织部队武装护林和民兵巡山,一些护林较有基础的地区开始封山育林。

从1950年开始,榆林县就组织开展群众性造林工作。在城郊榆溪河两岸的七里沙、西门外开展“合作造林”“兵工造林”及机关义务植树活动。1951年,各县开始在零星地块上植树。但由于干部群众对植树造林的重要性认识不足,尤其对在沙漠里植树还存在一定的畏难情绪,1952年1月20日,榆林地委号召全区人民动员起来,有计划有步骤地造林防沙、兴修水利。

1952年2月6日,西北军政委员会召开第65次行政会议,再次强调植树造林工作“在西北特别重要”,并初步规划了东起陕北府谷、中经宁夏、西到河西走廊的3000里防护林蓝图。6月,西北农林部组织专家、教授、林业工作者进行实地勘察,10月份形成《陕北防护林带造林计划(草案)》,全面规划榆林防沙造林工作,提出重点营造东起府谷黄太沟掌,西越神木、榆林、横山、靖边,直到定边孟沙窝,全长515公里、宽1.5公里,阻断西北风、扼制沙漠南侵的一条绿色长城——基干林带,并将此作为未来进一步绿化沙漠的基点。

1953年春,中央人民政府林业部部长梁希和苏联专家聂纳洛阔莫夫[①]到榆林考察调研,提出先搞试验,再寻找治理沙漠的办法。到1953年底,陕西完成了榆林2862万亩风沙区综合考察,设计了3条大型基干林带。即,第一条沿陕蒙边界,东起神木县大柳塔三不拉村,西至靖边张家畔,全长561公里,称北绿林带;第二条东起府谷大昌汉,西至定边盐场堡,全长650公里,称长城林带;第三条东起靖边张家畔,西至定边红柳沟,全长349公里,称环山林带。1954年,林业部营林调查队在榆林开展了为期两年多的实地调查,形成《陕北内蒙沙荒调查报告》《陕北防沙造林规划设计》两份材料,详细规划了长城防沙林带建设。随后,榆林专区和各县党政部门按照规划和省委省政府要求,组织动员群众开展了有计划的防沙治沙工作,涌现出一大批先进典型。

榆林县在治沙工作中修建了榆东渠,从榆溪河上游孟家湾乡红河梁筑坝,至榆林城东七里沙钟家沟全长70公里,引水进入沙漠腹地。县农林水牧局局长杨增占提出“兴修水利、治理沙漠、开发榆东渠”的方

---

① 聂纳洛阔莫夫,苏联林业专家,20世纪50年代受中央人民政府林业部(1954年11月30日改称中华人民共和国林业部)邀请,帮助我国进行林业建设。

案，很快得到县里支持。杨增占组织群众成立引水拉沙技术小组，边研究边实践，以水定线、水到渠成，创造了以水补水、长藤结瓜、以沙补沙、冲填不夯的拉沙新方法。引水拉沙7个月实现全渠通水，扩大灌溉面积1.05万亩，把昔日的黄沙丘变成了“米粮山、花果山”。他的事迹被编成话剧广为传颂，杨增占后来被评为全国劳动模范，并被授予“全国治沙英雄”称号。

定边县堆子梁乡小滩子村是只有几亩“跑沙地”的穷村庄，村党支部书记李守林带领群众向沙漠进军，建成护田林网，先后搬掉沙丘100多个，造出水地1400多亩，改造沙地70多亩，发展耕地4800多亩，打成27眼围盘井，灌溉农田1500多亩，使粮食总产成倍增长。小滩子村不仅摘掉了吃返销粮的帽子，而且还有余粮卖给国家，李守林也被评为全国林业生产劳动模范和全国劳动模范。

在陕北榆林人民与沙害斗争的同时，位于关中东部的大荔人民也与风沙进行了不懈抗争。地处渭河、洛河交汇地带的“大荔沙苑”原是渭、洛两河老河床的沙堤，因长期受风沙作用，逐渐形成东西长约40公里、南北宽约8—12公里、土地面积约560平方公里的条形沙丘地带。这里黄沙飞扬，稼禾难收，成为大荔历史上地广人稀的贫瘠之地。新中国成立初期的民谣形象地描述了当时沙苑的生态环境：“沙苑行，风不停，黄沙满天过不成。走一步，退两步，沙进人退路难行。吃饭碗底一层沙，种下庄稼九不成。”新中国成立后，省委、省政府十分重视大荔沙苑的治沙造林工作。1951年成立了省沙苑造林局，组织干部群众在沙苑地区广植树木、恢复植被，改变当地生态环境，基本上控制了风沙，恢复了沙苑地区的农业生产。

经过沙区人民的顽强拼搏，全省防沙治沙工作取得初步成效。到1956年5月，榆林人民共植树造林28万亩，零星植树260多万株，封沙护草和封山育林近80万亩，搭起障蔽40多万米。大荔人民共造防风固沙骨干林带14条，总长75公里，面积达1.7万亩。经过努力奋斗，沙区荒漠得到有效控制，森林覆盖率逐年扩大，初步扭转了沙进人退的被动局面，取得了比较好的生态效益、社会效益和经济效益，为后来的防沙治沙工作积累了宝贵经验。

二、调整工商业

调整公私关系

新中国成立后，由于民族资本主义工商业在国家社会经济中的独特地位和作用，全国认真贯彻《中国人民政治协商会议共同纲领》中关于私营工商业的政策，帮助其恢复生产，私营工商业的生产和经营有明显好转。1950 年上半年，中央采取遏制通货膨胀的措施后，市场上抢购囤积货物形成的社会虚假购买力消失，随之出现市场需求不足、工业生产萎缩、商品开始积压，私营工商业生产经营严重困难，全省轻工业产品和煤炭滞销等影响经济发展的问题。工商企业比较集中的西安市和宝鸡市，资本主义工商业中要求停工和歇业的户数增多。1950 年 5 月，西安市正式登记歇业的私营商业有 392 户。到 8 月，宝鸡市烟酒业减少 79.3%、服装业减少 70.4%、银楼业减少 56.5%，加上纱布、百货，这 6 种行业占全市歇业总数的 60.2%。

5 月，中央财经委员会召开北京、上海、天津、武汉、重庆、西安、广州等七大城市工商局局长会议，专题分析工商业面临的困难和原因，讨论调整公私关系问题。6 月，党的七届三中全会提出合理调整城市工商业，并把它作为争取全国财政经济状况根本好转的重要条件之一。中央指出调整工商业工作必须在“公私兼顾、劳资两利”的基本方针下抓好 3 个主要环节，即调整公私关系、劳资关系和产销关系，重点是调整公私关系，具体是调整人民政府、国营经济与私人资本主义经济之间的关系。

全省调整公私关系是从调整国营工商业与私营工商业的关系入手的，通过扩大对私营工业的加工订货和产品的收购包销等方式，把私营工业逐步纳入国家计划轨道，逐步消除私营工业生产的盲目性和无政府状态。按照中央要求，从 1950 年 6 月开始，全省各国营公司与私营企业签订加工订货合同，实行统购包销。11 月 24 日，西安市政府公布《加工订货暂行管理办法》，市工商局、市税务局、市工会等部门组成西安市加工订货委员会，负责审订加工订货计划、分配生产任务、仲裁有关争议问题，推动私营工业通过货价和加工缴费取得正当利润。同时，为私营工业配给原料，扶助其发展，1950 年西安各国营专业公司供应私营工业棉纱 600 多件、原棉 5100 担、小麦 370 万斤。

实行加工订货和统购包销后，原料供应有了保障，产品有了销路，产量也有了很大提高。新中国成立前，西安市有火柴公司 8 家，1949 年有 5 家停产，剩下 3 家也因降价和抛售而出现严重亏损，资金枯竭、贷款无门、周转失灵，难以维持生产。实行加工订货、统购包销后，全市火柴总产量提高了 24%。西安黄河毛巾厂原来只有 5 部织毛巾机，职工 20 多人，年产毛巾 1 万打，实行加工订货后，增添机器 3 部，职工增加一倍多，产量增加到 3 万打。各国营公司、供销合作社对手工业也采取加工定货、统购包销等措施，积极扶助其走出困境、正常发展。1950 年宝鸡市对机器工会的申新、大新、新华等厂实行加工订货，使其代制纱布和加工粮食。咸阳县利群、泰华面粉厂和制茶业的聚成德、鼎祥林以及铸铁业的惠民铁工厂等 9 个行业的工厂，承担了国家急需的加工订货。渭南县 27 个小工厂长期承担加工订货任务，蒲城县 19 户烘炉业都承担了加工订货任务。1950 年西安市私营工业总产值达到 6465.3 万元，其中国家加工订货、统购包销部分的总产值 1928.9 万元，占私营工业总产值的 29.8%。

商业方面主要是调整公私经营的范围和价格。1950 年 6 月，省政府明确了国营公司与私营商业的经营方向，即国营商业和合作社以批发为主、缩小零售范围，只经营粮食、棉纱、棉布、食盐、食油和煤炭等 6 种群众生活必需品，其他商品和零售业务则由私营商业和小商小贩经营。在农产品收购方面，国营公司只经营主要的大宗农产品和部分外销农副产品，其余让给私商收购和贩运。为照顾运、产、销三方利益，结合批发与零售、产区与销区、原料和成品以及不同季节要求，扩大了批零差价和地区差价，保证私商贩运有利可图，从而活跃了城乡经济。贷款政策的调整主要是人民银行通过增加贷款，帮助私营企业解决资金周转困难，支持其发展生产。1950 年中国人民银行陕西省分行向私营企业发放短期贷款 783 万元，仅西安一地 1950 年 7 月底发放的贷款就比同年 3 月底增加了70%。在回收贷款时,银行还酌情放宽还款期限。税收调整主要是落实国家关于工业轻于商业、日用工业轻于奢侈品的原则,在满足国家财政需要的前提下,适当减轻私营企业的税收负担。1950年盐税减半,税种由14个减为11个,货物税目由1136种减为385种。实行以上调整措施后,私营商业的经营情况迅速好转,1951年全省私商户数比上年增加5.28%、从业人员增加6.98%、资金增加两倍以上,1951年西安市私营商业的营业额比上年增加了42.79%。

到1952年底,全省初步建立起包括商业行政、企业管理和企业经营机构在内的国营商业体系,开始形成以国营商业为领导、合作社商业为助手,包括国家资本主义商业、私人资本主义商业和个体商业五种经济成分并存的社会商业结构,有力恢复了关系国计民生的国营工商业和私营工商业。

调整劳资关系

在国家提出并实行“发展生产、繁荣经济、公私兼顾、劳资两利”的政策后,一些私营工商业主对其不甚了解,心存疑虑。当工人提出缩短过长工作时间、改善过差劳动条件、废除封建把头制度、解决拖欠职工工资等问题时,往往遭到资本家的拒绝,由此产生矛盾、出现纠纷。这是当时私营企业中普遍存在的问题,如不及时解决,就会影响劳资关系、影响企业生产。1950年4月,省政府在宝鸡市进行调整劳资关系试点。根据国家劳动部《关于在私营企业中建立劳资协商会议的指示》和试点经验,全省先后成立了27个企业劳资协商会议。劳资协商会议由劳资双方代表组成,厂长(经理)与工会主席为当然代表,劳资协商会议的主要职责是订立与履行劳动合同;制订生产计划与完成生产任务,提高产品质量,改进生产组织,配备劳动力,调整机器工具,调配原材料,改良技术,改进操作方法,节约材料;提高生产效率与工人技术水平、改进企业管理,确定与修改工厂规划、奖惩制度和职工的雇佣、解雇、晋升等人事制度;协商职工的工资、工时、生活待遇及其他福利,企业的安全卫生设备及职工疾病、伤亡、残废、女工生育等重要问题。劳资协商会议无法解决的问题,则申请劳动行政部门按劳资争议进行仲裁。

1951年6月,省劳动厅制定《关于执行在私营企业中设立劳资协商会议的指示的实施细则》,对劳资协商会议的组织形式、工作开展等作出具体规定,1951年底,全省主要厂矿、行业共成立了102个劳资协商会议。1952年8月,省劳动厅发布《为重视处理目前劳资关系中存在的问题的指示》,要求凡有劳资关系的行业都要成立劳资协商会议,根据民主原则和平等协商的方法,解决有关劳资双方利益的一切问题,当年劳资协商会议发展到181个。

根据平等、自愿、协商的原则和发展生产、劳资两利的方针,通过签订集体合同,明确了私营企业中劳资双方的权利与义务,发挥了职工劳动热情和资方对生产经营的积极性。集体合同的内容主要有雇佣、解雇、厂规厂纪、工资、工时、假期、女工问题、劳动保护与职工福利等。行业的劳资集体合同报经劳动行政部门批准,全行业共同遵守;工厂、商店的集体合同由劳资双方协商签订,经产业工会和同业公会同意后实行,并报当地劳动行政部门备案。1950年,全省11个单位进行签订劳资集体合同试点,取得经验后在主要私营厂矿和商业行业中推广,当年全省签订集体合同379个,1951年达到433个。1952年根据省政府的要求,修订已经签订的集体合同,期满的续订,当年新签订劳资集体合同226个、单行协议182个。

坚持劳资两利的原则解决劳资纠纷,在劳资双方自愿的原则下订立劳资集体合同,并开展政策宣传,使工商业者、资本家充分了解党的统筹兼顾、分工合作、各得其所的工商业政策,消除了他们的顾虑与观望态度,私营企业的工人则认识到自己的生产不只是为资本家服务,而且是为广大人民服务,私营企业中新型的劳资关系逐步建立起来。

调整产销关系

调整产销关系主要是帮助私营工业根据市场需要审查生产计划,克服其生产的盲目性。1950年初,陇海铁路恢复通车,中央实施财经统一措施后金融物价趋于全面稳定,外地货物开始大量内流。过去以战争起家的一些工商业者,由于生产的货物质量差、成本高,无法与外地货物竞争而感到经营困难,甚至无法维持企业正常生产经营。还有一些工商业者对新形势新情况认识不够,以为物价仍将不断上涨而盲目生产,造成货物滞销,出现了许多减产、停工、歇业现象[①]。比如,宝鸡申新纱厂、铜川新裕煤矿、宝鸡福新和大新面粉厂、渭南象峰面粉厂等企业,由于经营不善、管理不良和盲目生产等原因,出现了产销严重脱节,产品大量积压。

为了促进生产与消费企业互相平衡、协调发展,帮助私营工业根据市场需要进行生产,1950 年 7 月 15 日至 18 日,西北军政委员会工业部召开关中地区面粉企业会议,72 家公营和私营面粉厂的经理、厂长参加。会议决定将现有工业企业分为需要发展的企业、维持现状的企业、需要适当缩小和合并的企业、需要关闭的企业四类进行调整,并决定"以销定产",控制面粉业生产。同月,省工业厅召开关中面粉工业会议,针对面粉产销脱节问题,决定实行计划生产。9 月,全省先后召开煤炭、面粉、造纸、铁工等专门工作会议,确定全省停办 47 个小煤矿,关中地区月产煤 4.6 万吨、加工面粉 11.5 万袋、生产火柴 410 箱,以克服供过于求的暂时困难。西安、宝鸡等地也先后召开专业会议,落实产销计划。

提高群众的购买力特别是农民的购买力,举办物资交流、活跃农村集市贸易是发展工商业的重要基础。多年的战争和通货膨胀,使得城乡物资交流基本停滞、产销不旺,1951 年国家部署财经工作重点时,要求"把城乡交流摆在第一位",指出,"城乡交流有利于农业,有利于工商业,也有利于国家"[②]。为了扩大城乡交流,1951 年春,省、各专区和部分县由下而上召开了土产会议,专门组织力量了解情况,扩大宣传、开展工作。据不完全统计,当时全省有土产 184 种,年总产值近亿元,占全年粮食总产值的 20%,其中南郑和安康专区达到 30%。通过收购土产,农民购买力得到提高。同时,组织工业品下乡,方便农民群众生活,也扩大了工业品的销售范围,城乡物资交流渠道双向互动畅通。各地还利用农村举办庙会、集会、骡马大会之机,组织中小型短距离的物资交流大会,进一步加大城乡物资产销力度。如渭南华阴的岳镇,利用当地举办春季庙会,发挥其关中东部传统药市的优势,组织举办药材大会,交易中药材,活跃

① 《陕西省人民政府半年来财经工作的报告》,1950 年 8 月 15 日。

② 陈云:《一九五一年财经工作要点》,中共中央文献研究室编:《建国以来重要文献选编》第 2 册,中央文献出版社 1992 年版,第 191 页。

地方贸易。物资交流大会在广大农村的举办，既扩大了工业品的销售市场，也方便了农民群众的生产生活需要，对活跃城乡经济起了很好作用。

通过调整工商业，城市经济得以复苏，从1950年下半年起全省市场开始好转，私营工商业的生产和经营逐渐活跃与繁荣，停工、歇业的工商户逐月减少。到1952年，全省私营工商业比1950年增加了3.2%，促进了全省经济的恢复和发展。

三、建设工业和基础设施

初步建设工业

工业企业数量少、基础差是新中国成立后陕西经济发展中比较突出的问题之一，也是巩固新生政权物质基础的重要任务。省委、省政府成立后，全省集中投资9041万元，先后改建、扩建和改造了大华纺织厂、申新纱厂、西安第一和第二棉纺织厂、榆林毛纺厂、农药制造厂、同官煤矿、新建煤矿及公私合营新秦企业有限公司及其所属的纱布厂、机器厂、电厂、造纸厂等工矿企业，既满足人民群众生产生活需要，又彰显新生政权和新的社会制度的优越性。

从1950年至1952年，在全国统一布局下，全省有重点地进行工业基本建设，仅用于全民所有制的基本建设投资就达1.81亿元，其中中央投资1.3亿元、占投资总额的72%，纺织工业投资4625万元、占投资总额的25.5%，先后建成西北军区后勤部军需部西安草场坡染整厂、新西北纺织股份有限公司印染部、咸阳国营西北第一棉纺织厂、咸阳国营西北第二棉纺织厂、国营陕西第三印染厂等纺织和印染企业。到1952年底，全省有棉纺织工厂7家，拥有纱锭18.61万枚、布机2925台，分别比1949年增长了81.28%和92.05%；生产纱10.33万件、布81.45万米，分别比1949年增长155.67%和137.26%。1952年全省纺织工业总产值12168万元、比1949年增长1.28倍，占全省工业总产值的25.4%、占全国纺织工业总产值的1.29%，这些企业的生产经营奠定了全省纺织工业的坚实基础，也使陕西成为当时全国重要的纺织工业基地之一。

在恢复和发展工业生产中,手工业(不包括工场手工业)也得到了较大发展,涉及锻造、铁木农具、竹器、砖瓦、石灰、陶瓷、缝纫、文具、造纸、木材、纺织等70多个门类。据统计,1949年全省手工业生产总值1.39亿元,到1952年底手工业生产总值上升到1.62亿元,比1949年增长17.2%。除直接支援国家基本建设外,绝大部分手工业产品都是农业生产和城乡人民群众生活必需品。由于现代化工业落后,全省农民80%的生产和生活资料靠手工业供给。因此,手工业生产的恢复和发展,对满足城乡人民群众生产生活需要、恢复和发展农业生产、补充大工业产品不足发挥了重要作用。

根据农业生产需要,立足全省资源禀赋,陕西还新建和扩建了一批小型地方工业,主要有铜川电厂、黄龙伐木厂和各地农业机械制造厂。到1952年底,全省工业总产值达到4.95亿元,比1949年增长73.2%,平均每年递增20.1%,公私合营工业、国营工业、手工业和资本主义工业每年都以较快的速度递增,生铁、原油、原煤、发电量、棉纱、棉布等主要产品均比1949年有大幅度增长。全民所有制企业职工发展到34.4万人、比1949年增加21万人,全民所有制职工工资总额达到1.12亿元、比1949年增长30.6%。工业的初步建设,基本解决了国民党政府遗留的严重失业问题,也满足了国民经济恢复的迫切需要,更奠定了全省工业发展的物质、技术和人才基础。

恢复和建设基础设施

新中国成立初期,在财政经济十分困难的情况下,党和政府组织修复和兴建了一批基础设施,对恢复国民经济、巩固新政权、改善人民群众生活发挥了重要作用。

当时,陕西物资流通主要依靠公路,在活跃城乡经济中恢复和修建公路交通尤显重要。国家和全省地方共投资668万元,动员群众投工178万个工日,先后修复、改建和扩建境内主要国道省道,重点修复西安至兰州、陕西至四川、咸阳至榆林、汉中至白河的公路干线,修建川陕公路褒河大桥,修复汉白公路被毁重要桥涵,改建咸阳至宋家川公路,整修绥德至宋家川公路,促进了省内外的物资流通,推动了城乡市场活跃。

新中国成立前，全省只有陇海铁路干线潼（关）西（安）段和咸（阳）同（官）支线，全长仅 550 多公里。窄轨轻便铁路也只有 3 条，即渭（南）白（水）轻便铁路、宝（鸡）双（石铺）轻便铁路和虢（镇）陇（县）轻便铁路，全长 257 公里。国民党在溃逃时，大肆破坏铁路设施。新中国成立后，党和政府投资 1076 万元恢复维修潼关至西安、西安至宝鸡、咸阳至铜川的铁路。1950 年，中国人民解放军第十九兵团和陕西军区响应毛泽东“人民军队参加国家经济建设”的号召，修建通往西北内陆的交通咽喉——宝（鸡）天（水）铁路。该路段全长 153 公里，有山洞 100 余座，施工任务艰险，建设者们克服重重困难，仅用 8 个月的时间就完成了全部工程。同时，修复了渭白、虢陇两条煤炭运输专用轻便铁路。这些铁路加强了省内外货物的流通，也奠定了全省铁路发展的基础。

新中国成立前，全省境内民用机场只有西安西关机场、汉中西关（南郑）机场、宝鸡北塬机场、安康五里机场、延安东关机场、咸阳底张机场、榆林南关机场。由于连年战争损坏，这些机场的基础设施残破不堪，民用航线少且飞行不正常，旅客吞吐规模也比较小。1950 年，西安市政府整修西关机场跑道。7 月 11 日中苏民用航空股份有限公司开辟北京——阿拉木图国际航线，途经西安，单程航线距离 4169 公里，每周往返飞行一班。这是新中国成立后开辟的第一条途经陕西的国际航线，揭开了陕西与国际联系的新一页。咸阳底张机场被人民政府接管后，经过整修作为培训飞行和领航人员的飞行机场，为全国航空工业的发展发挥了重要作用。汉中军管会航空组接管南郑机场后，经过整修成为飞往西北、西南方向中型飞机的备降机场，进一步突显了连接西北与西南的枢纽地位。

在邮电通讯方面，除了修复维护原有邮电设备，还新架设了一些重要通讯线路。全省共架设长途明线 876 对公里，开通电报电路 107 路、有线报路 135 条、国防电话线路 322 公里，架通了铜川到延安的电话线路。在安康、府谷、宜川、靖边安设小型电台，架装南郑到安康的载波机，架设东起潼关、西至新疆霍尔果斯连接苏联、长达 3500 多公里的国际电信线路。到 1952 年底，全省基本实现区、镇和较大的乡镇通邮，为全省通讯畅通和邮件投递覆盖率提升奠定了基础。

在城市公共交通方面，全省主要是落实中央提出的“各城市要分别轻重缓急逐步兴办各种公共事业，不应一切都求全、求新”指示精神，积极组织人力物力修复车辆、修整路线、开辟新线路。到 1952 年底，全省城市道路增加到 136 公里，面积 117 万平方米，比新中国成立之初增加了 27 万平方米。其中，西安市发展较快，到 1952 年底，全市公共汽车增加到 35 辆、线路达到 3 条，总长度 14.1 公里，年行驶 32.5 万公里，公交职工 163 人，年客运量 263.4 万人次，大大方便了人民群众的出行需要，也体现了人民政权为人民的根本宗旨。

新中国成立前，全省各城市排水设施十分简陋。西安市仅有雨水污水合流排水管沟 26 公里，污水基本排入城壕，大量的生活污水进入各家各户的渗坑（井）中，严重危及群众身体健康。新中国成立后，各城市陆续疏通并修复原有排水设施，新修建了一部分排水管道。到 1952 年，全省城市排水管道发展到 52 公里。在建设城市排水设施中，各城市都加强了低洼地内涝治理，逐年改造了一大批低洼地区。在各城市的排水系统中，也采用了不同的排水流制，比如，西安市在东郊和西郊工业区建成雨水污水分流制的排水系统，在南郊文教区建成雨水污水合流制的排水系统。咸阳市结合旧城区的街道改造，填平了原有的排水沟和涝池，修建雨水污水合流制的城市排水系统，解决了工业污水、生活污水和雨水的排放问题。宝鸡市则结合长条形分布的地势，大多采用半分流制。1952 年西安市在西关修建了全省第一座自来水厂，向市区供水。随后，铜川、宝鸡相继修建起自来水供水系统，大大改善了人民群众的生产生活条件。

四、完成国民经济恢复任务

全面恢复国民经济

在省委、省政府领导下，从 1949 年 10 月到 1952 年底，陕西人民经过三年的奋发图强和艰苦创业，全省国民经济得到全面恢复，并有了初步发展。

恢复农业生产是国民经济一切部门恢复的重要基础。省委、省政府通过土改解决了农民的土地问题，立足“治秦先治水”，重点扶持农民兴修农田水利，在关中整修和新修了一些基础水利设施，立足配套跟进，帮助农民群众解决缺乏牲畜、农具、种子、肥料等困难。经过全省人民的努力奋斗，到 1952 年全省农业总产值达到 15.33 亿元，比 1949 年增长 28%，平均每年递增 8.6%；耕地面积达到 6805 万亩，比 1949 年扩大 228 万亩；可灌溉面积由 1949 年的 353 万亩扩大到 525.2 万亩；粮食、棉花、油料、麻类、烟叶等主要作物和生猪、大家畜等主要生产指标都超过 1949 年水平。

在积极实行“重点建设”中，全省工业生产逐步恢复，重点是恢复国计民生所急需的矿山、钢铁、动力、机器制造等企业。国家投资 1.8 亿元，先后改建各机器厂、电厂、造纸厂、毛织厂、煤矿等工厂企业，扩建新建了一批厂矿企业。到 1952 年底，全省工业总产值达到 4.95 亿元，比 1949 年的 2.86 亿元增长 73.2%，平均每年递增 20.1%。公私合营工业和国营工业每年以 73.5%、66.7% 的速度递增，个体手工业及资本主义工业每年分别以 5.3%、7.5% 的速度递增，主要工业产品均比 1949 年有大幅增加。

交通运输是国民经济的重要基础，也是经济恢复的重点之一。在经济十分困难的情况下，全省恢复、维修和完善了一批重要铁路干线，截至 1952 年，全省铁路货物年周转量达到 467 百万吨 / 公里，较 1950 年的 284 百万吨 / 公里增长 64.4%。铁路旅客年周转量 397 百万人 / 公里，较 1950 年的 147 百万人 / 公里增长 170%。铁路蒸汽机车由 1949 年的 67 辆增加到 107 辆，比 1949 年增长 59%。全省公路通车里程由 1949 年的 1908 公里增加到 1952 年的 3863 公里，公路货运周转量 3612 万吨 / 公里，比 1950 年的 1637 万吨 / 公里增长 121%。全省民用汽车从 1949 年的 977 辆增加到 1952 年的 1402 辆，增长 41%。1950 年 7 月 1 日组建西安民航站，开辟了新中国成立后途经陕西的第一条国内航线，即北京—太原—西安—兰州航线。

在全面恢复国民经济的过程中，全省积极贯彻巩固国防、稳定物价和全面恢复、重点建设的总方针，到 1952 年，解放前遭到严重破坏的国民经济全面恢复，并有了较大发展。工农业总产值15.70亿元，比1949年增长25.1%。主要工农业产品产量比1949年都有大幅度增长。其中粮食总产量达39.7亿公斤、增长20%，棉花总产量7.34万吨、增长68%，油料总产量138.6万担、增长23.2%，发电量6132万千瓦小时、增长116.1%，原煤103.4万吨、增长69.2%，木材2.14万立方米、增长25.1%，纱1.8万吨、增长156.2%，布8145万米、增长136.6%。社会主义工业在工业总产值中的比重由1949年的17.15%上升到34.7%，基本建设投资和地方财政预算内总收入也有了较大增长。经过全省人民三年共同奋斗，恢复国民经济的任务胜利完成，社会面貌发生了根本性变化，为大规模有计划地进行社会主义建设创造了条件。

实现社会生活根本变革

经过新民主主义社会改革和国民经济全面恢复，全省社会面貌发生很大变化。政治上建立以工人阶级领导的、以工农联盟为基础的各级人民民主政权，经济上没收官僚资本企业，基本完成土地改革，从根本上扫除了束缚生产力发展的严重障碍，较大改变了旧中国极不合理的社会结构，社会生产力获得前所未有的大解放，社会生产关系发生深刻变化。

经过土地改革、工商业调整和统一财政，全省财政经济状况逐步恢复并有所发展。到1952年底，全省社会总值达到18.28亿元、比1949年的11.84亿元增加54%，国民收入总额11.53亿元、比1949年的7.83亿元增加47.3%，人均国民收入75元、比1949年增加16元，社会商品零售总额达6.34亿元、比1950年的3.63亿元增长74%，农民消费水平为每人每年64.2元、比1949年提高36.9%，全省全民所有制职工工资总额达1.12亿元、比1949年增长3.06%，1952年地方财政收入达1.8亿元、总支出为1.11亿元，陕西财政经济实现了好转。

通过变革旧的企业管理制度，初步建立起国营企业的领导机构和适应新民主主义生产关系的企业管理制度，新民主主义性质的国营企业由少到多、从小到大地发展起来，社会生产总值平均每年以66.75%的速度增长。随着新民主主义性质的国营经济的建立，国家掌握了现代经济成分中最重要的基础部分，为恢复和发展国民经济奠定了物质基础。到

1952年底,全省国营工业总产值在全省工业企业所占的比重由1949年的8.6%上升到22.9%,民族资本主义工业总产值在全省工业总产值所占比重由1949年的36.4%下降到28%,手工业总产值在全省工业总产值所占比重由1949年的53%下降到37.1%,全省不同类型的手工业生产合作组织由1949年底的24个减少到6个、从业人数由946人减少到327人。

通过调整工商业结构,鼓励和扶持有利于国计民生的私人资本主义经济的发展,并将其中一部分逐步纳入国家能够指导和控制的国家资本主义轨道。在大中城市积极建立和发展国营商业,建立新型的社会主义商业体系,国营商业零售额在全省商业零售额所占比例由1950年的12.6%上升为1952年的31.5%,私营商业则由77.3%下降为42.5%。1952年,全省国营贸易机构总数达到417个,职工总人数6606人,分别比1950年增长110%和86.24%;供销、消费、手工业生产合作社遍及各专区(市)、县(区)、乡(镇),大的村庄都设有供销合作社的经营服务机构、网点;积极组织和推动私营商业,在全省初步形成以国营商业为领导、合作社商业为助手,包括国家资本主义商业、私人资本主义商业和个体商业等五种经济成分并存的社会商业结构。

科学、教育、文化、卫生事业较快进展,广大科技工作者以饱满的热情积极推广优良品种、密植、深耕、施肥方法和新式农具,调查考察作物品种、土壤、森林、畜禽资源、主要河流、水土保持,试验研究作物栽培、植树造林、畜禽繁殖的技术,改善老灌区、扩大灌溉面积,引进和培育农作物、林木、畜禽良种。20世纪50年代初期,陕西试点成功的小麦优良品种"碧蚂1号"在黄河中下游和渭河流域大面积推广。西北农学院在国内首次揭示小麦吸浆虫的生活习性和虫害发生规律,通过大面积防治,遏制了关中地区小麦吸浆虫的危害。在工业科技方面,更新企业设备、改进工艺技术,推广先进的生产技术和操作方法。勘探重点矿区,发现了金堆城特大钼矿等一批新矿产地。新建成一批纺织、印染、整理和针织、毛纺织、缫丝、织绸以及纺织机械、纺织器材相配套的生产技术体系,建起电力、电工机械、输变电设备、仪表工业,建成省内第一条35千伏输电线路。在教育方面,国家专项投资1735万元发展中小学教育、高等教育和医疗卫生事业。到 1952 年底，全省高等学校有西北大学、西北工学院、西北农学院和西安医学院，在校学生 4711 人，比 1949 年增长 107.35%；普通中学 131 所，比 1949 年增长 8.94%，在校学生 64342 人，比 1949 年增长 66.8%；中等师范学校 20 所，在校学生 8790 人，比 1949 年增长 207.67%；小学 19301 所，比 1949 年增长 34.9%，在校学生 148.07 万人，比 1949 年增长 103.34%。城乡工农业余教育和扫盲活动普遍开展，帮助 13.2 万多名青壮年脱盲。在群众文化方面，人民政府对旧的文化事业进行改造和建设，在大部分县建立文化馆，开展读书、游艺、展览活动，活跃群众业余文化生活，宣传科学文化知识。1952 年，在西安市修建了五四剧院、人民大厦和可容纳 10 万人的市人民体育场。全省有文化馆 126 个、文化站 9 个，每个县都建了文化馆。省、地、县共有图书馆 113 个。在卫生医疗方面，采取各种措施发展医疗卫生事业，增加医疗机构，壮大医疗卫生队伍。省、地、县普遍成立了地方病防治机构，及时开展地方病防治。到 1952 年，全省卫生医疗机构达到 715 个、比 1949 年增长 3.8 倍，病床位达到 5000 张、增长 2.8 倍。群众性的爱国卫生运动普遍开展，对减少疾病、提高人民健康水平起到积极作用。

在这一时期，省委、省政府认真贯彻中央关于恢复和发展经济的各项方针政策，全省工农业生产、交通运输和社会事业得到迅速恢复和发展，人民生活得到改善，财政经济状况得到根本好转，基本完成了社会改革和国民经济恢复任务，开始转向以发展工业为中心的大规模经济建设。

第四章

开展整风整党和“三反”“五反”运动

新中国成立初期,我们党成为拥有近450万名党员、具有广泛群众基础的大党。随着陕西各级党的领导机构相继建立,发展党员、建立基层党组织、考察选拔干部的工作也陆续展开。在中共陕西省委领导下,全省各级党组织积极发展党员,壮大党的组织,开展整风整党运动,建立党的纪检机构,开展“三反”“五反”运动,党的建设呈现良好局面,为开展大规模的经济建设奠定了组织基础。

一、整风整党运动

壮大党的组织和干部队伍

1949年底,全省有2974个党支部、6.5万名党员。基层组织和党员分布很不平衡,突出表现是陕北老解放区党员和支部多,关中、陕南新解放区党员和支部少,农村党员和支部多、工矿企业党员和支部少。省委成立后,认真落实中央“公开建党”的原则,有计划地在全省积极发展党员、建立党的组织。到1950年底,关中地区农村的2.2万名党员中,新党员占到十之八九。1951年春,省委明确提出要审慎地在优秀工人中发展党员,建立党的组织,以加强无产阶级政党的领导,形成城市经济建设的领导核心。

1951 年 6 月 26 日至 7 月 4 日，省委召开第一次组织工作会议，学习贯彻全国首次组织工作会议精神，确定了发展党的队伍，建立各级党的组织、大量培养新党员干部的任务。针对党员分布不均和工矿企业党员较少的突出问题，省委提出发展党员和建立党组织的重点是工厂、矿山、机关、专科以上学校和完成土改的新解放区农村，方针是积极而慎重。1952 年底，省委召开第二次组织工作会议，进一步强调积极谨慎的建党方针。全省各地将成分好、觉悟高、历史清楚、工作积极、要求进步、作风正派、能联系群众的 5 多万名积极分子列为入党对象，党小组自下而上提出名单，支部委员会审查批准后，报县、区委备案。在党员发展中，各地正确掌握党员标准，严格履行入党手续，保证了党员质量。经过扎实工作，全省党的组织有较大发展。到 1953 年底，全省共有党员 114590 名、支部 6797 个，许多基层单位有了党支部或党员，新党员中产业工人、雇农、贫农和手工业工人也占了大多数。

在积极发展壮大党的队伍中，省委高度重视干部的培养选拔工作。1949 年底，全省干部总数为 63479 人。其中男干部 60073 人，女干部 3406 人，少数民族干部 100 人。为了适应政权建设需要，省委决定从进步青年中吸收大批干部，留用一批历史基本清楚、愿意靠拢共产党、有一定工作能力的旧职人员。1950 年 3 月，省委从关中、陕北地区调配近 2000 名干部组建省级机关工作部门，并分派一批干部到汉中、安康和商洛开展工作。随着经济建设的全面开展，各方面对干部的需求量增大。按照德才并重的原则，省委通过在经过考验的产业工人中吸收一部分优秀分子、团结改造旧的技术人员、在大专院校和技术学校中有计划地培养新的技术人才、培养训练农民中的积极分子、培养少数民族干部和妇女干部等措施，努力解决干部不足的现实问题。1952 年初，全省各级干部缺额 1.2 万名，县级领导班子也不健全。省委把提高老干部素质和大量培养新干部作为当务之急，明确提出 1952 年干部工作的任务是补齐烂摊子、充实缺额、调整骨干、培养教育，当年提拔区书记以上干部 2114 人，从农村、工矿积极分子中吸收新干部 8200 人，为经济建设部门调配干部近 5000 名。当年底，全省干部达到 10 万多人，其中男干部 93003 人，女干部 7053 人，少数民族干部增加到 270 人。1952 年底全省组织工作会议提出了“大胆放手提拔干部”、抽调大量干部到经济建设部门的要求，到 1953 年 10 月，全省共提拔区长级以上干部 2573 名，为大规模经济建设储备了人才。

随着大批干部进入各级党政组织，教育新干部成为一项重要任务。省委通过党校、干校和各种干部培训机构加强干部教育培训，1950 年全省培训干部 6200 多人。为适应经济建设需要，针对干部队伍文化偏低的突出问题，省委从 1951 年到 1952 年对在职干部进行文化技术培训，11 所省地两级党校干校两年共培训干部 23337 人，1952 年还训练乡村干部及农村积极分子 10 万人。

党的组织和干部队伍的发展壮大，适应新形势的发展需要，为巩固新生的人民政权、迅速恢复国民经济、开展有计划的经济建设提供了有力的政治保证和组织保证。

开展整风整党运动

在解决党组织和党员分布不平衡问题的过程中，党员和干部队伍有了较快发展，在数量快速增长中难免出现鱼龙混杂，特别是毛泽东在党的七届二中全会上估计的“骄傲情绪、以功臣自居的情绪、停顿起来不求进步的情绪、贪图享乐不愿再过艰苦生活的情绪”在一些党员的身上滋生并有蔓延之势，官僚主义和命令主义时有发生，少数不具备党员条件以及别有用心的坏分子混入党内，一些党员思想上、作风上和组织上不纯的现象突出起来，引起了群众不满，影响着新政权形象。为了保持党的纯洁性和先进性，1950 年 5 月 1 日，中央发出《关于在全党全军开展整风运动的指示》，要求在全党全军进行一次整风运动，严格整顿全党作风，首先是整顿干部作风。6 月，党的七届三中全会部署了全党整风工作。从 1950 年 6 月至 10 月底，省委在全省展开思想作风整顿，重点是各级领导机关和干部，任务是提高干部和一般党员的思想水平和政治水平，纠正工作中所犯错误，克服居功自傲情绪，克服官僚主义和命令主义，改善党与群众的关系。6 月 7 日，省委发出的《关于贯彻西北局整顿干部作风的指示》明确指出，一年来全省在接管新解放区、剿匪、肃特、反霸、生产、救灾等方面取得了较好成效，但因形势迅速发展，党员干部的思想和作风不适应形势要求，“迫切要求我们在党中央的统一领导下进行一次严格整顿全党作风，首先是整顿干部思想作风的运动，达到密切联系群众，贯彻政策，做好工作的目的”①。《指示》要求整顿思想作风的重点是反对官僚主义和命令主义，同时纠正铺张浪费、贪污腐化、政治堕落等思想，强调各县三级干部会议要以过去征粮、反霸工作等为重点，检讨分区和县级领导工作存在的主要问题。

整风运动分四步进行：一是整风动员，明确整风的意义、目的和要求，解除思想顾虑，端正态度；二是学习文件，在领会文件精神的基础上确立标准；三是联系实际对照检查思想、作风和工作中的问题，开展批评与自我批评；四是研究提出改进工作和作风的具体措施，巩固整风成果。

1950 年 6 月 18 日，省级单位及各地开始整风动员，要求解除思想顾虑，端正工作态度。省级及各地近 3000 名干部参加集中学习，其中省级机关干部 1839 人。整风以过去征粮及反霸工作为重点，检查出了领导干部工作中存在制度不健全、执行力不够、只将上级指示往下照搬和工作不深入等主要问题，在此基础上开展批评与自我批评。为了加强对整风运动的指导，省委派白治民、杨玉亭、谢怀德、张毅忱等分别深入商洛、咸阳、渭南、宝鸡 4 个专区，实地推动专区这一级的整风工作。省委、陕南区党委、各地委党校和干校在课程设计上增加关于整顿思想作风的内容，配合文件进行教育。各县根据干部不同情况进行报告动员，在学习社会发展史的基础上重点学习斯大林及毛泽东、刘少奇、习仲勋等领导人的文章、讲话。7 月 20 日至 31 日，中国共产党陕西省第一次代表会议召开，会议提出对“官僚主义、命令主义和其他一切错误倾向，必须加以有系统的分析和批判，彻底地揭穿它的本质和对人民事业的危害”②，并指出了各专区在整风运动中需要注意的基本问题，引导全省整风运动健康发展。

在整风运动中，省级单位联系实际检查存在问题和产生原因，制定整改措施。各专区及县级领导重点检查了官僚主义和命令主义方面存

① 陕西省档案馆编:《中共陕西省委文件选编》(1950—1966)第 4 册，2001 年，第 2 页。

② 马明方:《关于陕西省土地改革和目前一般工作任务的报告》(1950 年 7 月 20 日)，陕西省档案馆编:《中共陕西省委文件选编》(1950—1966)第 1 册，1996 年，第 16 页。

在问题的不同表现，安康、汉中地委抽调干部到各县召开县区乡三级干部会，具体指导和推动县以下的整风工作。

这次整风运动是新中国成立后全省开展的一次大规模的工作作风大整顿，是党在执政初期加强自身建设、巩固执政地位的积极探索和有益尝试。通过整风，全省各级党组织纠正了工作中存在的官僚主义和命令主义作风，纠正了部分党员干部存在的骄傲自满、官僚主义和命令主义的思想，提高了党员干部的思想觉悟和政治水平，密切了党和人民群众的联系，增强了党内外团结，严肃处理了少数党员干部的贪污腐化行为。

这次整风运动时间较短，只是初步解决了工作作风方面的问题，党内思想不纯和组织不纯等问题还没来得及解决。对此，中央决定从1951年2月起用3年时间在全党进行整党，有计划、有准备、有领导的整顿党的基层组织，随后召开的第一次全国组织工作会议具体部署了整党工作，省委根据《关于整顿党的基层组织的决议》《共产党员标准的八项条件》要求，启动了全省整党工作。

1951年6月26日至7月4日，省委在西安召开全省第一次组织工作会议，传达和学习刘少奇在第一次全国组织工作会议上所作的《为更高的共产党员的条件而斗争》报告，集中讨论整党建党问题。会议认为，全省有些地方存在着严重的问题，如老解放区农村党员中一部分人缺乏进取心，不少党员堕落蜕化；新解放区农村党员很多不够党员条件，少数坏分子混入了党内。会议决定从1951年下半年起，在3年时间内整顿全省4162个党支部、审查97543名党员。省委书记马明方要求必须稳步地、正确地、以最好的成效来完成任务。

7月24日，省委制订《关于整顿党的基层组织和发展新党员的计划》，并报西北局和中央批准。根据这个计划，老解放区将整党作为中心工作；关中新解放区在土改完成后将整党当作中心工作之一，结合其他工作进行；陕南新解放区结合土改初步开展教育和整顿，在土改任务完成后集中力量进行整党。全省整党运动分三个阶段实施，即准备、组织整顿和巩固成果。

准备阶段主要是四项工作：一是培训整党干部。各级党委抽选干部学习整党文件、掌握方针政策。1951年7月至10月，省委先后集中陕北、关中地区的各县委组织部部长、关中各地区区委书记以及省级和专区机关抽调的干部、工厂企业支部书记共360人，分别在西北局党校与省委党校分批集中培训。陕北和关中各地委分期轮训县、区委书记和县区委的组织、宣传委员、干事，以及三分之一的支部书记及整党骨干。陕南地区则结合培训土改干部开展整党与建党教育。全省经过培训的7252名整党干部随后深入基层，具体实地指导整党。二是全面选点试点。省委选择老解放区、新解放区和企业中的12个支部进行整党试点，并派2名干部参加绥德刘家坪党支部整党试点工作，西北局组织部派2名干部参加宝鸡虢王区四乡的支部试点工作。三是开展党员教育。各级党委通过传达全国和全省组织工作会议精神，学习整党文件和教材，对广大党员普遍进行党章党纲学习和怎样做一个共产党员的教育，引导党员切实了解党员标准的八项条件并对照检查。四是成立领导机构、制定工作制度。省、地、县委分别成立整党领导小组及办公室，结合实际制订整党计划。省委立足系统谋划，陆续印发整党工作制度，推动整党工作顺利进行。

组织整顿阶段主要是四项工作：一是学习教育。各级党委组织党员学习整党文件，消除顾虑、提高认识、明确步骤，同时分析党支部现状，并作出具体评估。二是党员登记与审查。在规定时间内，每个党员对照党员标准条件，主动把自己的历史向党交代清楚，做好登记工作。党支部审查每个党员的历史和政治状况后作出结论。三是组织处理。以党支部为单位讨论党员审查和鉴定结论，作出组织处理决定。四是整顿党支部。民主改选党支部，建立健全党支部各项制度，制订工作计划和落实措施。

巩固成果阶段主要是三项工作：一是开展整党补课。对253个整党工作不彻底的党支部进行补课，对农村3435名没有参加整党的零散党员分批进行补课，确保整党工作覆盖全体党员。二是加强基层组织建设。健全129个基层党组织，规范区委工作例会制度，培训县以下党务干部4500名，抽调一批整党干部到安康、南郑专区指导党建工作，纠正“党不管党”的偏向。三是积极慎重地发展入党积极分子和预备党员。

结合各种社会改革和整党运动，全省挑选和培养了 20 多万名积极分子，其中 40% 被纳入培养对象。

西安市认真落实西北局部署，结合实际开展整风整党。1950 年 4 月 8 日，针对部分干部进城后出现立场不稳、违反政策、贪污腐化、铺张浪费等突出问题，市委发出《关于反不良倾向给各级党委的指示》，决定在全市党政群机关开展反不良倾向的斗争，并派出工作组深入公安和财经系统帮助工作。6 月底，全市反不良倾向斗争结束，历时两个月，共处理犯错误干部 420 人，其中党员 128 人、非党员 292 人。按照行业划分政府机关 57 人、公安系统 235 人、财经系统 118 人、其他 10 人；按照领导职务划分县处级以上 6 人、县处级以下 414 人。经过整党评定，达到党员标准的占 84% 以上、未达到党员标准的占 3.6%，劝退、取消党员资格、开除党籍的占 11.5%。在整风整党中，市委以产业工人为重点发展了 1106 名新党员。

到 1953 年底，全省整党运动基本结束，先后有 5864 名不合格党员被清除出党。同时，结合整顿基层组织，在工厂、矿山、机关、专科以上的学校和完成土改的新解放区农村积极慎重发展党员和建立党组织。从 1952 年 6 月至 1953 年底，全省共接收 19846 名新党员、新建支部 1609 个，全省党员总数达到 114590 名、支部总数达到 6797 个，并选派 10956 名干部到经济建设部门工作，帮助建立健全各项规章制度，进一步充实党对经济工作的领导力量。

这次整风整党是新中国成立后加强党的自身建设的积极探索，广大党员的政治思想素质普遍提高，党的队伍得到壮大，党的组织和党员的分布更加广泛，少数混入党内的不良分子被清理，党的思想和组织更加纯洁、战斗力增强，与群众的关系更为密切，党的政策得到群众支持和拥护，党在群众中的威信进一步提高，为各项社会改革、国民经济恢复发展和大规模的经济建设提供了有力保证。

巩固和加强党的领导

为了加强党的领导，在领导全省开展剿匪反霸、土改、安定社会秩序、恢复和发展国民经济的同时，省委及时建立健全党的各级领导机构和监察机构，加强党风廉政建设，保障各项中心工作开展。

1949 年 11 月，中央作出《关于成立中央及各级党的纪律检查委员会的决定》。1950 年 5 月，经西北局批准，中共陕西省委纪律检查委员会（以下简称“省纪委”）成立。省纪委由 11 人组成，书记李合邦（省委副书记兼），主要任务是检查省直各部门及全省各级党组织、党的干部及党员违反党纪的行为，受理和审查省直各部门、各级党组织及党员的违纪案件并提出处理意见，以及在党内加强纪律教育等。1950 年至 1951 年，全省各级纪律检查委员会先后建立。

1951 年 12 月，西北局调整陕西省纪委领导班子，委员由 11 人增加到 13 人，并设常务委员会，常务委员 6 人，书记李合邦。1953 年 1 月，省委向西北局请示，提出调整省纪委书记和增补副书记的建议。经中央批准，调整和增补了省纪委成员，书记杨彩霈，副书记崔田夫，常委 5 人。1955 年 3 月，中国共产党全国代表会议通过《关于成立党的中央及地方监察委员会的决议》，要求成立党的中央和地方监察委员会，代替党的中央和地方纪律检查委员会，目的是加强党的纪律，特别是防止类似高饶事件的再次发生。根据全国党代表会议精神，1955 年 5 月，中国共产党陕西省代表会议召开，选举产生中国共产党陕西省监察委员会（以下简称“省监委”），代替原中国共产党陕西省委纪律检查委员会。省监委书记魏怀礼，副书记杨伯伦、杨彩霈、邵武轩，委员 11 人，候补委员 2 人。省监委在省委的领导下开展工作。随后，各地（市）监察委员会相继建立。

全省各级纪委监委建立后，认真贯彻省委决策部署，紧贴中心工作，发挥职能作用，系统清理整顿工矿、基建等领域，以反对浪费、厉行节约为重点检查和处理财政、粮食、商贸等系统，在维护党纪的实践中逐步建立群众来信来访、纪律审查等工作制度，会同有关部门组织力量专案检查一些重大典型案件，查处大批违法乱纪问题，维护了党纪的权威性。1951 年底，全省纪检机关共处理违纪党员 1620 人。1952 年省纪委共受理控诉、申诉材料 122 件，超过 1950 年、1951 年总和的一半以上。通过严肃查处贪污腐化案件，不仅教育了全体党员，处理了违纪违规党员，而且严明了党的纪律、纯洁了党的组织。

为了加强党的领导，保证党的路线、方针、政策在政府工作中有效贯彻，1950 年 1 月省人民政府成立后，省委随即在省人民政府设立党组，省政府党组由在政府中担任领导工作的党员组成，受省委领导。2 月，省政府党组建立，省委书记、省人民政府主席马明方兼任党组书记，省委副书记、省人民政府副主席张邦英兼任党组副书记，由 17 名委员组成。随后，为了加强和健全省政府党组组织，充分发挥党的领导作用，广泛团结党外人士，1951 年 4 月，省委决定将省政府原党组按工作性质与范围分别设立政法、财经、文教 3 个分党组，接受省委领导。同时在政府各工作部门设立党组小组，分别归属各分党组领导。

1952 年 8 月，省委发出《关于改变陕西省人民政府党组组织的决定》，要求以陕西省人民政府中担任负责工作的党员重新组成省政府党组，由马明方等 7 人组成党组干事会。再以政法、财经、文教各委员会为单位，设立 3 个分党组，受省政府党组领导。1953 年，省委调整了省政府党组的组成人员，成立了省政府总党组，下设政法、财经、文教 3 个分党组（1953 年 5 月至 1954 年 4 月先后改为党组），在其他各单位成立党组小组。1953 年 10 月，又在省政府办公厅设立党组，加强了党对政府日常运行工作的领导。

1950 年 2 月至 3 月，陕西省人民法院、陕西省人民检察署、陕西省人民政府公安厅分别成立。政法机关建立初期，各单位分别建立党的支部开展活动。1953 年 2 月至 1954 年 4 月，经省人民政府政治法律委员会党组批准，设立省政府政治法律委员会党组公安厅小组、检察署小组和法院小组。在省委的统一领导下，省政府党组积极发挥作用，各政法机关围绕中心任务开展工作，保障了党在过渡时期各项任务的完成。

二、开展“三反”“五反”运动

反对贪污、反对浪费和反对官僚主义

新中国成立后，全省党员干部绝大多数能够继续保持艰苦奋斗、清正廉明、全心全意为人民服务的优良传统和作风，但随着土改和镇反运

动的胜利，相当一部分党员干部认为革命胜利了，放松了自我思想改造，滋长了贪图安逸和官僚主义作风。特别是一些党员干部经不起资产阶级糖衣炮弹的攻击，逐步蜕化变质，走上了贪污、浪费和腐化堕落的犯罪道路。在抗美援朝运动期间开展的爱国增产运动中，省地县党政机关内部出现了许多贪污、浪费和官僚主义的现象，引起了党中央的高度重视。1951 年 1 月至 10 月，全省各级法院判决贪污案 623 件，涉及干部 800 余人、国家财产损失约 20 万元。省检察署受理 19 件贪污案，涉及国家财产损失达 18.3 万元。一些乡村干部也不同程度地出现了敲诈、受贿等问题，既影响了土改和国民经济恢复，也影响了党在群众中的崇高威信和良好形象。

1951 年 12 月 1 日，中央印发《关于实行精兵简政、增产节约、反对贪污、反对浪费和反对官僚主义的决定》，要求各省、市委采取自上而下和自下而上相结合的方法检查贪污浪费现象，开展反对贪污、反对浪费、反对官僚主义的“三反”运动。12 月 7 日，西北局在西安召开西北五省和西安市党员干部大会，西北局第二书记习仲勋作《继续反对官僚主义、反对贪污、反对浪费，为开展增产节约运动而斗争》的报告，号召全体党员干部和非党干部立即行动起来，进行一场以“三反”为主要内容的整风运动，将这一当前全体干部和全国人民的中心政治任务完成好，为深入有效地开展增产节约运动打下良好思想基础。12 日，省委常委会议专题讨论开展“三反”整风运动问题，成立省级节约检查委员会，主任马定邦，省政府各部门、群团组织主要负责人为委员，各地也成立县级以上工商界增产节约运动委员会，专门领导和推动增产节约工作。20 日，省委向各地委、长安县委发出关于开展“三反”运动的计划，明确整风学习时间为半个月至一个月，各地可依具体情况自行确定开始和结束时间，省级和地级机关 1951 年 12 月下旬开始，1952 年 1 月下旬结束，时间为一个月；县级以下机关在 1952 年 2 月 20 日前集中半个月时间进行，并与当前工作相结合，解决当前存在的突出问题。1951 年 12 月 21 日，西安市节约检查委员会成立，市委副书记赵伯平在西安市政府和各界人民代表会议协商委员会联席扩大会议上进行动员。1952 年 1 月 6 日，西北局召开西北局机关、陕西省、西安市机关处长以上干部大会，习仲勋作《大张旗鼓地发动群众，为深入开展反对贪污、反对浪费、反对官僚主义而斗争》的报告，进一步动员部署。

根据中央和西北局部署，从 1951 年 12 月上旬到 1952 年 5 月底，陕西省和西安市在县级以上机关、学校、团体及国营、公私合营厂矿内部开展了“三反”运动。

全省“三反”运动经过了五个阶段。第一阶段是动员和学习文件。主要是组织干部职工认真学习中央和省委文件，学习《人民日报》《群众日报》有关社论，联系思想实际座谈讨论，提高对“三反”运动的认识，引导干部群众积极投入运动。第二阶段是民主检查和普遍暴露问题。各地各部门放手发动群众，大张旗鼓地揭露贪污、浪费现象和官僚主义问题。1952 年 1 月 4 日，西安市在革命公园召开宣判贪污罪犯大会，西北区、陕西省、西安市党政军各单位工作人员和群众 7 万人参加，法院对 14 名贪污罪犯进行公开宣判，严肃处理重大典型案件，推动运动深入发展。第三阶段是依法惩处大的贪污分子，俗称“打虎”。从 2 月 2 日开始运动转入清查和打击严重贪污分子阶段。截至 3 月 10 日，全省共逮捕大小“老虎”3084 人，其中“大虎”42 人、“中虎”93 人。但是，在“打虎”运动中，一些地方不切实际地规定过高“打虎”数目，出现强拉凑数和逼供、诱供、假供的情况；一些地方不注意调查研究，没有充分掌握材料，忽视证据、轻信口供，出现过火斗争的偏差，省委发现后都及时进行了纠正。第四阶段是追赃、定案和审理。从 5 月开始，“三反”运动进入专人专责追赃、定案、处理贪污分子等遗留问题阶段。第五阶段是民主建设和健全制度。主要是根据中央《关于争取胜利结束“三反”运动的若干问题的指示》，纠正工作中出现的缺点，从思想上、组织上、制度上巩固“三反”运动成果。在这个阶段，全省由上而下开展了群众性思想检查与思想批判，剖析讨论典型事例和典型人物，帮助干部提高思想觉悟。各单位也相应调整组织机构，有针对性地建立和健全各项制度，适时选拔任用了一批德才兼备的干部。

为搞好县级“三反”运动，1952 年 1 月 20 日，省委转发了《延安地委关于“三反”运动给各县委的再次指示》，对县、区、乡开展“三反”运动提出要求。县级“三反”运动普遍结合本地重点工作开展，通过召开三级干部会议进行思想动员和组织发动。比如,陕南结合查田定产工作、陕北结合整党工作、关中结合春耕生产开展“三反”运动教育。在乡村的“三反”中,没有再提“打虎”口号,而是在不妨害春季生产的情况下,结合查田定产、征粮、生产等工作,以干部检讨会的形式反复讲政策、说道理,引导有问题的干部主动坦白交代,对个别突出问题进行民主批判,工作重点是搞清在职干部的问题。

1952 年 7 月,全省“三反”运动结束,共查处大小贪污分子 4.2 万余人,查获贪污款 720 万元,其中贪污百元以下的占 70%、百元以上千元以下的占 20%、千元以上的占 10%。到 1952 年 6 月 1 日,经过深入核实,全省“老虎”数目下降三分之一,定案者 2073 人、追回贪污款 270 万元。按照省委的要求,各级及时纠正逼供信、追赃中出现的违反政策等问题,保持了“三反”的良好开展。

全省“三反”运动打掉了“三害”①,堵塞了贪污浪费漏洞,健全了组织机构,严格了工作制度,挽救了犯错误的同志,清理了干部队伍中的贪污腐败分子,提高了干部队伍整体素质,教育了广大人民群众,各项工作都呈现出新气象。

打击资本家不法行为的“五反”运动

随着“三反”运动的深入开展,各地发现党政军群团机关内部贪污分子的违法行为,大多数与社会上不法资本家相互勾结,共同盗窃国家财产。1952 年 1 月 26 日,中央发出《关于首先在大中城市开展“五反”斗争的指示》,要求全国大中城市依靠工人阶级、团结守法的资本家及其他市民,向违法的资本家开展一场反对行贿、偷税漏税、盗骗国家财产、偷工减料和盗窃国家经济情报②的“五反”斗争。

全省“五反”运动主要在宝鸡市和南郑市进行,1952 年 2 月开始,7 月中旬结束,渭南、咸阳、三原、榆林、延安、安康、商县等地只开展“五反”教育活动。西安市因直属西北局领导,加上私营工商业户人数较

① “三害”,即贪污、浪费、官僚主义的三种行为。

② 行贿、偷税漏税、盗骗国家财产、偷工减料和盗窃国家经济情报,通称“五毒”。

多,“五反”运动从 1952 年 2 月开始,8 月结束。

宝鸡、南郑是陕西省的两个中等城市,共有私营工商业户 6552 户、分布于 30 个行业,其中工商业资本家 1023 户、占 15.6%,独立工商业户 5529 户、占 84.4%,共雇佣工人、店员 9629 人,资金 1741 万元。按照省委部署,两个城市“五反”运动大致经历四个阶段。

第一阶段,召开各界人民代表、政府委员、协商委员、工人代表、工商界代表等会议大力宣传,广泛发动工人、店员和争取高级职员、店员,团结爱国守法工商业者和民主人士,组成“五反”统一战线。省委从咸阳、渭南、安康三市及省委党校和干部学校抽调干部、学员分赴宝鸡、南郑参加“五反”工作,并以宝鸡为重点,委派省委宣传部部长甘一飞前去领导。2 月 1 日,宝鸡地委召开宝鸡市工商业者大会进行“五反”动员。会后,地委抽调 297 名干部编成 6 个工作队深入各行业,宣讲中央文件和党的政策,动员工人和店员检举揭发奸商行贿、偷税漏税、编造假账、掺杂使假、偷工减料、以劣充优、盗骗国家财产、投机倒把等不法行为。南郑市的“五反”运动从 2 月中旬开始,首先在货栈、行商、木料、石灰、布绸、百货、铁器等行业试点,3 月下旬逐步推行到全市工商业的 16 个行业。两个城市的工人和各阶层人民通过参加“五反”运动,在实际斗争中受到教育锻炼,提高了思想觉悟,进一步树立了工人阶级在城市中的领导地位。

第二阶段,普遍检举坦白,结合斗争分类划界,把斗争矛头指向严重违法的重点户。根据中央制定的五项原则和北京市关于工商户分类处理的标准和方法,经过工商业者自报公议,市节约检查委员会批准,划分工商户类型。针对走私贩毒和违法经营金银的严重情况,宝鸡市制定《关于在“五反”运动中私人工商户分类划界结合处理贩卖毒品、金银的暂行办法》,提出贩卖毒品和金银必须根绝,按照“偶贩从宽,屡贩从严;小量从宽,大量从严;金银从宽,毒品从严;多数从宽,少数从严;坦白从宽,抗拒从严;过去从宽,今后从严”的原则进行处理,处理依据分别以“贩卖”“介绍”“代运”三种类型按违法额累进计算。宝鸡、南郑根据违法性质、情节、态度与经济上的影响程度,把私营工商业户划分为守法户、基本守法户、半守法半违法户和严重与完全违法户,分别占总户数的

27.6%、55.8%、13.9% 和 2.7%。查处走私贩毒和违法经营金银的违法金额 1363 万元。

第三阶段，处理“五毒”与毒品金银犯，集中力量处理严重与完全违法的大奸商，并按已有部署进行退补和罚款。5 月 3 日，省委转发了《宝鸡市关于工商户五毒计算和处理办法》，对行贿、偷税漏税，侵吞、盗骗国家财产计算办法和处理原则，以及工商户偷税漏税、偷工减料、盗骗国家财产的补罚办法作出明确规定。人民法庭对严重违法户审判定案，严肃处理贩毒倒卖金银犯。两市共收到补退罚款 65 万元，占违法经营额的 41%。根据西北局和省委指示，宝鸡市将补退罚款期限延长到 1953 年春。

第四阶段，贯彻《中国人民政治协商会议共同纲领》，实行“公私兼顾、劳资两利”方针，搞好生产经营。当运动进入高潮后，省委及时贯彻中央“生产、运输、金融、贸易均不能停顿”的要求，整顿基层工会，改选工商联及同业工会，推动工商户普遍订立爱国守法公约，工人和店员修订爱国公约，合理处理劳资关系，在工商业者中进行守法经营教育，在私营企业中建立工人监督制度并实行民主改革，调动工商业者生产经营积极性。

在西北局领导下，西安市“五反”运动经历了宣传动员、重点检查、审查处理三个阶段。第一阶段是召开各种会议，普遍发动群众，号召坦白检举。1952 年 2 月 3 日，西安市召开各界人民代表会议、协商委员会扩大会议，市委书记、市节约检查委员会主任赵伯平作《为广泛深入地开展“五反”运动而斗争》的报告，号召全市工商界人士击退“五毒”，来一次自我改造运动。5 日，西安市举行了“五反”斗争动员大会，各界代表 20 余万人参加，更加深入地动员群众开展“五反”运动。6 日，西安市工商联召开“五反”扩大会议，市长方仲如号召工商业者放下包袱，有不法行为者彻底坦白。9 日，陕西省暨西安市各民主党派、民主人士在西安召开座谈会，西北局统战部部长汪锋作《团结起来争取“五反”运动彻底胜利》的报告。经过多渠道宣传动员，“五反”运动家喻户晓，群众被充分发动起来，许多店员和学徒积极检举有行贿、贪污行为的经理，绝大多数中小违法户主动交代问题，争取宽大处理。

从 3 月初开始，运动进入第二阶段，重点是检查摸清违法户基本情况。根据中央“过去从宽,今后从严;多数从宽,少数从严;坦白从宽,抗拒从严;工业从宽,商业从严;普通商业从宽,投机商业从严”的原则和毛泽东曾提出的“民族资产阶级在《共同纲领》范围内的发展是合法的,离开这个范围就是不合法”的精神,按照违法性质、情节、政治态度和经济上的影响程度,把私营工商户分为守法户、基本守法户、半守法半违法户、严重违法户、完全违法户5类,本着“既有利于清除工商业者的‘五毒’,又有利于团结工商业者发展生产和营业”的精神,西安市委制定了《关于处理一般坦白工商户的指示》,对不同类型的工商户明确规定了处理原则和处理方法,还特别指出处理时应该注意的问题。3月13日,西北局转发西安市委关于处理守法户和基本守法户的报告,指出已掌握1.7万余户的违法材料6.4万余件,证实国家损失2600万元。此外,还掌握万元以上的严重违法和完全违法的有450户。

从3月底开始,西安市的“五反”运动进入第三阶段。3月28日,西安市委召集参加“五反”运动的1300名共产党员和共青团员开会,总结“五反”斗争经验,并部署了检查严重违法与完全违法户的工作。习仲勋出席会议,赵伯平作《为取得“五反”全面胜利而斗争》的报告。会后,西安市各区周密部署、逐户排查,有计划有步骤地开展斗争。经过排查,在一个半月内处理了85%的严重违法和完全违法工商户,人心逐渐趋于安定,市场逐渐恢复正常。少数严重违法户和完全违法户受到坦白从宽政策的感召和工人店员的说服教育,也消除了思想顾虑,主动坦白违法违纪行为。对于拒不坦白的违法户,则集中力量审查处理。6月14日,西安市政府和各界人民代表会议协商委员会举行联席扩大会议,赵伯平作《迅速地恢复与发展生产经营,顺利地结束“五反”运动》的报告,会议具体安排了定案处理的原则、定案标准、补退罚事项、核实定案的步骤等工作,要求对严重违法户和完全违法户的审查处理必须严格执行党的政策。由于审查仔细、处理慎重,许多案件处理地合理合法。经过深入细致的工作,西安市最后审查处理结果为:全市工商业户共计18586户。守法户2462户,占13.25%;基本守法户占11860户,占63.8%;半守法半违法户3782户,占20.35%;严重违法户436户,占2.35%;完全违法户46户,占0.25%。

“五反”运动打退了资产阶级的猖狂进攻，巩固了工人阶级和国营经济的领导地位，在私营工商业中开始建立工人和店员监督生产、参与管理的制度，为后来大规模经济建设和社会主义改造提供了有利条件。“五反”运动使私营工商业者受到一次深刻教育，思想得到初步改造，省委也及时纠正与妥善处理了“多算”“高算”等过火行为。“五反”运动结束后，根据中央部署，陕西省和西安市开展第二次商业调整，采取扩大加工订货、提供货源、收购包销、银行贷款及提高加工费等一系列扶持和保护措施，推动私营工商业恢复和发展，增强了私营工商业者的经营信心和守法意识。

第五章

全面实现生产资料私有制的社会主义改造

从 1953 年 10 月开始，中共陕西省委认真组织宣传学习和贯彻落实"逐步实现国家的社会主义工业化，逐步实现国家对农业、手工业和资本主义工商业的社会主义改造的过渡时期总路线"，结合实际编制发展国民经济的第一个五年计划，团结领导全省人民群众完成了生产资料私有制的社会主义改造，积极开展大规模的经济建设，社会主义基本经济制度在陕西确立，实现了全省生产关系的深刻变革。

一、学习宣传过渡时期总路线与编制"一五"计划

学习宣传党在过渡时期总路线

1951 年 2 月，基于朝鲜战局趋于稳定、国内各项工作进展顺利，着眼于中长期发展，毛泽东在中央政治局扩大会议上提出"三年准备、十年计划经济建设"的思想。1952 年下半年，随着国民经济恢复任务的基本完成，结合解决社会上出现的新情况新问题，9 月 24 日，毛泽东在中央书记处会议上初步提出了"怎样从现在逐步过渡到社会主义去"的指

导思想和大致设想，经过慎重考虑、反复酝酿讨论和补充完善，1953 年 9 月，中央公布了党在过渡时期总路线，随后批准了中宣部《为动员一切力量把我国建设成为一个伟大的社会主义国家而斗争——关于党在过渡时期总路线的学习和宣传提纲》的文件。

11 月 19 日，西北局召开会议专门讨论西北区级机关传达学习党在过渡时期总路线工作，会后下发《西北局关于总路线的传达和学习的通报》，要求全体党员干部最近几个月内深入学习党在过渡时期总路线，并对人民群众进行宣传。根据西北局的要求，省委制订了《陕西省理论学习高级组党员干部关于学习党在过渡时期总路线总任务文献的计划》，明确了学习的目的、时间、内容及重点、方法，要求高级组在抓好自身学习同时协助和指导中、初级组的学习。11 月 28 日，省委下发《陕西省理论学习高级组党员干部关于学习党在过渡时期总路线总任务文献的补充计划》，提出了学习检查监督机制。依照省委安排，全省各级机关干部理论学习组开始传达学习党在过渡时期总路线。

全省学习宣传党在过渡时期总路线是与开展农业互助合作运动、宣传粮食计划收购和计划供应政策同步进行的。中央作出《关于实行粮食的计划收购与计划供应的决议》后，陕西结合学习宣传党在过渡时期总路线，对关系国计民生的重要农产品实行计划收购和计划供应。1953 年 11 月上旬，省委召开全省地委和县委书记联席会议，省委书记潘自力在大会上作报告，重点宣传党在过渡时期总路线和总任务，结合陕西实际提出贯彻执行粮食统购统销的要求，各地委书记和县委书记认真讨论报告。会后，省委先后抽调干部 700 余人组成工作组分赴各地进行具体指导。

在省委和地委的具体指导下，1953 年 11 月中下旬，各县先后召开县、区、乡三级干部会议，各县委书记和政府负责人传达党在过渡时期总路线和总任务，指导干部结合当地实际学习讨论，引导干部提高思想认识，并讨论通过冬季生产工作和国家收购粮食工作，要求向农民广泛宣传党在过渡时期总路线。12 月上旬，各县大部分干部先后分赴农村开展工作。

学习宣传党在过渡时期总路线得到了社会各界的拥护和支持。12

月14日，陕西省各界人民代表会议协商委员会召集在西安的省协商委员会委员、省人民代表和各民主党派、民主人士、社会人士30余人，座谈党在过渡时期总路线和国家收购粮食、发行1954年国家经济建设公债的体会认识，与会人员认真讨论、踊跃发言。全省各地青年团组织也先后召开团代会、支书联席会和宣传员代表会，组织基层团干部和团员集中学习党在过渡时期总路线，农村基层团干部和团员学习回去后，还积极协助当地党组织向广大农民和青年进行宣传。在各县、乡人民代表会议上，县、乡负责领导也重点报告党在过渡时期总路线和总任务的精神，组织代表用“想过去”“比现在”“看将来”和“算细账”等办法，对比新中国成立前后不同的生活状况，全面认识农业互助合作和粮食统购统销政策，纠正各种模糊认识。县乡人民代表纷纷表示，要向群众深入宣传，带头把余粮卖给国家，把所得钱款用于添置农具或储备起来，准备扩大再生产。

1953年12月，《群众日报》连续发表《向农民宣传总路线》《向广大工人群众宣传总路线》《学习总路线、宣传总路线》等文章，用通俗易懂的语言阐述国家为什么要实现工业化，工业化与农业发展、提高群众生活水平有什么关系等道理。

1954年1月15日，西北局向西北区各级党委发出《关于进一步学习党在过渡时期总路线的补充通知》。省委及时完善学习计划，延长学习时间，要求各地（市）、省级各机关的领导不但自己要学好，而且要抓紧各级干部学习，以党在过渡时期总路线的精神提高党员干部素质和社会主义与共产主义觉悟，积极做好自己担负的工作任务。

为了推动高级组干部更深入地领会党在过渡时期总路线的精神，检查各部门的工作，达到提高思想、改进工作的目的，省委参照西北局高级组学习党在过渡时期总路线的办法，列出25个专题并分别指定25位部门负责人研究，要求从陕西具体情况出发写出“既不是一般工作报告，又不是一般学术性论文”的有问题、有分析、有结论的报告，并将写好的报告交由理论学习高级组审查，或向干部报告，或在报纸上发表，帮助一般干部学习党在过渡时期总路线。为促进学习不断深入，省委理论学习高级组第一个重点专题《国家过渡时期总路线和总任务与第一个五年计划的基本任务》学习结束后，省委书记潘自力和省政府副主席韩兆鹗主持组织了对 38 名高级组成员的测验。

为了检查全省落实西北局通知精神和省委学习计划情况，2 月 22 日至 28 日，省直属机关委员会抽调多名干部深入省级各机关党、团支部及学习小组，督促各支部加强党在过渡时期总路线的学习领导，解决学习中存在的突出问题。3 月 18 日，省委宣传部组织召开全省理论教育专职管理干部汇报会，了解专区以下各级机关干部学习党在过渡时期总路线的情况，宝鸡、渭南两专区及长安、户县和咸阳市作重点交流。针对学习中存在的突出问题，会议要求各地结合学习党的七届四中全会文件，引导干部认真地、系统地钻研总路线精神，特别是对照中宣部制发的学习和宣传提纲，在领会文件精神的基础上检查思想、总结工作。

党在过渡时期总路线的学习宣传是全省规模空前的社会主义观念普及活动，干部群众比较全面地认识了建设社会主义的总方针和具体道路、中国革命运动为什么必须分两个阶段进行及其目标任务等重大问题，统一了由新民主主义逐步过渡到社会主义的认识，增强了实现社会主义工业化的信心。

编制第一个五年计划

学习宣传贯彻党在过渡时期总路线，落脚点是制定和实施发展国民经济的中期计划，完成党在过渡时期总路线规定的工业化主体任务。由于对国内资源状况不明和缺乏编制经济计划经验等原因，我国编制发展国民经济的第一个五年计划（以下简称“一五”计划）采取了边制定、边执行和不断调整补充的思路。

1952 年 11 月，中央人民政府增设国家计划委员会，其主要任务是加强计划工作和计划执行。12 月，中央发出《关于编制 1953 年计划及长期计划纲要若干问题的指示》，要求各省份着手“一五”计划制定工作。1953 年元旦，《人民日报》社论向全国宣布我国开始执行“一五”计划。2 月中央发出《关于建立计划机构的通知》，要求各省人民政府财政经济委员会综合编制本省的地方国营工业、地方公私合营企业、私营企业、农业、林业、水利、文化、手工业以及属于地方经营的其他经济长期和年度计划，并负责编制必要的地区性物资和劳动平衡计划，保证各种经济成分逐步按比例发展。从全国看，国民经济恢复任务完成后，确定了国营经济在整个国民经济中的领导地位，计划管理组织机构的建立和健全，为各地编制国民经济计划奠定了良好基础。

遵照中央有关指示，陕西省开始编制全省"一五"计划草案。新中国成立初期，全省计划管理工作由省财政经济委员会（以下简称"省财委"）承担。1952 年 5 月，根据西北军政委员会财经委员会的要求，省财委加强了计划工作的管理，在省财委原计划局的基础上成立综合计划处。与国家"一五"计划的编制情况相似，陕西省的"一五"计划也经历了一个反复编订、数易其稿的艰难过程。

陕西"一五"计划是在资料、经验、人才三者均缺少的情况下进行的，带有明显的探索色彩。在 1949 年至 1952 年的国民经济恢复时期，全省在统一财经、稳定物价、恢复生产、巩固人民政权的同时，根据中央人民政府政务院财经委颁发的关于国民经济计划编制暂行办法、关于加强计划工作大纲以及西北军政委员会的有关文件精神，逐步建立了经济计划管理制度。期间，省财委编制了《1952 年基本建设综合计划》《1952 年陕西省经济工作计划》《1953 年国民经济计划》等文件，初步实施了国民经济的计划管理。同时，根据中央关于编制 1953 年计划及长期计划纲要的指示，陕西省在西北计划局具体指导下，从 1952 年开始编制全省"一五"计划草案。省财委经过多次反复于 1952 年 9 月拟出了《陕西省 1953 年—1957 年经济计划控制数字意见草案》。1953 年 7 月至 1954 年 1 月，根据党在过渡时期总任务和国家"一五"计划的基本任务及陕西实际，省财委集中时间和人力试编陕西省"一五"计划。1954 年 7 月，又结合苏联援助建设的全国布局，调整了计划的主要项目。在编制过程中，经过反复酝酿讨论，对比多次形成的不同方案，最后初步形成计划纲要草案。

1954 年 7 月，中国共产党陕西省第一次代表大会着重讨论了陕西省发展国民经济的第一个五年计划，强调要加强党对工业建设的领导。9 月 4 日，根据中共中央、中央人民政府关于设立计划委员会的指示以及建立充实各级计划机构的通知精神，省政府在省财委原综合计划处的基础上，组建了陕西省人民政府计划委员会（以下简称“省计委”），隶属省政府领导，业务受国家计委指导。

省计委成立后，根据中央的指示和国家计委下达的“一五”计划分省指标，进一步修改了原订的五年计划草案，提出了《陕西省地方国民经济五年计划纲要（草案）》。12 月，省委、省政府召开计划工作会议，研究讨论了五年计划纲要报告。根据会议代表所提意见，省计委对计划纲要再次作了补充和修改，并在会上初步确定下来。此后又经过了省第一届人民代表大会的讨论研究和反复修订，经过“二上二下”①和数易其稿后确定下来。

1955 年 10 月，在陕西省第一届人民代表大会第三次会议上，省长赵寿山作了题为《为完成和超额完成陕西省发展国民经济的第一个五年计划而奋斗》的报告，在全省公布了“一五”计划的主要内容，提出了完成和超额完成陕西省“一五”计划的工作措施。10 月 4 日，会议正式通过了《陕西省发展国民经济的第一个五年计划》。

最后确定的陕西省发展国民经济的“一五”计划，是按照国民经济计划分级管理原则制定的，一方面保证全国“一五”计划中部署的重点建设项目在陕西顺利完成，服务全国大局；另一方面是制定陕西地方发展计划。国家“一五”计划的指导思想是集中主要力量发展重工业，建立国家工业化和国防现代化的初步基础；相应地发展交通运输业、轻工业、农业和商业，相应地培养建设人才，有步骤地促进农业、手工业的合作化，继续改造资本主义工商业，保证国民经济中社会主义的比重稳步增长，同时发挥个体农业、手工业和资本主义工商业的作用，保证在发展生产的基础上逐步提高人民物质生活和文化生活水平。根据国家“一五”计划的指导思想并结合陕西实际，陕西“一五”计划制定工作遵循以下基本原则：一是加强领导农业生产，开展以互助合作为中心的农业增产运动，发展部分集体所有制的农业生产合作社和手工业生产合作社，提供农业和手工业社会主义改造的初步基础。开展水土保持，推广

---

① 省级政府上报中央编制地方“一五”计划的建议指标，中央根据地方建议经过分析研究后下达指标。省级政府根据中央下达的指标编制地方“一五”计划草案，再上报中央，中央根据地方“一五”计划的草案制定下发正式的计划。

农业技术，提高单位面积产量，增加作物生产，保证国家建设和人民生活需要。二是地方工业贯彻为农业服务并与农业密切结合的方针，整顿和改造已有工业，发挥其潜在能力，并有计划地发展中小型工业企业；加强私营工业和手工业的社会主义改造，逐步将私人资本主义工业逐步纳入国家资本主义轨道，逐步将个体手工业引向合作化道路。三是集中力量确保重点工程，努力完成国家在陕西布点的 24 个重点建设工程，满足宝成铁路建设和三门峡水库工程施工需要。四是大力发展国营商业和合作社商业，基本把资本主义商业纳入各种形式的国家资本主义轨道，建立私营工商业的社会主义改造基础。五是改善交通条件，加强公路的养护和管理、重点建设公路桥涵、整修地方道路，积极组建群众运输合作社，充分发挥一切运输潜力，适应国家建设和城乡物资交流需要。六是开展增产节约运动，提高经济工作管理水平，为国家建设积累资金。七是提高中小学教学质量，适当发展普通中学。有计划地发展工农速成中学和中等专业教育，逐步发展工农业余学校，开展扫盲运动。加强文学艺术工作，改善卫生保健事业，适当提高人民的物质文化生活水平。

陕西“一五”计划的主要建设目标是：在基本建设方面，5 年内全省计划投资总额为 29932 万元，安排地方基建项目 202 个，其中限额[①]以上的项目 20 个；在地方工业方面，1957 年工业总产值（不含手工业）达到 53696 万元、较 1952 年增长 156%，地方国营工业在全省工业的比重将由 1952 年的 13.2% 上升为 1957 年的 29.2%，主要产品如发电量、原煤、面粉、棉布、食用油等计划产量均比 1952 年有大幅增长；在农业方面，1957 年粮食总产 525.6 万吨，棉花 10.31 万吨，油料 10.33 万吨，分别较 1952 年增长 32.32%、40.4% 和 47.8%。农业生产合作社发展到 6.5 万个、占农村总户数的 55%；在商业方面，1957 年全省社会商品零售总额计划达到 16.28 亿元，较 1952 年增长 145.5%；在公路运输方面，1957 年公私汽车计划增加到 1151 辆、较 1952 年增长 146.2%，货运周转量 11178.7 万吨／公里、增长 333%，旅客周转量 29430.2 万人／公里、

① 为便于对重大基本建设项目进行管理，国家规定了各类基本建设项目的投资限额（300 万元至 1000 万元不等）。不论是新建或改扩建，凡一个项目的全部投资大于限额者，为限额以上建设单位；小于限额者，为限额以下建设单位。“一五”计划期间全国限额以上建设单位达到 921 个。

增长 704.8%；在文教卫生方面，电影院发展到 19 个，电影放映队发展到 221 个，剧团发展到 27 个。高等、中等师范学校 5 年招生 17579 人、毕业 14982 人，普通中学招生 21.3 万人、毕业 13.4 万人，小学学生 1957 年达到 197.5 万人、增长 33.4%，工农业余文化教育入学 216.7 万人、较 1952 年增长 73.3%。同时，在卫生、出版、发行、广播、体育等事业方面，计划投资均有不同程度提高。1957 年计划全省城乡居民购买力较 1952 年增长 145.4%、职工平均工资增长 28.5%，人均粮食 1957 年计划达到 625.75 斤、较 1952 年提高 228%，人均食油 5.74 斤、提高 43.6%。

编制和实施发展国民经济的计划既是学习借鉴苏联社会主义建设经验的过程，又是我们党探索治国理政方式的起步。陕西“一五”计划的编制和实施既是结合陕西实际贯彻国家总体发展战略、摸索全省经济建设规律的过程，也是以新的领导方式积极推动全省经济社会发展的开端。基本建设和地方工业、农业、商业、公路运输、文教卫生等方面的主要指标，总体切实可行，较好地贯彻了党在过渡时期的总路线和总任务。同时，根据陕西经济发展实际，坚持实事求是，反复讨论，注意到了国民经济各部门的综合平衡和协调发展，“一五”计划为推进社会主义改造和社会主义建设起到积极作用。但由于统计资料不全、对省情了解不全面、工作经验欠缺等因素，编制计划同实际情况存在一定差距，在执行中一再修改、补充和完善，计划数据的多变和编制时间上的滞后，一定程度影响了计划的权威性和指导性。

二、农业社会主义改造

发展初级农业生产合作社

陕西是一个农业省份，恢复和发展农业生产既是国民经济恢复和发展的基础，也是解决人民群众生活的头等大事。在总结 1950 年和 1951 年土地改革中农业互助合作实践的基础上，针对农村各阶层出现的新分化，为满足国家工业化需要、克服农业自给半自给的状态，1953 年 2 月，中央部分修改 1951 年 12 月印发的《关于农业生产互助合作的决议（草案）》，并作为正式文件下发，要求各级党委把农业生产互助合作“当做一件大事去做”。根据生产的需要和可能，大量地发展劳动互助组，在条件比较成熟的地区有重点地发展土地入股的初级农业生产合作社，又不能忽视、更不能粗暴地挫伤农民对个体经济的积极性。试行实施《决议（草案）》后，农业生产互助合作运动很快在全国开展，标志着农业社会主义改造正式开始。

农业生产互助组一般先由几户、十几户农户组成季节性的临时互助组或常年互助组。1952 年 3 月，省委印发《关于 1952 年农业生产任务的决定》，要求“积极发展农业劳动互助组织”，在互助组基础较好的陕北和关中地区开始试办初级农业生产合作社，全省有些互助组也自发地扩建为初级农业生产合作社。11 月，省委召开全省第一次农业生产互助合作会议，总结互助合作工作经验，要求各地积极整顿、巩固、发展和提高互助组，重点是试点农业生产合作社，做到边巩固边提高。

1953 年 1 月，根据西北局第二次互助合作会议精神，省委适当调整原定偏高的农业互助合作发展计划目标，明确除专区、县直接重点试办农业生产合作社外，其他地区要认真贯彻“自愿、互利、民主管理”原则，重点是整顿、巩固和提高互助组。1953 年春，针对全国一些地方出现的急躁冒进现象，中央相继印发《对各大区缩减农业增产和互助合作发展的五年计划数字的指示》《关于布置农村工作应照顾小农经济特点的指示》《关于解决区乡工作中“五多”[①] 问题的指示》等文件，根据中央“积极领导、稳步前进”的方针，省委在整顿、巩固、提高的基础上有领导有步骤地在全省普遍开展初级农业生产合作社试点。到 10 月底，全省建立起初级农业生产合作社 264 个，除镇安、柞水两县和太白、黎坪两个中心区外，每县均有 1 个初级农业生产合作社，少数县超过了 1 个。初级农业生产合作社提高了生产的组织程度，农业产量也明显提高，显示了生产合作社的优越性。

1953 年全国大规模经济建设开始后，城镇和工矿区人口大幅增加，大大增加了对商品粮的需求量。但是，由于小农经济生产能力较弱，粮

① “五多”，指在农村工作中任务多、会议集训多、公文报告表册多、组织多、积极分子兼职多。

食供应不足，加之部分省区农村遭受严重自然灾害，农村余粮户出现惜售心理，私人粮商控制了很大一部分粮食市场，造成国家库存粮食急剧减少。中央高度重视粮食市场，中财委对可选方案进行反复权衡比较后认为，在粮食生产不能有很大提高的条件下推进工业化，只能在农村实行征购、在城市实行配销，并严格管制私商的投机活动。10月，中央先后召开政治局扩大会议及全国粮食会议，专门研究粮食问题，决定由中央统一管理粮食，国家严格控制粮食市场，在农村实行粮食计划收购、在城市实行粮食计划供应，简称统购统销。11月，政务院下达《关于实行粮食的计划收购与计划供应的命令》，在实施粮食统购统销政策后，国家又实行了油料、棉花的统购和食油、棉布的统销，把粮、棉、油等主要农产品纳入国家计划管理。在国家工业化初创阶段，工业品和农产品还存在较大的价格“剪刀差”①，统购统销为工业化提供了重要积累，这是农民为国家工业化作出重要贡献的具体体现。

统购统销政策缓解了粮食供应不足的紧张局面，但要从根本上解决粮食问题，根本出路在于增加粮食产量。要增加粮食产量，最现实的办法是把个体农民组织起来，走合作社道路，适当开展技术改造，增强集体经济实力。1953年10月26日至11月5日，中央召开第三次农业互助合作会议，根据毛泽东关于对农业合作化的思想，会议形成了《中共中央关于发展农业生产合作社的决议》，12月16日，中央正式通过这个文件。《决议》指出，农业个体经济与社会主义工业化高涨需要之间日益暴露出很大的矛盾，党在农村工作中最根本的任务是逐步实行农业的社会主义改造，把个体经济积极性引到互助合作积极性上来，把注意力更多地转向兴办初级农业生产合作社，逐步过渡到社会主义。《决议》还提出，以土地入股为特征的初级农业生产合作社已经显示出优越性，是引导农民过渡到土地公有的完全社会主义高级社的适当形式。

结合党在过渡时期总路线的宣传教育，省委加强了建立农业合作社的工作，全省认真贯彻《中共中央关于发展农业生产合作社的决议》，

① “剪刀差”，是指工农业产品交换时，工业品价格高于价值，农产品价格低于价值所出现的差额，因用图表表示呈剪刀张开形态而得名。它表明工农业产品价值的不等价交换。如果价格背离价值的差额越来越大，为扩大剪刀差；反之，为缩小剪刀差。

在农村很快掀起了大办合作社的热潮，推动初级农业生产合作社快速发展。省委要求全省从1953年冬到1954年春新发展176个农业社，加上原有的264个社，预计达到440个社。实际上，到1954年2月全省共建立530个社。1954年底，农业社的数量由9月底的1970个增加到3048个，基本是县以下区区有社，其中874个村庄入社农户在80%以上。1955年春，农业社的发展速度进一步加快。到3月，全省农业生产合作社已猛增到1.17万个，入社农户35.32万户，占总农户的11.42%。据当时各地对1.09万个新老社的排队，巩固和基本巩固的一、二类社占88%，不具备条件建立的三类社占12%，个别地方占到15%。

1954年6月至1955年春农业生产合作社的迅猛发展，虽然取得很大成绩，但不少地方出现严重的强迫命令现象。在贪多、贪大、求高、求快的急躁情绪支配下，有的乱提口号、乱扣帽子，有的不顾条件搞“户户报名、村村建社”，对报名入社的“敲锣打鼓欢迎”，对不入社的“轮班说服”。在具体工作中，过急地把牲畜、农具“归大堆”，而且作价偏低、还期过长；有的还宣布取消土地报酬，挫伤了农民积极性。比如，部分农村出现农民不积极锄麦、翻地和积肥，不投资生产，而是抢购生活资料，大吃大喝；有的卖大畜买小畜，卖掉耕畜再入社；有的乱杀耕畜、滥伐树木，甚至赶走羊群“躲社会主义”。个别地方还发生群众闹事、拉牛退社的现象。渭南专区澄城县1954年冬建起的84个社中，21个社的一些社员要求退社，1955年初先后将已入社的224头耕畜拉回家，占入社耕畜总数的18%。

为缓和这种紧张情况，1955年2月5日，省委印发《关于当前发展与巩固农业生产合作社的指示》，要求“各地委、县委均应认真总结去冬以来办社中关于思想教育、培养骨干、贯彻互利原则、执行阶级政策和组织生产等方面的经验”①。3月21日，省委又印发《关于迅速全力转入领导春耕生产和做好巩固农业生产合作社的指示》，要求各地“再把我省农村合作化步骤放慢一些”，对正在建的社作“适当收缩”；建社进入第二阶段但条件极不具备、勉强建成也难以巩固的社“应坚决停止，转为

① 陕西省档案馆编:《中共陕西省委文件选编（1950—1966）》第7册，2007年，第137页。

互助组”；全省秋收以前，一般都停止建社[①]。这些指示传达贯彻后，农民情绪逐步稳定，生产秩序恢复正常，农村紧张情况有效缓和，已建立的农业生产合作社大多数得到巩固。

由于一些基层不愿修改原有的计划，有的农村干部存在“迟建社不如早建社”的思想，仍然坚持在不具备条件的地方建社。同时，个别地方在贯彻省委指示时草率地宣布“愿入社者留、不愿入社者退”，或者不问情况干脆一律都转为互助组。1955年4月5日，省委农村工作部发出通报，要求各地在整顿和巩固工作中慎重地处理退社转组问题，坚决纠正简单急躁和畏难情绪。这一时期，农村社会主义改造总的来说，是有计划、有步骤地稳步前进。

农业合作化运动的转折

1955年夏季以后，农业合作化运动出现猛烈发展的群众性浪潮，手工业、资本主义工商业的社会主义改造步伐也大大加快。经过整顿，农业合作社基本上保持了健康发展的势头。1955年7月31日，毛泽东在中央召开的省、市、自治区党委书记会议上作了《关于农业合作化问题》的报告，正确总结和系统阐述了我国农业合作化的历史、指导合作化运动的基本方针，并提出在我国现有条件下必须先有农业合作化，然后才能使用大机器的重要观点。但是，报告认为“在全国农村中，新的社会主义群众运动的高潮就要到来”，而领导却落后于群众，“像一个小脚女人，东摇西摆地在那里走路”。8月，省委召开常委会议传达毛泽东关于农业生产合作社问题的指示，随即派相关领导分赴各地传达。8月27日至29日，省委召开全省地委、直属县委书记会议，确定今后4年农业社大发展的计划，要求贯彻“全面规划、加强领导”的方针，克服各种“右倾保守思想”，根据各地不同条件全面规划建社、扩社、整社工作。各地党组织随之纷纷检查“保守”，反对“右倾”，重新部署合作化运动。9月6日，省委《陕西农业合作化问题的报告》中指出，“在今年3

① 陕西省农业合作史编委会编：《陕西省农业合作重要文献选编》上册，陕西人民出版社1993年版，第364页。

月间，我们也曾经发生过摇摆”，“挫伤了一些干部和群众的积极性”，“更严重的是，由于领导上的松劲思想，使合作化运动在春耕以后的一段时间内陷于自流状态”，现在提出“农业生产合作社的大发展”是“迫切需要”“完全可能”，要“办得多，办得好”①。

根据省委重新作出的大发展部署，全省培训建社干部和骨干分子20多万人。1956年1月，毛泽东主持选编的《中国农村的社会主义高潮》一书出版，他为全书写了两篇序言和104条按语。陕西省六篇典型材料入选，其中长安县羊村《一个违背领导意愿由群众自动办起来的合作社》《西乡县杨河坝乡党支部正确地领导了那里的互助合作》《长安县王莽村四个合作社组织联社的经验》三篇文章，都有毛泽东写的按语。在《一个违背领导意愿由群众自动办起来的合作社》一文的按语中，毛泽东说：“这是一篇动人的叙述，希望读者好好地看一遍。特别要请那些不相信广大农民群众有走社会主义道路的积极性的同志和那些动不动就想拿起刀来‘砍掉’合作社的同志好好地看一遍。现在全国农村中，社会主义因素每日每时都在增长，广大农民群众要求组织合作社，群众中涌出了大批的聪明、能干、公道、积极的领袖人物，这种情况十分令人兴奋。最大的缺点，就是在许多地方党的领导还没有主动地赶上去。目前的任务，就是要使各级地方党委在这个问题上采取马克思列宁主义的主动立场，将整个农业合作化的任务拿到自己手里来，用积极的高兴的欢迎的全力以赴的态度去领导这个运动。不要重复叶公好龙那个故事，讲了多少年的社会主义，临到社会主义跑来找他，他又害怕起来了。”据有关文献记载，当时长安县确实存在这些“情况”。例如，1955年12月9日一份写给省委的调研报告中说，长安县“有些干部或多或少表现出新的保守思想”，在按计划暂不办社的地方，群众要办，干部不去领导，“又有了自发社”；正在建立的社“以审查的名义拒绝群众入社”等情况。事实证明，当时有一些农村基层干部和农民群众，出于某种愿望积极要求办社，各级干部中有不少人对合作化的大发展确实没有思想准备。

面对合作化运动不断升温和加快的“大气候”，在“全面规划、加

① 陕西省档案馆编：《中共陕西省委文件选编（1950—1966）》第7册，2007年，第159页。

强领导”和“书记动手、全党办社”等口号下，各级党组织都用“全力以赴的态度去领导这个运动”，全省农业合作化形成高速发展的浪潮。到1955年底，用了不到3个月时间，全省新建农业社4.36万个，累计总数达到6.09万个，入社农户占总农户的60%。到1956年1月底，全省新建社58120个，连同老社共有75408个，入社农户占农户总数的74.3%。到2月底，全省入社农户占农户总数达到95.06%，全省基本实现了半社会主义性质的初级农业生产合作化。

陕西农业生产合作组织之所以能大规模发展，在短短几个月内实现初级农业合作化，主要是农民有发展生产的意愿和对社会主义的向往，初级社保留了土地分红，农民一般能够接受；重新确定的上中农成分和批判“小脚女人”的舆论，形成了强大的政治压力，不少农民不得不“随大流”地加入农业生产合作社。

高级农业生产合作社的快速发展

推动农业互助合作发展，要先办初级社，再逐步发展高级社，这是1955年冬季前大多数人的认识。人们认为，高级社和初级社的主要区别是实行土地公有，取消土地报酬，农业社的性质也随之由半社会主义变为完全社会主义。由初级社转为高级社必须具备一定的条件，主要是生产要有较大发展，保证原来土地较多而劳力较少的农户也能增加收入或不减少收入，仍有困难的可用公益金给予适当照顾。

1955年10月，党的七届六中全会扩大会议要求在有条件的地方有重点地试办高级社，为以后几年的并社升级创造条件。1956年1月，中央在《一九五六年到一九六七年全国农业发展纲要（草案）》中提出，对于一切条件成熟了的初级社，应当分批分期地转为高级社，不升级就将妨碍生产力的发展。6月，《高级农业生产合作社示范章程》公布，大大推动了初级社向高级社转变。

在1955年冬季初级社大发展后，省委决定从1956年1月起，省、专区、县三级分别试办高级农业生产合作社，要求每个县至少试点1个，有的县可试点3—4个。1月26日，省委提出春耕前高级社要建成3873个、入社农户要占到总农户的12%，秋收前高级社要达到6000个以上、入社农户要达到总农户的20%以上。为此,省委农村工作部1月26日至2月4日召开各地试办高级社干部座谈会,研究转高级社的条件、方法、步骤和若干问题的处理原则,省委3月1日转发座谈会总结,供各地参考。

开始试办高级社时各地都比较认真,渭南地委把试办点选在条件较好的大荔县马廷海农业社。经过细致工作,将有三年历史的马廷海初级社、两年历史的八鱼初级社和刚满一年的硷洼初级社合并,1955年11月底建成灯塔高级农业生产合作社,这是渭南专区第一个高级社。但是,由于不断批判"右倾保守思想",合作化运动来势越加迅猛,不少地方把"试办"二字抛开,大搞并社升级,普遍建立高级社。大荔县灯塔高级社1956年春节后把刚建立不久的东羌白初级社并入,还吸收47户互助组员和单干农户,使高级社的规模达到371户。不少地方出现了组转社和未经过互助组、初级社而"一步登天"的情况,即由个体农户直接组建高级社。据省委农村工作部统计,截至1956年2月底,全省入社农户已占总农户的95.06%,其中加入高级社的农户占总农户的44.86%。咸阳、户县、大荔等地和西安市参加高级社的农户在90%以上,延安专区和长安县在80%以上,渭南、宝鸡专区在50%以上,商洛专区在40%以上,其他各地在20%—30%左右。

1956年8月,省委下发《关于秋后高级社工作的安排》,要求"全省至今年底,加入高级社的农户达到占总农户数的95%以上","未完成高级合作社的地区,应该将现有的初级社转为高级社,同时也将一些特小的社适当合并"①。到1956年底,全省共建成高级农业生产合作社32505个,入社农户304.9万户、占总农户的96.27%,高级社平均规模为94户,其中300户以上的约占10%、100户以下的约占50%。在反对右倾的影响下,全省自上而下倡导办大型高级社,到1957年底,高级社调整为32262个,入社农户占总农户的98.2%,每社平均100.7户。

在农业合作化运动中,由于要求过急、工作过粗、发展过快,出现了形式过于简单划一、制度不够健全、经营管理不得当、干部整体水平不高、按劳分配没落实等突出问题,造成后来的农业生产长期处于"生产

① 陕西省档案馆编:《中共陕西省委文件选编(1950—1966)》第7册,2007年,第21页。

大呼隆”“分配一拉平”状态,很大程度上挫伤了农民生产积极性,影响了农业合作化优越性的充分发挥。

三、手工业社会主义改造

发展和整顿手工业合作组织

新中国成立前,陕西工业基础薄弱,地方工业主要是手工工场和手工业作坊,大部分规模小、资本少,机器设备陈旧,技术力量缺乏,产品质量不高。新中国成立初期,全省工场手工业和个体手工业从业人员共10.7万多人,生产总值占工业生产总值的50%左右,涉及70多个行业,其中有些行业(砖瓦、石灰)的产品直接关系国家基本建设,其余绝大部分产品是群众生产生活必需品,如农民生产使用的铁锨、架子车等农用工具及土布、毛巾、锅、碗等生活必需品。

国民经济恢复时期,党和政府对手工业采取扶持方针,通过贷款、税收减免、原料供应、加工订货、推销产品等形式,推动手工业恢复和发展。按照毛泽东在党的七届二中全会上提出的“要把个体工业逐步引导走向集体化生产”的要求以及1950年政务院《合作社法(草案)》,1950年,陕西省成立合作局,1952年10月,成立陕西省合作社联合社。从1951年下半年起,省委、省政府派工作组到基层,帮助开展个体手工业的合作社试点,协调解决生产中遇到的困难,扶持手工业发展。

1953年3月,《中共中央关于应当重视手工业的指示》下发,明确指出:“手工业,在国民经济中占很大比重,是在一个很长的时期内不可缺少的一种经济形式。”党在过渡时期的总路线公布后,陕西着手部署全省手工业社会主义改造,方针是积极领导、稳步前进,形式是生产合作小组、供销合作社和生产合作社。生产合作小组和供销合作社实行部分集体所有制,属于手工业改造的低级或过渡形式,生产合作社实行集体所有制,属于手工业改造的高级形式,也是主要形式。11月至12月,中华全国合作社联合总社召开第三次全国手工业生产合作会议,确定了手工业社会主义改造的方针和政策。要求从供销入手,实行生产改造,推动由手工业生产合作小组、手工业供销合作社过渡到手工业生产合作社，实现由小到大、由低级到高级的改造。1954 年 6 月，中央转发全国合作总社党组《关于第三次全国手工业生产合作会议的报告》，明确提出合作化是手工业逐步实现社会主义改造、引导手工业逐步过渡到社会主义和逐步走向机械化的唯一正确的必经之路。

为加强对手工业合作化工作的领导，1954 年 2 月 25 日至 3 月 7 日，省委召开第一次手工业工作会议，传达第三次全国手工业生产合作会议精神，总结全省四年来的手工业工作，提出 1954 年工作初步安排意见，要求本着“积极发展、稳步前进”的方针，继续整顿、巩固、提高原有的生产合作组织，广泛发展生产合作小组和供销合作社，重点建立生产合作社，在原有基础上积极创造条件，提供必要援助，有计划地稳步发展。

这次会议研究制订的陕西 1954 年手工业工作计划，明确提出全面调查全省手工业，以渭南、宝鸡、汉中、安康 4 个专区和咸阳、铜川的 2 个县市为重点，根据不同情况整顿原有各种合作组织。要求各地认真贯彻第三次全国手工业生产会议精神，从供销方面逐步把手工业者组织起来，继续整顿、巩固、提高原有手工业生产合作组织，广泛发展生产合作小组和供销社合作社，帮助生产合作社改进技术、降低成本、提高生产效率，为国家建设和人民生产生活需要服务，逐渐增加社会主义因素，推动个体经济转变为社会主义集体经济。

会后，省委根据工作计划把各类分散落后的手工业者逐步组织到各种形式的生产合作组织中，逐步把手工业的私有制变为集体所有制，发挥其服务国家建设的作用。各专区统计局与手工业生产联社筹委会从有关单位抽调部分干部组成手工业调查办公室，全面调查各自辖区手工业情况，比较全面地收集了各专区手工业行业、户数、从业人员、产品、产值等基本情况，摸清了手工业对农业、基本建设和城乡人民生活的实际作用，为进一步有计划地实行手工业社会主义改造提供了条件。整个工作分准备、试点、全面调查和综合归类四个阶段，12 月底全部结束。全省各地县党政组织认真落实“积极发展、稳步前进”的方针，深刻认识手工业者的历史地位、改造工作的复杂性和艰巨性，在普查的同时继续进行手工业改造。在工作中坚持自愿原则，既承认手工业者是劳动者，又没有采用剥夺的办法,通过耐心地说服教育和谨慎地组织工作,引导个体手工业者走上合作化道路。

手工业合作社(组)分为三种形式:一是手工业生产合作小组。这是广泛组织手工业者的一种低级形式,也是手工业劳动者最容易接受的组织形式。首先从供销方面把手工业劳动者组织起来,有组织地向供销、消费合作社或国营企业购买原料、推销产品,或为供销、消费合作社和国营企业加工产品。二是手工业供销合作社。这是由若干个体手工劳动者或几个手工业小组为解决原料采购和产品推销的共同困难而组织起来的。主要活动是统一向供销、消费合作社或国营企业购买原料、推销产品,承揽加工订货,仍然分散生产、自负盈亏。这种组织逐步以互助合作关系代替雇用关系,具有社会主义经济成分。三是手工业生产合作社。参加的成员将主要生产资料(包括厂房)折价入股,共同生产、按劳分配,统一核算、共负盈亏,属于高级组织形式,已经是半社会主义或完全社会主义经济成分。合作组织的发展吸引了广大手工业劳动者,手工业生产呈现蓬勃生机。由于国家扶持合作组织,再加上合作组织内部实行民主管理,生产经营开始实行计划运行,无论是劳动生产和产品质量,还是劳动者的个人收入,同个体手工业者相比均有不同程度的提高,显现了组织起来的优越性。

1954 年 6 月,中央发布《加快对手工业工作的领导》的指示,要求各级人民政府把手工业视为地方工业的一个重要组成部分。6 月 17 日至 27 日,省委农村工作部召开手工业工作座谈会,听取各地汇报,交流经验,总结省委第一次手工业工作会议以来的工作,明确了组织手工业者的方针政策、发展对象、建社建组步骤等工作任务。7 月,中国共产党陕西省第一次代表大会明确提出全省手工业社会主义改造的目标和总任务是“通过合作化的道路,将手工业者组织起来,把手工业生产纳入国家计划轨道,逐步改变旧的生产关系和逐步将手工业劳动生产改变为半机械化、机械化的生产,使全体手工业者走向共同富裕的道路。”大会确定 1953 年至 1957 年发展手工业的方针是:“在贯彻中央‘积极发展、稳步前进’精神下,巩固提高原有的手工业合作组织,并在便于集体生产和原料供应、产品销路皆有保证的条件下,广泛发展供销生产小组和供销生产社，稳步建立生产合作社，并加强对个体手工业的领导。”①

1954 年 12 月，中央召开第四次全国手工业生产合作会议，总结一年来手工业合作化的经验，讨论了手工业同地方工业的发展、同农业和资本主义工商业的社会主义改造如何统筹兼顾、合理安排等工作。1955 年 1 月陕西省手工业管理局成立，8 月陕西筹建省手工业生产合作社联合社，并与省手工业管理局合署办公。之后，西安、宝鸡、汉中、渭南等 16 个市（县）先后成立生产联社（筹委会），省供销社各专区办事处及 68 个县（市）设立生产股，共配备干部 424 人，推动手工业合作化更快更好发展。

手工业合作化的发展和调整

1955 年 12 月 21 日至 28 日，中央手工业管理局和全国手工业生产合作总社召开第五次全国手工业生产合作会议，批判了怕背“包袱”而不敢加快手工业合作步伐的“右倾保守”思想，制定了手工业社会主义改造的全面规划，要求在 1956 年和 1957 年两年以内基本上完成手工业合作化的组织任务，今后几年内争取把全部半社会主义性质的生产合作社（组）过渡到完全社会主义性质的生产合作社，并逐步进行手工业的技术改造。

1956 年，陕西手工业合作化进入高潮。截至 10 月底，全省共有手工业社（组）3500 多个，社、组成员 7.49 万人，基本完成手工业合作化任务。12 月，陕西召开手工业工作座谈会议，各专区和各县（市、区）工业科长、生产联社主任 193 人参加。会议提出 1957 年的工作任务是“集中主要力量整顿巩固现有社、组，继续完成对个体手工业者的改造，贯彻勤俭和民主办社的精神，搞好生产，以适应社会上的需要”②。各地区手工业管理部门进一步加大手工业改造工作力度，通过分行业集中动员和组、社发动，教育引导未加入组、社的个体手工业者进入社会主义合作化。

① 唐方雷在中共陕西省第一次代表大会上关于对农业、手工业的社会主义改造的发言，1954 年 7 月。陕西省档案馆编:《中共陕西省委文件选编（1950—1966）》第 5 册，2002 年，第 420 页。

② 《关于手工业工作座谈会议的报告》（1956 年 12 月），陕西省档案馆编:《中共陕西省委文件选编（1950—1966）》第 5 册，2002 年，第 559 页。

在个体手工业生产改组过程中,依据不同行业的生产特点,全省采取多样的便于群众和利于生产的组织形式,绝大多数社员收入有所增加,合作社的优越性不断显现。同时,各地按照生产需要逐步建立健全了许多必要而简易的经营管理制度与操作规程,并以提高质量、降低成本为中心开展技术交流。这些工作和措施,对提高和巩固合作社以及改进生产经营,发挥社、组员的积极性和创造性起到重要作用。随着生产的发展和劳动生产率的提高,社员劳动收入亦相应提高、福利逐步改善,70%左右的社、组员收入比个体时有所增加。各地手工业社、组还创办业余文化学校,帮助社、组员扫除文盲,提高了成员文化技术水平,为提高生产能力奠定了基础。

全省手工业改造工作取得一定成绩,不断彰显了组织起来的优越性。但也存在不少缺点和问题,主要是在改造过程中虽然保留了手工业的原来优点,采取了多种多样的组织形式,但对供应广大人民群众生活需要的特点认识不明确,一度出现部分手工业社盲目扩社、撤点过多、贪多图大、办综合社、统一计算盈亏的偏向,束缚了手工业者原有的生产积极性,造成了质量低、浪费大、生产协作混乱、管理困难、非生产人员增多、开支大、成本高、影响社员收入等不良后果。同时,合作社建立后生产规模扩大,内部管理却没有及时跟上,导致制度不健全或有制度不能很好执行,出现了生产缺少计划、物资浪费等现象。有些社、组对经营思想、民主管理、分配收益等原则认识不足,或者发生偏差,造成了市场供应不足、产品质量下降,群众不满意,社员收入也有所减少,特别是少数干部贪污挪用公款,影响了团结和社、组的巩固。在后来的工作中,这些问题逐步得到纠正。

四、资本主义工商业社会主义改造

私营工业社会主义改造

新中国成立初期,陕西私营工业虽然弱小,但在全省经济中占有重要地位。据1949年统计,陕西地方工业总产值为2.86亿元,其中私营工业产值占96.6%。可以说陕西对资本主义工商业的利用、限制、改造工作,是在经济落后、商业不发达但私营工商业占优势的基础上进行的。

在国民经济恢复时期,陕西省和西安市除帮助私营工业改善劳资关系、贷款扶助生产和实行收购、经销、加工、订货、统购、包销帮助他们渡过生产经营难关、发展生产外,在中央和西北局的领导下,对个别私营企业开展了公私合营工作,1951年6月1日,铜川建新实业有限公司瓷器厂与中国建筑企业公司西北区公司签订了《公私合营协议书》,起到了一定的示范作用。公私合营是国家资本主义的高级形式,特点是社会主义成分同资本主义成分在企业内部的合作,公方占有相当股权,公私双方共同经营,公方代表居于领导地位,企业利润按照“四马分肥”① 的原则进行分配,企业大部分利润归国家和工人所有,基本为国计民生服务,企业因而具有了更多的社会主义性质。

这一时期,全省公私合营企业分三种类型。第一类是人民政府没收原企业中的官僚资本和敌伪资产变为公股,与私股共同合营。如公私合营渭南棉花打包股份有限公司和公私合营利民面粉股份有限公司。第二类是私营企业由于资金、经营、管理等困难迫切要求政府投资而合营。比如,1951年11月5日,经中央批准,陕西省工业厅与宝鸡申新公司及其工厂在西安签订《公私合营协议书》,成立了公私合营新秦企业有限公司,合营后仅两个月就扭亏为盈,盈利6万余元。第三类是爱国资本家多次提出公私双方共同投资改造旧厂、创建新厂。如咸阳裕农油厂1949年9月与西北贸易部实行公私合营。民建西安分会吸收社会游资,西北企业建设公司投资613万元建成公私合营新西北印染厂。还有个别私营企业由政府折价接收后,更改为公私合营企业,如铜川公私合营新泰煤矿等。

1952年底,全省公私合营工业企业发展到37户、产值4725万元,占全省地方工业总产值的22.5%。西安市公私合营企业6户、产值2072

---

① “四马分肥”,是社会主义改造中对资本主义企业的赎买方式,是当时对民族资本主义企业利润分配形式的形象说法。指企业利润按国家征收的所得税金、企业公积金、职工福利奖金和资本家的利润(包括股息和红利)等四个方面进行分配。1956年全行业公私合营后,资方的股息红利被定息代替,1966年9月停付。

万元,占全市工业产值的14.52%。陕西公私合营企业的建立,促进了全省国民经济的恢复和发展。

1954年1月,在陕西省工商联筹备委员会扩大会议上,西北局统战部部长汪锋作《关于总路线学习及私营工商业的社会主义改造问题》的报告。按照西北局部署,省委要求从1954年2月起各地市县工商联有计划地开展学习和宣传党在过渡时期总路线活动。在省委组织工作会议和全省第五次工业会议上,省委书记潘自力分别结合陕西实际阐明党对资本主义工商业的利用、限制、改造政策,提出资本主义工商业社会主义改造要通过两个步骤来实现:第一步,把私人资本主义转变为国家资本主义,第二步,把国家资本主义转变为社会主义。按照这个要求,全省采取加工订货、统购包销的办法,积极扶持私营工商业者发展生产,逐步将资本主义工商业纳入国家资本主义轨道。

1954年1月,中央批准中财委《关于有步骤地将有十个工人以上的资本主义工业基本改造为公私合营企业的意见》,全国开始有计划地扩展公私合营工作。7月中央印发《关于加强市场管理和改造私营商业的指示》后,全国资本主义工商业的社会主义改造进入有计划、大规模发展公私合营的新阶段。省委认真学习贯彻中央精神,结合陕西实际确立了"逐年规划、分期分批、稳步前进"的思路,有计划、有步骤地推进全省资本主义工商业的社会主义改造。

根据中财委1954年有计划地扩展公私合营工业和"巩固阵地、重点扩展、作出榜样、加强准备"的工作方针,1954年3月10日至19日,全省第五次工业会议确定了"以整顿巩固现有公私合营企业为主,总结经验、重点扩展新的合营单位,并加强调查研究,为今后合营作好准备"的工作要求,省政府积极指导和整顿公私合营企业,完善加工订货,扶助私营工业发展。

1954年上半年,陕西对公私合营企业进行普遍调查和重点整顿,对一些私营企业进行精简、合并引导令其转行。根据中央指示和全省实际拟定了1954年扩展公私合营工业计划,编制了1955年至1957年扩展公私合营工业计划。1954年先后在煤矿、面粉、纺织、木器、制药等行业的17个私营厂矿中实行公私合营,产值达5138万元,其中全部或部分由国家委托加工订货的有面粉、米、棉纱、食油、铁工等行业，国家收购其全部或部分产品的有煤炭、火柴、纸张等行业。在全省地方工业经济中，私营工业比重由1953年的58.1%降至1954年的27.8%，公私合营企业则由25.4%增至50.6%，在私营工业中国家资本主义中级和低级形式已占其产值的73.87%。这些企业纳入国家资本主义特别是纳入高级形式的公私合营后，生产经营有了明显改进。

全行业公私合营后，陕西对产品相同相近、厂址分布合理、具有相互依存关系或生产工序彼此衔接的企业进行合并改组。根据省资本主义工业改造座谈会精神，及时检查和解决改组中出现的不该集中、联得过大及并联后出现的问题。省委批转省工业厅党组报告时指出，“生产改组是一件复杂、细致的工作，必须慎重从事，稍有不周，就会造成政治上和经济上的严重损失”，“凡拟并厂生产者，对资本家必须予以妥善安置，对原有设备予以充分利用，不降低职工工资，不减少产品品种，不降低产品质量，不打断原来的供应关系，否则不要急于合并”。在全省大中城市和铁路沿线的公私合营企业中，重点是改组依存协作关系较大的机械、翻砂、木器、织布、印刷、酿酒、砖瓦、煤矿等行业，将新公私合营的7375户并联为275户。

1955年2月，陕西省国家资本主义办公室成立，省委统战部部长张汉武任主任，负责综合情况、督促检查、联系各方和加强领导等工作。中央扩展公私合营工业计划会议后，陕西认真贯彻“统筹兼顾、归口安排、按行业改造”的方针，先后召开油脂业、皮革制造业、日用毛织业等专业会议，5月中旬派工作组赴西安、宝鸡、渭南等地逐行业检查私营工商业改造情况，帮助186户私营企业扩大加工订货，解决原料和燃料方面存在的突出问题，帮助其克服生产经营困难。1955年，私营煤矿、机器制造、榨油、面粉等9个行业实行公私合营企业达到74个，占合营计划户数的97.36%，全省工业生产有了较大发展。

私营商业社会主义改造

在对私营商业的社会主义改造中，全省认真贯彻“逐步改造”和“统筹兼顾、全面安排、积极改造”的方针，反对急躁冒进、盲目排挤私商的做法，对私营批发商和零售商进行了限制、利用、改造。国民经济恢复时期，全省从掌握主要货源和稳定市场入手，重点开展用国营批发商业代替私营批发商的工作。在加强私营批发商管理的同时，对粮食、棉花、皮毛等行业采取限制和逐步代替，引导私营批发商转行。以私营棉花商行为例，1951 年，政府扶助 474 家私营棉花行歇业转行，到 1954 年，私营棉花行全部被淘汰和代替。

针对 1954 年春夏出现的市场供销变化，中央印发《关于加强市场管理和改造私营商业的指示》，要求加强私营零售商的货源组织和供应工作，缓和私营零售商营业额下降的趋势。对私营批发商实行“一面前进、一面安排”和“前进一行、安排一行”的政策，采取“留、转、包”办法改造私营批发商人员。陕西按不同行业的具体情况安排私营批发商，对经营粮食、棉花、棉纱、食油、油料及煤炭的私营批发商全部进行代替，推动烟酒、油脂、茶叶 369 户批发商大部分转入零售商业，原 247 户煤炭私营批发商中除转行和歇业的外，179 户与煤建公司建立“批购零售”关系。国家需要且企业条件好的部分私营批发商作为国营商业和合作商业的代批店保留下来，国家给以合理的手续费，保持其一定的收入水平。允许百货、杂货、土产、中药材等行业的私营批发商继续经营，引导部分私营批发商转入零售、工业生产或服务性行业，少数私营批发商则由国家培训后吸收安排工作。西安市引导私营批发商 217 户、人员 1949 人，逐步转入工业生产和服务性行业。

1953 年 11 月国家实行粮食和油料统购统销后，陕西对私营粮油零售商实行全行业经销和代销。1954 年 9 月国家实行棉布计划收购和计划供应后，全省私营棉布零售商安排为国营商业经销、代销的有 3561 户、4927 人，其余转入百货等行业，少数转入工业或服务行业。1954 年安排经销和代销的私营香烟零售商有 2333 户，酒类专卖商 2750 户，煤炭商 179 户。1954 年 2 月，西安市百货业第一家公私合营企业——西京国货公司成立，随后德华斋眼镜行、户县大王镇百货商店试点公私合营。1955 年 5 月，全省组织财贸系统千余名干部深入基层，训练和吸收私营商业多余或失业人员 784 人、扶助转行者 510 人，建立经销、代销、代购的私商 1260 户。

1955年下半年，在全国农业合作化运动的推动下，全省资本主义工商业的社会主义改造步伐明显加快，形成全行业公私合营的高潮。12月1日，省委资本主义工商业改造工作领导小组成立，组长严克伦。各地（市）委相继建立相应领导机构，多数县委也成立私营工商业改造领导小组。

12月10日至24日，省委召开扩大会议传达中央会议精神和《中共中央关于资本主义工商业改造问题的决议（草案）》，讨论省委《关于资本主义工商业社会主义改造规划的意见》，确定在1956年基本完成全省资本主义工商业、小商小贩的社会主义改造，决定采取以大带小、以先进带落后的办法实行全行业公私合营，通过各种合作组织形式改造小商小贩。省政协召开第四次常委扩大会议、省工商联召开一届二次委员扩大会议时，许多工商界委员踊跃发言，一致拥护党的决议和陕西省规划。在对资本主义工商业改造中，陕西还重视发挥小商小贩的作用。当时全省有小商小贩13万人，占私营商业的90%以上。有人主张挤掉小商贩，并说“宁叫他们叫唤，莫把尺度放宽”。省委第二书记赵伯平提出，小商贩是私商，但不是资本主义的私商，而是商业劳动者、是劳动人民。特别是农村的货郎担和杂货担，是千家万户离不开的两副担子。现留的小商贩要保护，让其弃商转农是堵塞农村市场流通的做法，是错误的。

从当年12月开始，西安市进入申请全行业公私合营热潮。12月5日至1956年1月1日，西安市先后8次批准私营面粉、棉布、百货等40个行业实行公私合营。1956年1月13日，西安市批准最后一批25个私营工业行业和36个私营商业行业共4183户公私合营，成为继北京、沈阳之后全国第三个实现全行业公私合营的大城市。在进行公私合营的过程中，省委针对某些私商自行盲目并店的问题，指出“不要轻易撤点并店”，“以免引起经营上的混乱”①。1月25日，省委资本主义工商业改造工作领导小组发出“合营合作与生产两不误”的指示，要求进一步加强生产经营的宣传教育工作。渭南、宝鸡、咸阳、汉中、铜川等地学习西安市做法，也先后完成了全行业公私合营工作。到2月底，全省已有

① 《西安市私营工商业改造情况简报》（第一号），1956年1月4日。

近百个县城实行公私合营和合作化,其中52个县城进入清产核资阶段、19个县城开始进行经济改组。

全省各地根据“实事求是、公平合理”原则,采取“资本家自报自评、职工协助监督、合营工作委员会审查批准”的办法,积极开展清产核资工作。在清产核资中,面对估价偏低或偏高现象,根据国务院财产估价的规定①,执行“从宽处理”和“尽量了结”方针,对有关公私方面的问题从宽处理,对企业原来的各种债务和财产关系问题尽可能加以了结,对资方有意见的企业进行复查,对所有生活资料包括房屋一律不定值定息、也不登记,纠正了将资本家额外资财投入合营企业的问题,也制止了个别工商业者抽逃资金的现象。

在总结西安市私营工商业改造实践的基础上,省委提出不要降低质量规格,不要平均主义定价,不要轻易搬家并店,不要一律实行固定工资制度,不要减少花色品种,不要变更和缩短营业时间,不要变更货源,不要把有一定历史或群众信誉高的商号牌子轻易换掉,不要轻易改变人事制度,不要(在小商小贩中)进行清产定股,要继续保持原企业的生产经营。省商业厅重申“小商小贩的经营方式,仍然应继续保持目前的代销、代购、经销和自营的办法”。省工业厅提出搞好生产经营的五项要求:一是迅速编制厂矿生产计划;二是充分发扬新公私合营企业原有人力、物力、设备及资金等方面的潜力完成国家生产计划;三是开展社会主义劳动竞赛,推广先进经验;四是做好供销工作,凡自产自销的厂矿应特别注意保持原有企业的供销关系;五是建立健全必要可行的生产经营管理制度。经过各方面共同努力,全行业公私合营后商业经营改善,经济不断发展。

完成资本主义工商业社会主义改造

在公私合营中,中央确定对私人资本主义进行赎买,逐步把资本主义企业改造成社会主义企业。明确全行业公私合营前,对资本家分配利

---

① 《国务院关于私营企业实行公私合营时对财产清理估价的几项主要问题的规定》,1956年2月8日。

润的办法是“四马分肥”；全行业公私合营后，采取定息制度，即按合营时的资本家股份资产，由国家在一定年限内，每年付给资本家利息（一般为资产总额的5%），同时对资方从业人员保留高薪。赎买政策的实行，不但减少了资产阶级对社会主义改造的抵触和反对，而且有利于逐步把资本家改造成为自食其力的劳动者。

在公私合营后，企业公私关系已由外部变为内部的公私共事关系，资本家以工作人员身份参加企业管理。由于公方人员对企业关心多、对私方人员关心少，警惕顾虑有余而团结不够，私方人员怕犯错误，工作谨小慎微，不敢负责，公私共事关系出现一些新的问题。为了改善公私关系，省工业厅召集公私合营企业公股代表座谈会，提出改善公私共事关系的要求，具体是妥善安排私方人员，使资方人员对分工负责的事情确实做到有职、有权、有责；贯彻充分协商共事的精神，建立公私共事制度；加强党对合营企业的领导。省第二次商业会议特别强调，妥善处理公私共事关系是贯彻执行政策、加强企业改造与人员改造的一项重要工作，要求在专业公司统一领导下明确分工、密切合作、充分协商、共同负责，让私方负责人员参加相关会议和阅读有关文件，定期邀请工商联、同业工会、民主建国会的负责人或代表人物座谈交流，不断改善和融合公私关系。

1955年12月，省委提出，对资方实职人员的使用要根据以往政治表现并参考其原职，充分协商后酌情安排使用，做到大体恰当合理、本人满意。具体安排办法有四类：一是多设副职，使绝大部分人的职务不比在原私营企业的职务降低（个别称职者也可任正职）。二是有技术者应安置其担任适当的技术工作。三是工资待遇一般保持原有水平。四是较大合营厂店一般都设董事会，对年老失去工作能力者予以适当安置，并保持其必要的生活条件。到1956年底，全省13485名私方人员已安排工作者11850人、占87.9%，安排为公私合营企业、合作社、合作小组领导职务的4699人，占私方人员数的34.8%。党和政府在政治上信任资方人员，安排他们担任各级政府、政协和群众团体负责人。他们中有的还当选为全国人大代表，参与决定国家大事。到1957年6月，全省工商界党外上层代表人物被安排到省级任职的42人、到专区（市）级任职的 89 人、到县级任职的 402 人。

1956 年 6 月 25 日，省委批转省委统战部、宣传部、财贸部《关于帮助本省各界民主人士和资产阶级分子进行政治学习和理论学习的意见》，要求加强系统教育，落实团结、教育、改造政策。各地随之举办初、中级班，西安市还增设高级班，根据自愿原则，采取多种形式组织资方同公方干部、职工一道开展经常性学习。对小商小贩，还利用业余时间定期举办报告会、演讲会。当年全省 60 个县（市）参加政治业余学校学习的工商业者达 11373 人，参加各种讲座学习的达 26898 人。

在推进资本主义工商业社会主义改造中，全省各级工会、妇联、共青团组织积极配合开展工作。省总工会举办职工训练班、联欢会和座谈会，及时传达全国店员工会第二届代表大会精神，宣传党的政策，要求职工在社会主义改造中发挥作用。省妇联贯彻全国工商业者家属和女工商业者代表会议精神，有针对性地开展对资本家家属和女工商业者的思想教育工作。共青团西安市委组织工商界青年职工突击队耐心做青年资本家和资本家子女工作，鼓励他们在社会主义改造中发挥作用。省工商联发出通知要求各地工商联积极配合政府有关部门做好全行业公私合营工作，抽调干部到地（市）县检查了解情况，协助召开各种座谈会，组织工商界人士参观学习，协助组织工商界参加社会主义劳动竞赛，在社会主义改造中发挥了桥梁和纽带作用。

1956 年 8 月 10 日至 15 日，全省工商界召开座谈会强调，改进公私共事关系是搞好生产经营、进一步做好企业改造和人员改造的关键，各地要召开公私方代表座谈会，研究和改进公私协商制度，教育职工尊重私方人员职权，进一步搞好共事关系。在各级党委和业务部门领导下，公私共事关系大多数趋于正常状态。

在全行业公私合营中，除继续保留资本家的高薪外，1956 年 9 月 4 日，省人委下发《关于公私合营工业企业发付私股股息的通知》，要求各地迅速发付公私合营企业定息，定息 10 年，息率一律 5 厘。企业无力支付定息的，经当地县（市）人民委员会批准，由交通银行陕西省分行核发。1956 年 9 月下旬至 10 月上旬，省委分别召开陕南、陕北、关中 3 个地区新公私合营企业工资改革会议，讨论修改陕西省新公私合营企业工资改革方案,成立省工资改革领导小组。从 1957 年 3 月开始,10 月结束工资改革,参加工资改革的私方人员月工资一般增加 3—7 元,老公私合营企业从 1956 年 4 月参照国营企业工资制度和标准进行工资改革。

经过公私合营,资本主义工商业的生产关系发生积极变化,促进了全省工农业生产发展、经济繁荣和市场活跃。公私合营企业劳动生产率明显优于私营企业。1956 年新公私合营企业产值比 1955 年增加 32.8%,公私合营商店、合作商店、合作小组零售总额比 1955 年增加 2.9 倍,1953 年至 1956 年全省社会商品零售总额平均每年递增 14.8%。

这场伟大社会变革基本上把资本主义生产资料私有制转变为社会主义所有制,把资方人员中的绝大多数改造为自食其力的劳动者,从根本上消灭了剥削制度和剥削阶级,促进了生产力发展,没有造成明显破坏和社会动荡,总体上取得成功。但与全国其他地区一样,在社会主义改造中,全省也出现了要求过急、工作过粗、改变过快、形式过于单一和盲目撤点并店等不足,不适当地将相当多的小商小贩、小手工业者、小企业主纳入公私合营的范围并划为资方人员,后来又错误地强调割资本主义"尾巴",挫伤了他们的积极性,给人民群众生活带来了不便。

1956 年,陕西生产资料私有制的社会主义改造取得决定性胜利。农业合作化的完成实现了农村土地由农民个体所有转为集体所有,在农村确立了社会主义集体所有制。手工业经过生产合作小组过渡到供销生产合作社,再过渡到生产合作社,绝大多数手工业也纳入手工业集体经济组织。资本主义工商业的改造贯彻了对资本家实行和平赎买的政策,资本家在相当一段时期继续从企业分得一部分红利和股息,将资本家私人所有制基本转变为国家所有制,即全民所有的公有制。自此,全民所有制和集体所有制这两种社会主义公有制经济,在全省国民经济中居于绝对统治地位,社会主义制度的经济基础牢固确立。

第六章

过渡时期的各项建设

在新民主主义社会向社会主义社会过渡的时期,按照中共中央的部署和要求,除了领导全省人民进行大规模经济建设和开展对农业、手工业和资本主义工商业的社会主义改造外,中共陕西省委积极加强政治建设,适时召开中共陕西省第一次代表大会,筹备召开陕西省第一届人民代表大会,建立人民司法体系,完善爱国统一战线,发展文化教育卫生事业,为全面建设社会主义打下良好基础。

一、加强党的建设

召开中共陕西省第一次代表大会

立足贯彻党在过渡时期总路线、国家撤销大区机构和西安市1954年8月将划归陕西省管辖的实际,适应中央调整党政领导组织层次和中央与地方组织层次以及筹备召开一届全国人大一次会议的形势,进一步落实好“一五”计划和推进农业、手工业和资本主义工商业的社会主义改造,是全省各级党组织面临的重大现实任务。1954年7月21日至31日,中国共产党陕西省第一次代表大会在西安召开,416名代表出席,代表全省12.63万名党员,潘自力等28人组成大会主席团,省级和西安市较大单位的党员干部106人列席会议。大会主题是总结1950年省党代表会议以来的工作,研究确定今后一个时期的基本任务和工作方针,动员全省干部群众进行大规模的经济建设,把社会主义改造事业稳步推向前进。

潘自力代表省委作了《在党的总路线指引下,把社会主义改造和各项建设事业推向前进》的工作报告,回顾总结了1950年7月中国共产党陕西省第一次代表会议以来的工作,指出了工作中存在的突出问题,安排部署了今后的工作任务,强调要全面加强党的建设,保证各项任务顺利完成。

大会对1950年中国共产党陕西省代表会议以来的工作作了检查,认为陕西地区的党组织,在中央和西北局的正确领导下,四年来领导全省人民进行了伟大的社会改革、抗美援朝和经济恢复、改造与建设工作,基本完成“一五”计划第一年度的任务,开始有计划有系统地对农业、手工业和资本主义工商业进行社会主义改造,获得很大成绩。同时指出工作中还有不少的缺点和错误,主要是一些领导机关和领导干部中,程度不同地存在着官僚主义、主观主义和分散主义。省委在贯彻执行党的政策决议上具体组织检查不够,在思想工作的领导上对某些突出思想倾向批判纠正不及时,对农业的指导上照顾各地区的特殊情况不够,有些地委和不少县委对中央把领导重心转向互助合作的指示贯彻不够,乡村干部中存在的强迫命令和违法乱纪现象仍然相当严重,各项经济工作中的政治思想领导还比较薄弱,党的领导水平还远不能适应社会主义建设和社会主义改造事业的需要。

大会在学习贯彻中央精神中,结合实际明确了今后工作的重点任务,强调省委应将领导重心进一步转向工业建设,并应继续加强领导农业的社会主义改造。西安市委应集中主要力量领导工业建设,有一定数量工业的地委、县(市)委也应加强监督、领导所属地区的工业。在城市,各级党委还应同时加强对手工业和资本主义工商业的社会主义改造的领导。在以农业为主的地区,各级党委必须集中力量领导农业的社会主义改造。

在工业建设方面,应抓紧对大工业基本建设和宝成铁路修筑的监督与支援工作,同时加强对延长油矿工作的领导,积极做好矿藏的勘探和地方工业的兴建、扩建与改建工作;继续有计划地抽派坚强干部充实工业建设的领导力量,教育帮助所有转入工业建设的党员干部刻苦钻研,变成领导、管理企业生产的内行,并注意积极培养和提拔优秀的工人干部。党委会要定期讨论、检查工业建设问题,加强与改进厂矿和基本建设队伍中的政治思想工作,迅速建立与健全厂矿和基本建设队伍中的党的支部工作,统一党、行政、工会和青年团的工作步调,充分发挥支部对生产的保证监督作用,加强现有工矿企业生产的领导,保证全面均衡地完成和争取超额完成国家计划。在商业发展方面,应加强市场管理,逐步扩大有组织的市场。对私人资本主义工商业,应有计划地通过国家资本主义道路进行社会主义改造。

为了有力支援国家社会主义工业建设,大会认为在生产发展的基础上逐步改善城乡人民生活,在农村必须全力开展以互助合作为中心的农业增产运动,在继续发展提高互助组的基础上有计划、有组织地发展农业生产合作社、农村供销合作社和农村信用合作社,做好主要农产品的统购统销和其他农副产品的收购工作,保证城市、工矿区副食品和工业原料的供应及出口物资的需要,有计划地及时供给农民急需的生产生活资料,打击商业投机与限制富农剥削,扶助农业生产,促进农业的合作化。其他财政金融、文教卫生、军事建设、政权建设等工作,都必须在党的统一领导下,为社会主义建设和社会主义改造事业服务。

为促进党在农村的工作重心迅速转向互助合作运动,大会指出应统一思想认识,抓住重心、统筹全盘,学习全面领导经济工作,改进工作方法,提高干部的领导水平。要进一步加强党的思想建设,增强党的团结,发展党的组织,提高党的领导水平。

7月31日,大会通过《中国共产党陕西省第一次代表大会决议》,选举37名委员及10名候补委员组成中国共产党陕西省第一届委员会。8月2日,中共陕西省委第一届委员会举行第一次全体会议,潘自力、张德生、赵伯平、李合邦、白治民、方仲如、赵寿山、时逸之、杨嘉瑞、李启明、严克伦、赵守一、刘庚等13人当选省委常委,潘自力当选省委书记,李合邦当选副书记。

1954年10月,因潘自力工作调动,中央批准张德生任省委第一书记，赵伯平任第二书记，白治民任副书记。1955 年 1 月，中央批准方仲如、唐洪澄为副书记。6 月 10 日，中央决定各省、市委成立书记处。6 月 28 日陕西省委书记处成立，8 月 8 日正式办公，张德生、赵伯平、李合邦、方仲如、唐洪澄、白治民为书记处书记。

中共陕西省第一次代表大会是陕西在过渡时期和“一五”计划实施后召开的一次重要会议，全面总结了中共陕西省代表会议以来的省委工作，安排部署了下一步党的建设、党的领导、全省工业建设和三大改造及统战工作。大会确定的工作任务贯彻了中央精神，也符合陕西实际，对全面推进陕西政治、经济、社会建设以及各项事业发展具有重要意义。

开展“新三反”

在经历了 1951 年底到 1952 年的“三反”运动后，各级党政机关工作人员中的贪污与浪费行为得到有效遏制，但是官僚主义现象依然比较严重，与之相应的命令主义与违法乱纪现象在基层干部中也比较普遍，引起了人民群众的不满。1952 年 11 月，山东分局纪委向中央报送了关于建议反对官僚主义、反对命令主义、反对违法乱纪的报告，毛泽东对报告中反映的现象深恶痛绝，认为基层干部强迫命令与违法乱纪现象，不但是山东的，而且是全国的。1953 年 1 月 5 日，中央发出《关于反对官僚主义、反对命令主义、反对违法乱纪的指示》，要求各级领导机关 1953 年结合整党、建党及其他工作，从处理人民来信入手，检查一次官僚主义、命令主义、违法乱纪分子的情况，并同这些现象开展坚决斗争。因为这是“三反”运动的继续，也被称为“新三反”。

1953 年 2 月 26 日，西北局召开西北区级、陕西省级和西安市级党员干部大会。西北局副书记马文瑞作动员，号召开展反对官僚主义、反对命令主义、反对违法乱纪的斗争。3 月 10 日，省委发出《关于贯彻〈西北局关于反对官僚主义、反对命令主义、反对违法乱纪的指示〉的指示》，指出在全省各级党政组织中开展反对官僚主义、反对命令主义、反对违法乱纪的斗争是“必要的和适时的”，省委认为西北局的指示“完全符合陕西情况”，要求在全省各级党政组织中开展“新三反”。

3 月中旬，省、专区两级从处理人民来信入手，重点开展反对官僚主义的斗争。3 月 12 日，省委书记潘自力在省级机关干部会议上部署“新三反”工作。他指出，官僚主义、命令主义、违法乱纪严重危害群众利益、破坏党和人民政府与群众的联系，必须坚决反掉，要求先在省和专区开展，然后在县、区、乡三级进行。14 日省委成立“新三反”办公室，组成 3 个工作组，分赴渭南、礼泉、户县进行具体指导。省级各单位从 3 月 15 日至 20 日、专区级从 3 月 20 日至 3 月底先后开始，经过学习文件、检查工作、处理问题，5 月底告一段落。

4 月 3 日，省委召开政府各厅、局（署）及各人民团体、军队、铁路等系统党员干部的座谈会，听取“新三反”开展情况汇报。从反馈情况看，各级干部官僚主义、命令主义、违法乱纪的表现主要有：一是领导机关对下情不够了解，对工作只布置，不检查，盲目追求完成任务数字；二是滥发公文、表册，对上级指示不能结合当地情况进行安排，而是改头换尾转发下去，拖拉、积压现象比较严重；三是普遍不重视群众来信来访工作，对人民的疾苦关心不够。此外，各地在过去工作中存在错捕、错押、乱管、打骂群众以及不按组织程序擅自用人、不遵守财政制度、私自乱支乱用等现象。针对这些情况，省委作出进一步部署：第一，省、专两级“新三反”斗争在 4 月底前达不到预期目的的，延长到 5 月底；第二，斗争必须从检查布置工作、处理人民来信来访和已暴露出的突出问题入手；第三，坚持“边反边建”的工作原则。

根据省委部署，省、专两级普遍以生产为中心、从检查部署工作入手，及时发现和纠正不良现象，严肃处理典型案件，制定规章制度，教育干部、提高认识。省、专两级干部深入基层调查指导工作意识不断增强，1953 年春季后，省级先后组织 18 名厅长级干部和 11 个单位的 412 名干部，组成 43 个工作组分别深入农村、厂矿企业检查工作，各区地委书记、专员大多数抽出时间到区和乡督导检查生产，督促各级分类处理积压信件，建立健全人民来信制度。省委办公厅、省政府办公厅、省公安厅、南郑专署等制定了人民来信来访工作办事细则，有的单位假日专门留人值班接待人民来访。商业厅等制定公文处理办法，建立定期集体办公制度，做到急件当天发出，一般公文次日发出。绥德专区严肃处理清涧等县干部偏重生产救灾、却忽视卫生防病工作，造成麻疹在本地区流行导致小孩死亡的严重事件,一边检查存在问题,一边分析批判,同时组织医务人员积极防治疾病。这些举措推动了责任落实和领导作风改进,收到了良好效果。

在“新三反”中,省委发现各地存在一些普遍问题,如有些单位机械地划分阶段,把“新三反”斗争和工作分割开来,以官僚主义态度反官僚主义;少数领导干部工作中出现压制民主、打击报复现象;有的地方检查群众来信来访工作不够,处理一些典型问题不及时;有的地方还存在“反”了又犯的现象。针对这些问题,1953 年 5 月 4 日,省委要求各专区组织广大干部认真学习西北局副书记马明方在西北行政委员会第八次会议上的讲话精神,分类排队处理查找出的问题,各专区主要领导亲自处理一两个典型案例,以教育干部、改进和提高工作。斗争开展比较彻底的单位要在干部中进行一次讨论,提高思想认识,明确今后如何克服错误,建立责任制,改进工作作风。斗争开展不深入的地区要做好“补课”,不断改进领导作风与工作作风。“反”了又犯的地方要时时警惕,力求不重犯,犯了立即改。领导干部要经常深入基层调研,向干部讲政策、教方法,加强思想政治教育,开展经常性批评与自我批评,解决实际问题,树立群众路线的领导作风。

1953 年 6 月,省级和专区级“新三反”结束。全省 788 人受党纪处分,包括贪污腐化、丧失立场的 322 人,玩忽职守等官僚主义者 53 人,违反政策法令及其他无组织无纪律行为者 372 人,自首变节与阶级异己分子 41 人。其中,被开除党籍 284 人,留党察看与撤销公职 159 人,给予警告和劝告处分 345 人。通过“新三反”,各级党政干部受到了深刻教育,各地工作作风有了明显改进。

为了加强党的统一领导,树立实事求是的工作作风,全省在“新三反”斗争中,组织检查清理和解决农村工作中的“五多”问题。1952 年秋,西北局在调查中发现,咸阳部分干部因经常开会及配合各方面工作太多,导致 7 月至 10 月的中心工作没有按期完成。对此,区乡干部有怨言:“自上而下一级逼一级,自下而上一级怨一级,一级哄一级。”西北局通过分析认为,强迫命令与形式主义可能是存在的普遍现象。12 月,西北局向中央报告了区乡工作中的“五多”问题(即农村工作中任务多、会议集训多、公文报告表册多、组织多、积极分子兼职多)。1953年3月,毛泽东起草《关于解决区乡工作中"五多"问题的指示》,认为西北局检查组的报告集中反映了党政组织在农村工作中的问题,要求各地在执行中央关于反对官僚主义、反对命令主义、反对违法乱纪的指示中,1953年着重克服领导机关中的官僚主义和分散主义。

1953年8月,省委发出《关于省级机关克服"五多"问题的情况及今后解决农村"五多"问题的意见》,指出农村出现"五多"现象根源于省级许多部门在领导工作中存在的主观主义、分散主义、官僚主义。省专两级要认真检查,改进领导方法,注意下达农村的工作任务,精减会议,停办一些不必要的工作。根据省委部署,全省自上而下着手解决农村"五多"问题。在反对官僚主义斗争的基础上,省专两级以反对主观主义、分散主义为主,9月前深入检查和解决"五多"问题。9月至11月,省委先后转发省军区、省妇联和延安地委关于"新三反"、检查清理"五多"问题的报告。10月,省委责成省纪检监察机关制定定期检查制度,并要求省专两级机关的支部今后把反对官僚主义的斗争作为一项经常性工作,行政领导与党支部密切配合,加强相互监督。省级相关部门要结合实际,对报表清理和统一管理、工作制度检查、积极分子兼职多、农村基层组织臃肿等问题,制订整改方案。经过清理检查,各地精简了重叠组织,解决了干部兼职过多等问题,命令主义、官僚主义在很大程度上得到缓解,各级干部求真务实工作作风得到加强,受到人民群众的广泛好评。

1954年2月,党的七届四中全会召开,通过了《关于增强党的团结的决议》,要求全党增强和维护党的团结,严格遵守民主集中制和集体领导原则。4月10日至22日,省委召开扩大会议,传达学习党的七届四中全会、西北局扩大会议精神以及中央对高岗、饶漱石问题的处理意见,省委书记潘自力作《坚决贯彻党的四中全会决议,为增强党的团结而奋斗》的讲话。省委要求各级党委和全体党员必须严格遵守民主集中制和集体领导原则,克服居功自傲和资产阶级个人主义思想,认真检查高岗、饶漱石的错误影响,纠正本地区本部门和个人有关这方面的缺点错误,巩固党的团结统一,为实施过渡时期总路线作出积极贡献。省委根据中央及西北局关于传达高岗、饶漱石问题的指示精神,分别制发传达提纲并派干部分赴 7 个地委传达。延安、绥德、榆林等专区在教育中注意揭发和批判高岗的问题，普遍组织讨论，统一思想，提高认识。至 10 月上旬，全省传达教育工作结束。

开展审查干部工作

新中国成立后，干部队伍迅速扩大，人员成分比过去更为复杂。由于各项工作任务紧迫，干部调动频繁，各级领导机关没有及时逐个细致审查全部干部，未能切实掌握大部分特别是新干部的全面真实情况。在新干部中历史不清的人员占有一定数量，甚至还有少数反革命分子隐藏在内。在老干部中也有少数未经审查，或虽经审查但还有某些问题尚未弄清，或当时认为没有问题后来又发现有问题。有些领导干部存在麻痹思想，使用干部只注重业务能力，忽视其政治立场。为纯洁干部队伍，1953 年 11 月 24 日，中央作出《关于审查干部的决定》，要求在两三年内对全国干部进行一次细致审查，进一步了解干部和管理干部，更好地开展各项建设工作。

1954 年 1 月 7 日，省委制订《关于审查干部工作的执行计划》，决定从 1954 年 3 月至 1956 年底，逐级全面系统审查全省各级党政机关、人民团体及财经、文教等部门的所有干部，弄清每个干部的政治面目，清除混入党政机关的一切反革命分子、阶级异己分子、叛变自首分子和反动党、团、会道门骨干分子，曾任敌伪军、政、警、宪重要职务者，蜕化变质、丧失党员条件者及其他政治嫌疑分子，以保持干部队伍的纯洁。同时，从多方面了解和熟悉干部的思想品质、工作才能。审查步骤是先党内、后党外，先领导干部、后一般干部，先要害部门、后一般部门，先审查地委、专署（市）以上的领导机关和重要的国营厂矿企业，后审查县、区级机关，再审查厂矿企业；先审查政治面貌不清、来历不明和重要关节上含糊不清的干部，后审查其他干部。

2 月 12 日至 24 日，省委在西安召开第三次组织工作会议，专题部署干部审查工作。3 月 16 日，省委成立审查干部工作委员会，各地委及直属县（市）委、省直单位也先后成立专门组织，制订本地区本单位审干计划，组织专门力量开展调查、摸底、排队。截至 1953 年 12 月底，审查显示全省共有10.22万名干部（不包括学校），经过整风、“三查”等运动的审查和长期实际斗争考验，绝大多数干部政治历史清白。但20%左右（2万到2.1万名）干部未经审查，其中约有5%问题较为复杂，有历史不清、来历不明的分子，甚至还有个别反革命分子。据调查，在未经审查或来历不明的干部中，财经系统或事业、企业单位约占27%，党、群、政法系统约占5%，一般干部中历史政治问题较多，区长级以上骨干中少数也有问题。为避免审干工作先松后紧，省审干委员会加大了1954年审干工作力度，由原计划审查县委委员以上干部约3000人，增加到区委书记以上骨干，省、专区两级党群系统和政府要害部门的干部共约2.4万人，比原计划增加7倍。除指导各地开展审查干部工作外，省审干委员会集中力量系统研究省委直接审查的139名厅（局）长及地委委员（不包括军队委员）的全部档案材料，同时审阅要害部门一般干部的材料，进行分类排队。5月至6月，各地相继开办训练班，培训专区、县级审干专职干部，并进行审干工作试点，总结经验后推广。

在开展审干工作的同时，党和国家政治生活出现一些复杂情况。除高饶事件外，1955年在党内国内接连发生潘扬事件①、胡风事件②等，当时被认为是“随着我国社会主义事业的进展，阶级斗争必然日益尖锐化和复杂化”的反映。根据这个判断，1955年7月1日，中央发出《关于展开斗争肃清暗藏的反革命分子的指示》，决定在全国范围开展一场肃清暗藏反革命分子的运动（即内部肃反运动），并要求将审干工作与肃反斗争结合起来开展。

按照中央指示，省委成立由宣传部副部长赵守一、组织部副部长罗文治、省监委副书记邵武轩、省检察院副检察长杭尚增、省公安厅副厅长

---

① 潘扬事件，即“潘（汉年）、扬（帆）反革命集团”案。党的十一届三中全会后，中共中央根据对潘案的复查结果，于1982年8月发出《关于为潘汉年同志平反昭雪、恢复名誉的通知》。《通知》宣布，把潘汉年定为“内奸”并将其逮捕、判刑、开除党籍都是错误的。中央决定为潘汉年平反昭雪，恢复党籍；追认他的历史功绩，公开恢复名誉。遵照中央通知精神，扬帆也于1983年得到彻底平反。

② 胡风事件，即“胡风反革命集团”案，是新中国成立初期思想文化领域的一大错案。党的十一届三中全会后，中央为其平反昭雪。

高步林组成的五人专门小组，具体负责全省肃反工作。从 1955 年 7 月开始，肃反结合干部审查、镇反、文教机关和其他人员的清理一并进行，前后历时 4 年，到 1959 年 4 月基本结束[①]。期间，还发生了轰动全国的李万铭伪造身份诈骗的事件[②]，暴露了当时党政机关工作中严重存在的官僚主义、人事组织工作制度漏洞、信息交流渠道不畅以及人们对英雄模范不辨真伪的盲目崇拜等问题。

全省认真贯彻中央"以事实为根据、以政策为准绳""既严肃又慎重"原则和"提高警惕，肃清一切特务分子；防止偏差，不冤枉一个好人""有反必肃、有错必纠"方针以及"惩办与宽大相结合"政策，充分发动群众，有组织有计划分期分批地在国家机关、人民团体、文教卫生、厂矿企业、合营合作社等单位开展肃反斗争，全省 115.11 万人参与其中。

通过肃反斗争，全省清查了一批暗藏在国家机关、人民团体、民主党派和共产党内部的反革命分子，破获了一批长期没有查清的重大疑难案件，查清了 144711 名干部的政治历史问题，重新建立了人事档案，打击了敌人，纯洁了组织，教育了广大群众，锻炼培养了一批干部，保证了社会主义改造的顺利进行。在这场斗争中，由于对阶级斗争尖锐的程度估计得过于严重，有些问题政策界限不清，造成一些地方和部门出现斗争面过宽、处理过重等偏差。在肃反运动后期，省委认真检查，对错斗、错捕、错关、错判的人员及时做了甄别平反。

二、推进民主政治建设

召开陕西省第一届人民代表大会

1952 年秋，中国人民政治协商会议第一届全体会议届满，经过深入

① 《中共陕西省委五人小组关于肃清暗藏反革命分子运动的总结》，1959 年 5 月 15 日。

② 新中国成立初期，原本只是一名国民党普通士兵的李万铭通过伪造档案，给自己伪造出"革命残废军人""老红军""战斗英雄""模范共产党员""林业部行政处长"等身份并四处招摇，骗得社会信任。1955 年 1 月，李万铭途经西安，与陕西省委第一书记张德生等人谈话时破绽百出，省公安厅侦查确认李万铭的犯罪事实后，将其逮捕。

研究和充分听取意见，1953 年 1 月 13 日，中央人民政府作出《关于召开全国人民代表大会及地方各级人民代表大会的决议》，决定 1953 年召开由人民普选产生的乡、县、省（市）各级人民代表大会，并在此基础上召开全国人民代表大会。

建立人民代表大会制度的重要前提是全国范围的普选，经过普选产生人民代表，然后产生地方各级人民代表大会。2 月 11 日，中央人民政府委员会通过《全国人民代表大会及地方各级人民代表大会选举法》，规定全国人民代表大会及地方各级人民代表大会由各族人民用普选方法产生，但普选的前提是统计出准确的人口数据。4 月 3 日，政务院发出《为准备普选进行全国人口调查登记的指示》和《全国人口调查登记办法》，决定在全国范围开展人口普查。这次人口普查结合选民登记进行，调查主要包括年龄、性别、民族等内容，要求从省到乡建立各级选举委员会，选择不同类型地区进行基层选举试点，取得经验后再分批展开。

根据政务院要求，全省各级党委、政府成立人口调查登记办公室，设立调查登记站，培训调查员，严格按照全国人口调查登记办法进行调查。经过全省各地认真调查登记、复查核对和补登补报等工作，截至 1953 年 6 月 30 日 24 时，统计出全省总户数为 3460986 户，总人口数为 15881204 人，其中城镇人口占 11.4%、乡村人口占 88.6%。

遵照中央统一部署，按照《选举法》要求，1953 年 4 月，全省开始基层普选工作，4 月 28 日，省政府成立选举委员会，主席潘自力。各乡、县（市）都建立选举委员会，各级政府抽调干部培训后深入基层具体指导。省选举委员会在临潼、延安、南郑等 22 个县 39 个乡开展基层选举试点工作，探索和总结具体工作经验。9 月 1 日至 10 日，省政府召开专员和县长会议，部署全省基层普选工作，赵寿山作《为做好普选，巩固人民民主专政，发展生产建设而奋斗》的报告。会议交流了基层试点普选工作经验，讨论了 1953 年冬至 1954 年春生产和普选两项工作。潘自力在总结讲话中指出，做好普选工作的主要环节是密切结合生产，深入广泛发动群众，全面正确掌握政策。按照会议部署，从 1954 年 2 月初起，全省 95 个县的 6341 个乡镇全面开展基层普选，到 5 月中旬，乡级普选工作全部顺利结束。

1954年4月17日，省政府颁布《陕西省中小城市政权组织试行方案》，规定5万人口以上的城市与工矿区设立相当于县的市人民政府，分为市、区两级政权，召开两级人民代表大会，选举两级人民政府组成人员，人口在1万至5万的城镇和工矿区只设区人民政府，人口在1500人至1万人的城镇设立相当于乡的街道人民政府，基层组织为居民委员会。到1954年底，全省完成了城市民主建政工作。

5月中旬，全省各基层政权单位先后召开基层人民代表大会，讨论当前重要工作，选举乡（市、区）长和乡（市、区）人民政府委员会，参加选举的选民达到90%以上，申长林、杨步浩、蒲忠智、杨菊梅、刘吉尧、山秀珍、马廷海、许敬章、张明亮、赵洪璋等劳动模范当选为人民代表。

8月5日至12日，陕西省第一届人民代表大会第一次会议在西安群众堂举行，386名代表出席会议。西北行政委员会副主席杨明轩到会讲话，省政府副主席潘自力致开幕词和闭幕词，省政府主席赵寿山作《陕西省人民政府一年半来的工作和今后任务的报告》，省财政厅厅长郭艾正作《陕西省一九五三年财政决算和一九五四年财政预算的报告》，省宪法草案讨论委员会副主任、省政府秘书长时逸之作《继续深入宣传和讨论宪法草案，迎接全国人民代表大会的召开》的报告。大会审议批准《陕西省一九五三年财政决算和一九五四年财政预算的报告》，审议通过《关于拥护宪法草案和在全省继续深入宣传和讨论宪法草案的决议》《关于省人民政府一年半来的工作和今后任务的报告暨陕西省一九五三年财政决算和一九五四年财政预算的决议》。会议指出，根据国家在过渡时期总路线与“一五”计划，今后全省的中心任务是加强工业建设，开展以互助合作为中心的农业增产运动，积极稳步地实行农业、手工业和资本主义工商业社会主义改造。随着工农业生产的发展，相应地扩大物资交流，整顿与发展文化教育事业，团结动员全省人民积极参加建设，大力支援工矿企业重要工程建设。大会选举产生陕西省出席全国人民代表大会的代表19人，占全国人民代表1226人的1.55%。省第一届人民代表大会第一次会议的召开，结束了由省各界人民代表会议代行省人民代表大会职权的过渡组织形式。

根据中央选举委员会、中央人民政府政务院《关于召开省、市、县人民代表大会的几个问题的决定》中关于“省、市、县本届人民代表大会不在首次会议选举其本届人民政府”的要求，会议没有选举省政府组成人员，原省第二届各界人民代表会议选举的陕西省人民政府主席赵寿山，副主席潘自力、张凤翙、韩兆鹗及委员一直任职到1954年12月。根据宪法规定，省人民代表大会每届任期四年，省辖市、县（市、区）、乡、镇人民代表大会每届任期两年。县（市、区）人民代表大会的主要职权是听取和审议政府、法院工作报告，选举、罢免政府组成人员、法院院长，作出有关决议和决定，选举、罢免上一级人民代表大会代表。乡、镇人民代表大会的主要职权是听取和审议政府工作报告，选举、罢免政府组成人员，作出有关决议和决定，选举、罢免上一级人民代表大会代表。

1954年12月26日至31日，陕西省第一届人民代表大会第二次会议在西安群众堂召开。赵寿山传达全国人大一届一次会议精神，会议根据《中华人民共和国宪法》等规定，决定将陕西省人民政府改称为陕西省人民委员会[①]，并选举陕西省人民委员会组成人员，选举赵寿山为省长，赵伯平、张凤翙、韩兆鹗、成伯仁、时逸之为副省长。

宣传讨论宪法草案

1953年1月，中央人民政府成立以毛泽东为主席的中华人民共和国宪法起草委员会，研究世界其他国家的宪法和我国历史上的立宪经验，着手起草宪法草案工作。1954年3月，中央政治局扩大会议讨论修改后形成初稿，并提交宪法起草委员会研究讨论。6月5日，省委发出《关于进行宪法草案的宣传和讨论的通知》，要求各县（市）收到宪法草案后，立即组织报告员和选择部分有报告能力的宣传员在县上集中学习，由县委负责同志领导大家阅读、讨论并讲解。在中宣部编写的关于宪法草案的报告大纲下发后，要按已划分地区向人民群众作报告，训练当地宣传员，组织宣传员和基层干部领导群众讨论。14日，中央人民政

① 1954年颁布的《中华人民共和国宪法》规定各级人民委员会是我国地方各级国家行政机关，是地方各级人民代表大会的执行机关。1968年5月陕西省人民委员会被陕西省革命委员会替代。1979年底，按照《中华人民共和国地方各级人民代表大会和地方各级人民政府组织法》，陕西省革命委员会改组为陕西省人民政府。

府委员会第三十次会议讨论通过《中华人民共和国宪法(草案)》,并通过决议交付全国人民讨论。同日,陕西成立以赵寿山为主任委员,韩兆鹗、孙蔚如、甘一飞、时逸之为副主任委员的宪法草案讨论委员会,并召开第一次会议,决定各专区、县均成立宪法草案讨论委员会,负责组织和指导本地区的宪法草案讨论和宣传工作。15 日,《人民日报》全文刊登《中华人民共和国宪法(草案)》,向全国各界征求意见。同日,省委印发《关于在干部中学习和讨论宪法草案的通知》,要求各级党委认真组织和领导所有干部学习、讨论宪法草案,深入理解宪法草案的基本精神、主要内容及其与人民的切身关系,深刻认识国家制定宪法的重大意义,并对学习文件和学习方法提出具体要求。16 日,陕西省宪法草案讨论委员会下发《关于宪法草案的宣传讨论计划》,明确了全省宪法草案宣传学习的领导、方式、时间、步骤以及注意事项等问题。

根据省委和省宪法草案讨论委员会安排,从 6 月 20 日起,全省机关、企业、学校的干部开始宣传讨论宪法草案,至 8 月 15 日结束,历时 55 天。宪法草案的宣传讨论主要采取阅读文件和组织报告会、讨论会等方法,通过读报组、黑板报、广播等宣传工具,学习、宣传、讲解宪法草案的基本精神和主要内容,广泛宣传动员和启发人民群众积极提出修改意见。在初中以上学生中,报告员或学校负责人进行讲解并组织讨论;在各阶层人士中,采用座谈会、讲座等形式进行讨论;在农村和工矿企业中,采用算账、对比、报告会、座谈等方式开展宣传讨论,这些措施都收到了很好的效果。

全省各县市党委组织干部群众广泛深入讨论宪法草案,并作出拥护宪法草案的决议,广大干部群众以主人翁的态度积极参加宣传讨论,提出补充和修改意见。宪法草案的讨论和宣传,实际上是一次全省大规模的普法宣传教育活动,人民的法制意识普遍提高,广大人民群众的爱国主义与社会主义觉悟进一步激发,这种学习讨论及在其基础上提出的意见建议,丰富了宪法本身的内容,夯实了宪法执行的最广泛群众基础。

建立人民司法体制

新中国成立后,人民政府及时废除旧的法制体系,在开展司法改革的基础上建立人民司法体制。1950年1月,西北军政委员会司法部成立,主管西北五省一市司法行政工作。1952年1月,西北军政委员会决定其司法部与最高人民法院西北分院合署办公,司法部负责干部培训任用、机构编制、狱政管理、司法统计、法纪教育、群众来信来访办理等工作,最高人民法院西北分院负责审判工作和终审案件审理。1953年2月13日,西北军政委员会司法部撤销,其业务划归最高人民法院西北分院。之后,鉴于审判工作日益繁重,1954年8月,国家司法部要求各省、市将审判机关与司法行政机关分设。1955年1月31日,省人委第211次会议决定成立陕西省司法厅,并同省高级人民法院建立联合办公室和督导处。12月3日,省司法厅发出通知,要求地区中级人民法院设立司法行政科,汉中、安康、商洛、延安、绥德、榆林、宝鸡、渭南等地区中级人民法院相继成立司法行政科,负责本地区的司法行政工作。

随着全省司法行政机构的建立,各级对司法人才的需求越来越大,司法人员培训和法制教育被提上议事日程。1954年,根据高教部全国政法教育会议精神,西北大学设立法律系,开始培养法律人才,逐步解决全省后备法律人才缺乏的突出问题。同时,按照中央"三级分工、短期轮训、逐步提高、长期培养"的原则,成立陕西省司法干部训练班,专门轮训司法干部。训练班到1956年8月底共举办5期,轮训司法干部400余人。全省政法系统在法制宣传教育中围绕党的中心工作,开展以婚姻法、土地改革法、惩治反革命条例、宪法等为主要内容的法制宣传教育,提高司法人员和人民群众思想觉悟,增强宪法观念和当家作主意识。

1955年初,国家司法部发出《关于筹建律师组织的通知》。2月,陕西在西安市试行新的律师制度,西安市法律顾问处成立,3月改名为西安市第一法律顾问处。同月,第一次全国律师工作座谈会召开,会议要求30万人口以上的城市和高中级法院所在地的市、县均应建立法律顾问处,并配备一定数量的律师。陕西及时作出部署,在西安市建立第二律师顾问处,宝鸡、汉中、渭南、安康、商县、延安、绥德、榆林等8个中级人民法院所在地的市和长安、咸阳、兴平、户县、铜川、大荔、蒲城、蓝田、白水、临潼、富平、三原、宝鸡、岐山、勉县、南郑、城固、洋县、略阳、西乡、延长等21个县(市)相继设立法律顾问处。至1956年底,全省共设法律顾问处32个。1956年,陕西省律师协会筹备委员会成立并通过《陕西省律师协会筹备委员会试行简章》,明确省律师协会是律师行业的主管部门和自治组织,任务是协助各级司法行政机关发展律师队伍、拓展律师业务、交流律师工作经验、开展业务培训、维护律师合法权益等。

人民调解制度是国家民主法制建设的一项重要制度。新中国成立初期,人民调解工作由法院管理,调解组织形式主要分两种:一种是民间调解,区乡建立调解委员会,村设立调解小组,负责调解群众之间的民事纠纷;一种是政府调解和法院调解,在政府和法院内部设立调解机构,如西安市法院设立调解室,区人民政府配备专职调解干部,1951年成立调解科,直接调解民间纠纷和轻微刑事案件。为了加强人民调解工作,省人民法院先后于1951年9月、1952年3月、1953年9月下发通知、指示、工作总结,规范和完善人民调解组织的设立、工作原则、调解范围、人员选配、管理制度等内容,在总结全省调解工作成绩、经验和存在问题的基础上,重申有关调解工作原则,指导全省调解工作的统一和建设,推动调解工作有了较快发展。全省区、乡、街道居委会都成立调解组织,配备专职调解干部。各大厂矿、企业的工会和工商联也设立了调解组织,处理本单位本行业的劳资纠纷和商务纠纷。到1955年底,全省调解委员会达6092个、调解委员有45750人。

在省委的领导下,全省各级司法行政机关认真履行职责,积极维护社会稳定,培养和增强人民群众法律意识,在提供社会法律服务、加强民主法制建设、开展司法行政工作等方面发挥了积极作用。

发展爱国统一战线

1950年8月,陕西省第一届各界人民代表会议在西安召开,会议选举产生了陕西省第一届协商委员会。在1955年2月中国人民政治协商会议陕西省委员会成立前,陕西省各界人民代表会议协商委员会代行其职权。

中国共产党领导的多党合作和政治协商制度,是具有中国特色的政党制度。新中国成立前,一些民主党派组织已经在陕西开展活动。新中国成立后,在中共中央西北局和中共陕西省委的领导下,按照中国人民政治协商会议制定的《共同纲领》和各民主党派中央的要求,陕西各民主党派及时整顿组织、清理成员和登记人员,相继恢复和建立组织。

民主党派在陕西省最早建立的地方组织是中国民主同盟(以下简称“民盟”)西北总支部,于 1945 年 2 月在西安秘密建立。民盟西北总支部自建立就与中共陕西组织保持着密切联系,直接或间接得到中共中央的指导和帮助,配合中共陕西组织反对国民党的反动统治,总支主任委员杜斌丞等盟员为此壮烈牺牲。新中国成立后,民盟西北总支部从秘密走向公开,中国国民党革命委员会(以下简称“民革”)、中国民主建国会(以下简称“民建”)、中国民主促进会(以下简称“民进”)、中国农工民主党(以下简称“农工党”)、九三学社等民主党派也开始筹建陕西地方组织。在中共中央西北局、中共陕西省委的指导和帮助下,1950 年 11 月民革西安市分部筹备委员会成立,1951 年 9 月民革陕西省分部筹备委员会成立。1955 年 5 月民革陕西省第一次党员代表大会召开,选举产生第一届民革陕西省委,孙蔚如当选主任委员。1954 年西北行政区撤销,1955 年 6 月民盟西北总支部召开民盟陕西省第一次盟员代表大会,选举产生民盟陕西省支部委员会,韩兆鹗为主任委员,1956 年更名为民盟陕西省委员会。1950 年 6 月民建西安分会筹备委员会成立,1951 年 12 月民建西安市分会第一次代表大会召开,成立民建西安市分会第一届委员会,选举李象九为主任委员,民建西安市分会还负有协助西北各大城市筹建组织和领导陕西省内组织、会员的职责。1953 年 12 月民进陕西省地方组织开始筹备,1957 年 1 月民进陕西省第一次会员大会召开,选举李祥生为主任委员。新中国成立之初,农工党在陕西有成员 20 多人,1956 年 10 月成立农工党中央直属西安小组,1957 年 6 月成立农工党陕西省筹备委员会,主任委员由韩兆鹗兼任。九三学社中央直属西安小组 1951 年 7 月成立,1952 年 9 月西安分社筹备委员会成立,1953 年 12 月第一次社员代表大会暨九三学社西安分会成立大会召开,选举侯宗濂为主任委员。

在各民主党派建立和发展基层组织中,省委、省政府积极从财力物力上给予支持和帮助,加强同各民主党派合作,及时组织民主人士参加各项社会实践活动。各民主党派在团结全省各族人民、凝聚社会力量推动全省资本主义工商业社会主义改造、促进社会主义建设和开展土改、镇反、抗美援朝和知识分子的思想改造等方面,都作出了重要贡献。

陕西省各民主党派组织恢复和建立后,根据其各自中央关于清理整顿组织的决定,重新登记成员,清理混入的反革命分子,终止政治面目不清人员的党派关系,建立健全组织领导机构,并依照中共中央与各民主党派中央关于发展组织指示,开展并加强组织建设、成员发展工作。到1955年,各民主党派在陕西的省级组织中,民革从新中国成立初的46人发展到314人,民盟西北总支部陕西省盟员人数从1950年的512人发展到1624人,民建成员发展到433人,九三学社成员发展到100人,民进从1954年的71人发展到400人。健康发展的各民主党派成为沟通中国共产党和人民政府与民主党派所联系群众的重要渠道,扩大了中国共产党的群众基础,对中国共产党的政策实施起到程度不同的监督作用。各民主党派组织定期召开座谈会,向社会各界宣传、解释中国共产党和人民政府的政策、法令,收集各自联系群体对政策实施、干部作风等方面的意见和建议,帮助党和政府改进工作。

在民主建政过程中,中共陕西省委坚持党领导的多党合作和政治协商制度,广泛团结和吸纳各民主党派人士,不断扩大人民民主统一战线,邀请各民主党派陕西地方组织、各界人士参加省人民政府和各级人民政权的工作,与各民主党派、无党派代表人士合作共事,共建新陕西。

各民主党派代表在陕西省第一届各界人民代表会议中占有很大比例,比如,会议选举产生的第一届陕西省人民政府委员会中党外人士占66.7%,党外人士张凤翙、韩兆鹗被选为副主席。省政府16个厅(局)的35个正、副厅(局)长中党外人士有10名(正职4名)、占28.57%。会议选举产生的陕西省各界人民代表会议协商委员会中韩兆鹗、孙蔚如当选副主席,21名常委中民主党派成员有8名、占38%,58名委员中民主党派成员有14名、占24%。在省人民政府委员会、各界人民代表协商委员会、财委会、监委会各厅局长以上123名干部中,非中共党员的干部人数为民盟18人、民革3人、民建1人、无党派38人。据关中22个县统计,在选举产生的县协商委员会359名常务委员中,非党人士有143名、占39.8%。在各界人民代表会议召开前,各地委、县(市)委都通过座谈会或其他会议等形式，广泛征求民主党派人士的意见建议。

1952 年 11 月 17 日，陕西省第二届第一次各界人民代表会议召开，出席会议的 670 名代表中党外人士有 409 名，各民主党派成员在党外人士代表中占较大比例。会议选举产生的新一届省人民政府 40 名委员中民主党派成员 11 名、占总数的 27.5%。在民主建政过程中，全省 98 个县（市）均召开各界人民代表会议，选举产生地方人民政府和各界人民代表会议协商委员会。各民族、各阶层、各民主党派、爱国民主人士的一大批代表当选为政府委员、地方各界人民代表会议协商委员会委员，有的还担任了领导职务。省、专区（市）、县各级协商会不断建立和拓展，为各级党委与各民主党派、党外各界人士开展政治协商、合作共事、联系群众、团结社会力量和自我教育工作提供了很好的平台，发挥了重要作用。

1954 年 12 月召开的全国政协二届一次会议通过了《中国人民政治协商会议章程》，明确了政协的性质、今后任务和奋斗目标，明确了政协与人大、政府机关之间的关系，明确了加强统一战线与人民政协工作的关系，奠定了中国共产党领导的多党合作和政治协商制度的基础。1955 年 2 月 25 日至 3 月 2 日，中国人民政治协商会议陕西省第一届委员会第一次全体会议在西安召开。会议听取并审议了孙蔚如作的《陕西省各界人民代表会议协商委员会工作报告》、杨子廉作的《中国人民政治协商会议第二届全国委员会第一次全体会议精神传达报告》，刘文蔚作的《加强团结，为做好各项工作支援解放台湾而斗争》报告，通过了《中国人民政治协商会议第一届陕西省委员会第一次全体会议决议》《拥护中国人民政治协商会议全国委员会常务委员会和中国人民保卫世界和平委员会常务委员会联席扩大会议关于发动反对使用原子武器签名运动的决议》，选举张德生为委员会主席，孙蔚如、刘文蔚、杨子廉、高桂滋、黄子祥、党晴梵、杨伯伦为副主席，李连璧为秘书长，并选举产生了常务委员，组成政协陕西省一届委员会。

政协陕西省委的成立，标志着陕西省各界人民代表会议协商委员会历史使命结束。政协陕西省委成立后，在团结全省各族人民、各民主党派、人民团体及一切爱国民主力量，巩固人民民主专政，推动全省资本主义工商业社会主义改造、积极开展党外人士和人民群众自我教育等方面作出了贡献。

陕西是一个少数民族大杂居、小聚居的省份，少数民族中回族占比较多，但总数不多。新中国成立后，省委认真贯彻党的民族政策，开展党的民族政策宣传学习，引导少数民族群众消除对党和政府的疑虑，努力落实各民族平等政策。少数民族的政治地位得到提高，各民族间的关系大为改善，初步形成了民族团结的局面。为了改变少数民族群众生活和文化教育落后面貌，省委和省人委积极开辟就业门路，改善少数民族文化教育状况，培养少数民族知识分子。据统计，1953 年至 1957 年，西安市先后介绍 5000 多名回族群众到纺织厂、西电公司和建筑部门工作。对全省大专以上的少数民族学生全部实行公费制，少数民族中学生实行助学金制，专款充实学校设备、补助贫困学生，专门在回族聚居区新建两所可容纳 1000 多名学生的小学。全省各级政府积极建立民族小学、回族文化补习班，帮助少数民族群众提高文化水平。各地统战部和民委利用回民文化馆举办扫盲班、妇女讲座、政治学习班等，为全省培养和输送民族干部。

三、发展文化教育卫生事业

发展文化艺术事业

新中国成立初期，在西北局、西北军政委员会的领导下，西北文学工作者协会、西北美术工作者协会、西北戏剧工作者协会、西北音乐工作者协会、西北曲艺改进协会、西北电影工作者协会等机构相继成立。1950 年陕西省人民文化馆成立后，省人民政府设立文教厅。9 月 20 日，陕西省首届文学艺术工会工作者代表大会召开，正式成立陕西省文学艺术界联合会。11 月省文教厅设立文化科，专管全省文化艺术工作。全省以延安时期文艺工作者为骨干、吸收大批原国统区进步文艺工作者及民间艺人，组成了一支庞大而全新的文艺队伍。在“加强领导、依靠群众、提高质量、稳定发展”和“业余、自愿、小型、多样”方针指导下，省委、省政府认真贯彻党的文艺方针、政策和毛泽东在延安文艺座谈会上的讲话精神，推动全省文化队伍不断壮大，文化网基本形成。

1950 年 9 月，西北文学艺术工作者代表大会在西安召开，大会选举柯仲平为西北文学艺术界联合会（以下简称“西北文联”）主席，揭开了西北和陕西文学艺术发展新的一页。西北文联汇聚了一大批艺术名家，比如，从大革命时期开始诗歌创作的柯仲平，曾是陕甘宁边区的诗坛领袖和文学负责人，他创作的《边区自卫军》《平汉铁路工人破坏大队》《从延安到北京》等诗歌，不仅在当时很有影响，而且在中国现代诗歌史上也占有重要地位；郑伯奇是早期创造社成员、中国左翼作家联盟发起人之一，代表作有短篇戏剧集《抗争》、电影剧本《时代的女儿》等；戏剧家马健翎积极改革秦腔古老剧种，创作的《查路条》《十二把镰刀》被艺术界誉为新秧歌剧“开先河的作品”。柳青的《创业史》（第一部）和杜鹏程的长篇小说《保卫延安》堪称里程碑式的作品，王汶石的中篇小说《黑凤》、戈壁舟的诗集《延河照样流》、农民诗人王老九的《王老九诗选》以及魏钢焰、李若冰、胡采等人的诗作、散文、文学评论等，在中国文学界都占有重要地位。20 世纪 50 年代，柯仲平、柳青、杜鹏程、王汶石、黄俊耀、李若冰、魏钢焰等文艺工作者深入农村厂矿，以文艺形式表现和赞扬人民群众建设社会主义的热情和事迹，讴歌新生活新风尚，教育和动员人民群众参加社会主义改造。比如，柳青为进行创作从北京迁到长安县皇甫村落户 14 年之久，王汶石长期深入关中农村先后创作发表具有强烈生活和时代气息的《风雪之夜》《大木匠》等数十部小说。李若冰从 1953 年起长期深入油田和矿山生活，创作了《在勘探的道路上》《旅途集》等热情歌颂工业建设者的数部散文集。

新中国成立初期，全省的美术、电影、曲艺、杂技、木偶、皮影、音乐、舞蹈等艺术事业继承延安时期的光荣传统，紧跟时代步伐，得到了迅速发展。以赵望云、石鲁为代表的“长安画派”，以刘文西为代表的“黄土画派”先驱及此后形成的“黄土画派”，在国内外产生了广泛影响。西安电影制片厂成为西北地区成立最早、规模最大的电影制片基地。陕西曲子、长安道情、陕北说书、洛南静板书、榆林二人台及快板、相声、独角戏等，形成了独特而完整的地方艺术形式，涌现出谢茂公、邹永学、韩起祥、张玉堂等为代表的一批文化艺术名人。在这一时期先后建立的西北艺术学院（西安美术学院前身）、西安音乐专科学校（西安音乐学院前身）、陕西师范大学艺术系、陕西省艺术学校、陕西省电影学校，西安、宝鸡、咸阳、安康、延安等地的中等艺术学校，各县成立的戏校、训练班、剧团培训班等，培养了一大批艺术人才。富平、华县、大荔等地的民间皮影队（社）几次进京参加全国皮影调演，受到党和国家领导人的接见和赞扬。

改革秦腔艺术

陕西是中国戏曲梆子声腔剧种的发源地之一，在历史演变中逐渐形成以秦腔、眉户为代表的 26 个地方戏曲剧种。新中国成立后，为了推动戏曲适应社会主义革命和建设需要，适应人民群众新的审美需求，改革旧剧团（班、社）、剧本和体制成为戏曲界的重要任务。

新中国成立初期，全省剧团主要有四类：一是旧中国延续下来的班社，如易俗社、三意社、尚友社、晓钟社、新民剧社等；二是由人民政府组建的文工团性质的剧团或受陕甘宁边区派遣进入陕西大中城市的公有制戏曲剧团，如渭南、宝鸡、安康、咸阳分区文工团，陕西省秦腔实验剧团、陕西省眉户剧团、西北民众剧团[①]等；三是旧有或新建立的民间职业班社，如西安民众剧社、渭南人民剧社、咸阳义兴社、汉中平民社等；四是分布在乡村的业余自乐班社。1950 年 1 月，西北军政委员会文化部成立戏曲改进处，按照中央“推陈出新”的方针，积极推动西北地区的戏曲改革。省委以“改人、改戏、改制”为中心进行全省戏曲团体民主改革，废除封建把头，建立民主管理制度，发展集体和公有制剧团，加强新戏创作和旧剧改编，促进了文化艺术事业发展。

1951 年 7 月 16 日，遵照政务院《关于戏曲改革工作的指示》，西安市政府召开会议将西安易俗社改为公营。西北军政委员会副主席习仲

---

① 陕甘宁边区民众剧团 1938 年在延安成立，1949 年随中国人民解放军第一野战军进入西安，1950 年更名为西北民众剧团。1952 年底改称西北戏曲研究院，1955 年 5 月，西北戏曲研究院、陕西省秦腔实验剧团和陕西省眉户剧团合并成立陕西省戏曲剧院。1980 年 2 月，经陕西省委宣传部批准，该院改称陕西省戏曲研究院，是一个集戏曲表演、艺术教育和艺术研究为一体的戏曲团体。

勋、西北局统战部副部长汪锋、西安市委书记赵伯平、市长方仲如等到会祝贺。习仲勋在讲话中指出,秦腔是西北人民特别是陕西人民最喜爱的戏曲,易俗社在西北人民中有着深刻的影响,得到广大群众的喜爱,应当受到特别重视。随后,各级政府和文化行政管理部门大力发展集体和公有制剧团,积极促进新戏创作和旧剧改编,通过调演、会演、出访、观摩等形式培养人才,不断提高戏曲创作和表演水平。1953 年 9 月,陕西省戏曲修审委员会、西安市流行剧目修审委员会成立。1954 年,省政府成立省文化局、剧目工作室和戏曲修审委员会,各地也都成立文化管理机构,加强戏曲团体的统一管理。这些机构工作的重点是组织曲艺人员开展政治、文化及业务学习教育,改制旧戏班(社)中徒弟制、养女制等不合理制度,清除戏曲剧本和戏曲舞台上旧的糟粕元素,删除各种野蛮的、恐怖的、猥亵的、奴化的、侮辱的、迷信的、反动的成分,突出历史的真实性,提高戏曲表演艺术水平,更好地为人民服务、为工农兵服务。

同时,全省积极开展传统剧目的发掘和整理工作。从 1950 年到 1952 年,先后共挖掘、整理 38 种地方剧种、8300 多个剧目,编辑出版《陕西传统剧目汇编》86 集,极大丰富了城乡剧团的演出内容。1952 年 5 月,以西北民众剧团和西安易俗社、香玉剧社等组成的西北演出团赴京参加第一届全国戏剧会演,秦腔《游龟山》《一家人》(原名《保卫和平》)、豫剧《花木兰》等分获二、三等奖。在党的“百花齐放、推陈出新”方针指引下,马建翎改编了秦腔传统戏《游西湖》,在秦腔艺术的发掘整理、改革创新、适应当代观众等方面作出了探索,在剧本立意、表导演艺术、音乐唱腔设计、服装和舞美灯光等方面进行了创新。1954 年春节,剧作家黄俊耀配合《婚姻法》宣传工作,深入渭南农村创作的眉户现代戏《梁秋燕》在西安公演,受到群众热烈欢迎,连演 108 场,场场爆满,有的观众连看了十几遍。随着各地反对封建婚姻制度、争取婚姻自由的呼声不断高涨,该剧成了各地进行法制教育的教科剧。西北地区流传着“看了《梁秋燕》、三天不吃饭,不看《梁秋燕》、枉在世上转”的赞语。许多省市的近 180 个专业剧团纷纷排演这个戏,仅陕西省戏曲剧院就先后演出 1000 多场,《梁秋燕》成为中国戏曲史上的一个奇迹。1956 年陕西省戏曲剧院将碗碗腔(华剧)皮影戏《借水赠钗》搬上戏曲舞台,让灯影下的人物焕发出灵性。先后举办的“陕西省新搬上舞台剧种会演”和“陕西省第一届青年演员会演”，都着力推动文艺工作者努力挖掘和抢救碗碗腔、阿宫腔、弦板腔等许多濒危剧种，丰富和发展了陕西地方戏曲种类。1956年长春电影制片厂拍摄的秦腔戏曲电影艺术片《火焰驹》和西安电影制片厂拍摄的秦腔戏曲电影艺术片《三滴血》，让秦腔艺术声名远播。1958年“三大秦班”①进北京、下江南，受到党和国家领导人的亲切接见和高度评价。此后，秦腔艺术不断改革创新，走上了兼容并蓄、自我完善的发展之路。

发展基础教育事业

新中国成立后，陕西教育事业发生了翻天覆地的变化。在接管学校过程中，各地坚持接管与恢复同时进行、基本维持原状的原则，剔除从国民党统治时期延续下来的反动教育内容，新设“社会发展史”“新民主主义论”等革命课程，逐步建立文教领导机构，落实党的各项教育政策，谨慎地有步骤地进行教育改革。

在学校接管中，省委、省政府选派大批干部接收国民党遗留下来的各级公立学校，按照“维持现状、立即开学”的原则，除个别反革命分子外，学校原有的教职工一律照常工作。对私立学校采取“积极维持、加强领导、逐步改造”的方针，改组校董会，对经费困难的学校提供政府补助。从1952年起，先后把私办的27所中学和67所小学改为国家公办。同年，又根据政务院《关于处理接收美国津贴的文化教育救济机关及宗教团体的方针的决定》，将全省接受教会津贴的圣路、玫瑰等6所中学和益华、崇德等16所小学完全接收并改为公办，彻底从帝国主义手里收回了教育主权。

在教学内容和方法改革上，取消和废除反动课程，加强师生反封建、反资本主义、热爱共产党、热爱新中国的政治思想教育。一是取消国民党政府开设的“党义”“公民”“军训”“童训”等反动课程、删除课本中的反动内容。从1950年起，全省小学改用陕甘宁边区教育厅编印的新

① “三大秦班”，即陕西戏曲剧院秦腔团（二团）、碗碗腔团（三团）和西安易俗社。

课本，中学精简不必要的旧课程旧教材，文史课改用新教材；二是取消国民党以反动奴化为目的的训导方针，在学校设教导处，建立校长、教导主任和教师代表组成的校务委员会，建立班务委员会、学生会等，废除一切体罚和变相体罚学生的制度；三是改填鸭式教学为启发式教学，强调理论联系实际的原则，在教会学校中禁止宣传迷信思想，禁止强迫学生接受宗教、做礼拜等；四是加强师生政治思想教育，肃清反革命、封建和法西斯等思想。

通过一系列的教学改革，建立了党和政府领导的新的教育制度，向工农大众敞开了各类学校的大门，全省教育体系逐步向社会主义教育过渡，教育发展有了坚实基础。1949 年至 1952 年，全省普通教育以整顿小学、重点发展中学为主，随着国民经济的恢复都取得了显著的成绩。1952 年全省小学在校人数达 148.09 万人、比 1949 年增长 103.34%，中学在校生达 63515 人、比 1949 年增长 63.14%，在校大学生人数比 1949 年增长 107%，教职工人数增长 63.2%。

按照中央“整顿巩固、重点发展、提高质量、稳步前进”的方针，适应国家“一五”计划的实施需要，全省有计划有重点地发展了中学教育，特别是满足高等学校招生需要的高级中学，1955 年全省中学在校生达到 117477 人。1956 年，认真落实“中学面向农村”的方针，采取完小戴帽的办法发展中学教育，全省新建、扩建 63 所普通中学，其中老解放区和山区有 37 所，推动了全省中学分布渐趋合理。在小学教育上，各地针对小学班级人数过多、过于拥挤的状况进行了专项整顿，但是由于后来对公办、民办“两条腿走路”的教育方针认识不足，设立民办小学的条件过高，客观上限制了小学教育发展，1953 年至 1956 年，全省小学在校学生仅增长 2.7%。这一时期，全省还重点发展了中等师范教育，办起了西安市幼儿师范学校，进一步满足了培养小学、幼儿教师的需要。同期为了扶持革命老区，在偏远地区建立了一批小学，照金北梁小学就是这个时期建成的。

省委认真贯彻政务院《关于改革学制的规定》，实行学校向工农开放的政策，不断加强工农教育工作。从 1950 年到 1952 年，延安、绥德、榆林、安康、西安、咸阳等地成立了工农速成中学、工农干部文化补习学校（班）等新型学校7所，招生人数达1277名。许多工农干部、劳动模范、产业工人接受了比较系统的正规学校教育，其中有些优秀学员还进入大学学习，进一步接受更高层次的教育。

1953年，陕西进一步贯彻“政府领导、依靠群众组织、各方面配合”原则，大力兴办成人教育。1955年12月，省教育厅向各县发出《关于扫除文盲的宣传提纲》，提出在第二个五年计划内基本扫除农村青壮年文盲，要求必须贯彻“学以致用”的教学原则，组织群众坚持常年学习。1956年，根据中央和国务院《关于扫除文盲的决定》，全省及时召集干部、职工、农民召开各类专门会议，研究部署扫除文盲和开展业余教育工作，省、县、社紧密结合实际制定有效措施，分别编写3种识字课本，加快帮助文盲群体脱盲。据统计，全省参加扫盲和各类专业学习的达213万多人，形成了新中国成立以来陕西省成人业余学习的新高潮。

调整高等学校院系

陕西的高等教育是在陕甘宁边区高等院校和接收改造原国民政府高等院校的基础上逐步发展起来的。1949年至1956年，从接管改造旧大学入手，全省开展学校整顿、教学改革、知识分子思想改造、院系调整等工作，推动高等教育进入较快发展阶段。

西安解放后，西安军管会文教委员会接管西北大学等公立高等学校，着手改造私立高等学校。将陕西省师范专科学校与西北大学教育系合并，建立西北大学师范学院；将陕西省商业专科学校与西北大学法商学院合并，改建为西北大学财经学院；将陕西省立医学专科学校并入西北大学医学院（1950年，医学院从西北大学分出独立设置，定名为西北医学院）；撤销了条件差、师资缺乏的私立户县知行农业专科学校、西北药学专科学校。整顿后，陕西保留的高等学校为西北大学、西北工学院和西北农学院，这3所院校的总面积为7.6万平方米，藏书17万册，期刊2.7万余册，教职工人数1239人，在校大学生2272人。

在接管原国民党统治区高等学校的过程中，陕西积极废除国民党设立的反动课程和训导制度，确立党对高等学校的领导，建立政治工作机构,开设新民主主义论、社会发展史等课程,在师生中开展历史唯物主义、爱国主义和国际主义教育等。这个时期党的知识分子政策落实得比较好,国民政府时期在学校任教的 400 多名教师绝大部分被留用,30 多名学术造诣较高的学者和归国留学专家受聘到高校执教,如侯外庐、胡锡年、周骏璋等。同时,任命了一批著名教授和学者为校、院领导,如史学家侯外庐任西北大学校长、侯宗濂任西北医学院院长、辛树帜任西北农学院院长、田鸿宾任西北工学院院长、张伯声任西北大学理学院院长、袁若愚任西北大学财经学院院长、刘泽如任西北大学师范学院院长等。经过教育改造,知识分子的政治思想和精神面貌发生根本变化,他们中的大多数成为工人阶级的一部分。岳稀恒、王培生、虞宏正、赵恒元等一批老教授还先后加入了中国共产党。

在接收整顿原国民党统治区高等学校的同时,陕甘宁边区和晋绥边区的一些高等干部学校陆续迁到西安。1949 年 6 月,延安大学迁到西安,改名为西北人民革命大学(1953 年改组为西北政法干部学校),马明方、李敷仁先后任校长。6 月,西北军政大学从山西迁到西安,同期西北人民艺术学校二分部也从山西迁到西安,成为西北军政大学的艺术学院。11 月,西北人民医药专科学校由山西迁到西安,改为西北军区人民医学院。

1952 年至 1956 年,陕西高校贯彻“以培养工业建设人才和师资为重点,发展专门学院,整顿和加强综合性大学”的方针,从综合大学和老解放区高等干部学校中分设和新建一批专门学院,开展院系调整。1950 年将迁到西安的艺术学校改组为西北人民艺术学院,1953 年改为西北艺术专科学校。1953 年西北大学师范学院独立为西安师范学院,同年西北大学俄文系、俄文专修科和兰州大学俄文系以及西北局党校俄文班合并组建西北俄文专科学校。1954 年新建了陕西师范专科学校(后改为陕西师范学院),组建了西北体育学院(后更名为西安体育学院)。同年,西北大学历史系设立考古班(后发展为考古科研室),承担了新疆文物普查等多项国家重大考古工作。1957 年西安动力学院、西北工学院采矿纺织系、西北农学院水利系并入交通大学西安部分。

在院系调整的同时,陕西高等学校认真学习苏联教育经验,积极推行教学改革。各高等学校参照苏联教学计划、教学大纲和教材,改造学科专业,改革教学内容,建立教研组织,加强实践性教学环节,改善办学条件,取得一定成效。

这一时期,为支援西北建设事业,中央部署沿海地区的一些高等院校先后迁到西安。1955 年国务院决定把交通大学迁往西安,7 月 21 日高等教育部印发《关于交通大学内迁西安的通知》,“经我部研究并已经国务院批准,决定你校自一九五六年开始内迁西安,并提前于一九五五年开始进行基本建设工作”,“迁校后的最大发展规模定为 12500 人”。陕西省、西安市两级政府热切期望交通大学内迁,省长赵寿山代表陕西省表态“对迁校工作我们一定全力支持,有什么问题和困难我们一定全力帮助解决”。省、市两级在征地、规划、生活等方面积极创造条件,明确表示“要多少地给多少地,要哪里就给哪里”。交通大学西安部分的校址最终选定在西安市兴庆宫遗址南侧,占地 1260 亩。

为保障交通大学顺利实施基本建设,陕西省和西安市提供了大量支持和工作便利。比如,简化土地征用审批手续,优先供应交通大学建设项目所需水泥钢材,动员全市建筑单位支援交大的基本建设工程,组织医疗工作组驻工地开展医疗预防。为确保学校按期开学,选派西安市建筑实力最强的第三建筑工程公司进行施工,随时解决施工过程中的水源、移走电杆等具体问题。1956 年 6 月,完成了包括中心教学实验楼等在内的近 10 万平方米基建全部任务,满足了第一批迁校师生教学和生活用房需求。

1956 年 5 月 31 日,西安市委成立西安新建高等学校迁校工作委员会,着力解决交通大学等校在迁校和建校过程中的困难,尤其是随迁家属安置和子女入学问题。7 月 20 日部分交通大学教职工和家属来到西安,8 月 10 日大批教职工、学生和家属乘专列由上海迁来西安。9 月 10 日上午在西安人民大厦礼堂举行交大迁至新址后的首次开学典礼,副校长苏庄讲话,要求广大师生在有着丰富的文化遗产和光荣传统的西安安家立业,为建设美丽的祖国大西北贡献力量。到 9 月交通大学西安部分开学时,学校共有学生 3906 人,教职工 815 名,随迁家属 1200 余人,共计约 6000 人。

迁校后，在物资短缺的情况下，省市两级想方设法解决迁校师生的实际困难。在粮食供应方面，为照顾交大师生食用大米的饮食习惯，将市场 90% 的大米优先供应交大使用。在文化用品及副食供应方面，派人赴各地采购交通大学所需各类绘图铅笔，压缩市场供应满足交大师生糕点、海味、蔬菜、肉类的需要。在交通方面，安排市公共汽车公司派出一辆专车，为交大出行提供方便。此外，还组织协调在交大家属区开办粮店、蔬菜店、商店，邮局、银行网点等。

1959 年交通大学西安部分定名为西安交通大学。在党和政府的高度重视和大力支持下，交大师生安心扎根西部、打拼事业、奉献青春。交通大学西迁改变了西部高等教育的格局，弥补了西部没有多科性工业大学的短板，提升了西部地区特别是陕西的科技和文化教育水平，培养了大批优秀人才，特别是在西迁实践中铸就的"胸怀大局、无私奉献、弘扬传统、艰苦创业"的西迁精神，成为激励广大知识分子爱国奋斗的精神力量。

根据国家高等教育部迁校通知精神，1956 年 8 月，华东航空学院全体师生、职工家属 5000 多人在院长寿松涛的带领下，由南京迁到西安，更名为西安航空学院，9 月 1 日开学。9 月 12 日，由东北工学院、西北工学院、青岛工学院和苏南工业专科学校的土木、建筑系（科）合并组成的西安建筑工程学院正式开学，迁入教授、副教授 39 人，讲师、助教 217 人，二至四年级学生共计 1574 人，当年招生 1042 人。随后，苏南工业专科学校与青岛工学院和西北工学院的部分专业合并组建西安动力学院。西北工学院与西安航空学院合并正式成立西北工业大学，西安艺术专科学校分设为西安美术专科学校和西安音乐专科学校。

高等院校迁入和院系调整，有力推动了陕西高等教育发展。陕西高等学校发展到 13 所，在校学生由 2272 人发展到 22322 人、增加了 9 倍多；高校数量从全国第 14 位跃居到全国第 7 位，形成了综合大学、工科、农科、医科、师范、体育、艺术、语言等种类比较齐全、梯次比较合理的格局，以此奠定了陕西成为全国高等教育的重要基地的基础。这些高校特别是拥有较强师资力量的西安交通大学等内迁高校，带动了陕西高等教育发展，缩短了陕西乃至西北地区与全国先进地区的差距。但是，调整在一定程度上影响了大学的综合性，如将西北大学的政法、财经、医学、管理、哲学等学科专业或划分出去或取消，形成比较单一的“文理科型”的综合大学。

发展医疗卫生和体育事业

根据国家经济建设的总任务和卫生部关于“整顿巩固、提高质量、勤俭办好卫生事业”的方针，1953 年陕西省制订了第一个卫生事业发展五年计划。主要任务是全面建立和初步健全医疗卫生网点，着重防治危害人民健康的严重疾病，着力整顿充实城市医疗卫生机构，将卫生院改建为县人民医院，有计划地发展县以上各级卫生防疫站、妇幼保健站，加强防疫保健，发展中医药事业。

1953 年 3 月，陕西省爱国卫生运动委员会（以下简称“省爱卫会”）成立后，立即把工作重心指向基层。1953 年春，500 多名医防人员集中到汉中地区，对遭敌机空投病菌的上千亩土地进行检疫消毒，为 27 万人注射了防疫针。在省爱卫会的领导下，各地群众把春节扫舍的习惯变成有组织的群众性运动，普遍进行屋内外大扫除，刷新门窗墙壁，堵塞鼠洞，清除积存多年的垃圾和粪便。各级机关、部队、工厂、学校带头开展灭蝇、灭蚊、捕鼠，填埋脏水坑，减少细菌滋生源，带动全社会初步养成了良好的卫生习惯。

同时，省级医院由综合医院向专科、疗养医院方向发展。到 1955 年，全省拥有城市病床 2469 张、农村病床 2167 张、干部疗养床位 390 张、职工医院病床 1237 张，卫生防疫站 5 个、妇幼卫生所 77 个、联合诊所 352 个，专业技术人员 8255 名（其中西医师 924 名，中医师 212 名），兴平等 7 县 18 个农业生产合作社还成立了保健室。

全省认真贯彻党的中医政策，消除中西医隔阂，扶植中医发展。1952 年 9 月西北中医进修学校在西安成立，1953 年 4 月陕西省太白草药研究会在眉县成立。1954 年 6 月西安市中医代表会议召开，决定成立西安市中医学会。11 月 19 日，陕西省第一届中医代表会议召开，著名老中医景莘农、黄竹斋及医学界代表应邀参加会议，与会代表当场献出秘方、验方 516 个。随后，各县先后召开中医代表会议。1954 年省中医巡回医疗队成立，省、市人民医院和县卫生院普遍成立中医科，组织中医师参加各级卫生机构，及时纠正贯彻执行中医政策中出现的偏差，停止将中医师排除出医院的做法，重新吸收中医师进医院工作，强化中西医团结与合作，落实西医学习中医制度，促使中医在全省较快地发展起来。

新中国成立初期，全省体育工作由团省委以及教育、工会等部门领导。1954 年陕西省体育运动委员会（以下简称“省体委”）成立后，统一领导全省体育工作。随后，各地区及市县体育机构相继成立。同期，中华全国体育总会陕西省分会（后改称陕西省体育总会）以及基层体育协会也先后成立，成为推进全省体育事业发展的重要力量。

在开展群众体育活动的同时，全省各级积极建设体育场地，培养专业人才，发展体育事业，增强人民体质。西北体育学院 1954 年建成，是新中国最早建立的高等体育院校之一，为陕西乃至西北地区体育发展培养了一批专业人才。随后，安康师范学校、西安师范学校等也相继开办了体育班。从 1956 年起，西安、宝鸡、汉中、延安、榆林、三原、临潼、咸阳等地相继建立了业余体育学校，拓宽了体育人才培训渠道。同时，全省还积极建设体育场馆设施。1952 年，在西安的革命公园体育场的基础上改建的西安市人民体育场竣工。1954 年 12 月，西北人民体育场（后改名“陕西省人民体育场”）主体工程田径场建成，占地 36298 平方米，规模宏大、设备齐全。1958 年，西安跳伞塔建成。咸阳市、宝鸡市、延安市、汉中市等也相继建设了体育场。这些体育场馆设施的建成，为全省体育事业的发展创造了良好条件。

人才和设施的价值在于应用，体育事业发展需要赛事推动。全省各级认真实施《体育锻炼标准》《准备劳动与卫国体育制度》，积极推广广播体操，组织开展城乡经常性体育比赛，用较短时间改变了陕西在全国比赛中从未获得过冠亚军的局面，其中不少项目跨入全国先进行列。据不完全统计，1952 年全省 9 个专区共举行各种运动竞赛 40 多次，参赛运动员达 2257 人次，观众达 6 万多人次。至 1956 年，陕西在第一届和第二届全国运动会上 5 人破 2 项世界纪录、23 人破 11 项全国纪录，取得 5 个第 1 名、9 个第 2 名和 7 个第 3 名的好成绩，鼓舞了全省人民群众士气，充分展示了新中国成立后三秦儿女昂扬拼博、勇争第一的精神风貌。

在省委、省政府领导下，经过全省各级医疗、卫生、体育部门和人民群众的共同努力，全省人民群众卫生观念增强，健康水平提高，生产和建设有了健康保障，也初步彰显了社会主义制度的优越性。

保护西安城墙等文物古迹

陕西历史悠久，文物资源丰富，因长期战乱和保护工作不力等因素，不少珍贵文物流失或遭到破坏。新中国成立后，在省委、省政府的领导下，全省人民和文物工作者积极保护各类文物，妥善修复利用各类遗址，沉睡多年的文物和遗址开始焕发出新的光彩。

针对各地文物大量外流和被盗严重的情况，1950 年 5 月，政务院发布禁止珍贵文物图书出口、古文化遗址及古墓葬调查发掘的暂行办法等法令。西安市革命文物征集委员会、延安修建委员会等相继成立，并及时开展相应工作。1952 年 5 月成立西安市郊古迹名胜整修保管委员会，10 月成立陕西省文物管理委员会。在这些文物、遗址管理和保护部门的主持下，逐步开始整修延安杨家岭、枣园、王家坪等革命旧址，以及西安市的钟楼、南城门楼、卧龙寺、广仁寺、八仙庵、东岳庙、化觉巷、清真寺、西五台等古文化遗址，初步遏制了文物和遗址被破坏的局面。

在实施“一五”计划中，政务院发出基本建设和农业生产建设中保护文物的指示，确定了“重点保护、重点发掘，既对基本建设有利、又对文物保护有利”的“两重两利”原则，要求开展全面文物普查、建立文物保护单位。1955 年省人委发出《关于加强三门峡水库陕西工程地区文物保护工作的指示》，西北工程地区文物清理委员会成立后，开始第一次全省大规模的文物普查，此基础上，两次公布省级重点文物保护单位 283 处。各市县相继公布市、县级文物保护单位 700 余处，以西安明城墙的保护利用最为典型。

西安城墙始建于公元 582 年（即隋开皇二年），明洪武年间在唐长安城皇城的基础上进行了拓展和重建。历经战乱留存下来的西安城墙属于珍贵文化古迹，需要予以特别保护。但新中国成立初期有些人却认为它是封建遗存，阻碍城市建设和社会发展，提出要将城墙全部拆掉，再填平护城河，甚至有人提出“拆除封建王朝的陈砖旧瓦，矗起一个新社会新城市”等口号，市民私自挖掘城墙土、拆城墙砖建房的行为也时常发生。

1950年初，西安发生了多起拆运城砖破坏城墙的行为。3月25日，西安市政府向西北军政委员会呈送《拆除西安市旧城计划》，提出西安城墙下部普遍挖有防空洞并倒塌破坏严重，如果要维修则需消耗大量工程费用，且旧城墙阻隔城乡、影响交通，妨碍新都市规划施行，拆除城墙后（只保留四个城门楼）的墙基，城壕边空地还可修建环城林荫大道、环城公园和环城河，既方便交通又美化环境。西北军政委员会3月26日迅速回复，明确指出：“无故拆毁城墙卸运砖石，业经中央人民政府政务院元月三日电令禁止，前陕甘宁边区政府已以通字一九三号通令转达各省、市、县人民政府遵照执行。现在既有拆运城砖情事发生，请即依据前令，分别制止。嗣后关于此类事件，应由你处主动地先行设法解决。”4月11日，西北军政委员会主席彭德怀，副主席习仲勋、张治中又专门致函西安市政府：“西安城墙砖石可供建筑之用，但目前尚无此需要条件，一经拆开，不仅有碍观瞻，且墙砖难以保管，势必造成浪费和损失现象，故所拟计划，应缓予实施，如需修建地下水沟，可拆除敌伪所建碉堡与守望楼等砖石应用。”

西安市接到西北军政委员会回复意见和彭德怀、习仲勋、张治中的专函后，有关领导随即作出批示，市政府印发布告明令禁止拆毁城墙，通知西安警备司令部、公安局、各区严查，已拆除之砖仍退回原处。随后，拆除城墙行为被迅速制止，此后数年城墙得到基本的维护保障，完整保持了古城墙的整体风貌①。时至今日，西安城墙已经成为陕西迈向国际的一张名片，其历史和文化价值历久而弥新。

经过三年多的大规模经济建设，到1956年全省工业化取得一定进

① 在“大跃进”运动中，有人认为城墙是封建社会的城堡，国防价值已经不大，拆除可以扩大建设用地，清除城乡界限，便利市区交通。西安古城墙的存废问题再次成为人们议论的焦点。后来经过多次争论，在部分省、市领导及专家学者、社会各界人士的共同坚持与呼吁下，经国务院批准，西安古城墙得以保留。

展，生产资料私有制的社会主义改造取得决定性胜利，以生产资料公有制占绝对优势的新经济基础建立，社会主义经济、政治、教育科学文化等体制基本形成，社会主义基本制度建立。这是前所未有的伟大变革，是陕西历史上的一个重要里程碑。社会主义改造完成后，如何在确立社会主义基本制度的基础上开展大规模的社会主义建设，现实而具体地摆在了全省各级党组织和全体党员面前。

第　二　编

在曲折探索中建设社会主义

（1956 年 9 月—1966 年 5 月）

1956 年，陕西基本完成生产资料私有制的社会主义改造，工业建设取得较好进展，全省各级党组织在党的八大精神指引下，继续带领广大干部群众以高昂的热情投身社会主义建设，圆满完成了“一五”计划，开启了社会主义建设的新征程。但由于指导思想和工作方针上受“左”倾错误影响，也出现了反右派斗争扩大化、“大跃进”和人民公社化运动等失误。面对严重困难，陕西各级党组织积极调整政策，努力纠正错误，调整国民经济，初步建立起进行现代化建设必需的物质技术基础，培养了经济建设各方面的骨干人才，积累了领导社会主义建设的重要经验。

第七章

全面建设社会主义的良好开端

1956年6月,中国共产党陕西省第二次代表大会召开,选举产生了新一届省委领导班子。中共陕西省委领导全省广大干部群众深入学习贯彻党的八大精神,认真落实中央提出的既反保守又反冒进、在综合平衡中稳步前进的经济建设方针,立足全省实际积极实践和努力工作,推动政治、经济、文化、社会和党的建设取得一定成绩,开启了陕西社会主义建设的良好开端。

一、初步实践社会主义

召开中共陕西省第二次代表大会

1956年6月27日至7月5日,中国共产党陕西省第二次代表大会在西安召开,出席会议的代表470名,代表全省204477名党员。大会主席团由32人组成,张德生、赵伯平、李合邦、方仲如、唐洪澄、白治民为主席团常务主席,张德生为大会主席团和常务主席会议召集人。张德生代表第一届省委作《调动一切积极因素为提前和超额完成第一个五年计划而奋斗》的工作报告,白治民、刘庚等作了专题发言。

大会认为,从1954年7月中国共产党陕西省第一次代表大会以来,全省出现了具有历史意义的变化。全省农业合作社数量和规模不断扩大，手工业合作社（组）和资本主义工商业公私合营户数所占比例显著提高，社会主义改造取得决定性胜利。全省工农群众和知识分子的社会主义建设积极性和劳动热情极大提高，各个战线上都涌现出了建设社会主义的先进人物，创造了先进经验。农田水利和水土保持工程建设成效显著，1956 年小麦产量在遭受雨灾的情况下仍然保持稳定，宝成铁路可提前一年半完成接轨，国营工业、基本建设和商业等都可以提前和超额完成“一五”计划。

同时，全省工作中还存在一些不足和问题。比如，1955 年的基本建设，农、牧业生产和商业、税收计划都没有完成；在社会主义改造中，一些手工业者、运输业者和小商小贩盲目地转向农业生产，影响了城市特别是农村市场的供应；在厂矿、企业和基本建设单位中，普遍存在着成本高、质量低、事故多和对职工生活不大关心甚至漠不关心的现象；在商贸工作中，盲目经营，缺乏为生产和消费者服务的精神，少数工作人员中贪污盗窃现象还比较严重，等等。针对这些问题和不足，有 90 位代表在大会上发表了自己的意见，批判那些损害人民群众建设社会主义积极性的思想和作风，主要批判了省委和各级党组织存在的老一套的“稳而慢”的作风。对各项建设工作中出现的一些新情况和核心问题缺乏系统的了解和研究，缺乏预见，缺乏创造；工作中官僚主义和文牍主义仍然存在，会议多，公文多，而解决实际问题不及时。这些问题都直接影响到党员和人民群众的积极性和创造性。

大会提出全省今后的主要任务是继续完成农业、手工业和私营工商业的社会主义改造，从政治方面和思想方面扩大社会主义影响，清除资本主义影响，保证社会主义经济制度的巩固和继续发展，尽可能迅速地发展工业、农业、手工业和其他经济、文化事业；在生产发展的基础上，逐步地不断地改善人民的物质生活和文化生活；大力做好国家在陕重点工程项目的支援工作。

为了完成上述任务，大会认为必须进一步加强党的领导，充分发挥人民群众建设社会主义的积极性，调动一切积极因素和力量，进一步加强党的思想工作和组织工作；不断提高党员、干部和人民群众的社会主义觉悟，热情关怀人民群众生活，广泛、深入、持久地开展先进生产者和先进工作者运动;充分发扬党内民主和人民内部民主,坚决克服党员干部中的主观主义和官僚主义思想作风,进一步密切党和人民群众的联系,提高党的领导水平。

大会一致通过了张德生所作的工作报告,通过了《中共陕西省第二次代表大会决议》《陕西省执行〈一九五六年到一九六七年全国农业发展纲要(草案)〉的规划》。大会选举产生33名委员和10名候补委员,组成中共陕西省第二届委员会,选举马明方、贾拓夫、马文瑞、王世泰、马锡五、钱三强、王子宜、刘景范、惠枫林、张德生、赵伯平、李合邦、方仲如、唐洪澄、白治民、赵寿山、时逸之、赵守一、刘庚、董学源、白志明、刘邦显、白锋悟、赵梦桃等24人为陕西出席中国共产党第八次全国代表大会的代表,刘海滨、王廷佐、蒲忠智3人为候补代表。7月7日,中共陕西省第二届委员会第一次全体会议召开,选举张德生、赵伯平、李合邦、方仲如、唐洪澄、白治民、赵寿山、时逸之、李启明、赵守一、杨嘉瑞、刘庚、严克伦、魏怀礼、刘文蔚等15人为省委常务委员会委员,张德生为省委第一书记,赵伯平、李合邦、方仲如、唐洪澄、白治民为书记处书记。

中国共产党陕西省第二次代表大会是全省社会主义改造取得决定性胜利、开始进入全面社会主义建设时期召开的一次重要会议,会议围绕如何使社会主义制度在陕西进一步巩固和完善,如何"更多、更快、更好、更省"地完成社会主义改造和建设社会主义进行了讨论,提出了充分发扬党内民主和人民内部民主、关心人民生活、调动一切积极因素和力量提前和超额完成"一五"计划的目标,对全省开展社会主义建设事业具有重要的指导作用。会议选举产生了新一届中共陕西省委领导机构,部署了新形势下加强党的领导、加强党的自身建设的工作,为陕西社会主义建设顺利进行提供了组织保证。

1956年9月中国共产党第八次全国代表大会闭幕后,根据党的八大通过的党章和中央1956年11月9日印发的《关于党的第八次全国代表大会以前召开的地方各级党的代表大会实行常任制问题的规定》,县级以上各级党代表大会实行常任制,每年召开一次会议。中国共产党陕西省第二次代表大会改为中国共产党陕西省第二届代表大会,原有代表作为常任代表,任期三年。中共陕西省第二届委员会共召开了14

次全体委员会议或扩大会议，及时研究处理出现的问题，总结工作中的经验。

学习宣传党的八大精神

1956年9月15日至27日召开的中国共产党第八次全国代表大会，是党在全国执政后召开的第一次全国代表大会。党的八大正确分析了国内形势和国内主要矛盾变化，庄严宣布农业、手工业和资本主义工商业的社会主义改造已经取得决定性胜利、社会主义的社会制度在我国已经基本建立，明确指出国内的主要矛盾已经是人民对于建立先进的工业国的要求同落后的农业国的现实之间的矛盾、人民对于经济文化迅速发展的需要同当前经济文化不能满足人民需要的状况之间的矛盾，党和全国人民当前的主要任务是集中力量发展生产力，“尽可能迅速的实现国家工业化，有系统、有步骤地进行国民经济的技术改造，使中国具有强大的现代化的工业、现代化的农业、现代化的交通运输业和现代化的国防”[①]。大会要求坚持既反对保守又反对冒进，在综合平衡中稳步前进的经济建设方针，探索和改进经济管理，建立健全社会主义法制，落实“百花齐放、百家争鸣”的科学文化工作方针，实施以和平共处五项原则为基础的外交政策，加强执政党建设。大会通过了《关于政治报告的决议》《中国共产党章程》《关于发展国民经济的第二个五年计划（一九五八年——一九六二年）的建议》，选举产生了第八届中央委员会。党的八大是一次成功的大会，制定的党的路线是正确的，提出的许多新方针和新设想富于创造精神。由于我国社会主义建设实践的时间很短，社会主义建设的规律尚未充分显现，党在理论上和思想上对社会主义的认识不可能很成熟，一些新的观念和方针还不可能牢固确立并取得深刻共识，许多新的设想还没有付诸实施，或者没有充分付诸实施，还发生了反复。但大会对中国建设社会主义道路的探索，却站在了比较高的历史起点上，并取得了初步成果，历史证明这些成果对于党的事业发展具有

① 《中国共产党章程》（1956年9月），中央档案馆、中共中央文献研究室编：《中共中央文件选集》（1949.10—1966.5）第24册，人民出版社2013年版，第224页。

长远的重要意义。

党的八大是一次开放活跃的大会,会议召开的消息事先发布,会议的进程即时向外界报道,八大的报告、代表的大会发言及时在报纸上刊登。因此,在大会召开期间,省委向全省各级党组织发出通知,要求积极组织广大党员干部群众认真学习党的八大精神,迅速掀起学习宣传热潮。《陕西日报》及时刊登会议有关情况,党员干部和群众迅速学习和讨论。9 月 22 日,省委第一书记张德生在党的八大会议上代表陕西省委所作的发言《进一步巩固农业合作化和发展农业生产》在《陕西日报》全文刊登,发言回顾了陕西农业合作化运动发展的历程,检查了 1955 年春季合作化中出现的问题,提出了全省加强农业生产合作社的生产领导和组织建设的原则措施。

10 月 11 日至 14 日,省委在西安召开扩大会议,张德生传达党的八大会议精神,要求各级党组织巩固已经取得的成绩,检查和纠正工作中的缺点。为深入学习贯彻党的八大精神,10 月 30 日,省委发出《关于学习八大文件》和《改造我们的学习》《整顿党的作风》《反对党八股》《关于无产阶级的历史经验》《关于若干历史问题的决议》等学习通知,要求全省以毛泽东的开幕词、刘少奇的政治报告、邓小平修改党章的报告、周恩来关于发展国民经济第二个五年计划的建议和以上文章篇目为主要学习内容,分两个阶段学习,到 12 月底结束。省委要求,学习党的八大精神要在提高思想认识的基础上,联系实际检查本单位本部门对党的政策的执行情况及存在的问题,采取“边学习、边检查、边改正”的方法,着重检查领导思想和作风,揭发和批判主观主义、官僚主义、命令主义、宗派主义,提出今后改进工作的有效措施。各级党委要组织干部经常深入各单位检查,全面掌握情况,发现问题及时纠正。省委宣传部要与各部门党委合办学习简报,报道情况、交流经验、指导学习。各级领导干部要带头学好文件,深入基层、调查研究,总结经验、检查工作,并向党的基层组织和全体党员进行传达讲解。

在学习宣传中,张德生先后在省委扩大会议、全省区委书记会议、工矿企业会议以及省级和西安市级机关科长以上干部会议上作传达辅导报告,推动全省各级机关、团体、工厂、学校学习贯彻党的八大精神。各地党员干部联系实际，注意克服不符合党的八大精神的主观主义、官僚主义等倾向，迅速掀起学习党的八大精神热潮。省商业厅、西安市商业局和许多商业门市部的干部职工学习了“虚心使人进步、骄傲使人落后”后，检查自己工作中的骄傲自满和主观主义作风，表示要加强思想改造。许多学校的教职员和学生认真讨论“百家争鸣”“向科学进军”等内容，有的老师说：“我是从旧社会过来的知识分子，思想上还带有旧的渣子，今后要加强思想改造，掌握先进的教学方法，更多更好地培养助教和教好学生。”①

经过比较广泛深入的学习宣传，全省党员干部和人民群众加深了对国内主要矛盾变化、建设社会主义新任务和完成新任务各项政策的认识，表示不仅要超额完成“一五”计划任务，而且要为实施“二五”计划做好准备，团结起来建设社会主义。全省党内民主生活比过去有了进步，领导机关注意集体讨论，能够与群众商量办事，在党的会议上也敢于展开争论，党的集体领导和党的团结得到加强，这些都极大调动了人民群众建设社会主义的积极性。

改进党领导经济工作的尝试

在充分调查研究和总结经验的基础上，党的八大提出了许多新的方针和设想，对全党工作重心转到经济建设作出了一系列相应的新部署。怎样结合陕西实际贯彻落实、跟进中央的实践探索，省委在改进领导经济工作方面进行了初步尝试。

一是健全工业企业内部管理体制，吸引职工群众参加企业管理。党的八大强调“在企业中，应当建立以党为核心的集体领导和个人负责相结合的领导制度。凡是重大的问题都应该经过集体讨论和共同决定，凡是日常的工作都应当由专人分工负责。企业中的领导者，企业中的党组织、行政组织、工会组织和青年团组织都应当善于把企业的当前任务向群众解释清楚，善于发动群众开展社会主义竞赛和先进生产者运动，提

---

① 《陕西日报》1956年9月19日。

出合理化建议，不断改进工作”[①]。1956年10月9日，中共中央工业交通工作部[②]印发《关于国营企业领导问题的决定（草案）》，要求在国营工业企业实行党委集体领导下的厂长负责制。1957年4月，中央发出《关于研究有关工人阶级的几个重要问题的通知》，要求将现行的工会主持的职工代表会议改为职工代表大会，职工代表大会实行常任制，并明确了职工代表大会的四项基本职权[③]。

为贯彻党的八大精神，落实中央关于在企业中应当建立以党为核心的集体领导和个人负责相结合的领导制度等部署，1956年10月19日至30日，省委召开全省工业、交通工作会议，各厂矿单位书记、党员厂长、党委宣传部长，部分厂的工会主席、团委书记，铁路交通系统的党委书记、经理以及县（市）委工业部长参加会议，研究部署工业企业加强党的领导、贯彻党委领导下的厂长（经理）负责制和反对主观主义、官僚主义、宗派主义等工作。党的八大以后，陕西省工业、基建和交通运输系统先后在25个单位推行职工代表大会制度，引导职工指出企业内部管理的缺点错误，提出可行的意见建议，促进企业领导改进工作作风。实行党委领导下的厂长（经理）负责制和党委领导下的群众监督制，保证了职工群众能够切实参加企业管理和有力监督行政工作，体现了工人阶级国家主人翁地位和作用，群众生产积极性得到提高。同时，各级党组织还加强企业工会和共青团工作领导，充分发挥工人、青年的工作积极性和主动性。

---

① 《刘少奇在中国共产党第八次全国代表大会上的政治报告》（1956年9月），中央档案馆、中共中央文献研究室编:《中共中央文件选集》（1949.10—1966.5）第24册，人民出版社2013年版，第84页。

② 1956年1月，中共中央决定成立中共中央工业交通工作部。同年11月，中共中央工业交通工作部机构调整为中共中央工业工作部与中共中央交通工作部。

③ 四项基本职权，分别是听取和审查厂长的工作报告，审查和讨论企业的生产计划、财务计划、技术计划和劳动工资计划及实现这些计划的重要措施，定期检查计划执行情况，并且可以提出建议；讨论和审查企业奖励基金、福利费、医药费、劳动保护拨款、工会经费以及其他有关职工生活福利的经费开支，在不违背上级机关的指示、命令的条件下，可以作出决议，交企业行政或者其他有关方面执行；在必要的时候，向上级管理机关建议撤换某些企业行政领导人员；对上级管理机关的规定有不同意见的时候，可以向上级管理机关提出建议，但是如果上级管理机关经过研究仍旧坚持原有决定的时候，就必须贯彻执行。

二是下放企业管理权限,增强企业自主权。省委根据全省生产需要下放了部分工业、农业、财贸等系统企业的管理权限,将部分企业的隶属关系下放到地市管理。在保证统一领导和统一计划的前提下,在计划管理、财务管理、干部管理、职工调配、福利设施等方面给企业适当的自主权。针对公私合营企业照搬较大国有企业管理模式,造成管理机构臃肿、严重影响工作效率的情况,省委指导各企业精简领导机构,撤销部分领导层级,将精简下来的人员充实到生产岗位。1956 年 11 月 17 日,省委下发《关于加强对新工业城市领导的决定》,加强宝鸡、咸阳市的领导力量,在兴平、绛帐、铜川、户县、蔡家坡新设市的建制,撤销兴平、铜川、咸阳、户县的县制,并将宝鸡县属的虢镇划归宝鸡市。同时,决定成立陕西省城市建设局领导的省城市设计院和勘察院,加强对城市建设的领导。

三是整顿巩固高级社,解决存在的突出问题。针对农业合作化急促完成后面临的突出问题,省委认为在高级合作社实现后,要认真解决社员与社、社与社、社与国家之间在生产过程和产品分配上的矛盾,不仅要把生产资料的个人所有制改变为集体所有制,而且要在生产、劳动和财务管理制度上与这种集体所有制相适应,积极推行以劳动定额包工、包产、包投资(即“三包”)为主要内容的生产管理制度。1956 年 7 月 21 日,省委发出《关于整顿农业合作社的指示》,要求“各地党委投入足够数量的干部,依靠党、团支部和社队干部社员的力量,抓紧夏收后到秋收前这一段时间,以做好生产为中心,推行‘三包’为重点的第二次整社工作”①,主要解决夏收生产、劳动管理和牲畜问题,巩固农村合作化组织。

在具体问题上,省委根据陕西实际灵活处理。在富农入社的问题上,省委明确“不必重新评定成分”,这一做法也得到了中央的同意并“将原报告转发各地参考”②。为了稳妥地开展入社工作,省委专门发出通知,要求各地在处理扩社、升级、并社以及地主、富农入社问题时,要多和

① 陕西省农业合作史编委会编:《陕西省农业合作重要文献选编》上册,陕西人民出版社 1993 年版,第 534 页。

② 《中共中央转发陕西省委关于评审富农入社问题的意见》(1956 年 11 月 10 日),中央档案馆、中共中央文献研究室编:《中共中央文件选集》(1949.10—1966.5)第 24 册,人民出版社 2013 年版,第 354 页。

群众商量，必要时应该多采取一些过渡的形式，不要挫伤农民劳动生产的积极性[①]。针对部分社员闹退社的现象，一方面向群众宣传走社会主义合作化道路是唯一正确的方向，一方面对一些具体问题和群众共同研究处理办法，积极稳妥地处理了退社风波。本着精简社、加强队的原则，普遍改选高级社的领导班子，加强对生产队的领导，改善了农村干部中存在的主观主义和强迫命令作风。

四是改善公私关系，解决社会主义改造中的遗留问题。资本主义工商业社会主义改造完成后，全省新合营工业中全部人员 1.9 万多人，其中私方人员 3800 多人；新合营商业中全部人员 2.6 万多人，其中私方人员 1.7 万多人。私方人员大部分是合营企业中层以上负责人，担负实际领导工作，有一定知识，有技术和生产经营管理方面的经验。省委认为，正确估计私方人员的作用，认真改进公私共事关系，是企业公私合营后长期的重要工作内容，是搞好生产经营，进一步做好企业改造和人的改造的关键。要普遍建立健全各种民主协商制度，教育职工尊重私方人员职权，进一步搞好合作共事关系。针对公私合营后一些私方人员生活遇到困难的情况，省委、省人委决定对合营后降低原薪的一律恢复原薪，对因家庭人口多负担重、家属疾病医疗等生活发生困难的，吸收其家属参加企业工作或为企业做辅助劳动，酌情予以定期或临时补助，消除他们的生活顾虑；根据量才录用、适当照顾的原则对改组中所有在职私方人员加以安排，在政治上信任他们，安排他们担任有关职务。

通过在工业、农业、商业等各方面开展工作，陕西省委在经济建设方面有了独特认识和有益探索，带领陕西人民开启了建设社会主义的良好开端。

推进民主政治建设

社会主义制度建立后，党继续探索全面建设社会主义发展道路，通

---

① 《中共陕西省委批转省委农村工作部关于扩社、升级、并社与处理地主、富农入社中一些具体问题的意见》（1956 年 11 月 26 日），陕西省农业合作史编委会编：《陕西省农业合作重要文献选编》上册，陕西人民出版社 1993 年版，第 567 页。

过人民代表大会和政治协商会议制度，开展民主政治建设。1956年4月，毛泽东发表的《论十大关系》初步提出了我国社会主义政治建设的若干新方针。1956年9月召开的党的八大提出进一步扩大国家民主生活，开展反对官僚主义斗争，加强共产党和各民主党派合作共事关系的任务。1957年2月，毛泽东在最高国务会议第十一次扩大会议上发表《如何处理人民内部的矛盾》[①]的讲话，明确地把正确处理人民内部矛盾作为党和国家政治生活的主题，系统提出了关于社会主义社会内部不同性质矛盾及处理这些矛盾的理论，延续和发展了党的八大路线，成为社会主义建设时期政治建设的重要指导方针。

1957年4月，中共中央总书记、国务院副总理邓小平到陕西视察工作。在视察中，针对建设中的人才问题，他提出干部要学习科学、学会建设的本领。他强调，我们党的干部懂得改造自然、搞建设的人才是很少的，很不够的，我们的科学技术是很低的，我们要善于接受苏联的经验教训，要学习世界上一切先进的经验，世界各国包括美国在内。他同时指出，我们自己也有一些建设经验，我们搞建设已有七年多一点时间，这几年的经验也很重要，不要小看，这是我们自己走出来的路，真正总结起来，对我们建设来说益处更大。4月8日，他在省市干部会议上作了《共产党要接受监督》的讲话，指出对中国共产党进行监督和接受监督的重要性，并提出了开展监督的重要途径：一是党内监督，二是群众监督，三是民主党派和无党派民主人士的监督。这一讲话精神，不但丰富了中国共产党加强自身建设和民主政治建设的理论，而且对即将开始的全党开门整风运动具有重要指导意义，特别是让陕西省、西安市的整党整风和统一战线工作有了重要的思想和理论准备。

此后，省委认真学习宣传《论十大关系》《如何处理人民内部的矛盾》和邓小平到陕西视察重要讲话，以确立人民代表大会制度、中国人民政治协商会议制度等为契机，努力推进全省民主政治建设，为胜利完成“一五”计划任务、全面开展社会主义建设提供了重要政治保障。

---

① 这篇讲话后来经过毛泽东补充修改后，以《关于正确处理人民内部矛盾的问题》为题，1957年6月19日在《人民日报》公开发表。

推进民主政治建设的重要途径是开好人民代表大会和政治协商会议，让人民代表和政协委员参政议政，实现人民群众当家作主的权力，让各民主党派和无党派民主人士同共产党互相监督，共商党和国家大事。1957 年 8 月 26 日至 9 月 5 日，陕西省第一届人民代表大会第五次会议在西安举行，会议总结了过去一年全省农业、手工业和资本主义工商业改造所取得的重大成就和社会经济生活面貌发生的巨大变化，提出了 1957 年政府工作的任务，要求全省人民和国家机关工作人员，在党中央和国务院的领导下开展整风运动和社会主义教育运动，为全面完成和超额完成“一五”计划、迎接第二个五年计划而奋斗。这次会议是在全党开展整风运动的方向转向反击资产阶级右派进攻的背景下召开的，与会代表认真学习毛泽东《关于正确处理人民内部矛盾的问题》，严厉批判右派分子的反动言论。会后，由于反右斗争扩大化，全省民主政治建设开始走上曲折的发展道路。

在开好人民代表大会的同时，省委积极加强全省统一战线工作，认真召开省政治协商会议，和各民主党派、无党派民主人士实行互相监督，开展全省民主政治建设工作。1956 年 7 月 24 日，省委统战部邀请包括各民主党派负责人在内的 120 多名民主人士座谈，检查全省统战工作。座谈会由省委第一书记、省政协主席张德生主持，他指出，召开座谈会主要是检查全省统战工作，请大家对省委统战部和中共基层组织、共产党员负责人在同各民主党派和民主人士团结合作中存在的缺点提出批评，以便改进工作、加强团结，使统战工作更加巩固和发展。到会的各民主党派负责人和民主人士代表积极发表意见，他们肯定了中国共产党领导下统战工作取得的成绩，同时也对统战工作存在的缺点和问题提出了批评和建议。比如，提出党委对民主人士和各界代表人物工作安排、解决生活困难问题上做得还不够，有的干部对统战工作存在“怕麻烦”“不愿做”等问题。张德生在总结讲话中指出，大家提出了许多宝贵意见，这是很好的，可以说这是一个良好的开端。今后要继续深入检查，对工作中的缺点和问题坦率地开展批评，才能更好地改进统战工作。这次座谈会既是省委检查统战工作的会议，也是和各民主党派、民主人士开展批评和自我批评的会议，体现了中国共产党陕西省委和全省各民主党派、民主人士共同贯彻“长期共存、互相监督”方针、真诚协商国事的鲜明态度。会后，省委统战部根据各民主党派和民主人士提出的批评建议，积极采取措施改进统战工作。7 月底，省委作出《关于市、县人民代表大会中应扩大民主人士名额的通知》，先后批转了省委统战部《关于对民主人士及社会人士要求参加工作解决生活问题的处理意见》《关于转发第四次全省统战工作会议两个文件的通知》，对民主人士、各界代表人物的工作、生活、管理及参政议政等做出安排，加强了省委与各民主党派和民主人士的联系，较好地发挥了政治协商、互相监督的作用。

1957 年 4 月 19 日，政协陕西省第一届委员会第三次会议召开。根据毛泽东在最高国务会议上的讲话、政协第二届全国委员会第三次全体会议精神和“百花齐放、百家争鸣”“长期共存、互相监督”的方针，会议讨论了增强人民内部团结、开展增产节约运动等问题，并就全省工作的各个重要方面进行了协商。与会代表对如何正确认识和坚持“长期共存、互相监督”方针、如何正确认识和处理人民内部矛盾、如何在全省科学研究和文学艺术领域贯彻“百花齐放、百家争鸣”方针进行了热烈讨论，共有 20 多位委员和列席人士发言。政协陕西省第一届委员会副主席孙蔚如谈了自己对“长期共存、互相监督”方针的看法。他认为“长期共存”是我国扩大人民民主、进一步健全国家政治生活的重要方针，是中国共产党同党外人士合作共同建设社会主义所坚持的一项长远方针。“互相监督”就是互相批评，从团结的愿望出发，经过批评或者斗争，在新的基础上达到新的团结。互相监督的目的是为了建设社会主义，互相监督是双方的，必须互相信赖，必须经常“反求诸己”，才能发挥积极的监督作用。

与会人员还对全省其他一些主要工作进行了座谈和协商，提出了许多重要的意见建议，比如，提议知识分子在钻研业务以外要努力学习马列主义理论，提出改进粮食工作、提前在延安修建铁路以及成立医学科学研究委员会、改进基层卫生部门工作等建议。从各民主党派、无党派人士的发言来看，他们欢迎和拥护党提出的“长期共存、互相监督”方针，愿意在中国共产党的领导下，为建设社会主义贡献自己的力量，这无疑为全省民主政治建设开了一个好头。

二、形成社会主义建设的良好开局

支援和建设国家“156 项工程”在陕西的项目

针对旧中国 70% 以上工业分布在东南沿海的不合理状况，党中央立足国际形势变化和国内建设发展需要，着力解决中西部地区经济特别是工业严重落后于沿海地区的突出问题。在合理利用东北、上海等沿海城市工业基础的同时，在华北、中南、西北和西南等地建设新的工业基地，推动全国工业布局逐渐走向合理。根据总体战略部署，国家把苏联援建的 156 项重点工程项目中的 24 项，安排在属于重点建设地区之一的陕西。全省以这些工程项目建设为重心，全面展开“一五”计划建设。

这 24 项工程项目分布在西安、宝鸡、铜川和兴平等地，其中西安有 17 项，是全国接受项目最多的城市。在这些项目中，航空工业有 5 个，即国营西安机械厂（113 厂）、西安飞机附件制造厂（114 厂）、国营秦岭电工厂（115 厂）、国营宝成仪表厂（212 厂）和国营陇西铸造厂（514 厂）。电子工业有 2 个，即国营西北无线电厂（782 厂）和国营黄河机器制造厂（786 厂）。机械加工企业有 4 个，即西安高压电瓷厂、西安开关整流器厂（西安高压开关厂）、西安绝缘材料厂（446 厂）和西安电力电容器厂。能源工业有 3 个，即西安第二发电厂（灞桥热电厂）、西安第三发电厂（户县热电厂）和铜川王石凹立井。船舶工业有 2 个，即国营陕西柴油机厂（408 厂）和西安东风仪表厂（872 厂）。兵器工业有 8 个，即国营西北光学仪器厂（248 厂）、国营华山机械制造厂（803 厂）、国营庆华电器制造厂（804 厂）、国营秦川机械厂（843 厂）、国营东方机械厂（844 厂）、国营惠安化工厂（845 厂）、国营西安机器制造厂（847 厂）和 853 厂[①]。

为了顺利推进在陕西建设的 24 项重点工程，国家相关部门和西北局精选抽调数百名干部组成各个建设项目的筹备机构，在企业的筹建、

① 853 厂于 1955 年 8 月兴建，后停建。1957 年 10 月由国家安排调整改建为国营红旗机械厂。

选址和施工建设中发挥了重要作用。筹备初期的主要工作是选定厂址，每个项目都经过多次考察和反复比较后才最后确定下来，绝大多数项目都有几个备选厂址。如庆安机械厂先后在西安东郊十里铺、南郊沙井村、西郊北石桥、阿房宫、枣园及未央西路一带选址，经研究讨论后选出4个备选厂址上报，上级组织专家反复勘验才最终定址。国家相关部门高度重视选址工作，有关领导亲自参与。比如，国家计委副主任李富春在选址期间多次来陕西，先后实地考察了国营庆华电器制造厂、西北光学仪器厂、华山机械制造厂、秦川机械厂、东方机械厂和西安高压电瓷厂、西安绝缘材料厂、西安高压开关厂、西安电力电容器厂等企业的厂址及其建设规划。国家二机部副部长张连奎、一机部副部长段君毅分别于1953年7月和10月率中苏技术专家陕西考察，与陕西省相关部门和干部反复踏勘、认真分析、权衡利弊，为最后确定厂址提出了重要意见。

“156项工程”技术含量高，全部由苏联帮助设计，许多项目都是我国以前从未有过的。随着苏联将各项目设计图纸陆续移交中国，各重点项目基本建设施工也先后展开。陕西最早动工兴建的是1952年11月开工建设的西安灞桥热电厂。1955年大规模的基本建设施工全面铺开，12个重点工程同时开始建设。

在党中央和国务院的领导下，各地坚持全国一盘棋，在人力、物力、财力、技术等方面大力支援“156项工程”。国家建工部从华东建筑工地局抽调大批施工力量来陕西援建，大批部队建筑工程力量也参与其中。比如，根据国务院、国防部1955年3月26日命令，中国人民解放军建筑工程师第三师、第四师、第六师、第七师先后集体转业为企业，其中一部分加入了西北建筑队伍。陕西省认真履行国家使命，高度重视和大力支持在陕西的24项工程建设，省委和西安市委分别组建省委工业部和市委企业党委具体负责各个工程项目建设的工作联系，在各重点企业中普遍建立党委（总支、支部）或临时党委（支部）实行直接领导。在重点工程建设中，省委和西安市委主要领导多次深入施工现场指导工作，解决实际问题。省市各级领导机关多次召开会议，要求克服地方本位主义，加强领导、认真组织，确保工程项目建设顺利。在制订全省经济社会发展计划时，省委、省政府都将国家在陕西投资的重点工程放在突出位置，及时协调保证建筑材料、保障粮棉油供应、满足人员力量、配套相关企业等事项,帮助解除干部职工后顾之忧。企业党组织积极动员和组织广大党员开展技术比武、知识学习,开展增产节约、劳动竞赛等活动,调动广大干部群众投入建设的积极性和创造性。

在实施“一五”计划时期,为了保障重点建设项目,全省还安排了一批与之配套的建设工程,涉及交通运输、机器制造、电力、煤炭、搪瓷、印染、化工等工业门类。比如,在交通基础设施方面,配合建成了连通陕、甘、川三省的宝成铁路,修整了全省原有的 8 条干线公路,改建和新建 97 座大中型桥梁,普遍提高省内公路等级,基本形成了关中和陕北道路网。为了保障能源供应,专门开发了渭北煤田,建设了铜川矿区 8 对大中型矿井,新建了西安氧气厂、陕西省石碴厂、西安机械修配厂、西安木材预制厂,改建了铜川陶瓷厂、西安第一砖瓦厂、宁强大安石棉矿厂等,保证了重点工程建设所需的原材料和基建材料。为了保证不断增加的职工生产、生活所需,尽管这一时期遭受严重水旱灾害,但是全省仍然千方百计保证重点工程广大职工的粮油副食及消费品供应。省地(市)县还调集大批民工,承担土建工程,配合重点工程建设。

在国家各有关部委、省市的领导和支持下,在陕西的重点工程建设进展顺利。西安灞桥热电厂第一期工程开工较早,1953 年 10 月并网发电,发挥作用。到 1957 年底,9 个项目建成并通过国家验收。到 1960 年,绝大多数重点工程全部建成或部分建成,投入试生产。

在陕西建设的 24 项重点工程中,绝大多数项目是该行业的骨干企业,创造了许多当时的全省全国乃至亚洲第一。比如,西安灞桥热电厂是陕西第一座中温中压热电厂,户县热电厂是陕西第一座高温高压热电厂,西安机器制造厂是当时国内唯一的航空机关炮专业研究制造厂,黄河机器制造厂是我国第一个自动跟踪精密炮瞄雷达厂,西安高压电瓷厂是当时国内最大的电瓷、避雷器生产企业,惠安化工厂是当时亚洲最大的也是设备最先进的单基发射药厂,铜川王石凹煤矿是西北地区最大的一座机械化生产矿井。特别是 24 项重点工程中的一些项目不仅是在中国前所未有,在苏联也极为少见。比如,宝成仪表厂是航空仪表制造厂,其规模之大、承担研制的品种之多在当时苏联也是罕见的。在陕西的

24 项重点工程的建成，奠定了今天陕西工业的雄厚基础，有力带动了全省国民经济的全面发展，既为陕西经济发展植入了强劲动力，也奠定了陕西在全国发展中的重要地位。

发展地方工业

“一五”时期，全省全力支援国家在陕西的重点工程建设的同时，省委积极调配干部，大量培养建设人才，大力发展地方工业，促进了全省各项事业发展。

为迎接大规模经济建设的到来，1952 年省委抽调 248 名干部充实和加强厂矿领导，6 月抽调 1034 人到省直属经济建设部门工作，1953 年全省调派了 10956 名干部转向经济建设工作。1953 年初省委建立陕西建筑工程公司，1954 年建筑工程部西北工程管理总局在西安成立，下设西北第一、二、三、四、五、六工程公司，以及设备安装、机械化工程、木材加工、混凝土预制、金属结构、建筑工程学校等单位，职工共约 7 万名。为了适应工程建设需要，建筑工程部协调华东第一、三、四工程公司，水电安装公司，天津市第六工程公司，解放军建筑工程第三、四、六师，华东生产设备处和建筑设计院等外省单位到西北参与建设。陕西工程建筑业由此得到快速发展，有力地支援和推动了陕西工业化建设，也奠定了今天陕西在全国建筑业领域的重要地位。

为了培养各种技术和管理人才，陕西除开设公办相关专门学校外，还鼓励和支持各企业内部举办文化、技术业余学校，先后兴办此类学校约 665 所、培训职工约 15 万人。在生产建设中，广大党员干部和群众以“提前完成第一个五年计划”为口号，积极提出合理化建议，开展技术革新活动，千方百计提高工效，促进了工业化建设。据建筑、纺织等 11 个行业统计，参加竞赛的有 258 个单位，先后提出合理化建议 2 万多条，推广先进经验 1000 余项，涌现出先进单位 563 个、先进工作者 3 万多人。

保证国家重点工程建设是国家要求，也是地方职责，更是改变落后面貌的难得契机。为适应国家重点工程建设，全省及时调整地方工业，安排了一批与中央项目配套的限额以上工业建设项目。比如，扩建了汉中电厂、新秦公司纺织厂，改建了铜川陶瓷厂、西北机器厂等。新建的工业建设项目涵盖了煤炭电力、纺织工业、轻工业、建筑材料、石油化工、电子工业、电工机械、食品工业等工业领域,主要包括西安电力机械厂、延安发电厂、铜川人民电厂、西安仪表厂、西安电机厂、铜川耐火材料厂以及西北国棉三厂、四厂、五厂、六厂等国营企业。

在建设国家重点工程和地方工业项目的同时,全省各地采取措施为这些项目提供保障。全省地方基本建设资金有五分之一直接用于城市基础设施建设和建筑材料工业,加强公共交通、给水、排水、商业网点、文教卫生设施和建筑材料等方面的需要。同时,还为工业建设提供粮食、食油、肉类、蛋类、蔬菜及其他生活用品,配备干部和劳动力,做好土地征用,妥善安置迁移群众,动员和组织各种交通工具运送建设物资和生活资料。

经过全省人民的共同努力,到 1957 年从根本上改变了陕西工业陈旧落后的面貌。在“一五”时期,全省先后建成投产上百个大中型项目,其中国家重点建设项目 10 个。工业产值在国民经济中的比重逐步增大,1957 年全省工业产值达 11.34 亿元,比 1952 年增长 1.39 倍,1958 年的工业产值首次超过农业总产值。全省试制成功并投入生产的新工业品种达 142 种,新建了搪瓷、油漆、印染、农机、金属结构、仪器仪表等工业企业,拥有的金属切削机床比 1949 年增加 27.6 倍,锻压设备增加 40 倍。在咸阳、西安形成两座纺织城,西安西郊的电工城建设拉开帷幕,不少产品质量达到全国先进水平。作为传统农业大省的陕西,逐渐有了自己的工业门类和特色,出现了一批新兴的工业部门,改变了全省原有的工业布局,形成了许多在全国具有重要地位和作用的骨干企业,构成了陕西工业的基本框架,为陕西的经济和社会发展奠定了坚实基础。

绿化造林保持水土

陕西是我国水土流失最严重的省份之一。我国的两大水系黄河、长江都流经陕西,秦岭以北为黄土高原腹地,是黄河流域水土流失最严重的地区。新中国成立初期,党和政府积极领导人民加强水土治理,与自然灾害作斗争。1952 年 12 月 19 日,政务院发布了《关于发动群众继续开展防旱、抗旱运动并大力推行水土保持工作的指示》,明确指出“黄河的支流无定河、延水及泾、渭、洛诸河流域”是全国的治理重点。按照省委“普遍了解、重点试办”相结合的方针,省农林厅组织开展全省水土保持工作,重点治理陕北、关中等水土流失危害较大的地方。一方面,发动群众沿袭传统习惯进行土地加工,如担壕折埝、挑水窖、水簸箕、修梯田、打坝埝,推行掏钵种植、等高种植、牧草轮作等耕作措施;另一方面,组织力量查勘重点流域、建立示范区,组建各地区的水土保持专业机构,培养专业人才,为大规模开展水土保持创造条件。在榆林风沙区、大荔沙苑及水土流失严重的无定河、泾河、洛河流域营造防护林,按照“谁种谁有、伙种伙有”的原则推进植树造林。

“一五”期间,在发展农业生产、提高粮食产量的同时,全省展开绿化造林和水土保持工作。1954 年省水利局投资 90 亿元在全省 20 条河流上修建防洪工程,灌溉农田面积达 25 万亩,解除了 6 座城镇和 100 多个自然村的洪水威胁。1955 年后,随着农业社会主义改造的深入及完成,农民所有的山林和树木,除留下自留山和自留树外,都和耕地、牲畜、农具一起作价入社,林业生产逐步走向集体经营。但是由于林权清理工作未能及时开展,后来出现了一些集体单位争夺国有山林的问题,导致一些地方出现乱砍滥伐情况。1955 年黄陵、黄龙两县发生严重森林火灾,烧掉林木 600 多万株,烧毁森林 1.8 万亩。《陕西日报》专门刊发题为《记取黄陵、黄龙烧山事件的教训,重视护林防火工作》的社论,要求各级汲取教训,采取有力措施,防止此类事件再次发生。省委严肃处理了两县县长,并要求全省林区各级政府成立护林防火机构,建立基层护林组织,修建防火设施,推广留坝县分区划段、分片包干、一包到底的责任制和联防护林经验,开展无森林火灾竞赛活动,提高防火灭火技能。此后,全省各地积极采取措施,成立机构、落实责任,森林火灾大为减少。

为了改变中国森林资源缺乏的状况,经毛泽东主持制定的《一九五六年到一九六七年全国农业发展纲要(草案)》要求,从 1956 年开始,在 12 年内绿化一切可能绿化的荒地荒山,一切宅旁、村旁、路旁、水旁以及荒地和荒山,只要是可能的,都要有计划地种起树来。1955 年 10 月,陕西省第一届人民代表大会第三次会议讨论通过《关于实现根治黄河水害和开发黄河水利的综合规划，大力发展水土保持工作的报告》，把水土保持问题作为超额完成“一五”计划的重要内容。

1956 年 3 月 1 日至 11 日，陕西、甘肃、山西、内蒙古、河南五省（自治区）青年造林大会在延安召开，来自全国 27 个省、市、自治区的 1204 名代表参加。青年团中央第一书记胡耀邦宣读中央的贺电，传达毛泽东 1955 年向全国发出的 12 年内绿化祖国的号召。他代表青年团中央向大会作《青年们！把绿化祖国的任务担当起来》的报告，指出造林是水土保持的一项最重要的有效措施，要求五省（自治区）青年在黄河的干流和支流上修建一系列的拦河坝和水库、在黄河中游水土流失地区开展大规模的水土保持工作。他号召全国青年要成为造林运动中一支最积极、最活跃的突击力量，在辽阔的神州大地上从西到东、从北到南，只要有可能，都要有计划地植树造林，栽一棵、活一棵，活一棵、护一棵，努力把祖国大地变成绿色的海洋。青年团陕西省委第一书记白纪年作了《为十年绿化陕西而奋斗》的讲话，提出陕西省青少年绿化黄土高原的奋斗目标是在两年内造林 300 万亩、采种 4525 万斤、育苗 11.4 万亩，在榆林地区营造“绿长城”，在延安、关中等地营造“水源林”，在黄河各支流沿岸营造“护堤林”“护岸林”，在汉中、安康、商洛地区营造经济林、用材林等，10 年内绿化全省，并提出每年 4 月和 10 月为全省青少年造林突击月。

五省（自治区）青年造林大会极大地鼓舞和激励了广大青年的造林热情，有力地促进了全国林业建设和群众性植树造林活动的蓬勃发展。造林大会后，植树造林、绿化祖国活动在全省青年中迅速展开，各地团组织纷纷制订计划、组织造林突击队，在 1956 年 4 月 1 日第一个“造林日”之际，全省 300 万青少年投入植树造林活动。这年春天，全省青少年在半个月内就造林 12 万多亩、零星植树 1300 多万株，绿化铁路、公路沿线 500 多公里。此后，全国广大青年在团组织的领导下，持续开展植树造林、绿化祖国的活动，对于全国绿化造林、保持水土发挥了积极作用。

开展山区建设

陕西山区面积大，山区、丘陵地带占全省面积的 85%，建设山区既是改造自然的重要内容，也是增加全省粮食生产面积的重要途径。省委认为“开发山区，变旱地为水地，变‘穷山’为富山。这是一个长期任务”，“山区建设得好坏，不只关系到山区人民的生活，而且关系着全省人民的生活”，“开发山区是我省经济建设中极其重要的战略任务。我们一定要把建设山区摆到全部国民经济建设中一个极为重要的地位上来”①。在全面分析全省山区现状的基础上，省委提出在做好水土保持、力争粮油自给有余的基础上，有计划地因地制宜实行农、林、牧、副、矿相结合的多种经济全面发展的方针。

为了搞好山区建设，1956 年 12 月 30 日，陕西省山区建设委员会成立。根据山区农业产量不高、人民生活还未摆脱贫困的实际，省山区建设委员会提出，首先集中力量大力发展农业生产，组织山区群众充分发挥现有耕地的潜在力量，提高单位面积产量。所有山区的县、区、乡、社合理规划土地，安排好农耕地，使其长期固定下来，不准盲目弃耕。其次，用修梯田、种草、植树、沟头防护、打淤地坝等办法，推动全省坡地梯田化、沟地川台化、坪地灌溉化、荒地荒坡绿化，尽快遏制水土流失。再次，积极发展小型农田水利，结合修建的大中型水利工程，采取修小渠道、小水库、挖陂塘、打旱井、透河井等办法引水上塬上山，并大量积攒人畜粪肥、扩大施肥面积，总结群众经验、普及新的生产技术，推广水土保持耕作法，引进和推广适宜山区的作物良种，改变山区工作技术落后面貌。最后，因地制宜地发展山区土特产和副业生产，广泛种植果树，发展果品生产，开发山区富源。榆林地区大量种植葡萄，绥德、米脂、清涧和延安各县一直到关中沿秦岭北坡种植苹果，汉中大部分地区和紫阳县种植甘蔗。

在党和政府搞好山区建设的号召下，人民群众积极响应。洛川农民李新安在河南灵宝学习苹果树栽培技术，把培育的 200 多株苹果树苗带回家乡发展苹果种植。他积极推广果树栽培技术，并写信给洛川县党政机关提出栽种苹果树的思考建议。在县委和县政府的支持下，他办起洛

① 张德生在中共陕西省二届代表大会第二次会议上的讲话（1957 年 11 月 28 日），陕西省档案馆编：《中共陕西省委文件选编》（1950—1966）第 2 册，1997 年，第 228、230 页。

川第一个果树栽培学习班，带动了黄陵、富县、宜君、宜川和延安等地的苹果种植。1954 年延安地委、行署总结李新安的栽培经验，在全地区推广苹果种植。随后，李新安被评为陕西省农民科学家、发明家和园艺家，被群众称为洛川“苹果之父”。

商洛发展核桃产业是人民群众总结山区建设实践的结果。从 1950 年至 1953 年，商洛全区开荒种粮已经初具规模，但 1954 年的一场大雨不但冲毁了新垦的荒地，还冲毁了川道的 5000 亩农田，造成严重水土流失。严峻的事实教育了群众，也教育了干部。商洛地委根据群众提出的关于农林结合、建设山区的建议，认真研究以何种林木为主以及农林如何结合的问题，地区领导有的提出种油桐，有的提出种柿树、种葡萄。商南县副县长、民主人士王作廷根据商南县实际和县委大抓种植核桃的实践，提出了发动群众种植核桃的建议。经过反复调查和研究山阳、柞水等县的实际情况，商洛地委认为种植核桃是发展山区生产、改善人民生活的一项重要措施，不仅可以增加山区群众收入、扩大国家油料资源、支援国家建设，还能有效地保持水土、改善自然生态条件、保证农业的丰产和发展。1957 年 9 月，商洛地委向全区发出“每户种一升核桃”的号召，掀起了全区大种核桃的热潮。11 月 15 日，《陕西日报》发表社论，对商洛人民发挥山区优势、种植核桃的举措给予肯定。1958 年 1 月，在中央南宁会议上陕西省委第一书记张德生介绍了商洛开展每户种一升核桃的情况，引起了毛泽东重视。31 日，毛泽东在《工作方法六十条（草案）》第 58 条中指出：“陕西商洛专区每户种一升核桃。这个经验值得各地研究。”之后，陕南各地大量种植了桐籽、花椒、板栗、葡萄、漆子、杜仲等多种经济作物，探索出了一条发展山区生产、改善人民生活的好路子。9 月，国务院在丹凤县召开了全国 16 省（市）代表参加的核桃生产现场会，向全国推广这一做法。

陕北和关中西北部大部分为黄土高原，约占全省山区面积的 55%，多数地方树木稀少、气候干旱，适合发展畜牧业。省山区建设委员会为解决陕北地区草地沙漠化的突出问题，以社为单位统一管理草原，实行计划轮牧种草，努力解决牲畜饲草困难。1958 年以陕北为重点，结合水土保持开展种植各种牧草 100 万亩活动。同时，加强牲畜配种繁殖，大量推广良种猪杂交,加速陕北绵羊改良。此外,通过发放贷款、调整物价、修筑公路、组织山货下山、工业品上山等一系列的措施,支持山区建设、巩固水土保持成果,山区的经济社会随之有了很大发展。

实践证明,在社会主义建设中因地制宜发展经济是正确的和重要的。在全面建设社会主义初期,陕西经济建设能取得良好开局,得益于这样的方针和原则,后来在建设中出现这样或那样的曲折,在很大程度上与偏离了这样的方针和原则直接相关。

支援宝成铁路建设

新中国成立前,中西部地区不仅工业缺乏,铁路和公路等交通运输基础也极为薄弱。1952 年 7 月,国家规划的北起陕西宝鸡、南至四川成都的宝成铁路开工建设。宝成铁路北接陇海线,南接成渝线、成昆线,全长 668 公里,穿越秦岭、巴山和剑门山,是沟通中国西北与西南地区的第一条铁路干线。蜀道之难、难于上青天,宝成铁路所经之地几乎全是处于山区,山大沟深,水流湍急,地质状况复杂,隧道桥涵密集,施工难度大。特别是从宝鸡到秦岭的一段,两地直线距离仅 25 公里,但高程却相差 900 米,平均坡度 35‰,工程十分艰巨。

从 1954 年 1 月起,陕西境内的 346.8 公里铁路工程陆续动工。为加强领导、协调指挥,4 月铁道部在宝鸡成立了统一指挥所,任命熊宇忠为总指挥,建起材料厂和长途运输队,并调集了当时全国近二分之一的铁路施工力量和施工机械,全力服务和保障铁路施工。5 月 26 日,省委发出《关于支援宝成铁路工程工作的指示》,强调修建宝成铁路对于促进国家工业化、繁荣陕西经济具有重要意义,相关地区和部门要认真落实政务院颁布的《关于国家建设征用土地办法》,全力保证土地征用,按时供应木材和燃料,做好后勤和医疗保障。铁路沿线地方党委政府积极组织民工修建通行栈道和简易运料便道,组织了大量马车、架子车等运输工具,采用驴驮、人挑、肩扛等方式运送施工材料和生活物品,有力支援了宝成铁路建设。

担任宝成铁路施工任务的工程队发扬艰苦奋斗、连续作战的优良作风,克服遇到的各种困难,加快工程进度。在施工中,工程技术人员摸索运用新方法,成功采用了大爆破技术。1955 年 8 月 10 日在观音山车站采用定向爆破技术一次爆破碎石 9.8 万立方米,松土 10.89 万立方米,填方 3.4 万立方米,使工期缩短 6 个月,节省投资 7.88 万元,节省劳力 8.2 万个工日。在修建青石崖车站时,一次爆破了 3 个山头,填平了 1 个山沟,缩短工期 4 个月,节约投资 67.5 万元。这些中国铁路修建史上的创举,不仅保证了宝成线的顺利施工,而且锻炼了建设队伍,为我国此后在深山峻岭中修筑铁路积累了丰富经验。

1956 年 7 月 12 日,宝成铁路南北两端在黄沙河桥(嘉陵江 12 号桥)接轨,比计划提前了 13 个月。其中宝广段正线铺轨 346.8 公里,站线铺轨 72.4 公里,设车站 36 个,建房屋 9.85 万平方米,通信线路 348 公里,信号站 28 个。13 日,在黄沙河站举行了接轨典礼,省委给修筑宝成铁路的全体职工发去贺电,“欣闻贯穿西北、西南的大动脉,对祖国建设具有重大意义的宝成铁路的艰巨工程,提前一年又一个月的时间,胜利地接轨了。我们以十分兴奋的心情,向你们表示热烈的祝贺和亲切的慰问。并且希望你们继续努力,加强安全措施,保证工程质量,为争取提前全线正式通车而奋斗”。次日《陕西日报》头版刊登《跨水劈山非等闲,路接西北和西南,宝成铁路全线修通》的消息和《蜀道从此不再难》的通讯,并配发《幸福之路——祝贺宝成铁路全线修通》的社论,“历史将记载下:我国历代最难通行的地区从此将交通方便,往来无阻。这是我们社会主义事业的一次光辉的胜利”。1958 年 1 月 1 日,宝成铁路全线通车。铁路所经之处的山区人民群众用山歌来表达内心的喜悦:“太阳出来照山尖,看见火车冒青烟;送来好多新东西,口吃樱桃心里甜。”艺术家以宝成铁路建设为题材创作了不少文艺作品。小说《夜走灵官峡》就是作家杜鹏程路过宝成线灵官峡铁路建筑工地,看到建设大军在艰苦的环境中忘我劳作、忠于职守,为他们的建设精神所感动而作的。著名国画家赵望云也以宝成铁路建设为素材,创作了《万山丛中》《秦岭工地》《宝成铁路工地写景》《宝成铁路修筑写景》等一批艺术佳作。宝成铁路的贯通,彻底结束了蜀道“难于上青天”的历史,带动了铁路沿线各地工农业发展,为我国西南地区和西北地区经济建设创造了重要条件。

开展增产节约运动

1956年9月党的八大召开后,社会主义建设全面展开。各行各业掀起了加快建设的热潮,但在建设中也暴露出财政超支、物资供应紧张、基本建设投资过高等诸多问题,浪费现象也比较突出。1957年是我国"一五"计划的最后一年,为了圆满实现"一五"计划收官,并为实施第二个五年计划打下良好基础,1956年11月,周恩来在党的八届二中全会《关于1957年度国民经济发展计划和财政预算控制数字的报告》中提出,要在全党和全国人民中开展增产节约运动。1957年2月15日,中央印发《关于1957年开展增产节约运动的指示》,强调增产节约是发展社会主义经济、扩大社会主义积累的基本方法,开展群众性的增产节约运动是一个经常性任务。为了缓和物资供应和财政支出的紧张局面,使经济战线在1956年巨大的进军以后转向稳步前进,并且做必要的休整,必须在1957年对建设的规模和速度做适当的调整,必须用更大的努力在全国范围内开展群众性的增产节约运动①。

陕西一直非常重视从新中国成立初期就开始的全国性"增加生产、厉行节约"运动,省委先后转发《财经党组关于增产节约工作的报告》、批转《宝鸡市委关于增产节约检查工作进展情况的报告》等文件,要求各地区各单位参照执行。1955年4月20日,西安市委将《关于节约粮食情况的报告》上报省委。5月28日,中央予以批转并要求各省市区参考西安市的做法②。1956年11月22日至23日,省委召开扩大会议传达党的八届二中全会精神,着重研究增产节约问题,要求对全省干部进行艰苦朴素、勤俭节约、与人民同甘苦的教育,决定成立陕西省增产节约委员会。12月4日,陕西省增产节约委员会成立,主任为方仲如。

1957年3月28日,省委《关于开展增产节约运动方案的报告》上报中央,明确了全省1957年在农、林、畜牧,工业生产、交通运输,基本

---

① 中央档案馆、中共中央文献研究室编:《中共中央文件选集》(1949.10—1966.5)第25册,人民出版社2013年版,第113页。

② 中央档案馆、中共中央文献研究室编:《中共中央文件选集》(1949.10—1966.5)第19册,人民出版社2013年版,第299页。

建设，财政、粮食、金融、贸易以及机关团体等方面不同的增产节约指标。总的看，农、林、畜牧方面的增产指标相对较高，除粮食产量、造林面积、大家畜数量的指标低于 6.2% 外，棉花产量、油料总产量、灌溉面积、生猪数量等其他指标都超过了 10%，油料总产量增产指标高达 27.7%。相较而言，工业生产、交通运输和基本建设方面的指标浮动不大，地方工业在 1957 年原计划基础上总产值增加 5%、成本降低 2%。基本建设方面对勘查、设计、施工等单位提出了比较具体的要求，比如，要求设计单位中的西北工业设计院对工业建筑总造价降低 1.63%，施工单位中的西北工程管理总局和电力基建局增加工作量 10%、降低成本 8%。机关团体则要特别重视提高工作效率和工作质量，坚决调整压缩现有机构和人员，减少办事层次，缩减不必要的开支和消耗。

增产节约方案印发后，全省首先开展增产节约和艰苦朴素思想教育，发动群众检查揭发浪费现象。各级领导大多都亲自动手制订计划，许多领导深入基层向广大职工群众作报告。西安、宝鸡等地 90% 的企业召开了职工代表大会或代表会议，开展批评、提出建议。据 17 个单位统计，共提出合理化建议 4163 条，其中 80% 以上属于增产节约、改进生产管理的意见[①]。

经过思想教育动员和发动群众，增产节约运动在各地区各单位正式开展起来。工矿企业主要是抓紧增产，节约原料，保证质量。基建单位主要是控制规模，节约原料，克服城市规划中的贪高、贪大、浪费资财和土地等问题。比如，西安电力设计分院组织了 6 个检查组分赴施工现场，与建设和施工单位共同检查和修改图纸。商贸系统主要是合理调整流转环节和流转路线，改进供应工作，降低商品流转费用。粮食部门着重整顿供应工作，节约用量，促使粮食销售计划、定量标准、供应水平三者保持一致，对缩小粮食收支逆差起了一定作用。国家机关和各企事业单位等也都注意精简机构、紧缩编制，自觉节约行政费用。

在增产节约运动中，各单位及时总结经验推广，开展生产竞赛，实

① 《陕西省增产节约委员会关于 1957 年上半年增产节约运动的检查报告（初稿）》（1957 年 9 月），陕西省档案馆编：《中共陕西省委文件选编》（1950—1966）第 5 册，2002 年，第 81 页。

行边整边改。比如，机械工业系统推广“百日不退修”“优秀徒工”、纺织系统推广“减少次布台”等先进做法，西北国棉一厂织布车间开展的“减少二等品”竞赛，短期内达到指标要求的青工由20%上升到80%。机关、部队采暖使用“分段送气”“利用回水”“煤炭封火”等做法后，用煤量下降20%至50%。石油公司成立了社会节约用油小组，在西安市重点推行节约用油工作①。同时，许多企业建立了各种群众性的质量检查和监督制度，督促推动增产节约运动，比如，建立材料平衡会议，建立健全安全责任制和机械维修制，实行机器专人看管和无事故奖励②。

全省增产节约运动得到了来陕西视察的朱德、邓小平、陈云、李富春等中央领导人的指导和推动。1957年3月22日，朱德来西安视察中国人民解放军3513厂。该厂前身是陕甘宁边区军工局八厂，经历了抗日战争、解放战争，为中国革命胜利和社会主义建设作出过重要贡献。朱德听取厂长汇报后赞扬说，工厂抓得很好，应充分发挥潜力，必要时可开三班。工厂要发展，没有原料怎么办？要“增产节约”。他还应在场人员的请求，挥毫写下“增产节约”四个大字。同月下旬，邓小平来陕西检查“一五”计划执行情况。23日，邓小平召集省委、西安市委及陕西有关部门负责人③座谈西安城市建设和反浪费问题。4月初，邓小平再次来到西安，8日在西安召开的省市干部会上着重阐述了勤俭建国、干部思想情况和工作作风、共产党接受监督等问题。在讲到勤俭建国问题时，他肯定了西安在过去几年取得的成绩，也指出西安在城市规划、企业建设中存在问题不少，浪费很多，以后要注意解决“骨头”和“肉”④的关系，钱要花得适当，努力花更少的钱解决更多的问题。

---

① 《陕西省增产节约委员会关于1957年上半年增产节约运动的检查报告（初稿）》（1957年9月），陕西省档案馆编：《中共陕西省委文件选编（1950—1966）》第5册，2002年，第81页。

② 《陕西省增产节约委员会关于1957年上半年增产节约运动的检查报告（初稿）》（1957年9月），陕西省档案馆编：《中共陕西省委文件选编（1950—1966）》第5册，2002年，第82页。

③ 中共中央文献研究室编：《邓小平年谱（1904—1974）》（下），中央文献出版社2009年版，第1352页。

④ “骨头”和“肉”是计划部门在分配基本建设投资时，划分项目类别的一种形象化的说法。“骨头”一般指工业、交通建设项目；“肉”一般指配合生产和满足职工生活需要的各种设施，如科研、文教、卫生、商业服务网点、职工住宅和城市公用事业等。

在中央领导的指导帮助下,全省上下齐心协力,1957 年上半年增产节约成效显著。工业、基建和财粮贸 3 个系统全年增产计划总值 14790 万元,上半年完成计划 68. 7%;工矿交通企业全年增产计划 1127 余万元,上半年完成计划 57. 54%;金融部门上半年存款总额完成计划 103. 2%,城镇储蓄完成计划 52. 68%,投放总额完成计划 94. 28%,改变了金融指标历年下降的状况,实现了现金收支相抵净回笼 404 万元,市场货币流量较年初减少,在一定程度上缓和了经济生活的紧张局面。

1957 年 5 月全党整风开始后,全省增产节约运动蓬勃发展,各地区全年增产节约取得很大成绩,为“一五”计划完成划上了圆满句号。比如,西安市经济计划的各项指标绝大多数完成或超额完成,全市工业和手工业总产值完成 69452. 1 万元,93 个重点工业企业完成年计划的 102. 55%,基本建设投资总额完成 31840. 3 万元,为年计划的 100. 64%,其中重点工程比原计划超额完成 17. 5%,是西安市“一五”期间基本建设完成比例最高的一年。

全省增产节约运动是进一步贯彻毛泽东“复电”精神、继承延安时期艰苦奋斗精神的具体实践,有效缓解了工业原料供应不足和基本建设投资缩减所带来的不少具体困难,保证了“一五”计划的顺利完成。

“一五”计划的显著成就

在中央的坚强领导下,省委、省人委带领各级党组织和全省干部群众,认真贯彻落实行业政策和各项具体措施,努力发展工农业生产和各项经济事业,进一步加强个体农业、手工业和资本主义工商业的社会主义改造,到 1957 年底顺利完成了陕西国民经济“一五”计划的各项指标。

工业初具规模,经济发展基础初步奠定。“一五”时期,陕西先后建成投产大中型工业企业 28 个,其中国家重点工程项目 12 个。到 1957 年底,全民所有制工业企业职工总数达到 15. 4 万人,比 1952 年增长 56. 8%。全省工业总产值达到 11. 47 亿元,比 1952 年增长 139. 3%,平均每年增长 19. 1%,比全国平均速度高出 6 个百分点。新中国成立前,陕西最大的工业部门是纺织工业,只有纱锭 8. 83 万余枚、布机 1000 多台，机器设备陈旧落后。到1957年，全省新建并投入生产的现代化纺织厂达到7个，配备了当时最新式的机器，纱锭增加到42.4万枚，布机增加到1.1万余台，在咸阳和西安形成了两座纺织城。煤炭工业建设突飞猛进，除了改建扩建铜川一些旧矿井外，还建设了新型现代化矿井，建成西北第一对现代化矿井——铜川三里洞煤矿。特别是国家布局在陕西的24项重点工程开工22项，到1957年基本建成投产15项，初步建立起了机械制造业基地的框架。尤其是兵器工业、航空工业和电子工业等国家战略产业，由于企业规模大、设备精、技术先进，产品在全国处于领先地位，加快了我国武器装备的制式化、现代化进程，也形成了初具规模的以西安为中心的国防工业基地，西安、宝鸡、铜川等地建立了新的发电厂，西安西郊电工城也开始建设。全省建立了许多过去没有的工业企业，比如，搪瓷、油漆、印染、农业机械、金属结构、仪表制造等。随着工业技术水平的提高，试制成功了近142种新的工业产品。其中，有支援农业的双轮双铧犁、谷类条播机、摇臂收割机，有供地质勘探工作用的地震仪、钻探机、磁强针，有供建筑业用的起重机、搅拌机、电动机、皮带运输机，还有其他机械、石棉制品、耐火材料以及许多生活用品，像纱布、针织品、搪瓷制品、油漆、热水瓶等不少产品，质量都达到全国先进水平。

农业基础条件有所改善，粮棉产量实现大幅增长。“一五”时期，全省农业投资的重点是水利建设、植树造林、农业机械和良种培育。到1957年底，全省有效灌溉面积达到758.5万余亩，比1952年增加306万亩，超过计划指标78.9%。农业机械总动力达到1.07万千瓦，比1952年增加1.06万千瓦。第一批机器抽水灌溉站在西安长乐坡、礼泉魏村等地建成，“碧蚂1号”“六零二八”等小麦良种得到大面积推广，初步改善了农业生产条件，较快提高了农业产量。新中国成立前，武功县小麦亩产100多斤，1954年提高到244斤。礼泉县烽火农业合作社1954年玉米平均亩产566.9斤，其中全国劳动模范王保京耕种的1.9亩高额丰产田，玉米亩产达1500斤。全国植棉能手张秋香在家乡渭南县利用育苗移栽技术，获得棉花高产的好成绩，受到国务院嘉奖和中央领导接见。1957年全省农业总产值（按1952年不变价格计算）达到21.02亿元、比1952年增长41.1%，粮食总产量达88.8亿斤、比1952年增长

11%,棉花总产量达 232.4 万担、比 1952 年增长 58.3%,其他农作物的产量也都有很大提高。小麦、玉米等粮食作物单位面积的提高,引起了国家重视,国家农业部曾组织北方六省市代表到陕西参观小麦丰产田,学习推广丰产经验。

铁路枢纽初具雏形,公路运输业实现跨越发展。"一五"时期,国家投资修建的宝成铁路 1956 年 7 月 12 日接轨,打通了西北与西南的交通要道。顺应经济恢复发展和国家在陕西布局重点项目建设对客、货运输的需求,铁路部门加强组织调度、增开车次,西安车站先后与郑州、北京、南京、上海、武昌、成都、兰州、西宁、乌鲁木齐、太原、天津、新乡、广州、济南、柳州、重庆等站点开行跨区段运行的直通旅客列车,与郑州北站、石家庄站、宝鸡(宝鸡东)编组站开行跨数个区段运行的直通(直达)货物列车。同时,恢复铁路零担货运,开展集装箱运输,西安西站成为零担货物中转站和集装箱运输办理站。至 1957 年,全省铁路营业里程 633 公里,较 1952 年增加 186 公里。与 1952 年相比,年完成客运量增长 83.7%,旅客周转量增长 2.3 倍,年完成货运量增长 1.4 倍,货物周转量增长 5 倍。省运输管理局和省公路局成立后,加强了全省公路、水运工作的领导。1954 年 8 月 1 日,西兰路渭河公路桥建成通车,成为新中国成立后西北地区在苏联专家帮助下修建的最长的公路大桥。这一时期,全省改建西(安)包(头)、西兰、西汉等 8 条干线公路共 1299 公里,新建改建桥梁 100 多座,公路通车里程由 3863 公里增加到 7049 公里,不通公路的县城由新中国成立初的 27 个减少为 5 个。

教育卫生投入增加,群众身心健康得到保障。"一五"时期国家投资 1.56 亿元新建和扩建了一批高等院校和中等学校,交通大学和华东航空学院西迁西安,为陕西贡献了西安交通大学和西北工业大学两所高水平大学,全省高校由 1952 年的 13 所增加到 23 所,中等学校(普通中学、中专、中师、技工学校)比 1952 年增加 540 所,达到 1708 所。全省高等院校招生 2.89 万人、毕业 9698 人,中等学校招生 34.7 万人、毕业 15.8 万人,小学招生 193.6 万人、毕业 46.2 万人。1957 年陕西平均每万人中有大学生 13.9 人、比全国平均多 7.1 人,每万人中有中学生 118.1 人、比全国平均多 8.1 人,全省教育事业走到全国前列。到 1957

年底，全省有图书馆 9 个、文化馆 122 个、博物馆 4 个、工矿俱乐部 219 个，建立了剧院和可容纳 10 万人的大型体育场等设施，农村设立有线广播站 58 个，极大丰富了人民群众的文化生活。全省卫生机构达 3170 个、比 1952 年增长 3.4 倍，天花在 1956 年后已经绝迹，严重危害人民健康的鼠疫、霍乱等传染病均未发生，其他一些在旧中国长期肆虐的流行性传染病也基本被消灭，有效保护了人民的身体健康。

城乡居民收入增加，生活水平显著提高。陕西全民所有制职工年平均工资 1957 年为 675.8 元，比 1952 年增加 106%，比全国职工年平均工资高出 38.4 元。1957 年全省消费品零售额达 11.25 亿元，全省年人均消费水平为 160.8 元，比 1952 年的 72.4 元提高 120.9%。这一时期物价基本稳定，自行车、钟表、缝纫机、收音机的零售量均有较大增长，公费医疗等福利有较大提高，托儿所、食堂等设施有很大改善。随着城乡人民收入的增长，居民储蓄存款也有所增加。

基础设施建设力度加大，城市面貌极大改观。新中国成立前，陕西城乡面貌落后，即使西安城内最繁华的街区也多是破破烂烂的平房，道路“无风三尺土、下雨满街泥”，没有自来水，几乎家家挖土井、喝苦水。西安市仅有两条全长 5.5 公里的公共汽车线路，运行着 17 辆陈旧破烂的公共汽车。经过“一五”期间的建设，西安主要街道都修成水泥路、柏油路，公共交通长足发展。还建成了西北地区第一个自来水厂——西安市自来水厂，结束了全市四分之三居民吃苦水的历史。东郊纺织城、西郊电子城初具规模，南郊文化区盖起 30 多万平方米的新校舍，陕西师范大学、西安外国语学院、西安邮电学院、西北政法学院、西安公路学院、西安音乐学院、西安体育学院等高校陆续建成。

陕西“一五”时期取得的成就，是全国人民大力支援和全省人民艰苦奋斗的结果。中央从全国各地选调数百名富有实际工作经验的干部来陕西工作，从上海、天津、武汉、东北等地调来数万名技术人员和熟练工人支援陕西建设。比如，华东工程管理总局组织上海市第一、第四工程公司、机具总站等单位承建了关中地区的重点建设项目，上海市支援西安市的建筑技术工人有 2435 名。全省人民继承和发扬延安时期艰苦奋斗的精神，克服重重困难，自力更生、无私奉献，涌现出了创造巡回清洁检查操作法的西北国棉一厂细纱女工赵梦桃及其小组，创造钻机快速生产经验的西北煤田地质勘探局孙景阳兄弟，实行冬季快速施工法的西北第一建筑工程公司 303 工地工人等先进集体和个人。在 1956 年 4 月 30 日至 5 月 10 日召开的全国先进生产者代表会议上，陕西代表赵梦桃、赵洪璋、郑金山、王世珍、杨世杰、王文印、王金木等 122 人出席会议并被授予“全国先进生产者”称号。

黄河三门峡水利枢纽工程是新中国成立后在黄河上修建的第一座大型水利枢纽工程，也是“一五”时期苏联援建中国 156 项重点工程中唯一水利项目。为了保障国家重大建设项目实施，1955 年 10 月 24 日，省人委成立陕西省支援三门峡水库修建工程工作委员会，主任赵伯平，副主任韩兆鹗、谢怀德、任谦，委员 16 人。根据工程项目规划，三门峡水库区陕西渭南境内需要搬迁一批居民。从 1956 年开始到 1959 年四年内，库区 15 万人分批搬迁到宁夏银川专区安家，第一批搬迁从 1956 年开始。省委、渭南地委对库区移民搬迁十分重视，朝邑、华阴、潼关等县各级党组织认真动员库区群众，妥善解决迁移安置中的实际困难。5 月中旬，大荔、朝邑两县分别在阳村乡拜家村潮五社和仓西乡前进社、平民乡东方红社进行移民试点。经过半个多月的宣传教育、思想发动、报名登记，审查批准了 157 人迁往银川专区安家落户。6 月，库区第一批移民 2971 人完成了搬迁。6 月 27 日，《陕西日报》发表《三门峡水库区农民的光荣行动——祝本省第一批青壮年去银川安家》的社论，对 5200 名青壮年响应国家号召、舍小家顾大家移民银川表示赞扬，肯定了移民搬迁工作中一些好的做法。在库区群众的无私奉献和大力支持下，搬迁工作顺利开展，1957 年 4 月 13 日黄河三门峡水利工程顺利开工建设。

陕西“一五”时期所取得的显著成就，体现了全省干部群众迫切要求改变贫穷落后面貌、尽快建成社会主义新陕西的良好愿望，彰显了陕西人民改变旧面貌、创造新生活的能力和决心。“一五”期间，由于陕西经济实力薄弱、发展基础落后，经济建设在取得成就的同时也存在一些问题，突出表现是农业生产落后制约了工业发展，盲目照搬苏联模式带来了弊端。经济结构上的主要问题是“骨头多肉少”，表现为大中型骨干企业多，小型企业少；中央企业多，地方企业少；重工业多，轻工业少；

生产性建设多,生活性建设少;工业企业建设多,城市基础建设少。这些问题和不足,给新中国成立初期陕西经济建设带来了一些不利因素,影响了发展速度和效益。这些问题是初步建设社会主义中出现的,省委也及时调整思路,不断总结实践,在摸索前进中打下了全省社会主义建设事业的坚实基础。

第八章

整风运动和反右派斗争

1956 年苏共二十大召开、波匈事件爆发，国际共产主义运动发生较大波折，国内也出现了一些未曾预料的复杂情况。在综合思考国内外局势和总结分析国内外实践的基础上，毛泽东提出关于社会主义社会矛盾的学说，党中央提出在全党开展以正确处理人民内部矛盾为主题的整风运动。中共陕西省委认真贯彻全党整风运动部署，有计划地分批广泛听取批评意见。但随着整风运动转为反右派斗争以及斗争的扩大化，全省一批爱国人士、知识分子和党内干部被错划为右派分子，造成了不幸的后果，陕西建设社会主义的良好开端遭受挫折。

一、整风运动

学习《如何处理人民内部的矛盾》

1957 年 2 月 27 日，毛泽东在最高国务会议第十一次（扩大）会议上发表《如何处理人民内部的矛盾》（正式发表时改为《关于正确处理人民内部矛盾的问题》）的讲话，系统阐述了严格区分社会主义社会的敌我矛盾和人民内部矛盾以及正确处理人民内部矛盾的问题。毛泽东指出：矛盾是普遍存在的，社会主义社会也充满矛盾，正是这些矛盾推动社会主义社会不断地向前发展。社会主义社会的基本矛盾仍然是生产力和生产关系、经济基础和上层建筑之间的矛盾，不过这些矛盾同旧社会的矛盾具有根本不同的性质和情况，可以通过社会主义制度本身的调节不断得到解决。社会主义社会存在着敌我之间和人民内部两类性质根本不同的矛盾，在我国社会主义建设时期，一切赞成、拥护和参加社会主义建设的阶级、阶层和社会集团，都属于人民范畴；一切反抗社会主义革命和敌视、破坏社会主义建设的社会势力和社会集团，都是人民的敌人。敌我矛盾需要用强制的、专政的方法去解决，人民内部矛盾只能用民主的、说服教育的“团结——批评——团结”的方法去解决。两类矛盾在一定条件下会互相转化，应该创造主、客观条件促使矛盾向好的方面转化，而不是相反。

毛泽东进一步指出，我们的根本任务已经由解放生产力变为在新的生产关系下面保护和发展生产力，正确处理人民内部矛盾也就成为国家政治生活的主要内容。因此，在政治方面要坚持社会主义道路和党的领导；在社会经济方面要实行统筹安排，兼顾国家、集体与个人三者的利益，找出一条中国工业化的道路；在科学文化工作中要贯彻“百花齐放、百家争鸣”；在与民主党派的关系上实行“长期并存、互相监督”；在汉族和少数民族关系方面关键是要克服大汉族主义，同时应当克服地方民族主义；对知识分子应当从根本上改善同他们的关系，给予信任，善于团结，同时加强对他们的教育和思想政治工作。

为进一步传达学习和贯彻落实毛泽东在最高国务会议上的讲话精神，3 月 6 日至 13 日，全国宣传工作会议召开。毛泽东在会上指出，解决思想问题有两种截然不同的方法，不能用专制、武断、压制的办法，要人服就要说服，而不能压服。明确宣布“百花齐放、百家争鸣”是一个基本的也是长期的方针，领导我们的国家应该采取“放”的方针，就是放手让大家讲意见，使人们敢于说话，敢于批评，敢于争论。

毛泽东《如何处理人民内部的矛盾》讲话和《在全国宣传工作会议上的讲话》在党内外传达后引起强烈反响，陕西省委迅速组织开展学习贯彻毛泽东两个讲话精神。4 月初，省委召开党内外 560 多人参加的宣传工作会议，要求省市级机关、高等学校、文艺界、工矿企业等用半个月至 1 个月时间，分若干次传达毛泽东的两个讲话，并结合实际组织学习讨论。西北工学院、西北农学院、陕西师范学院、西北艺术专科学校等高校在10日前后分别向全体教师、职员及大部分学生传达了讲话，组织学习讨论。22日，省委召开常委会议，决定在全省县以上干部中广泛学习讨论。

4月19日至28日，政协陕西省一届三次会议召开，代省长赵伯平传达毛泽东在最高国务会议上的讲话和全国政协二届三次会议精神。省委第一书记、省政协主席张德生在会议上指出："绝不可以认为社会主义革命基本完成了，思想改造就可以放松了。旧的思想意识的改造比改造旧的生产关系更复杂、更困难，更需要时间。"在大会和小组讨论中，参会人员畅所欲言，很多人指出了人民内部存在的矛盾现象，坦率批评政府工作和干部作风中的缺点和错误，不少人还列举事实尖锐批评了文化和农业部门领导工作中的主观主义、官僚主义作风和某些共产党员对待党外人士的宗派主义情绪。在小组讨论中，对"农业社是否有优越性""是秦腔剧种落后还是工作落后"等问题展开热烈争论。在知识分子思想改造、各方面加强政治思想工作、中小学毕业生参加生产等问题上提出不少积极建议。

在党内开展学习宣传的同时，省委还多次召开科学研究人员、文艺工作者、工程技术人员、公私合营企业私方人员等座谈会，广泛征求党外各界人士意见。民盟陕西省委、九三学社西安分社等民主党派响应省委号召，多次举行座谈会，一致认为民主党派是中国共产党的助手，要大胆地揭露矛盾，协助中共处理好人民内部矛盾。汉中、商洛、宝鸡、榆林等地纷纷召开党委会贯彻中央和省委指示，讨论如何正确处理人民内部矛盾问题。4月底，全省各级干部、高等院校、工程技术人员、民主人士中的传达学习基本结束。随后，大多数单位组织干部群众学习《人民日报》有关社论，加深对社会主义社会矛盾的认识和理解。

随着全省学习的不断深入，各级干部和广大知识分子思想空前活跃，普遍感到"克服了一些糊涂观点，眼睛更加明亮了，思想又一次解放了，心胸也开阔了，对当前实际工作中的新情况、新问题有了比较明确的认识，有了新的处理办法"。在讨论中大家认为"毛主席提出处理人民内部矛盾的这个方针最好了"，有人形容这个方针是"毛毛雨下个不停，虽有痛苦（指思想改造）也很愉快”。民主人士打破思想顾虑，活跃起来，认为“‘长期共存、互相监督’缩短了党与民主人士之间的距离。扩大了民主范围，使一切民主党派亲密地团结在党的周围”，“应积极发挥民主党派的作用”，感受到党的“大公无私”“虚怀若谷”。各级组织的这些传达学习，为全省开展党内整风进行了舆论和思想上的准备，也拉开了陕西整风运动的序幕。

开展党内整风运动

根据党的八大精神和党内外出现的新情况新问题，中央决定开展以正确处理人民内部矛盾为主题的整风运动，反对官僚主义、宗派主义和主观主义，推动新形势下党的事业不断向前发展。1957 年 4 月 27 日，中央发出《关于整风运动的指示》（以下简称《指示》），决定在全党进行反对官僚主义、宗派主义和主观主义的整风运动。《指示》强调，这次整风运动是一次既严肃认真又和风细雨的思想教育运动，是一次恰如其分的批评和自我批评运动，应该多采取个别谈心或开小型座谈会和小组会的方式，一般不要开批评大会或斗争大会。这次整风以正确处理人民内部矛盾为主题，采取“开门”形式，既在党内开展批评与自我批评，也欢迎党外人士对党和政府及党员干部工作中的缺点错误予以批评。5 月 1 日，《人民日报》公布中央《关于整风运动的指示》，全党整风由此开始。

陕西省委积极研究部署整风工作。4 月 29 日至 5 月 8 日，省委召开二届四次全委扩大会议，用学习的形式批评领导上的官僚主义、宗派主义、主观主义问题。会议在集中讨论领导与被领导、全省各方面的矛盾现象后指出，“在农业和农村工作中，农业发展不能满足人民生活需要，农业合作社的经营管理水平赶不上社会主义集体生产发展的需要，农民对国家统购统销政策等有意见；在工矿生产方面，管理水平不能适应生产发展的需要；党员和党外人士合作共事中缺乏协商精神，没有充分发挥党外民主人士的监督作用”①，工农、城乡、干群关系出现紧张的根本原因是政治思想工作薄弱、行动迟缓，不能正确处理各方面矛盾。

---

① 《中共陕西省委举行全体会议学习文件揭发矛盾开始整风》，《陕西日报》1957 年 5 月 9 日。

省委分析了全省党员和党组织的现况后认为,全省党的组织虽然在各方面工作中取得很大成绩,但党内思想落后于实际的状况还是严重的,全省 30 多万党员中新党员有 20 多万,占了绝大多数。由于缺乏长期的革命斗争锻炼,新党员中一部分人还存在小资产阶级甚至资产阶级思想。新中国成立前入党的 7 万多名党员中多数没有参加过 1942 年整风运动,有的甚至忘记党的这个重要历史经验。党在全国范围内执政以来,党内官僚主义、宗派主义和主观主义的思想作风有新的滋长,有的不深入了解下情,不深入研究政策,指导工作一般化,不能切实有效地解决问题;有的习惯于采取行政命令的办法处理问题,不能坚持群众路线的工作方法,甚至采取打击、压服的办法对待群众;有的滋长居功骄傲、争名夺利和安逸享乐的情绪,不愿和群众同甘共苦;有的存在因循怠惰、疲沓拖拉、得过且过的作风,缺乏积极进取的精神和对新鲜事物的敏锐感觉,其中有少数人甚至到了思想僵化、固步自封的程度。“所有情况都说明在陕西党内有计划、有步骤地集中进行一次反官僚主义、反宗派主义、反主观主义的整风运动,提高全党的水平,以适应社会主义建设的需要是完全必要的。”①

5 月 8 日,省委印发《关于整风运动的计划》(以下简称《计划》),提出在全省县级以上机关团体、大型厂矿、高等学校等单位的党组织分两批进行整风。第一批是省级、西安市级、专区级机关团体和大型厂矿、高等学校等单位的党组织,其中省级和西安市级机关团体的党组织从 5 月 16 日起开展,专区级机关团体、大型厂矿、高等学校的党组织可从 7 月开始。第二批是县级部门的党组织,从 10 月开始整风。

整风分三个阶段进行:第一阶段(大约 1 个半月时间),任务是学习和领会文件精神,掌握整风的思想武器,消除干部的各种顾虑。第二阶段(大约 2—3 个月时间),任务是总结工作和检查思想,开展批评和自我批评、大鸣大放,提出改进工作意见,写出个人整风总结。第三阶段(大约半个月时间),任务是总结整风经验,巩固整风成果。省级和西安

① 《关于整风运动的计划》(1957 年 5 月 8 日),陕西省档案馆编:《中共陕西省委文件选编》(1950—1966)第 2 册,1997 年,第 162 页。

市级各单位整风时间为 5 个月,其他单位为 4 个月。高等学校、医院、剧团的党组织根据各自实际情况自行规定。

《计划》提出在整风中要注意六个问题:一是开会只限于人数不多的座谈会和小组会,不要开批评大会,或者斗争大会。批评应当采用同志间谈心、通信等方式进行。二是各地区各部门的党员负责干部应当发扬民主,鼓励批评,随时注意消除干部中存在的疑虑,并且保证批评者不受压制和报复。三是任何人都必须虚心听取别人的意见,不能强迫被批评者接受不同意的意见。四是对在整风中检查出来犯了错误的人,除严重的违法乱纪行为外,无论错误大小一概不给组织上的处分。五是非党员愿意参加整风运动的应当欢迎,必须完全出于自愿,不得强迫,并且允许随时自由退出。六是必须贯彻执行整风和工作两不误的原则①。

为了加强全省整风运动领导,省委成立了以第一书记张德生为组长的省委整风运动领导小组,县以上党委也成立由各党委第一书记为组长的领导小组,负责领导本级机关和所辖区的整风运动,所有参加整风运动的单位都成立了以党组织为核心的领导小组。省委和西安市委按照党委的分工归口分别成立领导小组,负责领导所属机关、高等学校和大型厂矿单位党组织的整风运动。

5 月 15 日,张德生向省级机关和西安市 4000 名党员干部作整风动员报告,强调在整风中要贯彻“团结——批评——团结”的方针,坚持既严肃认真又和风细雨的思想教育方法,充分发扬民主,扩大民主生活。整风要解决的是党内的是非问题和思想问题,不能采取粗暴的压服办法。压服的办法不能解决思想问题,反而妨碍党的团结,不利于党的事业发展。动员会后,陕西省和西安市级机关党组织的整风运动正式开展。

整风运动开始后,省委特别重视邀请各民主党派、无党派民主人士帮助共产党整风。5 月 11 日至 6 月 9 日,张德生主持召开了省级有关部门 20 多场不同形式的座谈会。在 5 月 17 日陕西省和西安市各民主

① 《关于整风运动的计划》(1957 年 5 月 8 日),陕西省档案馆编:《中共陕西省委文件选编》(1950—1966)第 2 册,1997 年,第 165 页。

党派组织负责人座谈上，张德生明确表示“我们党的整风要搞好，需要各方面的帮助，各方面的批评”[①]。在会上，民盟陕西省委主任委员韩兆鹗认为统战工作存在“上紧下松”和宗派主义问题，对改善党群关系提出了八点建议[②]。民革陕西省委员会主任委员孙蔚如提出，要把统战政策贯彻到基层去，党员干部要去掉“党与非党”观念。九三学社西安分社副主任委员侯宗濂指出，党群关系要以诚相见，衡量有职有权要看是否尽到责任。民建西安市委主任委员韩望尘批评党报工作中的宗派主义作风，认为党和统战部对民主党派帮助不够。民进陕西省委主任委员李祥生批评人事部门只注意历史材料不管能力水平，希望一切从实际出发[③]。22 日，省委整风运动领导小组召开会议讨论整风运动的形势和存在问题。会议认为，党外人士的批评意见对党内整风十分必要，工作中确实有很多缺点和错误，仅仅依靠党的领导干部自己检查和党内上下左右的批评是不够的，党外人士对党的许多缺点和错误体会很深，能够提出许多改进工作的有益意见。会议决定继续邀请党外人士揭露矛盾，倾听他们的意见并采取各种方式沟通思想，要求领导干部积极主动地领导整风。

同时，省委还召集高等院校教职员工、文艺工作者、科研人员分别座谈，诚恳要求帮助党内整风。5 月 18 日，省委邀请陕西地区部分高校的教授和行政负责人征求意见。22 日，省委邀请中国作家协会西安分会副主席郑伯奇、中国美术家协会西安分会主席赵望云、西安易俗社编剧谢迈千、西北大学教授傅庚生等部分党外人士座谈，征求他们对党在文学艺术工作方面的意见。25 日，省委宣传部部长江云代表省委在武功县邀请农业高级研究人员座谈征求意见。29 日，基础建设部门的工程

---

① 《中共陕西省委邀请各民主党派地方组织负责人座谈，倾听批评意见，推进整风运动》，《陕西日报》1957 年 5 月 18 日。

② 八点建议，分别指民主党派还需要党帮助；党应当把民主党派的性质、任务和作用，以及统战工作的重要性贯彻到基层党组织中；对党员歪曲政策的现象应严肃处理；统战部应更广泛地与广大干部多联系，倾听群众的意见；党员要分清真假积极分子；党应该从思想上认真检查党与政的关系；应该取消一些不应有的保密；党应克服党员骄傲情绪，常与非党人士接触。

③ 《中共陕西省委邀请各民主党派地方组织负责人座谈，倾听批评意见，推进整风运动》，《陕西日报》1957 年 5 月 18 日。

技术人员在省委召开的座谈会上坦率指出基建部门存在宗派主义和贪大求新的倾向。

各民主党派、民主人士积极响应省委号召，在党派内部召开座谈会主动帮助共产党整风。4 月 27 日，九三学社西安分社向各基层组织发出帮助共产党整风的通知。5 月 5 日，西安师范学院教授傅子东给陈毅写了一封 3000 多字的长信，谈古论今，诚恳而尖锐地批评党群关系中存在的问题。5 月 17 日，中央办公厅按照毛泽东的批示将陈毅给毛泽东的信和傅子东给陈毅的信印发中央委员、候补中央委员和各省市自治区党委。陈毅在信中说，傅子东致我的信“是很尖锐来攻击我党之短的，只要善于利用，反较专讲恭维话，大有好处，惜乎我们某些部门的同志不善于利用这一方面的积极性，而且不懂得喜欢这种人……也许这次整风可能大有改变”。5 月 15 日到 6 月 2 日，九三学社西安分社先后召开委员和各基层负责人联席会议、邀请医学界知名人士座谈人民内部矛盾问题，传达中共西安市委统战部关于民主党派帮助共产党整风的要求，又邀请部分高校九三学社社员座谈高校体制问题，对所在单位的党组织和个别党员提出批评和建议，对各自学校中存在的官僚主义、宗派主义和主观主义的问题提出批评建议。6 月 4 日，民革陕西省委召集教育界成员举行座谈。

全省整风运动开展后，省市各单位主要是学习整风文件，有些单位的党组织召集过一些座谈会，初步听取党外人士的批评意见，省委认为座谈会开的还不够，各单位还没有充分发扬民主，没有充分开展批评。因此，省委整风领导小组 5 月 30 日召开扩大会议，决定从 6 月 1 日起，省市机关和大专院校暂时停止整风文件的学习，集中开展批评运动，待批评告一段落后再转入整风文件学习并继续听取意见。

按照这个部署要求，省市机关、团体和中央驻陕机关、各高等院校的整风运动进入大鸣大放。各单位在大鸣大放中普遍采取座谈会、黑板报、墙报的形式，有些单位用编印整风简报、设置整风意见箱等方式开展批评。西北大学除了由党政领导分别在党内外充分动员，还专门开辟鸣放场所，号召大家打破顾虑大胆鸣放。大部分单位成立各种专门研究小组，整理和提出解决问题的建议，把本单位职权范围内能够解决的问题及时解决。比如,西北俄文专科学校经高教部同意将三年制改为四年制,并且允许一、二年级 50% 的学生转学,解决了俄文干部供过于求的问题;财贸系统有些单位简化了公文阅办手续,精简了不必要的公文报表和会议。部分党政机关单位精简了机构,紧缩了编制,改进了工作作风。大鸣大放一周后,省委要求继续进行思想动员并解决能够解决的问题,采取各种座谈会、谈心会,进一步开展批评,让非党干部和党员在一起大鸣大放。

随着党内整风运动的进一步发展,从全省各级各类座谈会征求到的意见来看,党外的批评意见主要集中在以下几个方面:批评党的领导不民主,一些领导干部不听反面意见,乱扣帽子,以党代政,特权思想,包办一切;对党外人士和知识分子信任不够,尊重不够,有职无权,只有签字和举手通过的义务;在干部提拔任用和待遇方面没有考虑是否有德有才,是否称职,专凭党员资历;实行统购统销后,农村的粮食征购太多,群众有意见;一些领导干部不学无术,不懂技术又要决定技术问题等。

在整风运动中,广大人民群众、民主党派人士和党员干部积极响应党的号召,对党和政府工作以及党员干部在工作上、思想上、作风上提出了许多有益的批评、意见和建议,绝大多数批评意见是善意的,有些虽然提得很尖锐,或者有片面性,但基本上是符合实际的,对于提高党的执政水平、巩固党的领导地位具有积极作用。这表明,整风运动初期,陕西省委和各级、各部门的党组织是本着开门整风的精神,在认真贯彻执行正确处理人民内部矛盾的方针,发扬社会主义民主,努力改进工作中存在的缺点和错误。但是,随着全国整风运动的迅速开展,陕西也出现了许多始料未及的复杂情况。

二、反右派斗争

开展反右派斗争

伴随着全国各方面人士在座谈会或报刊上广泛而集中地提出批评意见,陕西出现了比预期要多的不满和牢骚,部分大专学校学生罢课、罢考、贴大字报，有的还到报社门口闹事、上街游行请愿。社会上的各种批评意见急剧升温，情况趋于复杂。除了对党的工作作风中存在的官僚主义、宗派主义、主观主义各种具体表现和危害提出大量批评意见外，许多意见涉及对党的领导地位、社会主义基本制度、新中国成立以来的历次政治运动等重大问题的根本评价，一些怀疑和否定中国共产党领导和社会主义制度的思潮，借党开门整风的机会逐渐冒头并开始蔓延。

大鸣大放的开展很快打破了全省整风运动和风细雨的氛围，许多批评意见已不限于本单位存在的问题，而是围绕“三害”① 揭发一些重大问题并提出不少过激观点，涉及共产党领导、国家政治制度、社会政策等方面。各单位各部门普遍以大字报方式提意见，所提意见的尖锐程度、涉及内容、语气激愤程度都与之前有较大不同，甚至部分人出现过激语言。比如，“各民主党派和共产党都是社会主义性质的政党，因而应该轮流执政或分掌政权”② 等说法。西安交通大学极个别人利用迁校问题掀起政治风波甚至贴出“推翻共产党、打回老家去”③ 的反动标语和大字报。这时，一些非法组织趁机出笼，有的反革命分子伺机作乱。社会上出现的这些现象也反映到了党和政府内部，全省整风运动出现了一些异常情况。对此，广大党员、干部和群众非常气愤，强烈要求进行反击。

全国各地出现的这类情况早就引起了党中央和毛泽东的高度关注。从 1957 年 5 月中旬开始，中央连续发出内部指示，要求各地报纸继续充分报道右倾分子和反共分子的言论，让大家明了他们的面目，以便教育群众和中间分子。毛泽东从 5 月 15 日开始写题为《走向反面》（后把题目改为《事情正在起变化》）的文章，印发党内高级干部，文章第一次提出了右派猖狂进攻的问题。这篇文章标志着整风运动的主题开始由正确处理人民内部矛盾转向对敌斗争，由党内整风转向反击右派。

5 月 19 日，北京大学贴出第一张大字报后，北京高校陆续贴出的“大鸣”“大放”大字报开始带有鲜明的和尖锐的政治性，社会上极少数人趁“大鸣”“大放”之机大肆攻击党和社会主义制度，国内政治生活气

---

① “三害”，这里指官僚主义、宗派主义、主观主义。

② 省委整风领导小组：《在大鸣大放中暴露出的反动思想的主要论点》，1957 年 6 月 21 日。

③ 《交大迁校问题为什么掀起一场风波》，《西安日报》1957 年 9 月 18 日。

氛出现紧张。20日,中央发出《关于加强对当前运动的领导的指示》,要求各省市自治区党委注意加强“孤立右派、争取中间”的政策,“立即着手分类研究右翼的反动言论和其他资产阶级论点,准备在适当时机(中央届时另行通知)发表一批论文和社论,予以反驳和批判”。6月8日,《人民日报》发表题为《这是为什么?》的社论,公开批评整风鸣放以来的错误言论。同日,中央发出《关于组织力量准备反击右派分子进攻的指示》,进一步分析和安排了反击右派分子的工作。《人民日报》社论的发表和中央指示的下达,标志着反右派斗争的正式开始。此后,中央连续发出指示,《人民日报》不断发表社论,指导全国开展反右派斗争。

面对错综复杂的形势,6月9日,省委整风运动领导小组发出紧急通知,指出《人民日报》发表社论后,各单位要继续大鸣大放、展开辩论。13日,《西安日报》刊登《看,这是一些什么言论》一文,将部分民主党派高级领导人的“反党、反社会主义”言论公布出来,陕西各民主党派纷纷举行会议对这些错误言论进行批判。14日至29日,民盟、民进、民革、民建、九三学社西安分社连续多次召开扩大会议,批驳反动言论,主张与右派分子划清界限,先后成立领导小组决定继续进行整风。16日,省人委发出《关于贯彻〈国务院国家机关工作人员参加整风运动和反对资产阶级右派斗争的决定〉》。17日,《陕西日报》刊发题为《反动言论必须驳斥》的社论,指出在整风运动中要“注意识别两种完全不同的批评:善意的积极的批评和恶意的破坏性的‘批评’”,“右派分子打着‘帮助党整风’的幌子,进行恶意的破坏性的‘批评’,妄想削弱社会主义事业,削弱人民民主专政,削弱党的领导。人们特别是广大的工人农民群众,对于部分右派分子的这种狂妄进攻的反击,是完全正当的应该的”。

至此,全省整风运动的任务由反对官僚主义、宗派主义和主观主义转向反击资产阶级右派分子,由整顿党内思想作风转向反击右派;整风运动的主题由正确处理人民内部矛盾变为反击右派分子的政治斗争,和风细雨式的批评和自我批评变为“大鸣、大放、大字报、大辩论”。

7月17日至21日,党中央在青岛召开省市党委书记会议,总结前一段反右派斗争工作,明确下一步任务。会议期间,毛泽东写了《一九五七年夏季的形势》一文,阐述了整风运动和反右派斗争的意义和目标,阐述了整风运动和反右派斗争的关系。根据毛泽东的建议,会议作出了整个整风过程分为大鸣大放、反击右派、着重整改和每人研究文件、批评反省、提高自己等四个阶段的安排。

针对全省反右派斗争中出现的新情况新问题,省委提出:一要继续彻底地批判党内存在的右倾思想。对一般有右倾思想的同志,要继续在党内进行教育;对右倾思想严重的领导干部中屡教不改的,要撤销他们在整风领导小组中的职务;对个别单位有右倾情绪人数较多的领导机构,要立即加强力量,或者改组。二要继续放手发动群众开展对右派分子的群众性斗争,组织干部和知识分子参加驳斥右派分子的会议。三要注意对右派分子的作战策略。高等学校各系、科点名批判的名单要经过校党委批准,全校点名批判的名单要经过省、市委整风领导小组批准;各机关在基层单位点名批判的名单应经各级领导小组批准,各厅局全体工作人员大会上点名批判的应经省、市党委整风领导小组批准;报纸上点名批判的一律要经过省委批准。四要继续大力争取和团结中间分子,注意保护和帮助中间分子,在排列右派名单时不要把中间偏右的人误划为右派分子。五要进一步组织民主党派内部的斗争,成立专门小组负责统一指挥省市级民主党派的内部斗争。原定 7 月 15 日以前反右斗争基本结束的专区还需继续延长。

7 月 30 日,省委向中央报告了陕西 7 月反右派斗争情况。省委认为,当前陕西的主要问题是防止偏宽和不注意贯彻区别对待的偏向,应该将可排可不排的右派分子暂时不排,凡点名批判的右派分子都要先经上级领导小组批准。已经在全机关范围内点名批判的右派分子应适可而止,更好贯彻中央关于区别对待的原则。省委强调,运动自始至终都要密切注意了解领导和党内以及广大群众的思想情绪,发生什么倾向就注意批判和克服什么倾向。省委认为,目前已有一部分单位取得较好进展,不仅解决了一些生活福利、提职提级和肃反遗留问题,而且解决了一些属于工作制度、组织机构等方面的重要问题。各单位要分出一部分力量抓紧解决问题,特别要解决一些群众意见最多、最突出的问题,争取在短期内取得显著成绩。

到 7 月底,陕西高等院校召开了千余次揭露和批驳右派分子的大会、小会，对右派分子进行面对面的“说理”斗争，校园墙壁贴满反击右派分子的大字报、漫画、标语，广播站和整风快报每天配合传播并反映群众斗争活动。陕西省级机关、西安市级机关、团体和高等学校的反右派斗争扩大到普通干部群众。

为了稳定形势，打击极少数右派分子的气焰，争取广大中间派，分清大是大非，维护社会安定，巩固新生的社会主义制度，党对极少数右派的进攻进行反击是正确和必要的。但是，由于在指导思想上对形势缺乏冷静、科学的判断，反右派斗争的部署和进程很快被扩大化。8 月 1 日，中共中央发出《关于继续深入反对右派分子的指示》，要求在深入揭发右派分子的斗争中，一方面向地县两级及城市区级和大的厂矿企业展开，一方面必须在中央省市自治区一级单位深挖。

8 月 26 日，省委整风领导小组印发《关于继续广泛深入地开展反右派斗争的指示》。省市级机关、团体反右派斗争扩展到各行各业，主要集中在文艺界、新闻出版界、医务、司法和民主党派。于是，省、市级单位的右派分子总数由 7 月底的 836 名（占参加整风人数的 1.8%）上升到 1173 名（占参加整风人数的 2.1%），原来省、市级没有右派分子的单位由 62 个减少到 33 个，文教系统右派分子由 32 人增加到 63 人。在各种范围点名批判的右派分子由 23 名增加到 256 名。一直认为没有右派分子的省妇联、省监委会等单位也查出四五个右派分子。省委要求省、市级单位确实没有右派分子的单位可以先一步转入整改阶段，其他单位继续深入开展反右派斗争，在 9 月底以前基本结束并转入整改阶段，争取在 10 月底结束整风运动。

各专区、县级单位和中等学校、小学从 8 月开始整风。8 月 28 日，省委整风运动领导小组发出《关于中等学校、业余文化学校和小学进行整风的有关问题的通知》，要求所有中等学校、业余文化学校和小学的教员都必须参加整风，分为大鸣大放、反击右派、整改、思想总结等四个阶段。到 10 月中旬，全省有 5 个专区、71 个县（市）和 150 个大型厂矿、基建、交通运输企业先后整风。从 11 月起全省农村先后在 190 个点进行整风试点，全省参加整风的干部、教师、大学生等共约 22 万人，工人约 13 万人。

9月20日至10月9日,党的八届三中全会召开。邓小平代表中央作关于整风运动的报告,对5月以来的整风运动和反右派斗争作了总结。报告要求凡是在反右派斗争已经取得决定性胜利的单位,应该及时转入以整改为主的第三阶段,同时对资产阶级思想进行系统的批判。省委认真学习贯彻党的八届三中全会和邓小平讲话精神,先后召开省委扩大会议和党员干部会议,讨论并动员整风进入整改阶段。10月21日后,约有半数以上的省级机关单位进入以整顿作风、改进工作为主的第三阶段。

11月15日至28日中共陕西省第二届代表大会第二次会议召开,根据党的八届三中全会精神,会议着重讨论了全党整风和农业生产问题,部署了下一步农村和厂矿、基建企业的整风工作。省委领导作《为争取整风运动的全胜而奋斗》的报告,指出全省整风运动克服了右倾思想,已取得了显著成绩。到11月底,全省有137个厂矿企业、高等学校和5个专区90多个县市结束了反右派斗争,全面进入整改阶段,全省的整风工作继续进行。

12月6日,省委批转《省委组织部〈关于结合农村整风做好整党工作的意见〉》,要求在农村整风运动中必须切实做好整党工作,充分发挥农村党组织和党员在整风中的作用,保证农村整风运动顺利开展。

1958年1月18日,省委整风运动领导小组召开会议检查省级机关整改工作进展情况,强调整改阶段要把反浪费作为一项重要内容。2月底,省委发出《关于继续深入开展整风运动的指示》,要求在一切整风的单位开展一场广泛的反对铺张浪费和反对保守思想的"双反"运动,扫除"五气"①,造成一个生动活泼的局面。4月20日,省委发出《关于转入整风第四阶段的通知》,要求开展群众性思想教育运动,用批评和自我批评的形式和小组会、座谈会等和风细雨的方法,解决党内问题,纯洁党的组织。同时,在民主党派成员和知识分子中广泛开展谈心交心活动。7月11日,省委召开党员大会,安排了第四阶段的整风工作。1958年9月,全省范围内的整风和反右派斗争完全结束。

① "五气",即官气、暮气、阔气、骄气、娇气。

反右派斗争严重扩大化及其后果

在全省整风运动和反右派斗争实践中，反对社会主义制度和党的领导的敌对势力确实存在，坚决反击极少数右派分子向党和社会主义制度的进攻，分清大是大非、教育党员和人民，是正确而必要的。如果放弃这种斗争，不在问题发生的范围内鲜明地击退极少数右派分子的进攻，就会造成思想上和政治上的严重混乱。在这方面，党所取得的经验具有长远意义。

然而，由于当时国内外形势错综复杂，党对阶级斗争和右派进攻的形势作了过分严重的估计，把历史转变时期新出现的大量的人民内部矛盾当作敌我矛盾，把大量思想问题当作政治问题，并且沿用革命时期大规模的急风暴雨式的群众性政治运动的斗争方法，对斗争的猛烈发展又没有能够谨慎地加以控制，致使反右派斗争被严重地扩大化。1957 年 8 月，中央下达了深入反击右派的指示，主观地估计右派数量，规定右派的百分比，过分强调斗争的严重性，各地均出现没有右派也要找出右派的现象，导致右派数量一再增加，大大超过实际情况。在这种主观因素的影响下，陕西各单位在反击已有右派分子的同时，开展了排查隐藏右派分子的工作。在省级和西安市级的 160 多个单位中，8 月之前有 60 多个单位没有发现右派分子，排查这些单位后，近 30 个机关单位查出数目不等的右派分子。原来已经发现有右派分子的单位，经群众揭发后，右派分子的人数也有增加①。“全国的右派比例是 2.02%，陕西省级和西安市级是 3.3%”②。全省在反右派斗争中共划右派分子 8476 人③。

造成反右派斗争严重扩大化的主要原因，是混淆了敌我矛盾同人民内部矛盾的界限。从新中国成立到社会主义改造基本完成，在短短的七年时间里实现深刻的社会变革，不能不引起社会各阶级、各阶层出现不同反应，各方面群众对这个变革需要一个观察和适应的过程。在一些人

---

① 《省级机关五万大军猛烈反击右派》,《陕西日报》1957 年 8 月 31 日。

② 《目前专县整风中的几个问题——赵守一在电话会议上的讲话》(1957 年 10 月 21 日),陕西省档案馆编:《中共陕西省委文件选编》(1950—1966)第 1 册,1996 年,第 214 页。

③ 《关于落实对右派分子的摘帽、复查改正和安置工作的情况报告》,1980 年 5 月 29 日。

的心目中，中国要不要共产党领导、要不要走社会主义道路的问题实际上并没有完全解决，一小部分人仍然存在崇尚西方资本主义政治和经济制度的倾向。在国际国内复杂政治气候的影响下，这种倾向就突出地表现了出来，出现极少数人向党、向社会主义进攻的现象。对反社会主义的倾向进行反击和斗争，事实上是不可避免的，也是必要的。

但是，在整风运动发展过程中，由于指导思想上对形势缺乏冷静、科学的判断，加上中央在 1957 年 10 月关于划分右派分子标准的党内指示①下达比较晚，省市以上机关和大专院校等单位的反右派斗争已基本结束，因此指示并未能得到严格执行。在反右派斗争中强调反对“右倾情绪”的气氛下，把说了几句错话、属于认识上的问题，说成是反党反社会主义；把几个人在一起的自由议论，说成是反党小集团；把对某个或某些领导人的正常批评，说成是向党进攻；把向党交心，检查自己的错误思想，说成是恶毒攻击，思想反动；把在理论问题研究中的不同见解，说成是反对马列主义，等等，导致了反右派斗争的严重扩大化。

这些被错划成右派分子的人员不仅政治上受到严厉批判，而且组织上行政上也受到了相应处理。全省各地凡是戴上右派分子帽子的人，轻则被降职降薪、留用察看，重则被劳动教养，有些人还被开除公职、开除学籍；凡是共产党员、共青团员的，均被开除党籍和团籍。造成许多同中国共产党有长期合作历史的朋友、有才能的知识分子、有政治热情而不成熟的青年，以及党内许多忠贞的同志，由于被错划为右派分子，经受了长期的冤屈和磨难，不能在社会主义建设中发挥应有作用，也造成他们个人及家庭的悲剧，给整个党和国家造成了巨大损失。

反右派斗争的严重扩大化，使探索适合国情的建设社会主义道路的良好开端受到挫折。比如，农业合作化中包产到户这样创造性的有益探索，在反右派斗争中遭到严厉批判，重新放开一点私营经济的新设想也被弃置，“反冒进”被看作右派或者接近右派的言论遭到批判；社会主义民主与法制建设受到严重干扰，“百花齐放、百家争鸣”和“长期共存、互相监督”方针的贯彻执行受到极大冲击。

---

① 指 1957 年 10 月 15 日中共中央发出的《关于划分右派分子标准的通知》。

反右派斗争扩大化的另一个严重后果,就是改变了党的八大关于我国社会主要矛盾的正确论断,这成为后来党在阶级斗争问题上出现严重错误的理论根源。在中国如何建设社会主义是一个十分艰难的探索过程,需要经受实践检验。当时面临的主要问题是两个:一个是社会主义条件下的阶级斗争问题,一个是社会主义建设的规模速度问题。这两个问题既相互联系又相互影响,使探索建设社会主义的过程出现严重曲折。

第九章

“大跃进”和人民公社化运动

我国社会主义改造基本完成及“一五”计划超额完成,明显增强了以苏联为首的社会主义阵营力量。反右派斗争后,党认为这场斗争大大提高了人民群众建设社会主义的积极性,经济建设应该搞得更快一些。在社会主义阵营的赶超浪潮和全国人民求强求富的强烈渴望中,党中央和毛泽东酝酿并制定了社会主义建设总路线,在这个过程中相继发动了“大跃进”和人民公社化运动。在学习贯彻党的社会主义建设总路线中,中共陕西省委在批评“右倾保守”中开展了“大跃进”和人民公社化运动。但是,因为片面追求高指标和高速度而刮起了“五风”[①],在较短时间里实现了全省农村人民公社化,全省工农业生产出现严重问题。虽然开展了初步纠“左”的努力,但没能改变“左”的错误指导方针,全省社会主义建设遭受挫折。

一、贯彻总路线和各行各业“大跃进”

贯彻总路线和经济建设中“左”的倾向抬头

随着社会主义制度的建立和“一五”计划的超额完成,再加上有利

① “五风”,即“共产风”、浮夸风、强迫命令风、干部特殊化风和对生产的瞎指挥风。

的国际环境，人民群众建设社会主义的积极性极大提高，强烈要求尽快改变中国一穷二白的落后面貌。在经济建设和社会主义改造的巨大胜利面前，一些领导人过高地估计了主观意志和群众热情的积极作用，忽视了在经济文化落后国家进行社会主义建设的艰巨性和长期性，忽视了经济建设的客观规律，出现了“左”的倾向。

1957年9月，党的八届三中全会错误批评了1956年为克服经济冒进而开展的“反冒进”工作，重申了“多快好省”的方针。10月25日，中央印发《一九五六年到一九六七年全国农业发展纲要（修正草案）》，要求开展农业生产建设大辩论，掀起一个生产高潮。27日，《人民日报》刊发《建设社会主义农村的伟大纲领》的社论，要求“有关农业和农村的各方面的工作在十二年内都按照必要和可能，实现一个巨大的跃进”，在党的机关报上提出了“跃进”的口号。在这种背景下，从中央到地方普遍修改原订发展计划，提出了指标较高的“跃进”目标。

1958年1月和3月，中央召开南宁会议和成都会议①，严厉批评“反冒进”工作，导致党内急于求成的思想继续发展。5月5日至23日，党的八大二次会议在北京召开，会议正式制定了“鼓足干劲、力争上游、多快好省地建设社会主义”的总路线。社会主义建设总路线及其基本点集中反映了党中央、毛泽东对探索适合中国情况的社会主义建设道路的思考和认识。这条总路线的提出，反映了党和人民群众迫切要求尽快改变中国经济文化落后状况的普遍愿望，体现了以毛泽东为核心的党中央关于社会主义建设的思路。党的八大二次会议之后，全国掀起了学习宣传和贯彻执行社会主义建设总路线的热潮。29日，省委发出《关于学习和宣传社会主义建设总路线的指示》，要求结合整风运动认真学习党的八大二次会议文件，继续深入批判“右倾保守”思想和“秋后算账”观点，在全省范围内宣传社会主义建设总路线。

---

① 1958年1月11日至22日，中共中央在南宁召开了部分中央领导人和部分地方领导人参加的总结第一个五年计划，讨论第二个五年计划和长远规划的会议（即南宁会议）。1958年3月8日至26日，中共中央在成都召开有中央有关部门负责人和各省、市、自治区党委第一书记参加的工作会议（即成都会议），讨论和通过《关于1958年计划和预算第二本账的意见》和《关于发展地方工业问题的意见》等40多个文件，成都会议是发动“大跃进”运动的一次重要会议。

由于这条总路线是在批评“反冒进”的过程中形成的，是在急躁冒进、急于求成的思想指导下制定的，存在着严重缺陷，主要是片面强调经济建设的发展速度，过分夸大人的主观意志和主观努力的作用，忽视了经济建设必须遵循的客观规律和量力而行、实事求是的原则，社会主义经济建设中“左”的倾向在贯彻总路线的过程中不断加强，这也是日后开展“大跃进”运动的思想根源。

提出“二十条目标”和“大跃进”兴起

“大跃进”运动是在批评“反冒进”和酝酿制定社会主义建设总路线中发动起来的。1957 年 9 月 20 日至 10 月 9 日，党的八届三中全会召开，会上重新提出“多快好省”的口号。提出社会主义建设总路线后，《人民日报》11 月 13 日发表社论，批评“有些人害了右倾保守的毛病，像蜗牛一样爬行的很慢，他们不了解，在农业合作化以后，我们就有条件，也有必要在生产战线上来一个大的跃进”。

党的八届三中全会后，在全省各地认真学习贯彻过程中，纷纷召开会议批判“右倾保守”思想。在尽快改变落后面貌的热情下，广大干部群众干劲十足，1957 年冬至 1958 年春掀起了农业生产热潮，拉开了全省农业“大跃进”运动的序幕。

1957 年陕西干旱，粮食减产，根据 9 月 24 日党中央、国务院《关于今冬明春大规模地开展兴修农田水利和积肥运动的决定》，省委发出《关于开展冬季农田水利运动的指示》，全省 200 多万劳动力参加，新增灌溉面积 9 万亩。11 月 15 日至 28 日，省委召开二届二次全会，省委书记处书记白治民作了《为掀起新的农业生产高潮，争取 1958 年大丰收而奋斗》的报告，省委第一书记张德生在闭幕会上作了《争取整风全胜，向大自然进军》的讲话。会议总结了 1957 年冬全省农业生产情况，号召全省人民实现“陕西农田水利建设上的大跃进”，争取原定十年的水利规划在五年内完成，为 1962 年全省灌溉面积达到 2500 万亩而奋斗，为 1967 年实现全省基本灌溉化而奋斗①。1957 年冬，全省共完成约 400

① 陕西省档案馆编:《中共陕西省委文件选编（1950—1966）》第 2 册，1997 年，第 229 页。

万亩扩灌任务,超额完成原定200万亩的全年计划,全省全年灌溉面积达到1271万亩。

1958年1月和3月,中央南宁会议和成都会议严厉批评"反冒进"、大力提倡"大跃进"后,中央主要领导人对经济建设中采取激进冒进的方式在思想上取得一致,从而脱离了实事求是、稳步前进的轨道。在学习贯彻南宁会议和成都会议精神中,全省工作逐步转向"大跃进"运动。1958年1月1日,《陕西日报》刊发《迎接第二个五年计划第一年,努力促进生产建设大跃进》的社论,要求全省认真落实工农业同时并举的方针,积极响应中央争取十年到十五年内把我国建设成为一个具有现代工业、现代农业和现代科学文化的社会主义强国的号召。1月12日至20日,省委召开工矿企业党委书记会议,用大鸣、大放、大字报的形式批判"右倾保守"思想,要求必须争取工矿企业整风的全面胜利,促进全省工业生产"大跃进",并提出了在第二个五年计划内实现全省工业总产值超过农业总产值的目标,即到1962年全省工业总产值由1957年的7.5亿元提高到35亿元左右。

2月3日至17日,省委召开二届七次全委扩大会议,印发《关于执行"苦战三年,改变全省面貌的二十条奋斗目标"的通知》,要求各地把"二十条目标"变成家喻户晓的行动口号,成为全省人民争取三年内改变大部分地区面貌的行动纲领和指南。"二十条目标"的主要内容有:一是全省粮食产量翻一番,平均亩产关中地区400斤、陕北风沙丘陵地区180斤、渭北高原地区250斤、秦岭巴山地区350斤、汉中盆地600斤。二是全省棉花产量翻一番,关中皮棉平均亩产达到100斤。三是扩大灌溉面积3000万亩。四是控制水土流失面积60%。五是造林2000万亩,每户种活100棵树。六是户户有水茅厕,社社制肥沤肥,县县办肥料厂,每亩平均施粗肥1万斤。七是社社有公猪,队队有母猪,一户两头猪。八是发展牛驴骡马,争取平均每户有一头。九是社社有农业技术员、水利技术员、林艺园艺员、农械员、接生员、保健员、兽医员、配种员等八员。十是村村无闲人,处处无闲地。十一是提高劳动出勤率,男子平均每年300天,妇女平均每年150天。十二是全民办工业,产值增3倍。十三是队队有余粮,社社有仓库。十四是开展多种经营,社社收入翻一番。十五是乡乡有中学,社社有小学,队队有读报组。十六是社社没有青年文盲。十七是人人讲卫生,控制地方病。十八是消灭鼠雀蚊蝇,县县争取无“四害”。十九是养护公路,整修乡村道路。二十是乡乡通电话,大社安喇叭。“二十条目标”的下发,标志着全省“大跃进”运动兴起。

全省农业“大跃进”

农业“大跃进”的一个突出特点是农作物产量的高指标和严重浮夸。1958 年 2 月召开的省委二届七次全委扩大会议,部署了全省工农业“大跃进”运动,强调“生产大跃进,首先要思想大跃进,不克服右倾保守思想,就不可能大跃进”。会议确定,6 年达到《一九五六年到一九六七年全国农业发展纲要》主要指标,具体是全省粮食总产量达到 270 亿斤、比 1957 年增加 2 倍,皮棉达到 500 万担,亩产平均 100 斤。3 月 10 日,省委、省人委发出《关于大力组织春季生产运动,实现 1958 年农业生产大跃进和大丰收的指示》,要求全省抓住有利时机,把农业生产“大跃进”运动推向深入。同日,省委发出《关于开展生产大跃进的宣传工作的通知》,要求各级宣传部门开展以“苦战三年改变全省面貌,奋斗六年实现纲要指标”为中心内容的生产“大跃进”宣传运动,组织群众围绕实现“大跃进”的指标和措施,克服“保守”思想,提出积极的“跃进”指标①。

3 月 20 日至 28 日,陕西省召开工农业先进生产者代表会议,表彰了全省 129 个先进单位和 1600 名先进生产者,讨论和修改已定的生产指标,要求全省工农群众为实现“跃进”指标、为超额完成 1958 年计划和第二个五年计划而奋斗。全体代表向全省工人农民发出“千方百计促进生产大跃进”的倡议。大会期间,省委发出《关于做好棉花播种和推广张秋香植棉经验的指示》,要求各地干部群众克服阻碍“跃进”的“右倾保守”思想,学习全国劳动模范张秋香创造千斤籽棉的经验,推动植棉技术改革,促进棉花生产“大跃进”,为完成 1958 年生产皮棉 290 万

① 《关于开展生产大跃进的宣传工作的通知》,1958 年 3 月 10 日。

担[①]打下良好开端。会后，全省掀起“比先进、学先进、赶先进”的热潮，出现了工农业计划指标不断“跃进”的情况。比如，华阴县华峰农业社一名社员原定粮食亩产1500斤，县上召开三级干部会议时提高到2200斤，到会议结束时提高到3000斤，之后，在听了一位劳动模范的“经验”介绍后，又决心“跃进”到5500斤。

6月25日至7月7日，西北五省区第一次农业协作会议在兰州召开。之后，陕西召开地（市）县委书记会议，认为全省生产“大跃进”形势已形成并正在继续高涨，必须反对新的“右倾保守”思想，才能赢得更大的“跃进”。会议提出1958年全年粮食“跃进”计划为186亿斤，棉花470万担，全省实现每人有粮1000斤，力争成为亩产百斤皮棉省，并同意共青团陕西省委1959年大搞“青年卫星田”的倡议。同月，省人委接连发出《陕西省1959年小麦生产大跃进实施方案》《陕西省棉花生产大跃进实施纲要》，提出1959年计划种植小麦2600万亩，平均亩产500斤，并大力培养千斤以上丰产田800万亩，其中双千斤、五千斤以上丰产田200万亩。计划种植棉花480万亩，平均亩产皮棉120.8斤，计划建立培养大面积丰产田200万亩，亩产皮棉200斤，高额丰产田25万亩，亩产籽棉1000斤[②]。从这些节节攀高的数字可以看出，主要农业指标不断大幅度提高，要求完成的时间却越缩越短。

8月，全省继续批判“右倾保守”思想，各地竞放高产“卫星”，生产指标轮番上涨。11月，陕西省农业展览会展出了各地粮食高产“卫星”，有“亩产两千斤到一万斤”的小面积玉米、小麦，更有“亩产500斤至千斤”的大面积玉米、小麦。22日，省委发出《关于大力发展小麦大面积“卫星田”运动的指示》，要求大力开展群众性培育大面积“卫星田”运动，让“卫星田”运动成为发展农业生产、实现农业“更大跃进”的新方向。24日晚，省委、省人委召开全省农村积极分子广播大会，指出全省人民已在工农业生产特别是粮食和钢铁战线上取得巨大胜利，“原来设

---

① 1958年1月15日，专员、县长会议所定的皮棉计划是240万担，几个月时间增加到290万担。

② 要实现此计划，全省棉花产量需要比1957年的230万担实际增长108.5%—150%，比1958年计划产量增长65%—98%，即提前9年完成全国农业发展纲要。

想的苦战三年粮、棉产量翻一番的计划，一年就实现了”。12月20日，省委下发《关于“苦战三年，改变全省面貌的二十条奋斗目标”的执行情况》，将全省“二十条目标”的执行情况逐一罗列。在这样的形势下，全省各地竞放高产“卫星”，粮食产量浮夸风恶性膨胀，造成了1958年全省小麦总产比上年增长51.5%①的错误估计，为后来的工作埋下巨大隐患。

在“人有多大胆、地有多大产”等口号下，全省各地开展“比学赶超”运动，到处竞放“卫星”。1958年2月19日，《安康报》刊发民歌《我来了》：“天上没有玉皇，地上没有龙王；我就是玉皇，我就是龙王；喝令三山五岳开道：我来了！”紧接着，《人民日报》《诗刊》《群众日报》等全国几十家报刊转载该诗，后将其选入红旗杂志社出版的《红旗歌谣》，使其广为流传。1958年秋播，长安县人委提出全县搞丰产田12万亩、亩产5000斤，小麦“卫星田”8万亩、亩产分别达到1万到10万斤以上，有的公社甚至提出“麦种三层楼、亩产百万斤”的口号。在全省高涨的“跃进”氛围中，党的八大代表、全国劳动模范、长安县西王莽大队党支部书记蒲忠智提出小麦亩产500斤的指标，被视为思想保守典型遭到批判。

在当时科学技术水平普遍较低的情况下，为实现亩产100斤棉、1000斤粮、1万斤菜，各地采取了超常规深翻土地、超额密植等措施，结果适得其反。全省农业“大跃进”运动中盛行的浮夸风，造成了“粮食多得不得了”的假象，诱导各级领导对粮食问题做出错误判断，认为陕西粮食问题已经基本解决，引发的恶果在此后几年日渐显现。

全省工业“大跃进”

1957年11月召开的莫斯科会议作出了“社会主义在向上发展，而帝国主义却在衰退”的乐观估计，强调了经济方面赶上和超过资本主义阵营对于社会主义国家生存和发展的意义，肯定了苏联在一个时期集中国家各方面资源和力量追赶世界发达国家的发展战略。苏联领导人提出苏联计划用15年的时间，在工农业最重要产品的产量、某几项工业

① 后经核实，1958年全省小麦总产量比1957年减产3.04%。

产量方面赶上和超过美国。毛泽东提出中国在15年后可能赶上或超过英国,即"超英赶美"计划。12月3日,刘少奇在中国工会第八次全国代表大会上代表中央致词,向全国人民宣布了争取在15年后在钢铁和其他重要工业产品的产量方面赶上或者超过英国的号召。8日,毛泽东在与民主党派负责人和无党派人士代表座谈时,向他们通报了15年内赶超英国的设想。1958年1月1日,《人民日报》发表题为《乘风破浪》的社论,重申15年左右赶超英国的目标后,进一步提出:准备再用20年到30年的时间在经济上赶上并且超过美国,以便逐步地由社会主义社会过渡到共产主义社会。同月,中央形成了《工作方法六十条(草案)》,其中要求"各地方的工业产值(包括中央下放的厂矿、原来的地方国营工业和手工业的产值,不包括中央直属厂矿的产值),争取在五年内,或者七年内,或者十年内,超过当地的农业产值"①。

省委一方面继续抓农业"大跃进",一方面开始抓工业"大跃进"。1958年1月12日至20日召开的陕西工矿党委书记会议提出:"要掀起一个发展地方工业的运动,促进工业生产大跃进。"南宁会议和成都会议后,各地区各部门的原定计划指标一再突破。3月28日至4月11日,省委召开二届八次全委扩大会议传达成都会议精神,通过的《陕西省一九五八年至一九六二年发展地方工业规划要点》要求,全力促进地方工业"大跃进",五年内把地方工业总产值提高到45亿元至50亿元,赶上或超过农业总产值。要求积极发展金属冶炼工业,解决机械制造工业的原料,到1962年生铁产量达到50万吨,钢达到30万吨,钢材达到20万吨②。这为大炼钢铁运动作了铺垫。

5月,中央正式提出建设社会主义总路线后,"超英赶美"计划推动了"大跃进"运动的全面展开。8月,中央政治局扩大会议制定了全党全民大办钢铁工业的方针,正式决定1958年钢产量要比1957年535万吨翻一番,达到1070万吨。为了在当年余下的4个月里完成钢产量当年翻番的任务,中央专门召开各省区市党委主管工业的书记会议,要求

① 中共中央文献研究室:《建国以来重要文献选编》第11册,中央文献出版社2011年版,第37页。

② 《陕西省一九五八年至一九六二年发展地方工业规划要点》,1958年4月12日。

各级党委广泛发动群众，大搞小高炉和土高炉，实行全民土法炼钢炼铁。

7月28日至8月3日召开的省二届人大一次会议提出，要继续克服“右倾保守”思想，大力发展以钢铁工业和机械工业为中心的地方工业，确定1958年全省工业总产值为15亿元，钢产量为15万吨，铁产量为30万吨，原煤产量400万吨，这些指标比1957年实际完成产值、产量有的翻了近一番，有的翻了一番多甚至更多。8月12日，省委发出《关于发展冶金工业的指示》，要求各地为保证实现1958年产铁30万吨、产钢15万吨的计划而奋斗。8月25日，省委召开地委、县委书记电话会议，要求各级苦战4个月，超额完成当年钢铁生产任务，并明确9月底建成4000座土炉、50座转炉和电炉。《陕西日报》还专门刊发了《有干劲就有钢铁》的社论。9月，省委扩大会议又提出，在月底之前建炉1万座，炼铁1万吨，10月再建炉1万座，发射钢铁生产“卫星”。之后，各级党委第一书记挂帅，动员群众砍树挖煤、找矿炼铁，建起几千座小高炉、小土焦炉，在全省城乡形成了规模空前的全民大炼钢铁运动。

到9月16日，全省已建成土炉4900座、小高炉7座、炼钢转炉42座，生铁日产量53吨，已炼出生铁2402吨、钢1226吨。9月22日，省委发出《关于大力发展钢铁工业的紧急指示》，再次明确全省当年必须完成生铁30万吨、钢15万吨的任务，要求全省必须组织80万人的钢铁大军，实行“五化”[①]集团管理模式，各级党委必须成立以第一书记挂帅的钢铁指挥部和办公室，在钢铁生产上“插红旗、放卫星”，共同“跃进”。

10月5日，省委、省人委召开全省广播大会，号召“立即掀起一个更大规模的钢铁生产的群众运动”，要求书记上阵，组织干部参加炼铁运动，特别要求多出钢铁、多放“卫星”，创造“卫星炉”“卫星社”“卫星县”。同时要求通过辩论，驳倒对钢铁生产的“怀疑话”“悲观话”，真正形成一个“规模壮阔、声势浩大”的大炼钢铁运动。在全民大搞土法炼铁的同时，陕西省第一座最大的现代化工厂——西安钢厂也加紧施工。省、市领导非常关心该厂建设，多次到现场解决问题，施工人员日夜奋战，来自全市各个行业参加义务劳动的人员多达两万，西安市37个单位

① “五化”，即组织军事化、行动战斗化、生活集体化、方法科学化、思想共产主义化。

给钢厂支援了100多种物资。但这样一个大规模的现代化钢铁企业却没有固定的原料供应基地，主要靠陕西省农村各地搜集起来的废钢铁和土炉炼出来的生铁炼钢。为了使西安钢厂能够及时开工，全省有27个县陆续给钢厂运送废钢铁和焦炭，澄城、耀县则不停地赶运石灰石。10月8日，西安钢厂6吨转炉生产出第一炉钢水。与此同时，年产钢锭8万吨、钢材8550吨的延安钢厂也在积极筹建之中。10月9日、20日、24日，《陕西日报》连续发表社论，不断加大大炼钢铁方法和技术的宣传力度，鼓励全省人民加入到大炼钢铁的“大跃进”运动中。

11月底省委召开工业会议，指出要以钢为纲，带动各项工业齐“飞跃”。会议决定今后以“小土群”为主促进钢铁生产进一步发展，认为全省钢铁生产虽然在数量上可以完成国家分配任务，但突出问题是必须用很大努力提高质量和轧钢能力，使炼出来的铁能够铸件和炼钢，逐步实行“五定”和“两化”[①]。对现有几百个分散的小点，要根据资源、技术和劳力等条件加以整顿，从土到“洋”、土“洋”结合，大中小并举。这次会议后，各地检查验收一哄而上的炼铁小高炉，淘汰了一些条件很差且无发展意义的小炉群。榆林专区经过初步整顿，确定了45个小钢铁基地，逐步向工厂化方向发展。汉中专区从12月5日起，着手进行“五定”工作，使钢铁生产逐步实现基地化和工厂化。

1958年大炼钢铁时生产的铁数量虽然很多，但由于冶炼方法落后，质量低劣，很大一部分生铁因质量问题不能使用。省冶金局对小高炉所炼生铁进行的质量分析表明，生铁含硫量超过部颁标准，给炼钢生产带来严重影响。一方面，由于缺少合格钢铁，许多厂矿停产或半停产；另一方面却有大量的生铁由于质量低劣难以冶炼和铸造，发挥不了效益。

在这场全民大炼钢铁运动中，全省企业职工、机关干部、学生、城镇居民和农村社员尽数投入。在9月的钢铁红旗竞赛中，全省有百万人参加。省市机关每天出动工作人员2000余人，为西安钢厂运送矿石。文艺工作者组成“跃进”文工队开展大型演出、谈心演唱、工地教歌等宣传。广大农民参与全民大炼钢铁运动的直接后果就是严重影响粮食生

---

① “五定”，指定点、定型、定组、定员和定额领导；“两化”，指钢铁基地化、生产工厂化。

产,1958年全省粮食比1957年产量下降。比如,长安县1958年粮食比上年减产13370多万斤,蓝田县当年粮食减产3000万斤。因为大炼钢铁的影响,许多县区小麦不能按时下种,棉花吊在花秆上,秋粮在地里霉变,红薯在地下冻坏。同时,为了完成上级确定的不切实际的钢铁指标,许多县区被迫弄虚作假。比如,韩城全县建了几百个炉子,能出铁的只有9个,总共炼出38.95吨质量不高的生铁,但正式公布的数字却是2478吨。大炼钢铁不但造成农业生产的严重减产,而且造成生态环境的严重破坏。

经过几个月的盲目蛮干,加上相当程度的虚报浮夸,到1958年底,全省"基本完成"了中央下达的钢产量任务。12月,全省范围内的全民大炼钢铁运动告一段落。在大炼钢铁运动中,全省先后投入劳动力180万个,共建各种类型的土高炉1.9万多座,"洋"高炉18座,土"洋"炼钢炉6000多座,生产铁32.7万多吨,钢1.8万多吨。实际上,全省大炼钢铁运动中炼出的钢铁,许多不是真正的钢和铁,大都是废品,这场全民大炼钢铁运动给国民经济造成了相当严重的破坏。

其他行业"大跃进"

伴随着工业生产的"大跃进",全省教育、科技、卫生等领域也开始"全民大办",形成了"以钢为纲、全面跃进"和"一马当先、万马奔腾"的局面。

教育领域"大跃进"的主要表现是不顾条件大办学校。为响应中央"在工农业生产大跃进的同时,来一个教育大跃进"的号召,1958年4月8日,省委转发省委宣传部《陕西地区高等教育三年到五年的奋斗目标》,提出苦战三年变全省高等学校为完全社会主义的大学,再战两年使学生的学习质量和若干主要学科学术水平赶上或超过国内先进学校,要求各高等学校党委依此制定工作规划。同日,省委转发省教育厅党组《陕西省教育事业三年跃进规划》,要求各级党委要把扫除文盲、普及中小学教育当成提高群众文化知识水平,实现技术革命和文化革命的一项重要工作来做。7月15日《陕西日报》报道,全省30多所业余大学开学。这些学校有的起名"红专学院",有的起名"千斤大学",学校规模有的几十人,有的二三千人,参加学习的一般为具有高小和中学文化水平的乡、社干部和积极分子。

在“全党全民大办教育”的形势下，省委、省人委8月14日公布《关于文教工作十二条奋斗目标》，即：一是人人识字学文化，使全省青壮年摆脱文盲状态。二是村村有初小，社社有完小，普及小学教育。三是乡乡办中学，使所有高小毕业生升入各类中学，普及中等教育。四是社社、厂厂、乡乡、县县办业余的小学、中学、大学普及业余教育。五是人人学技术，社社、厂厂搞试验，县县办科学，从省到社都建立科学研究机构，社社办简易气象站。各级学校结合教学和勤工俭学普遍开展科学研究。六是社社、厂厂、街街办俱乐部、图书馆，乡乡、镇镇有民办文化馆、展览馆，队队有读报组，社社有书报代销员，全省报刊图书发行量增加两倍。七是村村有壁画，处处有歌声，人人会作诗，社社、厂厂形成群众性的自编自演的文娱活动，创作1000万件文艺作品。八是发动全省干部和群众在1958年内写出10万篇文章、5000本书。九是县县建立广播站，乡乡、社社安喇叭。十是乡乡建立农村医院，社社办产院（或接生站）、保健室和托儿所，市市实行划区医疗制，普遍推行家庭病床，继续突击除“四害”。十一是县县办业余体育学校，社社建立运动队，进行各项运动。70万人达到劳卫制①标准，普及体育，层层刷新纪录。十二是人人作宣传，个个受教育，人人当教员，处处是课堂。

随后，全省实行各级各类学校两条腿走路的方针，试办了大量半工（农）半读学校。但是，这一时期，由于“左”倾错误的影响，强调教育为无产阶级政治服务，开展红专大辩论，用当时流行的“插红旗”“拔白旗”的方式，在批判所谓资产阶级学术思想的同时，组织学生编教材、编讲义。强调教育与生产劳动相结合，大搞不同形式的勤工俭学，在“大跃进”中组织师生大炼钢铁，大办各类工厂。同时，用群众运动的方式兴办教育，实现各类教育的“大跃进”，特别是不顾条件开办的一些高等院校，给教育事业发展留下隐患。加之，教师和学生参加生产劳动过多，忽视了课堂教学与教师的主导作用，正常的教学秩序被打乱，教学质量有所下降，教育事业发展目标过高、速度过快，超越了国民经济负担的实

① “劳卫制”，指20世纪50年代中期，我国借鉴苏联经验制定的“准备劳动与保卫祖国体育制度”，即通过运动项目的等级测试，促进国民特别是青少年积极参加各项体育运动，以提高身体的体力、耐力、速度、灵巧等素质，按年龄组别制定达标标准。

际能力。

全省科学技术工作也加入“跃进”行列。1958 年 4 月，省人委发出通知，决定成立陕西省科学工作委员会。8 月，陕西省科学工作跃进大会在西安召开，会议通过的《陕西地区一九五八年到一九六二年科学技术研究规划》要求，根据小型为主、大中小结合的原则，“全民动员、大办科学”，既依靠专家，更依靠群众，做到专家和群众相结合、洋专家与土专家相结合，普遍地建立科学研究机构。随后，各科研院所纷纷制定科研计划，帮助地县建立科研基地，形成全民“大办科学”的“跃进”局面。之后，新成立中国农业科学院陕西分院、中国医学科学院陕西分院、中国建筑科学研究院陕西分院、中国科学院陕西分院 4 个科学分院和电子科学研究所、自动化研究所、高能燃料研究所、计算技术研究所等 23 个研究所。9 月，中国农业科学院陕西分院和西北农学院帮助礼泉县烽火人民公社建立了陕西省第一个农业科学研究室，还帮助烽火公社创办了农业技术学校。“大跃进”运动中，由于“左”倾思想的指导，全省科技工作也出现了高指标、瞎指挥、浮夸风等违反科学规律的现象，造成了许多技术革新和科研成果流于形式，超越客观条件地过多过快建立科研机构，忽视了科技人员在科技工作中的主体和主导作用，干扰和破坏了科学技术工作的正常秩序。

卫生事业“大跃进”主要表现在为急于改变全省卫生面貌而不顾实际地提出过高要求。4 月 7 日，省委批转省卫生厅党组《奋斗三年改变全省卫生面貌的十五条跃进目标》和《陕西省消灭四害的规划》，要求各地各部门结合生产统一安排，力争一年内消灭“四害”，变全省为“四无”省。随后，全省农村组织男女老幼齐上阵，以生产队为单位，日日夜夜捉老鼠、打麻雀、灭苍蝇、杀蚊子，每天向县上汇报进度数字，开展生产队间评比，努力改善卫生状况。

教育、科技和卫生等方面的“大跃进”，一定程度上普及了教育，提高了农民卫生意识，特别是广大农村的扫盲运动，帮助不少农民摆脱了完全不识字的状况。但是，在社会生产力发展不高的情形下，盲目地实行“大跃进”，不仅达不到预期的实际效果，反而助长了浮夸虚假的不良风气，给社会主义建设事业造成严重损失。

制定“二五”计划

经过第一个五年计划建设，陕西虽然取得了巨大成就，但仍然是一个经济落后的省份，广大干部群众要求摆脱落后状态的意愿比较迫切，建设社会主义的积极性空前高涨。在此背景下，陕西省在总结“一五”计划执行经验的基础上，按照党中央的指示精神研究制定了第二个五年计划（1958—1962）。陕西省“二五”计划由《陕西省国民经济第二个五年计划的方针任务》和《陕西省一九五八年至一九六二年发展地方工业规划要点》两份文件构成。

两份文件形成于1958年3月至7月。当时，“大跃进”运动逐步在陕西铺开，《人民日报》社论提出国民经济“全面大跃进”后，陕西也相继提出“苦战三年，改变全省面貌”“奋斗六年，实现纲要指标”“粮食总产三年实现翻一番”“地方工业产值五年内超过农业总产值”等“大跃进”口号，“二五”计划在不同程度上体现了这些思想。陕西省1958年3月制定了《陕西省国民经济第二个五年计划的方针任务》，4月省委扩大会通过了《陕西省一九五八年至一九六二年发展地方工业规划要点》，其内容尚较为符合实际。但随着各行各业“大跃进”的开始，7月召开的全省计划会议重新修订了这两份文件，其内容与3月确定的目标任务有了很大不同，处处体现着“大跃进”的特色。

1958年3月《陕西省国民经济第二个五年计划的方针任务》（以下简称《方针任务》）提出的农业生产的发展方针和任务是：在进一步巩固农业合作社的基础上，充分发挥土地潜力，采取各种措施提高单位面积产量；以增产粮食为主，积极增产棉花、油料、有计划地发展其他工业原料作物；大力开发山区经济，贯彻执行农林牧相结合的方针，促进山区经济发展；开展多种经营，推动全省农业社在五年内赶上和超过当地富裕中农的生产和生活水平。坚持以小型水利为主，中型水利工程为辅，有条件的发展大型工程的方针，依靠群众、依靠农业社大力进行水利建设，充分发挥原有水利设施作用，尽量扩大灌溉面积。在水土保持方面，实行生物措施和工程措施相结合，预防与治理、治理与养护并重，积极保护现有森林，大力开展植树造林。重新修订的目标任务要求五年内实现灌溉化、化学化、机械化和电气化，从根本上改变全省农村落后面貌，提前实现并超过农业发展纲要指标。

1958 年 3 月《方针任务》提出的交通运输和通讯事业的发展方针和任务是：依靠群众，因地制宜，就地取材，积极发展山区道路和内河航运，加强道路养护和改善，充分利用各种运输工具，挖掘潜在能力，提高运输效率，适当发展现代化运输工具。大力改善已有线路，提高通话质量，积极发展乡村电讯，尽快达到乡乡通电话。重新修订的目标任务则要求五年全省建成公路网和铁路网，厂矿通铁路、公社通汽车，省与专区通航线，到 1962 年形成四通八达的铁路、公路、航运、水运的运输网。

1958 年 3 月《方针任务》提出的商业工作发展方针和任务是：继续贯彻为工农业生产发展和人民生活需要服务的方针，大力支援山区建设，积极组织城乡物资交流，扩大商品流通，促进社会主义建设。要求继续贯彻对主要生活必需品实行统购统销政策，加强市场管理，稳定物价，合理调整商业网点，妥善安排城乡物资供应和扩大物资出口，保证国家建设，满足人民生活需要，大力开展农业生产资料的供应工作和农副产品的收购工作，加强对地方工业品的推销和地方工业（包括手工业）原材料的供应；改善经营管理、精减非生产人员，降低流转费用。7 月的计划会议对商业工作发展方针和任务未做大的修改。

1958 年 3 月《方针任务》提出的文教卫生事业的发展方针和任务是：坚持勤俭建国和统筹安排的原则，充分发挥已有潜力，在巩固提高的基础上稳步发展。面向工农、面向山区，有计划地发展教育、医疗保健事业，培养建设人才，加强科学研究，为社会主义建设服务。依靠群众举办力所能及的文教卫生事业，开展群众性的扫盲、文化、体育、卫生运动，适应广大人民日益增长的文化要求。到 7 月提出的目标则是：两年内扫除文盲，普及小学教育，三年普及初中教育，五年普及高中教育；一年内达到社社有俱乐部，五年内乡乡有文化馆，县县有电影院或放映站、图书馆、文化馆和县报，并普遍建立运动场和射击俱乐部。

1958 年 3 月《陕西省一九五八年至一九六二年发展地方工业规划要点》（以下简称《规划要点》）提出的地方工业发展的方针和任务是：贯彻为农业生产服务并与农村经济相结合的方针，积极发展原材料工业并做好大工业的相互支援，以加速陕西地区的工业建设，适应生产和人民生活的需要。在产业上大力发展化学肥料，积极改进和试制农机，增加农药品种。积极发展原材料、燃料和化学工业。在规模上，本着大中小相结合和少花钱、多办事的原则，举办小工业、小矿山。在发展方式上，充分利用现有生产设备，开展必要的技术改造。7月全省计划会议经过讨论将这个方针改变为：以钢铁和机械为重点，带动整个工业的发展；加强薄弱环节，积极发展电力、燃料、化学和木材工业等，争取各种重要原材料和机械设备能够基本自给；在地区之间合理布局，初步建成一个比较充实的工业体系；充分利用原有企业和手工业，在技术革新的基础上，逐步实现工业机械化、自动化，大大提高劳动生产率，争取工业总产值大大超过农业总产值，并促进和保证农业和交通运输业技术改造的实现。

《规划要点》提出，工业总产值在五年内或稍多些时间，达到45亿到50亿元，赶上或超过农业总产值；7月的计划会议则提出，1962年地方工业总产值要达到160.86亿元，粮食总产量达到2750万—3000万吨，粮食按人口平均每人2500斤，实现千斤省；棉花产量达到65万—75万吨，大家畜达到430万—450万头。五年农产品采购总值达到80.62亿元（1958年计划为6.2亿元），出口商品产值为15.8亿元（1958年计划为0.6亿元），五年新建铁路8000公里、新建公路4万公里，高等学校招生13.45万人、中学及中专招生199.5万人。

从总体上讲，1958年三四月提出的“二五”计划《方针任务》和《规划要点》基本上是从实际出发的，计划指标经过努力是可以达到的。但随着“大跃进”形势变化，7月省计划会议讨论确定的任务超过了实际可能，许多指标在五年内甚至更长时间也难以达到。

“二五”期间，尽管经济工作指导思想上急于求成，夸大了主观意志和主观努力的作用，忽视了经济规律，致使经济受到很大损失。但是，由于全省广大人民在生产建设中发挥了空前的社会主义积极性和创造性，克服困难、艰苦奋斗，取得了一定成果，建成了一批项目，全省基本建设投资完成35.98亿元，比“一五”计划期增长65.65%，这个期间形成的生产能力和建设项目，经过后来填平补齐式的调整，在经济发展中起到了应有作用。

二、人民公社化运动

全省农村实现人民公社化

在开展“大跃进”运动的同时,全省农村兴起了人民公社化运动。人民公社化运动最初从高级农业生产合作社的小社并大社开始,直接起因是大搞农田水利建设的需要。但在“大跃进”的背景下却演变成不顾客观条件,争相推动农业集体生产组织向更高级形式过渡的一场普遍性群众运动。当时毛泽东等中央领导人认为,农业合作社的规模和公有化程度已经不适应社会生产力发展的要求,由规模较小的合作社合并而成的大社是农业生产“大跃进”的有效组织形式。在 1957 年冬季到 1958 年春季兴起的农田水利建设中,许多地方开始突破现有农业合作社的规模,试图通过并社解决统一规划和集中劳力、物资、资金等问题。这时的并社增强了集体协作的力量,办成了不少以前办不到的事情,加强了农田基本建设和水利建设,起到了不可低估的重要作用。毛泽东由此重新提出办大社的问题,并指示起草有关并大社的相关文件。

1958 年 4 月,中央政治局会议批准成都会议通过的《关于把小型的农业合作社适当地合并为大社的意见》,认为“在有条件的地方,把小型的农业合作社有计划地适当地合并为大型的合作社是必要的”。在全国农村并社过程中,毛泽东等中央领导人认为,并社是农业生产“大跃进”的有效组织形式,并给予充分肯定。7 月,《红旗》杂志刊文阐述毛泽东关于把工、农、商、学、兵组成为一个大公社,进而成为我国社会基本单位的思想。河南、山东等地闻风而动,开始建立人民公社。在全国争先建立人民公社的形势下,7 月 27 日,陕西省西安市雁塔区山门口乡将 12 个农业生产合作社的 2472 户合并成一个大社,称为东风人民公社,这是全省成立最早的农村人民公社。

8 月 6 日和 9 日,毛泽东在河南和山东农村视察时发出“人民公社好”的号召,全国积极响应,各地纷纷办起人民公社。8 月 15 日,省委印发《关于合并农业生产合作社的指示(草案)》,决定将全省3.2万多个农业生产合作社合并成1万个大社,平均每社约300户。25日,省委召开地、县领导干部电话会议,学习贯彻北戴河会议公布的《关于在农村建立人民公社问题的决议》,要求各县普遍试办农、林、牧、副、渔全面发展和工、农、商、学、兵互相结合的人民公社,秋收前重点试点,争取1958年秋冬前全省基本实现公社化。此后,全省各地出现建立人民公社的高潮,到9月中旬短短一个月时间,在原来3.2万多个小型农业合作社的基础上,全省合并建成了1673个人民公社、3232904户参加公社,占全省总农户的99.2%。

实现公社化以后,各地在规模上盲目追求"越大越好",一个乡或几个乡建一个人民公社;在所有制上认为"越公越好",混淆了社会主义集体所有制和全民所有制的关系,企图消灭社员个人的私有财产。特别是在分配上,实行平均主义,一是办大社,并大社;二是大办公共食堂,实行吃饭不要钱的供给制;三是将社员的自留地、家畜家禽和房前屋后的零星树木等都划归公社所有;四是在规划土地和调整花插地①时,将一些生产队的土地无偿划归另一些生产队所有;五是经常开展"大会战",无偿调用生产队的劳力、畜力和物资等;六是无偿占用社员个人和集体财物,如办公共食堂、建农具厂占用社员的房屋、家具、工具、农具、集体土地和牲畜等;七是在生产劳动上干多干少一个样,干好干坏一个样,技术高低一个样,干与不干一个样;八是只要计划经济,不要市场经济;九是限制集市贸易,取缔农村贸易市场。这些做法,当时被称为人民公社"一大二公"和"一平二调"②的优越性。

在"政社合一"和"一大二公"的思想支配下,1958年底,全省再次把1673个公社合并为696个大社,公社的规模比初建时扩大了一倍。为了适应建大社的要求,省人委调整了全省行政区划,将全省原来101个市、县合并为52个,把原来的高陵、礼泉、华阴、华县、潼关等县变成了公社建制,一个县就是一个公社,有的还成立县联社。农村人民公社建

① 花插地,又称"插花地",即合作化后形成的农业社之间"你中有我、我中有你"的一些土地。

② "一平二调",指在公社范围内实行贫富拉平,平均分配;县、社两级无偿调走生产队(包括社员个人)的某些财物。

立后，实行“政社合一”的体制，工、农、商、学、兵，农、林、牧、副、渔都由公社管理。公社设立社员代表大会（相当于原乡人民代表大会），公社成立党委（相当于原乡党委），原乡长、副乡长改任社长、副社长。公社下辖生产大队（相当于原农业社），大队成立委员会，设大队长、副大队长、妇联主任、会计员、出纳员、保管员、治保主任、民兵连长等。大队下辖生产队，设立队委会，选举产生队长、副队长、妇女队长、会计员、出纳员、保管员、记工员。公社干部为国家干部，大队及其以下干部由不脱产或半脱产的村民担任。人民公社时期，农民按照生产队的统一安排集体出工，每个生产队都设有一两个兼职记工员，负责记工分，每到年终决算一次。决算时生产队会计将生产队全体社员的工分进行汇总，生产队全年的农、林、牧、副、渔各项收入进行统计，在扣除各项开支和留足公积金、公益金后，再计算出每 10 分工值多少钱，然后按农户一年所得的工分分配到户。粮食分配则在扣除上交国家的征粮、购粮并留下一定的储备粮后，计算出每 10 分工价值多少粮食进行分配。农村劳动力一天得多少工分，则按男女有别、年龄有分的原则而定。一般做法是：男劳力每天记 10 分，妇女每天记 6 分或 7 分。农村干部（公社干部除外）的报酬支付也按补贴工分的多少并结合当时每 10 分工所分配的钱、粮计算。具体做法是：按职务的高低以及岗位工作量的多少决定每一年补贴多少工分。如大队书记一般一年补贴 3000 分，大队会计每年补贴 2500 分，其他的干部每年补贴 1000 分。生产队的队长、会计、保管员一年补贴 600 分至 800 分，妇联主任、民兵排长则为 200 分至 300 分。

同时，各公社用平调的手段发展社办企业，不断增强社有经济比重。1958 年底到 1959 年上半年，全省社队企业达到 20 多万个，基本是通过平调生产队的钱物建起来的。由于对生产力的发展状况作了过高估计，特别是对粮棉产量的过高估计，各地任意提高公有化程度，认为“大跃进”已经为过渡到共产主义奠定了丰厚物质基础，距离共产主义只有咫尺之遥。10 月以后，农村推行供给制和工资制相结合的分配办法，到 11 月，全省 60% 以上的公社实行吃饭不要钱，其中有 68 个公社实行以包吃、包穿、包上学、包婚嫁、包养老、包看病、包看戏、包看电影等为基本内容的供给制。大荔县将全县 7 个公社合并为一个公社，包括工人、农民、干部、学生、市民等 17.5 万余人，全部实行供给制，宣告全县人民群众永远摆脱了几千年来缺吃少穿的贫困生活，享受到了吃饭穿衣住房等主要生活需要由人民公社供给的共产主义物质文化生活。

到 1958 年终分配时，全省规定集体提留比例要占 50%，社员分配中供给制要占一半以上，这就违背了按劳分配原则，平均主义、吃大锅饭保护了懒汉、亏待了勤劳生产的群众，严重挫伤了群众生产积极性。

农村大办公共食堂

人民公社除了“一大二公”的特点外，就是实行供给制与工资制相结合的分配制度，以及与这种分配制度相适应的公共食堂，社员都到公共食堂吃饭，并且“吃饭不要钱”。作为全国人民公社样板的河南嵖岈山卫星人民公社和七里营人民公社，都在公社章程中对供给制作了明确规定。比如，嵖岈山卫星人民公社简章第 15 条规定：在粮食生产高度发展、全体社员一致同意的条件下，实行粮食供给制，全体社员不论家中劳动力多少，都可以按照国家规定的粮食供应标准，按照家庭人口得到免费的粮食供应。几个具有代表性的人民公社率先实行供给制，对这种制度在全国的推广起到了重要示范作用，中央领导对供给制和吃饭不要钱的赞扬，则进一步推动了这一做法在全国的广泛实行。在北戴河会议上，毛泽东多次以赞赏的语气讲到供给制问题。他讲，如果做到吃饭不要钱，这是一个大变化，公共食堂吃饭不要钱就是共产主义。1958 年 9 月间，毛泽东在安徽考察时，针对六安市舒茶人民公社实行公共食堂吃饭不要钱的情况说，既然一个社能办到，其他有条件的社也能办到；既然吃饭可以不要钱，将来穿衣服也可以不要钱了。这些讲话见报后，进一步推动了全国农村人民公社食堂吃饭不要钱风潮的兴起。

中央《关于把小型的农业合作社适当地合并为大社的意见》下发后，全国各地不断有小社并大社、举办公共食堂的消息传出，陕西农村也出现了并社和办食堂的尝试。早在互助组时期，农忙时节部分农村就出现了“吃转饭”，即在谁家干活就在谁家吃饭，有时也由几家凑一凑菜一起做饭吃，这样便于早出工、出工齐，提高生产效率。进入合作社后，由于公有化程度提高、生产规模扩大，要求增加更多的劳动力投入生产。

加之合作社实行集体劳动，在农忙季节人手紧张时，有的农业社便开始全社集体做饭，或统一将饭菜送到田间地头，或在做饭的地点集体就餐，由此产生了农忙食堂。

到1958年，工农业生产全面“大跃进”，造成了农村劳动力严重不足。大炼钢铁、发展社队企业，开展农、林、牧、副、渔多种经营，都需要大批劳动力，这就急需把妇女从繁杂的家务劳动中解放出来参与劳动生产。7月5日，《陕西日报》介绍了西安市雁塔区山门口乡平坟、并社、办食堂的经验。报道说，“山门口乡党总支根据形势发展、生产需要和群众觉悟，大胆适时地提出平坟、并社、办食堂三件大事，群众把这三件事叫作破除迷信、发展生产、解放劳力三件宝”，“对于办食堂，社员们认为，可以把广大的妇女群众从锅台边解放出来”。

7月26日，《陕西日报》发表《提倡办食堂、解放劳动力》的评论员文章，认为现在的生产是以社为单位，再不是以家庭为单位了，生活方式也要逐步适应集体生产的要求，由一家一灶发展为公共食堂。到7月下旬，汉中全区共办起公共食堂112个，参加食堂的农户占总数的83%，基本上一个生产队一个食堂，每个食堂30—50户、120—200人，最大的有100多户、400—500人。在公共食堂的制度规范下，社员口粮全部收交公共食堂统一管理，家家不准生火做饭，开始实行大锅饭，不论男女老少、居住远近，一律到公共食堂吃饭，食堂成了农民赖以生存的中心。

到8月中旬，农村人民公社化运动在全省深入发展，试办公共食堂也达到高潮。从7月27日陕西第一个人民公社成立到10月，全省共办起15万多个公共食堂和11万多个托儿所、幼儿园，基本实现了食堂化和托儿化。

10月8日，西安市雁塔区曲江池人民公社在全市率先实行公共食堂“吃饭不要钱”制度，全省其他公社迅即跟风而上，有741个人民公社实行“吃饭不要钱”，占公社总数的60%以上。到10月20日前后，全省农村人民公社都相继实行吃饭不要钱的政策。有些条件较好的公社还实行托儿、做衣服不要钱的制度。《陕西日报》肯定说，这种形势是“一夜东风百花开，天堂搬到人间来”。

在全省农村人民公社公共食堂实行“吃饭不要钱”之后，很多地方出现只抓生产、不抓生活的倾向，公共食堂普遍管理混乱，饭菜质量下降，人民群众生活受到严重影响。1959年以后，由于严重自然灾害，农业遭灾歉收，粮食形势日趋紧张，公共食堂虽然采用“瓜菜代”“二稀一干”等方法来节约用粮，但粮食仍然入不敷出，社员普遍反映吃不饱。随着食堂供应的恶化，农民的态度开始转变，部分农民甚至要求退出食堂，陕西省一些地方的农村人民公社出现公共食堂“散伙”的情况。1959年4月上旬，党的八届七中全会召开，全会会议《纪要》强调，在农村实行按劳分配、多劳多得的原则，“实行供给制，办公共食堂是符合农民群众要求的，必须坚持下去。”7月5日，毛泽东在一份关于粮食工作的报告上批示，多种粮是上策，田头地角、零星土地，谁种谁收，不征不购；农民要恢复糠菜半年粮，粮菜混吃，以人定量，粮食归户，食堂吃饭，节约归己。8月上旬，毛泽东对有人提出解散食堂的建议提出严厉批评。在这种情况下，一些散伙的食堂又恢复起来，并实行饭票买饭、粮食节约归己的办法，允许社员把饭打回家里吃。

在兴办公共食堂过程中，全省各地刮起了“一平二调”的“共产风”，社员的房屋、桌椅、炊具等被无偿调用，社员饲养的家禽、家畜被集中起来无偿归食堂饲养和食用，社员的自留地被收回作食堂的菜地，这些措施严重挫伤了农民群众的生产积极性。随着公共食堂弊端的日益显现，中央和省委也日益认识到必须改革公共食堂。

毛泽东是“大跃进”和人民公社化运动的积极倡导者和大力推动者，也是较早通过调查研究觉察到问题并努力加以纠正的领导人。1958年11月28日至12月10日，党的八届六中全会召开，通过了《关于人民公社若干问题的决议》，会后各地开展整顿人民公社，刹住了急于向全民所有制和共产主义过渡的势头。12月31日，根据党的八届六中全会精神，省委作出了《关于办好人民公社生活福利事业的几项规定》，各区县派出大批干部帮助整顿农村公共食堂，方法是发动群众，就办不办公共食堂、如何办好公共食堂等突出问题，充分吸收群众意见，及时改进食堂工作。

庐山会议后，“左”倾错误在全国继续发展。1959年10月全省公共食堂工作会议认为，大办公共食堂是人民公社化和“大跃进”的必然趋势，完全符合生产力发展的客观需要，完全合乎广大农民群众的普遍要求，对安排群众生活、完成各项生产任务、促进生产“继续跃进”有着积极作用。要求在党的八届八中全会的号召和鼓舞下，反右倾、鼓干劲，进一步掀起大办公共食堂、办好公共食堂的高潮；尽快地把全省公共食堂普遍地建立起来，做到一面发展、一面巩固，办起一个、办好一个，使所有公共食堂都能得到巩固提高。在粮食供应短缺的情况下，尽管公共食堂大部分办起来了，但举步维艰。为了维持群众必要的生活需要，食堂不得不动用大量的人力去寻找粮食的代用品。12月下旬，西安市阿房区阿房宫人民公社用玉米棒包皮、玉米芯、红薯蔓等试制出“食用淀粉”。消息见报后，全省各社队争相前往学习。在此前后，畜、禽的饲料如黑豆、麸皮、豆渣、油渣、粉渣等都上了农民餐桌，各种野菜、干菜叶、白菜根、树皮等也被作为食物来用，各地大力推广用瓜果、蔬菜替代粮食。

1961年五六月间，中央召开了北京工作会议，讨论和修改了《农村人民公社工作条例（草案）》（简称“农业六十条”），形成《农村人民公社工作条例（修正草案）》，规定生产队办不办公共食堂，完全由社员决定；口粮应该分配到户，由社员自己支配。此时，以行政命令大办公共食堂的“左”倾错误得到纠正。1962年9月27日党的八届十中全会正式通过的《农村人民公社工作条例（修正草案）》将关于“农村公共食堂”的条文删去，人民公社兴办食堂、社员吃饭不要钱的做法正式退出历史舞台。

三、初步纠“左”和纠“左”的中断

纠正“共产风”和整顿人民公社

1958年秋冬之交，人民公社化运动的严重后果开始显现。有的地方出现宰杀牲畜、砍树、藏粮等现象；有的地方遭灾歉收后仍高报产量，出现征收过头粮的现象，个别地方甚至发生饿死人的事情。党中央和毛泽东对“大跃进”和人民公社化运动出现的“左”倾错误有所察觉，从

1958年11月到1959年7月庐山会议前期,采取措施积极纠正,努力整顿人民公社、调整过高指标。

1958年11月2日至10日,毛泽东在郑州主持召开中央和地方部分领导人参加的工作会议(即第一次郑州会议),批评人民公社化运动中废除货币、取消商品和急于从集体所有制向全民所有制过渡、由社会主义向共产主义过渡的倾向,开始初步纠正“左”倾错误。11月党的八届六中全会通过的《关于人民公社若干问题的决议》强调:农业合作社变为人民公社,集体所有制虽然扩大了,但并不等于变为全民所有制,在社员收入中按劳分配的工资部分,在一段时期内应占主要地位,在今后一个必要的时期内,人民公社的商品生产及国家和公社、公社与公社之间的商品交换,必须有一个很大的发展,决定从1958年冬到1959年春整顿所有农村人民公社。1959年2月,中央在郑州召开政治局扩大会议(即第二次郑州会议),毛泽东提出要纠正平均主义和过分集中两种倾向,确定了整顿和建设人民公社、遏制“共产风”的基本政策。

党的八届六中全会和两次郑州会议后,1959年3月中旬省委召开全省六级[①]干部会议,讨论制定《关于人民公社管理体制和若干政策的规定(草案)》,着手纠正已经出现的“左”倾错误。

首先,调整高指标,纠正“大跃进”运动中的错误。在落实第二次郑州会议精神过程中,毛泽东多次以《党内通信》的方式指示各级干部,其中一封直接给生产小队以上各级干部的信中强调指出,各级干部要讲真话,不要讲假话。爱讲假话的人,一害人民,二害自己,总是吃亏。一定要实事求是,包产一定要落实,根本不要管上级规定的那一套指标。在十年之内,一切大话、高调,切不可讲。省委及时将毛泽东这一指示转发各地,要求认真学习领会,坚决贯彻执行。4月2日至5日,党的八届七中全会在上海召开,形成了《关于人民公社的十八个问题》。会议肯定了以生产队作为基本核算单位,承认了生产队下面的生产小队(有的地方叫生产队,大体相当于初级社)的部分所有制和一定的管理权限,通过了1959年国民经济计划草案,根据党的八届六中全会精神下调了主

① 六级,指省级、地级、县级、社级、队级和小队级干部,共六个层级。

要经济指标。4 月 8 日，省委印发的《关于调整粮、棉、油计划指标的通知》指出，有必要将 1959 年全省粮、棉、油总产量重新调整，使计划既积极又可靠。比如，将全省粮食总产量由原分配任务的 362 亿斤调整为 300 亿斤，棉花总产量由原分配的 655 万担调整为 500 万担，油料由原分配任务的 4 亿斤调整为 3.3 亿斤，指标均有一定程度的下降。7 月 14 日至 21 日，省二届人大二次会议召开，会议确定粮食产量由 300 亿斤调整为 180 亿斤，压缩社会集团购买力，安排日用必需品和副食品生产、恢复手工业生产，安排一部分手工业者重操旧业。这些调整虽然是初步的，但毕竟减弱了“大跃进”运动的不利影响。到 7 月，控制了全省经济的超高速增长，基本回到比较正常的速度。

其次，调整人民公社内部关系，稳定所有制。根据党的八届六中全会精神，1958 年 12 月，省委召开整顿农村人民公社动员大会，省委第一书记张德生作动员讲话，会后下发《关于人民公社若干问题的决议》，各地、区、县随即展开群众性的整社工作。1959 年 1 月 28 日，省委印发《关于在整顿人民公社中对处理若干经济问题的规定》，明确要求在“整社中，对于若干经济问题，应该从有利于生产，有利于公社的巩固和社员的团结出发，根据生产资料归公社所有、生活资料永远归社员个人所有、债务一律有效的原则，加以妥善处理”[①]。此外，陕西还制定了《关于人民公社管理体制和若干政策的规定（草案）》，明确人民公社是集体所有制，而不是全民所有制，生产队是人民公社的基本核算单位，生产队的所有制目前还是公社的主要基础，及时刹住了急于想使人民公社由集体所有制过渡到全民所有制、由社会主义过渡到共产主义的错误势头。

按照《关于人民公社若干问题的决议》要求，省委进一步明确人民公社必须坚持按劳分配原则，强调等价交换在社会主义时期是一个不能违反的经济法则，要大力发展商品生产和商品交换，并宣布个人生活资料永远归个人所有，纠正平均主义、过分集中两种倾向和“一平二调三收款”的错误做法。全省普遍整顿人民公社后，清理出平调的人、财、物折价 1.2 亿元，到 1959 年 5 月底，已有 85% 退赔到队，同时落实“五

① 陕西省档案馆编：《中共陕西省委文件选编（1950—1966）》第 7 册，2007 年，第 297 页。

定”“三放”[①]措施。夏收后又进一步强调,“粮食必须分配到户”,“食堂要坚持自愿原则,不要勉强”,“自留地也要迅速落实到户,愈快愈好”。在整顿人民公社中,各地还改变了分配供给制比例过高、集体提留比例过高的做法,受到农民欢迎。

再次,调整公社三级核算、分级管理制度。人民公社成立初期,由于急于从集体所有制过渡到全民所有制,把社员自留地、自留树等收归公社所有,不断提高生产资料的公有化程度,取消了按劳分配制度,无偿调动劳动力,打乱了原来农业生产合作社的集体所有制,破坏了已经建立的生产秩序,极大地挫伤了农民群众的生产积极性。1959 年 1 月,省委成立由张德生任团长的整社工作检查团,全省抽调各级干部 1.1 万余人,分赴各地检查建社工作并开展整社,解决了一些较为突出的问题。2 月后,省委根据两次郑州会议关于改变人民公社基本核算单位的指示精神,调整人民公社体制,全省实行在公社统一领导下,以生产队(即原来的高级农业生产合作社)为基础,三级核算(公社、管理区、生产队)、各计盈亏的分级管理制度,并以生产队为基本核算和分配单位。生产队除按规定向公社上交一定的公益金外,其余全部收入归生产队所有。从 4 月下旬到 5 月底,各县分批召开公社党代表大会和社员代表大会,进一步解决权力下放和平调钱、物的算账退赔等问题,彻底清算和退赔过去公社化运动中平调生产队的钱、物。5 月 15 日,省委发出《关于分配私人自留地以利发展猪鸡鹅鸭问题的规定》,规定社员每养一头猪,留给两三分饲料地。同时,为调动农民的生产积极性,鼓励社员多产多留多吃,各地普遍进行包产工作。

到 7 月庐山会议前,经过 9 个月的纠“左”努力,初步遏制了全省“共产风”、浮夸风、高指标和瞎指挥,形势开始有所好转。但是,由于党在“什么是社会主义”问题上的认识局限,对错误的严重性缺乏清醒认识,对“左”倾错误的纠正是在肯定“大跃进”和人民公社化运动的前提下和框架内进行的,因此,“左”倾错误没有得到彻底纠正,初步好转的

---

① “五定”,指定基本核算单位、定分配单位、定领导人员、定生产计划、定积累消费比例;“三放”,指下放生产资料、下放劳动力、下放必要的财权。

形势还很不巩固。

“反右倾”斗争与继续“大跃进”

1959年7月，中央政治局在庐山举行扩大会议，主题是总结经验，纠正“大跃进”和人民公社化运动中的“左”倾错误。会议后期，中央政治局委员、国务院副总理兼国防部部长彭德怀给毛泽东写信，他在肯定总路线、“大跃进”和人民公社化运动成绩的前提下，着重指出1958年以来工作中的问题，并要求总结发生这些问题的经验教训后，会议主题发生从纠“左”到反右的逆转。8月，党的八届六中全会召开，通过了《关于以彭德怀同志为首的反党集团的错误的决议》和《为保卫党的总路线、反对右倾机会主义而斗争》等文件，在全党范围内错误地开展“反右倾”斗争，从中央到基层的民主生活受到严重损害，正在进行的纠“左”工作被迫中断，“左”倾错误再次发展。

8月，省委二届十二次会议传达党的八届八中全会精神，通过《关于贯彻执行党的八届八中全会决议的决定》。会议错误地批判了省委候补委员、省委农工部副部长刘国声等6人的所谓“右倾机会主义”言行，决定全省“用大约两个月时间，进行一次反右倾、鼓足干劲的整风运动”。为把“反对右倾机会主义”斗争深入进行下去，从9月到11月，省委多次发出指示和通知，强调“右倾思想已经成为工作中的主要危险”，要求把反右倾斗争扩展到基层，采取“就实论虚”“虚实结合”的办法，抓住典型人典型事，批判一部分党员干部中存在的所谓“右倾思想”。在农村，开展以两条道路斗争和社会主义教育为纲的整风整社运动，把那些扩大自留地、抵制供给制和公共食堂、实行包工包产到户、划小基本核算单位的主张或做法，统统视为“企图恢复资本主义、损害甚至瓦解人民公社的一种反动倾向”而加以彻底批判。到1960年2月，全省各县市在整风整社运动中共批判了7.6万多人，其中基层干部1.4万多人、群众6.2万多人。

在继续反右倾的政治气氛和纠正“左”倾错误过程中，被削减的基建项目又重新上马，被压缩的经济指标再度提升。1959年，全省安排基建项目3106个，比1958年增加1.2倍。其中大中型项目106个，比 1958 年增加 13 个；地方基本建设投资 5.4 亿元，比 1958 年增长 30%；全省积累率达到 43%，比 1958 年增加 12.6%。经过各方面的努力，1959 年，实际上全省农业总产值下降 4%，工业总产值增长 47%。1960 年 3 月，在继续“大跃进”的形势下，省委印发了《关于执行〈陕西省一九六〇年奋斗目标二十五条〉的通知》，提出了当年的具体奋斗目标，其中要求全省工农业总产值增长 43.4%，油料总产量翻一番，钢铁产量增加两倍，全省国民经济超负荷运行到了难以为继的地步。

在“反右倾”斗争过程中，省委提出用 7—10 年时间基本完成从生产队所有制向公社所有制的过渡，决定在 11 个公社进行试点。要求当年全省社有经济的比例提高 20% 左右，大力恢复和发展公共食堂，原本得到遏制的“共产风”又刮了起来，不仅公社内部平调基层的人、财、物，而且有些机关、学校、厂矿也趁机乱占社队的土地、劳力和其他物资。据调查，1959 年下半年全省平调总值达 3.6 亿元，比 1958 年至 1959 年上半年的平调总值还多两倍。比如，长安县郭杜公社中生产队以上各级平调总额为 79.6 万元，约占 1960 年全社总收入的 30%，人均 20 多元。

进入 1960 年，继续“大跃进”给国民经济带来更大损失。年初，省委要求各地区各部门千方百计加强农业战线，“苦战三年，改变全省面貌的二十条奋斗目标”所确定的指标不松劲，1960 年粮食的奋斗目标是 177.6 亿斤。3 月 25 日至 4 月 3 日，省委召开省委、地委、县（市）委、公社党委以及部分生产队党支部书记参加的五级干部会议，讨论进一步巩固人民公社、提前三年实现全国农业发展纲要等问题。但是，由于农业连年减产，1960 年夏粮又歉收，指标的实现更加渺茫。8 月 10 日至 14 日省委召开全省钢铁会议，要求千方百计确保全省当年钢铁任务的完成和超额完成，随后多次批转省经委、省冶金局、省煤炭局等单位的报告和意见，要求确保 1960 年钢、铁生产计划的完成。尽管如此，到 12 月中旬，钢的任务只完成 2.8 万吨，距计划 4 万吨尚差 1.2 万吨缺口。

1960 年，全省各项经济计划指标大多未能完成，国民经济的困难进一步增大。全省工农业总产值完成 52.1 亿元，其中农业总产值为 14.64 亿元、比上年减少 1.85 亿元，工业总产值为 37.46 亿元、比上年增长 28%，轻工业为 14.39 亿元、比上年减少 4600 万元，粮食总产量为

40.95亿公斤、比上年减少6.45亿公斤，棉花总产量为145.7万担、比上年减少76.1万担。但是，基本建设投资总额为12.09亿元，比上年增加1.25亿元，积累率达到43%。由于工业尤其是重工业发展过急，基建规模过大，职工人数增长过快，社会需求随之急剧膨胀。1960年全民所有制职工人数继续增长，达到122.16万人，比上年增加16.7万人，增长13.67%。由于农业连续遭受自然灾害，全省人均口粮由上年的177.5公斤降为168.5公斤，农业人口口粮由上年167公斤降为159公斤，全省居民年消费水平由上年的105元下降到103.4元，农民年消费水平由上年的84.7元下降到80.8元。国民经济和人民生活都面临严峻困难。

"大跃进"和人民公社化运动后果

经过三年"大跃进"和人民公社化运动，全国国民经济严重失衡，经济建设和人民生活面临很大困难。陕西经济比例关系严重失调，全省工业总产值在国民经济中的比重从1957年的42.7%上升为1960年的71.9%，农业总产值的比重则从57.3%下降为28.1%。与1957年相比，重工业产值在工业总产值中的比重从26.5%上升为61.6%，轻工业产值在工业总产值中的比重从73.5%下降为38.4%。重工业的高速发展大大超过了农业发展的承受能力，这种"超重"发展挤占了农业和轻工业的生产投资及资源配置空间，农轻重产业结构出现较大变化。

积累和消费比例严重失调。从1958年到1960年，全省积累率持续走高，消费基金不断下降。三年积累40.3亿元，比"一五"时期全部积累高出41.9%，平均年度积累率为38.8%、比"一五"时期的平均积累率高出13.1%。从1958年到1960年，每百元积累基金增加的国民收入逐年下降，分别为50元、28元、16元；在基本建设投资中，非生产性投资比"一五"时期分别减少12.5%、10.5%、14.2%。工农业比例失调，按不变价格计算，从1957到1960年工业总产值由11.36亿元增加到37.46亿元、增长2.3倍，农业总产值由15.2亿元下降到14.6亿元、下降4%。工业内部许多生产环节之间比例严重失调，重工业的高速发展严重削弱了农业和轻工业。社会购买力与商品可供量比例失调，从1957年到1960年，全省三年内社会购买力增加36%。由于农业减产，轻工业产品大幅度下降，社会商品可供量减少，1960 年社会购买力同商品可供量差额 1 亿元[①]。

矿产资源大量浪费。在大炼钢铁中，很多地方滥采矿石，在 1958 年底全省生产的 2.3 万吨钢和 15 万吨铁中，仅省级财政补贴就达 1590 万元，但合格的钢仅为 21%、铁只有 5%，消耗大、成本高、补贴多。在 1958 年秋收时节，由于各地 100 多万劳动力被组织开展大炼钢铁，大批粮食、棉花成熟后无人采收，全省粮食、棉花损失 10%。

人民生活十分困难。在加快发展重工业中，农业和轻工业严重削弱，1959 年和 1960 年全省连续遭遇两个百日大旱，1959 年成灾面积（指减产三成以上，下同）1074 万亩，粮食减产 10.73 亿斤，占当年粮食总产量的 11.4%。1960 年成灾面积 2801 万亩，粮食减产 26.97 亿斤，占当年粮食总产量的 32.9%。为了解决口粮不足的问题，全省只好实行“瓜菜代”的低标准。由于营养严重不良，一些地方的老百姓出现了浮肿，非正常死亡人口增加，关中一些主要产粮县也有不少人出外换粮、逃荒。粮食生产紧张状况影响了畜牧业和农村其他副业的发展，市场商品供应也相应出现紧张，蔬菜、生猪、鲜蛋、食糖、肥皂、胶鞋、热水瓶、煤炭、汽油乃至火柴、烟、酒、小百货、日用杂品和小农具等产品短缺，供不应求。1960 年，全省社会购买力约为 18.2 亿元，而可供商品仅有 16.5 亿元，缺口达 1.7 亿元。

“大跃进”和人民公社化运动不仅造成国民经济比例严重失调，而且导致以“五风”为标志的“左”倾错误严重泛滥。“共产风”急于把人民公社从集体所有制过渡到全民所有制，形成了平均主义的分配制度。在强大政治压力下出现的浮夸风，各种“卫星”越放越高，国家粮食征购任务随之加大，形成恶性循环。为了完成粮食征购数额，各地农村出现了“瞒产私分”等现象。在强迫命令风影响下宣传工作简单化，一切工作实行政治挂帅、行政命令开路，农业“大跃进”成了政治运动的一部分。干部特殊化风盛行，有的干部不集中精力搞生产，不关心农民群众

① 陕西省地方志编纂委员会编：《陕西省志·中国共产党志》（下），陕西人民出版社 2002 年版，第 884 页。

的生活疾苦，干群关系和党群关系处于紧张状态。生产的瞎指挥风，打乱了正常的生产秩序和农时，不该播种时提前播种，该收割时没有劳动力，农作物产量下降，甚至带来人为的浪费。

“五风”严重损害了党风和社会风气，一些领导干部唯心主义和形而上学泛滥，以空话、假话、大话哗众取宠，不讲真话、骗取功劳。一些领导干部制定规划、下达任务不尊重客观经济规律和自然规律，只唯上不顾下，只务虚不务实，民本思想意识淡薄，偏离实事求是、脱离实际、脱离群众的不良作风逐渐盛行，影响了整个社会风气。

“大跃进”和人民公社化运动是党在探索建设社会主义道路的过程中出现的错误。对于社会主义制度建立后摆在自己面前的崭新课题——什么是社会主义、怎样建设社会主义，党中央和毛泽东既缺乏足够的理论准备和思想准备，又缺乏可供借鉴的实践经验，对社会主义建设的艰巨性、复杂性和长期性估计不足，重视了广大人民群众迫切要求尽快改变经济文化落后面貌的愿望，忽视了客观经济发展规律，夸大了主观意志和主观努力的作用，对社会生产力造成了极大破坏，给党和人民带来了灾难性的损失[①]。“大跃进”运动的错误是在建设速度上盲目求快、急于求成，人民公社化运动的错误是在所有制上盲目求纯。两者的共同教训是背离了党的实事求是原则，脱离了中国社会生产力的发展水平，违背了经济和社会发展规律。这都是我们应该认真总结汲取，在实践中时刻警惕和防止的倾向。

① 中共中央党史研究室著：《中国共产党历史》第二卷（1949—1978）上册，中共党史出版社2011年版，第503页。

第十章
全面调整国民经济

针对“大跃进”和人民公社化运动中出现的不正常现象和带有普遍性的问题,第一次郑州会议和武昌会议开始努力纠正“左”倾错误,但受国内外各种因素影响,庐山会议出现从纠“左”到反右的逆转。在全党结合实际调研、开展集中读书活动和初步系统总结的基础上,党的八届九中全会决定对国民经济实行“调整、巩固、充实、提高”的方针,标志着党的指导方针出现重要转变。中共陕西省委采取有力措施纠正“大跃进”以来的“左”倾错误,全面调整国民经济和社会政治关系,努力推动全省经济复苏和社会复序。

一、贯彻以调整为中心的“八字方针”

调整农业和农村政策

国民经济的调整首先从农业开始。1960 年 10 月中央部署整风整社,引导干部在思想上弄清什么是共产主义、共产主义和大集体下“小自由”与资本主义自发势力的区别等问题,坚决扫除“共产风”、浮夸风、强迫命令风、生产瞎指挥风和干部特殊化风等“五风”。11 月 3 日,中央发出《关于农村人民公社当前政策问题的紧急指示信》(以下简称“十二条”),要求全党用最大的努力来解决纠正“共产风”,重申“三级

（指公社、生产大队、生产队）所有、队（即生产队）为基础，是现阶段人民公社的根本制度”，要求坚决反对和彻底纠正“一平二调”的错误，坚持生产小队的小部分所有制，允许社员经营少量自留地和小规模家庭副业，坚持各尽所能、按劳分配的原则，有领导地有计划地恢复农村集市、活跃农村经济[①]。但是，“十二条”仍主张坚持部分供给制，坚持办好公共食堂，还特别强调只要坚持三级所有，坚持部分供给制，坚持办好食堂，“就不会犯原则错误”。

“十二条”下发后，省第三次党代会对此进行了学习讨论，并原原本本向群众宣传，全省各地一面传达、一面清理、一面兑现，受到群众欢迎，也取得良好成效。比如，大荔县一部分社队10天内退还赔偿土地25637亩、牲口233头、家禽1187只、农具5036件、劳力349名、房屋15356间、肥料价款25582元、社员结余口粮38928斤[②]，有力调动了群众的劳动积极性。

开展“大跃进”运动后，全省绝大多数地区的农村贸易处于停滞状态，按照中央“十二条”精神，12月31日，省委发出《关于恢复农村集市贸易的指示》，要求积极开展农副业生产，采取各种措施促进农村集市很快恢复起来；明确参加集市贸易的对象主要是国营商业、公社、生产队、生产小队、社员和城乡消费者，价格管理必须有利于发展生产、有利于继续稳定物价，大城市暂不组织集市贸易[③]。全省各地积极行动，逐级彻底清理无偿调拨的集体经济组织和农民个人的生产资料、产品、劳动力和资金，对农民进行经济退赔，增加社员的自留地（包括猪饲料地）；养猪以私养为主，有条件的地方允许社员个人喂养一两头大牲畜，山区的大牲畜可以分户包养；变生产资料生产大队所有为生产队所有，变以生产大队为基本核算单位为以生产队为基本核算单位。之后，全省集市贸易

① 中央档案馆、中央文献研究室编：《中共中央文件选集》（1949.10—1966.5）第35册，人民出版社2013年版，第345—352页。

② 《关于全省党代表大会情况给西北局和中央的报告》（1960年11月19日），陕西省档案馆编：《中共陕西省委文件选编》（1950—1966）第1册，1996年，第347页。

③ 陕西省档案馆编：《中共陕西省委文件选编》（1950—1966）第7册，2007年，第572—574页。

逐渐活跃起来，解决了农民对农副产品的需求，一定程度上改善了人民群众生活。

从1960年冬到1961年春，全省农村通过贯彻执行“十二条”，纠正了“共产风”、浮夸风和瞎指挥，维护了人民公社的集体所有制，农业和农村经济朝着较好的方向发展。

1961年1月，党的八届九中全会正式决定对国民经济实行“调整、巩固、充实、提高”，推动整个国民经济实现综合平衡、按比例发展，同时决定在全国各大区重新成立六个中央局，把经济管理权集中到中央、中央局和省（区、市）三级，加强对各项工作的统一领导和全面安排。1月28日至2月6日，省委三届二次全会通过了《关于坚决贯彻八届九中全会精神，集中力量争取农业丰收的决议》，要求继续贯彻执行国民经济以农业为基础，全党全民大办农业、大办粮食的方针，不断加大工业和交通运输业对农业支援的力度，集中力量争取农业丰收，首先是粮食丰收。

1961年春夏之交，中央要求人民公社供给规模不宜过大，特别是生产队规模不宜过大，以避免在分配上把经济水平相差过大的生产队拉平，避免队和队之间的平均主义。按照中央精神，省委结合实际制定了《关于执行〈农村人民公社工作条例（草案）〉的若干问题的补充规定》，指出农村人民公社一般分为公社、生产大队和生产队三级，公社的规模一般略大于高级农业生产合作社，个别规模过大、群众有意见的应当分开；几个高级农业生产合作社可合并为一个大队，经济条件差别较大、群众有意见的也应当分开，经营管理好、群众没有意见的可以不分；生产队一般以30户左右为宜，山区可以小一些，川原地区可以稍大一些，50户以上群众要求分开的，应当分开；生产大队对生产队应实行“三包一奖”“四固定”① 制度。

4月28日，省委印发的《关于调整农村人民公社规模的方案》指出，社队调整的原则是公社大调整、生产大队部分调整、生产队一般不动，生产大队相当于过去的高级社。个别调整采取一分为二或一分为几

① “三包一奖”，即包产量、包工、包成本，超产奖励；“四固定”，即劳力、土地、耕畜、农具，按现有情况固定给生产队使用，不再调整。

的方法，局部调整不把一个单位打乱插编，实行整体“搬块块”。调整的具体方案由县（市）委、公社党委和大队党支部提出，经公社社员代表大会或社员大会通过，报上级党委批准。经过调整，全省人民公社由687个调整为2352个（其中农村公社2296个，城市公社56个），生产大队由23364个调整为31928个，生产队由113178个调整为126733个[①]，调整后的农村生产关系比较适合生产力发展水平，促进了生产的发展。以长安县韦曲公社和临潼县华清公社为例，韦曲公社划分为韦曲、杜陵两个公社，华清公社划分为华清、行者、西泉、斜口、仁宗5个公社，大体上是一个大乡划为一个公社。韦曲公社由原管理34个生产大队、114个生产队、6274户、31455人，缩小为管理25个生产大队、86个生产队、4320户、21353人。华清公社由原管理29个生产大队、262个生产队、12755户、60190人，缩减为管理10个生产大队、77个生产队、3030户、12911人。韦曲公社的生产队原来平均每队55户、276人，调整后平均每队50户、248人。华清公社的生产队原来平均每队49户、230人，调整后平均每队为39户、168人。一乡划一社、一个高级社大体划为一个生产大队是比较合适的，既有利于生产经营管理和干部群众团结，承认穷队和富队的差别，克服平均主义，同时也有利于社、队干部深入实际，及时发现问题和解决问题，受到了广大干部群众欢迎。

9月，省人委调整全省市县行政区划，改宝鸡、咸阳、渭南3个专区为专署，加上原有的榆林、延安、汉中、安康、商洛专署，全省共设8个专署。新设立太白县，恢复武功等43个县的建制，加上原有的52个县（市），全省共设96个县（市）。

在学习贯彻“农业六十条”的过程中，省委调低了农业指标，粮食产量由107亿斤调整为85亿斤，棉花产量由200万担调整为160万担。6月20日至7月6日，省委召开省、地、县三级干部会议，总结全省近几年工作中的经验教训。省委第一书记张德生说，最近三年我们受到了历史惩罚，“三少三瘦”[②]就是惩罚。工作中的主要缺点错误有两个：一个是在

① 中共陕西省委党史研究室编：《20世纪60年代国民经济调整（陕西卷）》，陕西人民出版社2012年版，第6页。

② “三少三瘦”，即农村劳动力、耕地、牲畜减少，人瘦、地瘦、牲畜瘦。

所有制问题上的错误,一个是在速度和比例问题上的错误。

9 月党的八届十中全会正式通过了《农村人民公社工作条例(修正草案)》。在贯彻“农业六十条”过程中,全国不少地方提出了公社规模及基本核算单位放在哪一级比较合适的问题。毛泽东和党中央认真调查研究,逐渐认识到把基本核算单位下放到相当于原来初级社规模的生产队,是克服队与队之间平均主义的好办法。9 月 29 日毛泽东致信中央政治局有关同志指出:我们对农业方面的严重平均主义,至今没有完全解决,还留下一个问题,即生产权在小队,分配权却在大队。这个严重矛盾仍然束缚着群众的生产积极性[①]。根据中央 10 月 7 日发出的《关于农村基本核算单位问题,给各中央局,各省、市、区党委的指示》精神,省委召开扩大会议认为,当前农村的主要问题仍然是平均主义,今后农村工作的关键应当是继续克服平均主义,坚决贯彻按劳分配原则,实行以生产队为基本核算单位的规定。省委还批转省委农村工作部社员庄基地、食堂菜地和零星树木所有权的具体政策问题的请求报告,激发了农民的生产热情。

10 月下旬至 11 月初,按照有利生产、便于领导、加强团结的原则,全省先后在 185 个生产队试点全面下放基本核算单位,对土地、牲畜、农具进行必要的调整。到 1962 年 3 月,全省下放基本核算单位工作基本结束。据统计,在全省 30109 个生产大队中,以生产队为基本核算单位的有 28549 个,占大队总数的 94.82%;仍以大队为基本核算单位的有 783 个,占 2.6%;实行生产队分配大包干的有 735 个,占 2.44%;继续试办向社有制过渡的有两个公社 42 个大队,占 0.14%[②]。在改变基本核算单位的过程中社队规模也作了调整,公社由 2251 个增加到 2378 个,大队数由 30225 个减少到 30109 个、平均户数 119 户。除公社直接领导的生产队以外,全省平均每个大队有 4.7 个生产队。公社直接领导的

---

① 中共中央党史研究室著:《中国共产党历史》第二卷(1949—1978)下册,中共党史出版社 2011 年版,第 584 页。

② 《关于检查农村人民公社基本核算单位下放情况给西北局、中央的报告》(1962 年 4 月 11 日),陕西省农业合作史编委会编:《陕西省农业合作重要文献选编》下册,陕西人民出版社 1993 年版,第 998 页。

生产队由133092个增加到145050个，增加8.98%，全省平均每个生产队的户数由27.4户减少到25户，关中地区平均32.9户，陕南地区平均16.1户①。

经过进一步调整，人民公社仍是一个完整的经济组织，社、大队、生产队保持上下级隶属关系。公社内部社、大队、生产队三级各自独立核算、自负盈亏，从此确立了以生产队为基本核算单位的人民公社基础。1962年2月，中央正式发出指示，确定农村人民公社以生产队为基本核算单位，实行以生产队为基础的三级集体所有制是一个在较长时期内实行的根本制度。

召开中共陕西省第三次代表大会

1960年11月8日至14日，中国共产党陕西省第三次代表大会在西安召开。出席大会代表450人，候补代表48人，代表全省532076名党员，西北局机关13级以上干部45人参加会议。大会主席团由46人组成，张德生等17人组成主席团常务委员会。会议的任务是听取和讨论第二届省委工作报告，讨论贯彻执行中央《关于农村人民公社当前政策问题的紧急指示信》；通过无记名不限额提名和预选，选出中共陕西省第三届委员会。张德生代表第二届省委作《以农业为基础，促进国民经济持续跃进》的工作报告。

大会认为，1956年7月中共陕西省第二届委员会第一次会议以来，在党中央和毛泽东的领导下，全省各级党组织团结带领全省人民，贯彻执行党中央的各项方针政策，在工业、农业和其他各个战线上都取得了成就。全省工农业生产的平均增长速度，超过“一五”计划期间的平均增长速度。

会议认为，过去三年工作中存在的缺点主要是执行以生产队为基础的公社三级所有制和“各尽所能、按劳分配”“物资劳动等价交换”等政

① 《关于检查农村人民公社基本核算单位下放情况给西北局、中央的报告》(1962年4月11日)，陕西省农业合作史编委会编:《陕西省农业合作重要文献选编》下册，陕西人民出版社1993年版，第998页。

策不够严肃、不够坚决,官僚主义、命令主义、浮夸风、特殊化和对生产瞎指挥的作风尚未彻底扫除,这些缺点虽然只是局部性的,但是决不能忽视,必须认真加以克服。

会议指出,全省今后的中心任务是进一步加强政治思想领导,坚决执行党的政策,认真改进工作作风,办好人民公社,安排好人民生活,把广大群众的积极性充分调动起来,继续开展以粮、钢为中心的增产节约运动,一心一意大办农业,各行各业支援农业,促进农业生产大发展,力争 1961 年农业大丰收,力争以后几年使粮食和其他农作物连续大丰收。

为了保证粮食的不断增产,大会提出必须贯彻执行以粮为纲、五业并举的方针,贯彻执行多种多收和高产多收同时并举的方针,贯彻执行农业增产“八字宪法”,突出地抓水利和肥料;大力发展以猪牛羊为重点的畜牧业。特别是必须从各方面节约一切可能节约的劳动力,加强农业生产第一线,把劳动力管理好、使用好,不断提高劳动生产率。各行各业都要支援农业,工业部门要把支援农业放到头等重要的地位,为农业的发展提供更多、更好的农业机械、农具、农药和化肥,动员大批技术力量深入农村,支援农业技术改造。

会议讨论《关于农村人民公社当前政策问题的紧急指示信》中指出,人民公社必须坚持以生产队为基础的三级所有制,坚持“各尽所能、按劳分配”的原则,正确处理积累和消费、工资部分和供给部分的比例,落实政治挂帅和物质保证相结合的原则,在生产增长的基础上,力争社员的收入逐年有所增加。大会要求到 1961 年春天,全省各级党组织必须集中力量,加强领导,充分发动群众,进一步办好人民公社,并在此基础上更好地发挥基层党组织的堡垒作用。

全省 1960 年的粮食产量虽然比 1957 年有所增长,但是,粮食的需要量比 1957 年增加得更多,大会强调各级党委必须一手抓生产,一手抓生活,深入检查,切实地安排好人民生活。全党全民都要学会精打细算、省吃俭用地过日子,计划用粮,节约用粮。在安排好群众经济生活的同时,切实实行劳逸结合,使群众既劳动得好又休息得好。

为了确保中心任务顺利完成,会议决定大力加强各级干部特别是各级领导干部的学习,重点是学习马克思列宁主义和毛泽东同志的著作,学习党中央的方针政策，提高经济理论水平和政策水平，增强执行政策的自觉性，同时切实改进干部的工作作风。省级和专署级机关要实行“三三制”[①]的领导方法，县以下干部坚持实行“二五制”或“三七制”[②]，进一步发扬延安时期的优良传统，反对官僚主义、命令主义和铺张浪费等脱离群众的作风。各级干部要严格执行劳动制度，深入生产第一线，与群众同吃、同住、同劳动、同商量，广泛深入地宣传党的政策，使政策直接同群众见面、为群众所掌握，要发动广大群众，监督各级干部执行政策，同违反党的政策现象进行斗争。

这次会议选举产生了由 49 名委员和 22 名候补委员组成的中国共产党陕西省第三届委员会。11 月 15 日，中国共产党陕西省第三届委员会举行第一次会议，选举张德生、杨嘉瑞、严克伦、赵守一、方仲如、常黎夫、赵伯平、张策、谢怀德、李合邦、李启明、傅子和、杨拯民、惠世恭、刘邦显、刘庚、宋友田等 17 人为省委常务委员会委员。张德生为省委第一书记，严克伦、方仲如、张策、赵守一、赵伯平、李启明、谢怀德、杨拯民为书记处书记；选出由 17 人组成的省监察委员会，李启明当选省监察委员会书记。

省第三次党代会后，省委深入贯彻“调整、巩固、充实、提高”的八字方针，采取调整农村生产关系、缩短基本建设战线、调整轻重工业比例关系、增加生产资料生产、稳定市场等措施，推动全省国民经济主要比例关系初步得到改善，整个国民经济出现好的发展势头。

纠正“左”的错误

1961 年 3 月 23 日，中共中央发出《关于认真进行调查工作问题给

① “三三制”，即三分之一的干部深入基层蹲点，三分之一的干部巡回检查工作，三分之一的干部留机关处理日常工作。

② 1960 年 6 月 16 日，《人民日报》刊发题为《吴桥县委“二五制”的领导方法值得学习》的社论，对河北省委在全省推广吴桥县委“二五制”的领导方法给予肯定。“二五制”的具体内容是：在一周以内，县委、公社党委、管理区总支（包括县、公社各部门）分别以两天时间各自开会、检查研究工作和学习；以五天时间深入到生产小队（工厂、车间、基层商店）去参加生产、领导生产，具体帮助基层干部解决生产和工作中的问题。

各中央局，各省、市、区党委的一封信》，同时印发毛泽东写的《关于调查工作》（1964 年公开发表时题名改为《反对本本主义》），要求在全党大兴调查研究之风，并强调深入基层调查研究是领导工作的首要任务。指示信发出后，从中央到地方的各级领导纷纷深入基层调查研究，总结正反两方面经验，着手解决实际工作中存在的突出问题。面对国民经济的困难局面，省委从 1960 年冬至 1961 年在全省开展调查研究，贯彻中央八字方针，教育各级干部总结和纠正全省在“大跃进”中存在的突出问题。

首先，实事求是承认和检讨工作中的错误。1960 年 12 月 27 日，张德生在中央工作会议上做检查，对省委和他在刮“共产风”上的责任做了检讨。张德生认为，工作中的错误主要表现在四个方面：一是在布置一些任务时，对于政策界限没有交代清楚，没有想到执行中可能发生的问题，甚至开了某些缺口。例如，在推广大面积丰产田时，只是强调连片耕作，没有强调不能突破队与队的界限，没有强调“四固定”原则等。在这些问题上，上边开小缺口，下边就决口。二是有些问题虽然交代了政策，但由于省委提出的任务过大、要求过急，影响政策的贯彻执行。比如，1959 年 11 月全省多种经营会议提出县办“万头猪场”、社办“千头猪场”等不切实际的要求，以致有些地方为了扩大猪场，公社调大队的猪、大队调小队的猪、小队调社员的猪。三是下放企事业只从发挥下边积极性着眼，而忽视公社现有的力量，权力下放了、负担也下放了。比如，社办学校的经费，邮递员、养路员、广播员等生活费用都由公社、生产队开支。四是在 1959 年春纠正“共产风”时，有先紧后松现象。

1961 年 5 月 25 日，张德生在中央工作会议上的发言中说：“为什么发生过高、过大和一平二调？除了我们缺乏建设社会主义的理论知识和实践经验以外，根本原因是近几年来调查研究和群众路线的观念淡薄了，主观主义有了发展。”他说，这几年很少深入群众进行调查，遇事主要靠同省委同志和三级干部商量，影响了对客观情况的真实反映和对中央指示的正确贯彻执行①。

① 中共陕西省委党史研究室编：《张德生》，陕西人民出版社 1996 年版，第 81 页。

7月6日，张德生在省委召开的三级干部会议上说，我们在农民问题上所犯的错误，概括地说，就是在经济上损害了农民的利益，在政治上对农民的意见和民主权利尊重不够，在领导方法上对农民和农业的特点重视不够，采取了某些领导工人的方法来领导农民，采取了某些领导工业的方法来领导农业。他认为，在农民问题上的错误主要表现在以下几个方面：一是侵犯了农民的集体所有制和个人所有制；二是违反了按劳分配的原则；三是对国民经济以农业为基础的方针执行不力；四是积累过多，农民的负担过重；五是错误地对待富裕中农；六是对农民的生产经验很不尊重；七是民主生活不正常，党内外相当一部分人不敢说真心话。他指出，中央庐山会议以后，当时陕西广大地区的主要问题是“共产风”、浮夸风、命令风尚未根本纠正，我们对这个情况估计不足，没有把党内斗争的主要锋芒指向反对“共产风”、浮夸风和强迫命令风，而是着重地开展了“反右倾”斗争，特别是不适当地把“反右倾”斗争推向了县以下的基层组织。“反右倾以后，我们的脑子又在发热”，“以致全省范围又刮起一阵‘共产风’。这一次‘共产风’比之前一次，规模更大、范围更广、危害更大。由此看来，高指标、高估产和两次大规模的‘共产风’，主要来自省上，应当主要由省委负责，首先应当由我个人负责”①。省委书记处书记赵守一在讲话中也说：我们的缺点错误主要是违反客观规律，违反了社会主义经济按比例发展的规律，违反了社会主义社会按劳分配、等价交换的规律。其原因一是没有按客观规律办事；二是对调查研究、群众路线光荣传统忽视，在胜利的环境下滋长了一种主观、片面、“想当然”和脱离群众的不良作风；三是党内外民主生活不够正常②。

其次，客观地向中央反映群众意见和陕西实际情况。1961年4月，张德生带领省委调查组在长安县农村调查20多天后，5月10日就粮食、种植计划、三包一奖、公共食堂、供给制、耕畜、农具等问题给毛泽东

---

① 张德生：《总结经验，鼓足干劲，为迅速恢复和发展农业生产而奋斗》（1961年7月6日），陕西省农业合作史编委会编：《陕西省农业合作重要文献选编》下册，陕西人民出版社1993年版，第969—970页。

② 陕西省农业合作史编委会编：《陕西省农业合作重要文献选编》下册，陕西人民出版社1993年版，第949—950、953—954页。

写信。他写道，在粮食分配方面，群众普遍反映口粮标准太低，统购任务不摸底，队与队、社员与社员之间存在着平均主义。群众普遍要求粮食层层包干，包到生产队；生产大队、生产队干部和社员对这几年的种植计划有很多意见，主要是嫌上边下达的计划高（产量指标过高）、大（播种面积过大）、细（计划项目过细）、死（计划规定过死）、迟（计划下达太迟）、变动多，造成许多不良后果；多数群众和基层干部不愿办常年食堂。食堂解散后，社员回家做饭非常高兴；耕畜归生产队所有对于改变目前耕畜乏瘦死亡的严重状况大有好处。

5月下旬，张德生在参加中央工作会议时继续反映“近几年来特别是近两年来，陕西工作中的毛病主要是‘高’‘大’‘平’‘调’。各种指标过高，各种任务过大，大办这个，大办那个，任何一个大办，都要人、要钱、要东西，向农民打主意，助长了一平二调的严重错误”，“过高、过大和一平二调造成的不良后果，表现在许多方面，而很多问题都集中表现在粮食问题上，粮食问题成为许多矛盾的焦点”。“这几年陕西的粮食逐年减少，吃商品粮的逐年增加，现在城里人乡里人都吃不饱。”他在汇报纠正平调错误的情况时指出，陕西从省级到生产队，各级退赔都不彻底，“现在看来，平调总值绝不止 2.5 亿元（不包括 1959 年退赔的）。因为：一、有漏掉的，估计全省漏掉的最少有 10%；二、平调物资退赔折价偏低，根据几个地方的典型调查比原价低 30% 左右”。

再次，脚踏实地调查研究并改正错误。1961 年 3 月 10 日，省委作出《关于大兴调查研究之风的规定》①，要求全省各级党委都要经常地、毫不例外地把深入调查研究作为领导工作的首要任务，并提出制定调查研究计划、负责同志亲自动手、注意调查研究方法、坚持实事求是态度、及时处理调查研究材料、建立调查研究队伍、改进和加强统计工作、认真学习毛泽东关于调查研究著作等八项具体要求。之后，省委常委分赴各地开展调查研究。5 月 22 日，省委印发《给各地、市、县委第一书记的信》②，要求“再下苦功夫做一回调查研究工作”，明确农村和城市工作各

① 陕西省档案馆编:《中共陕西省委文件选编》（1950—1966）第 4 册，2001 年，第 100 页。
② 陕西省档案馆编:《中共陕西省委文件选编》（1950—1966）第 4 册，2001 年，第 105 页。

10个调查研究的参考题目,涵盖农村城市工作的方方面面,强调第一书记要亲自调查研究,写出报告报送省委和西北局。

同时,省委对1958年以来错误批判和处分的党员、干部(包括农村党员、干部)逐人进行甄别平反。1962年7月省委三届四次全体会议召开,赵伯平代表省委在总结讲话中指出:"甄别工作要加速进行,对于批判错误的同志,党组织要真心诚意地向他们承认错误。""省委第二届第十二次全体会议上对刘国声、冯绍绪、陈平、陈元方、丛一平等同志的批判,是错误的。"10月29日,张德生在省委三届五次全体扩大会议上承认在"反右倾"斗争中错误地批判和处分了一些干部,并主动承担领导责任。

省委主要领导同志坦诚地自我批评和勇于担当责任,使干部群众逐渐冷静下来,便于解决最困难最现实的问题,也有力地促进了国民经济政策的调整。

调整工业内部结构和压缩基建规模

中央提出"调整、巩固、充实、提高"八字方针后,要求制定1961年国民经济计划必须更好地贯彻执行以农业为基础、把农业放在首位的政策,首先是调整压缩工业和基本建设规模。

1961年第一季度工业计划执行情况显示,过高的工业指标和增长速度难以为继,在重新分析估计的基础上,中央要求把八字方针落到实处,工业要退下来,而且要退够。1961年7月,省计划委员会对原定的1961年国民经济主要计划指标作出相应调整,钢产量仍坚持5万吨,生铁产量由12.5万吨调整为3.5万吨,粮食产量由107亿斤调整为85亿斤,棉花产量由200万担调整为160万担,煤炭产量由800万吨调整为520万吨。经过全省人民艰苦努力,1961年实际生产钢1.4万吨、比上年减少1.4万吨,生产生铁3万吨、比上年减少5.3万吨,生产原煤495万吨、比上年减少167万吨。同年,基本建设投资从上年的12.09亿元减少为3.51亿元,积累率从上年的43%下降为18.7%。由于减少了基本建设投资,放慢了重工业的发展速度,全省国民经济主要比例失调的现象开始得到扭转。1961年全省工农业总产值中工业总产值所占的比重从上年的 71.9% 下降为 61.2%,农业总产值的比重由上年的 28.1% 上升为 38.8%。在工业总产值中,重工业产值所占比重从上年的 61.6% 下降为 51.8%,轻工业产值的比重则由上年 38.4% 上升为 48.2%。

9 月 16 日,中央颁布《国营工业企业工作条例(草案)》(以下简称“工业七十条”),系统总结新中国成立以来特别是“大跃进”以来工业管理工作的经验教训,明确国家对企业实行“五定”、企业对国家实行“五保”①,规定国营工业企业实行党委领导下的厂长负责制,在党委领导下建立以厂长为首的统一生产行政指挥系统;企业实行职工代表大会制度,建立各级、各方面和各个环节的责任制度,这个规定不仅恢复了被“大跃进”运动否定和打乱了的工业企业规章制度和正常秩序,而且建立起新的制度。

10 月,省委召开三届三次全委扩大会议,下发《关于认真贯彻执行〈中共中央关于讨论和试行国营工业企业工作条例(草案)的指示〉的通知(草稿)》,要求从 10 月起在全省县属以上国营和私营工业企业中学习“工业七十条”,并在若干省属和县属企业中进行试点。在试点企业中组织职工学习领会“工业七十条”,从加强生产、技术管理和经济核算入手进行“查定”工作。在建立各级行政责任制、健全企业领导核心的基础上,整顿企业的各项管理制度。在省工交系统各厅局的 47 个直属企业中,陆续试行的有 44 个。

1962 年 2 月,省委批转省委工交办公室《关于国营工业企业工作条例(草案)试行情况和下一步安排意见的报告》,进一步安排试点试行工作,明确在第一批部分企业已经开始试行的情况下,大中小企业试行工作分两批进行,第二批五六月开始。到 3 月,全省 1279 个县属以上工交企业、48 万多名职工开展学习讨论,占企业总数的 86% 和职工总数的 91%。115 个企业开展试点,其中省委直接试点的 2 个、省级各厅局试点的 80 个,有 7 个企业基本结束试点,39 个企业提出“五定”建议方案。

① “五定”,这里指定产品方案和生产规模,定人员和机构,定主要的原料、材料、燃料、动力、工具的消耗定额和供应来源,定固定资产和流动资金,定协作关系;“五保”,指保证产品的品种、质量、数量,保证不超过工资总额,保证完成成本计划并力求降低成本,保证完成上缴利润,保证主要设备的使用期限。

同时，全省企业普遍开展清仓核算工作，在应当进行核算的464个地方国营工交企业中，初步核定207个试行“工业七十条”的企业普遍进行“查定”工作。通过“查定”摸清了企业的底子，发现了生产、管理工作中的薄弱环节，为全面试行“工业七十条”、整顿企业管理打下基础，也为制定工作发展规划提供了依据。比如，许多试行企业已经初步形成以厂长为首的统一生产行政指挥系统，在省属企业中逐步建立以总工程师（或技术副厂长）为首的各级技术责任制，在重点企业中开展定额管理和经济活动分析工作。

在“大跃进”运动特别是落实“以钢为纲”方针过程中，大量农村劳动力加入了工业行列，影响了农业生产。实施以农业为基础、把农业放在首位政策后，农村劳动力短缺问题突出起来，加之工业指标降低和企业管理体制调整，精减职工、减少城镇人口成为一个重要任务。1960年9月3日，省委印发《关于贯彻执行中央对于保粮保钢和大办农业大办粮食两个指示的十四条规定》，提出全省精减比例为行政单位人员10%以上、事业单位人员20%以上、企业单位精减非生产人员30%以上。

9月7日，省委作出《关于清理农村劳动力，加强农业战线的10项规定》，即，一是清理后的评级劳动力人数，力争达到农村总人口的45%，农忙时在田间生产的劳动力至少要达到农村劳动力总数的80%以上；二是公社、管理区所办的企事业占用的劳动力，最多不得超过农村劳动力总数的4%；三是固定由生产队和生产小队支配的劳动力，除国家计划抽调的以外，公社和管理区不得抽调；四是生产队的服务事业所需人数，不得超过生产队总劳力的10%；五是各行各业所需劳力应按国家计划调拨，一律不许到农村私自招收和抽调；六是三年内省、专区和县各级都不再发展专业剧团，不举办文艺汇演；七是对小学和1960年考进初中的16岁以上的超龄学生，应充分说服动员其转入农业技术学校或参加农业生产；八是凡干部包庇自己的亲戚朋友离开农村，安插在机关、工厂、企业、学校逃避农业生产的，都必须限期回到农村，参加农业生产；九是公社、管理区的干部坚决执行“二五制”或“三七制”，队和小队干部一定要参加劳动；十是清理劳动力是一场复杂的尖锐的思想斗争。

10月10日，省委转发省委精减小组《关于全省国家机关、事业、企业精减和人员处理意见的报告》,要求把精减重点放在事业、企业中的管理人员和服务人员,撤销目前可以缓设和暂时不设的机构,合并业务相近、工作重复的机构。精减指标为国家机关按编制减 14.6%,事业单位的行政人员、辅助人员和服务人员减 54%,企业中的管理人员、服务人员减 40.6%,精减总人数达 11.05 万人。11 月 3 日,省委决定在此基础上再减 4 万人。同时,省人委 11 月 1 日发出《关于动员国家机关、事业、企业单位职工的家属支援农业生产的几项规定》,要求国营、公私合营的企业事业单位和国家机关、人民团体职工携带的家属,凡有劳动能力、在本省农村有家的都动员回农村参加农业生产劳动,在农村无家的或有特殊困难的动员到本机关生产基地参加生产。外省籍职工携带的家属,有劳动能力的动员他们到本部门有协作关系的人民公社和本机关生产基地参加生产;如自愿回原籍者的动员回原籍参加生产。1960 年底,全省共减少吃商品粮人口 40 万(其中城镇人口 33 万),城镇粮食供应量减少 4000 万斤,节约工资基金 1700 余万元,有力地推动了国民经济调整。农村劳动力总数从 1960 年的 658 万人增加到 1961 年的 680 万人,净增 22 万人,有力地加强了农业战线。1961 年 8 月 8 日,省委批转省委精减五人小组《关于减少城镇人口精减职工工作情况的报告》,要求 1961 年精减城镇人口 30 万(10 月 27 日改为 40 万),主要是 1958 年 1 月后参加工作来自农村的新职工,另外动员一部分学生、社办企业职工及职工家属回农村。到 1962 年 9 月底,省、专区和县(市)属企业减少 372 个,占原有企业总数的 34.3%,共计精减职工 11 万余人,占职工总数的 41%。

陕西调整基本建设的另一个举措是缩减投资,下马在建工程。1961 年计划全省基本建设总投资 17524 万元,在建项目 227 个,其中中央投资 7575 万元、项目 47 个,地方投资 9949 万元、项目 180 个。在地方投资中新开工项目 22 个、投资 4736 万元,续建项目共 114 个、投资 7402.84 万元,收尾项目 41 个、投资 929.2 万元,设备购置 944.56 万元,其他投资 199.3 万元。根据上半年基建投资完成的情况及 6 月 22 日国家计委关于重新调整基本建设项目的通知精神,1961 年 7 月 10 日省计委重新调整全省基本建设投资计划,将投资降为 7000 万元,安排新开工限额以上基本建设项目共 21 个。从工程建设实际执行情况看,当年基本建设投资总额大幅度缩减,全民所有制单位基建总投资由上年的12.09亿元减为3.5亿元、减少71%,投资总额占全国的比重由上年的3.2%下降为2.8%,停建缓建大中型项目12个。由于基本建设投资作了较大压缩,1961年全省国民收入的积累率由上年的43%下降到18.7%,积累与消费比例严重失调的状况有所改善。

1962年5月,省二届人大四次会议通过《关于陕西省人民委员会工作报告的决议》,要求坚持“缩短战线、压缩投资、保证重点,尽力安排农业、轻工项目(尤其是吃、穿、用方面见效快的项目)”的原则,把进一步做好国民经济调整工作作为全省的中心任务,把加强农业战线作为国民经济调整的中心环节。在执行1962年建设计划中,停建缓建了略阳铁厂、陕西重型机器厂、西安拖拉机配件厂等多个项目。到10月,缓建或停建了宝鸡峡引渭灌溉工程、泾河大佛寺水库工程、洛川永宁山水库工程、石泉水电站、略阳冶金矿山公司、西安钢厂、西安八一铁厂、陕西纺织机械厂、宝鸡电焊机厂、陕西人造石油厂、陕西兴平化肥厂等一批大中型项目。

在基本建设规模大幅度压缩的情况下,1962年6月撤销陕西省基本建设委员会,将全省工程建设业务并入陕西省计划委员会。1962年全省共完成基本建设投资1.82亿元,比上年减少48%。对基本建设投资大幅度的压缩,有力地支持了全省国民经济的调整。经过三年时间的持续调整,到1965年陕西经济形势已大有好转。

调整交通运输业

陕西地形地貌复杂多样,又横跨长江和黄河两大水系,交通运输业的状况对经济发展影响较大。1961年1月,省委、省人委按照中央“八字方针”开始调整交通运输业,主要是调整交通基本建设、公路养护维修、公路和水路运输、交通科技教育、交通运输企业以及交通管理体制、交通行业所有制关系、交通职工队伍建设等。前期以调整、巩固、恢复为主,后期则侧重充实、提高、发展,从总体上调整和理顺关系,调动各方面的积极性,促进交通运输尽快摆脱困境、逐步恢复和发展。

在“先养路、后基建”思想指导下,交通基本建设大幅压缩规模,“切实整顿、加强养护、积极改善、逐步提高”，恢复和提高公路技术等级，尽快改变公路路况急剧下降的局面。省交通厅按照交通部“以养好路面为纲”红旗竞赛活动的总体部署，吸取“大跃进”中公路建设高指标的教训，颁发《公路养护工作四十条》，明确提出主要交通干线晴雨畅通，运输繁忙路段逐步实现养路作业半机械化，集中力量消灭影响拖挂的“盲肠”路段，同时配备充实地、县（市）两级公路养护段技术干部，制定《公路养护技术人员责任制试行办法》，实行技术责任制。

为满足经济恢复和社会生活需要，运输业突出了恢复运力这个重点，交通部门比较全面地调查了全省汽车的分布、使用、管理和技术性能以及汽车维修保养，在此基础上将全省 104 个厂牌、1830 种车型、6450 辆汽车，按照技术标准逐车鉴定、分类排队，建立技术档案，采取相应的维修和恢复措施。对 4983 辆一、二类汽车发给合格证，继续运行；对技术状况较好、配件供应有保障的汽车，实行定点保修以尽快恢复运行；对不合格的三、四类汽车，在加强技术管理的基础上突击保修，促进车辆再利用和技术升级；对 352 辆老旧车辆，分别按封存、报废淘汰处理。针对国内原材料供应紧张、汽车配件十分缺乏的状况，全省开展“百万旧件修复”活动，强调以质量为中心修旧利废，扩大配件调剂渠道。1963 年，按照省人委要求，省冶金和粮食系统 1100 多人、378 辆汽车划归交通部门，分拨到各运输公司，加强专业运输力量。1964 年，交通部又将直属的西北区运输局西安车队 884 名职工、184 辆汽车下放陕西，缓解了陕西公路专业运输力量不足的困难。

为了贯彻中央“以农业为基础”方针，交通运输业实行支农转轨，从以大炼钢铁服务为主转向以为农业和农村服务为主。全省从提高简易公路质量入手，以裁弯降坡为主，重点修建急需的桥涵设施，恢复性维修公路永久性桥梁和临时木便桥、危桥，共整修简易公路 24 条、2523 公里。到 1965 年全省公路大部分达到 6 级技术标准，公路质量明显提高。随着农业发展和农村道路条件改善，“社社通公路”被提上议事日程。9 月，在全省第一个实现“社社通公路”的凤县召开地方道路现场会，研究部署地方交通如何适应工农业生产新高潮的问题。会议提出农村公路改造要坚持“依靠社队、发动群众、自力更生、民办公助”方针，本着爱惜、节约劳动力的原则，组织使用好民工建勤[①]义务工，结合农田基本建设实行山、水、田、林、路综合治理，形成改造农村公路的热潮。这些政策有力地促进了农村公路的修复和发展，1965 年全省新建地方公路 670 公里、整修旧路 1200 公里、修建架子车路 1400 余公里，还新建了杨家岭延河桥、耿镇渭河桥等桥梁 58 座、涵洞 518 道。

同时，按照“农、轻、重”的方针要求，实行先计划内、后计划外，先中央、后地方，保证重点、照顾一般等做法，在客货运输安排方面突出农村，除逐步恢复曾经停开的客运班线外，新开许多粮棉产区和其他经济区的客运班线。在货运方面明确支农物资一律优先平衡、优先安排、优先运输，在农村一些乡镇增设运输站、代办站、停靠点，特别是加强灾粮运输指挥调度，组织专业运输与机关单位运力、省内与省外运力开展协作，保证农村急需的救灾物资运送。在具备内河航运条件的农村，先后整治了洛河大荔至河口 60 公里航段，渭河渭南至潼关 148 公里航道，以疏浚、导流为主修建轻型建筑物，采取炸礁、清岸等措施整治黄河吴堡、府谷境内纤道，同时修建 22 处内河港口，改善船舶进出作业条件。通过这些措施，实现汉江、黄河、渭河等河流局部航段通航，有力支持了当地农业发展。

为加强全省交通运输管理，陕西陆续恢复“大跃进”中被撤销、合并的各级政府交通主管部门，把下放到地方的干线公路养护调整为省管为主、省地双重领导。1964 年，省公路运输管理局与省交通厅合署办公，对外改称陕西省汽车运输局，并按经济区域设置运输经营单位，组建全省地市监理所、站，成立省交通厅安全监理处，加强交通安全监理工作，还纠正了把航运合作社并入汽车运输公司甚至并入当地人民公社的做法，扩大了航运生产规模。这些都为交通运输业的恢复和发展提供了有力保障。

按照综合平衡的要求，为使公路建设养护规模、运输生产规模、交通行政管理、行业职工数量与经济发展需要相适应，与工农业生产水平、原

---

① “民工建勤”，是我国公路修建用语，指公路两侧的农民按规定每年出一定的义务工，对公路进行养护、修理和改建等工作。

材料和燃料以及农村提供商品粮食和副食品相适应，省交通厅规定 95% 以上的公路养护力量必须直接用于公路养护生产，凡抽调公路养护一线职工从事其他工作必须报经省交通厅批准。同时，从全省公路基建队伍中抽调部分人员，补充公路养护基层单位养护工作力量，从社会上招收一批养路工充实到基层养路岗位。这些措施加强了公路生产第一线的力量。

经过 1961 年到 1965 年初的努力，全省交通运输业调整任务基本完成，交通运输生产力得到较大发展。1964 年全省公路里程达到 3133 公里，其中晴雨通车里程比 1960 年增加 10%，公路比重由 35.5% 提高到 44.5%；民用汽车达到 7467 辆，比 1960 年增加 1245 辆，其中公路货运汽车由 1960 年的 4186 辆增加到 6132 辆；汽车车吨年产量 1965 年达到 40487 吨公里，完好车率 83.16%，分别比 1957 年提高 21.12%、19.47%。全省机动船航道也达到 562 公里，其他技术和经济指标都有不同程度提高。交通运输业的调整实现了全省交通运输状况明显好转，为后来经济发展所需的物资、人员等畅通打下了良好基础。

学习贯彻七千人大会精神

经过一年多时间的各方面调整，全国经济形势有了一些好的转变，但形势依然严峻、困难还很大，党内外对形势的认识也还有不少疑虑。针对这种情况，1962 年 1 月 11 日至 2 月 7 日，中共中央在北京召开扩大的中央工作会议，中央和省、地、县委四级主要负责人以及重要厂矿和军队的负责干部共 7118 人参加会议，通常称为七千人大会。会议的任务是进一步总结 1958 年“大跃进”以来社会主义建设的经验教训，统一认识、增强团结，动员全国更坚决地执行调整方针。会议第一阶段是讨论刘少奇代表中央所作的关于“大跃进”以来经济建设工作的书面报告，对党内思想疑虑最大的国内形势、成绩、问题的估计，以及产生困难的原因等问题进行讨论。会议第二阶段是根据毛泽东提议开展批评和自我批评，主要是地方同志向中央特别向省市区党委提意见。毛泽东、周恩来等中央领导人带头作了自我批评，陈云在大会结束后的陕西组全体干部大会上讲了党内民主生活问题。七千人大会取得了当时历史条件下所能取得的重要成果，特别是发扬民主和自我批评精神，比较实事求是地对待了工作中的缺点和错误，增强了全党团结奋斗、战胜困难的信念，但没有从根本指导思想上认真清理“大跃进”和“反右倾”的错误。

对陕西而言，1962 年既是学习贯彻七千人大会精神的一年，也是全省国民经济全面调整的重要一年。各级党委分别召开干部大会，传达七千人大会精神，联系实际总结教训，开展批评与自我批评，全面纠正“大跃进”错误。1962 年 5 月，省人大二届四次会议召开，通过了《关于陕西省人民委员会工作报告的决议》，强调 1962 年全省中心任务是进一步调整国民经济，农业是调整工作的中心环节，必须继续从各方面加强农业战线，加强轻工业和手工业生产，加强交通运输和商业工作，努力增产日用工业品，适当减少城镇人口，认真做好文化、教育、卫生、科技等各方面工作。

一是调整农村生产关系，促进生产恢复和发展。在 1961 年人民公社社队规模调整和基本核算单位下放试点的基础上，1962 年全面调整人民公社社队规模。1961 年底，全省农村人民公社由 1958 年底的 788 个调整为 2573 个，生产大队由 1960 年的 2.3 万个调整为 3.2 万个、相当于 1957 年的高级社数，生产队由 1960 年的 11.1 万个调整为 15.8 万个，已超过 1957 年高、初级社的总和。基本核算单位由 1960 年的 2.3 万个调整为 15.7 万个，较 1957 年的基本核算单位（以高级社为基本核算单位）数增加 4 倍多。全省实行生产大队为基本核算单位的只有 394 个，平均每个公社的户数由 1960 年的 4893 户调整为 1430 户，每个生产大队的平均户数由 1960 年的 149 户调整为 115 户，每个生产队的平均户数由 1960 年的 31 户调整为 23 户。这些调整下放和缩小性质的措施，赋予了生产队和农民更大的生产自主权，有利于调动农民群众的生产积极性。

二是纠正粮食高征购，支援农业生产。1962 年，国家坚决纠正粮食征购中出现的高征购错误。在继续“大跃进”期间，由于“左”倾错误的一再发展，高估产导致粮食征购任务逐年增加，远远超过粮食生产实际增长幅度。1959 年陕西征购量为 28.97 亿斤，占产量比例由 1957 年的

22.8%上升为30.6%,超过农业实际负担能力。1960年和1961年全省粮食征购量虽然分别下降到23.17亿斤和21.4亿斤,但由于粮食产量下降得更多,这两年的征购量仍占产量的比例为28.3%和28.5%。1962年以后,由于国家采取少购少销的方针,粮食征购量有了较大幅度的减少。1962年,陕西粮食征购量为17.87亿斤,占产量比例的22.3%,略低于1957年的比例。

在努力纠正粮食高征购问题的同时,全省还从人力、物力、财力方面加强对农业的支援。一方面,继续压缩职工和城镇人口不断充实农业第一线。1962年全省农村劳动力增加到705.2万人,较上年增加25.2万人,比1957年的667万人超出了38.2万人。另一方面,在财政相当困难的情况下,尽可能地增加对农业的投入。1961年至1963年,省财政支农资金总额增加到3.54亿元(其中包括退赔平调款7452万元)。1963年,省财政给全省穷队投资实际完成780.3万元,据33个县市统计,支援穷队2482个。同年,全省长期无息农业贷款实际完成1746万元,贷给28597个生产队。这两项资金扶持了全省20%左右的生产队,解决了这些生产队生产资料严重不足的困难,加快了农业生产恢复步伐。同时,及时大幅提高农副产品收购价格。1962年7月,全省提高棉籽等16种农产品的收购价格,平均调高22.6%;1963年秋,将五级皮棉收购价格由每担平均78.35元提高为89元,提高13.59%。这些措施不仅提高了农村社队扩大生产的能力,而且增加了农民群众的收益。

三是缩短基本建设战线,压缩重工业生产。1962年,省委、省人委要求各地区各部门停建缓建工程,冶金工业基本停建,煤炭、机械等工业都降低发展速度。全省施工的基本建设项目由1960年的2704个减为859个,调整后的基建投资主要用于生产上的补缺配套,不再铺新摊子。1962年全省工业总产值完成16.66亿元、农业总产值完成12.34亿元,工业总产值在工农业总产值中所占比重从1960年的71.9%下降为57.4%,农业总产值比重从28.1%上升为42.6%。在工业总产值中,轻工业产值比重由38.4%上升到54.1%,重工业产值比重由61.6%下降到45.9%。全省主要重工业产品产量都大幅度减少,钢产量由2.9万吨降为0.7万吨,生铁产量由8.3万吨降为0.2万吨,原煤产量由626万吨降为420万吨。轻重工业的调整基本上缓和了财政支出和物资供应的紧张状况。同时,支农产品和轻工业品的产量有较大增加。1962年1月至8月,全省共生产各种小农具1000多万件,与上年同期相比,铁制小农具增长了22%,竹木农具增长了1.44倍。19种以工业品为原材料的轻工业产品产值比上年同期增长了40.2%,名牌手工业产品中80%左右恢复了生产。经过各方面共同努力,基本扭转了全省经济比例失调的局面。

四是关停并转工业企业,精减企业职工人数。在"大跃进"中迅速发展起来的工业企业普遍受到燃料动力、原材料供应能力的限制,生产任务不足。坚决缩短工业生产战线、果断关停问题企业,成为调整经济结构和扭转困难局面的最重要一环。1962年,全省撤销县以上国营和公私合营工交、基建及城市公用事业单位229个,年末实际保留909个(其中新建4个),比1961年减少478个。根据中央"工业七十条"要求整顿保留下来的企业,在压缩企业的同时大量精减职工。1962年上半年,省委多次召开常委会议研究精减职工问题,6月25日省委常委会议确定,在1961年末精减职工的基础上再减少吃商品粮的人口65万,其中国家职工30万,到1963年底全部完成。经过1963年的继续调整,全省农轻重的比例关系、城市与乡村的比例关系基本达到协调。

从1962年开始,经过学习贯彻七千人大会精神,全省经济形势开始好转,农村普遍实行"三级所有、队为基础"制度,基本刹住了"共产风",调动了农民的生产积极性,农业生产开始恢复。1962年,全省粮食总产量为80亿斤,比1961年增加5200万斤,全省人均口粮330斤,比1961年增加79斤,改变了前三年连续下降的局面,城乡人民生活也开始好转。农轻重的比例关系开始有所改善,市场商品供应有所增加,集市贸易价格比上年有较大幅度下降。陕西经济发展最困难的时期已经过去。

刘少奇、朱德视察陕西

1960年是新中国历史上遇到严重困难的一年,在遭受较多自然灾害的同时,"反右倾"斗争加重了全国再次"跃进"的气氛,一些比较严重的问题逐步暴露。为了进一步了解真实情况,使中央制定方针政策和发展国民经济计划更符合国情民意、更符合各地实际,中央领导人分赴全国各地一线调查研究，了解基层真实情况。

4月24日至28日，刘少奇视察陕西，重点考察陕西国防工业和关系国计民生的重要企业。24日在听取陕西工作汇报后，刘少奇指出，调查研究是做好一切工作的根本保证，解决各项工作中存在的矛盾必须要做好调查研究。要在我们党内特别是在领导干部中提倡调查研究，这也是我们党历来的工作作风，没有调查就没有发言权，做任何工作都必须先做调查研究。目前国家出现暂时困难，许多重大工程、重点项目，由于资金不足和其他方面的因素遇到了困难、出现了矛盾，这都需要我们很好地去解决，这就更需要我们做好调查研究。把问题找准了，解决的办法自然也就容易了。有些工程可以缓建，有些就得下马，或者调整、缩小原先计划的规模。总之，都应在调查研究的基础上，才能做好调整工作。同时他指出，技术进步，就是生产力的发展；生产力发展，势必引起生产关系和上层建筑某些环节上的改变，劳动组织、生产组织要改变，工资制度要改变。不改就会妨碍生产力的发展①。

25日，刘少奇视察位于西安东郊的国营西北光学仪器厂。该厂是国家"一五"期间投资建设的大型光电仪器厂，主要生产满足武器装备的各种光学仪器产品，是苏联援建的156项工程项目之一。刘少奇听取了工厂负责人的汇报，对工厂建成后不久就研制出许多配套的光学产品感到非常高兴，称赞仪器厂在国家困难的情况下发扬大无畏的精神，为国防建设做出很大贡献。针对当时存在的浮夸风以及"大跃进"以来的冒进、不实事求是等问题，刘少奇明确指出，工厂是生产单位，不搞成本核算是不行的，要按经济规律办事，搞成本核算。

27日，刘少奇在西安人民搪瓷厂视察。该厂是1951年解放军第六十三军在陕西创办的工厂，是西北地区规模最大、产量最高、品种最多的日用搪瓷制品厂。刘少奇听取有关工厂建设与发展情况的汇报后说，你们这个厂发展得很快，为国家经济和改善人民生活做出了很大的贡献，希望继续保持人民军队的优良传统，把工作做得更好，生产出更多、

---

① 中共中央文献研究室编：《刘少奇年谱（1898—1969）》下卷，中央文献出版社1996年版，第484页。

更好的搪瓷产品，不断满足人民群众的生活需要。在涂烧车间，他对参试工程技术人员说，这个很好，搞成后就可以把现在的炉子去掉，使用电气生产，这是一个方向。在谈到劳动力紧张问题时刘少奇指出，出路在于搞技术革新，技术革命[①]。

28 日，刘少奇在去宝鸡视察的火车上听取宝成铁路建设及电气化工程改造的汇报，对仅用五年时间就在崇山峻岭中建成宝成铁路表示高度赞赏，认为这一空前的艰巨工程，将载入中国工程和铁路建设的史册。下午，刘少奇视察国营宝成仪表厂，在观看改进后的尖端产品时强调，要继续发扬自力更生的精神，抓紧搞好生产，满足国家需要。要搞好科研工作，抓住尖端产品不放，精益求精。

此后，围绕刘少奇对陕西提出的殷切希望和真情嘱托，陕西相继加快了宝成铁路建设、上市了“金丝猴”牌香烟，国防工业和科技尖端领域也取得了许多重大成果。

朱德对陕西的经济建设特别是国防建设一直比较关注，新中国成立后，他曾经多次来陕视察国防工厂。1958 年 6 月 30 日，朱德来西安视察，听取了省委第一书记张德生等人的汇报，参观了西安市技术革新产品展览会。7 月 1 日，朱德视察了国营黄河机器制造厂、西北光学仪器厂、中兴电机厂、新西北印染厂，并为国营黄河机器制造厂题词“技术革命，鼓足干劲，力争上游，多快好省”。在西北光学仪器厂视察时，朱德提出不要领导作陪，不给厂子添麻烦，一切从简。在以后的两天时间里，他先后视察了几家军工企业，并就经济建设作出一系列重要指示。在和陕西省党、政、军负责人谈话时，朱德说，我国资源丰富，人又勤劳，6 亿人民团结起来向大自然开战，力量就大了。过去我们打仗是依靠群众，今后搞建设同样要依靠群众。各级干部要站在群众运动的前头，带领群众前进，做到又红又专。搞生产建设，自己不懂技术，怎么行？[②]

1961 年 5 月，朱德再次来到陕西，2 日，他视察宝成仪表厂。该厂是

---

① 中共中央文献研究室编：《刘少奇年谱（1898—1969）》下卷，中央文献出版社 1996 年版，第 484 页。

② 中共中央文献研究室编：《朱德年谱（1886—1976）》新编本下卷，中央文献出版社 2006 年版，第 1675 页。

"一五"时期国家重点建设工程之一,是当时中国规模最大的综合航空仪表厂。在听取了工厂的情况汇报后,朱德说,你们现有技术力量不足,应与科学研究部门相结合。技术问题是科学问题,要向他们请教。过去我们共产党员没有掌握技术,现在掌握了,但不要满足,要继续学习。苏联的技术水平是很高的,特别应该向苏联学习。我们不能依赖,要自力更生。在工作上要实事求是,行就行,不行就不行,不要强迫。朱德提出的引进与消化、拓展国内和国际两个市场的思想以及强烈的质量意识,给干部职工留下很深的记忆。

1963 年,朱德再次视察陕西。5 月 1 日,西安市数千名工人农民、机关干部、优秀学生、五好战士和科技、财贸、文艺工作者等在兴庆公园举行庆祝五一国际劳动节联欢大会。朱德在西北局、陕西省和西安市党政负责人陪同下参加联欢活动,与群众互致节日祝贺。他还接见了全国先进生产者林秀英、全国劳动模范蒲忠智、全国先进青年科学技术工作者徐永基、全国优秀少先队辅导员谢琦、智取华山战斗英雄刘吉尧等,向他们了解工厂和农村的生产情况,勉励大家在党中央和毛泽东主席的领导下,努力增产节约,自力更生,奋发图强,积极参加社会主义建设。

朱德多次一线视察给工厂职工、先进工人代表、科技工作者留下了深刻印象和美好回忆,相关工厂开展了各项增产节约运动,取得了很好的效果。针对朱德提出的引进消化、拓展国内和国际两个市场的思想以及质量意识,陕西积极制定相应政策措施,推动了全省经济建设和国防建设,激励了人民群众建设社会主义的热情。

二、各领域的进一步调整

探索农业生产责任制

随着国民经济的全面调整,面对严重困难的经济形势,中央全面调整国民经济,人民群众寻找多种途径渡过难关,党和人民群众同舟共济。在初步调整中,安徽等省的许多农村出现以包产到户为特点的农业生产责任制。对是否实行包产到户,党内从一开始就有不同看法。1961 年 3

月中央在广州召开工作会议时,毛泽东同意安徽省进行试验,12 月表示农村实行以生产队为基本核算单位后,“责任田”没有必要再试行下去了。尽管中央要求纠正包产到户,但到 1962 年上半年,包产到户却显示出更强的生命力,党中央和中央有关部门领导同志在调查研究中逐步出现积极支持的态度。

陕西对包产到户问题的争论比较激烈,持续时间也比较长,集中起来主要有两种意见。一种意见主张实行包产到户。理由主要有:一是“农业六十条”、基本核算单位下放、征购大包干、口粮按劳分配等政策措施,对调动农民生产积极性虽然起了一定作用,但并未彻底调动。包产到户最适应当前农民的觉悟水平和生产力发展水平,能更好地调动群众生产积极性,充分发挥辅助劳力作用,也能制住懒汉,有利于恢复生产。二是实行包产到户不是否定集体所有制,因为生产资料仍归集体所有。包产到户只是改变了劳动组织形式,由各户分散经营,实际上是责任到户,正像工厂的计件工资一样。包产到户不是单干,即使单干,也是“社会主义性质的单干”,不是私有性质的单干。三是在工人阶级掌握国家政权和经济命脉的前提下实行土地公有、统购统销,包产到户不会再出现旧社会的两极分化,不会走向资本主义道路。即使出现一定程度贫富分化也不要紧,现实生活中就存在贫富差别。只要多打下粮食,有了物质基础,总比饿着肚子好办一些。四是这是“非常时期”的“非常办法”,往后退是为了以后更好地前进。社会主义生产关系的调整本身就有进有退,经过几次反复,才能建立起来。现在应当允许农村生产关系的形式多样化,不要千篇一律、强求一致。五是实行包产到户可以落实生产责任、提高劳动生产效率,可以保持农民历年来传统的生产管理经验,克服社员之间存在的平均主义,也可以吸收社员资金投资生产(如买架子车等)、减少干部、腾出领导力量,集中搞好重点,更可以切实安置好回乡人员。

另一种意见反对实行包产到户。理由主要有:一是农民基本满意人民公社的一系列现行政策。基本核算单位下放后,农村生产关系基本适合生产力发展水平,现在应当把注意力集中到贯彻政策方面,切实解决落实中出现实际问题,比如,平均主义、征购任务、自由价格、干部作风和经营管理等，这样就可以完全调动农民的集体生产积极性。二是包产到户是单干的开始。尽管生产资料是集体所有，但结果势必发展到土地、牲畜等逐步分到户，归根到底会导向资本主义，绝不是什么劳动组织形式的变换。三是包产到户后接着是土地、牲畜也分到户，这在实际中行不通。合作化已经七年时间了，生产资料有了许多变化，土地、耕畜、农具很难合理分给个人使用。四是包产到户会产生许多恶果，比如种植计划无法保证，一些技术措施可能搞不上去，包产任务保不住，公购粮任务保证不了，国家支援的化肥、电力等物资不好分配使用，已有的水利设施、电磨、碾子、大中型农具在使用中出现争执会增多，抗灾能力减弱，生产队多种经营无法搞（抽不出劳力），会给农民造成一步一步走向单干的错觉。五是目前部分农民对集体经济发生怀疑、动摇，不足为奇。这是天灾和我们工作中的缺点、错误直接引起的。有些农民喊着单干，实际并不一定真心想单干，我们的责任在于认真纠正缺点和错误，切实克服困难，引导农民坚持走集体化道路[①]。

实行三级所有、队为基础的制度后，生产队成为基本核算单位，结束了队与队之间的平均主义，但没有解决户与户之间的平均主义。为了调动农民生产积极性，有效地克服经济困难，陕西不少农民要求包工包产到户，一些地方实际已经出现了包工到户和包产到户的情况。早在 1959 年，韩城县坊镇公社曙光生产队（相当于原高级社，也即后来的生产大队）实行了“包产到队、包工到户”的生产管理制度，核心是“三包”“四定”和“五到田”[②]。1959 年 6 月韩城县委总结了这个经验，7 月在全县普遍推广。到 10 月，全县 209 个生产队中绝大多数把棉田和麦田管理责任落实到户到人，大大调动了社员和干部的生产积极性，普遍出现“一快”“二高”“三好”[③]的新局面。随着“反右倾”斗争的开展，

① 《关于“包产到户”问题的争论》（1962 年 7 月 4 日），陕西省农业合作史编委会编:《陕西省农业合作重要文献选编》下册，陕西人民出版社 1993 年版，第 1014—1016 页。

② “三包”，即包工、包产、包费用；“四定”，即固定土地、牲畜、农具、劳动力；“五到田”，即产量指标到田、肥料规划到田、技术措施到田、劳动工分到田、负责人到田。

③ “一快”，即各项生产任务完成快；“二高”，即出勤率高、生产效率高；“三好”，即干部作风好、社员劳动情绪好、样样活路质量好。

1959年冬这种做法被冠以“单干”“复辟资本主义”等罪名,受到了严厉批判,这场包工到户实行不到6个月时间就夭折了。

实际上,韩城县的这种情况在其他地区也有出现,有的还搞了包产到户。1959年12月省委《关于农村整社整风运动的报告》提到,“全省51个市县,有32个市县的一些社、队,曾一度主张和发生过全部或大部分农活包工到户,有103个生产队(占全省总队数的0.3%)实行了包产到户”①。据1960年2月省委整社办公室统计,全省实行包工到户的生产队有1286个、占总队数的5%,实行包产到户的生产队有630个、占总队数的2.4%。实行包产到户的队,大多出现在陕北,其中以清涧县最为突出。1962年8月,省委政策研究室和榆林地区农业局的调查显示:清涧县绝大多数群众要求包产到户,群众认为“农业社是个大摊摊,精精捉憨憨”,干部认为“再不想办法,这个摊子就看不住了”。调查报告提出“合作化道路要走,单干不可能,只有包产到户最合适”。10月19日,省委《关于清涧县单干问题的报告》指出,清涧县的生产队中巩固的占33%,基本巩固的占42%,单干倾向严重的占17%,已经瓦解和接近瓦解的超过7%②。同时指出清涧县“这股单干风是从1960年刮起来的”,“纠了又闹,闹了又纠”。1963年6月,省委在一份材料中指出,“清涧县一部分地区几年一直闹单干,全县瓦解的生产队去年一度达到213个,占总队数的11.6%”。这里所说的“单干倾向”“单干风”和“瓦解”,实际上是指搞了包产到户。11月,省委对全省情况估计后指出,八成以上的生产队是巩固或基本巩固的,一成多的生产队很不巩固,剩下的生产队陷于瓦解。

当时,不仅农民和农村基层干部要求包产到户,一些领导干部也倾向于包产到户,或者明确地主张包产到户。1962年9月省委办公厅的一份材料反映咸阳专区有10多个县委书记、县长以上的领导干部积极主张包产到户,其中专员王世俊认为“实行包产到户,土地、牲畜等归集

① 陕西省农业合作史编委会编:《陕西省农业合作重要文献选编》上册,陕西人民出版社1993年版,第788页。

② 陕西省农业合作史编委会编:《陕西省农业合作重要文献选编》下册,陕西人民出版社1993年版,第1037页。

体所有，不准买卖，是恢复农业生产的临时措施，是生产责任制”。

1962 年 5 月 10 日，户县城关公社七一大队杨伟名、贾生财、赵振离三位共产党员联名写了《当前形势怀感》[①]（又名《一叶知秋》），向各级党委建议在农村实行“新的社会主义性质的单干”，认为这种单干“土地虽分到户，而地权仍归集体所有，牲口农具可以私有，但不能买卖，也不能出租，劳动致富，生产发家，剥削行为概不能有”。这实际上就是主张包产到户。毛泽东在 9 月北戴河会议和党的八届十中全会上两次对这篇文章提出严厉批评，“一叶知秋，也可以知春、知夏，任何阶级都讲希望，户县城关公社的同志讲单干希望”，“三个共产党员的来信回答了没有？共产党员在这些问题上不能无动于衷”。毛泽东在中央工作会议上批评“三个党员来信”之后，省委把这封信定为“资本主义复辟”的反动纲领，作为反面教材在干部中逐条进行批判。省委书记处书记赵伯平认为“包产到户不一定是单干，可能是中国农民的创造”，是“良药”不是“毒药”，是“新事物的萌芽”不是“旧事物的复活”，也受到严厉批判。同时，对主张包产到户的干部也进行了错误的组织处理。比如，长安县韦曲公社党委书记刘国柱因建议实行包产到户而被定为“右倾机会主义分子”，被开除党籍和公职、机关留用。实行包产到户最多的清涧县也在西北局和省委检查督促下两次召开三级干部会，集中揭发批判所谓的“单干风”，涉及干部 84 名，其中公社党委书记以上领导干部 19 人中就有 6 人受到纪律处分。11 月上旬，随着中央工作会议和党的八届十中全会的召开，包产到户被当作“单干风”“资本主义倾向”，作为“农村阶级斗争和两条道路斗争的反映”，受到了更加严厉的批判和强行纠正。

经过从上而下集中批判和纠正所谓的“单干风”，包产到户“基本上刹住”。1963 年 3 月，省委《关于农村整风整社工作的报告》指出，全省过去已经实行包产到户、分田到户的 1338 个生产队（占总队数的 0.8%）

---

① 《当前形势怀感》，是由杨伟名执笔，与贾生财、赵振离三人联名写给公社及公社以上各级党组织的意见和建议材料。1962 年 7 月，中宣部《宣传动态》第 73 期以《一叶知秋——三个共产党员对当前形势和经济政策的一些意见》为题，节选刊登。参见仝德普编著：《乡村哲人》，陕西旅游出版社 1995 年版，第 348 页。

中,已有1207个生产队“重新组织起来”[①]。这一年还多次强调纠正田间作业包工到户和所谓的副业单干,但事实上“多是从行动上刹住了,思想问题并未完全解决,有些地方还有明纠暗不纠,或者纠正了又反复的现象”,很难彻底“纠正”。6月省委的一份报告中提到,神木一部分地方比清涧还严重,至今还有90多个大队在闹单干。12月省委转发的一个材料也指出,延川县贾家坪公社从1961年起“单干风”一直没有停止过,全公社25个党支部没有一个抵住“单干风”。实际上,到20世纪70年代末,全省一些地方仍然在暗中搞包产到户。

“包工到户”“包产到户”是当时农民群众对“一大二公”人民公社经营方式的自发否定。农村包产到户几起几落、反复出现,客观地说明了这种经济组织形式有很强的生命力,是符合农村生产力发展水平、适合农民群众需要的,层层批判“单干风”、扼杀包产到户,十分可惜地失去了农村集体经济改革的难得契机,严重影响了合作化以来农村长期遗留问题的及时解决。

调整知识分子政策

为配合经济工作调整,党中央从制定工作条例入手,积极调整科学、高教和文艺等方面的工作。在深入调查研究的基础上,1961年7月中央政治局会议讨论批准了国家科委党组和中国科学院党组提出的《关于自然科学研究机构当前工作的十四条意见(草案)》(以下简称“科学十四条”)。9月庐山中央工作会议讨论通过了教育部党组和中央宣传部反复征求意见制定的《教育部直属高等学校暂行工作条例(草案)》(以下简称“高教六十条”)。1962年4月,党中央批准了中宣部主持起草的《关于当前文学艺术工作若干问题的意见(草案)》(以下简称“文艺八条”)。这些条例紧扣调整党与知识分子的关系,贯彻“百花齐放、百家争鸣”的方针,明确了一系列调整关系、稳定工作秩序、调动知识分子积极性的政策及具体规定,成为各地党委调整知识分子政策的重要依

---

① 陕西省农业合作史编委会编:《陕西省农业合作重要文献选编》下册,陕西人民出版社1993年版,第1074页。

据。9 月 14 日,省委在批转的省委统战部《关于全省统一战线工作会议的报告》中指出,要在与知识分子和民主人士的合作共事中不侵犯或干涉他们的职权,发扬民主作风,虚心听取和采纳他们的意见建议。

1962 年二三月间,全国科学工作会议和全国话剧、歌剧、儿童剧创作座谈会同时在广州召开。根据会议进展特别是与会人员的意见,周恩来和陈毅专程到广州同两个会议的代表见面交流,3 月 2 日,周恩来对两个会议的代表作了《论知识分子问题》的讲话,恢复了党在 1956 年提出的绝大部分知识分子已经是工人阶级一部分的基本估计。陈毅在讲话中宣布给广大知识分子“脱帽加冕”,即脱掉“资产阶级知识分子”之帽,加上“劳动人民知识分子”之冕。3 月 27 日,周恩来在全国人大二届三次会议《政府工作报告》中郑重向全国人民重申,我国知识分子的绝大多数属于“劳动人民的知识分子”,“我们应该信任他们,关心他们,使他们很好地为社会主义服务。如果还把他们看作是资产阶级知识分子显然是不对的”。

针对全省知识分子的现状和他们工作中遇到的问题,省委认真学习贯彻周恩来和陈毅的讲话精神,积极调整知识分子政策。4 月,省政协召开二届三次会议,学习周恩来《政府工作报告》特别是关于知识分子的论述。省政协主席方仲如在闭幕会上的讲话中指出,《政府工作报告》讲绝大多数知识分子已经是劳动人民的知识分子,民族资产阶级分子的一部分已经成为自觉的社会主义劳动者,大家都感到欢欣鼓舞,精神振奋。5 月 10 日,省长赵伯平在省人委工作报告中提出,解放以来,陕西省知识分子队伍有了迅速发展,新社会培养出来大量年轻的知识分子,他们正在沿着又红又专的道路逐步成长。从旧社会来的知识分子经过 12 年来的实际锻炼和党的教育,绝大多数都能接受党的领导,拥护社会主义,积极为社会主义服务,已经是劳动人民的知识分子。要继续正确地贯彻执行知识分子政策,使他们在社会主义建设中作出更多的贡献。这些讲话进一步确认了知识分子的阶级属性、社会地位、政治地位,解除了广大知识分子政治上的精神枷锁,使知识分子焕发出极大的建设社会主义热情。

1962 年 4 月,中央召开全国统一战线工作会议,确定统战工作的中心任务是调整关系、发扬民主,加强团结、加强教育,充分调动一切积极因素,协同一致,克服困难,争取胜利。6月初省委召开全省统战工作会议,认真传达全国统战工作会议精神,要求全面检查贯彻统战政策中存在的突出问题,进一步明确工作中心任务和重点,更好地调动人民群众社会主义建设积极性。

为了尽快在高等学校落实党的知识分子政策,10月省高教局主办处级干部轮训班,紧扣“关于摘掉资产阶级知识分子帽子问题”“关于知识分子思想改造与阶级斗争的关系问题”学习讨论,大家各抒己见,不断统一认识,为全省高校落实知识分子政策扫清了思想障碍。1963年2月,省委印发《关于地方各级人民代表大会、人民委员会、政协地方委员会的选举工作和人事安排的通知》,要求着重选拔一批在政治上工作上表现好的、对社会主义建设有贡献的或有真才实学的工程技术人员、农业专家和科学研究人员,注意选拔文教卫生战线上的知识分子,发挥知识分子在上层建筑和社会生活各方面的作用。

为被错误批判和处理的知识分子甄别平反,是落实知识分子政策的重要内容。1959年9月17日,中央发出《关于摘掉确实悔改的右派分子帽子的指示》,“决定在庆祝建国十周年的时候,摘掉一批确实改好了的右派分子的帽子”。1961年5月21日至6月12日,中央召开工作会议,毛泽东在会上指出,要对几年来批判和处分错了的党员和干部甄别平反。7月19日,中央发出《关于自然科学工作中若干政策问题的批示》强调,“近几年来,有不少的同志,在对待知识、知识分子问题上,有一些片面的认识,简单粗暴的现象也有所滋长,必须引起严重的注意,以端正方向,正确地贯彻执行党的政策”,对几年来批判错了的人,“都要甄别事实,分清是非,纠正错误”。1962年七千人大会后,中央统战部提出《在党外人士中进行甄别平反工作的意见》。在贯彻落实中央文件精神中,陕西突出了两方面的工作。一方面为1957年反右派斗争中错划和确实改好了的人摘掉右派分子帽子。1961年10月6日,陕西省、西安市给一批右派分子摘掉帽子。1962年初,省公安厅安排摘掉帽子和解除劳教的约500名右派分子集中学习,允许其自由通讯和请假回家探亲,并逐步进行妥善安置。另一方面为1958年以来历次政治运动中戴了右倾机会主义分子、右倾等政治“帽子”并因此受到处分的右派平反。这些调整措施，改善了党与民主人士、知识分子的关系，调动了广大知识分子的积极性。

从政治上和生活上关心爱护知识分子，是调整知识分子政策的重要举措。1960 年 5 月 16 日，省人委召开全省教育、文化、科学、卫生、体育等方面社会主义建设先进集体和先进工作者代表会议（又称“陕西省文教群英会”），出席大会的 1650 名代表中教育战线有 800 多名，会议推选了陕西出席全国文教群英会的 225 名先进集体和先进工作者代表。这次大会集中展示了知识分子为社会主义建设做出的成绩和贡献，用具体事例说明了知识分子的重要作用，在全省营造出尊重知识分子的浓厚氛围。1962 年 2 月 4 日是农历除夕，省委、省人委在人民大厦举行春节科学文化工作者招待会，从事科学研究、教育卫生、工程技术、文化艺术、工业技术的 270 多名代表参加。省委书记处书记、省长赵伯平在讲话中指出，陕西科学文化事业经过一年来的调整工作，科学研究、教育卫生、文学艺术事业都有提高，对促进工农业生产起了积极作用。他希望党和非党的科学文化工作者一定要团结合作，在学术问题上贯彻“百花齐放、百家争鸣”的方针，共同为社会主义建设贡献才智。

为全面掌握党外高级知识分子的现状，更好地贯彻党对知识分子的政策，充分调动他们服务社会主义建设的主动性，1960 年和 1962 年省委统战部两次普查全省高级知识分子队伍结构和生活工作状况，按照不同职称和级别统计情况，有针对性地落实党的知识分子政策。1961 年和 1962 年国家有关部门相继制定的科研、教育、文艺等工作条例都提出了关心知识分子工作和生活的要求，比如，“做好总务后勤工作，保证教学”，“保证科学研究工作时间”，“保证创作时间，注意劳逸结合”和“建立和改进对各类（科研）人员的考核、晋级和奖励制度”等。要求关心他们的生活，帮助解决生活上的困难，注意解决他们生活和工作上的特殊需要，工作单位注意举办福利事业等。陕西结合实际制定了一系列具体措施。1961 年 4 月 19 日，省委印发《关于各级各类学校参加义务劳动的规定》，要求高等学校每年生产劳动时间一般为 2—3 个月，义务劳动时间应列入总劳动时间；各级各类学校的义务劳动由学校所在地的教育行政部门统一安排,其他单位不得向学校布置任务;教师参加义务劳动不作硬性规定,年老体弱的教师要特别予以照顾。10月22日,省委决定在西北大学、陕西师范大学、西北农学院三所院校全面试行“高教六十条”,连同西安交通大学、西北工业大学、第四军医大学等在陕西的全国重点高校,全省共有六所院校全面试行“高教六十条”,其他各校也根据“高教六十条”精神有重点地研究改进工作。

从1962年开始,陕西省高等教育局深入贯彻“高教六十条”,实事求是地总结新中国成立以来全省高等教育发展的经验教训,努力按教育规律办事。一是执行教学为主原则,全面修订教学计划,克服生产劳动过多、政治活动过多、现场教学过多的现象,进一步加强基本理论、基本知识、基本技能的教学,推动教学工作走上健康轨道。二是贯彻党的知识分子政策,加强教师队伍建设,初步纠正知识分子问题上“左”的做法。一批老教师重新走上讲台,保证其大部分时间从事本职工作,并评定教师职称,发挥他们在教学科研中的重要作用。1962年12月,省高等教育局审查了14所高校上报的晋升教授、副教授人员职称的材料,先后批准晋升教授15人、副教授127人、讲师620人。三是贯彻“百花齐放、百家争鸣”方针,开展科学研究和学术交流活动。在实行教学、科研、生产相结合的过程中,全省高校建立了一批科研机构,创办了一批学术刊物,完成了一批科研项目。在此期间,西北农学院实施科研项目726项,其中承担国家项目220项。在物资严重匮乏特别是粮食供应短缺的情况下,省人委1960年10月印发《关于几种主要副食品特需供应的暂行规定》,明确“高级知识分子(包括教授、副教授、总工程师、副总工程师以及相当于这一级的高级知识分子和高级技术人员),每人每月肉类一斤、食油一斤半、食糖半斤、纸烟20盒”。1963年3月,省教育厅根据中央批准试行的《中小学暂行工作条例(草案)》,认真检查各地教师生活情况,解决了一些实际问题。尽管照顾的力度有限,但在困难时期广大知识分子还是切身感受到了党的政策温暖,焕发出更高的工作热情。

20世纪60年代初期知识分子政策的调整,范围广、力度大,效果也比较好。广大知识分子心情比较舒畅,精神状态也逐步振奋,与党同心同德、共度时艰，为经济、科技、文化的迅速恢复和发展作出了应有贡献。

调整统一战线政策

在国民经济调整过程中，中央开展了民主党派工作调查研究，组织了一系列活动，积极调整国内政治关系，努力恢复国家正常政治生活。1960 年 7 月，民革、民盟、民进、农工、九三学社和致公党等民主党派中央委员会分别召开扩大会议，中共中央统战部在会前开展了大量深入地调查研究。各民主党派会议用民主的、和风细雨的方法引导大家自由交谈和讨论，与会者纷纷献计献策，提出各种建议，会议生动活泼、效果良好。会议结束时，毛泽东、刘少奇、周恩来、朱德、邓小平等中央领导人接见与会人员，毛泽东肯定和称赞了这种“神仙会”的形式。

1960 年 10 月上旬，陕西省级各民主党派机关相继召开会议，学习传达各自党派中央的会议精神，采取小集中和大分散相结合的形式进行，即各民主党派集中一部分可能集中的人专门开会，无党派民主人士则由基层党组负责分散学习。会议着重讨论国内外形势和任务、知识分子改造、民主党派作用等问题，引导大家提高思想认识，增强为社会主义服务、努力做好本职工作的积极性。

1961 年初，省委统战部要求加强形势教育，以“神仙会”的方式稳定各方面人士的情绪，消除疑虑、提高认识，增强跟着中国共产党走的信心；要认真贯彻党的统战政策，纠正一个时期以来违反统战政策的“左”的或右的错误，大兴调查研究之风，深入实际、深入群众，广泛开展同党外人士的联系接触活动，改善党和党外人士的关系。7 月，西北局在兰州召开西北地区第一次民族工作会议，总结西北地区民族工作的经验教训，研究解决西北民族问题，明确牧区工作的政策和措施。在学习贯彻西北局会议精神中，陕西积极开展工作调研，在干部群众中宣传民族平等、团结、互助、友爱的思想，认真贯彻执行党的民族政策，帮助解决少数民族实际生活困难。据不完全统计，从 1962 年到 1963 年 9 月，全省共安置就业的回族群众 3000 多人。根据省委对少数民族职工“注意保留、不要精减”的规定，在精减中对他们作出必要照顾。对部分生活困难的少数民族群众则实行定期或不定期补助，减免医疗费、补助贫困学生。同时,积极培养少数民族干部,提拔部分优秀少数民族干部担任各级政府领导职务。1961 年,在全省各级人民代表中选出少数民族代表 180 名,在各级政协中安排少数民族委员 54 人,在政治上保障了各少数民族当家作主的权利。

陕西宗教派别比较多,有佛教、道教、天主教、基督教、伊斯兰教等,寺庙、道观、教堂及遗存较多,汉传佛教八大宗派中六大宗派的祖庭都在西安。1961 年,省委根据中央统战部关于 1960 年工作总结和 1961 年工作安排,在宗教界开展形势教育,贯彻宗教信仰自由政策,教育提高干部政策水平和思想认识,克服工作中的缺点,采取措施积极调整与宗教界人士的关系。对宗教界过去批判不适当的人重新审查和争取,对教徒群众过宗教生活的场所予以调整,一些地方一度隐蔽的宗教活动也趋于公开;帮助解决一些宗教代表人士经济和生活上遇到的困难,有的还发给特需供应。对宗教代表人士在政治上作出调整和安排,稳定大多数宗教界人士,引导他们认识到党对宗教界人士团结教育的政策并未改变,调动他们服务社会主义建设的积极性。

1962 年下半年,全省先后用 40 多天时间分别召开四教(佛教、道教、天主教、基督教)会议,认真贯彻全国"四教"会议精神,系统进行形势教育和爱国主义教育,总结几年来反帝爱国工作,确定今后爱国任务,加强对宗教爱国力量的领导。在加强宗教界人士政治思想改造工作中,全省采取"神仙会"形式和自我教育方式,提高教徒群众政治思想觉悟。同时,结合各个时期的中心工作和政治运动,以座谈会和学习会的形式集中系统地教育宗教界人士,使他们准确掌握和执行党的宗教政策,认识宗教工作的长期性,树立安心宗教工作的思想。

在国民经济调整时期,各民主党派也相继恢复活动[①],分别召开省(市)全委会议。针对国家遇到的经济困难,省委统战部经常向各界人士进行国际国内形势的宣传和解释工作,以民主方式开展党外人士工作,提倡不同意见的争论。针对 1957 年以来反右派斗争扩大化的倾向,在中央统一领导下,从 1960 年到 1962 年对被错划为右派的党外知识

① 从 1957 年开始,各民主党派受到很大影响,有些党派停止正常活动。

分子和工商业界人士进行甄别平反，为归国侨胞及侨眷解决实际问题。为扭转工商界统战工作中存在的“左”的倾向，省委强调要落实“五不变”①政策，纠正“左”倾错误。党外人士和工商业者对党的信任增加，积极服务社会主义建设。

开展甄别平反工作

1961年6月15日，中央发出《关于讨论和试行农村人民公社工作条例修正草案的指示》，提出“为着发扬民主，有必要对于最近几年来受过批判和处分的干部和党员，实事求是地加以甄别。过去批判和处理得正确的，应该加以肯定，不再改变。过去批判和处理完全错了的，要改正过来，恢复名誉，恢复职务；部分问题批判和处理错了的，就改正这一部分问题的结论。对于生产大队和生产队的干部的处分，应该交给群众审查。至于错误地对群众（包括富裕中农在内）进行的批判，应该在适当场合向他们道歉；如果作了错误处分的，还应该纠正”②。

根据中央精神，省委结合陕西情况制定了一系列政策，开展了相应工作。8月7日，省委成立甄别领导小组，组长李启明，开始对1958年至1961年特别是1959年“反右倾”斗争以来受到错误批判和错误处理的党员、干部进行甄别处理。23日，省委批转省委甄别领导小组《关于甄别工作的意见（草稿）的通知》，要求各地对通知提出修改意见上报省委，同时成立领导机构、抽调干部进行试点，取得经验后逐步全面推广。

全省甄别工作分两个阶段进行。从1961年9月至1962年4月为第一阶段，着重甄别1959年“反右倾”斗争和一部分其他运动中明显处理错了的和本人申诉的脱产干部案件。从1962年4月到1963年2月为第二阶段，重点对农村基层干部（包括社员）和机关、学校、工矿企业的一般党员、干部、学生、工人进行甄别，凡1958年以来在历次政治运动（审干、肃反、反右派中的案件不甄别）中受过批判、处分以及平时处理

---

① “五不变”，即定息不变、高薪不变、政治上适当安排的方针不变、学衔制不变、根本改造的政策不变。

② 中央档案馆、中共中央文献研究室编：《中共中央文件选集》（1949.10—1966.5）第37册，人民出版社2013年版，第48页。

错的都列入甄别范围。

1961年9月7日至17日，省委召开案件甄别和党的监察工作会议，安排部署全省甄别平反工作。会议指出，1959年“反右倾”斗争中的问题较多，在甄别这一时期的案件时，要把抵制“五风”和反对“三面红旗”区别开来，把对党组织或某些负责人的批评意见和反对党的领导区别开来，把反映实际情况和否定“大跃进”区别开来，把对党委领导下的厂长负责制执行中的毛病、缺点和坚持一长制、反对党委领导区别开来，把学术问题和政治问题区别开来，把思想上的落后和政治上的反动区分开来，分清是非、区别对待，对于工厂中不脱产干部、工人、学生在历次政治运动中戴上“白旗”和“右倾机会主义分子”等政治帽子的要摘掉。11月4日，省委批转省委甄别领导小组《关于甄别工作的意见》规定：甄别范围是1958年以来受过批判和处分的党员、干部，但重点应该是1959年“反右倾”斗争中的案件，凡在这次运动中戴了帽子、受了处分和重点批判的都要进行甄别，其他运动中明显处理错了的和本人提出申诉的也应该进行甄别。

甄别工作的方法一般由领导人找被甄别的人谈话，由本人写出自己的甄别意见，在做好思想工作的基础上查清事实，经过群众讨论作出结论，报请上级党委批准。甄别结论批准后，在原批判范围内宣布。甄别工作的步骤是先领导干部、后一般干部，先上后下、先近后远、先易后难①。农村不脱产党员和干部的甄别交给群众审查，作出正确的群众满意的结论，在1961年冬和1962年春结合农村整风整社进行。1962年2月，省委批转省委甄别领导小组《关于农村不脱产干部甄别工作的意见》，对1958年以来历次政治运动中戴了右倾、右倾机会主义分子等政治帽子的人员给予平反；对只受到批判未作组织处理的人员，通过适当的会议形式，由党组织负责人出面作自我批评，以消除其怨气、理顺其情绪；同时参照上述办法，对受批判戴了右倾帽子的工人、农民和学生进行甄别，作出结论。

到4月，第一阶段结束。4月4日，省委通报了这一阶段全省甄别

① 陕西省档案馆编:《中共陕西省委文件选编》(1950—1966)第4册，2001年，第478页。

工作：截至 1962 年 3 月中旬，全省脱产干部中已经写出甄别结论意见的（包括一部分宣布处理的）共 8552 件，占应甄别数的 74.62%，其中县级以上领导干部 377 件，占同级应甄别数的 63%①。但是，工作进展很不平衡，有些地方和部门重视不够、工作缓慢；有的不够认真仔细，甄别结论质量不高；有的草草收场，甚至有抵触情绪。对此，省委发出通知，要求各级党委（党组）认真检查和讨论甄别工作，找出进展缓慢的原因，提出切实有效的措施，限期完成本地区本单位的甄别工作。各地按照要求加强领导，抓紧督促检查，提高甄别结论质量，作出正确结论，做好复查验收工作。

4 月 27 日，中央发出《关于加速进行党员、干部甄别工作的通知》指出，一些地区和部门的甄别工作进展很慢，对调动广大党员干部的积极性、团结全党全民搞好工农业生产、克服当前困难是不利的。对于党员、干部的甄别平反工作，必须加强领导，加速进行，并明确了甄别平反工作的重点和方法。依据中央对全国县以下干部“一揽子”解决的指示精神，全省开始第二阶段甄别工作。5 月 21 日，省委发出《关于甄别工作范围和加速基层党员、干部甄别工作的通知》，要求“对从 1958 年至 1961 年，凡受过批判和处分的干部和党员，都应该列入甄别范围，加以甄别。对于最近几年在肃反、审干、反右派斗争中的案件，不列入甄别范围，其中如个别人提出申诉的，可由政法、组织、统战等有关部门处理”②。全省各地要采用简便方法，认真迅速地做好甄别平反工作，县级以下农村基层党员、干部的甄别工作，更应加速进行。7 月，各高校对被错误批判处分的学生及一般党员、干部和教员进行甄别平反。

7 月 25 日至 8 月 1 日，省委甄别领导小组召开工作座谈会，在肯定前一阶段工作成绩之后指出，甄别工作进展缓慢是存在的主要问题。依据中央、西北局和省委的指示精神，会议进一步明确了甄别范围，要求把县级以下农村基层干部（包括社员）和机关、学校、工商企业的党员、干部、学生、工人的问题作为重点加速甄别，把 1958 年以来在历次政治运

① 陕西省档案馆编：《中共陕西省委文件选编》（1950—1966）第 4 册，2001 年，第 483 页。

② 陕西省档案馆编：《中共陕西省委文件选编》（1950—1966）第 4 册，2001 年，第 488 页。

动中受过批判、处分以及平时处理错的都列入范围给予甄别。对甄别平反的干部、党员除宣布甄别结论外，原来享受的政治待遇和生活待遇必须恢复，需要复职的或安排适当工作的要及时进行安排、不得推脱歧视，降了级的要补发工资，同时要多照顾他们的困难，主动帮助他们解决实际具体问题。会议指出甄别平反的善后工作仍是甄别工作的一部分，善后工作没有解决，就是甄别工作没有做完。

到1963年2月底，全省已甄别28.41万余人，占应甄别数的97.9%。通过甄别平反工作，消除了部分被错误处理的党员干部的怨气，调动了他们建设社会主义的积极性。全省党员干部和人民群众也受到了一次党的实事求是思想的教育，对党直面问题、正视问题的胸怀，承认错误、改正错误的勇气有了切身感受，自觉坚定地跟党走的意识更加强烈。

召开中共陕西省第四次代表大会

1963年11月9日至15日，中国共产党陕西省第四次代表大会在西安人民大厦召开，出席代表477人，候补代表55人，代表全省510198名党员。会议列席117人，省级机关处长级、西安市行政13级以上党员干部和军队大校以上党员军官参加。西北局第一书记刘澜涛和候补书记王甫、王林出席大会。中央政治局候补委员、国务院副总理薄一波来陕西巡视工作，出席预备会议并作《关于经济调整工作情况和今后任务》的报告。张德生等39人组成大会主席团。会议主要任务是总结1960年11月省第三次党代会以来的工作，研究确定今后目标任务，选举中国共产党陕西省第四届委员会。张德生代表第三届省委作《高举毛泽东思想的旗帜，为迎接国民经济的新高涨而奋斗》的工作报告。

大会认为，1960年11月省第三次党代会以来，在党中央和西北局的领导下，省委团结带领全省党员干部群众，高举毛泽东思想旗帜，贯彻执行党中央各项方针政策，进一步巩固人民公社，调整国民经济，开展增产节约和城乡社会主义教育运动，加强党的建设、政权建设和各方面工作，战胜自然灾害所造成的严重困难，工农业生产正在恢复，工业生产稳步上升，财政、金融和市场情况显著好转，科学、文教、卫生事业同经济事业的发展日趋适应,城乡人民生活有所改善。国民经济开始好转,人民民主专政得到进一步巩固,广大干部群众的社会主义觉悟和劳动积极性不断提高,各方面都呈现出新气象。

大会指出,党中央和毛主席关于从 1963 年到 1965 年继续对国民经济进行调整的指示,是完全符合陕西实际情况的。下一步要更高地举起毛泽东思想的旗帜,更好地贯彻执行党的社会主义建设总路线和各项方针政策,加强党的建设,开展城乡社会主义教育。继续做好国民经济调整工作,继续开展增产节约,促进农业、工业生产,首先做好农业生产的迅速恢复和发展,使全省农业总产值、粮食总产量和工业总产值超过 1957 年水平,棉花总产量力争接近 1957 年水平。

大会要求,全省各级党组织着重做好十个方面的工作。一是继续广泛深入开展城乡社会主义教育运动,放手发动群众,采取正确方法领导群众运动。二是把城市“五反”运动进行到底,建立健全各项规章制度,系统教育广大职工和城镇居民,切实整顿职工队伍。三是不断加强宣传文教战线上兴无灭资斗争,扩大无产阶级思想阵地。四是以粮棉为中心,争取农业逐步增产。在保证粮食增产的同时,迅速增产经济作物特别是棉花,并力争畜牧业、林业、副业、渔业有相应的发展。五是坚持以农业为基础,以工业为主导的方针,继续做好国民经济的调整工作。工业部门要继续整顿企业,提高劳动生产率,保证安全生产。交通运输、财贸、商业、文教、卫生、科技等都要加强对农业的支援。在城市和人口稠密的农村,大力提倡晚婚、计划生育。六是广泛深入地开展增产节约运动。七是进一步加强人民民主专政。八是结合城乡社会主义教育运动,彻底整顿党的组织。九是贯彻执行民主集中制原则。十是用毛泽东思想重新教育干部和党员,通过理论和实践相结合的方法,把广大干部、党员的思想进一步武装起来,树立和巩固无产阶级的世界观。

这次会议选举产生由 45 名委员、20 名候补委员组成的中国共产党陕西省第四届委员会。11 月 15 日大会通过《中国共产党陕西省第四届代表大会第一次会议决议》,11 月 17 日中国共产党陕西省第四届代表大会举行第一次全体委员会议,选举本届省委常委、书记。张德生、赵守一、严克伦、章泽、舒同、李启明、谢怀德、胡炳云、傅子和、刘子义、彭天琦、惠世恭、刘庚、刘邦显、宋友田等15人为常委，张德生当选省委第一书记（后为胡耀邦、霍士廉），赵守一为第二书记。严克伦、章泽、舒同、李启明、谢怀德为省委书记处书记，选举产生由23人组成的中国共产党陕西省第四届委员会监察委员会，严克伦为监察委员会书记。

这次大会是在国民经济调整逐步出现好转的情况下召开的，明确了奋斗目标和工作任务，进一步激发了全省党员和人民建设社会主义的热情和积极性。会议贯彻执行党中央规定的四条方针，即以农业为基础、以工业为指导的发展国民经济的总方针；自力更生、奋发图强、艰苦奋斗、勤俭建国的方针；按照解决吃、穿、用，加强基础工业，兼顾国防，突破尖端的次序安排的方针；“调整、巩固、充实、提高”的八字方针，对于全省工农业生产的恢复和发展，各项事业的全面好转起到了促进作用。但是，由于受“左”倾思想影响，这次大会依然坚持总路线、“大跃进”和人民公社“三面红旗”的错误指导方针，在社会主义教育运动中强调“以阶级斗争为纲”，对今后一个时期的工作产生了不利影响。

第十一章
城乡社会主义教育运动

在克服国民经济严重困难过程中，我国国家安全形势出现了许多新变化，中苏关系逐渐呈紧张之势，特别是中苏两党争论激化后，党中央和毛泽东对国内外阶级斗争形势作出了越来越严重的估计，决定在全国城乡开展普遍的社会主义教育运动（以下简称社教运动），从 1963 年起，陕西在全省农村和城市分别开展了以“四清”[①]和“五反”[②]为主要内容的社教运动，在“反修防修”中巩固全省干部群众的社会主义思想。

一、农村社会主义教育运动

冬春整风整社

1962 年 9 月 24 日至 27 日，党的八届十中全会召开。受批评赫鲁晓夫观点和国际形势变化的影响，全会错误地批判了所谓“黑暗风”“单干风”“翻案风”，并将关心过小说《刘志丹》写作的国务院副总理兼秘书长习仲勋同彭德怀、高岗联系在一起，把参加过西北地区革命斗争的习仲勋、贾拓夫、刘景范等人打成“反革命集团”。全会公报提出，“在无产阶级革命和无产阶级专政的整个历史时期，在由资本主义

---

① “四清”，即清账目、清仓库、清财物、清工分。

② “五反”，即反对贪污盗窃、反对投机倒把、反对铺张浪费、反对分散主义、反对官僚主义。

过渡到共产主义的整个历史时期(这个时期需要几十年,甚至更多的时间)存在着无产阶级和资产阶级之间的阶级斗争,存在着社会主义和资本主义这两条道路的斗争”。毛泽东说,阶级斗争和资本主义复辟的危险性问题,我们从现在起必须年年讲,月月讲,“使得我们有一条比较清醒的马克思主义的路线”。这些论断的核心是强调在资本主义过渡到共产主义的整个历史时期,“被推翻的反动统治阶级不甘心于灭亡,他们总是企图复辟。同时,社会上还存在着资产阶级的影响和旧社会的习惯势力,存在着一部分小生产者的自发的资本主义倾向,因此,在人民中,还有一些没有受到社会主义改造的人,他们人数不多,只占人口的百分之几,但一有机会,就企图离开社会主义道路,走资本主义的道路。在这些情况下,阶级斗争是不可避免的。这是马克思列宁主义早就阐明了的一条历史规律,我们千万不要忘记”。党的八届十中全会发展了自 1957 年反右派斗争后提出的无产阶级同资产阶级的矛盾仍然是我国社会主要矛盾的观点,把一定范围内存在的阶级斗争扩大化和绝对化,在政治上为“左”倾错误的再度发展提供了理论依据。

党的八届十中全会后,省委 10 月 15 日召开扩大会议传达学习全会精神。10 月 25 日至 11 月 17 日,省委召开三届五次全委扩大会议着重讨论阶级矛盾、政治形势等问题,部署巩固人民公社集体经济、纠正所谓的“黑暗风”“单干风”和当前工作,讨论所谓的“彭德怀、习仲勋等反党集团”问题,安排全省清除“彭、高、习”[①]影响。会议错误地对赵伯平、张策、鲁直的所谓问题进行了揭发和批评。会后,发动干部和群众开展检举揭发,牵连和伤害了一些干部。

11 月 23 日,省委印发《关于今冬明春整顿人民公社工作的安排》,指出当前值得注意的问题是,还有百分之十几的生产队很不巩固,甚至有极少数处于瓦解状态。即便巩固或基本巩固的生产队,在经营管理和干部作风方面也存在不少问题,一些干部和社员的单干思想还没有得到彻底克服,基层党组织中部分党员的某些混乱思想尚未澄清,必须集中地进行一次以社会主义教育为中心的整顿,并明确 1962 年冬季和 1963

---

① “彭、高、习”,即彭德怀、高岗、习仲勋。

年春季全省农村分两个阶段开展整风整社。

冬季整风整社于1962年12月至1963年2月进行，主要是贯彻落实党的八届十中全会精神，在广大基层干部和群众中开展以“两条道路”为中心内容的社会主义教育，提高广大基层干部和群众的阶级觉悟，增强走集体化道路的信心。全省先后抽调脱产干部27768人，参加94372个生产队的整风整社。在整风整社中，有的地区在纠正“单干风”时重点批判斗争有过火行为，有的地区在批判斗争中出现乱批乱斗和打骂体罚等现象，有的地区整社工作组在大队蹲点时要求全大队的干部从下至上层层大会检讨，形成严重的斗争场面，使不该受到打击的干部遭受打击，还有的地区由于整风整社行动迟、时间短、内容多，摊子铺的大，存在工作力量不足、工作粗糙、走过场的现象，等等。对此，省委明确要求“整风必须讲求其效，一定要抓紧时间，整好一个队，算一个队，反映一个问题，算一个问题，达到真正反映问题，群众满意。不要赶时间，防止走过场”①。这次整风整社正面教育多，触及干部“洗手洗澡”少，在一定程度上改进了农村经营管理，改善了干部的工作作风，调动了农民群众生产积极性，促进了农村生产建设。

1963年2月11日至28日，中央在北京召开工作会议，毛泽东在会上介绍了湖南开展社会主义教育、抓阶级斗争的“经验”和河北保定“清账目、清仓库、清财物、清工分”的“整风整社经验”，提出了中国出不出修正主义的问题，强调只有搞好社会主义教育，才能防止出现修正主义，并督促各地注意抓阶级斗争和社会主义教育问题。会议决定，以抓阶级斗争为中心，在全国城乡发动一次普遍的社会主义教育运动。农村开展以“四清”为主要内容的社会主义教育运动，城市开展反对贪污盗窃、反对投机打把、反对铺张浪费、反对分散主义、反对官僚主义的“五反”运动。

根据中央工作会议精神，3月11日至22日省委召开三届六次全委扩大会议，部署全省农村社会主义教育运动和城市“五反”运动。会后，各地区重新安排春季整风整社，全省有88460个社队参加，省、地（市）、县三级和部分公社在970多个生产大队中开始试点。

---

① 陕西省档案馆编：《中共陕西省委文件选编》（1950—1966）第9册，2008年，第387页。

参照湖南省和河北省的“典型经验”，春季整风整社侧重于“两个阶级”“两条道路”的教育，把农村基层干部中的“四不清”问题和社会上的阶级斗争联系在一起，视这些干部为新生的资产阶级分子，视“单干风”“包产到户”为资本主义复辟。这一阶段的社会主义教育和“四清”工作，只是作为整风整社中的一项具体内容，着重进行干部“洗手洗澡”，开展一些清“四账”① 的工作。

5月，毛泽东在杭州主持召开部分中央政治局委员和各大区书记参加的会议，专题讨论农村社会主义教育问题，制定了《关于目前农村工作中若干问题的决定（草案）》（以下简称“前十条”）。由于国际共产主义阵营内部矛盾的日益尖锐，党中央把正在开展的“四清”和“五反”看作是与国际反修斗争相配合的国内反修防修的重大战略措施，比较关注防止“和平演变”和修正主义篡权。因此，“前十条”对阶级斗争形势作了过于严重的估计，认为“党变修”“国变色”“全国发生反革命复辟”是已经面临的现实危险，认定“四清”和“五反”是“打击和粉碎资本主义势力猖狂进攻的社会主义革命斗争”，要求各地训练干部进行试点，为普遍开展社会主义教育运动进行准备。

6月25日，省委向党中央及西北局报送了陕西农村社会主义教育的情况，比较严重地估计了全省农村阶级斗争形势。报告提出，陕西农村和全国一样，阶级斗争是复杂的、严重的、尖锐的。阶级斗争不仅在社会上严重地进行着，而且在党内和干部队伍中也有激烈的反映。解放较晚的关中、陕南地区民主革命不彻底，土改中一部分地区的群众发动得很不充分，实行了“和平土改”，漏掉了一些地主、富农，民主革命不彻底问题尚未从根本上解决。陕北老解放区的阶级斗争一直在反复进行，有些地方社会主义革命谁战胜谁的问题还没有得到基本解决，陕北老解放区不少地方刮“单干风”，特别是清涧县单干风“三起三落”很能说明问题②。省委认为，“这次农村社会主义教育运动是一场严重的阶级斗争”。

6月，在调查了解的基础上，省委宣传部向省委提交《关于陕西地

① “四账”，即政治翻身账、经济翻身账、文化福利账、个人消费账。

② 陕西省档案馆编：《中共陕西省委文件选编》（1950—1966）第2册，1997年，第337—339页。

区思想战线上阶级斗争形势和我们的意见的报告》,列举了一系列“重要案件”,强调全省思想战线上阶级斗争的尖锐性和斗争形式的多样性,并提出了“打退国内外敌人在思想上猖狂进攻”的措施。省委作出批语并上报中央,中央将报告与批语批转到全国各级党政机关和人民团体各党组,要求根据“前十条”和《关于国际共产主义运动总路线的建议》精神,系统调研本地思想战线上阶级斗争的情况,认真讨论思想战线的阶级斗争问题,提出切实有效的办法,并把讨论结果专题报告中央。

7月2日,省委成立省委加强思想战线对敌斗争领导小组,派三个工作组分赴陕北、关中、陕南进行调研。根据工作组调查报告反馈情况,省委认为“全省思想战线存在严峻的阶级斗争”,决定在全省社会主义教育运动中同时开展“三条战线”斗争,即以农村社会主义教育运动为中心,同时开展城市“五反”运动和思想战线“兴无灭资”斗争。

农村第一期社教运动

全省农村第一期社教运动1963年6月开始,到1964年初结束。首先在临潼县行者公社等地进行试点,然后在全省面上展开。试点地区的运动是派遣工作队进入试点公社按阶段推进,一般为几个月,时间较长;面上的社教运动在试点以后推行,涉及范围较广,方式以“三干会”和群众社会主义教育为主,大约20天左右。

根据“前十条”精神,1963年6月25日省委下发《关于农村社会主义教育等问题的指示》,安排全省试点地区103个,抽调试点干部8500多人。省委主要负责临潼县行者公社的试点工作,同时派出工作组参加延安、汉中、榆林3个地委的试点工作。28日,省委成立由张德生、赵守一率领的农村社会主义教育试办工作团(以下简称“社教工作团”)。省委社教工作团抽调省级机关干部100余人,从6月28日起在临潼县行者公社开展4个月的社教运动试点工作。试点分为五个阶段进行。第一阶段深入发动群众,特别是发动贫农和下中农;第二阶段召开公社“三干会”,训练基层干部;第三阶段开展具体的“四清”工作;第四阶段开展“对敌斗争”;第五阶段进行思想建设和组织建设。社教工作团通过调查摸底认为,行者公社的阶级斗争异常尖锐且极为复杂,资本主义势力和封建主义势力的活动很嚣张。全公社 86 名四类分子[①]中有破坏活动的占 37.2%，81 个生产队中有 9 个生产队的土改不彻底，不少地方的封建残余势力仍然不可低估，“单干风”、贪污盗窃、投机倒把之风刮得很厉害[②]。期间，工作团“以阶级斗争为纲”“开展对敌斗争”，展开“四清”工作，这种做法混淆了两类不同性质的矛盾，把本该属于人民内部的矛盾当成敌我矛盾来处理，一些存在投机倒把、贪污盗窃、宣扬单干等问题的人员被当成阶级敌人进行斗争，造成不利影响。

针对各地试点工作提出的问题，9 月中央工作会议通过《关于农村社会主义教育运动中一些具体政策的规定（草案）》（以下简称“后十条”）。“后十条”在充分肯定“前十条”关于阶级斗争形势和社教运动性质判断的基础上，进一步提出要“以阶级斗争为纲”，这是“左”倾指导思想的继续和发展。但“后十条”也规定了要团结 95% 以上的干部和群众、依靠基层组织和基层干部、约束一些极端过火行为的具体政策，强调农村社教运动要同生产工作紧密结合，具体措施要有利于生产，在一定程度上降低了对农业生产的负面影响。

在贯彻“后十条”精神中，省委 11 月 11 日转发了《社教工作团关于临潼县行者公社开展社会主义教育运动试点工作的报告》[③]，认为要把这一运动搞好，就必须“以阶级斗争为纲，抓住阶级斗争、社会主义教育、组织贫下中农阶级队伍、‘四清’、干部参加集体生产劳动这五个要点；放手发动群众，团结 95% 以上的干部和群众，坚决打退资本主义势力和封建势力的进攻，巩固集体经济，发展农业生产”。此后，全省各地委和县委相继展开社教运动试点。

按照中央关于农村社会主义教育采取点面结合的方法要求，在全省社教试点工作初见成效后，12 月 25 日省委印发《〈关于面上社会主义教育工作的座谈纪要〉的通知》[④]，具体部署全省面上的社教运动。要求

① 四类分子，指新中国土改后到“文化大革命”结束这段时间，对地主、富农、反革命分子和坏分子这四类人的统称。

② 陕西省档案馆编：《中共陕西省委文件选编》（1950—1966）第 2 册，1997 年，第 366 页。

③ 陕西省档案馆编：《中共陕西省委文件选编》（1950—1966）第 2 册，1997 年，第 365 页。

④ 陕西省档案馆编：《中共陕西省委文件选编》（1950—1966）第 2 册，1997 年，第 390 页。

社教在春节以前完成，一般以 20 天为宜；方法上要先教育发动群众，使干部和群众在领会中央文件精神的基础上解决一些必须解决而又可能解决的突出问题；步骤上首先要开好公社三级干部会议，然后在群众中进行社会主义教育；在干部和群众提高觉悟的基础上，通过干部向群众作自我检查，初步改善干群关系；通过发动群众，揭露四类分子的不法行为，初步打击阶级敌人；帮助贫下中农解决生产生活中和经营管理方面的一些突出问题。

根据省委安排，各地相继开始了面上社教运动。咸阳地区社教运动 1963 年 12 月中旬全面展开，从全区机关、学校、企事业单位抽调 1933 人组成社教工作组，在全市 207 个公社、3048 个大队和 15357 个生产队中开展了社会主义教育。安康地区要求通过初步揭开阶级斗争盖子，划清敌我界限，向“敌人”实行专政。商洛地区在社教工作中实行干部“洗手洗澡”，出现了硬追硬逼现象。

全省农村第一期社教运动对于纠正农村管理账目混乱、财务不清和一些干部的多吃多占、损公肥私起到一定作用，但因指导思想上强调“以阶级斗争为纲”，有些地区和单位将一些不属于阶级斗争的问题上升到阶级斗争的层面去认识和解决，出现了罚跪、打人甚至逼死人的现象，给第二期社教运动的开展埋下隐患。

农村第二期社教运动

1964 年 3 月 3 日，省委印发全省第二期社教运动工作安排，要求扩大规模，又快又好开展，力争社教运动覆盖全省 20% 的社队；结合农业实际，春季可多搞一些，夏季可以少搞或者不搞；每期运动的时间不宜拖得太久，应力争不超过 3 个月。但实际上全省农村第二期社教运动 1964 年 3 月初开始，到 1965 年 12 月才结束，共有 389 个公社、4952 个大队、25129 个生产队、35422 名干部参加。

五六月间，中央在北京召开工作会议讨论社会主义教育运动等问题，对国内政治形势作出更为严重的估计。毛泽东认为，全国有三分之一左右的基层单位领导权不在我们手里，而在敌人和它的同盟者手里，更加突出地强调防止和平演变的紧迫性，要求从“反修防修”和防止世界大战的总体战略来部署工作。刘少奇认为,恐怕有些地方三分之一还打不住。会议决定由刘少奇主持修改“后十条”,决定成立“四清”“五反”指挥部。9月中旬,“后十条”修正草案正式下发,对形势作出了更加不符合实际的严重估计,认为阶级敌人拉拢腐蚀干部,“建立反革命的两面政权”,是“敌人反对我们的主要形式”。这次运动“是一次比土改运动更为广泛、更为复杂、更为深刻的大规模的群众运动”,决定“整个运动都由工作队领导”。这就脱离了基层组织和基层干部,扩大了社教运动的消极面,进一步发展了“左”倾错误,对陕西第二期社教运动产生很大影响。

第二期社教运动分三个阶段进行。第一阶段是1964年3月至8月,主要是深入学习贯彻西北局《关于印发〈关于当前农村社会主义教育运动的八个问题〉的通知》,对前期社教运动进行“回头望”。4月21日,刘澜涛在西北局书记处会议上作了《关于当前农村社会主义教育运动中的八个问题》[①]的讲话。6月1日,西北局发出《关于印发〈关于当前农村社会主义教育运动的八个问题〉的通知》,强调:“这八个问题,如果认识不正确和处理不妥当,就会影响运动的健康发展。”次日,省委发出指示,要求对前期社会主义教育运动进行检查。6月,全省各地利用一个月的时间展开讨论和检查,制定相应改进措施。主要有两个方面:一个方面是整顿工作团,彻底解决工作团干部的立场和对社会主义革命的态度问题。一个方面是开展复查、补课和巩固工作,复查内容根据本地情况确定。延安地区提出要着重抓好贫下中农阶级队伍的组织建设和思想建设,从思想上划清资本主义和社会主义两条道路斗争的界限。榆林地区提出对已经搞好运动的社队用一个月的时间进行复查补课,对

① “八个问题”,一是有人说现在农村工作的主要矛盾是生产问题,这种提法容易片面强调抓生产,忽视阶级斗争。二是搞好社会主义教育的核心问题是依靠贫农、下中农的问题。三是在农村的社会主义教育运动、城市的“五反”运动中插一段评功摆好是不是适当?四是关于加强工作团问题。五是关于团结95%以上的群众和干部的问题。六是面上的社会主义教育,虽然取得了很大的成绩,但是很不平衡。七是在系统地进行过社会主义教育运动的地区,两个阶级、两条道路的斗争是不是还存在?还是不是主要矛盾?是生产问题还是主要矛盾?八是在贫农、中下农革命组织中有没有两种思想的斗争?有没有阶级斗争的反映?

“废品”要重新搞，需要多长时间就搞多长时间。汉中地区提出全面复查已搞过运动的生产队，“以阶级斗争为纲”抓好基层党组织、阶级组织的建设和三类队的巩固工作，等等。期间，为了指导社教运动顺利进行，7 月 29 日省委成立农村、城市社教运动指挥部和思想战线指挥部。

第二阶段是 9 月至 12 月，集中力量打“歼灭战”，进行民主革命补课。省委根据“后十条”修正草案调整原有计划，9 月 25 日发出《关于重新部署社教运动的紧急通知》，确定全省只在长安、延安、汉中西乡县和西安阿房区等 4 个点开展系统社教，集中力量打“歼灭战”；要求省、地、县、社党政机关和县以上企事业单位抽调 30% 的干部参加社教运动，领导干部亲自蹲点、亲自扎根串连、亲自发动群众，开展“四清”① 和对敌斗争，搞好“民主革命补课”。

“民主革命补课”任务是西北局主要负责人提出的。他认为“陕西土改、镇反不彻底”，因此，指示陕西社教要进行“民主革命补课”。

在西北局和省委对陕西形势的错误估计下，四个社教地区集中力量打社教“歼灭战”时，“左”倾思想占据了上风，西北局直接指导的长安县社教运动尤为突出。

长安县地处西安市郊区，为西安市属县。长安县社教工作人员由陕西省、市、县抽调的干部、北京中央机关派出的干部和部属高校派出的师生联合组成，以陕西干部为主，西北局农村工作部部长李登瀛担任社教工作总团团长。长安县社教工作团有 1 万多人（也称为万人工作团），上万人的社教工作团入驻 40 万人口的长安县，实行人海战术，包揽长安县社教运动和其他事务。长安社教工作团认为，“全国解放 15 年，长安贫下中农 15 年没解放”，“贫下中农还处在水深火热之中”。根据这些不符合实际的判断，工作团否定了原来社教运动中执行的“三依靠”② 政策，抛开了当地基层组织和基层干部，社教干部进村后从“扎根串连”做起，发现和培养贫下中农积极分子，开展“清政治、清组织、清经济、清思想”和“民主革命补课”，解决土改、镇反“两个不彻底”的问题。随后，

① “四清”，指清政治、清组织、清经济、清思想。

② “三依靠”，即依靠基层组织、依靠基层干部、依靠贫下中农。

社教工作团又在省级领导机关查原因、“找根子”,开展了系统性的全面清理。

长安县社教运动首先从长安县委和各级领导班子中揭开阶级斗争的“盖子”。县委书记被说成是坏人、“四不清”干部、大搞翻案活动的支持者,县委副书记被打成现行反革命分子。接着工作团又宣布长安县委基本烂掉、公社一级的领导班子多半烂掉、一半以上的干部有各类严重问题,要在长安重新建党建政。在“民主革命补课”中,全县补定的地主、富农户数比土改时增加了 1.2 倍。因家庭成分补定为地主、富农而被当作地主、富农分子清除出党的党员 152 名,开除公职的干部 493 名。在清经济方面用算大账、逼供信等手段查贪污多占、虚报冒估,所定数额水分很大,特别是“破产退赔”造成一些基层干部倾家荡产。在一些社队还批斗所谓“新生资产阶级分子”,伤害了一大批基层干部和农民群众。

长安县社教运动的这些做法被作为“典型经验”在全省推广,给全省带了一个坏头。不少地方轻率地处理干部群众,动辄停职、双开(开除党籍和公职)乃至拘捕,不少农户家庭成分被补定为地主、富农,不少干部被定为阶级异己分子,出现了人人自危的情况。

第三阶段是 1965 年 1 月至 12 月,贯彻中央“二十三条”精神。1964 年 12 月 15 日至 1965 年 1 月 14 日,中央政治局在北京召开工作会议,在毛泽东主持下讨论制定《农村社会主义教育运动中目前提出的一些问题》(即“二十三条”)。“二十三条”包含纠正社教运动中“左”的做法内容,批评了“后十条”下发以来“四清”运动中斗争面过宽、把原来的党组织抛到一边的做法,认为运动应该依靠群众大多数、依靠干部大多数,提出把整个运动由工作队领导改为实行群众、干部、工作队“三结合”,工作方法要走群众路线,不要搞神秘化,也不要搞“人海战术”。“二十三条”充分肯定农村基层干部大多数是好的和比较好的,要求尽快地解脱他们;明确宣布不许用任何借口去整社员群众,严禁打人和其他形式的体罚,防止逼、供、信;规定全国城乡社教运动今后一律以“清政治、清经济、清组织、清思想”为内容,城市的社教也由“五反”改为“四清”。但“二十三条”又片面强调社教运动的性质是解决社会主义和资本主义的矛盾,把解决无产阶级和资产阶级两个阶级的斗争、社会主义和资本主义两条道路的斗争上升为十多年来党的一条基本理论，明确规定运动的重点“是整党内那些走资本主义道路的当权派”，这为后来“文化大革命”把斗争矛头集中指向所谓“党内走资派”提供了理论依据。

为了贯彻“二十三条”精神，长安、延安和西乡的社教工作团首先解脱了大多数犯有一般“四不清”错误或者问题多但交代好的干部。“清经济”工作告一段落后，社教工作团转入以“清政治”为中心的“清政治、清组织、清思想”工作。在“清政治”方面，各县都把重点放在开展对敌斗争和夺权斗争方面。在“清思想”中，有些地方开展“两个阶级、两条道路”的大辩论。在“清组织”问题上，各地一般都结合加强基层组织建设，把重点放在党支部的组织建设方面。在社教运动中，各社教工作团帮助基层党组织抓组织整顿、党员登记和支部班子建设，帮助支部建立日常工作制度和开展经常性的工作，获得了一定成效。为了推广经验并按“二十三条”更加系统地推进运动，1965 年 2 月下旬和 3 月初，3 个县的社教工作团重新开展了 3 个公社的“四清”运动。4 月中旬，从长安社教工作团抽出两三千人，在西安市的灞桥、未央两区共 18 个人民公社中开展“四清”运动。

1965 年 9 月 10 日，省委决定成立省委“社教”委员会，主任李启明，撤销 1964 年 7 月成立的省委农村、城市、思想战线 3 个“社教”指挥部。

全省农村第二期社教运动从 1964 年 3 月开始到 1965 年 12 月结束，历时近两年，是陕西社教运动的“高潮”时期。受“左”的指导思想影响，加上西北局和省委一些领导人的工作失误，前期的“左”倾错误仍在延续。

二、城市社会主义教育运动

城市“五反”运动

1963 年 2 月，中共中央在北京召开工作会议，决定在全国大中城市分期分批开展一场“五反”运动。3 月 1 日，中央发出《关于厉行增产节约和反对贪污盗窃、反对投机倒把、反对铺张浪费、反对分散主义、反对官僚主义运动的指示》，要求在县级以上机关、企事业单位和物资、文教部门有领导有步骤地开展“五反”运动。3月11日至22日，省委召开三届六次全委扩大会议，部署全省农村社会主义教育运动和城市“五反”运动。会议认为“五反”运动是“既包括经济斗争又包括政治斗争和思想斗争的一场全面的阶级斗争，是最生动、最实际的反对修正主义的斗争，也是最生动、最实际的社会主义教育运动”，要求各地各部门要通过“五反”运动切实改进机关工作。

3月27日，省委印发《关于开展增产计划和“五反”运动的部署计划》，明确在全省县级以上机关、企业、事业单位分三期[①]进行城市“五反”运动，每期按两个阶段进行，各县和省级部门各单位开展运动的时间可根据夏收时间迟早和工作条件不同分批进行，全省“五反”运动在秋收前基本结束。同时，省委要求各地和省级各部门各单位立即建立增产节约和“五反”运动领导小组，主要负责同志率领工作组进行“五反”试点。赵守一任省委增产节约和“五反”运动领导小组组长。

按照省委部署要求，第一期“五反”运动在省级和西安市一级开展，从4月1日开始分两个阶段进行。第一阶段主要在企业单位全力开展增产节约活动，在党政领导机关反对官僚主义、分散主义、铺张浪费和生活特殊化，并整顿文风和会风。这一阶段分四步具体开展，第一步是领导干部“洗澡”“下楼”，发动群众；第二步是开展“四查”[②]，彻底揭发；第三步是在揭发基础上进行整改；第四步是开展社会主义教育，进行复查补课。这个阶段涉及省级机关84个单位、1.6万多名干部。经过两个月的时间，参加运动的343名部委厅局级干部327名“洗了澡”，其中“洗得好的”或者基本上好的占92.7%，“洗得差的”或者“下不了楼”的占7.3%。在做法上采取发动群众进行揭发，通过“查文件、查会议、查下乡、查调查研究、查领导干部亲自动手、查公文流转环节、查物资单据、查

① 陕西城市社教运动在“五反”阶段开展了第一期，随后中央下发的“二十三条”将农村和城市社会主义教育运动一律称为“四清”，在“四清”阶段陕西城市社教运动开展了后两期。

② “四查”，即查阶级立场和敌情观念，查革命意志衰退，查特权思想、特殊化和不以平等态度待人，查官僚主义、分散主义。

机关生产”等形式,彻底揭发问题。第一阶段7月结束,并进入以反对贪污盗窃、反对投机倒把为主要内容的第二阶段。

第二阶段是每期“五反”运动的关键阶段。1964年1月4日,中央批转《中央监委关于“五反”运动中对贪污盗窃、投机倒把问题的处理意见的报告》。根据中央精神、结合各地提出的若干具体问题,省委提出了《关于“五反”运动中若干具体问题的意见》,明确规定了“五反”运动的政策界限。省委认为反对贪污盗窃、投机倒把的斗争是激烈的阶级斗争,是挖掉产生修正主义的根子,但这次“五反”不同于1952年以“打虎”的办法进行的“五反”①,目的是团结95%以上的人,打击少数贪污盗窃、投机倒把分子②。截至1964年3月,1.72万余人被揭发出有贪污盗窃、投机倒把问题,占参加运动职工总数的2.82%,其中300元以上的干部2600多人,占参加运动干部总数的1.42%。

西安市阿房区是全省城市社教运动的重点试点地区。从1964年9月开始,全省组织5000多名干部,以阿房区为重点,在144个基层单位、13.8万多名职工和居民中开展了城市第一期社教运动。社教工作团在开展反对贪污盗窃和投机倒把的斗争中举行了几次群众大会,处理了一批案件。在运动的后期,工作团一方面集中时间放手发动群众检举揭发,另一方面号召那些“隐瞒身份”的所谓“地、富、反、坏分子”坦白交代,并组织专案小组,内查外调,认真审查,逐人逐事做出了结论。

开展“四清”运动

1965年初中央“二十三条”下发后,城市社教运动从“五反”转为“四清”③。1月下旬,省委利用半个多月时间整训城市工作队,对城市“四清”运动提出新的安排意见。突出了三个方面的工作:一是确定全省开展城市“四清”运动的范围。包括西安、宝鸡、咸阳、铜川4个市所在的省市党政机关、工交、财贸、农林事业单位以及4个市以外的中央、省属

① 陕西省档案馆编:《中共陕西省委文件选编》(1950—1966)第2册,1997年,第88页。

② 陕西省档案馆编:《中共陕西省委文件选编》(1950—1966)第2册,1997年,第132页。

③ 按照“二十三条”规定,农村和城市的社会主义教育运动一律称为“四清”,即“清政治、清经济、清组织、清思想”。

工交企事业单位共2618个，计585512名职工，含4个市的27万余名居民群众和职工家属。二是明确全省城市“四清”运动的部署。先在国民经济关系重大的工交企事业以及备战和支援农业的企事业中开展，两年内集中主要力量分三至四批完成西安、宝鸡、咸阳、铜川和4个市以外的中央、省属工交企事业以及市属工交企事业、大的合作工厂和财贸企事业的“四清”工作，1967年完成剩下的农林、机关、合作企业和街道居民的“四清”。三是安排第二期城市“四清”运动。

第二期涉及中央部属企事业单位87个、职工111539名，省属工交企事业单位23个、职工234501名，省属单位13个、职工22893名，西安市工交企事业单位40个、职工19620名，西安市财贸企事业单位90个、职工7000名，西安、宝鸡、咸阳、铜川的行政机关70个、职工23447名，西北科学研究单位2个、职工2947名，省设计单位8个、职工2251名。城市社教工作在省委城市社教指挥部统一安排下分别组成若干工作团，根据准备情况分批开展。

第三期城市社教运动1966年4月开始，仍坚持集中力量打“歼灭战”。西安地区继续开展工交、财贸企事业单位和政法、机关单位的社教运动，宝鸡、咸阳两个市主要在工交、财贸企事业单位中进行，铜川市主要在部分工矿企业中开展。这期约有650个单位参加、占城市应开展单位的20%，参加职工约16.5万人、占职工总数的17%。第三期开始不久，“文化大革命”爆发。6月14日省委决定“不管四清运动搞完与否，所有四清工作队一律留下，加强对文化大革命的领导”。这样，社教工作队就转变为领导“文化大革命”运动的工作队。

历时三年多的城乡社会主义教育运动，解决了部分干部中存在的作风问题，揭露了一系列的“四不清”问题和贪污盗窃、投机倒把等犯罪行为，打击了极少数人的破坏活动，促进了思想教育，改善了经济管理。但由于运动是在“以阶级斗争为纲”“整党内走资本主义道路的当权派”等“左”倾错误思想指导下进行的，把许多党内和社会上不同性质的矛盾都看成是阶级斗争，在运动过程中发生了不同程度的偏差和错误。有的地方出现工作方法简单粗暴、违反政策，大搞“逼供信”，导致部分基层干部和群众受到错误批判和处理。同时，把一些有利于搞活农村经济、发展农业生产和改善人民生活的措施和政策，也当作“资本主义尾巴”加以批判、限制或取消，伤害了干部群众的生产积极性，运动中“左”倾错误带来的后果和负面影响是严重的。

胡耀邦纠“左”

1964年11月，中央决定胡耀邦任西北局第三书记兼陕西省委代理第一书记，同时保留共青团中央第一书记职务。1965年5月，中央决定胡耀邦任陕西省委第一书记。

上任伊始，胡耀邦深入全省各地调查研究，全面充分地了解实际情况。1962年党的八届十中全会后，西北局强调陕西所谓“彭、高、习反党集团流毒很深”，“土地改革和镇压反革命很不彻底”，陕西阶级斗争格外激烈。社教运动中有大批干部和群众被当作敌对分子，或因这样那样的政治、经济等问题被抓捕或被惩办。由于西北局要求党政干部清查阶级成分和阶级立场，陕西政治氛围十分紧张，半数左右的省级部委厅局和地委、县委及政府领导班子被看作是“烂了”和有严重问题，一批未作结论的厅、局、处长被关押起来“隔离审查”。受所谓“反党小说《刘志丹》”一案牵连，一大批文艺作品被批判为“大毒草”，不少知名作家和艺术家遭到迫害。

面对这种形势，胡耀邦认为把农业生产搞上去、改善城乡人民生活是陕西第一任务，社教运动“对干部伤害过多，处理过重，必将带来严重的后遗症”，社教运动“捕人多了点，‘双开’多了一些，夺权打击面宽了一些”，提议捕人暂停、“双开”暂停、面上夺权暂停，待重新部署后再行动。根据胡耀邦提议，省委、省人委做出了“三个暂停”的决定。1965年1月下旬，省委召开工作会议传达贯彻中央“二十三条”，检查和总结前一时期社教运动。胡耀邦在会议上再次指出，“我们在实际工作中有缺点，思想认识上也有缺点”，“思想认识上的缺点偏差，大于实际工作中的缺点偏差”。

春节后，省委领导纷纷参加各县多级干部会议，宣讲“二十三条”、开展调查研究。胡耀邦深入安康地区各县调研指导。他发现一些县的负责人不认真按“二十三条”办事，缩手缩脚，顾虑重重，对省委一月工作会议决定的一些问题有所怀疑。针对这一情况，2 月 12 日，他在安康地区干部会议上讲话，提出要在政治思想方面放大一些，不要抠得太碎；要在领导生产方面放得更宽一些，不要过窄；要在经济政策方面搞得更活一些，不要过死。2 月 13 日晚，他亲笔起草《电话通讯》，规定了解脱干部的四项政策：一是凡社教以来被处分过重的干部，一律实事求是地减轻下来。最好选择几个典型，经过大家讨论重新作出决定，并在大会上宣布。二是凡停止和撤销工作但尚未处理的干部一律先到工作岗位上去，待问题完全查清或经过一个时期的考验后再作结论。三是凡 1964 年以前犯有某些错误但已经交代过的在职干部（包括脱产和不脱产干部），不再在这次会议上“洗手洗澡”。只要做好工作，搞好生产，将功补过，就一律不究既往。四是这次县多级干部会议后继续干坏事的人，不管职务高低，一律从严处理。

2 月 14 日，胡耀邦来到汉中西乡县。西乡县是省委确定的全省社教运动的试点和重点，在此开展运动的省委工作队有 8000 多名队员。在开展运动的过程中，工作队与汉中地委主要领导对“民主补课”中补划漏划的地主、富农成分问题产生了分歧。省委工作队认为汉中同关中一样，土改、镇反很不彻底，需要补课。汉中地委书记张军则认为，汉中 12 个县所定的地主、富农数量平均已经占到农民总户数的 6% 以上，西乡已占到 7.9%，符合规定的百分之六、七、八的指标，不存在不彻底的问题。胡耀邦听了汇报后认为汉中的意见是正确的。他向西乡县委和工作队队员说，补定成分要讲策略，可戴（地富帽子）可不戴的可以不戴，可划可不划的可以不划，更不能采取升级（原为富农的升为地主，原为中农的升为富农）的办法。

胡耀邦一直关注农业生产，提出了“两手抓、双丰收”的方针，即一手抓粮食、一手抓多种经营。关中地区主要是一手抓粮食、一手抓棉花，陕南地区主要是一手抓粮食、一手抓山货土特产，陕北地区主要是一手抓粮食、一手抓造林和畜牧业。他还提出了一系列促进和鼓励干部群众搞好生产的措施和办法。这些举措受到全省广大干部和群众的支持与好评。

胡耀邦在陕西工作时间虽然不长，但提出了不少切实有效、顺应民心的思路举措，一定程度上遏制了“左”倾错误，较大地促进了陕西生产力的发展。1965年，全省工农业生产形势出现较大转机，粮食棉花产量超出预期，人民群众生活有了一定改善。

三、思想文化领域的各项活动

学习毛泽东著作

20世纪50年代末60年代初，为了进一步纠正“大跃进”以来“左”的错误，澄清党内存在的混乱思想，毛泽东希望全党结合工作遇到的实际问题认真读书，进一步探索中国社会主义建设规律，尽快懂得社会主义经济发展规律，尽快掌握科学合理的工作方式和切实可行的工作方法，全力投入社会主义建设。1958年6月共青团三届三中全会通过了《关于组织广大青年学习马克思列宁主义、学习毛泽东著作的决议》，号召全国青年开展学习马克思主义理论、学习毛泽东著作的运动。

在贯彻中央要求的读书活动中，陕西是从组织各级党员干部进一步学习毛泽东著作开始的。1960年初，省委印发《关于加强理论工作的几项措施》，要求各级干部有系统地学习中央文件和马恩列斯毛著作，并明确省、地、市委的主要负责干部以学习《政治经济学教科书》为主，非党员高级干部和一般干部结合列宁言论摘录，认真学习《列宁主义万岁》等文章；工农群众除结合形势任务选学毛泽东著作、中央文件和《列宁主义万岁》外，有计划地学习毛泽东《关于正确处理人民内部矛盾的问题》《介绍一个合作社》等篇目。5月16日，省委印发《关于进一步开展学习毛泽东思想的运动的意见》后，各地出现争购毛泽东著作、学理论谈理论用理论、“车间当课堂、宿舍当书房”“书本随身带、地头学起来”的现象。各级党委高度重视学习毛泽东著作的群众活动，均作出加强理论工作的决定，积极动员广大党员干部宣传和学习毛泽东思想，并指定党委书记亲自挂帅，成立理论工作小组，领导和推动各地各单位的学习。各公社党委成立学习领导小组，具体开展学习活动。

6月26日，省委批转彬县县委《关于举办第一期毛主席著作读书会的报告》。在批转的按语中指出，在全省干部和工农群众学习毛泽东著作已经形成广泛深入的群众运动的时候，部分负责干部“学习落在广大干部和群众后面”，各地区各部门要采取适当形式认真组织负责干部的理论学习，特别是“抓一抓各地负责干部对即将出版的毛选四卷的学习”。

9月，《毛泽东选集》第四卷出版并在全国发行，全省学习毛泽东著作的活动随之进入新阶段。9月30日，省委印发《关于〈毛泽东选集〉第四卷的宣传和学习安排的通知》，要求及时在《思想战线》《陕西日报》《西安日报》等省市主要报刊刊登省委理论工作小组撰写的文章，适时组织举办报告会加以推动和引导。从1960年10月至1961年3月，采取自学和集中学习方法，促进学习工作与增产节约运动相结合，实现学习与生产两不误。

随后，省级报刊开始大量转载《人民日报》和《红旗》杂志社论，并报道《毛泽东选集》第四卷发行情况，刊登省委理论工作小组撰写的文章，各地委、县委报纸也着重报道本地《毛泽东选集》第四卷的发行和学习情况。省委宣传部10月和11月举办多期读书会，组织宣传理论工作干部集中学习，全省在职干部在半年内每周利用1天时间进行自学。10月8日省委举行报告会，省级和西安市级科长以上干部和宣传理论干部4000余人参加，省委书记处候补书记赵守一作关于学习《毛泽东选集》第四卷的报告。会议指出，学习《毛泽东选集》第四卷是党的政治思想工作中一项重大任务，各级党组织要加强领导，妥善安排学习时间，通过学习提高广大党员干部的马列主义水平，推动以粮和以钢为中心的增产节约运动，加快全省社会主义革命和建设。

1961年初，省委召开三届二次全委扩大会，提出进一步广泛深入开展学习毛泽东思想活动，要着重抓好县委第一书记以上负责干部学习，突出抓好农村基层干部学习。之后，全省县以上各级党委和各部门普遍成立毛泽东思想学习核心小组，举办毛泽东著作短期读书会和自修班。参加学习的负责干部开展调查研究，撰写专题论文或调查报告。各级党校采取快轮多训和教好学好等办法，加快干部的理论轮训。这些措施加强了干部对毛泽东著作的学习，提高了干部的思想水平。3月23日，省委给中央和西北局上报《关于开展学习毛泽东思想运动的情况和今后意见的报告》,系统总结了 1958 年以来陕西开展毛泽东思想学习活动的情况,提出了今后开展学习的意见。从 1963 年 11 月初开始,全省县级以上干部坚持理论联系实际,全面学习《实践论》《矛盾论》《关于正确处理人民内部矛盾的问题》等篇目,结合工作讨论研究。

在全国学习毛泽东著作运动中,包括陕西在内的部分省、自治区和国家机关向中央请示出版毛泽东著作选本相关事宜。1964 年 3 月 18 日,中央统一批复,指示各地可根据 2 月 22 日中央《关于编印毛泽东著作批准手续的通知》规定,向人民出版社洽购单行本,或印制活页。遵照中央和省委指示精神,省文化局根据调查统计的全省供需和存量情况,印制了《愚公移山》《纪念白求恩》《实践论》等 21 种毛泽东著作单篇本。从 8 月底开始,《毛泽东著作选读》甲乙两种版本陆续在西北地区发行。按照西北局指示,省委及时组织力量印刷和宣传。1964 年,全省发行《毛泽东著作选读》(甲、乙种本)57 万余册,发行各种毛泽东著作单行本 412 万册,相当于 1962 年和 1963 年两年发行量的 10 倍,有力推动了学习毛泽东著作运动,受到群众广泛好评。

同时,各级党组织进一步加强群众学习的领导,省委举办《矛盾论》《实践论》等 5 本书学习训练班,部分专区、县和厂矿企业召开学习“毛选”积极分子代表会,举办学习辅导员训练班和工人业余政治进修学校,培养学习骨干分子,组织学习标兵巡回报告团,举办巡回展览会,许多地方还举办了读书会、自修班、轮训班。全省各地普遍结合学习雷锋、廖初江、王杰等解放军英雄模范人物,开展学习毛泽东著作活动,响应毛泽东“向解放军学习”的号召,在各条战线上涌现出一批学习毛泽东著作的先进单位和积极分子。3 月 20 日,陕西省召开学习毛泽东著作先进单位和积极分子代表会议,总结经验、树立标兵,鼓舞和帮助更多的工农群众积极学习毛泽东著作。

1964 年 8 月 18 日,中央发出《关于县以上干部学习毛主席哲学著作的决定》。10 月 6 日提出从 10 月到 1965 年 9 月底组织干部学习中央规定的 4 本哲学著作,县以上各级党委的一把手特别是地委以上领导干部要以身作则,带头学好,“最好读一书写一文”。各级干部特别是地委书记以上干部结合工作实际，向省委上报学习情况报告 244 份，送交学习心得 91 篇。县（团）级以下干部则由各级党委制订具体计划，组织学习《毛泽东著作选读》。

从 1965 年 2 月开始，全省干部结合宣传《农村社会主义教育运动中目前提出的一些问题》，进一步学习毛泽东哲学思想。7 月 1 日，省委宣传部制定《关于学习毛主席著作问题（草案）》，要求抓领导干部和知识分子学习，抓理论队伍建设，突出抓典型、树标兵。7 月 28 日至 8 月 17 日，先后组织了 7 个专区和各县的宣传理论干部、学习积极分子等 484 人，到西安参观廖初江、丰富生、黄祖示学习毛泽东著作经验展览和阶级教育展览馆。11 月 4 日，按照《西北局宣传部关于召开县以上党员干部学习毛泽东思想的会议安排的意见》，省委要求全省举办短期学习班，组织县以上党员干部特别是负责干部轮流离职学习。

这一时期开展的学习毛泽东著作运动，促进了思想政治工作，提高了广大干部群众的政治觉悟。但是，由于在学习毛泽东著作的活动中推广林彪提倡的“背诵警句”“急用先学”等方法，使学习活动出现形式主义、实用主义和简单化等倾向，助长了个人崇拜之风，产生了不良影响。

学习模范人物

20 世纪 60 年代，在党领导人民战胜严重经济困难的过程中，各行各业涌现出了许多模范人物，雷锋、焦裕禄、赵梦桃等就是其中的杰出代表。他们全心全意为人民服务的奉献精神，鞠躬尽瘁、死而后已的崇高品质，教育和影响了一代又一代人。

雷锋是沈阳军区某部运输连班长，在平凡的工作岗位上以“甘当螺丝钉”的精神全心全意为人民服务，工作勤勤恳恳，吃苦耐劳，刻苦钻研技术，干一行爱一行；生活艰苦朴素，廉洁奉公，处处为人民利益着想，真正做到了毫不利己、专门利人。1962 年 8 月 15 日，雷锋不幸因公殉职。1963 年初，他的优秀事迹公开报道。3 月 5 日毛泽东发出“向雷锋同志学习”的号召。随后《人民日报》《解放军报》《光明日报》《中国青年报》等都在显著位置刊登了毛泽东、刘少奇、周恩来、朱德和邓小平等党和国家领导人的题词。刘少奇的题词是“学习雷锋同志平凡而伟大的共产主义精神”。周恩来的题词是“向雷锋同志学习，爱憎分明的阶级立场，言行一致的革命精神，公而忘私的共产主义风格，奋不顾身的无产阶级斗志”。朱德的题词是“学习雷锋，做毛主席的好战士”。邓小平的题词是“谁愿当一个真正的共产主义者，就应该向雷锋同志的品德和风格学习”。解放军总政治部、团中央和全国总工会也分别发出通知，号召广泛开展学习雷锋的活动，像雷锋那样做人、工作、学习和生活在全国逐渐蔚然成风。雷锋成为一个时代的楷模，极大地激发了全省广大群众建设社会主义的积极性。时至今日人们仍不断从雷锋精神中汲取营养。

3 月 12 日，陕西省总工会、团省委、省妇联联合发出通知，要求全省职工、青少年、妇女响应毛泽东号召，开展学雷锋活动。19 日，省委宣传部要求全省开展广泛宣传教育，省文化局召集各专区和县政府文教局长会议进一步部署讨论。4 月 6 日召开的省级有关宣传部门及关中地区和商洛四个地委宣传部相关负责人会议要求，各地要在五一节前把学雷锋活动推向高潮，做到家喻户晓、妇孺皆知。5 月 1 日，省委、省人民委员会发出《关于召开全省社会主义建设先进集体和先进生产者代表会议的决定》，定于 1963 年下半年召开全省社会主义建设先进集体和先进生产者代表会议，要求全省各地把学习雷锋的活动和正在开展的“五好单位”“五好个人”活动普遍、深入、持久地开展起来。各级领导干部要深入生产第一线，培养典型，总结和推广先进经验，使更多的单位和个人达到先进水平。10 月 3 日，全省社会主义建设先进集体、先进生产者代表会议在西安召开，省委第一书记张德生、省委书记处书记李启明分别向全省各地学习雷锋等活动中涌现出来的先进代表进行了颁奖。

学雷锋活动开始后，全省各地广泛组织干部、教师阅读和讨论学习有关雷锋的材料（包括中央领导的题词、雷锋事迹、雷锋日记等），普遍组织宣讲团向群众作报告，农村普遍利用读报、办黑板报等载体进行宣传教育。《陕西日报》《西安晚报》先后转载《人民日报》发表的有关雷锋事迹的文章，省、地区广播电台陆续播出雷锋日记、雷锋的故事等节目，集中报道全省学习雷锋活动情况，介绍学习经验，表扬好人好事。省戏曲剧院、省人民艺术剧院、西安市儿童剧团等编写了有关雷锋的剧本，130 多个剧团五一劳动节前在全省演出。省作协、音协、美协组织创作宣传学习雷锋的诗歌、歌曲、连环画等,并举办歌颂雷锋事迹的诗歌晚会、音乐会。为了把学习活动引向深入,把广大群众的学习热情引向联系思想实际推动工作,各地普遍组织了各种座谈讨论会,有的还针对群众思想和单位特点进行专题座谈交流。

在广泛开展学雷锋活动的同时,全省还宣传和学习了西北国棉一厂细纱挡车工赵梦桃的先进事迹。1953 年,赵梦桃被评为全国纺织系统劳动模范,同年 9 月光荣地加入了中国共产党。三年后,作为纺织工人的优秀党员代表,她作为党代表参加了党的第八次全国代表大会。在 1959 年 10 月召开的全国工业、交通运输、基本建设、财贸方面社会主义建设先进生产者代表大会(又称“全国群英会”)上,赵梦桃被授予“全国先进生产者”称号。赵梦桃以“好好地干！下苦干！老实干”作为自己的口头禅。在学习郝建秀细纱工作法活动中以优异成绩第一个戴上“郝建秀红围腰”,第一个响应西北国棉一厂党委“扩台扩锭”号召,看车能力从 200 锭扩大到 600 锭,生产效率提高了 3 倍。她摸索创造出一套先进的清洁检查操作法,在全省乃至全国纺织业领域全面推广。赵梦桃倡导和表现出来的“高标准、严要求、行动快、工作实、抢困难、送方便”和“不让一个姐妹掉队”的思想品德,被概括为“梦桃精神”。1963 年 4 月 27 日,陕西省召开表彰赵梦桃及赵梦桃小组先进事迹大会,授予赵梦桃“优秀的共产党员、模范的共产党员、先进工人的典范”称号。赵梦桃成为全国纺织战线的一面旗帜、陕西的一代楷模。由于病魔侵袭,1963 年 6 月 23 日,年仅 28 岁的赵梦桃病逝。7 月 2 日,《陕西日报》发表了题为《做自觉的无产阶级战士——学习赵梦桃同志的高贵品质和高尚风格》的社论,全省各条战线出现了人人当先进、个个争劳模的浓厚氛围,各个行业掀起了学习赵梦桃先进事迹的热潮。她这种勇于创新、甘于奉献、精益求精的精神至今激励着三秦儿女。

焦裕禄是河南省兰考县县委书记。1962 年他到兰考县任职时,看到当地深受严重的内涝、风沙和盐碱等“三害”的袭扰,下决心要改变全县贫困落后的面貌。焦裕禄坚持实事求是、群众路线的领导方法,同全县干部群众一起,“敢教日月换新天”,与自然灾害进行顽强斗争。他积劳成疾,在晚期肝癌病痛的折磨下坚持工作,“生也沙丘,死也沙丘”,用实际行动铸就了亲民爱民、艰苦奋斗、科学求实、迎难而上、无私奉献的焦裕禄精神。他坚定跟党走，一生都在为党分忧、为党添彩，被誉为“党的好干部”“人民的好公仆”。1964年5月14日，焦裕禄不幸辞世，年仅42岁。1966年2月7日新华社播发长篇通讯《县委书记的榜样——焦裕禄》，在全国引起强烈反响。焦裕禄的事迹鼓舞着人民群众，为社会主义建设贡献力量。

1966年2月10日，西北局印发《关于组织干部学习焦裕禄同志英雄事迹的通知》，要求各省委、自治区党委制订具体学习计划尽快行动，在各项工作中有计划地选择典型、树立标兵、总结经验，大量造就和培养焦裕禄式的领导骨干。次日，省委发出《关于向焦裕禄同志学习的决定》，号召全省干部特别是公社以上领导干部向焦裕禄同志学习，把自己的思想水平和工作方法提高一大步。之后，向焦裕禄学习的活动在全省各地区各战线上迅速广泛展开。

2月12日，省委宣传部召集省级各部门机关党委的负责人，学习西北局和省委关于学习焦裕禄同志的指示，落实学习安排。省级宣传文化单位连续集中地宣传报道焦裕禄的先进事迹。《陕西日报》《西安晚报》除转载焦裕禄英雄事迹的长篇通讯和《人民日报》有关社论外，还大量刊发了有关各地学习情况的消息、文章、照片、诗歌等。16日，西安地区的省市机关、工厂企业、高等院校分别在人民大厦礼堂等57个公共场所召开动员、宣传、学习焦裕禄先进事迹大会，6万名干部、教师和部分大学生参加。随后，各高等院校分别召开教师、干部大会和全体师生员工大会进行学习宣传。在焦裕禄精神的感召下，许多地、县的领导干部积极领导群众抗旱、生产，战斗在第一线，以实际行动向焦裕禄学习。

20世纪60年代，全国各地还涌现出许许多多的先进人物和模范集体。比如，王进喜、王杰、欧阳海、南京路上好八连、草原英雄小姐妹等，陕西的杨步浩、徐永基、柳青这些模范人物在各自平凡的工作岗位上创造出不平凡的业绩，成为时代难以磨灭的记忆，他们以坚定的理想信念和实际行动，彰显了中华民族的价值追求，实践了共产党人的铮铮誓言，塑造了整个时代的社会风尚，对中国社会产生了深刻而久远的巨大影响。

第 十 二 章

国民经济调整任务的完成

1962 年上半年，中共陕西省委带领全省人民集中全力调整国民经济，全省经济逐渐复苏，各项建设事业有了明显的健康发展势头。根据党中央继续贯彻“调整、巩固、充实、提高”八字方针的部署，从 1962 年下半年到 1965 年，全省工农业生产全面恢复和发展，经济发展超过了新中国成立以来陕西最高水平。在这期间，陕西开始谋划研究“三五”计划，落实三线建设部署，全省社会主义建设进入新的发展时期。

一、完成调整任务和落实三线建设布局

完成国民经济调整任务

在 1961 年开始的国民经济全面持续调整中，省委团结和带领全省干部群众认真贯彻中央“调整、巩固、充实、提高”八字方针，加强农业生产第一线，缩短水利建设战线；继续纠正“共产风”，增加农业投资，减轻农民负担；缩减基建项目，压缩城市人口；增加轻工产品，缓和市场供应；合理调整经济发展主要指标等，推动农业形势开始好转、工业内部结构趋向合理、市场紧张状况开始缓解，1962 年底基本上度过了严重困难时期。在 1963 年到 1965 年的继续调整时期，省委确定了全省农业总产值和粮食总产量超过 1957 年水平、棉花总产量力争接近 1957 年水平、工

业总产值大幅度超过 1957 年的水平和国民经济更加协调健康地发展的目标，认真贯彻了中央关于过渡阶段的决策部署，各项工作安排基本符合全省经济发展实际。经过全省上下的共同努力，到 1965 年底全面完成了国民经济调整任务。

一是农业生产稳步增长。1965 年全省粮食总产量达到 121.5 亿斤，比 1957 年增加 32.7 亿斤，创造了新中国成立以来的最高水平。棉花产量 229.3 万担，接近 1957 年的水平，油料、烤烟、水果等经济作物都有较大幅度增长。全省农业总产值比 1964 年增长 36%，成为改革开放前新中国历史上陕西增长速度最高的一年。

二是工业总产值迅速增长。从 1963 年到 1965 年，全省工业总产值分别以 9.8%、24.3% 和 39.3% 的速度增长，1965 年工业总产值 31.68 亿元，创历史最高水平。同时，工业内部的结构趋于合理，“骨头多肉少”的问题有所缓解，地方工业尤其是轻工业有了较快发展。

三是人民生活水平有所改善。1965 年全省财政总收入由 1956 年的 3.28 亿元增加到 6.55 亿元，农民年均纯收入由 1956 年的 80.5 元增长到 105.9 元、增长 31.5%。市场货物充足，物价稳中有降，社会商品零售额达 15.4 亿元，较 1957 年增加 3.3 亿元。全省人均消费粮食 433 斤，较 1957 年增加 20 斤。基本建设投资总规模接近 1957 年水平，积累率始终保持在 25% 左右。

经过国民经济全面调整，全省工农业生产总值超过历史最高水平，农轻重的比例得到改善，积累与消费的比例关系基本恢复正常，人民生活水平有所改善。“大跃进”和人民公社化运动造成的严重困难局面，依靠全省上下的艰苦努力终于得到扭转。

谋划研究“三五”计划

经过全党集中力量调整国民经济，1963 年夏全国各项建设呈现明显健康发展的势头。9 月中央工作会议全面讨论国民经济发展方针和 1964 年国民经济计划，正式决定再用三年时间继续调整，作为第二个五年计划到第三个五年计划之间的过渡阶段，“三五”计划推迟到 1966 年开局。要求各地贯彻以农业为基础、以工业为主导的国民经济发展总方针，按照解决吃穿用、加强基础工业、兼顾国防和突破尖端技术的次序安排经济计划。1964年4月，中央对“三五”计划作了初步安排，基本任务是大力发展农业，基本解决人民的吃穿用问题；适当加强国防建设，努力突破尖端技术；加强基础工业，增加产品品种和产量，继续提高产品质量；发展交通运输业、商业、文化、教育、科学研究事业，推动国民经济有重点按比例的向前发展。初步设想把大力发展农业、基本解决人民吃穿用问题作为发展国民经济的首要任务，被人们简称为“吃穿用计划”。

1964年12月21日到1965年1月4日，三届全国人大一次会议召开，郑重提出了实现国家“四个现代化”的历史任务，周恩来在政府工作报告中高度评价国民经济调整所取得的巨大成就，明确提出要“在不太长的历史时期内，把我国建设成为一个具有现代农业、现代工业、现代国防和现代科学技术的社会主义强国，赶上和超过世界先进水平”。1965年3月，陕西依据“四个现代化”这一目标，结合实际编制了1966年至1970年发展国民经济第三个五年计划的设想方案。5月25日，省计委向西北局计委、国家计委汇报了“三五”计划的初步设想、计划安排中的一些问题及相应意见建议。此后，根据西北局7月在兰州召开的长期计划座谈会精神，调整了“三五”计划设想，并于9月8日向省委作了报告。

根据毛泽东关于“备战、备荒、为人民”的重大战略思想，陕西“三五”计划的设想主要有三个方面：一是保证完成国家在陕西的建设任务，及时安排地方的协作配套和各项服务工作，充分做好一切必要的战备工作；二是在大搞农田基本建设、开展多种经营和依靠挖掘潜力、增产节约的前提下，确保工农业生产有一个稳步的较大增长；三是在生产发展的基础上，进一步解决好群众的吃穿用问题，改善和提高人民生活。经济发展的主要指标是：到1970年工农业生产总值为88亿元—90亿元，比1965年增长70.9%—74.8%，其中工业总产值60亿元、增长89.4%，农业总产值28亿元—30亿元、增长41.4%—51.5%。在农业方面，1970年粮食总产量达到650万吨、平均每年递增5.4%，棉花播种面积400万亩、产量计划12万吨，油料7.5万吨、羊700万只、生猪600万头、大家畜280万头。在工业方面，棉纱达到11.4万吨、氮肥70万吨、磷肥10万吨，有大幅度增长；木材20万立方米、水泥15万吨、原煤总产量 710 万吨、发电量 28 亿千瓦小时，机制纸、纸板、丝等都有较大幅度的增长。在基本建设方面，按照“保国防、保农业、保三线和重要工业建设项目”的原则，总投资计划 14.24 亿元。在具体安排中，增加了 2000 多万元投资，总额达到 14.61 亿元。

这个初步设想，根据三年调整后全省国民经济各种比例关系基本理顺的现实情况，规划了比较合理的工农业产值增长速度。同时，考虑到陕西经济基础差的实际状况，在粮食平衡、煤炭平衡、电力平衡等方面提出了许多有效措施。比如，针对陕西旱灾频繁、水土流失严重的情况，提出以改良土壤和兴建水利为重点的农田基本建设方针；提出增加林业和水利人员编制，投入重点工程建设，指导群众大力植树造林。针对全省电力供应已呈现出的紧张状况，提出加强火电与水电建设，重视工业支援农业。设想还对交通建设、城市建设等提出建议。总的看来，这个初步设想是比较合理、比较符合中央对陕西的要求和陕西经济发展的实际的。但是，由于美国对越南北方战争的逐步扩大和“文化大革命”的干扰破坏，正常工作秩序被打乱，陕西“三五”计划编制工作没有继续下去，设想也没有形成正式计划。

落实三线建设部署

20 世纪 60 年代初期国际形势出现新的动荡，我国周边形势也逐渐紧张，加强备战、确保国家安全摆上了中央的重要议事日程，全国经济建设的战略重点发生了向战备倾斜的重大转变，党中央确定了一、二、三线的战略布局，加强三线建设、防备外敌入侵，成为当时的主要任务。

1964 年 5 月，中央在北京召开工作会议，研究讨论国民经济“三五”计划工作，做出了集中力量、争取时间、建设三线、防备外敌入侵的战略决策，决定在全国加强战备，迅速展开三线建设。

“三线”是在规划三线建设时提出的相对一二线地区而言、具有军事和经济地理含义的区域概念。一、二、三线是按我国地理区域划分的。一线指东北及沿海各省市；三线指云、贵、川、陕、甘、宁、青、豫、晋、鄂、湘等 11 个省区；一、三线中间为二线。从 1964 年到 1979 年的 16 年间，立足备战保安全，国家投入大量人力物力财力，累计投资 2052 亿余元，在三线地区安排建设了1100多个大中型项目,缓解了全国工业布局不平衡的问题。

陕西地处西北内陆,战略位置重要,地理位置、自然条件、经济发展、资源储量都符合国家建设战略大后方的条件,因而成了国家三线建设的重点地区之一。1964年5月中央工作会议之后,省委、省人委多次召开会议传达中央相关精神,积极支持国家关于三线建设的战略决策,引导地方各级党委政府认识陕西在三线建设中的重要地位和应该承担的责任义务。12月12日,省委代理第一书记胡耀邦在省委机关党的负责干部座谈会上传达了5月中央关于三线建设的战略决策,指出:"我们陕西是处在第三线的地位,这个地位很重要,任务很重要,岗位很光荣。"①省委认为"我省地处三线,是国家的战略后方,做好三线建设工作,对于加强我国国防建设,促进我省工农业生产和科学技术的发展,都具有十分重大的意义。我们应积极主动地承担起这个光荣的任务"②。随着建设日渐大规模开展,需要解决的实际问题也不断增多,中央要求各建设地区成立以主管部门为主,有地方政府、军队、施工单位、设计单位和物资部门参加的领导小组和指挥部。20日,省委决定成立三线建设领导小组,要求西安市委和宝鸡、咸阳、渭南、汉中地委以及宝鸡、咸阳、铜川市委也成立三线建设领导小组,由一名副书记挂帅。随后,各级党委将三线建设列入议事日程,定期检查和讨论,及时研究解决问题,加强具体领导。

1966年1月11日,中央批准成立西北局三线建设委员会,西北局第一书记刘澜涛任主任,统一领导和组织西北地区的三线建设工作。3月29日,省委工作会议指出,今后的主要任务是"必须用最大的努力加强对三线建设的支援和领导,保证按质按量地完成大小三线③的建设任务"。4月1日,陕西省三线建设委员会成立,具体组织和领导全省三

---

① 胡耀邦:《在省委机关党的负责干部座谈会上的讲话(记录)》(1964年12月12日),陕西省档案馆编:《中共陕西省委文件选编》(1950—1966)第1册,1996年,第578页。

② 《关于省委工作会议给西北局并中央的报告》(1965年1月31日),陕西省档案馆编:《中共陕西省委文件选编》(1950—1966)第1册,1996年,第615页。

③ 大三线是指国家在西南、西北投资建设的项目,小三线是指西南、西北各地投资建设的大三线配套项目。

线建设相关工作。

从 1964 年至 1969 年 3 月,陕西三线建设的主要任务是配合支援中央迁陕单位的建设。陕西省在"三五"计划中提出,经过五年努力,保证内迁单位能够按计划完成建设任务。这一阶段的重点工作是向中央各部委准备迁陕单位提供自然、地理、经济等各方面资料,配合中央各部委相关单位和人员到各地勘察、选择厂址,提出具体工作建议。中央各部委的 30 多个部门相继来陕选择厂址,依据"分散、靠山、隐蔽"原则勘访了全省除榆林地区外的 44 个县市,初步选定了 200 多个点。在这些厂址中,一小部分是在已有工业城市与老企业相配套的地方建设,大部分是独立分布在全省各地,拟建成新的工业点。具体项目分布情况是:西安地区 30 个,渭南地区 40 个,咸阳地区 9 个,宝鸡地区 24 个,汉中地区 74 个,安康地区 31 个,商洛地区 13 个,延安地区 12 个。这些项目大部分是高精尖的机械工业、国防工业以及先进的科学研究单位,还有一些仓库、学校、勘察设计院等。在这些项目建设中,除了落实"分散、靠山、隐蔽"的原则外,还遵循了不占良田、少占耕地、少迁居民的方针。

这一时期,陕西在配合国家三线建设任务、保障中央迁陕单位建设的同时,还根据国务院国防工业办公室要求以及西北局制定的西北地区 1965—1967 年小三线建设三年规划,建设了迫击炮厂、半自动步枪厂、导火索厂等 8 个地方军工厂,加强了地方军工生产力量。

陕西三线建设的布局着重贯彻了以下几个原则:工业和农业的发展关系原则、投资少见效快的建厂原则、自然条件原则(不仅考虑隐蔽,还要考虑到地方建设,材料能否就地取材、就地供应)、利用已有工业城市的原则等。但是,随着"文化大革命"的全面爆发,正常社会秩序遭到冲击,全省三线建设也受到影响,许多规划没有很好实施,建设项目进展缓慢。

二、十年建设的主要成就及经验教训

从 1956 年到 1966 年"文化大革命"爆发前的十年,我国社会主义建设取得了无可否认的巨大成就,但也经历了曲折甚至遭受过严重挫折，陕西的这十年也是全国的一个缩影。成绩是垫脚石，教训是警示标。全面科学总结全省十年建设实践，成绩应该巩固发展，经验应该倍加珍惜，教训应该深刻汲取。

十年建设时期，陕西的面貌发生了巨大变化。从 1956 年 7 月省第二次党代会召开到 1966 年 5 月这十年，是陕西开始全面建设社会主义的十年，也是在探索社会主义建设中曲折前进的十年。在这期间，尽管出现不少失误，但取得的成绩是突出的、辉煌的。

十年建设时期，陕西经济实力有了较大增长。1965 年全省工农业总产值为 51.48 亿元，与 1956 年 32.8 亿元相比增长 56.95%，其中工业总产值由 11.45 亿元增加到 31.68 亿元，增长近 176%。同 1957 年相比，全省 1965 年工农业总产值在全国的比重由 2.1% 上升到 2.6%，其中农业由 2.8% 上升到 3.4%、工业由 1.6% 上升到 2.3%。全省工农业产品的商品总量达到 15.7 亿元，比 1957 年增长 24.1%，其中外贸出口商品收购量增长了 3 倍，首次突破 1 亿元。全省地方财政收入达到 6.55 亿元，比 1957 年增长 92.6%，地方财政收入在全国的比重也由 1957 年的 1.1% 提高到 1.4%。全省运用信贷资金达到 24 亿元，比 1957 年增长 107.9%，总体生产能力扩大了 1 倍多。同时，扩展铁路里程 227 公里、公路里程 7553 公里，还开辟了民航运输，全省交通状况有了很大改变，加快了省内外的经济交流。

十年建设时期，陕西工业化奠定了坚实基础。全省工业产值在工农业总产值中的比重由 1956 年的 34.9% 上升到 1965 年的 61.57%，改变了陕西经济历来以农业为主体的状况。这一时期建设的一大批企业在全省经济发展中发挥骨干作用，全省先后建成 30 多个大中型项目，扩建了一批重点企业，国家先后布点新建和扩建的大中型企业有西安电力机械制造公司，铜川、韩城、澄合和蒲白 4 个矿务局，宝鸡、户县和灞桥 3 个热电厂，陕西钢厂、西安冶金机械厂、金堆城钼业公司、宝鸡有色金属加工厂、宝鸡石油钢管厂和石油机械厂、宝鸡氮肥厂、西北橡胶厂、耀县水泥厂、兴平玻璃纤维厂、兴平化肥厂、西北国棉七厂、陕西第二印染厂、西安造纸机械厂、风雷仪表厂等，还安排新建了西安化工厂、西安氮肥厂、西安化学试剂厂等一批中小型企业。在扩建改造工程中，部分企业的产品由低级向高级、由内销向外销、由单一加工型向多产品配套型发展。钢、煤、电、油、木材、机床、棉布、机制纸等产品成倍增长，形成了一批优势产品。1965 年全省棉纱、棉布、水泥产量分别占全国总产量 7.1%、6.9% 和 3.4%。在全省工业总产值中，机械工业和纺织工业分别占 36.8% 和 27.5%，成为两大支柱工业。国家还新建改建了一批航空、电子、兵器工业企业和专业研究所，其中包括西安飞机制造公司、西安航空发动机公司、烽火无线电厂、凌云机械厂、华星无线电器材厂、群力无线电器材厂等，推动全省国防军工事业有了很大发展。

十年建设时期，陕西农业有了较快发展。大规模的农田水利建设和机械、电力排灌技术与设备的推广，大大改善了农业生产条件，增强了农业抵御自然灾害能力。改革耕作制度、提高复种指数等增产措施的有效实施，特别是化学肥料工业、农业机械工业的发展，有力地支援了农业生产，进一步增强了陕西综合性农业经济优势。除了粮食，蚕桑、茶叶、水果等经济作物和畜牧业都得到较大发展。1957 年全省顺利完成了“一五”计划中农业发展的各项指标，农村呈现出欣欣向荣的景象。虽然在 20 世纪 50 年代末和 60 年代初出现了探索中的曲折，经过 1961 年全省学习贯彻中央八字方针和全面调整国民经济，农业生产发展有了好转。1962 年全省用于支援农业的资金达 7936 万元，占省财政预算总支出 23.2%；发放长期无息贷款 2196 万元，支持主产粮、棉地区和受灾困难的生产队。在 1963 年到 1965 年调整时期，全省财政支援农业资金总计 3.89 亿元，国家供应化肥 29.6 万吨，超过了“二五”时期化肥供应量的总和，全省粮食征购量平均每年 19.2 亿斤，比“二五”时期年均 22.8 亿斤减少了 3.6 亿斤。

十年建设时期，全省用于农业和水利建设的投资 2.87 亿元，平均每年 3583 万元，相当于“一五”时期每年投资额的 7.4 倍。全省建成或部分建成 11 个大中型水利工程，新增水库容量 7.7 亿立方米。到 1965 年，全省有效灌溉面积达到 943.2 万亩，比 1957 年增加 156.7 万亩，灌溉面积占全部耕地面积的比重由 11.8% 上升到 14.5%。农业机械装备有了较大发展。到 1965 年，全省拥有包括耕作、植保、收获、运输和农产品的加工机械化、半机械化机具 2 万多台件，其中大中型农用拖拉机达到 1770 台,全省机耕面积达到 951 万亩,占总耕地面积 14.64%。农业机械总动力发展到 31.89 万马力,比 1957 年增长 28.8 倍。同年,农村用电由 1957 年 55 万度增加到 1.6 亿度,化肥使用量由 4.36 万吨增加到 18.48 万吨,初步实现了粮食和其他经济作物的稳定增产。十年中,全省粮食总产量由 1956 年 108.7 亿斤增长到 1966 年 117.9 亿斤、增长 9.2 亿斤,棉花总产量由 1956 年 198.9 万担增加到 1966 年 223.9 万担、增加 25 万担。

十年建设时期,陕西文化教育科学技术等事业取得长足发展。各类学校在校学生人数有了很大增长,文盲率有了较大下降。科学技术工作在解决粮食增产、研发支农工业技术等方面取得了可喜成果。到 1965 年,全省建成学科比较齐全、专业比较配套的高校共 21 所,高校学生从 1956 年 22322 人增加到 1966 年 31587 人,基本形成了以西安为中心的高等教育基地,为陕西和全国培养了大批专业人才,为全省经济建设持续做出重要贡献。

经过十年建设,陕西由过去单纯的农业省份转变为工业初具规模的工农业共同发展的省份,经济地位在全国有所提高。陕西以后赖以开展现代化建设的物质基础,很大一部分是在这个期间建设起来的,全省经济文化建设各方面的骨干力量和工作经验,大部分是在这期间培养和积累起来的。十年建设所取得的进展,为后来的社会主义建设奠定了初步的物质技术基础,这个期间建设起来的一些基础设施、基础项目和大中型企业,至今仍在经济社会发展中发挥着重要作用。这些是这个时期陕西工作的主要和主导方面,是陕西全部工作的主流和主线。

十年建设时期,陕西各级党组织和全省人民的精神面貌十分可贵。在建设进程比较顺利的时候,广大党员和人民群众意气风发,斗志昂扬。在国内发生严重经济困难、受到国际战争威胁和巨大压力等情况下,广大党员和人民群众在党的领导下独立自主、自力更生,艰苦奋斗、不怕挫折,顶住压力、团结一致,依然以无所畏惧的气概和奋发高昂的热情投身建设事业,积极探索适合陕西省情的社会主义建设路子。在严重困难的岁月里,广大干部和群众休戚与共、同甘共苦,为战胜困难作出了巨大贡献,也付出了很大牺牲。全省各条战线涌现出大量先进典型和优秀人物,社会主义建设事业在战胜重重困难后逐步重现欣欣向荣景象。当然,就这个时期来说,许多领导干部对党在指导思想和方针政策上所出现的建设速度急于求成、生产关系急于过渡和“以阶级斗争为纲”等“左”倾错误,并没有真正理解到底、认识清楚。特别是意识形态领域“以阶级斗争为纲”的方针,严重干扰了经济建设的顺利进行,影响了社会的安定团结。这是影响社会主义建设取得更大成就的主要原因。

十年建设时期,是党探索中国社会主义建设道路的重要历史时期。在探索中,党内出现不同认识是正常的,有许多正确的思想观点当时没有认识到其重要价值,一些思想观点还在“左”倾错误发生时受到压制和批判。尽管这些意见和主张有些一提出便受到错误批判,有些一度付诸实践并显示出积极成效还被否定,有些只在内部研究并没有正式提出,但都是在不同侧面、不同层次对如何建设社会主义问题作出的努力探索。这些探索的积极成果都是对党和人民事业发展的贡献,是对我国建设社会主义的贡献。

十年建设时期,省委深入研究陕西省情,深化了对经济建设客观规律的认识,积累了开展社会主义建设的初步经验。特别是团结带领全省各级党组织和人民群众坚持从实际出发,因地制宜、扬长避短,发展核桃、油桐等经济作物,大胆引进苹果栽培技术、大力发展苹果种植,带动了秦巴山区和黄土高原的经济发展,既增加了农民收入,又绿化了三秦大地。特别是团结带领全省各级党组织学习贯彻全面调整国民经济的决策部署,缓建或停建了宝鸡峡引渭灌溉工程、西安钢厂、陕西兴平化肥厂等一批大中型项目,压缩城镇人口,实行精兵简政,支援农业生产,既服从服务全国大局,又实现了全省农业、轻工业、重工业比例关系基本协调。

十年建设时期,党在探索社会主义建设道路过程中指导方针上出现严重失误,当时错综复杂的国内外局势、自然灾害和党内对建设社会主义道路认识的分歧和差异,对陕西党组织所作的决策和各项工作产生了重要影响,全省经济社会经历了曲折发展,也留下了深刻教训。在社会主义经济建设的速度上,力争效益的提高、发展速度的增快是必要的和正确的,但追求主观臆想的、盲目冒进的高速度则是错误的、有害的。在生产关系的变革上，适当调整不适应生产力发展水平的部分、追求在新的生产关系下保护和发展生产力，是必要的和正确的，但片面夸大生产关系对生产力的反作用、追求脱离生产力发展水平的“一大二公”，特别是在所有制问题上急于求纯、急于过渡则是错误的。在社会主义改造基本完成后，对国内主要矛盾的认识上，承认社会主义条件下存在一定范围的阶级斗争，警惕和平演变和政权被颠覆的危险是必要的和正确的。但把大量的人民内部矛盾看成敌我矛盾，把一定范围内存在的阶级斗争扩大化、绝对化，把不同思想观点、政策主张、具体做法以及艺术和学术上的不同流派、不同观点，当作资产阶级意识形态来反对，用阶级斗争的形式来批判，则是错误的、有害的。

十年建设时期的经验教训，归根到底是在认识什么是社会主义、怎样建设社会主义这个根本问题上出现了偏差。十年探索出现的失误和造成的后果是严重的，损失也是巨大的，但这并不是这个时期党的工作的主导方面。在十年建设时期，省委带领各级党组织以极大的勇气和对人民负责的态度及时纠正工作中的失误、努力调整相关工作部署，在“左”的错误占主要地位的情况下，既经受了赢得胜利和取得成绩的考验，也经受了严重挫折和众多困难的考验，更自觉带领干部群众从实际出发抵制错误做法，坚定建设社会主义的决心，努力在纠正失误中不断探索前进。

第 三 编

“文化大革命”十年内乱

（1966年5月—1976年10月）

面对当时严峻复杂的外部环境，党极为关注社会主义政权巩固，为此进行了多方面努力。然而，毛泽东在关于社会主义社会阶级斗争的理论和实践上的错误发展得越来越严重，党中央未能及时纠正这些错误。毛泽东对当时我国阶级形势以及党和国家政治状况作出完全错误的估计，发动和领导了“文化大革命”，林彪、江青两个反革命集团利用毛泽东的错误，进行了大量祸国殃民的罪恶活动，酿成十年内乱，使党、国家、人民遭到了新中国成立以来最严重的挫折和损失，教训极其惨痛。“文化大革命”初期，陕西出现缓慢发动和部分人不理解不积极的局面。在上海“一月夺权”的推动下，造反派掀起“全面夺权”狂潮，由派性纷争引起大规模武斗，内乱局势蔓延到全省。中央“七二四布告”印发后，省委按照“抓革命、促生产”的基本方针，以“清理阶级队伍”和“整党建党”为重点开展“斗、批、改”运动，通过教育、文艺和医疗卫生等领域的“革命”，使“左”倾错误具体化。九一三事件后，省委把“批林整风”与批判极左思潮相结合，贯彻《陕西省委汇报会传达提纲》，实施第三个五年计划，加强陕北老解放区建设，落实三线建设战略部署，结合 1975 年全面整顿开展抵制“四人帮”的斗争。1976 年 10 月，中共中央政治局执行党和人民的意志，毅然粉碎了“四人帮”，结束了“文化大革命”这场灾难。

第十三章

“文化大革命”发动和全面内乱形成

经过半年多时间的发动，到1966年5月，全省以教育界、文化界、新闻出版界、党政机关为重点开展“炮打司令部”、大批“资产阶级反动路线”，“文化大革命”全面开始。名称各异的造反派组织通过批斗党内、政府内以及文化教育领域中所谓“走资本主义道路的当权派”，推动全省“文化大革命”迅速扩展。面对突如其来的复杂形势，中共陕西省委在困惑中组织、引导和实施。受上海“一月夺权”的带动，各级党政机关被夺权、各级领导干部被打倒，全省社会生产生活秩序陷入严重混乱，许多单位出现瘫痪半瘫痪状况。贯彻中央“三支两军”决定[①]后，全省混乱局面有所改变。

一、“文化大革命”的发动

批判《海瑞罢官》

1965年11月10日，上海《文汇报》发表姚文元《评新编历史剧〈海瑞罢官〉》一文，成为引发“文化大革命”的导火索。11月30日，《人民日报》第五版“学术研究”予以转载并刊发编者按语，把此文章作为

① 1967年3月19日，中央军委发出《关于集中力量执行支左、支农、支工和军管、军训任务的决定》，简称“三支两军”决定。

学术问题而不是政治问题来处理。在质疑《评新编历史剧〈海瑞罢官〉》辩论和批判《海瑞罢官》剧本中，陕西“文化大革命”缓慢发动。

作为大专院校和哲学社会科学机构较多的省份，陕西哲学界、史学界和文艺界素有学术争鸣的良好氛围。由于对待学术问题的审慎态度和缺乏足够的政治敏感性，在上海《文汇报》发表姚文元文章近一个月后，12 月 6 日《陕西日报》才全文转载姚文元文章，迟缓于全国其他一些党报和理论刊物。随后，西安哲学学会、西安历史学会筹备会、中国戏剧家协会陕西省分会和西安市文化局，先后组织西安地区哲学界、史学界和文艺界工作者座谈讨论。一些大专院校和戏剧文艺团体也多次召开大、中、小型座谈会和报告会，对姚文元文章提出的问题进行争鸣。这些座谈讨论基本局限在学术争鸣范围内，也涉及一些原则问题的争辩。比如，西安哲学学会在讨论中意见分歧较大，认为这些分歧所牵扯的系列原则问题应该审慎对待。为了推动深入讨论并在学术争鸣中明辨是非，这些意见整理后以《西安地区讨论〈海瑞罢官〉问题的各种意见简介》为题，在 1966 年 1 月 19 日的《陕西日报》上发表。

2 月 3 日，彭真召集中央文化革命五人小组①会议，明确要把这场讨论置于党中央领导之下，实行“百花齐放、百家争鸣”。会后起草了向中共中央政治局汇报的《文化革命五人小组关于当前学术讨论的汇报提纲》（后被称为“二月提纲”），强调“在报刊上的讨论不要局限于政治问题，要把涉及到各种学术理论的问题，充分地展开讨论。如果最后还有不同意见，应当允许保留，以后继续讨论”。2 月 12 日，“二月提纲”作为中共中央文件转发全党，要求各级党委“照此执行”。尽管 1965 年 12 月 21 日毛泽东在杭州同陈伯达等人谈话中讲到《海瑞罢官》的“要害”问题是“罢官”，并且在 1966 年 2 月“二月提纲”拟定的同时，江青在上海主持召开部队文艺工作座谈会，指责文化部不贯彻她关于文艺工作的

① 中央文化革命五人小组，是根据毛泽东提议于 1964 年 7 月成立的，任务是负责领导有关方面贯彻执行中央和毛泽东有关文学艺术和哲学社会科学问题的指示。经党中央指定，中央政治局委员、中央书记处书记彭真为组长，组员为中央政治局候补委员、中央书记处书记、中央宣传部部长陆定一，中央政治局候补委员、中央书记处书记、中央理论小组组长康生，中央宣传部副部长周扬，新华通讯社社长、《人民日报》总编辑吴冷西。

意见,宣扬在文艺方面“有一条与毛泽东思想相对立的反党反社会主义的黑线专了我们的政”,但直到 1966 年 4 月上旬,陕西史学界、哲学界、文艺界对姚文元文章的讨论和对《海瑞罢官》剧本的批判仍处在学术争鸣层面,这反映出省委严肃慎重的态度。

4 月 11 日,《陕西日报》转载《人民日报》的《吴晗同志反党反社会主义反马克思主义的政治思想和学术观点》一文及编者按,指出:“对《海瑞罢官》的批判,首先要抓住要害,从政治上批判吴晗同志站在被人民‘罢’了‘官’的右倾机会主义分子一边,向党和社会主义发动猖狂进攻,同时也要从学术上清算吴晗同志的反动的资产阶级学术观点,是无产阶级同资产阶级、社会主义同资本主义之间的一场激烈的斗争,是思想战线上一场严重的阶级斗争。”

12 日,省委宣传部召集西安地区高等院校党委书记和从事理论、文艺工作的负责同志开会进行批判动员。13 日,《陕西日报》开辟《学术讨论》专刊,编者按指出开辟专刊的目的是为了贯彻“百花齐放、百家争鸣”的方针,开展各种学术理论讨论。19 日,西安哲学学会邀集部分工人、农民和解放军战士进行座谈,分析批判吴晗所谓“反党、反社会主义、反马克思主义”的立场和思想观点。22 日,《陕西日报》发表了座谈会纪要。27 日,共青团陕西省委召集部分青年工人、农民、学生以及团干部座谈,揭露吴晗散布的所谓“一系列资产阶级思想毒素,妄图毒害青年、争夺青年,进行和平演变,复辟资本主义的企图”。5 月 6 日,《陕西日报》以《积极参加社会主义文化大革命彻底清除吴晗反动思想对青年的毒害》为题,摘要刊发座谈会部分发言,号召全省青年积极参加“社会主义文化大革命”。在舆论的不断引导下,群众纷纷投稿批判吴晗的“反动思想”。

全省各界积极发动群众参加讨论,这种从组织上、舆论上、理论上多方位动员群众的做法,成为动员组织群众参加“文化大革命”的重要方式。经过一系列准备工作,省委决定召开全省“文化大革命”座谈会,推动运动深入发展。

召开社会主义“文化大革命”座谈会

1966 年 3 月 17 日至 20 日,毛泽东在杭州主持召开中央政治局常委扩大会议，提出要在全国批判资产阶级学术权威。他认为，学术界和教育界“事实上是资产阶级、小资产阶级掌握的”，将来要搞修正主义的就是这一批人。3 月 28 日至 30 日，毛泽东在上海继续找康生、江青、张春桥等人谈话，严厉指责“二月提纲”混淆阶级界限，不分是非，是错误的。4 月 9 日至 12 日，中央书记处在北京开会，康生传达了毛泽东 3 月底的谈话，会议批评了彭真，决定起草一个撤销和批判“二月提纲”的党内通知，成立文化革命文件起草小组（中央文化革命小组的前身）。4 月 10 日，中央以文件的形式向全党批转《林彪同志委托江青同志召开的部队文艺工作座谈会纪要》①（以下简称《纪要》），提出了“文艺黑线专政论”，使 20 世纪 60 年代初在意识形态领域已经发展相当严重的“左”倾错误进一步升级。4 月 22 日，毛泽东在杭州中央政治局常委扩大会上讲，吴晗的问题中央有，部门有，各省、市、区有，军队也有，这是触及灵魂的斗争，意识形态的斗争，涉及面是很大的。

随着形势的急剧发展，5 月 9 日至 17 日省委召开社会主义“文化大革命”座谈会，参会的 350 余人有来自西安地区的工人、农民、战士代表，也有学术界、教育界、文艺界、体育卫生界和新闻出版界的代表，都是在“文化大革命”战线上“积极参战”的人员。会议的主要任务是学习贯彻毛泽东杭州会议讲话和中央批转的《纪要》精神，动员组织工农兵群众和知识分子积极参加全国社会主义“文化大革命”运动，批判邓拓、吴晗等所谓一小撮“反党、反社会主义”分子思想，肃清他们在陕西的“流毒”和影响，清除文化艺术领域形成的所谓“资产阶级文艺黑线”。会议强调，这次“文化革命”的根本目的不是什么学术问题，而是你死我活的阶级斗争，是无产阶级和资产阶级争夺领导权的激烈斗争。

---

① 1966 年 2 月 2 日至 20 日，在林彪支持下，江青在上海主持召开部队文艺工作座谈会。会后形成座谈会纪要。3 月，毛泽东三次审阅修改纪要并将标题改为《林彪同志委托江青同志召开的部队文艺工作座谈会纪要》。在《纪要》中毛泽东加写道，“搞掉这条黑线之后，还会有将来的黑线，还得再斗争”，“过去十几年的教训是：我们抓迟了”，“只抓过一些个别问题，没有全盘的系统的抓起来，而只要我们不抓，很多阵地就只好听任黑线去占领，这是一条严重的教训”。《纪要》的制定和下发，是江青企图从军队方面寻求政治支持、在文艺战线打开突破口的重要步骤，也是在党中央领导层进行夺权活动的开端。

会议代表学习了毛泽东《新民主主义论》《在延安文艺座谈会上的讲话》《关于正确处理人民内部矛盾的问题》《在中国共产党全国宣传工作会议上的讲话》以及《解放军报》社论《高举毛泽东思想伟大红旗，积极参加社会主义文化大革命》和《千万不要忘记阶级斗争》等，集体观看了《桃花扇》《红日》等所谓的“反动”影片和戏剧。在座谈中，一些代表对本单位党组织不抓甚至阻挠“文化大革命”表示不满意，提出在参加全国性大批判运动的同时要密切联系实际，挖出本地区本单位的“黑线”，开展对陕西“三家村”[①]的揭露和批判。会议从各方面揭露和“声讨”了邓拓、吴晗等“反党反社会主义分子的滔天罪行”，揭发了陕西文化战线上的许多“严重问题”。三原县新庄公社的几名社员听到会议开幕的消息后，主动前来参加讨论、揭发和批判活动。为配合这次会议召开，《陕西日报》发表题为《广大工农兵群众积极行动起来，高举毛泽东思想伟大红旗，彻底挖掉邓拓黑帮反党反社会主义的毒根》的社论，称这场斗争“是关系到我们党和国家命运和前途的绝大的政治问题，我们必须紧急动员起来，挺身而出，奋勇作战”。

从 5 月 13 日开始，座谈会偏离了原定会议主题，转向揭露和批判本地区本单位的文艺黑线。来自一些学校的代表错误地认为，全省教育战线存在着一条资产阶级的黑线，部分院系的教授包括系主任基本上都是资产阶级的教授，他们的思想没有得到根本改造，没有很好地贯彻执行党的教育方针；批判他们鼓励学生走“白专”[②]道路，教育学生迷信权威。有的人提出，全省一些文教单位敌情严重。比如，陕西省京剧院、陕西日报社、西安晚报社和文化艺术单位、高等学校的院系和教研室的领导权，仍操纵在资产阶级的专家、教授和他们的代理人手里，要进行社会主义“文化大革命”，必须首先从这些人的手中把领导权夺回来。

对今后如何开展“文化大革命”，座谈会提出：一要进行大动员、大宣传、大揭发，造成强大的革命声势；二要充分发挥工农兵主力军的作用，吸收工农兵参加各文艺协会，建立工农兵审查电影和戏剧的制度；三

---

① “三家村”，即所谓的邓拓、吴晗、廖沫沙“三家村反党集团”。

② “白专”，“文化大革命”中指只知道埋头钻研业务不重视政治学习的人，当时很多知识分子因为莫须有的“白专”罪名受到迫害。

要彻底整顿和改造文化艺术、新闻出版、教育单位，取消专家和学者不合理的高工资，取消稿费等；四要深掘问题很多且很严重的省级文化单位总根子；五要加强领导，适当时候还要再开像这样的座谈会。

座谈会期间，会议代表对如何将会议内容迅速地传达到各地区各单位进行了讨论，有的对本地区本单位开展“文化大革命”作出具体安排，形成了座谈会与社会上声势浩大的大批判运动遥相呼应的局面。榆林、延安、咸阳、宝鸡、渭南、汉中、安康等地的工农兵，通过各种形式声讨邓拓、吴晗等所谓“反党反社会主义的罪行”。省委社会主义“文化大革命”座谈会的召开，标志着陕西“文化大革命”从文化领域开始转向全社会。

贯彻“五一六通知”精神

1966 年 5 月 4 日至 26 日，中央政治局扩大会议在北京召开，揭发批判彭真、罗瑞卿、陆定一、杨尚昆等所谓“里通外国”“资产阶级野心家”“修正主义分子”“反革命”等“反党”集团，并决定停止他们的领导职务。会议决定撤销以彭真为首的文化革命五人小组及其办事机构，重新设立以陈伯达为组长的文化革命小组（正式名称为中央文化革命小组，简称中央文革小组或中央文革）。5 月 16 日，会议通过由毛泽东主持制定的《中国共产党中央委员会通知》（后被简称为“五一六通知”），全面批判“二月提纲”，要求全党“高举无产阶级文化革命的大旗，彻底揭露那批反党反社会主义的所谓‘学术权威’的资产阶级反动立场，彻底批判学术界、教育界、新闻界、文艺界、出版界的资产阶级反动思想，夺取在这些文化领域中的领导权”。同时批判混进党里、政府里、军队里和文化领域的各界里的“资产阶级代表人物”，对有些人还要调整职务。这次中央政治局扩大会议是全国“文化大革命”正式发动的标志，会议通过的“五一六通知”是发动“文化大革命”的纲领性文件。

在学习贯彻“五一六通知”中，西北局和省委把正在全省城乡开展的第三期社教运动转为“文化大革命”运动，社教地区的贫下中农、基层干部和社教工作团的干部也纷纷举行座谈讨论会，撰写大字报“声讨”北京的“三家村”。

5月19日，省委召开西安地区学校、企事业单位、机关负责同志会议，专门研究“文化大革命”问题。会议指出，“陕西民主革命不彻底，有的地方雇工和地主的关系搞不清，土改特别是关中的土改没有搞好，因此，在干部当中地主、富农出身的人很多，这些人对阶级斗争不敏感，对文化大革命不敏感，认为文化大革命好像和我们关系不大”，“在这个问题上要向同志们说清楚，并不是我们见事快，而是见事慢。从现在的事实看，文教部门比较乱，但长期没有认真解决这个问题”。会议认为，解放十几年来，党内不少负责干部，从中央政治局到基层支部，有一些反动分子确实是一条黑线，这条线的“根要挖掉，把这些人整掉”。《陕西日报》反映“文化大革命”的稿件“质量不高”，“像戚本禹①那样的文章没有”。会议决定从大专院校、省级机关、农村社教和地委的干部中抽调一批政治过硬、文化素质高的革命派到报社工作，加强报社的领导力量，由省委书记处书记舒同负责报纸宣传。

5月20日，省委发出《关于积极参加文化大革命的通知》，提出要把“文化大革命”放在党委的重要议事日程，由党委第一书记亲自领导；开展“文化大革命”必须大胆放手发动群众，形成千百万群众积极参加的、声势磅礴的革命运动。要求各宣传部门特别是省和西安市两大报纸②、各专区的报纸以及各种刊物要在头版显著位置转载关于“文化大革命”的重要文章，刊登相关新闻报道。

为了贯彻中央“五一六通知”精神，5月23日，西北局发出《关于认真学习和坚决贯彻执行中央五月十六日通知的意见》。《意见》称五人小组的汇报提纲是一个彻头彻尾的修正主义文件，我们同“一批反党反社会主义的资产阶级代表人物的斗争，是一场无产阶级同资产阶级谁战胜谁的斗争，是一场马克思主义、毛泽东思想同修正主义思想你死我活的斗争”。西北局要求各省、地、县委和文化机关的党组织联系工作实际组织学习和讨论，县（团）以上党委和文化机关的党组织，按照中央规定范围向有关党员干部传达报告；学习中央通知和《文艺座谈会纪要》；要进

① 戚本禹，时任中央文化革命小组成员，《红旗》杂志副主编。

② 指《陕西日报》和《西安晚报》。

一步组织和发动群众，积极参加声讨和批判邓拓等反党反社会主义的斗争，集中力量打好这个歼灭战。

省委在接到中央和西北局的文件后，立即组织常委会议学习和讨论，“一致拥护”中央对“二月提纲”的撤销和批判，普遍表示坚决贯彻执行。会议认为中央及时揭露了彭真这个“赫鲁晓夫式的人物和他所代表的一批反党、反社会主义、反毛泽东思想的黑帮，从而消除了党内一个大隐患”，“这是两个阶级和两条道路斗争的伟大胜利，是毛泽东思想的伟大胜利”。省委前段时间对“文化大革命”认识不足，“见事迟”“抓得慢”，没有自觉地提到议事日程上来。省委应该反省没有提前察觉彭真“反对”文化革命路线，“在反党、反社会主义分子打着‘红旗’反红旗的手法面前，是缺乏鉴别能力的，是很危险的”。

按照西北局的要求，省委提出要加强督促检查，责成省委宣传部及时了解反映这方面的情况，并按照中央的规定范围立即向省级有关党员干部传达中央通知精神，省级机关采取半天工作、半天学习的办法，将中央文件传达范围扩大到县级以上文化单位党员干部。要继续加强陕西日报社、西安晚报社的领导，在派入 130 多名干部开展工作的基础上，进一步发动群众，揭发这两个报社存在的问题，清理整顿领导班子。要继续开展文教单位社教运动，组织文化革命队伍，继续揭露批判邓拓、吴晗等“反党反社会主义的黑帮”等。

在省委的部署下，各地相继开展了贯彻落实“五一六通知”精神工作，并向省委作了专题汇报。在汇报中，有的专区检讨长期以来对思想文化领域的阶级斗争形势缺乏清醒充分的认识，对文化工作的领导多半限于批人、批钱、批物，很少研究党对文化工作的方针政策，很少研究文化队伍的政治思想状况，表示要深刻汲取教训，认真改正错误，切实把社会主义革命全面抓起来。但地委一级对如何贯彻“五一六通知”、如何开展“文化大革命”仍处在“很不理解、很不认真、很不得力”的阶段。

为解决各级领导层对“文化大革命”的思想认识问题，继续贯彻“五一六通知”精神，5 月 19 日至 30 日，省委召开省级领导干部社会主义“文化大革命”座谈会，省委各部门、省级国家机关各部门、各人民团体、企事业单位党委和大专院校党委负责人等 170 人参加。会议名为座谈会，但实际开成了批判会。大会发言40多人次，严厉谴责彭真、邓拓等人所谓“反党反社会主义”罪行，揭露批判邓拓、吴晗、田汉等人在陕西所谓的“罪恶影响”。会议认为，“陕西文化艺术界15年来基本上没有执行党的文艺方针”，“从戏曲剧院、戏剧学校，到一些地方剧团，多年来，基本上被一条与毛主席思想相对立的反党反社会主义黑线把持着。在组织上，戏剧队伍严重不纯；在思想上，资本主义和封建主义的势力相当严重。演出的剧目，绝大部分是帝王将相才子佳人和一些公开反党反社会主义的大毒草”[①]。指责《西安晚报》不仅转载邓拓的7篇反党反社会主义文章，而且还开辟《奋勉集》《古人勤学的故事》《朝花夕拾》等专栏，同邓拓遥相呼应，试图把《西安晚报》变成反党反社会主义的阵地。指责教育界的一些学校和教研室的领导权旁落，西北大学48个教研组，其中18个领导权不在革命群众手里，5个性质严重，尤其是历史系在黑线人物的把持下长期搞复古，对抗党的教育方针。5月25日，省委常委会议听取了西安市委关于“文化大革命”情况汇报，决定加强西安市“文化大革命”工作的领导，派省委书记处书记萧纯到市委主抓“文化大革命”工作，并改组西安晚报社。

6月1日至7月11日，西北局第三次全委扩大会议在西安召开，871人参加会议，其中包括陕西省的238人。会议中心内容是学习讨论中央关于开展“文化大革命”的有关指示和文件，通过了《坚决把无产阶级文化大革命进行到底》的讨论纪要。《纪要》指出，斗争的主要锋芒要指向混进党里、政府里、军队里和各种文化界的资产阶级代表人物，特别是党内一小撮反党、反社会主义、反毛泽东思想的当权派，即党内“走资本主义道路的当权派”。《纪要》要求各省委、自治区党委制定“文化大革命”计划，成立各自的“文化大革命小组”。要求各级党委必须把“文化大革命”当作当前的中心任务，并组织“文化大革命工作队”。会议错误地把省委第二书记赵守一作为“反革命修正主义分子”“陕西省反革命黑线的根子”加以批判。这次会议形成的《纪要》错误估计了陕西阶级斗争形势，对彭德怀、习仲勋、赵守一等所进行的批判也是错误

① 《省级领导干部社会主义文化大革命座谈会情况汇报（附件）》，1966年6月。

的。会议还指责陕西土地改革和镇压反革命不彻底。事实上,陕西的民主革命虽然局部有缺点,但基本上是彻底的,“两个不彻底”的估计不符合陕西实际。

7月8日,省委再次部署开展“文化大革命”工作,并对全省形势作出分析估计,认为陕西民主革命不彻底,党内干部队伍严重不纯,文化战线绝大多数领导机关一直被反党反社会主义的黑线所统治。8月3日,西北局和省委在西安召开大中小学校“文化大革命”积极分子大会,会上错误地宣布赵守一是“陕西三反(指反党、反社会主义、反毛泽东思想)分子总头目,是黑线的总根子”。随后,省长李启明、《陕西日报》总编辑丁济沧、省社会科学院哲学研究所所长李宗阳、西北政法学院党委书记王云等一批领导干部分别被点名批判和撤销职务。这一系列举措表明,在“左”倾错误方针指导下,陕西的“文化大革命”运动全面发动。

工作组进驻大专院校

1966年6月初,中共中央关于改组北京市委的决定以及改组后的北京市委派工作组进驻北京大学并“代行党委职权”的消息公布后,在党中央、西北局和省委的领导下,以大专院校学生为先导,陕西“文化大革命”由学校和文化单位扩展到全社会,由批判文教系统资产阶级反动学术权威扩展到批判省委、省人委、军内所谓“走资本主义道路当权派”,全省出现了混乱局面。

6月1日,新华社全文播发了北京大学聂元梓等人向北京大学党委和北京市委发难的大字报,陈伯达带领工作组接管的《人民日报》刊发《横扫一切牛鬼蛇神》的社论,鼓动群众起来“横扫盘踞在思想文化阵地上的大量牛鬼蛇神”,“把所谓资产阶级的‘专家’‘学者’‘权威’‘祖师爷’打得落花流水”。2日,《人民日报》刊发聂元梓等人的大字报,并发表欢呼这张大字报的评论员文章,污蔑北京大学是“反党反社会主义的顽固堡垒”,北京大学党委是“假共产党”“修正主义的‘党’”,号召“把他们打倒,把他们的黑帮、黑组织、黑纪律彻底摧毁”。同日,西安交通大学一天之内贴出7000多张大字报,质问学校党委及党委书记兼校长彭康为什么不支持学生参加社会主义“文化大革命”。当晚,省委召开书记处会议，根据西北局的指示决定派省委书记处书记严克伦带领工作组进驻西安交通大学。

3日凌晨2时，省委工作组进驻西安交通大学。上午，省委紧急召开西安地区大专院校党委负责人会议，分析当前“文化大革命”形势，要求各院校党委“要站在运动的最前线”，学校大字报不要贴到校外、不要写涉及国家机密的问题，学生不要到校外开声讨会，不要上街游行，一般不要停课。省委第一书记霍士廉在讲话中强调“不要打人，不要搞人身攻击”，“要以毛泽东思想为武器，摆事实，讲道理，把反革命分子斗倒、斗垮”。下午，中央人民广播电台广播党中央关于“改组”北京市委的决定和撤销陆平、彭珮云职务的消息后，西安财经学院、西安机器制造学校、西安商业学校、西安统计学校、西安航空训练班等5所院校的2100多名学生走出校门上街游行，表示支持。晚11时，省委召开省委各部门、省级各厅（局）、大专院校、工矿企业党委负责人和西安市各部委（局）、市属工厂、学校党委负责人及区委书记参加的紧急会议，重申了上午大专院校党委负责人会议精神，决定由省和西安市的党政各部门组成工作组，由党委负责同志带领，立即分头到各学校帮助工作，积极支持和领导学生的“革命行动”。

工作组进驻各校代行校党委职权后，贯彻中央关于“文化大革命”的指示，采取了许多措施“限制”学生的造反行动，既支持学校党委对学生运动的领导，又发动群众和学校积极分子批判执行“修正主义路线”的“黑帮”“黑线”学校领导。自工作组进校后，学校和社会上的混乱状况有所好转，无政府主义得到一定遏制。但是，由于林彪、陈伯达、康生、江青及其代理人和一些别有用心的人，利用青年学生的革命热情和天真幼稚，暗地里挑动、蛊惑和煽动学生起来“造反”反对工作组，工作组进校后便遭到了大部分院校学生的反对甚至轰赶。由于对工作组的态度不同，一些院校出现一部分人支持工作组、一部分人反对工作组的局面。在西安交通大学，一些激进的学生认为工作组和校党委是“一路货”，是“包庇校党委”，所以一开始就反对工作组。

“文化大革命”在各大专院校和文化单位迅速开展后，一些学校的领导和所谓“资产阶级专家学者”被造反派组织的各类批斗会揭发批判，许多学校和文化单位开始对一些所谓“黑线人物”戴高帽、挂牌子、游街批斗，出现了体罚和侮辱人格等现象。在造反浪潮的冲击下，有些学校的领导和专家学者以及一些被认为有政治历史问题和复杂社会关系的普通教师，被迫向群众做检查，接受群众批判，并写大字报公开检讨自己的错误和问题。

经过近一个月的揭批斗争和摸底排队，7月21日，省委文化革命办公室印发《关于我省高等院校、文化单位当前文化大革命的情况和意见的报告》指出，陕西高等院校和文化单位的阶级斗争是非常尖锐、复杂的，由于“民主革命不彻底”，由于“彭、高、习反党分子遗毒很深”，由于“反党反社会主义黑帮头子”赵守一长期把持着宣传文教部门的领导权，陕西大专院校和文化单位存在着一条“反党反社会主义、反毛泽东思想的黑线”。从6月18日西安交通大学党委书记彭康被报纸公开点名批判后，省委党校、陕西师范大学、西北政法学院、陕西日报社等单位的负责人在报纸上先后被公开点名批判，被撤销党内外一切职务，交给群众批判斗争。

随着大专院校揭批运动的开展，一些学校的师生员工冲破省委工作组所定的“条条框框”，要求走向社会，把“文化大革命”扩展到揪斗西北地区和陕西地区党内、政府内和军队内“走资本主义道路的当权派”。6月3日省委工作组进驻西安交通大学后，5日就有一些学生在校园里贴出攻击工作组、省委及西北局的大字报。6日，西安交通大学不少学生到西北局和省委进行辩论，有些情绪偏激的造反学生对运动在党的领导下有序进行的做法不满，到西安邮电局和电信大楼给党中央、毛泽东发信、发电报，要求中央另派人来领导学校的“文化大革命”，表示对工作组的不信任。一些学生还四处串连寻求支持，特别是西安交通大学工程物理系学生李世英等人在反对工作组的大字报里，公开提出“省委工作组是冒牌工作组”，“省委、校党委是一条黑线”，“赶走工作组”，“踢开绊脚石、自己闹革命”。大字报公开称西北局和省委“不是革命的”，要“深挖省委、西北局黑线”，把西北局第一书记刘澜涛“揪出来示众”，学生们将大字报贴到街头、工厂、学校，形成了震惊全国的“六六事件”。由于“六六事件”把矛头直接指向省委工作组，指向西北局和省委，最初被定为反革命事件。

李世英的大字报贴出后,西北局发出指示:“西北局是党中央派出的机关,省委是西北局领导下的省委,省委是革命的。工作组是省委派出的,西北局完全有能力解决交大的问题。”6 月 7 日,西北局第一书记刘澜涛发表讲话指出,“交大所发生的一切问题西北局完全可以解决”。西北局和刘澜涛的指示、讲话精神传达到西安交通大学以后,学校内到处贴出反对和批判李世英的大字报。9 日,省委决定将西安交通大学工作组改名为西安交通大学工作团,严克伦任团长,同时决定成立西安交通大学工作团党委。在西安交通大学党委改组期间,由西安交通大学工作团党委代行校党委职权。18 日,西安交通大学工作团党委召开声讨彭康反党反社会主义罪行大会,西安地区大专院校及附近工厂、公社代表 2000 多人参加。由于工作组进校限制学生们的“造反”行动,以及一些学生因“造反”而受到批评,全省的“文化大革命”运动一时变得冷清起来,这种情况在北京高校乃至全国各地高校中都普遍存在。

7 月 24 日,毛泽东在同中央政治局常委和中央文革小组谈工作组问题时,提出要撤掉工作组,25 日在接见中央文革小组成员和在京的各大区第一书记时指责工作组“一不会斗,二不会做”,“起坏作用,阻碍运动”。认为规定不准包围报馆,不准包围省委,不准包围国务院,不准到中央来,都是阻碍群众革命。根据毛泽东的指示,全国大专院校的工作组逐步撤离。撤出工作组进一步削弱了各级党委对运动的领导,导致了局面更加混乱和失控。

8 月 3 日,西北局和省委在西北人民体育场召开西安市大专院校“文化大革命”积极分子大会,明确宣布工作组不适合大中学校,决定撤销。认为以严克伦为团长的西安交通大学工作团“犯了方向性、路线性的错误”,决定撤销严克伦工作团团长兼党委书记的职务,责成其向全校师生作检查。8 月 5 日,西北局、省委有关领导在西安交通大学师生员工大会上“就工作团所犯的方向性、路线性错误,致使西安交通大学刚刚兴起的‘文化大革命’运动发生严重的曲折,再次进行深刻地检讨”,宣布为“六六事件”平反。

在大专院校“文化大革命”运动的影响和推动下,全省各中等学校和高中师生积极揭批本地区本单位所谓“反党反社会主义反毛泽东思想的黑帮和黑线人物”,有的还参与西安地区各大专院校炮轰西北局和省委的活动,中小学教职员工通过暑期集训的方式进行“文化大革命”。除了参加集训的中小学教职员工,一些工人、贫下中农积极分子和初中学生代表也参与进来,据统计有近10万人。许多党政领导和师生员工对“文化大革命”活动的目的和意义不甚了解,有些人利用运动挟嫌报复,在揭批“黑帮”“黑线”中出现了乱批乱斗现象,很多地区和单位也出现了群众互斗的混乱局面,一些教师和员工被批斗游街,造成了严重影响。

党政机关和文化单位的揭批运动

早在1966年5月10日,上海《解放日报》和《文汇报》发表姚文元的《评“三家村”——〈燕山夜话〉〈三家村札记〉的反动本质》一文,指责《三家村札记》等文章是“精心策划的,有目的、有计划、有组织的一场反党反社会主义的大进攻”。各地闻讯而动、响应声讨。6月13日省委召开省文教单位“文化大革命”座谈会,7月15日召开省委四届五次全委扩大会议,两次会议的任务主要是揭发和批判陕西的所谓“三家村”“四家店”。按照省委部署,8月7日省委扩大会议结束前,两个会议主要是根据西北局扩大会议和省委扩大会议精神,发动到会人员集中揭发赵守一、李启明所谓的“反党反社会主义反毛泽东思想活动”;8月8日后,会议重点逐渐转入配合报纸点名批判各机关、各单位的群众斗争,发动他们重点揭发批判部分参会人员,并准备自我检查交代。这两次会议召开后,全省党政机关的揭批运动迅速展开。

参加省文教单位“文化大革命”座谈会的大多是省委、省人委机关以及西北局机关的领导干部。会议分两个阶段,6月13日至9月初主要是座谈会,9月中旬开始转为学习训练。座谈会阶段先后有58人参加,其中厅局级以上干部36人。8月31日,座谈会领导小组负责人给省委汇报工作,认为座谈会贯彻执行了“文化大革命”的路线、方针和政策,取得了一定效果,为挖掉陕西“三家村反党黑帮”提供了不少重要线索,大多数人员也受到不同程度的教育。9月13日,省委决定将省文教单位“文化大革命”座谈会改名为陕西省干部训练班，作为省委的一个工作部门，日常工作由省委组织部管理。

省委四届五次全委扩大会议传达贯彻中央和毛泽东关于开展“文化大革命”的指示以及西北局有关会议精神，错误批判了省委第二书记赵守一。认为赵守一“敌视和反对”毛泽东思想，反对社会主义革命，极力反对民主革命补课；指责他积极领导编写《陕西党史》一书、大搞反党活动，攻击他“是一个混进党内的阶级异己分子，是彭、高、习反党集团的忠实继承人，是彭、罗、陆、杨[①]反党集团在陕西的代理人”[②]。会议还批判了省长李启明，指责他一贯反对突出政治、进行地下“反党”活动等莫须有的罪行，撤销了李启明党内外一切职务，并组织专案组专门审查。

会议还传达了毛泽东关于撤销大专院校、中学及中等技术学校文化革命工作组的指示，收听了刘少奇、周恩来、邓小平在北京大专院校和中等学校师生文化革命积极分子会议上的讲话录音，认为省委现在面临两条战线作战的情况，一条是省委召开的四届五次全委扩大会议，另一条是大中学校的“文化大革命”，这两条战线的任务都很重要。会议决定省委四届五次全委扩大会暂时休会，把主要力量集中到抓好当前“文化大革命”上。

随着省级文化单位揭批运动的深入，许多领导干部相继被撤职或被报纸点名批判。5 月到 10 月初，被报纸点名、撤销职务受到批判的文教宣传部门的领导和大专院校党委书记、副书记有 80 人。陕西日报社领导被点名批判，报社被改组。省音协、省美协、省作协和省剧协以及省文教厅主管的一些文化单位，从 5 月初开始集中声讨批判邓拓、吴晗所谓的“反党反社会主义反毛泽东思想罪行”，5 月下旬逐步转为揭批本单位的“黑帮和黑线”，许多知名专家学者被扣上莫须有的罪名受到批判和斗争。省音协主席关鹤岩、省美协副主席石鲁、省作协主席柯仲平和副主席胡采、省剧协副主席姜炳泰等人都被扣上“反党反社会主义反毛泽东思想”的帽子，作为资产阶级的学术权威遭到揭发和批判。陕西省戏曲

① 彭、罗、陆、杨，即彭真、罗瑞卿、陆定一、杨尚昆。
② 《关于批判斗争赵守一的报告》，1966 年 7 月。

剧院和原陕西省戏曲学校被称为是被资产阶级“黑线”专了政的两个“黑窝子”,省戏曲剧院院长马健翎、副院长黄俊耀被指责长期以来不执行党的文艺方针,十多年来改编的传统戏剧和编写的现代戏剧,不是歌颂帝王将相才子佳人,就是极力宣扬资产阶级的人性论,以阶级调和代替阶级斗争。

6 月以后,各地在地委、县委或社教工作团的领导下,以文化部门和中小学校为重点开展“文化大革命”运动。有些地方党委还抽调和训练干部,组成文化革命专业队伍或工作队,前往学校和文化单位以及农村进行宣传,组织领导群众开展“文化大革命”运动。

二、“文化大革命”的扩展

红卫兵运动兴起与发展

1966 年 5 月底,北京清华附中十几名学生自发集会,成立了全国第一个“红卫兵”组织。清华附中红卫兵的大字报声称,“革命就是造反,毛泽东思想的灵魂就是造反”,“不造反就是百分之一百的修正主义者”。毛泽东称赞这张大字报,认为清华附中红卫兵的行动说明“对反动派造反有理”,表示“不论在北京,在全国,在文化大革命运动中,凡是同你们采取同样革命态度的人们,我们一律给予热烈的支持”。随后,各地相继建立起类似的学生组织,逐步形成了席卷全国的红卫兵运动。8 月 8 日,党的八届十一中全会通过了主要由中央文革小组起草、经毛泽东审定的《中国共产党中央委员会关于无产阶级文化大革命的决定》(以下简称“十六条”)。“十六条”指出“文化大革命”的目的是“斗垮走资本主义道路的当权派,批判资产阶级反动学术‘权威’,批判资产阶级和一切剥削阶级的意识形态”。重点是“整党内那些走资本主义道路的当权派”,使“一大批本来不出名的革命青少年成了勇敢的闯将”。方法是“充分运用大字报、大辩论这些形式,进行大鸣大放”,“不要怕出乱子”。全会临时改组了中央领导机构,完成了发动“文化大革命”的组织程序,

"左"倾错误方针开始在党中央占据主导地位。

从8月18日至11月26日，毛泽东身着军装，佩戴"红卫兵"袖章，先后8次登上天安门城楼，接见来北京大串连[①]的全国各地红卫兵和大中学校的师生1100多万人次，用行动表明了对红卫兵运动的支持。毛泽东认为，要进一步消除发动"文化大革命"的阻力，防止和平演变的危险，就要让"文化大革命"中的这些造反学生亲身体验斗争的严重性，并将自己取得的经验和认识告诉他们的子孙后代，一代一代传下去，使杜勒斯的预言[②]在中国难以实现。

8月中下旬，北京红卫兵率先冲出学校走上街头，在"造反有理"的号召下，以简单、粗暴、蛮横的行动打击他们认定的"牛鬼蛇神"，"打碎""火烧""砸烂"等口号和行动风行一时。在这种背景下，陕西的学生相继成立了许多红卫兵组织，陕西的红卫兵运动逐步发展成为大规模的群众运动，并通过破除"四旧"[③]、大串连一步步地走向顶峰。8月30日，西北局和省委联合在西安市人民体育场召开西安市红卫兵成立大会，西安市第十中学和其他9所学校红卫兵代表组成的筹备委员会举行了西安市红卫兵第一次大会，130多个学校和单位的1.1万多名红卫兵及2500多名工农兵代表参加，从北京来西安串连的红卫兵应邀出席。

西安市红卫兵第一次大会的召开，推动了全省红卫兵组织的建立和红卫兵运动的发展。各级红卫兵组织成立后，就开始了他们的造反活动，破"四旧"、立"四新"[④]、"横扫一切牛鬼蛇神"成为造反最为突出的

---

① 大串连，指"文化大革命"期间，全国各地学生到北京或各地之间交流"革命经验"的活动方式。这种方式首先从北京一些高校学生中开始，为了造党委的反，打破班级、年级和校系界限，共同商议采取的一些行动。

② 杜勒斯是1953年到1959年间的美国国务卿，冷战初期美国外交政策的主要制定者。1957年4月，杜勒斯在纽约发表演说，明确提出了和平演变社会主义的六项政策。随后他多次在不同场合宣称资本主义世界要有这样一个"基本的信念"，"如果它（苏联、东欧和中国等社会主义国家）继续要有孩子的话，而他们又有孩子的话，他们的后代将获得自由"。这就是通常所说的西方帝国主义国家在共产党第三、第四代人身上实现"和平演变"的预言。

③ "四旧"，指"十六条"中所说的"剥削阶级"的旧思想、旧文化、旧风俗、旧习惯。

④ "四新"，指新思想、新文化、新风俗、新习惯。

活动内容。在红卫兵倡议下，凡被认为带有资本主义、封建主义和修正主义含义的地名、街名、商店名统统都要改旧换新。如“老孙家牛羊肉泡馍馆”被改为“东方红早餐馆”，“藻露堂大药房”被改为“新风国药门市部”，“阿房宫电影院”被改为“东方红电影院”，西安钟楼周边的东、西、南、北大街分别被改为东风路、反帝路、反修路和延安路，等等。西安地区许多教堂、寺庙的宗教物品被当作“封、资、修”[①]的东西被红卫兵打砸破坏。从8月23日开始的一周内，西安除大慈恩寺被保留外，其余如大兴善寺、西五台、罔极寺、卧龙寺、广仁寺的泥像、牌匾和经书等，都被不同程度地砸毁和焚烧。在“老子英雄儿好汉、老子反动儿混蛋”的“血统论”号召下，那些被认定为“地、富、反、坏、右”[②]的“黑五类分子”和被认为是“家庭出身不好”的学生青年，红卫兵不经任何手续对他们进行搜家、戴高帽、挂铁牌批斗游街。各地的红卫兵也涌上街头，把县名、公社名、村名、学校名，甚至人名都改旧换新。

破“四旧”、立“四新”运动后，红卫兵开始了在全国范围的“革命大串连”活动。大串连把中央文革小组的指示带到各地，掀起了全国“踢开党委闹革命”的浪潮，全国停课停产串连的人数达千万人之多。

8月下旬到9月初，外地来到西安串连的大中学校的学生络绎不绝，人数最多时达3万多人。为了做好大串连工作，10月30日省委发出关于接待徒步行军的革命学生的通知，要求各级党委应当坚决支持广大学生“这一革命行动”，把做好沿途的接待工作当成一项政治任务切实做好。要“关心他们的困难，照顾好他们的生活，安排好他们的食宿”。11月25日西北局发出《关于贯彻执行〈中共中央、国务院关于革命师生进行串连问题的通知〉的通知》，要求各省委、自治区党委必须坚决贯彻执行中央通知精神，贯彻“步行串连，必须有计划、有组织、有准备地进行”原则。为了支持大串连行动，省人委曾在11月多次就大串连师生的粮食、伙食费补助和其他保障费用标准问题作出明确规定，并电报通知各地和大专院校，陕西地区大串连从此形成风潮。

---

① “封、资、修”，即封建主义、资本主义、修正主义。

② “地、富、反、坏、右”，即地主、富农、反革命分子、坏分子、右派，“文化大革命”时期统称为“黑五类分子”。

大串连活动中，不仅在校的师生到处串连，农民也要求串连，而且有的县农民已经进城。榆林吴堡县有1000多名农民和农业中学学生到县城“造反”，他们不带钱粮，还要求吃饱饭。汉中县不少农民要求到山西大寨和南方各省去串连，并要求解决串连的钱粮问题。尽管省委规定小学不开展“文化大革命”，不成立红卫兵组织，小学教师也不外出串连，但是，全省各地的小学特别是农村小学大部分停课，教师带着学生徒步到西安等大中城市串连，致使城市人口突增，吃住发生困难。面对这种情况，省委急电要求各地予以劝阻，但效果不大。

9月4日，来自全国各地的160多所院校的“造反派”，在西安工学院召开“声讨”该院党委书记郭韫的大会。他们到省委高喊“革命无罪，造反有理”，要求省委“不准阻拦革命串连”，“满足外来串连者的一切要求”，还要求“罢刘澜涛、霍士廉的官”。

狂热的破“四旧”、大串连导致各地社会秩序混乱不堪，生产停滞不前，造成了全省经济上的极大浪费和巨大损失。1967年1月上旬，延安每日接待各地串连者多达六七万人，超过延安市及其郊区人口一倍还多，粮、菜、煤供不应求，住院病人剧增，医药短缺，省委向中央文革小组作了专门报告。由于延安人满为患，省委1967年1月11日发出通知，要求劝阻外地去延安进行串连的人员，已经到达延安串连、参观的应设法解决食宿问题。

大串连造成社会混乱和矛盾不断加深，引起广大干部和群众的不满和抵制。1967年1月到2月，党中央和国务院先后发出通知，要求全国各地停止长途步行串连活动，步行串连队伍在返回时原则上应当步行。5月2日，党中央和国务院再次发出《关于立即停止外出串连的通知》。8月，毛泽东号召“就地闹革命”。至此，大串连之风在全国逐渐被刹住，陕西地区的大串连运动也到此收场。

在全省破“四旧”中，红卫兵的打砸严重破坏了遗存千百年的珍贵历史文物，造成了文化浩劫。红卫兵在全国范围的大串连不仅造成各地铁路交通拥挤、物资运输晚点，工农业生产受到直接影响，而且使个人崇拜、“怀疑一切”“炮打一切”的极左思潮迅速扩散，全省政治、经济、文化遭受重大损失。

炮打“资产阶级司令部”

1966年8月7日，党的八届十一中全会印发了毛泽东写的《炮打司令部——我的一张大字报》，指责向高校派工作组以来，从中央到地方的某些领导同志“站在反动的资产阶级立场上，实行资产阶级专政，将无产阶级轰轰烈烈的‘文化大革命’运动打下去”，“围剿革命派，压制不同意见，实行白色恐怖”，“联系到1962年的右倾和1964年形‘左’而实右的错误倾向，岂不是可以发人深省吗”。他说，这一时期正确的是中央文革，而不是中央。这张大字报，实际上是引导“造反派”们把斗争矛头对准刘少奇、邓小平领导的所谓资产阶级司令部，以及各级领导机关和领导干部。8月8日，全会通过的“十六条”，与“五一六通知”一样，没有明确“走资派”“左派”和“右派”的判别标准，没有明确党对运动领导的具体规定，这种弹性极大的概念扩大了斗争范围，激化了盲目造反行为，造成了严重社会动乱。

在“炮打司令部”口号影响下，陕西的“文化大革命”变得复杂、激烈而尖锐。“文化大革命”一开始，陕西尤其是西安地区的“造反派”组织就把矛头对准了省委和各级领导机关。在这期间发生了多次围攻领导机关的事件。8月12日，西安交通大学、西北工业大学、西安冶金建筑学院等院校学生把“陕西省委和西北局是黑帮”的大字报贴上大街。随后几天，工厂工人、郊区农民和机关干部在西安市建国路、和平路一带与学校学生展开辩论，并提出“声讨交大、西工大、冶院一小撮右派分子煽动闹事”“誓死保卫西北局”“誓死保卫陕西省委”等口号，辩论中双方出现肢体冲突，一些学生被戴上高帽，混乱局面加剧。从8月16日到18日，2万多名造反学生陆续在省委门前静坐示威，打着“造反有理”“革命无罪”的横幅，要求揪斗所谓“挑动工农斗学生的罪魁祸首”，批判西北局、省委的“资产阶级反动路线”，致使省委机关工作瘫痪48小时之久。

9月6日到9日，西安交通大学、西北工业大学、西安冶金建筑学院等校学生联络北京大学、上海工业大学等来西安串连的近万名学生，在省委门前静坐绝食，要求省委交出赵守一进行批斗。一些学生冲进省委办公楼，砸窗扭锁，抢占广播室，声称已经把绝食斗争情况报告中央文革小组并得到其支持。为了平息事态,当天下午省委书记处书记章泽受委派与学生代表商谈,却遭到学生围斗,并被强行拉去游街。9 月 13 日,西安交通大学、西北工业大学、西安冶金建筑学院等 9 所高等院校的“文革”筹(临)委会在西安市人民体育场召开炮轰“陕西省委、火烧西北局,誓死保卫党中央,誓死保卫毛主席”誓师大会,西安大中学校 130 多个单位、约 3.7 万余人参加。大会声称西北局、省委存在着一条“反党、反社会主义、反毛泽东思想的黑线,存在着激烈尖锐的阶级斗争”,“陕西民主革命极不彻底,漏划了大量的地富反坏”等。

对学生“炮轰陕西省委、火烧西北局”、揪斗省委领导干部的过激行径,许多工人、农民和机关干部表示强烈不满。学生成群结队到工厂和农村串连,鼓动工人、农民和他们一起造反,扰乱了正常生产秩序,加剧了学生和群众的矛盾。西安、宝鸡、汉中等地连续发生工人和农民围斗学生事件,特别是铜川民警因阻止学生冲击市委机关而引发的“八二〇鸣枪事件”,引起了中央高度关注。铜川市委书记因此被撤销党内外一切职务,公开向群众做检讨,其他有关领导均被撤职、交群众批斗处理,鸣枪民警被捕入狱。宝鸡市委作为“镇压”学生运动的典型,受到中央通报批评并被省委改组。8 月 23 日,《人民日报》发表《工农兵要坚决支持革命师生》的社论,号召广大工农兵群众做革命学生的强大后盾,坚决支持学生的革命行动。24 日《陕西日报》发表社论,号召广大工人、农民和干部认真学习“十六条”和《人民日报》社论,按照要求开展工作。社论的发表,使工农兵与学生之间的对立情绪有所缓和。

大专院校学生静坐绝食的做法,在一定程度上给西北局和省委施加了压力。毛泽东 9 月 7 日的批示和中央 9 月 11 日关于当前无产阶级文化大革命的四条决定中,对陕西“文化大革命”运动出现的紧张局势给予点名批评,西北局和省委承受了很大压力,认为出现这种紧张局势的原因是没有及时发动群众开展“炮打资产阶级司令部”。9 月 17 日,西北局和省委文革小组召开 30 多万人参加的西安各界人民“炮打司令部”进军大会,号召群众彻底揭发西北局、省委存在的问题,刘澜涛、霍士廉被迫检讨“在文化大革命中犯的错误”,10 名工人、农民和学生代表发言。一些大专院校学生在发言中提出“炮轰陕西省委、火烧西北局""彻底改组陕西省委"等口号,要求撤刘澜涛的职、罢霍士廉的官。西北局和省委文革小组认为这次会议达到了西北局和省委向各界人民群众检讨错误、动员工农兵群众"炮打司令部"、彻底揭发和斗倒党内走资本主义道路当权派的目的,"对省委领导上从被动转向主动起了一定的作用"①。

在西安"炮打司令部"影响下,全省各地也纷纷出现"炮打司令部"事件。到10月14日,汉中、渭南、商洛、咸阳、延安、宝鸡、铜川等地(市)委和南郑、米脂、蒲城等27个县委被学生围攻和"炮轰"。这些事件的不断发生,打乱了各地正常工作秩序,许多领导干部疲于应付检讨,无暇顾及工农业生产和人民群众生活,混乱局面愈演愈烈。特别是红卫兵运动出现后,斗争矛头很快就指向全省各级党政领导机关,各级党委已经从运动初期的组织领导者变成了被斗争的对象。

批判"资产阶级反动路线"

"文化大革命"虽然发动起来,但没有得到干部和工农群众的普遍理解和支持。为了消除党内高层的疑惑和中层的阻力,林彪在10月1日庆祝中华人民共和国成立17周年大会上说,"以毛泽东为代表的无产阶级革命路线,同资产阶级反对革命路线的斗争还在继续"。同日,《红旗》杂志刊发《在毛泽东思想的大路上前进》的社论,着重提出"批判资产阶级反动路线"的问题。10月5日,中央军委、解放军总政治部印发《关于军队院校无产阶级文化大革命的紧急指示》,宣布取消"军队院校的文化大革命运动在撤出工作组后由院校党委领导的规定","必须把那些束缚群众运动的框框统统取消"。中共中央转发此件,强调全国县以上大中学校都照此执行。这实际上是号召"踢开党委闹革命",造成了无政府主义思潮进一步泛滥开来。

1966年10月9日至28日,中央工作会议在北京召开,主题是批判"资产阶级反动路线",目的是解决"思想不通"的问题。林彪在发言中认为,"革命的群众运动,它天然是合理的",指责刘少奇、邓小平提出和

① 《陕西省无产阶级文化大革命概况》,1966年10月7日。

执行了一条“压制群众、打击革命积极分子的错误路线”。这是继5月中央政治局扩大会议和8月党的八届十一中全会之后，对“文化大革命”的再次发动。会后，中央文革小组策动造反派把攻击矛头集中转向各级党政领导和机关及其负责人，并指使他们在社会上贴出“打倒刘少奇”的标语和攻击邓小平的大字报。加之，造反群众成分复杂、目的不同、各自要求差异大等因素，在反对“走资本主义道路的当权派”和“资产阶级反动路线”的旗号下，“文化大革命”前积累的各种社会矛盾以畸形的状态和尖锐的形式爆发，全国掀起了批判“资产阶级反动路线”的风暴。

陕西各地批判“资产阶级反动路线”的运动发展迅猛，无论是西北局、省委、各地委还是各部门各单位的领导，只要被造反群众认为压制了他们的种种越轨行为，就被认定为执行了“资产阶级反动路线”。西北局、省委以及各级领导干部在“炮轰”“火烧”中被揪斗、罢官，各级领导机关陷于瘫痪或半瘫痪状态。

10月27日，西安地区无产阶级文化大革命联合指挥部和毛泽东主义红卫兵等13个单位，联合召开“西安地区誓死捍卫以毛主席为代表的无产阶级革命路线，彻底揭露和批判中共中央西北局、陕西省委资产阶级反动路线”大会，1万多人参加大会，其中大多数是学生，也有部分工人和农民群众。会上，有人揭发批判单位领导“忠实”执行省委“资产阶级反动路线”的情况，有人揭发单位领导提拔围斗学生的人当干部的情况，要求陕西日报社将“文化大革命”以来诬蔑西安交通大学等大专院校的“黑宣传”“黑传单”以及铅板、照片等全部交出，并交出所谓的“幕后指挥者”。

11月1日凌晨，毛泽东主义红卫兵1000多人分几路出动，查封了省委办公厅、省委宣传部、共青团陕西省委等部门的40多个文件柜，查封了省政协档案室、省人委办公厅、西安市委各部门的文件柜。11月4日，西安地区无产阶级文化大革命联合指挥部召开“西安地区各界人民坚决捍卫以毛主席为代表的无产阶级革命路线，彻底批判西北局、陕西省委中的资产阶级反动路线”大会，约20万人参加，主要为学生、机关干部、工人和农民等。这是全省“文化大革命”以来第一次把学生、工人、农民和机关干部集结在一起召开的群众性批判大会，刘澜涛、霍士廉分别代表西北局和省委检讨“在指导文化大革命中所犯的错误”。

11 月下旬，陕西红卫兵进行“抓叛徒”活动，揪出了“薄一波等六十一人叛徒集团”① 事件中有关刘澜涛的问题，掀起了一场风波。这是康生为打倒从中央到地方的一大批领导干部、诬陷刘少奇而捏造的一桩冤案。当红卫兵提出刘澜涛的出狱问题时，虽然周恩来致信毛泽东重述“出狱的问题，中央是知道的”，并要求红卫兵“不要在大会上公布和追查”此事，但在康生等人的怂恿下红卫兵仍然揪住不放。为了配合夺权斗争，他们不断在公开场合滥扣“叛徒”帽子，挑动红卫兵任意追查，并将“抓叛徒”恶风推向全国，致使一大批久经考验的领导干部因此蒙冤并遭受陷害。

在红卫兵大串连的推动下，全省“文化大革命”运动很快突破“结合四清、分期分批”② 的部署，集中表现在四个方面：一是纷纷成立各种文化革命组织，有的还跨地区跨行业成立。二是要求罢官的越来越多，要求被罢的主要是党政领导干部和“四清”工作队的领导干部，有些造反派组织的罢官要求没有得到批准就静坐和绝食。三是要求为受“资产阶级反动路线”打击的人平反。四是引起基层干部思想混乱，许多干部不敢放手工作，等待被“罢官”。

为贯彻 10 月中央工作会议关于彻底搞好“文化大革命”的精神，11 月 3 日至 12 月 3 日省委召开全省三级干部会议，地、市、县委和中型以

---

① 1931 年前后，中共中央北方局的许多重要干部因敌人的搜捕和叛徒的告密而被国民党当局逮捕入狱。他们在监狱中成立党支部，坚持斗争。1936 年，主持中共中央北方局工作的刘少奇为解决干部缺乏问题，决定让被关押在北平军人反省院并一直坚持斗争的薄一波、安子文、刘澜涛等 61 人履行国民党当局规定的手续出狱，并将此事报告了中共中央。张闻天代表中共中央批准了这个在特定历史条件下采取的特殊措施。“文化大革命”爆发后，康生等人不顾中央已有结论，于 1966 年 9 月向毛泽东写信陷害刘少奇。1967 年 3 月 16 日，中共中央印发《关于薄一波、刘澜涛、安子文、杨献珍等人自首叛变问题的初步调查》及附件。粉碎“四人帮”后，经过认真审查，中央组织部于 1978 年 11 月 20 日向中央报送《关于“六十一人案件”的调查报告》。《报告》列举大量事实，指出：“文化大革命”中提出的所谓薄一波等“六十一人叛徒集团”是不存在的，是一个错案。12 月 16 日，中共中央发出通知，正式为此案平反。

② 1966 年 7 月 2 日，根据刘少奇、邓小平的请示信，经毛泽东批准，中共中央、国务院发出《关于工业交通企业和基本建设单位如何开展文化大革命的通知》，要求这些企业单位要在保证完成生产任务的条件下，结合“四清”运动，分期分批开展“文化大革命”。

上厂矿企业、省级各部门、军区各单位及西安各军事院校负责人 511 人参加。期间，参加会议的各级干部多次被造反派组织请去参加批判西北局、省委“资产阶级反动路线”大会，多数情况下参会人员不齐，基本没有解决实际问题。

在批判“资产阶级反动路线”中，西北局、省委以及各地党委几乎全部被冲击甚至冲垮，领导干部被罢官的现象越来越普遍，有的党委已经陷于瘫痪或半瘫痪状态，党和团的基层组织基本停止活动，无政府主义思潮进一步泛滥。

三、“全面夺权”与稳定局势

西安两大造反派组织的形成与发展

1966 年 5 月中央印发的“五一六通知”提出，“夺权”的范围主要包括夺学术界、教育界、新闻界、文艺界、出版界等文化领域的权，也包括党中央直接管理的个别部门和个别地方党委组织的改组。8 月召开的党的八届十一中全会通过的“十六条”也提出，“文化大革命”的重点是大中城市的文化教育单位和党政领导机关，文化革命小组等是无产阶级文化革命的权力机构，承担“文化大革命”的领导权。9 月中央印发《关于抓革命、促生产的通知》，要求“工业（包括国防工业）、农业、交通、财贸部门，应当立即加强或组成各级指挥机构，保证生产、建设、科学研究、设计、市场、收购等工作的正常进行，保证革命、生产双胜利”。10 月后“批判资产阶级反动路线”运动突破了这一规定，开始扩展到工农业领域。11 月初，上海一些工厂的造反派代表筹建“上海工人革命造反总司令部”（以下简称“工总司”），上海市委没有承认“工总司”是合法的革命群众组织。在处理安亭事件[①]中，中央文革小组副组长张春桥擅自发表

① 1966 年 11 月 10 日凌晨，“工总司”负责人王洪文带 2000 余人冲入上海北站强行登车，声称要赴京请愿。列车行至上海附近的安亭站被阻留。王洪文煽动工人卧轨断路，造成沪宁线全线运行中断 30 多个小时。这一事件被称作安亭事件。

肯定安亭事件的言论，承认以王洪文等人为首的“工总司”是合法组织。在毛泽东同意后，“文化大革命”进入工矿企业，出现工人串连“造反”和“停产闹革命”等情况。

随着造反派组织的建立和发展，全省开始出现动乱。西安两大造反派组织是以“文化大革命”初期各基层单位的造反派组织为基础，在“炮打司令部”和批判“资产阶级反动路线”中逐步建立起来的。1966年8月16日，西安大专院校学生在省委门前静坐时，西安交通大学发起成立了“西安地区大中院校联合指挥部”，后在9月初静坐绝食中改称“西安地区大中院校文化革命统一指挥部”（以下简称“统指”）。参加“统指”的有70多所大中专院校、27个委员单位学校、11个常委单位学校，这是西安地区成立的第一个群众性造反派组织。9月22日，西安交通大学、西安冶金建筑学院、西北工业大学、西北电讯工程学院等9个单位发起成立“毛泽东主义红卫兵”，11月上旬改称“西安地区红卫兵革命造反司令部”（以下简称“红造司”），参加单位有1500多个，人数达20万。从参加人员成分看，“统指”和“红造司”基本同属大专院校学生组织范畴。10月，“西安地区工矿企业文化革命联合会”（以下简称“工联”）成立，不仅在西安市区和东、西、南、北各郊区设有21个分会和9个系统分会，还在铜川、兴平、宝鸡、武功、咸阳、临潼等6地设有指挥部，参加人数约52万人。12月6日“西安地区革命农民文革总会”（以下简称“农民文革总会”）在西安市人民体育场成立，并在长安县斗门、姜仁，兴平和西安市东郊设立4个分会。

上述成立较早的“统指”“红造司”“工联”“农民文革总会”，被习惯地称为造反派“四大组织”。截至1966年底，西安各地还成立了以复转军人为主的“西安地区毛泽东思想捍卫军总部”，以机关干部为主的“陕西省机关革命造反总部”和以回族群众为主的“革命回民造反司令部”等。这些造反派组织都是在“一月夺权”前建立的，对陕西“文化大革命”的发展以及“全面夺权”起了推波助澜作用。1967年“一月夺权”后，全省造反派组织有了进一步发展。据统计，西安各地建立的造反派组织中有40多个具有比较完整的组织系统和活动基地，其中9个组织具有相当的影响力。

“一月夺权”风暴后,西安各造反派组织在“夺权”斗争、“反右倾”运动等问题上出现看法分歧,都标榜自己“最忠心、最革命、最正确”,都想掌握更大的权力。各造反派的观点相异、严重对立,逐渐分化组合,各派组织之间的斗争也随之急速加剧。1967年1月中旬,“统指”内部发起了“反右倾”运动,持续时间长达70天。西安地区的造反派组织开始分裂成势不两立的东派和西派两大派组织。东派以西安交通大学的造反组织“交大文革总会”和“西安地区革命工人造反总司令部”(以下简称“西安工总司”)为首,包括以后相继成立的“文总司”“财总司”“机关总司”“公安总司”“农总司”“中革会”等;西派以西北电讯工程学院“文化大革命临时委员会”、西北工业大学“西工大文革委员会”的造反组织和“工联”为首,包括以后相继成立的“农总会”“机关总指”“农民造反总部”“文总指”“财总指”等。在“工联”“西安工总司”等造反派头目的指挥下,两派组织通过串连不断向全省发展,进而在全省范围内形成了两大派别,相互之间的斗争由辩论发展到武斗。后来成立的不同造反派组织基本挂靠在这两大派之下,成为陕西和西安地区造反派组织的两大阵营。

造反派“全面夺权”

1967年元旦,《人民日报》和《红旗》杂志发表《把无产阶级文化大革命进行到底》社论,强调1967年“将是全国全面展开阶级斗争的一年”,“将是无产阶级联合其他革命群众,向党内一小撮走资本主义道路的当权派和社会上的牛鬼神蛇,展开总攻击的一年”。1月初,上海《文汇报》《解放日报》的造反派相继“夺权”,宣布“接管”报社。1月4日,张春桥、姚文元明确要求“工总司”等上海造反派组织夺取中共上海市委的领导权。1月6日,“工总司”等造反派组织联合召开“彻底打倒以陈丕显、曹荻秋为首的上海市委大会”,批斗全市各单位、各部门几百名领导干部。上海市委、市政府各级机构被迫停止办公,上海市的党政大权随即落入由张春桥、姚文元、王洪文操纵的造反派手中。1月11日,根据毛泽东对《文汇报》《解放日报》“夺权”的意见,中共中央、国务院、中央军委、中央文革小组联合发出贺电,肯定了上海“一月夺权”

以来的“一系列革命行动”。随后，《人民日报》和《红旗》杂志连续发表社论和文章，宣传和介绍上海“一月夺权”的“经验”，号召“展开全国全面的夺权斗争”。从1月14日开始，山西省、青岛市等地造反派相继展开“夺权”行动，《人民日报》很快报道并发表社论给予肯定和赞扬，“全面夺权”风暴随即迅速在全国掀起。陕西各地造反派紧跟全国“夺权”形势，开始酝酿并实施“全面夺权”。

1967年1月16日，省委机关干部成立的“革命烈火战斗团”首先对省委办公厅“夺权”。他们在“夺权通令”中说，陕西是“彭、高、习的反党老巢”，以霍士廉为首的省委忠实地、“顽固”地执行“刘（少奇）、邓（小平）资产阶级反动路线”，“镇压”革命群众运动，打击革命左派，包庇右派，对抗以毛主席为代表的无产阶级革命路线，并宣布从即日起接管省委办公厅。随后“革命烈火战斗团”派出接管小组分别接管省委其他部门，当晚“省委宣传部联合战斗队”接管了省委宣传部，19日“省委组织部毛泽东思想战斗队”接管了省委组织部，21日“省妇联红色造反战斗队”接管了省妇联。

1月23日，“革命烈火战斗团”邀请西安地区10个造反派组织座谈“革命造反派大联合，夺取陕西最高党权问题”。会议认为省委“在党内一小撮走资本主义道路当权派的把持下”，“顽固地执行了刘、邓资产阶级反动路线”，“理应夺权，必须夺权。但马上夺权，条件尚不成熟”①。会议初步商定先成立一个夺权筹备机构，一方面监管省委书记处，另一方面创造条件、筹备“夺权”工作，一旦时机成熟立即“夺权”。当日，“统指”也召开会议研究“夺权”问题，确定“由师大等单位夺西北局的权；西安交通大学、炮战队夺省委的权；西安冶金建筑学院等夺省人委的权；西安矿业学院等夺市委和市人委的权；西电等夺公安局的权”。之后，他们又吸收“工联”“农总会”等组织参加，成立了各级接管小组，夺取了西北局、省、市机关的权②。

1月25日，由“统指”“工联”“红造司”等15个造反派组织组成

① 《夺权问题座谈会纪要》（1967年1月24日），中共陕西省委机关革命烈火战斗团整理。

② 《西安地区无产阶级文化大革命资料》，1967年1月。

的“西安地区革命造反派夺权委员会”,再次宣布夺取省委一切领导权。在发布的《西安地区革命造反派夺权委员会第二号通告》中称,“从今日起接管省委一切权力,原陕西省委对文化大革命的一切领导权从即日起由夺权委员会委托省委机关革命烈火战斗团、西安地区炮打司令部战斗队、西安地区红卫兵革命造反司令部105游击队组成的接管小组负责接管执行”。随后,省委领导下的各群众团体党组、省人委各厅局、西安地区各大专院校均被造反派宣布实施“全面夺权”。

1月28日,国营庆华电器制造厂两派造反派组织为“夺权”而武斗。西安交通大学造反派非法进入位于沣峪口的西安市战备档案库抢走部分档案,同时抢走了西北局部分档案,造成严重泄密。2月10日,西北光学仪器厂的两派造反派组织为夺取该厂的大权发生武斗。这些过激行为引起了党中央的高度重视。2月13日周恩来在北京接见西安地区“红造司”“统指”代表时指出,“打、砸、抢的口号是错误的”。2月16日周恩来对解决西安地区造反派内部分歧提出两点意见,“在未解决问题以前,停止辩论,停止一切攻击,宣传车不要上街”,“任何人不得以任何借口冲击国防工厂”。这些指示对缓解陕西紧张局势起到了一定作用。

1月至2月,宝鸡、铜川市委和榆林、商洛、咸阳等6个地委相继被造反派“夺权”,汉中、安康地委也受到严重冲击。到2月底,全省各级党政领导权均被造反派夺取,不少地区、部门、单位的领导权被夺取,有些人民公社、生产队的领导权也被夺取。在“夺权”和派性斗争的影响下,全省各级党委和政府陷于瘫痪或半瘫痪状态,许多地方的正常社会秩序和生产秩序已无法维持。

“支左”部队稳定局势

在造反派“全面夺权”的冲击下,倾向支持原党政领导的群众与夺权派之间、夺权派的不同派别之间出现了一些激烈冲突,甚至出现两次或多次“夺权”。在许多领导干部被揪斗、党的领导机关和各级组织普遍瘫痪、广大党员无法发挥作用、司法和公安机关无法行使职权、党纪国法被弃之不顾的情况下,尽管周恩来等还有发言权的领导反复强调,“夺权”只是夺取“领导无产阶级文化大革命之权”,而不是夺取全部党、政、财、文大权,一些党政机关业务部门的权力仍应由原来熟悉业务的干部掌握。但上海“一月夺权”后,张春桥强调“无产阶级文化大革命自始至终就是夺权,从基层到中央,党权、政权、财权、文权以及其他权”,“对所有的权都要夺”,全国陷入“打倒一切”“全面内战”的混乱状态。工矿企业停产或半停产,交通严重堵塞,城镇居民生活秩序被打乱,社会呈现严重动荡无序状态。在所谓的“大闹京西宾馆”① 事件后,毛泽东赞同军队应保持稳定的意见,批示“应派军队支持左派广大群众”。1967 年 1 月 23 日,中共中央、国务院、中央军委、中央文革小组作出《关于人民解放军坚决支持革命左派群众的决定》,要求军队积极支持左派的“夺权”斗争。2 月 19 日,毛泽东在一个批示中要求,军队分批对大学、中学、小学高年级学生实行军训,随后批准对广东、云南、江苏省实行军管。3 月 19 日,中央军委印发《关于集中力量执行支左、支农、支工、军管、军训任务的决定》,人民解放军直接介入地方“文化大革命”的“夺权”斗争,明确了“支农”“支工”和“军管”“军训”的任务,但对“支左”中的左派是谁,确定左派的标准是什么没有明确。加上其他因素的干扰,“支左”一开始就陷入了深刻的矛盾之中。

2 月陕西省军区成立“中国人民解放军陕西省军区坚决支持无产阶级革命派委员会”,军区政委袁克服任主任。3 月 3 日,兰州军区党委批准,陕西省军区、兰州军区驻陕空军和第二十一军共同组成“西安地区驻军支援左派统一指挥部”,省军区司令员黄经耀任主任。3 月 8 日改称“西安驻军支援无产阶级革命派统一指挥部”(以下简称“西安‘支左’统一指挥部”),6 月 10 日明确该指挥部由中央军委和兰州军区党委领导。

---

① 1967 年 1 月,中央军委在京西宾馆召开扩大的碰头会,会议主要议题是讨论军队搞不搞“四大”(“大鸣、大放、大字报、大辩论”)的问题。中央文革小组成员也参加了这个会议。江青、陈伯达、叶群等人别有用心地要求军队和地方一样发动群众,开展“文化大革命”、搞“四大”,不能特殊。叶剑英、聂荣臻、徐向前等军委负责人坚持军队必须保持稳定,不能像地方那样搞“文化大革命”,并同江青等人进行了面对面的激烈斗争。

3月8日，陕西省军区、第二十一军、兰州军区驻陕空军、总后西安办事处联合组成“西安大专院校革命师生训练指挥部”。3月15日至18日，西安“支左”统一指挥部抽调2059名干部战士进驻西安交通大学、西北工业大学、西北电讯工程学院、西安冶金建筑学院等高校进行军事训练，支持师生开展“文化大革命”运动。实际上，在执行“三支两军”决定中，人民解放军对边防、沿海、交通要道（码头、铁路局、海港）、机密要害部门、国防企事业单位乃至中央党政军一些机关实行了军事管制。3月7日和9日，省军区分别对西安铁路局、省广播事业局、省广播电台、西安市广播电台、西安电视台以及西安晚报社和一些工矿企业实行军事管制。4月12日，西安“支左”统一指挥部研究决定，由第二十一军派出57名干部和一个连队分别进驻省委办公厅、西安市委办公厅等21个部门，支援这些部门开展“抓革命、促生产”工作。为了尽快消除社会动乱、恢复正常生产建设，西安“支左”统一指挥部5月23日成立“陕西省抓革命、促生产第一线指挥部”，下设农林、财贸、工交、文卫4个部门，负责领导全省工农业生产工作。12月7日，“陕西省抓革命、促生产第一线指挥部”改称“中国人民解放军陕西省‘支左’委员会抓革命、促生产第一线指挥部”，下设机构调整为第一、第二办公室以及毛主席著作印刷办公室、工交办公室、农林办公室、财贸办公室、文卫办公室和内建办公室等。该指挥部的成立，为稳定全省整体局势、恢复和发展生产发挥了积极作用。

同时，西安“支左”统一指挥部还召开各种座谈会，了解群众对部队“支左”工作的意见和要求，努力化解矛盾、稳定全省局势。4月13日和17日，西安“支左”统一指挥部主要负责人分别与西北电讯工程学院、西北工业大学和西安交通大学学生代表座谈，征求他们对军队“支左”工作的批评意见，对有分歧的问题进行沟通。会上，有代表提出军区个别人在“支左”中有派性，存在支一派压一派等现象。18日和21日，西安“支左”统一指挥部负责人又与西安交通大学、西北工业大学、西北电讯工程学院、西安冶金建筑学院等院校造反派组织代表座谈，对他们提出的一些不利于大联合的问题进行引导、说服和教育。

与此同时，驻扎在全省各地的中国人民解放军也介入当地的“文化大革命”、执行“三支两军”决定，并成立相应的组织机构，统一领导和指挥当地工农业生产及各项工作。在整个“三支两军”过程中，根据毛泽东提出的革命委员会要实行革命群众组织负责人、人民解放军当地驻军的代表、革命领导干部“三结合”的指示精神，全省有1600多名解放军干部参加了县以上革命委员会的领导班子工作。

“三支两军”是阻止“文化大革命”中几乎失控混乱局面和维护各级党政机关正常工作的重要措施。在“文化大革命”最混乱、最复杂的局势下，“三支两军”决定的执行维护了必要的社会稳定，减少了对工农业生产的不利影响，降低了人民生命财产的损失，在可能的范围内减轻了“文化大革命”造成的破坏。但是，由于执行“三支两军”任务的指战员缺乏地方工作经验和充分思想准备，加之林彪、江青集团的干扰和破坏，难免出现不少困难、失误和错误。随着“支左”工作的深入开展，一些造反派组织与“支左”部队的关系日趋紧张，冲突也开始增多。1967年七八月以后，西安地区的机关单位、大专院校以及专区一些造反派组织与“支左”部队的矛盾不断激化，连续发生多起冲击“支左”部队驻地的情况，最终发生了冲击陕西省“支左”委员会、占领办公大楼、数万人静坐42天的“八五静坐事件”[①]。这一事件既是西安地区造反派组织与“支左”部队矛盾积累的结果，也是“支左”部队在“三支两军”工作中存在问题的暴露。到1973年底，陕西5591名“支左”人员分期分批全部撤离。

---

① 1967年8月5日至9月17日，以“西安工总司”和西安交通大学造反派为首的造反组织因对“支左”委员会的工作不满，动员了9万余人在西安市建国路、大差市一带静坐，历时42天，称为“八五静坐事件”。

第十四章

革命委员会建立和“文化大革命”继续

“文化大革命”全面展开后，陕西各造反派组织掀起了“全面夺权”风暴，引起大范围“全面内战”，政治、经济、文化和社会建设遭受严重冲击。按照毛泽东指示精神，陕西建立了具有“三结合”①性质的各级革命委员会，一定程度上结束了“文化大革命”前期的动乱局面。1968年9月全国进入了“斗、批、改”阶段后，陕西以“斗、批、改”为“中心任务”开展“文化大革命”，在各领域里具体化了“左”倾错误，经济社会出现了进一步恶性发展的情况。

一、革命委员会建立

“全面内战”与全省大规模武斗

按照毛泽东原来的设想，自上海“一月夺权”开始的全国范围“夺权”活动，1967年2月至4月间就可以看出“眉目”，即省级“夺权”基本结束，“文化大革命”由此进入“扫尾”阶段。但是，动乱既起，一时谁都难以驾驭。尽管党中央为稳定局势印发了一系列文件，甚至派军队介入，但没有达到预期成效。在“夺权”的浪潮中，陕西各地普

① “三结合”，指革命委员会“三结合”体制，即有干部代表、军队代表、群众代表参加的“革委会”体制，年龄上强调“老、中、青”三结合。

遍形成了相互对立的两大派,它们从维护各自派别观点和利益出发,对中央的指示各取所需、各行其事。在"权"这个根本问题上两派互不相让、争夺激烈,发生了无数次纠纷和冲突,酿成了大规模武斗,不少地方的武斗甚至动用了枪炮。毛泽东后来把这种局面称为"全面内战"。

1967年1月28日,国营庆华电器制造厂发生的打砸抢事件,是陕西企业两派造反派组织因"夺权"而引发武斗的开始。2月10日,西北光学仪器厂两派造反派组织挑起打砸抢事件,一派组织西安东郊韩森寨地区工厂1000多人前去参加武斗,导致全厂停工3天,造成直接经济损失60多万元,双方361人被打伤,其中12人重伤,即"二一〇事件"。"支左"部队研究后认为,这是一起严重的反革命打砸抢事件,逮捕了挑起事件的有关人员。但"支左"部队在调查处理这一事件时,态度和做法有失审慎,先将其定为"反革命事件",后又为其平反,引起两派造反派组织不满,为后来攻击"支左"部队"支持一派、压制一派"留下口实,也为两派造反派组织策划更大规模的武斗埋下隐患。2月27日一夜之间,"统指""工联"一些人连续砸了十几个工厂,给国家和生产单位造成不可挽回的经济损失。由于打砸抢事件频繁发生,陕西省军区和"支左"部队3月开展了以镇压"新兴反革命分子"(打砸抢分子)为对象的"三月镇反",共抓捕2200余人,并以省军区和驻陕部队名义印发大量"镇反"的布告和文告,在舆论上配合开展工作。

进入5月,全省武斗进一步激化。5月10日,宝鸡虢镇发生武斗,30多人被打伤,2000多名职工干部被迫离开工作岗位,停工停产3个月。6月,岐山县蔡家坡发生的武斗涉及6县1市、近30个单位、约800余人,双方使用土炮40门、各类枪支500余件、手雷近千枚,还有汽车、土坦克等,造成多人伤亡。

7月湖北武汉爆发了震惊全国的抗议和声讨中央代表团代表事件,

即七二〇事件[①]。七二〇事件后，中央文革小组的几个头面人物和他们所支持的造反派头头，变本加厉地煽动造反派组织之间开展无休止的争斗。7月22日，江青对河南一派造反派组织发表讲话，公开表示赞成“文攻武卫”的口号，鼓动“左派”不要“放下武器”，全国武斗从此急剧升级。

8月7日，谢富治在公安部机关大会上提出“彻底砸烂公、检、法”的口号，并要求向下传达。陕西普遍发生冲砸公检法机关，抢夺档案和枪支，残害公检法人员的事件，全省公检法系统陷入瘫痪状态，社会治安难以维持。8月22日，西安交通大学、“公安总司”等造反派组织冲击省公安厅军管会，围斗军管人员，抢走机密档案。8月底，宝鸡发生多起造反派抢夺公安局、武装部枪支和弹药案件，影响恶劣。全省有281个公安机关、110个检察院、61个法院和法庭先后被造反派“彻底砸烂”，822名干警被打成“叛徒、特务、反革命分子、阶级异己分子、死不改悔的走资派”。

因为武斗的不断升级，1967年第三季度成为陕西“文化大革命”以来动乱最剧烈、社会灾难最严重的一段时间。8月西安东派造反组织发起“八五静坐事件”，把矛头指向“支左”部队，与西派组织的对立情绪进一步激化。8月30日凌晨1时，“西安工总司”人员乘车携带武器到秦川机床厂抢劫武器，与“工联”人员发生武装冲突。事后“西安工总司”纠集数千人攻打西安筑路机械厂、机械化公司、西北金属结构厂，强行占领胡家庙。9月1日凌晨，“工联”调动1000多人向占领胡家庙的“西安工总司”进攻，双方在武斗中互有人员伤亡。同日，“西安工总司”召开会议专门研究，决定放弃争夺胡家庙，先攻打以庆安公司为中心的

① 7月14日，国务院副总理兼公安部部长谢富治和中央文革小组成员王力奉中央之命，以中央代表团成员名义抵达武汉（此时毛泽东、周恩来已在武汉）。他们违反周恩来的指示四处活动，在宣讲中央关于解决武汉问题的方针时，发表明确支持某一派的言论，因而遭到被压制的另一派组织“百万雄师”的强烈反对。7月20日，“百万雄师”一些人冲入武昌东湖谢富治、王力的住处，要求与二人辩论。出于激愤，群众和与他们观点相同的战士将王力打伤并强行带走。与此同时，武汉三镇数十万居民连续几天举行声讨谢富治、王力的示威游行，形成声势浩大的群众性抗议风潮。这就是所谓冲击“中央代表团住地”“绑架中央代表”的武汉七二〇事件。

西郊地区。一场更大规模的武斗事件一触即发。

在这种紧急情势下,省“支左”委员会召集“西安工总司”“工联”负责人开会研究解决问题,达成了“制止西郊武斗的协议”,主要内容有:一是所有参加武斗的人员立即撤回,保证不再发生武斗。二是双方所抓对方人员立即无条件释放。三是以上两条由“支左”委员会制止武斗并监督执行。但这一纸协议没能阻止更大规模的武斗发生。9月2日凌晨,“八五指挥部”人员手持猎枪和土炮向庆安公司发起进攻,造成一些人员伤亡。当天周恩来得知此事后,立即命令总理联络员办公室工作人员向陕西省军区传达紧急指示,明确指出,在庆安公司周围发生的武斗和对庆安公司的包围、对人民解放军连队和宣传队的攻击是错误的,要求“工联”和“西安工总司”将9月1日双方签订的协议立即向下传达,并保证认真实施。“支左”委员会随即向双方传达了周恩来的指示,就贯彻执行指示达成紧急协议。但是,两派造反组织为了争权夺利,阳奉阴违,将周恩来的指示置若罔闻,很快就大打出手,破坏了协议。

此后,武斗便成为解决造反派纷争的首选方式。参与武斗人员所用武器也进一步升级,起初使用砖头瓦块、铁矛棍棒,后来发展为用电台指挥,使用冲锋枪、手榴弹、机枪、大炮等武器。在这种情况下,各造反派组织相继袭击人民解放军和武装部弹药库、抢夺武器。9月3日,东派“八五指挥部”抢夺驻军部队4个连队以及东风、向阳区武装部等10个单位的枪支弹药。同日,“工联”“统指”等西派抢劫西安市郊区武装部和公安分局的枪支弹药,用抢劫的武器弹药装备各自武斗力量。

9月5日,中共中央、国务院、中央军委、中央文革小组联合发出《关于不准抢夺人民解放军武器、装备和各种军用物资的命令》,即“九五命令”。省军区、省“支左”委员会召集西安地区两大造反派组织代表会议,达成收缴武器协议。在中央的直接干预下,从1967年冬至1968年春,全省武斗局面趋于缓和。

建立各级革命委员会

“全面夺权”“天下大乱”和武斗、内战的局面,使整个社会陷入一片混乱。毛泽东虽然表示支持“天下大乱”,但对这种严重混乱状况也不能不设法加以约束。当时报刊连续发表社论和文章，反复传达毛泽东关于夺权的指导方针，主要是要“实现无产阶级革命派大联合”，实行革命群众组织负责人、人民解放军当地驻军代表、革命领导组成的“三结合”。1967 年 3 月，《红旗》杂志第 5 期发表社论《论革命的“三结合”》，指出在需要夺权的地方和单位必须实行革命的“三结合”方针，建立一个革命的、有代表性的、有无产阶级权威的临时权力机构，建议这个权力机构的名称叫“革命委员会”（以下简称“革委会”）。1967 年 7 月至 9 月，毛泽东视察华北、中南和华东地区，沿途就“文化大革命”的形势、制止动乱、实现群众组织大联合、解放干部等问题发表重要谈话。10 月中央发出毛泽东谈话记录，这个谈话在肯定“文化大革命”的前提下，针对造反派山头林立、冲突不已的情况，重申要实现“革命的大联合”。

根据毛泽东讲话和有关社论精神，省“支左”委员会积极推动西安地区两派造反派组织实行大联合，加快建立革委会。6 月 1 日，西北工业大学、西北电讯工程学院首先成立“三结合”革委会。到 7 月 1 日，西安冶金建筑学院、西安交通大学、陕西师范大学、西北农学院等 10 多个大专院校相继成立革委会，西安灞桥热电厂也成立了工矿企业系统最早的革委会。随着这些学校和企业革委会的建立，西安地区实行革命大联合的趋势初步显现。但是，要在西安地区真正实行大联合，阻力来自西安市东派、西派两派造反派组织的派性斗争。

省“支左”委员会根据周恩来“西安地区两派就地搞协商会”的指示，从 11 月开始与两大派负责人多次接触和协商。到 12 月 25 日，西安地区工人、农民、大专院校和中等学校以及省、市机关 6 个系统的大联合协商代表会先后成立。26 日，省“支左”委员会召开陕西省第一次协商会议，来自西安地区 31 个造反派组织的 79 名代表参加。会议宣布成立“陕西省革命大联合协商会议”，形成《陕西省革命大联合协商会议的任务与要求》等文件。

1968 年 1 月，省“支左”委员会召集陕西省大联合协商会议第二次会议，指出西安地区基层单位的联合达 53%、重要厂矿企业达 73%、郊区农民达 77%，但也存在一些重大问题，主要是资产阶级派性活动仍在继续，一些帮派组织还在挑起武斗、抢劫枪支弹药，严重影响大联合的发展与巩固。会议要求坚决贯彻执行"九五命令"和"六六通令",制止武斗、收缴武器,协商并筹备召开各系统代表会议。

3月1日至9日,陕西省革命大联合协商会议召开第四次会议,初步商定省、市革委会组建方案。省革委会由149名委员组成,西安市革委会由79名委员组成。会议结束后,参加会议的各系统代表召开基层造反派组织负责人报告会,传达省、市革委会组建方案。3月25日,兰州军区批准陕西省"支左"委员会《关于成立西安市革命委员会的请示报告》。

4月12日,遵照中央指示,陕西省代表团赴京向党中央和毛泽东汇报省、市革委会成立问题并听取指示。29日,省"支左"委员会给中央上报了《关于成立陕西省革命委员会的请示报告》。30日,周恩来与中央其他领导人接见了陕西省赴京代表团全体代表,宣读了中共中央、国务院、中央军委、中央文革《关于成立陕西省革命委员会的批示》。陕西省革命委员会由149名委员组成,常委35名,李瑞山为主任,黄经耀、胡炜、杨焕民、萧纯、张培信、马希圣、单英杰、王凤琴、李世英、孙福林、杨梦云(女)11人为副主任,并另留几名副主任名额,待以后增补。

5月1日,陕西省革命委员会暨西安市革命委员会成立大会在西安市新城广场举行,西安地区30万军民集会庆祝。省革委会成立以后,省委、省人委工作机构被撤销,机关工作人员大部分被遣散或者下放到工厂和农村开始劳动,许多领导干部被隔离审查。省革委会是当时全省最高权力机关,下设办事组、政工组、生产组、政法组,集党、政、财、文大权于一身,内部的"党的核心小组"即为同级党的领导部门,形成了党政合一的领导体制。从省革委会成立的背景和过程来看,它是全面向"党内走资本主义道路的当权派""夺权"的必然结果。

5月3日,《人民日报》《解放军报》发表《延安精神永放光芒》的社论,提出了"延安精神"一词,强调要发扬延安的艰苦奋斗精神,时刻注意克服脱离群众的各种倾向,戒骄戒躁,再接再厉,争取更大光荣,让延安精神代代相传、永放光芒。

省革委会成立后,先后批准成立了铜川市、延安专区、咸阳专区、渭南专区、汉中专区、商洛专区和安康专区革委会。到9月19日,全省8

个专区、3 个市、93 个县全部成立了革委会，这标志着“文化大革命”的“夺权”在陕西全部完成。1969 年 8 月，陕西省革命委员会决定，将专区革命委员会的名称一律改为地区革命委员会。

各级革委会的建立，以全盘否定新中国成立以来国家党政领导体制为前提，是“打倒一切”“全面夺权”的畸形产物①。尽管它被认为是广大群众的“创举”，却不是经过群众代表选举产生。在革委会成立过程中，大批造反派骨干进入各级领导部门。革委会体制上的弊端及成分的严重不纯，成为国家政治生活长期难以安定的重要原因。但就当时的情况而言，革委会的成立毕竟在一定程度上结束了“文化大革命”前期大动乱局面，填补了国家和地方权力的真空半真空状态，承担起组织工农业生产和管理社会生活的责任，使国家各项工作逐步恢复和展开成为可能。

中央解决武斗内乱问题

1968 年 5 月后，省市各级革委会的相继建立，对稳定局势起到一定作用，但由于各地造反派组织的推波助澜，武斗仍有蔓延之势。4 月 4 日至 6 月 5 日，安康地区爆发大规模武斗事件，导致部分人员伤亡。汉中两派造反派组织之间的武斗致使许多建筑和几千间民房被炸毁。6 月 2 日，汉中勉县“联新总部”挑起武装袭击人民解放军的恶性事件。6 月 5 日至 9 月 10 日，榆林佳县爆发长达 98 天的大规模武斗事件，这起大规模武斗事件虽然发生在佳县境内，但却是榆林地区两派造反派组织长期派性斗争的结果。

在陕南、陕北武斗事件接连发生的同时，地处关中的宝鸡、渭南、咸阳、铜川等地也爆发了多起抢劫武器弹药、抢劫银行现金、抢劫国家和商店物资的恶性事件。5 月 25 日至 28 日，泾阳县永乐店“联总”伙同三原、高陵、咸阳、富平等地的造反组织，冲击并占领当地驻军武器库，抢劫大批武器。6 月 8 日，三原县两派造反组织挑起大规模武斗，三原松香

---

① 中共中央党史研究室著:《中国共产党历史》第二卷（1949—1978）下册，中共党史出版社 2011 年版，第 801 页。

储备库被炮弹击中起火，持续燃烧 11 个小时，造成 1000 多万元的损失。全省各地造反组织借助专业武斗队和区域联防体系，把动乱扩散至全省各地。特别是专业武斗队队员肆意妄为，公开拦截车辆，破坏公路交通，抢劫国家物资、仓库、银行，冲击监狱及一些党政军要害部门，任意杀害无辜群众，成为造成社会动乱的重要因素。

针对陕西因武斗引发的全面内乱局势，7 月 24 日中共中央、中央军委、国务院、中央文革小组发布“七二四布告”，要求任何群众组织、团体和个人都必须坚决、彻底、认真执行毛泽东针对广西 7 月 3 日武斗事件亲自批发的“七三布告”①，不得违抗；立即停止武斗，解散一切专业武斗队伍，教育受蒙蔽的人回原单位生产；抢去的现金、物资必须迅速交回；中断的车船、交通、邮电必须立即恢复；抢夺人民解放军的武器装备必须立即交回；对于确有证据杀人放火、抢劫、破坏国家财物，中断交通通讯，私设电台，冲击监狱、劳改农场，私放劳改犯的现行反革命分子以及幕后操纵者，必须坚决实行无产阶级专政，依法惩办。

同日，省革委会召开第二次全体扩大会议，参加会议的包括省革委会全体委员及专、市、县革委会负责人。会议听取了省革委会主任李瑞山《关于坚决贯彻执行“七三”“七二四”布告的报告》，要求把学习、宣传、贯彻两个布告作为当前最大的政治和中心工作来抓。8 月上旬，《陕西日报》连续发表《做执行“七二四”布告的模范》《彻底搞臭武斗》《群众组织要坚决上缴全部武器》等社论，营造了贯彻执行两个布告的强大舆论声势。西安、宝鸡、铜川等地组织了 15 万人的宣传队伍，人民解放军驻陕部队调集了 7000 余人组成 500 多个毛泽东思想宣传队，由领导干部亲自带队深入工厂、农村、学校、机关和街道进行宣传讲解。

通过贯彻执行两个布告，全省制止武斗和收缴武器取得明显效果。各地的武斗工事、据点、关卡陆续被拆除，一些造反派组织的专业武斗队纷纷解体。西安地区的“工联”“西安工总司”“工交捍卫军”“工总革联”和“陕红联”5 个工人造反派组织宣布解散专业武斗组织，并提出

---

① 1968 年五六月间，广西等地发生抢劫援越物资、破坏铁路交通、冲击部队指挥机关、抢夺武器装备甚至杀伤解放军指战员的严重事件。7 月 3 日中共中央、国务院、中央军委、中央文革小组发布制止布告，即“七三布告”。

与专区和县脱钩。9月11日,西安市革委会、中国人民解放军西安警备区对逗留在西安地区的外地、外单位人员进行彻底清理和整顿,要求有关单位要一个不留的、迅速将自己单位的人员动员回去“抓革命、促生产”,把贯彻执行“七三布告”“七二四布告”落到实处。总的来看,由于布告本身的一些缺陷以及个别地方在具体执行中的偏差,造成了一些反复,但就全省来看,形势开始趋于稳定,社会秩序和生产秩序开始逐渐恢复。

从1967年上海“一月夺权”到1968年下半年,全省大批领导干部或被解除职务,或被下放管制,或被关进监狱。1967年3月在西安市建国路73号院设立的“监护管理所”,存在了8年时间,先后监管了西北局、陕西省、西安市领导干部55名,其中副省级以上干部28人、副厅级以上干部24人。

遍及全省的“全面内战”使陕西社会主义事业和人民群众的生命财产遭受巨大损失。由于大专院校学生和红卫兵纷纷拥向厂矿企业进行串连,严重影响了这些单位的生产和科研秩序。加之,一些厂矿企业、基本建设单位、科研、设计及服务行业的部分职工脱离生产岗位外出串连,参加“大鸣、大放、大字报、大辩论”,致使部分企业无法完成生产任务。在铁路运输行业,西安铁路局出现货源没有充分落实、运输秩序比较混乱、正点率低下等情况。安康、汉中由于公路运输紧张,油料运不上去的情况一直没有缓解。在煤炭行业,渭北煤炭公司1966年8月至12月生产量持续下降。在金融行业,全省城镇居民的储蓄存款出现剧烈下降,从1966年8月20日至9月20日共下降153万元,其中西安市下降了130万元。在商业行业,一些特殊工业产品数量的超常需求,引发市场供求关系失衡。红卫兵运动在全国范围内兴起后,生活物资的市场供求更是紧张。在“一月夺权”风暴后,许多工矿企业开始大面积停工停产。1967年1月4日,西安市东郊大型纺织企业西北国棉四厂在少数人操纵下停工停产,并蔓延至纺织城的其他企业以及咸阳地区一些纺织企业。1968年5月26日至28日,由于武斗引发西安地区铁路全线停车38小时零10分的重大事件,给陕西铁路运输造成重大损失,也严重影响了全国铁路正常运行。一些企业和生产单位的机器设备、生产图纸和资料在打砸抢和武斗中被损毁,企业生产和发展严重受挫。1966 年全省社会生产总产值为 76.17 亿元,人均国民收入为 163 元;1967 年社会生产总产值为 66.5 亿元,人均国民收入为 144 元;1968 年社会生产总产值为 49.1 亿元,人均国民收入为 108 元。事实证明,“天下大乱”并没有“乱了敌人”,而是乱了人们的思想,乱了党和国家发展的稳定环境,乱了政治经济秩序,乱了人民群众正常的生产生活秩序。

二、开展“斗、批、改”运动

大批判和“清理阶级队伍”

全国各省(市、自治区)革委会相继成立后,毛泽东决定召开党的第九次全国代表大会。1968 年 10 月 13 日至 31 日召开的党的八届扩大的十二中全会,主要任务就是为党的九大进行准备。这次中央全会在党内生活极不正常的状况之下、没有经过核实和认真讨论、错误批准了《关于叛徒、内奸、工贼刘少奇罪行的审查报告》,并通过决议宣布“把刘少奇永远开除出党,撤销其党内外的一切职务”。党的八届扩大的十二中全会对刘少奇所作的政治结论和组织处理是完全错误的,是党和人民共和国历史上最大的冤案。

1969 年 4 月 1 日,党的第九次全国代表大会在北京召开。当时各省、市、自治区和中央各部委党委以至基层党组织都没有恢复或建立,绝大多数党员还没有恢复组织生活。党的九大代表不可能选举产生,代表或由革委会与各造反派组织协商决定,或直接由上级部门指定。这便于林彪、江青等人把他们帮派体系的许多人安插进代表行列,造成了党的九大在组织上的严重不纯。

林彪代表党中央在这次大会上作政治报告。这篇由张春桥、姚文元主持起草的报告,鼓吹所谓“无产阶级专政下继续革命的理论”是毛泽东思想的最新发展。“无产阶级专政下继续革命的理论”有特定历史背景下的特定含义,是毛泽东关于社会主义阶段阶级斗争的“左”倾错误观点发展到“文化大革命”时期的总概括,也是“文化大革命”的指导思想。这个理论认为,在整个社会主义历史阶段始终存在着阶级、阶级斗争,在任何情况下都要以阶级斗争为中心,这是“我党在整个社会主义历史阶段的基本路线”;社会上两个阶级、两条道路的斗争必然会反映到党内,党内走资本主义道路的当权派是资产阶级在党内的代表人物;无产阶级专政下继续革命最重要的内容是开展“文化大革命”,核心是在无产阶级夺取政权后还要进行一个阶级推翻另一个阶级的“大革命”。这个理论严重违背了马列主义、毛泽东思想的基本原理,严重脱离甚至歪曲了社会主义改造完成后中国的实际,在理论上和实践上都是错误的。

党的九大以后,按照毛泽东的部署,“斗、批、改”运动在全国全面展开。“斗、批、改”的任务最先是1966年8月党的八届十一中全会通过的“十六条”中提出的。党的九大之前,《红旗》杂志1968年第2期刊登姚文元的文章《工人阶级必须领导一切》,公布了毛泽东的一段最新指示,即“建立三结合的革命委员会,大批判,清理阶级队伍,整党,精简机构,改革不合理的规章制度、下放科室人员,工厂里的斗、批、改,大体经历这么几个阶段”。1968年9月7日,《人民日报》《解放军报》发表题为《无产阶级文化大革命的全面胜利万岁》的社论,明确提出“文化大革命”运动进入“斗、批、改”阶段。尽管毛泽东的本意是通过“斗、批、改”结束“文化大革命”,但结果却伤害了包括知识分子在内的大批干部群众,使党内矛盾和社会矛盾继续紧张,社会秩序和国家工作没有大的好转。“斗、批、改”运动使“文化大革命”的内在矛盾更深刻地暴露出来。

开展大批判是“斗、批、改”的一项内容。1968年5月6日至9日,省革委会召开第一次全体会议,形成《会议纪要》并决定在全省展开大批判运动,矛头主要指向一大批革命老干部。18日和23日《陕西日报》分别发表社论,再次公开点名批判省委第二书记赵守一和省委书记处书记、省长李启明。由于赵守一和李启明分别分管政法和文教工作,省公检法系统和文教部门也再次被推到大批判的风口。彻底砸烂和改造公检法,大揪公检法和文化部门的“走资派”,大挖赵守一和李启明在各地区各单位代理人的运动席卷全省,许多无辜干部和群众受到牵连。9月

18 日至 24 日，省革委会举行第三次全体会议，要求搞好本单位本部门的“斗、批、改”。

“清理阶级队伍”是“斗、批、改”运动的主要工作。在省革委会成立前，西安、宝鸡、咸阳等地的工厂、农村、机关、学校已经陆续开展“清理阶级队伍”工作。1968 年 6 月 20 日，省革委会在西安市人民体育场召开学习、贯彻毛主席最新指示，主动向阶级敌人发动猛烈进攻誓师大会。宝鸡秦川机床厂和西安音乐学院革委会的代表向大会介绍他们发动群众开展“清理阶级队伍”的经验。在会后两个月的时间内，先后有 20 多个县、市约 30 万群众到西安音乐学院参观学习。8 月 8 日，省革委会总结西安音乐学院经验并上报中央，认为他们的经验不仅适用于学校，同样适用工厂、机关、商店和其他单位。9 月中下旬，省革委会召开第三次全体扩大会议，部署全省“清理阶级队伍”工作，提出“清查和深挖工作必须以阶级斗争为纲”，重点是清查敌伪党、政、军、警、特、宪、法院、监狱的政治档案，挖出阶级敌人，“清理阶级队伍”。

同时，省革委会组织“清理阶级队伍”情况调查组，对那些被认为阶级斗争情况比较复杂的地区和单位进行调查。11 月，调查组调查了潼关县“清理阶级队伍”工作，总结其在农村全面彻底进行政治大扫除的经验，并在潼关县召开各专（市）、县和部分公社代表近千人参加的掀起农村“斗、批、改”新高潮的现场会议。12 月 17 日，《陕西日报》头版报道会议情况，为农村“清理阶级队伍”树立典型。在所谓“先进经验”的引导下，宝鸡市大小 300 多个单位都开展了“清理阶级队伍”工作。

到 1968 年 10 月，省级机关“斗、批、改”领导小组所属的 72 个单位 5363 名干部中，218 名厅局级干部被打倒的有 119 人，575 名处级干部被打倒的有 172 人，4570 名一般干部被揪出的有 645 人[①]，省级机关清理出的所谓“叛徒”“特务”“顽固不化的走资派”有 177 人，但这些绝大多数是冤假错案。同时，工矿企业和大专院校也全面开展“清理阶级队伍”工作，到 1968 年 12 月，省属 242 个生产单位共清理出各类所谓

① 省革委会“清理阶级队伍”情况调查组:《开展革命大批判、清理阶级队伍情况反映》（二），1968 年 10 月 21 日。

“阶级敌人”11270 人。

1970 年 1 月和 2 月，中央提出开展以打击反革命破坏活动、反对贪污盗窃、反对投机倒把、反对铺张浪费为内容的“一打三反”运动。2 月 14 日，省革委会召开“放手发动群众，坚决打击反革命破坏活动，反对贪污盗窃、反对投机倒把、反对铺张浪费，为巩固无产阶级专政而奋斗”的动员大会。大会认为，当前国内政治领域、思想领域、经济领域出现的阶级斗争新动向，陕西省不仅存在，而且有的还很严重。西安和陕南地区连续发现和破获的“中国决死救国党”“中国国民党中央委员会大陆执行委员会”等现行反革命集团，人数虽然不多但危害极大。一些暗藏在国家财政部门的坏人内外勾结，利用职务之便贪污盗窃、投机倒把、牟取暴利破坏社会主义经济基础。一些部门和单位大兴土木，讲排场摆阔气，请客送礼挥霍浪费国家资源。

2 月 28 日，省革委会部署“一打三反”运动，要求采取宣传教育和发动群众开展“四大”“三批”[①] 活动，以达到落实和定案目的。根据省革委会部署，各地区各单位采取抓点带面的做法，领导干部带队深入基层、总结经验，用典型指导运动，一些地区和单位重点发动群众进行大检举和大揭发。根据全省各地落实和定案情况统计，到 1970 年 10 月 31 日，全省落实反革命分子 63218 人、定案 8708 人，落实贪污盗窃分子 64923 人、定案 936 人，其中贪污盗窃万元以上 40 人，落实投机倒把分子 26934 人、定案 894 人，其中万元以上 111 人[②]。

在“以阶级斗争为纲”和“无产阶级专政下继续革命”的错误思想指导下，“一打三反”运动混淆了两类不同性质的矛盾，人为地扩大了斗争打击面，造成了许多冤假错案。连续的“批判”“清理”“打击”运动，进一步发展了“文化大革命”的“左”倾错误。

---

① “四大”，即大检举、大揭发、大清查、大批判；“三批”，即批判阶级敌人的破坏活动、批判资本主义倾向、批判资产阶级的思想作风。

② 《全省各地落实定案反革命分子统计表》《全省落实贪污盗窃情况统计表》《全省落实投机倒把情况统计表》。

干部下放劳动和知识青年上山下乡

1968年10月5日,《人民日报》发表《柳河"五·七"干校[①]为机关革命化提供了新的经验》一文,在编者按中传达了毛泽东的指示,"广大干部下放劳动,这对干部是一种重新学习的极好机会,除老弱病残者外都应这样做。在职干部也应分批下放劳动"。

10月16日,省革委会成立精兵简政、干部下放劳动领导小组,下设办公室,并派出3个小组分赴南泥湾、周至、眉县、淳化等地选址勘察,对省上原有的21个农、牧、林场进行排队,计划统一管理,为全省大规模干部下放劳动进行准备。24日,省革委会召开省革委会、原省级机关2000多名干部、家属参加的干部下放劳动动员大会,动员干部走柳河"五七"干校道路。30日,原省级机关1600多名干部被下放到南泥湾和杨梧"五七"干校,以及延安、扶风、眉县、周至等县的农场和生产队参加劳动,接受贫下中农再教育。

1969年1月20日,省革委会印发《关于转发干部下放劳动办公室关于干部下放劳动的规划的通知》和《陕西省革命委员会下放分配小组关于原省、市和西北局机关干部下放劳动的实施方案(试行稿)》,全面安排全省干部下放劳动工作并制订实施方案。《关于干部下放劳动的规划的通知》指出,全省县以上原党政机关、企事业单位的干部、医务人员、文艺工作者、大中学校教师共18.2万多人,初步计划精简下放8.6万多人,其中省级和西安市精减下放3.4万人,县级精减下放5.2万多人。原党政机关干部除老弱病残者外全部下放农村参加劳动,在职干部分批下放农村插队或去"五七"干校参加劳动,教师、医务人员到农村插队落户。根据上述原则,省级和西安市下放劳动的干部分配在延安、榆林、凤翔、蒲城、安康等60个县,专区和县干部的下放劳动由地县

---

① 1966年5月7日,毛泽东审阅解放军总后勤部《关于进一步搞好部队农副业生产的报告》后给林彪写信。在这封后来被称为"五七指示"的信中,毛泽东要求全国各行业都要办成"一个大学校"。1968年4月黑龙江省革命委员会创办柳河"五七"干校,作为没有结合到革委会的部分干部下放劳动的场所。10月《人民日报》报道后,全国各地党政机关纷纷在农村办起"五七"干校。党政机关、高等院校、文教科技战线大批干部、教师、专家等知识分子被下放到农村参加体力劳动,接受贫下中农再教育。

自行安排。

根据下放实施方案提出的以农村为主、少数去工厂原则，70%左右的人去农村插队劳动，20%左右的人去干校劳动，少数下放工厂当工人。除省、市厅局以上干部分别由省、市革委会管理外，其他一律交由专区和县管理。干部下放首先解决原省、市、西北局机关和事业单位的干部问题，然后解决各级革委会被精减人员的去向问题。据不完全统计，截至1970年1月，全省下放干部12304名，其中原省级机关干部3608名、原西安市机关干部2614名、原西北局机关干部516名。

干部下放的目的是安置“文化大革命”初期受到冲击而停止工作的机关事业单位干部、知识分子和当时革委会精简机构后的大批编余干部，也是安置“清理阶级队伍”等运动中被认为“有问题”的干部，他们虽然经受了锻炼，增加了对农村的了解，但是长时期被排除在各项业务工作和科研工作之外，耽误了利用所学专业为社会主义建设贡献力量并继续深造的宝贵时光，给国家现代化建设造成很大的损失①。

知识青年上山下乡到农村参加农业生产劳动，是20世纪五六十年代作为缓解城镇就业压力、改变农业生产落后状况而采取的一项措施。“文化大革命”爆发后，各类学校的教学活动被迫中断，招生招工全面停止，城市初、高毕业生安置成为一个严重的社会问题。1968年5月2日，中央安置城市下乡知识青年领导小组办公室向国务院呈报《关于1968年城市知识青年上山下乡的请示报告》，提出以上山下乡为主安置城镇知识青年的意见。7月31日，省革委会成立毕业生工作领导小组，下设办公室专门负责知识青年上山下乡工作。

1968年12月22日，《人民日报》刊发毛泽东“知识青年到农村去，接受贫下中农的再教育，很有必要”的号召，全国随即开展了知识青年上山下乡运动。到1978年，全国有近2000万知青上山下乡，接受“贫下中农的再教育”。在《人民日报》刊发毛泽东号召当天，省革委会发出通知，要求城市干部、职工、居民把自己在初中、高中上学的子女全部

---

① 中共中央党史研究室著:《中国共产党历史》第二卷(1949—1978)下册，中共党史出版社2011年版，第819—820页。

送到乡下去，各地农村要欢迎知识青年并做好安置工作。从1968年到1969年底，全省14万多名城镇知识青年下乡插队。西安市知识青年主要安置在渭南、咸阳、宝鸡、汉中、商洛等5个地（市）的41个县，其余地市的各县自行安排本县知识青年。到1973年，上山下乡一直是安置初、高中毕业生的重要形式。为了做好知识青年上山下乡，省委多次批转省革委会下放办公室有关文件，要求各级党组织、革委会加强领导，落实党的政策，加强上山下乡知识青年的管理教育，引导他们树立扎根农村干革命的思想，并对上山下乡工作中存在的问题制定了相应政策。

1973年4月25日，毛泽东看了福建一名小学教员李庆霖反映知识青年在生产生活中遇到困难的来信后回信，“寄上300元，聊补无米之炊。全国此类事甚多，容当统筹解决”。随后，国家计委派出13个工作组到各省调查知识青年上山下乡工作。根据各地调查反馈意见，中央和国务院6月22日至8月8日在北京召开全国知识青年上山下乡工作会议，并下发《关于全国知识青年上山下乡工作会议的报告》。8月22日至9月5日，陕西省召开知识青年上山下乡工作会议，传达全国会议精神，研究解决存在问题，讨论通过了《关于知识青年上山下乡若干问题的规定草案》和《关于1973年到1980年知识青年上山下乡规划草案》。会后，省委将中央《关于全国知识青年上山下乡工作会议的报告》和《关于知识青年上山下乡若干问题的规定草案》下发公社、街道办以上的党组织和城乡群众及知识青年。12月11日，省委成立知识青年上山下乡领导小组，并下设办公室。

1974年后，陕西学习湖南株洲市“厂社挂钩、按系统动员、集体安置知青”的经验，将应届毕业的中学生按其父母所在工作单位组织上山下乡，实行厂社挂钩，采取“四对口”，即知识青年对口下、带队干部对口派、管理教育对口抓、支援农业对口帮。西安市委先后从机关和工交、财贸、文教等系统选派500多名在职干部到农村管理上山下乡知青，受到城乡各方面欢迎，《人民日报》12月22日对此作了专题报道。此后，全省各地又陆续开办以安置知青为主要目的的社队企业知青场、队781个，先后安置知青2万多人。

接收和管理北京到延安插队的知识青年，是陕西在知识青年上山下乡中承担的一项重要工作。为了组织安排好来延安插队的北京知青，延安地、县两级成立下乡安置办公室，抽调100余名干部负责指导北京知青的政治、生产和生活。从1969年1月9日到2月10日，2.6万多名北京知青分24批到达延安，分别安排在延安地区12个县的124个公社、1602个大队、3454个生产队。在老区人民的关心帮助和言传身教下，绝大部分北京知青和当地群众打成一片，逐渐变成“延安人”。

为了加强插队知识青年的工作，改变延安地区贫困落后面貌，遵照周恩来的指示，1970年3月10日，国务院在北京召开延安地区插队青年工作座谈会，陕西省革委会、延安地区和12个县的革委会负责人、北京市革委会和7个有关区的负责人出席会议，周恩来接见到会代表并讲话。会议强调要加强延安插队北京知青的领导，有关地县要有专人抓，社、队要有专人管；要做好扎实细致的政治思想工作，解决好知青生活、学习和劳动中的实际困难。北京市革委会根据中央领导的要求抽调一批干部到延安，一面插队劳动锻炼，一面协助延安做好北京知青的插队工作。3月26日，周恩来、李先念、余秋里等中央领导在中南海接见了在延安插队的北京知青代表，勉励他们发扬延安革命传统，热爱延安，建设好延安。北京知青除努力参加农业生产外，有的担任宣传组长，有的担任“赤脚医生”，有的担任小学教师，为延安的建设奉献青春才华，涌现出大批积极分子。1969年冬，在黄龙县五角树大队插队的14名北京知青，在冰冻的乱石荒滩开出大队第一块水田、修成200多米长的水渠，1970年又和当地农民一道建成一座小型水力发电站。

作为数万名来陕西的北京知识青年中的一员，1969年1月，不满16岁的习近平到延川县文安驿公社梁家河大队插队。在七年的知青岁月里，他与大家一起下地劳动，犁地、挑粪、拉煤、打坝、修路等，和乡亲们打成一片，在经历了跳蚤关、饮食关、生活关、劳动关和思想关的磨炼后，光荣地加入了中国共产党，后来被群众推选为大队党支部书记。在艰苦劳动之余，习近平认真阅读马克思主义经典著作、毛泽东著作、历史著作和文学作品等，想方设法改进村里落后的生产和生活方式，带领群众办起了铁匠铺、代销店、缝纫社、磨坊，新挖了水井，解决了群众生活中许多实际困难。1974年1月，《人民日报》刊登了一篇介绍四川推广利用沼气的消息，习近平立刻想到要将沼气引入交通不便、缺煤缺柴的黄土高原。与同伴从四川“取经”回来后，他带领群众挖沙子、背水泥、烧石灰、备材料，在梁家河建成陕西省第一座沼气池，梁家河也因此成为全省能自行解决社员做饭供热、照明问题的第一个生产队。1975 年 9 月 20 日《延安通讯》刊发题为《取火记》的长篇通讯，详细报道了习近平带领群众引进沼气的全过程。

在延川县关家庄大队插队的北京知青孙立哲担任“赤脚医生”① 三年，以窑洞作手术室、木板作手术台，用几件简易的手术工具为群众做大小手术千余次，在极端艰苦的条件下为当地许多患病群众解除了病痛。北京知青热爱延安、建设延安的精神受到陕西和延安干部群众的赞扬，到 1971 年 12 月，有 270 多人加入了中国共产党，2900 多人加入共青团。经过艰苦磨炼，在他们当中涌现出一大批人才，不少人在各级领导岗位担任重要职务，许多人在经济、科技、教育、文化、艺术等方面发挥了重要作用。

知识青年上山下乡到农村和农场接触了生产实践，锻炼了自身，为发展陕西经济、改变农村贫穷落后面貌作出了重要贡献，许多人成长为优秀的建设人才和领导骨干。但是，大量知青上山下乡给其家庭和部分安置的农民家庭增加了负担，知青们正值青春年华却失去了接受学校教育的机会，造成了国家人才梯队的断层，给国家的现代化建设带来了巨大困难。

以“五十字纲领”为中心的“整党建党”

“整党建党”是“斗、批、改”运动的一项重要任务。如何在执政条件下加强党的自身建设，防止官僚主义和腐败作风侵蚀，使党永远代表人民的利益，是新中国成立后毛泽东高度关注的一个重大问题。“文化大革命”开始后，整顿党的思想和组织成为各类运动的一项重要内容。1967 年 10 月以后，毛泽东提出整党任务，明确提出“党组织应是无产阶级先进分子所组成，应能领导无产阶级和革命群众对于阶级敌人进行战

① “赤脚医生”，指农村不脱产的、“半农半医”的初级卫生人员。

斗的朝气蓬勃的先锋队组织”[1]，被称为整党建党的“五十字纲领”。在剥削阶级作为阶级已经被消灭，阶级斗争只在一定范围存在的社会主义条件下，把“对于阶级敌人进行战斗”作为建党的唯一宗旨，不提领导国家的经济、政治和文化建设，而当时所说的“阶级敌人”，主要是指以刘少奇为代表的“资产阶级司令部”及其在各地的“代理人”，这种建党方针显然是错误的。

陕西从 1968 年 10 月开始“整党建党”工作，经历了试点、整顿基层支部、建立各级党委、整顿后进支部等四个阶段。到 1969 年 1 月，省革委会结合试点工作召开了两次整党建党工作座谈会，强调“整党建党”工作必须在“清理阶级队伍”的基础上进行。第二次座谈会后，全省大多数地区和县开始试点，全省试点单位由开始的几十个增加到几百个。为了进一步推动试点工作，省革委会 2 月 26 日至 27 日在灞桥热电厂召开整党建党现场交流会，推广宝鸡县红旗大队、长安县友联大队、灞桥热电厂等试点单位经验。会后，各单位依据“五十字纲领”实行开门整党建党。6 月，全省 6000 多个单位开始整党。8 月中旬，全省整党建党由试点阶段转入分期分批整顿基层支部阶段。

这次整党的一个主要内容是“吐故纳新”。1967 年 11 月，毛泽东在一次谈话中说：“一个无产阶级的党也要吐故纳新，才能朝气蓬勃。不清除废料，不吸收新鲜血液，党就没有朝气。”党要不断地“吐故纳新”没有错，但强调“吸收那些朝气蓬勃，富有无产阶级革命造反精神，勇于在阶级斗争中冲锋陷阵的无产阶级先进分子入党”[2]，则影响了党应有的纯洁性和先进性。在这样的指导思想下，一些派性严重的单位出现了“大吐大纳”“造反入党”“吐疏纳亲”等现象，结果是一部分符合条件的党员不能恢复组织生活或被错误地开除党籍，接纳的新党员则有一部分不符合党员条件。11 月 18 日至 25 日，省革委会在宝鸡县召开第三次整党建党座谈会，指出目前全省已有 80% 以上的基层单位开展整党建党工作，但存在不少问题。比如，有些单位出现“急于开展整党、急于恢复组

① 《迎接无产阶级文化大革命的全面胜利》,《人民日报》、《红旗》杂志、《解放军报》1968 年元旦社论。

② 《中共中央、中央文革小组关于整顿、恢复、重建党的组织的意见和问题》, 1967 年 12 月 2 日。

织生活、急于成立党委、急于结束整党”的现象,有的单位思想整顿不突出。会议要求突出抓好思想上的整顿和建设,“吐故纳新”要认真落实党的政策,对犯错误的党员要本着“思想批判从严、组织处理从宽”的原则,发展新党员要加强政治审查,成熟一个发展一个,不要把坚持资产阶级派性的人发展进来,要警惕敌对分子和投机分子混入党内。

随着整党建党工作的开展,各级革委会的领导已经不适应工作要求。一些地区和单位的革委会成员不是共产党员,却在领导或负责整党工作,这种现象既不符合党的组织原则,也严重影响工作开展。1970 年 3 月 28 日,经中央批准,由 8 人组成中国共产党陕西省革命委员会核心小组,组长李瑞山,副组长胡炜、黄经耀。核心小组实际上起了省级党的领导机构作用。此后,全省整党建党工作由省革委会党的核心小组领导开展。

4 月,中央在北京召开全国整党建党工作座谈会,把毛泽东亲自指导形成的“六厂二校”整党建党经验作为全国开展整党建党工作的典型①。根据座谈会精神,省革委会党的核心小组 5 月 20 日至 6 月 16 日召开全省第四次整党建党工作座谈会,李瑞山主持会议并作总结讲话。会议着重讨论了党的领导、开门整党、思想整顿、吐故纳新、建立领导班子等问题,提出要学习借鉴“六厂二校”经验,认真落实新党章的各项规定,整顿好各级党组织。从 6 月下旬开始,各地由主要领导负责,普遍召开党的核心小组扩大会、整党建党工作座谈会,举办党员骨干学习班,传达省整党建党工作座谈会精神,开展整党建党工作。据统计,自 1968 年 10 月到 1970 年 5 月,全省开展整党建党的基层单位占 92.1%,建立支部的基层单位占 68.9%,建立基层党委的占 13.3%,建立县委的有 1 个。“纳新”党员 19000 多名,“吐故”党员 2489 名。

由于“五十字纲领”的错误,以此为指导方针的整党建党问题很多。“文化大革命”中发展起来的个人崇拜、无政府主义、破坏党的组织纪

① “六厂二校”,指的是北京针织总厂、北京新华印刷厂、北京北郊木材厂、北京化工三厂、北京二七机车车辆工厂、北京南口机车车辆机械厂以及北京大学、清华大学。毛泽东派中央警卫部队 8341 部队进驻这些工厂和学校。进驻北京大学、清华大学的还有首都一些工厂的工人,与前者共同组成工人解放军毛泽东思想宣传队。他们与这些厂校的革命委员会一起开展“斗、批、改”工作。

律、争权夺利、大闹派性等恶劣思想和不良作风，没有得到根本解决。但是，这次整党建党重新建立了各级党组织，恢复了大多数党员的组织生活，一定程度上遏制了“造反派”势力、稳定了社会局势、推进了工农业生产。

“教育革命”和文艺卫生革命

“教育革命”是“斗、批、改”的另一项重要内容，主要是改革各级学校教学体制、教学内容和教学方法。毛泽东认为“教育革命”首先“必须有工人阶级领导，必须有工人群众参加。在农村，则由工人阶级最可靠的同盟者——贫下中农管理学校”。据此，在各类城镇学校中，普遍实行工人宣传队或解放军宣传队、革命师生和革命干部三结合的领导体制，以工宣队或军宣队负责人为核心建立各级党组织；农村中、小学则建立贫下中农管理委员会（组）。这类措施从体制上否定了校长、教师在学校教学中的主导作用。

1968 年 8 月 28 日，省革委会派出由解放军和万名工人组成的第一批毛泽东思想宣传队进驻西安地区十多所大专院校，实现工人阶级对教育革命和一切工作的领导。截至 11 月，省、市革命委员会、省“支左”委员会和工人毛泽东思想指挥部先后派出 4000 多人的宣传队，全面进驻西安市中、小学校和中等专业技术学校，开始“教育革命”试点。

“文化大革命”开始后，全国高等学校停止招生，大学“停课闹革命”长达四年时间。1968 年 7 月 21 日，毛泽东在《人民日报》关于《从上海机床厂看培养工程技术人员的道路》的调查报告编者按中加了一段话：“大学还是要办的，我这里主要说的是理工科大学还要办，但学制要缩短，教育要革命，要无产阶级政治挂帅，走上海机床厂从工人中培养技术人员的道路。要从有实践经验的工人农民中间选拔学生，到学校学几年以后，又回到生产实践中去。”这就是“七二一指示”。次日，《人民日报》发表这篇调查报告和编者按语，说这个调查报告“提出了学校教育革命的方向”。

1969 年 8 月底，省革委会召开高等院校教育革命座谈会，全省 19 所院校的工宣队和革委会负责人参加。会议决定在西北农学院招生试点的基础上，在西安交通大学、西北工业大学再各搞一个试点，每个试点人数不超过 60 人。会后，陕西高校招生试点工作启动。9 月，经省革委会政工组批准，西安交通大学和西北工业大学分别筹备符合各自办学特点的实验班，以“改革旧的教育制度、改革旧的教学方针和方法”为指导思想，从工人、农民中选荐学生，从有丰富实践经验的工人、工程技术人员中选聘兼职教员。西安交通大学开办了学制两年的“七二一”电机实验班，西北工业大学开办了学制一年半的“教育革命实验班”。

1970 年 6 月，中央决定在部分高校进行恢复招生试点，采取“群众推荐、领导批准和学校复审相结合的办法”，学制缩短为二至三年，学生称为工农兵学员，其任务是“上大学、管大学，用毛泽东思想改造大学”。在全省各高等院校相继试点后，1972 年 5 月，西北工业大学、西安交通大学、西北农学院、西北大学等 15 所高校陆续开学，共有 7700 名工农兵学员入校学习。12 月，省教育局召开高等院校教育革命座谈会，要求开门办学，实行教学、生产、科研三结合的新体制，从根本上改变“三脱离”① 的旧教育制度；在教材和教学方法上，要坚持无产阶级政治挂帅，处理好政治与业务、理论和实践的关系等。这种“教育革命”违背教育规律，带来了不少恶果，比如，学校课程设置、教育内容和教学方法均以阶级斗争为主线，教师被置于受改造的地位，正常的师生关系被打乱，教材内容凌乱，学员入学文化程度低，等等。同时应看到，在当时极为困难的条件下，大多数教师恪尽职守，不少工农兵学员经过刻苦努力取得一定的学习成绩，在后来的各项建设事业中发挥了重要作用。但总的来说，这种“教育革命”贻误了青少年的健康成长，影响了教育事业发展。

文艺、卫生革命也是“斗、批、改”的一项内容。文艺革命是在“文化大革命”初期批判“资产阶级文艺黑线”基础上开展的。1966 年 2 月，林彪、江青提出“文艺黑线专政论”，否定了新中国成立 17 年以来文艺工作所取得的成就。陕西一大批文艺界的领导干部和文艺工作者被打倒或被批判斗争，一些历史题材的剧作被认为是歌颂帝王将相才子佳人的封建糟粕，一些革命题材的作品受到所谓“走资本主义道路当权

① “三脱离”，即脱离无产阶级政治，脱离工人、贫下中农，脱离生产劳动。

派”的牵连被罗织各种罪名，被视为反党、反社会主义、反毛泽东思想的“大毒草”遭到封杀，唱语录歌、跳忠字舞等成为当时文艺活动的主流。

1970年5月，《人民日报》发表题为《做好普及革命样板戏的工作》的短评，样板戏随即在全国普及。全省特别是西安的许多工厂、农村、部队、学校很快形成学习、排演革命样板戏的热潮。为了普及革命样板戏，8月西安市革委会举行工农兵普及革命样板戏演唱会，58个单位、700多人参加，演员绝大多数来自工农业生产一线，演出剧目有革命现代京剧《智取威虎山》《红灯记》《沙家浜》以及革命现代舞剧《红色娘子军》等。1974年，文艺革命进入学习和移植演出样板戏阶段。5月22日至31日，省革委会文化局和西安市革委会文化局联合举办“西安地区学习、移植革命样板戏汇演”活动，省直机关和西安市8个文艺单位学习演出革命现代舞剧《红色娘子军》《白毛女》、革命现代京剧《龙江颂》《杜鹃山》，移植演出革命现代秦腔剧《红灯记》《平原作战》《杜鹃山》、革命现代碗碗腔《红色娘子军》等。

医疗卫生革命主要是“在农村建立合作医疗制度”，解决农民看不起病、吃不起药的问题。1965年6月26日，毛泽东针对农村医疗卫生长期落后的状况，要求“把医疗卫生工作的重点放到农村去”，为广大农民服务，即“六二六指示”。1968年底，毛泽东对湖北省长阳县乐园人民公社举办农村合作医疗的经验大加赞赏，称“合作医疗好”。在贯彻毛泽东指示时，各地将推行合作医疗制度纳入“斗、批、改”的内容。

陕西从1969年开始在农村建立合作医疗制度。在推行农村合作医疗制度之前，全省农村有近200个公社无专业医疗机构，仅有597个生产大队有卫生室，且长期缺医少药。因此，推广农村合作医疗制度在当时很有必要。

组织城市医务人员上山下乡开展巡回医疗，是医疗卫生革命和完善农村合作医疗制度的一项内容。陕西承担医疗巡回任务的医务人员一部分是作为干部下放劳动到农村插队落户的医生，一部分是县以上各级医疗卫生单位、工矿企业的医疗卫生机构、驻陕部队卫生部门派出的医务人员。陕西省人民医院、西安市红十字会医院联合组织的巡回医疗队由医院领导带队，不少科室主任和主治医师参加。医疗队与当地卫生部门一起制定工作规划，帮助当地训练“赤脚医生”和基层专业卫生人员，受到群众热烈欢迎。

相对于城市，农村经济发展落后，预防是从根本上解决农民群众看不起病的重要措施。在总结建立农村合作医疗制度经验时，宝鸡县东风公社、安康县临河公社、旬阳县等地提出：有病治病是“消极防御”，无病防病才是“积极进攻”。建立合作医疗制度后，各级卫生部门积极向群众宣传预防疾病的知识，发动群众清理污水沟，消灭“四害”孳生地，管理好饮水井，及时控制了各种传染病的发生和发展，降低了发病率，也减轻了群众负担。为了深入普及预防为主的观念，1969 年 8 月 12 日，省革委会、西安市革委会召开深入开展夏秋季爱国卫生运动动员大会，要求广大军民坚决响应“动员起来、讲究卫生，减少疾病，提高健康水平”的号召，迅速开展以除“四害”为中心的爱国卫生运动，彻底改变全省农村卫生面貌。

农村合作医疗制度的推行，实现了全省医疗卫生事业的可喜变化。到 1975 年底，全省 86.4% 的生产队实行了农村合作医疗，形成了由县医院、公社卫生院、生产大队合作医疗站三级医疗卫生服务网。7.6 万多名“赤脚医生”和 2500 多名城市医务人员加入农村三级医疗卫生服务网队伍，成为全省卫生革命的主力军。在广大医务人员和常年战斗在农村的“赤脚医生”共同努力下，全省广大农村缺医少药的面貌发生较大改观，农民的健康水平得到明显提高。

召开中共陕西省第五次代表大会

1970 年 10 月 28 日，中央下发《中共中央关于召开地方各级党代表大会的通知》，要求各地按照新党章的规定及时召开地方各级党的代表大会，建立各级党委。陕西省革委会党的核心小组加快整顿和建立各级党委，并开始筹备中国共产党陕西省第五次代表大会。

中央文件下发时，全省整顿和建立各级党委的工作已初见成效，新开展整党的单位和已经完成整党的单位累计达到 95%，建立支部的单位达到 72.5%，建立基层党委的达到 25.9%，建立县委的有宝鸡、武功、临潼、商县、眉县、南郑 6 个县，正在酝酿建立县委的有吴旗、镇安、周至 3

个县。到1970年底,全省建立县委43个、占总数40.3%,建立公社党委1178个、占总数45.1%,建立企业党委60个(其中县团级以上58个)、占总数10%,建立事业党委8个(其中县团级以上7个)、占总数6.2%。同时,“纳新”党员24803名,“吐故”党员3571名,暂挂(即未登记)党员26854名[①]。这表明,整党建党工作取得进展,召开省第五次党代会的条件趋于成熟。9月,省革委会党的核心小组印发《关于中共陕西省第五次代表大会代表产生办法的通知》,要求出席省第五次党代会的代表由民主协商和选举产生。具体步骤是:各地(市)党的核心小组采取领导和群众相结合的方法,召集有关方面负责同志反复协商酝酿后提出方案,广泛征求党外群众意见(农村在公社范围、城市在代表所在单位),在此基础上召开200名左右党员代表参加的协商会,协商选举产生省党代会代表。11月,省革委会政工组制定关于召开中国共产党陕西省第五次代表大会的宣传提纲,认为召开省党代会的条件已基本具备,应该在适当的时候召开省第五次党代表大会。12月25日,省革委会党的核心小组发出关于进一步做好省第五次党代会准备工作的通知,要求各级党委、党的核心小组和革委会根据省第五次党代会宣传提纲,在全省范围内开展宣传教育活动,“以革命和生产的优异成绩迎接省第五次党代表大会的召开”。

1971年2月28日至3月5日,中国共产党陕西省第五次代表大会在延安召开,769名代表出席会议。这是新中国成立后陕西唯一在西安以外的城市召开的省党代表大会。李瑞山代表陕西省革命委员会党的核心小组向大会作题为《高举毛泽东思想伟大红旗,继承和发扬延安革命精神,沿着毛泽东的革命路线胜利前进》的工作报告。报告总结了省革委会成立后的各项工作,提出今后的任务是继续开展活学活用毛泽东思想的群众运动,认真落实毛泽东关于在全党进行一次思想和政治路线方面教育的指示;继续搞好“斗、批、改”,抓紧“一打三反”运动,深入开展革命大批判,加强党的建设,抓紧战备工作。各级党组织要切实加强对经济工作的领导,进一步开展农业学大寨、工业学大庆群众运动,调动

---

① 《当前全省整党建党情况》,1970年12月29日。

一切积极因素，努力完成和超额完成1971年的计划和第四个五年计划。大会通过了工作报告和《关于继承和发扬延安精神的决议》，选举产生了68名省委委员和29名省委候补委员，组成中国共产党陕西省第五届委员会。

3月6日，经省委五届一次全会选举并报中央批准，方升普、白辛夫、刘凌、萧纯、谷凤鸣、李建平、李瑞山、吴桂贤（女）、周茂芹、胡炜、袁克服、黄传龙、黄经耀、颜金生等14人为省委常委，李瑞山为省委第一书记，胡炜、黄经耀为省委书记，萧纯、吴桂贤为省委副书记。至此，省委机构重新建立，工作随之恢复。

中国共产党陕西省第五次代表大会重新恢复了地方党委的领导地位，以党的一元化领导取代了“革命委员会的一元化领导”，从名义上结束了革命委员会党政不分的领导体制。这次代表大会是“文化大革命”期间召开的，出席会议的代表不是由各级党组织逐级选举产生，而是在当时的历史条件下，在所谓“民主协商”“征求党内外群众意见”后“协商选举”出来的。大会贯彻了党的九大的错误理论和指导思想，完全肯定了“文化大革命”的错误理论和实践。会后在新一届党的委员会已经建立的情况下，仍然实行中共陕西省委与陕西省革命委员会“两个班子一套人马”的领导体制，地方党的领导依然处在被弱化的状态。

省第五次党代会召开后，全省加快地（市）、县以下各级党委的整顿和建设步伐。到1971年8月底，全省11个地、市委全部建立，98%的县（市、区）委、95.7%的公社（镇）党委、50%以上的县团级以上企事业党委、92%的基层支部已经建立。整顿建立各级党委的任务基本完成，整党建党工作接近尾声。

第十五章

批判极左思潮和落实党的政策

1971年九一三事件发生,客观上宣告了“文化大革命”理论和实践的失败,“批林整风”运动随即在全国开始。在毛泽东支持下,周恩来把“批林整风”和纠正极左思潮结合起来,落实党的干部、经济等各项政策,推动全国政治经济形势趋于好转。中共陕西省委把开展“批林整风”运动和贯彻《陕西省委汇报会传达提纲》相结合,把批判极左思潮和落实党的各项政策相结合,整顿企业管理秩序、整顿农村基层组织,努力改变全省经济发展落后面貌,工农业生产开始走向正轨。

一、开展“批陈整风”与“批林整风”运动

“批陈整风”运动

在“文化大革命”前期,林彪、江青两人通过动乱和极力鼓吹极左思潮攫取了党和国家大部分权力,但党的九大以后毛泽东希望通过“大乱”实现“大治”,全党全国人心思治,中央采取的一些相关举措与林彪、江青等人想通过进一步动乱获取更多权力的野心出现矛盾,林彪与江青两个集团在争取权力上的矛盾也日益尖锐。1970年2月,在讨论筹备召开第四届全国人民代表大会和修改宪法的问题时,中央政治局提出新宪法应设国家主席一章,并由毛泽东担任国家主席。正在外地视察的

毛泽东否定了这个意见,中央政治局同志均表示同意。但在3月17日至20日召开的中央工作会议上,对设不设国家主席出现两种不同意见。毛泽东了解到中央工作会议上的分歧后,重申了不设国家主席和不当国家主席的意见,林彪通过写信和散布材料等形式坚持他的意见。在康生召集的宪法工作小组会议上,林彪和江青两个集团爆发了关于“毛泽东思想‘天才地、创造性地、全面地’发展了马克思列宁主义”中三个副词的争论。

8月23日至9月6日,党的九届二中全会在庐山召开。会上林彪与江青集团的争论升级,毛泽东主持召开中央政治局扩大会议再次明确表示不设和不当国家主席的意见。会议决定立即停止讨论林彪的讲话,收回载有陈伯达等人发言的简报。8月31日,毛泽东发表《我的一点意见》,严厉批评陈伯达等人“采取突然袭击,煽风点火,唯恐天下不乱,大有炸平庐山,停止地球转动之势”。会议开始揭发批判陈伯达,会上中央宣布了对陈伯达进行审查的决定。11月16日党中央发出《关于传达陈伯达反党问题的指示》,“批陈整风”运动由上而下开始。到1971年2月,党中央相继下发《反党分子陈伯达的罪行材料》《关于扩大传达反党分子陈伯达问题的通知》,并转发毛泽东有关“批陈整风”运动的一些指示,中央军委先后召开会议揭发批判,省级“批陈整风”运动随之开始。

1971年3月10日至25日,省委召开常委扩大会议,学习毛泽东《我的一点意见》,重点揭发批判陈伯达假马克思主义者、野心家和阴谋家的真面目,批判其鼓吹的“唯心论的先验论”“唯生产力论”“人性论”等观点,并联系实际开展批评与自我批评。省委第一书记李瑞山在总结讲话中检讨了省革委会成立以来工作中存在的问题,批评了干部队伍中存在的居功自恃、骄傲自满、固步自封、不尊重集体领导、独断专行搞一言堂、严重违反民主集中制原则等现象,提出了全省“批陈整风”的具体工作要求。

根据省委安排,省直各系统和各单位以及各地、市、县委开始开展“批陈整风”。3月31日至4月15日,省革委会办事组、政工组系统举办“批陈整风学习班”,52个单位的党委常委、核心小组成员共234人参加。遵照毛泽东“开展批陈整风运动,重点在批陈,其次才是整风”的指示,学习班利用10天时间采取小组会和大会相结合的方法揭发批判陈伯达反党、反马克思主义、反毛泽东思想的罪行,利用7天时间联系实际进行整风,通过批评与自我批评总结经验教训,提高识别真假马克思主义的能力。

4月15日至29日,中央召开“批陈整风”汇报会,与会同志阅读和讨论关于陈伯达罪行的第一批材料,并进一步揭批陈伯达、交流各地“批陈整风”经验。陕西省汇报中认为,通过这次“批陈整风”,大家受到了极其深刻的思想和政治路线方面的教育,认清了陈伯达的反革命真面目,认识到陈伯达是个大野心家、阴谋家。5月13日至16日,省委召开工作会议部署“批陈整风”运动,要求各级党委认真开展“批陈整风”,推动工农业生产发展。在全省“批陈整风”运动中,农村各级党组织把抓好阶级教育作为政治路线教育的重要内容,运用社史、大队史、家史和干部、党员个人成长史进行回忆对比、开展批判。工业交通系统各级党组织组织干部职工学习党在社会主义历史阶段的基本路线,激发群众建设社会主义积极性。在各地开展“批陈整风”和思想政治教育的同时,驻陕各部队、军事院校党组织也开展了“批陈整风”运动。正当运动逐步深入开展之际,突发了震惊中外的九一三事件,“批陈整风”随之转向“批林整风”。

“批林整风”运动

党的九届二中全会后,党中央和毛泽东采取了一系列措施,削弱了林彪集团的权势。他们眼见形势不利,决心铤而走险,策划武装政变。正当“联合舰队”①积极准备发动罪恶行动的时候,毛泽东1971年8月中旬离京南下,在武汉、长沙和南昌分别召集湖北、河南、湖南、广东、广西、江西、江苏、福建等省区的党政军负责人谈话。他说:希望你们要搞马克思主义,不要搞修正主义;要团结,不要分裂;要光明正大,不要搞阴谋诡计。他着重谈了党的九届二中全会上的斗争,指名批评林彪和黄、

① 1970年11月,林彪之子林立果利用职权秘密组织武装政变的骨干力量,代号为“联合舰队”。

吴、叶、李、邱[①]等人，并说有人急于想当国家主席，要分裂党，急于夺权，这次庐山会议又是两个司令部的斗争。他指出庐山这件事还没有完，还没有解决，林彪对这件事当然要负一些责任。

林彪、叶群得知毛泽东的谈话内容后陷于极度恐慌之中，林立果等密谋在南行途中谋害毛泽东。毛泽东敏锐地觉察到一些不同寻常的迹象，提前乘车返程，于 9 月 12 日安全抵达北京，使“联合舰队”的谋杀计划落空。阴谋败露后，林彪、叶群、林立果等人于 9 月 13 日凌晨强行乘飞机叛逃出境，飞机在蒙古人民共和国温都尔汗附近坠毁，机上人员全部身亡，“联合舰队”的其他骨干分子有的畏罪自杀，有的被捕。这就是震惊中外的九一三事件。

九一三事件发生后，毛泽东在周恩来协助下采取一系列措施，解决与这一事件有关的各种重要问题。党中央决定林彪集团的主要成员黄永胜、吴法宪、李作鹏、邱会作离职反省，彻底交代，撤销中央军委办事组，成立由叶剑英主持的中央军委办公会议，在中央军委领导下负责中央军委日常工作。9 月 18 日，中共中央向党内高级干部发出《关于林彪叛国出逃的通知》。10 月 6 日，中共中央发出关于扩大传达林彪叛党叛国事件的通知，要求各级党委把揭批林彪反党集团作为头等大事来抓。从 12 月起，中央陆续下发关于粉碎林彪集团反革命政变阴谋的斗争材料，要求传达到各级干部和党员。随后，在全国开展“批林整风”运动，揭发批判林彪集团的罪行，清查与林彪集团阴谋活动有关的人和事。

在“批林整风”中，省委重点抓了各级领导班子特别是省级领导班子的教育。10 月 2 日至 6 日，省委召开常委扩大会议传达中央《关于林彪叛国出逃的通知》，揭露和批判林彪反革命集团罪行。10 月中旬，省革委会政法组、政工组以及各地委、市委相继召开会议传达中央文件，揭发批判林彪反革命集团叛党叛国罪行。在揭发批判的基础上，各地委、市委以及各单位进一步向各级党组织进行传达。根据省委部署，全省各地、市和县委确定常委宣讲联系点，领导干部在重点部门和单位开展批林宣讲。到 11 月 16 日，全省 1561 万多人听取了中央文件精神。

---

① 分别指黄永胜、吴法宪、林彪妻子叶群、李作鹏和邱会作。

1971年12月15日，省委向干部群众传达中央关于《粉碎林陈反党集团反革命政变的斗争（材料之一）》。1972年1月25日至2月11日，省委召开常委扩大会议传达中央关于《粉碎林陈反党集团反革命政变的斗争（材料之二）》，集中批判林彪反革命集团炮制的反革命武装政变纲领《“571”工程纪要》。李瑞山在讲话中要求各地、市和省直各系统、各县委以及参加会议的厂矿企业、大专院校举办干部学习班，彻底揭发和批判林彪反党集团反革命罪行，在基层单位进行试点，为组织群众开展“批林整风”做准备。会后，全省各地（市）、县委抽调专人培训为宣讲员，开始广泛深入地向基层群众传达中央关于林彪事件的有关文件精神。

5月21日至6月23日，党中央在北京召开“批林整风”汇报会。中央各部门，各省、市、自治区和各大军区、军兵种负责人312人参会。在会议所发的文件中，第一次公布了毛泽东1966年7月8日给江青的一封信。在信中，毛泽东表示了对林彪1966年5月18日有关政变和个人崇拜讲话的不满和不安。信中说，“他是专讲政变问题的”，“这个问题，像他这样讲法过去还没有过”；“他的一些提法，我总感觉不安。我历来不相信，我那几本小书，有那样大的神通，现在经他一吹，全党全国都吹起来了”；“我是被他们迫上梁山的，看来不同意他们不行了”，“我猜他们的本意，为了打鬼，借助钟馗。我就在二十世纪六十年代当了共产党的钟馗了”。江青在会上说，在这次会议上公布这封信，是为了说明毛泽东对林彪等人早有觉察。7月上旬至8月上旬，各省、市、自治区陆续召开“批林整风”会议，要求把“批林整风”当作“头等大事”来抓，重点是“批林”，在此基础上搞好整风，加强党的一元化领导，反对山头主义、宗派主义等。

7月11日至8月8日，省委召开“批林整风”汇报会议，省委委员、候补委员，各地（市）、县委主要负责人，省革委会各组、委、办、局和部分厂矿、院校负责人，省军区团以上负责人参加。会议传达了中央“批林整风”汇报会精神，组织参会人员学习毛泽东和党中央关于“第十次路线斗争”的系列指示和文件，结合学习马列主义理论深入揭批林彪反党集团反革命罪行，引导党员干部“正确对待无产阶级文化大革命，正确对待群众，正确对待自己”，要求在林彪事件中陷得较深或沾了边的有关人员彻底交代问题、检查错误，与林彪及其死党划清界限。会议强调，“批林整风”是全党全军全国人民头等大事，下半年要以“批林整风”为中心，继续贯彻《传达提纲》[①]精神，搞好农村基层组织整顿，解决城市“老大难”单位问题。

为了更好地把“批林整风”与贯彻落实《传达提纲》有机结合起来，促进各项工作有序进行，8月9日省委召开五届二次全委会，批判林彪反革命罪行，联系实际整风，总结经验教训，明确今后主要任务是：认真开展“批林整风”运动，继续深入进行思想和政治路线教育，加强党的一元化领导，搞好党的建设；落实党的各项政策，特别是落实党的干部政策；加强党对经济工作领导，全面完成和超额完成1972年国民经济计划。省委五届二次全委会确定的通过“批林整风”加强党的一元化领导，推动经济等各项工作全面开展的部署，对全省政治经济建设发挥了重要的指导作用。

1973年1月22日至3月10日，中央政治局在北京召开兰州军区和陕、甘、宁、青四省（区）“批林整风”汇报会议。兰州军区和四省（区）主要负责人分别汇报了各自的“批林整风”情况，并联系实际揭发批判林彪反革命集团罪行，揭发和批判与林彪集团有牵连的人和事。在会后形成的《关于进一步深入开展批林整风运动的报告》中，中央批语指出，要紧紧抓住“批林整风”这个纲，进一步清查林彪一伙在兰州军区以及陕、甘、宁、青四省（区）的反革命阴谋活动，落实党的各项政策，把粉碎林彪反革命集团的斗争进行到底。

为了推动全省“批林整风”运动，2月23日《陕西日报》发表题为《以三条原则为重要内容深入进行路线教育》的社论，总结全省过去一年“批林整风”运动，提出“根据毛主席提出的三条原则和去年进行路线教育的经验，要紧紧抓好学、批、联[②]这三个环节”，进一步清晰了全省

---

① 《传达提纲》，指1971年8月形成的《陕西省委汇报会传达提纲》。后文有专节叙述。

② 所谓“学”，是认真看书学习弄通马克思主义；所谓“批”，是以马列主义毛泽东思想为武器，从政治上、思想上、理论上批判林彪反革命修正主义路线，揭露其反革命罪恶阴谋，彻底清除其流毒；所谓“联”，是联系实际进行自我教育。

深入开展“批林整风”运动的方向。

3月21日至5月4日，省委召开“批林整风”常委扩大会议，传达中央政治局召开的兰州军区和陕、甘、宁、青四省（区）负责人汇报会精神。兰州军区党委第一书记、政治委员冼恒汉主持会议，学习毛泽东和党中央关于“第十次路线斗争”系列指示，传达中央系列文件，联系陕西实际揭发批判林彪反党集团的阴谋活动和罪行，清查陕西同这些阴谋活动有牵连的人和事，一些犯错误的人员作了检讨。根据全省“批林整风”运动的发展，会议重新安排“批林批孔”运动。随后，各级党委按照这次会议精神部署落实。

在“批林整风”运动中，省委把“批林”和“整风”结合起来，把清理与林彪反革命集团有牵连的人和事作为“批林整风”的重要内容，有利于深入揭发批判林彪反革命集团的反革命罪行，清除他们在陕西的恶劣影响，提高干部群众辨别真假马克思主义的能力。同时，省委把干部群众焕发出的斗志引导到贯彻落实《传达提纲》精神上来，推动了全省各项工作开展。

清查“五一六”分子

1967年五六月间，北京几个大专院校少数大学生成立了“首都五一六红卫兵团”组织。该组织打着纪念“五一六通知”发表一周年的旗号，秘密散发、张贴传单和大字报，矛头直指周恩来。毛泽东在审阅和修改姚文元《评陶铸的两本书》时，认为该组织为“五一六反革命组织”，并要求全国彻查“五一六反革命阴谋集团”，林彪、江青一伙借清查之名把清查范围扩大化，清查对象被称为“五一六”分子。

1967年下半年，中央开始清查“五一六”分子工作，并要求中央和地方有关部门调研同群众检举相结合，开展清理、审查和核实工作，1970年3月，中央发出《关于清查“五·一六”反革命阴谋集团的通知》，在全国普遍开展清查工作。1971年2月，中央成立以吴德为组长的“五一六”专案联合小组，领导清查“五一六”反革命集团工作。

5月，省委成立清查“五一六”领导小组，省委书记黄经耀任组长，省直各系统、各地市同时成立清查专门机构，并在一些单位进行试点，为全面清查进行组织和思想准备。8月中旬，省委召开省直各系统和西安市党员负责干部参加的“批清”[1]动员大会，黄经耀指出，“我省‘批清’运动已经逐步展开，除了试点单位外，省直机关和西安、宝鸡也已有一些单位开展了运动。在这一段中，摸索了一些经验，但主要是在思想、组织等方面做了一系列准备，也做了一些调查研究工作”。要求各单位对照“五一六”反革命罪行，重新认识“文化大革命”中发生的事情，排出本单位的重大事件。根据摸底排队的情况，省委清查“五一六”领导小组认为，“五一六”北京有，外地有，陕西也有；“五一六”反革命阴谋集团是一个最凶恶的敌人，他们的主要罪行是妄图动摇和分裂无产阶级司令部，攻击人民解放军，妄图夺取军权，盗窃国家机密、抢劫国家档案，攻击破坏新生的革命委员会、妄图向无产阶级进行反夺权；挑动群众斗群众、制造武斗，极力煽动和利用极左思潮等。根据全省“批陈整风”运动进展和清查“五一六”准备工作情况，省委决定除农村外，在城市逐步地全面展开机关、学校、厂矿企事业单位“批清”运动。省委“批清”动员大会对“五一六”罪行的概括和说明、清查“五一六”的部署和安排，成为全省开展“批清”运动的指导思想、划分“五一六”组织和“五一六”分子的重要标准。会后，在试点和准备的基础上，全省清查“五一六”运动迅速展开。

根据省委部署，各级党组织和机关、学校、企事业单位逐步开展全面清查运动，突出重点问题、重点单位和重点人，重点清查“五一六”的“三指向一挑动”[2]罪行。在重点问题方面，着重抓了冲击省军区、原省委机关相关人员参加“八五静坐”、干扰革委会成立、反对红色政权等十个重大问题。在重点单位方面，主要抓了“文化大革命”中问题较多的原省委办公厅、省委组织部、省总工会、西安作协、省棉纺公司等。在重点人方面，审查了15名在“文化大革命”中有问题的重点人物，公开其罪行，并开展批判和斗争。西安交通大学清查了“文化大革命”中发生的一些重大事件和有关人员，对其中一些人煽动与组织“八五静坐”、挑动

① “批清”，即批判极左思潮、清查“五一六”运动的简称。

② “三指向一挑动”，指把矛头指向毛主席为首的无产阶级司令部，指向人民解放军，指向新生的革命委员会，挑动群众斗群众。

武斗、搜集中央领导黑材料等问题作出结论。

清查“五一六”是对“文化大革命”以来各造反派组织的一次整肃，也是对造反派组织负责人在思想和组织上的严格清理，从政治上对他们的“三指向一挑动”等重大问题作出结论。清查运动推动了国家和社会走向部分安定，为贯彻落实中央“抓革命、促生产、促工作、促战备”的战略部署排除了一定干扰，对派性斗争、极左思潮和无政府主义有所遏制，但与“清理阶级队伍”和“一打三反”运动一样，不可避免地带有阶级斗争扩大化的烙印。比如，清查面被人为扩大，大多数单位采取上挂下联的做法，把“文化大革命”以来发生的所有事件都与“五一六”联系起来等。清查“五一六”运动持续多年，加之被确定为“五一六”分子或后台的人员变换和数量增加，一批干部群众受到打击，其部分亲属受到牵连，造成了不少冤假错案。

二、学习贯彻《陕西省委汇报会传达提纲》

《陕西省委汇报会传达提纲》的形成

1970 年 3 月 26 日，周恩来针对陕西经济工作和三线建设作了指示，要求认真学习和贯彻落实毛泽东 1949 年 10 月给延安和陕甘宁边区人民的复电，继承和发扬延安精神，自力更生，艰苦奋斗。在经济建设中，农业要帮陕北，工业要帮关中，基建要帮汉中，把陕西的建设搞好。4 月 5 日，省革委会发出《关于认真学习毛主席给延安和陕甘宁边区人民的复电，大力发扬延安精神，在短期内迅速改变延安地区和全省面貌的决定》。9 月 25 日，省革委会作出《关于更广泛更深入地开展农业学大寨群众运动的决定》，要求各级党组织和革委会广泛深入地大宣传、大动员、大讨论，掀起一个农业学大寨的热潮。

省第五次党代会 1971 年 2 月召开后，各地（市）、县和各单位党组织的恢复工作进一步加快，但是，由于这次各级党组织是在“文化大革命”这一特殊环境中，在“左”倾错误思想指导下恢复的，因而在党的思想建设、组织建设、工作安排等方面仍然存在不少问题，全省的混乱局面仍未彻底改变。

针对陕西工作中存在的问题，中央政治局召集省委、省革委会和驻陕部队主要领导到北京汇报陕西工作。1971年8月25日至9月5日，周恩来、李先念、纪登奎等中央领导和兰州军区政委冼恒汉、副司令员徐国珍听取了陕西和驻陕部队的汇报。中央领导指出，陕西省革命和生产的形势，总体是好的，但仍有许多工作需要改进和完善。周恩来特别对陕北工业发展缓慢、农业生产落后的局面提出严肃批评，对群众生活艰苦感到十分痛心。这一批评使省委震动极大。参会人员对陕西存在问题的原因进行了分析讨论，省委作了自我批评和检讨。会议强调，必须加快陕西革命和生产的发展速度，省委提出了整改措施。在汇报过程中，中央一再指出，陕西的任务很重，存在的问题是前进中的问题，并勉励陕西干部认真做好工作。汇报会后，在周恩来主持下，省委根据中央精神，结合陕西实际对汇报会进行总结梳理，形成了《陕西省委汇报会传达提纲》(以下简称《传达提纲》)。

《传达提纲》有三部分。第一部分阐述了全省革命和生产基本形势，肯定了省革委会、省委成立以来所取得的成绩，指出了陕西工作中存在的问题。主要是：陕西国防工业在全国占有重要地位，但生产情况一直很落后，一些战备急需产品没有搞上去，特别是一些影响全局的重点工厂，比如，东方机械厂、陕西柴油机厂、黄河机器制造厂等生产形势不好，拖了全国后腿，影响了战备和援外。一部分民用工厂的生产、基本建设和有些重要项目完成得不好。陕西自然条件很好，但农业生产却发展缓慢，粮棉产量落后于全国平均水平，农业发展状况不能适应工业建设要求。轻工业品自给率低，副食品、日用品供应紧张。陕西工农业生产发展速度比较缓慢，与兄弟省份相比落后了。

第二部分分析了问题产生的原因。中央认为，陕西主要存在工农业生产发展速度缓慢的问题，这与国内外形势发展的要求不相适应。对此，中央主动承担了领导责任，参加汇报的陕西省委负责同志也承担了责任并分析了出现落后的自身原因，主要是存在资产阶级派性严重、极左思潮和无政府主义泛滥等问题。

第三部分提出了整改要求。为了适应社会主义革命和建设的需要，为了适应加强战备和支援世界人民革命斗争的需要,《传达提纲》要求加快陕西革命和生产的发展速度,具体突出六个方面。一要坚决排除资产阶级派性干扰,深入开展"一打三反"运动,清查"五一六"反革命集团罪行;继续按照"七二四布告"精神,坚决打击现行反革命破坏活动;批判极左思潮和无政府主义。二要落实党的各项无产阶级政策,重点落实党的干部政策,团结、教育、改造工程技术人员,充分发挥他们的作用。三要加强"三支两军"工作的领导,在省委一元化领导下,加强"支左"委员会工作,统一领导驻陕部队"三支两军"工作。四要加强陕北工作,把延安和陕北建设好,迅速改变其落后面貌。五要加强党对经济工作的领导,深入开展农业学大寨、工业学大庆、全国学人民解放军的群众运动。六要加强各级领导班子的思想革命化和组织革命化,实行民主集中制。

《传达提纲》比较实事求是地分析了全省革命和建设中存在的主要问题及原因,提出一系列明确要求,具有较强的针对性,对于稳定陕西局势、促进全省经济社会发展起了积极作用。1971 年 9 月到 1973 年底,《传达提纲》一直被作为全省工作的重要指导文件来贯彻。

学习贯彻《传达提纲》

在学习贯彻《传达提纲》中,省委提出先各级领导班子成员、后干部群众进行传达落实的相应部署。省委认为,《传达提纲》是促进革命和生产、迅速改变全省落后面貌的有力武器,真正贯彻落实《传达提纲》必须提高各级领导对贯彻《传达提纲》的重要性、必要性和长期性的认识,认真解决领导班子本身存在的问题。在省委的部署下,全省各地积极组织传达贯彻《传达提纲》,到 1971 年 10 月底,全省大部分地区传达到地、县一级。在传达学习过程中,各地把解决各级领导班子成员的思想认识问题放在首位,提高领导班子成员的思想认识,夯实落实《传达提纲》的领导责任。各级党委和革委会联系实际传达学习,着重讨论承认不承认落后、落后的原因是什么、今后怎么办三个问题。通过提出问题,查找原因,制定措施,大多数干部提高了认识,统一了思想,鼓起了干劲,纷纷表示要认真落实《传达提纲》精神,尽快把各项工作搞上去,改变全省革命和生产落后的面貌。

在此期间，九一三事件发生，陕西通过“批林整风”运动，把批判林彪反革命集团的罪行与批判极左思潮相结合，同清查与林彪集团阴谋活动有关的人和事相结合，加快落实干部政策，集中力量贯彻落实《传达提纲》，推动全省形势加快向好的方向转变。

12月20日至22日，省委召开座谈会，交流贯彻落实工作。会议指出贯彻落实《传达提纲》精神，对于进一步搞好全省革命、加快工农业生产发展速度、适应国内形势发展，具有重要的政治意义。要继续提高认识，放手发动群众，重点批判资产阶级派性，批判极左思潮和无政府主义，进一步落实党的干部政策、知识分子政策和其他各项政策；加强运动领导，及时总结经验，以点带面，推动运动不断向前发展。

1972年1月至4月，省委常委先后两次召开城市工矿企业传达贯彻《传达提纲》座谈会。省委常委和参会人员分析形势、交流经验，研究贯彻措施。会议要求各单位联系实际，解决本单位问题，特别是解决领导班子问题，批判资产阶级派性和极左思潮，实行一元化领导，加强军队干部和地方干部团结。要解决好企业生产中的“骨头”和“肉”问题，发动群众自力更生，不能依靠外援。比如，轻纺局既要解决小商品和日用品的供应问题，也要考虑厂社挂钩、支援农业的问题。冶金局要着重抓好钢厂的生产，略阳钢厂等单位要积极开展工业学大庆运动。省委常委通过召开座谈会，了解各部门的学习贯彻情况，同时加强与各部门负责人沟通，解决基层存在的问题，推动贯彻工作落实。

在传达贯彻《传达提纲》精神中，各级党组织结合“批林整风”运动，解决了本地区本单位存在的一些实际问题。极左思潮、派性斗争有所抑制，一些反革命活动受到打击，一批领导班子中存在的突出问题得到解决。据统计，在省直各系统和西安、宝鸡、铜川3个市重点抓的“老大难”和问题较多的220个单位中，81个单位面貌有了明显变化。《传达提纲》中点名的6个企业单位，黄河机器制造厂、东方机械厂、陕西柴油机厂、兴平化肥厂、宝鸡氮肥厂、铜川煤矿的革命和生产形势都有显著变化。

《传达提纲》是当时陕西工作的重要指导文件，对稳定局势，促进全省经济社会发展起了重要作用。从1971年9月到1973年,通过贯彻《传达提纲》,有力地扭转了全省资产阶级派性、无政府主义和极左思潮造成的混乱局面。但是,由于全国"批林整风"运动已经开始,整党建党还没有结束,清查"五一六"分子也在进行,贯彻落实《传达提纲》在一定程度上受到了影响,陕西在发展中遇到的问题不会也不可能彻底解决。

落实党的干部和知识分子政策

九一三事件后,党中央对极左思潮展开批判,调整和整顿各地区各部门工作。根据"绝大多数的干部都是好的"估计,毛泽东给"二月逆流"平反,参加陈毅追悼会并对邓小平来信作出重要批示,支持周恩来落实党的干部政策。全国各地许多被打倒、被"专政"的干部得到解放,恢复待遇、安排工作。1972年4月,《人民日报》刊发题为《惩前毖后、治病救人》的社论,阐明落实干部政策要坚持"打击面要小、教育面要宽""允许改正错误""对于人的处理问题取慎重态度"等原则,全国各地加快落实干部政策。

落实党的干部政策既是中央在开展"批林整风"运动和纠正极左思潮中作出的重要决定,也是陕西学习贯彻《传达提纲》的重要内容。《传达提纲》明确强调:"该解放的要迅速解放;已经解放和结合的干部要大胆使用,支持他们做好工作。要团结、教育、改造工程技术人员,充分发挥他们的作用。"根据这个要求,全省加快落实党政机关、文艺、医疗卫生、宗教等领域相关政策,重点是落实党的干部政策和知识分子政策。各级党委排除各种干扰、抓紧落实知识分子政策,加大干部解放和使用力度。省、地、县均成立专案组和干部审查班子,对"清理阶级队伍"和"一打三反"运动中遗留的案件进行复查和定案处理。在审干工作中,依照"重证据、重调查研究"原则,历史地全面地看待干部,对每一个干部的问题做到"事实清楚、证据确凿、结论准确、处理恰当"。

在落实党的干部政策中,全省绝大多数企事业单位都注重发挥党团员和老工人的骨干作用,进一步落实党的知识分子政策,一大批工程技术人员回到工作岗位。比如,西安市新华橡胶厂的一些技术人员被下放到班组参加劳动，造成企业技术管理矛盾越来越突出。厂党委全面检查工程技术人员政策落实情况，逐个分析全厂技术人员，并根据他们的政治表现和业务特长分别安排到厂、车间和生产小组的技术岗位，提拔其中表现突出者担任领导职务，全厂形成了一支包括党团员、老工人、工程技术人员在内的“抓革命、促生产”骨干队伍，推动了全厂技术革新和生产的发展。

为了推动党的干部政策和知识分子政策尽快落实到位，1972 年 9 月省委召开干部工作座谈会，专门讨论研究干部解放和使用问题。会议全面分析形势后认为，在干部的解放和使用上还有不少问题，主要是有的该解放的没有解放，有的解放了还没有使用，在使用的干部中有相当一部分使用不当，能挑重担的没有放在重要岗位上，分配的岗位有的不利于发挥其特长，甚至还有靠边站、看大门的现象。会议指出：“这些问题不解决好，不利于调动干部的积极性，不利于发挥他们的作用，不利于党的事业。这是当前应当着重解决的重要问题。”① 会议强调，要在思想上深刻认识正确使用干部的重要性，这是落实党的干部政策、正确使用干部的关键；要在认真调查研究的基础上调整使用不当的干部，尽量做到专业对口；对已经解放尚未分配工作的干部，争取年底分配完；认真落实党的知识分子政策，明确工程师、教授和技术人员的职称，发挥他们的一技之长，对一些冷门专业的专家和教授，要给他们配备助手，做到后继有人。

省委干部工作座谈会后，全省落实干部和知识分子政策的步伐明显加快。到 1972 年 9 月底，全省原公社级以上的干部解放 17546 人，占 96.78%。全省 10 万多名知识分子和技术干部中，9 万多人被安排到各种技术岗位，其中 2500 多人被结合进各级领导班子或担任技术领导工作。党的干部政策和企事业单位工程技术人员政策的落实，对加强党和政府各部门的领导、提高企业管理水平、推动企业技术革新、尽快改变全省工农业生产发展落后面貌，发挥了积极作用，一定程度上纠正了“文化大革命”在干部问题和知识分子问题上的“左”倾错误，为最终结束“文化大革命”和后来的拨乱反正准备了条件。

① 《关于解放使用干部问题的讨论情况》，1972 年 9 月 15 日。

三、落实党的经济政策和整顿经济管理秩序

整顿机关企事业单位领导班子

1970 年国民经济刚刚开始恢复，但不少企业无政府主义思潮仍很严重，纪律废弛、管理混乱，生产设备失修，知识分子受歧视，各级领导对抓生产疑虑重重，这些问题成为恢复经济的严重障碍。九一三事件后，在周恩来的主持下，全国一方面开展批判极左思潮，另一方面开始整顿国民经济。省委在开展“批林整风”运动和贯彻落实《传达提纲》过程中，开展调查研究，分析全省政治经济形势，把整顿企事业单位领导班子作为整顿国民经济的重要措施之一。

陕西经济发展落后于全国平均水平的一个重要因素，就是一些领导班子的政治素质和管理水平不能适应经济建设发展的要求。一些企事业单位领导班子内部长期搞资产阶级派性，不顾国家和人民利益、不顾国家生产计划和任务的完成，热衷于争权夺利。有些领导班子的主要负责人不是把精力放在抓生产、抓管理上，而是一味求稳怕乱，把精力放在搞平衡、照顾各派利益、安抚各派情绪方面。因此，企业管理整顿的关键是领导班子整顿，重点是解决因派性严重而造成的领导班子不团结。

1971 年底，全省整顿机关企事业单位领导班子工作逐步展开。根据省委要求，全省整顿机关企事业单位领导班子与贯彻落实《传达提纲》、开展“批林整风”运动同步进行。在整顿中，一方面批判资产阶级派性、极左思潮和无政府主义；另一方面敢摸“老虎的屁股”，对一些派性思想严重的代表人物给予组织处理。据统计，在被处理的人员中，省革委会委员以上的群众代表 15 人、工交系统 248 人、地级革委会成员 113 人。咸阳地区在整顿领导班子中重点批判 880 人，其中地区革委会成员以上 11 人、县革委会委员 53 人。通过整顿，改变了全地区 11 个后进单位中 6 个单位的面貌，提前两个月完成全年生产任务，产量比上年同期增长 34%。

整顿机关企事业单位领导班子，遏制了领导班子内部派性思想的膨胀，建立和完善了党团组织，加强了领导班子成员的团结，改善了干部与群众的关系，全省各级领导班子的工作面貌发生变化，为整顿企业管理和生产秩序奠定了基础。

整顿企业管理秩序

“文化大革命”以来，由于造反夺权和复杂的派性斗争，企业原来必要的规章制度被称为“管、卡、压”而废弛，绝大多数企业管理制度不健全，一些企业生产管理松弛、产品质量检验马虎，严重破坏企业生产秩序，影响企业按时保质保量完成生产任务。因此，整顿企业管理秩序成为整顿国民经济的重要环节之一，也成为贯彻落实《传达提纲》的重要内容。

整顿企业管理主要是建立健全管理制度，做到有章可循。省委要求从加强生产管理，健全必要规章制度入手，提高管理水平；整顿劳动纪律，教育和引导职工遵纪守法、发扬主人翁精神、成为推动企业生产发展的主力军；加强产品质量管理，减少废品和次品数量，按时并保质保量完成生产任务。根据省委部署，1972 年初，西安市以及宝鸡、咸阳等地区和国防工办、轻纺局、燃化局、建委、工交、财贸等系统联系实际，开始整顿企业生产管理秩序。针对生产消耗大、成本高，西安保温瓶厂制定了质量检查、成本核算等制度，产量由过去每天 5000 个提高到 7000 个，一级品率由 70% 上升到近 80%。西安铁路局以建立健全生产责任制和财务管理制度为突破口，狠抓列车正点率、事故率、货运量等关键问题，客车正点率达到 90% 以上，日装货吨数由原来的 373 吨增长到 482 吨。安康平利电机厂先后五次召开质量现场分析会，用解剖麻雀的办法分析产品质量，批判“凑合”思想，将不合格的产品推倒重来，并派出质量普查小组，普查发电机的机械、电器性能，建立相应技术档案，免费修理 1971 年以来出厂的脱粒机，逐步树立大庆人“三老四严”① 的作风。企业管理

① “三老四严”，即对待革命事业，要当老实人，说老实话，办老实事；对待工作，要有严格的要求，严密的组织，严肃的态度，严明的纪律。

整顿后，职工面貌发生了很大变化。在三线建设任务繁重、原材料缺乏的情况下，1972 年安康地区工业总产值完成了 5000 万元、比 1971 年增长 10%，原煤、发电机、脱粒机、农用水泵、硫磺、烤胶、厂丝、丝织品、饮料、酒、骨粉等主要产品都超额完成年度计划。

随着企业管理秩序的整顿，岗位责任、质量检验、安全生产和经济核算等制度得到健全，产品产量、质量、品种以及原材料、燃料与动力消耗、劳动生产率、成本、利润等完成情况成为考核企业生产能力的重要指标，企业开始走上有章可循的轨道，发展能力也有所增强。

整顿农村基层组织

整顿农村基层组织是批判极左思潮、整顿国民经济、落实农村经济政策的主要内容之一，也是贯彻落实《传达提纲》的重要任务，对促进农村经济发展有着重要意义。《传达提纲》要求，在农村“组织毛泽东思想宣传队集中力量，分期分批，解决一些社、队的领导权问题。要大搞农田基本建设，不断提高单位面积产量。以农业为主，开展多种经营，促进农、林、牧、副、渔的全面发展”。为落实《传达提纲》关于农业的要求，12 月 15 日至 27 日省委在榆林召开农村工作会议，决定用 3—4 年时间，分期分批对全省农村基层组织进行整顿。

整顿从 1972 年初到 1973 年 6 月分两批进行，每批分四个阶段。第一阶段，进行路线教育，发动群众，调查摸底。第二阶段，在进行路线教育基础上，联系实际开展大批判。第三阶段，领导班子开门整风，进行组织整顿和建设。第四阶段，进一步落实党的政策，改善经营管理。整顿的目的是加强党的领导和建设，迅速发展农业生产。整顿的做法是“以批林整风为纲，以党支部为重点，放手发动群众，突出思想整顿，认真贯彻党的政策，坚持‘抓革命、促生产’的方针”。

按照安排，1972 年初全省开始第一批农村基层组织整顿。省委抽调 2.8 万多名干部和农村积极分子，组成毛泽东思想宣传队，整顿 3400 多个后进大队。由于思想上和组织上准备不足，第一批整顿出现了一些问题，主要是有些地区领导不够重视，应该蹲点的没有蹲点，造成整顿工作领导不力；有些宣传队员违反政策搞“逼供信”，导致发生了一些自杀事件。1972 年秋冬季,第二批整顿开始。全省抽调 2.4 万多名宣传队员,整顿 2800 多个后进生产大队。这次整顿吸取了第一批整顿的经验教训,抓得比较早,准备也比较充分,工作较快且平稳。在整顿中,各地细致调查党的农村经济政策落实情况,重申人民公社实行“三级所有、队为基础”的制度,要求近几年改变核算单位的生产大队认真整顿,加紧处理;调查“以粮为纲、全面发展”方针的贯彻执行情况,帮助那些多种经营搞不上去、没有摆正粮食生产和多种经营关系的社队查找原因,提出因地制宜、合理布局、发展经济的对策。

两批农村基层组织整顿,共整顿了 6200 多个后进生产大队,占全省大队总数 21%。经过整顿,80% 的后进大队初步改变了面貌,30% 左右的后进大队开始跨入先进行列,农业生产形势有了比较明显的变化。一是改进了生产管理、劳动管理和财务管理,逐步纠正所谓“政治工分”的问题,促使干部积极参加集体生产劳动,改进工作作风,密切与群众的关系。坚持按劳动数量和质量计酬原则,逐步解决了男女同工不同酬问题。依据政策制定具体分配方案,落实收益分配政策,调动了群众生产积极性。二是推动了农田水利基本建设和农业学大寨运动,促进了农业生产形势好转。据西安、宝鸡、渭南、铜川、汉中、商洛 6 个地市对第二批整顿的 523 个大队调查,1972 年夏粮增产的有 456 个。

农村基层组织整顿,推动了落实农业经济政策、改进生产管理和劳动管理,取得较好成绩。但整顿强调以“批林整风”为纲,表现出阶级斗争扩大化的倾向。第一批整顿的 3400 多个后进大队中,148 个生产大队的领导班子被认定为属于坏人掌权或受坏人操纵的班子,631 个生产大队被认定为属于资本主义思想严重的人掌权的班子。基于这种分析估计,宣传队在整顿中着重调整和整顿领导班子人员,从领导班子中清除了 206 人。在这些被批斗和清除的人员中,的确有一些贪污受贿、多吃多占的人,也有一些闹资产阶级派性、搞无政府主义并干扰破坏生产和公共秩序的人,但还有一些属于带有所谓“资本主义尾巴”的人,而这些人无一例外都被称为“坏人”或“阶级敌人”。这说明,在农村基层组织的整顿过程中,仍然没有摆脱“左”倾错误和阶级斗争扩大化的影响。

通过 1971 年底到 1973 年的企业管理整顿和农村基层组织整顿,

全省工农业生产形势特别是工业生产形势开始好转。1973年全省工业总产值达到67.22亿元(按1970年不变价格计算),比1972年增长10.1%,其中民用工业增长11.1%。在列入国家计划的64种主要工业产品中,钢、铁、原煤、化肥、柴油机、棉布等43种产品产量都有大幅增长。突出的表现是:第一,支农工业大幅增长,其中化肥增长19.5%,农药增长22.4%,农业排灌用柴油机增长70.5%,架子车增长65.4%,手扶拖拉机增长49.5%。第二,轻工业大幅增长,1973年轻工业产值(包括轻工、纺织、粮油加工、食品、手工业等)完成29.48亿元,比1972年增长23.9%,在全省工业总产值中的比重由上年的39%提高到44.4%,轻工业落后的状况开始改变。第三,原材料工业继续加速发展。钢、生铁、钢材、焦炭、原煤、水泥等都有不同程度增长,有的增长幅度比较大。第四,设备利用率和劳动生产率也普遍提高,设备和人的单位时间产出率明显改变。

实施延安和陕北建设政策

陕北地区属黄土高原丘陵沟壑区,气候干燥,土地贫瘠,自然条件恶劣。新中国成立后,农业生产虽有发展,但由于沿袭落后的耕作技术和生产方式,加之极左思潮的长期影响,近半数群众过着半年糠菜半年粮的艰苦生活。从1968年起国家每年给陕北划拨返销粮和救济款,陕北地区逐步形成了"生产靠贷款、吃粮靠返销、花钱靠救济"的局面。

"毛主席在延安,陕北人民丰衣足食,现在全国解放已经二十多年了,听说陕北有的群众粮食还不够吃,我们感到很难过;革命圣地没搞好,对不起老区人民。"这是周恩来在1971年8月至9月陕西省委赴京汇报会上的讲话,既是中央领导对延安、陕北人民的关怀,又是对新中国成立以来延安、陕北经济始终处于落后状态的批评。这个批评对省委产生了极大震动,促使省委下决心把延安和陕北建设好。

《传达提纲》对搞好延安和陕北建设也提出重要思路,明确指出,"搞好延安建设和陕北工作,具有重大的政治意义,我们必须把延安和陕北农业搞好,迅速改变面貌。省委专门成立陕北工作小组,加强领导。陕北各级干部和广大群众,要继承和发扬延安精神,自力更生,艰苦奋斗，加快老区建设步伐，要充分发挥北京支延干部和插队青年的作用”。汇报会后，省委一方面加大建设延安和陕北相关政策的落实力度；另一方面，在贯彻落实《传达提纲》精神和整顿国民经济工作中，进一步完善延安和陕北工作的政策部署。1971 年 11 月初，省委第一书记李瑞山先后到延安、榆林、定边、靖边等地调查研究、了解情况，在与各地负责同志讨论的基础上形成了搞好陕北老区建设的具体措施。12 月 15 日至 27 日，省委在榆林召开农村工作会议，李瑞山作了题为《加强党的领导，发扬延安精神，深入开展农业学大寨群众运动，为实现我省农业达纲要而奋斗》的报告。会议作出了《中共陕西省委关于加强延安和陕北工作的决定》，提出切实抓好农业生产，尽快改变陕北农业落后面貌；各行各业树立以农业为基础的思想，认真做好支援延安和陕北建设的工作；加强对延安和陕北建设工作的领导，省委把延安和陕北建设列入重要议事日程，定期讨论延安和陕北工作，成立陕北工作小组，为省委抓好陕北工作当好参谋。这个决定进一步完善了《传达提纲》关于搞好延安和陕北建设的思路，成为建设延安和陕北的重要指导性文件。

省委农村工作会议后，延安和榆林地委先后召开农村工作会议，贯彻《传达提纲》和省委农村工作会议精神，总结经验教训，结合本地具体情况，大打农业翻身仗。榆林地委强调，在农业生产上不要把政策允许的自留地、发展多种经营等当作资本主义倾向去批判，规定了有利于集体增产、个人增收、减轻农民负担和使分配兑现的一些具体政策，提出 1972 年的任务是大打粮食生产仗、农田基建仗、造林育苗仗、种草仗、积肥造肥仗，受到广大干部群众的拥护。延安地委和各县委分别召开常委扩大会议和县、社两级干部会议，有的县还召开“三年改变面貌的群众誓师大会”，广泛动员力量贯彻《传达提纲》和省委农村工作会议精神。

省委陕北工作小组讨论并初步提出在陕北开展工作的意见，明确延安工作的重点和任务是，抓好地区蹲点工作，整顿领导班子，搞好农田基本建设，搞好科学种田，加快农业机械化速度，早日把延安建成粮食基地。在榆林，工作组先了解当地大打农业翻身仗、落实省委农村工作会议精神、落实农村各项政策以及“上纲要”的情况，了解领导作风和领导方法上存在的突出问题，为省委指导陕北工作提供情况和建议。根据省委常委会议精神和上述思路,陕北工作小组采取分工负责、深入基层蹲点、开展调查研究、发挥当地干部积极性等方法,首先协助延安地委、县委落实《传达提纲》和整顿农村基层组织,贯彻省委建设延安和陕北的部署。其次,坚持抓点带面,1972年上半年协助延安县委抓麻洞川公社党委,整顿巩固麻洞川公社的曲里、麻洞川、金盆湾3个大队和延河公社、延河大队的领导班子,推动农田基本建设。通过抓点带面,促进延安地区落实农村经济政策和改进经营管理,推进农田基本建设和科学种田,收到了比较好的效果。1972年上半年,在陕北旱灾严重的情况下,工作小组进驻的4个大队和麻洞川一道川的夏粮获得较好收成。

周恩来陪同外宾视察陕西

1973年6月8日至11日,周恩来陪同越南党政代表团先后在西安和延安参观访问。6月8日,周恩来陪同外宾来到古城西安,群众自发聚集在机场和他们经过的街头热烈欢迎。下午周恩来与客人在省主要领导的陪同下参观了西安人民搪瓷厂。9日,周恩来与外宾抵达延安后,顾不上休息便登上宝塔山,在写着毛泽东1949年10月给延安和陕甘宁边区人民"复电"内容的木牌前看了许久。当天周恩来陪同外宾参观了枣园、杨家岭和凤凰山等革命旧址。在王家坪纪念馆和枣园,周恩来向客人介绍了红军长征、遵义会议、重庆谈判等党的历史,向纪念馆负责同志多次提到朱德、董必武、任弼时、陈毅、彭德怀、贺龙、徐向前、王若飞、刘志丹等老一辈革命家的业绩,建议多陈列他们的照片,以纪念他们。在谈到刘志丹时,周恩来强调说,刘志丹是位很好的同志,陕北必须宣传刘志丹。周恩来还提出不要对他本人过多宣传,要求关闭他在枣园的旧居。

在延安期间,周恩来多次感谢延安人民的哺育之情,感谢延安人民支援我们党取得全国革命胜利。在同延安党政负责人谈话时,他得知延安群众的生活仍十分困苦,难过地流下眼泪,说,延安人民哺育了我们,取得了全国革命的胜利,我们在中央,对延安工作关照不够。他向当地负责人提出应尽快改变延安的落后面貌,并对延安农业生产作了许多指示。他详细地了解延安的人口、耕地、降雨等情况,并针对陕北粮食产量不高、亩产低的问题,指出搞农业第一还是要平整土地,不平地、不搞深翻,土壤就没有团粒结构,就不能储存水和肥料;要深翻深种,土就肥了。不能都靠机械化提高产量,要学大寨搞梯田,要舍得花力气,要苦干、大干,三年不行搞五年,这样不仅能增产粮食,同时还可以防止水土流失。在狠抓粮食生产的同时抓好林业、牧业、副业和手工业,开展多种经营。他对当地负责人说,对农民要多予少取,尽快解决温饱问题。延安的工业发展,要开采煤炭资源,发展"五小"工业[①]原料。周恩来向延安地区的负责人提出三年农业变面貌、五年粮食翻一番、文教卫生事业上一个新台阶、把延安建设得繁荣昌盛的奋斗目标。他希望陕西及延安人民,发扬延安精神,自力更生、艰苦奋斗,大大加快延安建设步伐。

6 月 10 日上午,周恩来一行离开延安来到西安,参观了陕西省博物馆[②]。在观看馆藏的碑刻时,他对陕西省的领导和博物馆的工作人员说,历史文物代表着一个民族的智慧,是一个国家过去的政治、经济和文化的缩影,要认真保护和利用。他特别叮嘱省委负责同志,陕西历史遗留下来的东西很多,要研究。除了学习马列主义和毛主席著作外,还要学点历史。

在陪同访问期间,周恩来对全省各项事业的发展提出要求。在同陕西的负责领导谈话时,周恩来强调一定要大干三五年把陕西的农业搞上去,把工业和其他各项建设都搞上去。针对基本建设占地过多的问题,他指出,你们盖房子、盖工厂占用耕地太多,汉中占的最多,其次是关中,还有陕北。这个问题要普遍清查,公道处理,严格控制新建项目,这是个方向问题。

虽然此次来陕西停留的时间很短,但周恩来抓紧时间与群众见面,同当地负责同志交谈,对陕西的工作作指示、提要求,传达了中央对延安和陕西全省的关怀,以及对三秦人民努力发展经济、早日改变经济落后面貌的殷切期望。这些指示和要求,成为鞭策陕西的巨大动力,对全省贯彻落实《传达提纲》起到了重要的推动作用。

---

① "五小"工业,主要指地县两级办的小钢铁、小机械、小化肥、小煤窑、小水泥厂。

② 陕西省博物馆 1944 年成立,位于西安市碑林区三学街。1950 年改名西北历史文物陈列馆,1955 年改名陕西省博物馆。馆内集中了大量汉至近代的碑石精华,因立如林,故又称碑林。1992 年改名西安碑林博物馆。

第十六章

“文化大革命”时期的陕西经济

由于动乱的冲击和经济建设指导思想的错误，“文化大革命”时期的国民经济起伏较大，陕西“三五”计划和“四五”计划的实施都不同程度受到影响。但是，党和国家实现工业化和现代化的目标始终未变，追求国家兴盛和民族富强仍是广大人民群众的共同愿望。党中央、毛泽东对林彪、江青两个反革命集团的趁机作乱和极左思潮的危害也有一定警觉和认识，干部群众同“左”倾错误和这两个反革命集团的斗争一直没有停止过。中共陕西省委带领全省干部群众认真落实党的各项政策、逐步恢复社会正常秩序，落实“抓革命、促生产”方针，推动全省经济有了一定发展，人民生活也有一定改善。

一、完成“三五”计划设想与实施“四五”计划

“三五”计划设想基本完成

1964 年，国家计委提出《第三个五年计划（1966—1970）的初步设想（汇报提纲）》，把大力发展农业、基本解决人民吃穿用问题作为国民经济发展的首要任务。由于当时国际形势出现新的动荡，我国周边形势也逐渐紧张，备战成为国家经济工作中的重点。中央作出三线建设的重大战略决策后，“三五”计划也作了相应调整，实质成为以国防建设为中

心的备战计划。

1965年3月陕西开始研究和部署全省“三五”计划的编制工作,5月向西北局计委和国家计委汇报了初步设想和计划,9月进行了调整。但是,“文化大革命”的开展打乱了正常工作秩序,“三五”计划编制工作随之搁浅,始终没有形成正式五年计划,仅是一个初步设想。受“文化大革命”影响,“三五”计划设想的实施也受到较大制约。由于陕西是三线建设的重点地区之一,国家在财力、人力和技术力量上投入比较集中,加之全省干部群众艰辛努力以及对“左”倾错误的自觉抵制,“三五”计划设想主要指标在高投入的前提下大体完成。

“三五”计划设想实施期间,陕西经济保持一定增长,国民收入平均每年增长7.7%,工农业总产值平均每年增长11.2%。其中,工业总产值平均每年增长16.3%,按1957年不变价格计算则达到67.4亿元,超过“三五”计划设想的目标。但农业总产值五年平均增长速度只有0.3%,工农业增长严重失衡。

“三五”计划设想的实施,实现了一批重要工业产品和原材料、能源工业的较大增长。1970年全省钢产量达到4.51万吨、比1965年增长2.3倍、平均每年增长27%,钢材8.1万吨、比1965年增长1.52倍、平均每年增长20.3%,合成氨3.79万吨、比1965年增长7.8倍、平均每年增长54.5%,农用化肥2.69万吨、比1965年增长5.1倍、平均每年增长43.4%,烧碱1.16万吨、比1965年增长2.7倍、平均每年增长30%,农药3464吨,填补省内空白。1970年全省发电量达到26.8亿千瓦小时、比1965年增长85%、平均每年增长13.2%,原煤产量达到674万吨、比1965年增长70.9%、平均每年增长11.3%。关系人民生活的重要轻工业产品有所增长,纱、布年平均分别增长6.6%和2.9%,卷烟和缝纫机年平均分别增长22.3%和17.8%。

“三五”计划设想的实施,推动全省基本建设取得一定成就,一批重大项目建成投产。全省全民所有制基本建设投资完成40.36亿元,比“二五”时期增长12.2%,新增固定资产17.83亿元。建成投产大中型项目14个,其中有配套服务建设的宝鸡有色金属加工厂、秦川机床厂、汉江机床厂、西北第二合成药厂、兴平玻璃纤维厂,有农业和支农项目的交口抽渭灌溉工程、兴平化肥厂、宝鸡氮肥厂,有能源、原材料基础设施项目的陇海铁路复线、西安钢厂、渭河电厂等。这一时期新增了不少生产能力,比如,煤炭开采 328 万吨、发电装机容量 24.9 万千瓦、炼钢能力 5 万吨、烧碱 2.07 万吨、合成氨 12.36 万吨、机制纸 1.47 万吨、印染布 183.6 万米、农田有效灌溉面积 135.05 万亩等。

“三五”计划设想的实施,促进了地方财政收支实现一定增长。1970 年全省地方财政总收入 9.77 亿元、比 1965 年增长 49.4%,全省地方财政总支出 9.29 亿元、比 1965 年增长 60.4%。

“三五”计划设想基本指标虽然大体完成,但国民经济和社会发展不协调的矛盾非常突出,国民经济一系列比例关系严重失调,市场供应紧张,人民生活水平出现下降。一是农业生产明显滞后。1970 年全省粮食、棉花、油料产量均低于 1965 年水平。二是人民生活仍处于低水平。1970 年全省全民所有制单位职工年平均工资 627 元、比 1965 年低 47 元,居民年消费水平除 1970 年外,其余各年消费水平均低于 1965 年。三是教育科技事业遭到严重破坏。全省 21 所高等院校 1970 年招生 791 人,仅为 1965 年的 9.6%;中等专业学校在校生由 4.16 万人减少到 500 人①,人才匮乏和培养断层对以后经济发展造成了严重影响。

编制和实施“四五”计划

1970 年 2 月 15 日至 3 月 21 日,国务院召开全国计划会议,讨论编制全国《1970 年国民经济计划和第四个五年国民经济计划纲要(草案)》工作。根据新的世界大战随时可能爆发的判断和“以战备为纲”的指导思想,会议把应对外敌突然袭击和大规模入侵作为压倒一切的中心任务,提出“以阶级斗争为纲,狠抓战备,促进国民经济的新飞跃”,明确“四五”时期的总要求是狠抓战备,集中力量建设战略后方,建立不同水平、各有特点、各自为战、大力协同的经济协作区,初步建成我国独立的、比较完整的工业体系和国民经济体系。8 月 6 日,国家计委发出《关于拟订 1971 年和第四个五年计划工作的通知》,要求各地根据《1970

① 陕西省地方志编纂委员会编:《陕西省志·计划志》,陕西人民出版社 1995 年版,第 210 页。

年国民经济计划和第四个五年国民经济计划纲要(草案)》中提出的各项任务,结合企业和单位计划,综合平衡本地区包括国务院各直属企业在内的全部经济,9月底前提出1971年计划和“四五”计划主要生产指标。

根据“要准备打仗”的思想和集中建设三线强大战略基地的要求,1970年4月陕西召开了计划会议,草拟出《陕西省1970年国民经济计划和第四个五年国民经济计划纲要(草案)》。5月,经省革委会批准上报国家计委并下发。“四五”计划提出以下主要任务和指标:

第一,大力发展农业生产,建立强大的农业基础。到1975年,基本实现《全国农业发展纲要》提出的规划和要求,粮食总产量达到900万吨、年平均增长速度8%,棉花总产量达到16万吨、年平均增长速度6%,油料总产量达到8万吨、年平均增长速度9.9%,大家畜达到300万头、年平均增长速度1.9%,猪达到1000万头、每农户平均两头半,年平均增长速度12%。鉴于粮食和食油省内不能自给的现实,计划要求1971年做到粮食自给有余。

针对陕西长期干旱缺水制约农业发展的实际,“四五”计划提出以水利建设为中心的农田基本建设原则,要求发动群众,努力增加旱涝保收、稳产高产田,增加灌溉面积1650万亩,平均每一农业人口一亩水地。坚持“蓄、小、群”,以小型为主、配套为主、社队自办为主,建设冯家山、石头河、黑河水库和天桥水电站等重点大、中型骨干工程。

农业机械化的主要目标是,按农业人口每人一亩半到两亩稳产高产田,每亩耕地平均使用化肥60斤,排灌机械化和农副产品加工机械化达到80%、耕作机械化达到60%,抓紧建成兴平化肥厂,加快10个在建小氮肥厂建设。除1971年建成华县氮肥厂外,在汉中建设年产5万吨的合成氨化肥厂。配合小氮肥厂的建设,每个地区配套一套硝酸铵装置,做到平时和战时相结合。

第二,集中力量加强领导,加快国家大三线战略基地建设。计划提出,煤炭、电力、交通、建筑材料和资源勘探工作要先行一步。煤炭工业的重点放在陕南和陕北,主要是开发铜川、焦坪、蒲白、韩城、澄合、镇巴6个矿区,生产能力1972年达到1200万吨,到“四五”计划后期再增加 800 万吨，到 1975 年全省煤炭生产能力达到 2500 万吨以上。同时，大力发展地方小煤窑，力争各地区地方工业和群众生活用煤基本做到区内自给。电力主要是新建和续建略阳、渭河、户县、秦岭、韩城、黄陵、安康 7 个火电厂和石门、石泉、黄金峡、石庙沟水电站以及白龙江输电工程等，装机容量 1975 年达到 240 万千瓦，发电量达到 190 万千瓦，加上机组改造，可以保证 250 万千瓦。铁路重点是加快阳安线（阳平关—安康）、梅七线（梅家坪—七里镇）、襄渝线陕西段、西韩线（西安—韩城）及西宝（西安—宝鸡）复线建设。公路建设的任务是保证 5 条战备公路，改善和提高已有公路等级，5 年内使全省公路晴雨通车。建材工业主要是加快铜川和新川水泥厂建设，用 2 年多时间把韩（城）白（水）地区建成吃、穿、打、用，小而全的后方基地，拥有 10 万吨铁、8 万吨钢、6 万吨钢材、2000 万吨煤炭、60 万千瓦电力、1.2 万枚纱锭的生产能力，并能提供农业机械化的动力和农具。

第三，高速发展原材料工业和机械工业。计划提出，为了准备打仗和支援农业，要尽快把钢铁工业搞上去。重点安排略阳钢铁厂、西安特殊钢厂、汉江钢铁厂、韩城钢铁厂、延安钢厂和耀县焦厂、韩城焦厂、西安焦厂的建设，各地、县凡有煤矿和铁矿的都要有计划地建设小钢铁厂，发展土法炼焦。

机械工业主要是大力发展农业机械、矿山机械、化肥设备、载重汽车、机床、刃具量具、轻工机械、中小冶金设备和发电设备等制造业，逐步做到省内成套生产，并积极发展电子工业、仪表、光学、电影、电视和精密机械。1975 年计划生产机床 5000 台、汽车 2000 辆、电动机 120 万千瓦、变压器 100 万千伏安、小型水轮发电机组 6 万千瓦、轴承 500 万套。

轻纺工业主要是尽快做到省内自给，到 1975 年棉纱产量达到 15.77 万吨、棉布 6.43 亿米、缝纫机 24 万架、自行车 5 万辆。计划积极安排了有色金属的采冶、森林工业企业的建设以及石油、化工基地的建设，到 1975 年主要工业产品产量计划指标为：钢 40 万吨、生铁 50 万吨、石油 50 万吨、化肥 160 万吨、烧碱 3 万吨、纯碱 3 万吨、木材 50 万立方米、水泥 150 万吨。

“四五”计划还原则安排了人民生活、财贸工作、医疗卫生和计划生育等工作,提出改革不合理的劳动工资和劳保福利制度,在发展生产基础上逐步改善职工工资收入,提高职工和农民生活水平。财贸工作要积极支援工农业生产,组织城乡物资交流。加强市场管理,继续稳定市场物价。大力开展计划生育,人口自然增长率控制在15‰,农村控制在20‰以内。

“四五”计划在执行中进行过多次调整,1971年底国民经济出现了“三个突破”①,1973年出现基本建设战线过长,农、轻、重比例失调等问题。根据上述情况,陕西对“四五”计划进行了调整:一是压缩基本建设规模,重点考虑收尾、配套和当年可以见效的项目以及重点续建项目,对条件不成熟的一般项目则坚决停建、缓建,一般不再安排新项目。根据这些原则,1973年地方基建投资计划比1972年计划减少10%以上,停建、缓建了16个大中型项目。二是解决“三个突破”问题,在1972年末全省职工总数基础上精减职工6万人,1973年全省使用民工数控制在20万人以内。三是积极发展轻工业,开拓轻工市场,增加轻纺工业产品生产指标。

从1971年至1975年,是全省实施“四五”计划的时期。在实施初期,由于周恩来主持批判极左思潮,全省认真贯彻《传达提纲》,“四五”计划实施环境比较宽松。虽然受到“批林批孔”运动的干扰破坏,但经过后来的整顿和干部群众的努力,计划得到了一定的执行,对全省经济建设起到了重要作用。

第一,农业发展基础条件有所改善。农业计划投资达5.57亿元、比“三五”时期增长119.29%,占同期地方基建投资比重由“三五”时期的12.35%上升到20.56%,其中水利建设投资4.93亿元、比“三五”时期增长140%。期间,除发动干部群众建成一大批小型水利工程外,先后建成包括宝鸡峡引渭灌溉工程、羊毛湾水库、石堡川水库、桃曲坡灌区等一批大、中型水利骨干工程,农业基础条件明显改善。1975年全省有效灌溉面积达到1768.67万亩、比1970年增加40.98%,有效灌溉面积占总耕

① “三个突破”,即全国职工人数突破5000万人,工资支出突破300亿元,粮食销量突破800亿斤。

地面积由 1970 年的 20. 49% 上升到 30. 19%，增强了抵御自然灾害的能力。“四五”期间还重点发展了农机和化肥、农药工业，全省农业机械化水平、化肥施用量都有所提高，全省粮食作物单位面积产量由 1970 年的每亩 86 公斤提高到每亩 124 公斤。1975 年全省粮食总产量达到 810. 5 万吨、比 1970 年增长 35. 08%，油料总产量达到 7. 5 万吨、比 1970 年增长 55. 92%。

第二，工业实力有所增强。“四五”期间，国家基本建设投资达 91. 35 亿元，比“三五”期间增长 126. 33%。国家从沿海搬迁了一批技术先进的骨干企业、调集了一批技术力量到陕西，全省工业实力明显增强。同时，国家布点陕西的一大批重点工业企业先后建成投产，改变了全省经济结构，提高了工业实力。陕西的航天、航空、电子以及一部分机械工业，大多数是这个时期建成完善的，陕西成为国家重要工业基地的基础也是这个时期奠定的。

第三，能源和原材料工业有较大发展。重点开发了渭北煤田，在韩城、蒲白、澄合矿区新建扩建了一批地方小型煤矿，1975 年全省原煤产量比 1970 年增长 69%。先后建成现代化大型火力发电厂秦岭电厂（一期）、陕西第一座大型水电工程石泉水电站、略阳电厂以及一大批小型火电、水电站，到“四五”计划末，全省发电能力比“三五”期间增长 63. 19%、钢产量增长 4 倍、生铁产量增长 3 倍、石油产量增长近 2 倍、水泥增长 1 倍以上。

第四，交通条件有所改善。“四五”期间，阳安线、襄渝线、梅七线、侯西线、西延线等 5 条铁路先后复工和开工建设并相继通车运营，宝成铁路陕西境内线路全部实现电气化，运力和运量大大提高。公路建设有很大发展，基本实现了县县通公路，80. 23% 的公社通了公路，全省公路总里程比“三五”时期增长 54. 82%。1975 年公路客货运量为 2524 万人次和 3546 万吨，分别比 1970 年增长 52. 04% 和 48. 74%。

“四五”计划存在的主要问题是指标过高、要求过急，超出陕西所能承受的建设能力，加上“文化大革命”的干扰破坏，实施效果受到不小影响。“四五”计划考核的主要指标大部分没有完成，工业总产值只完成计划的 62. 8%，粮食、棉花、油料作物总产量分别完成计划的 90%、53% 和

94%，钢、原煤、发电量分别完成计划的37.8%、57%和30%，生铁产量仅达到计划的17.34%，金属切削机床完成计划的60%，汽车产量完成计划的25%，原油产量完成计划的9.1%。此外，投资结构不合理给全省经济发展带来许多新问题，导致陕西经济已经存在的“骨头”与“肉”和农、轻、重比例不协调的矛盾更为突出，国民经济比例失调问题更加明显。虽然“四五”计划没有实现预期目标，但仍然取得重要成就。“四五”计划末期，全省工农业总产值达到109.31亿元，突破了百亿元大关，比1970年增长40.55%、年均增长7.04%。其中，工业总产值达到75.36亿元，较“三五”计划增长46%、年均增长7.86%；农业总产值达到33.95亿元，比1970年增长29.77%、年均增长5.35%①。

二、实施三线建设

贯彻三线建设座谈会精神

1966年5月“文化大革命”爆发后，西北局三线建设委员会和陕西省三线建设委员会相继停止工作。1968年5月，陕西省革委会成立。8月14日在省革委会生产组下设置内地建设办公室，12月1日又将内地建设办公室交省革委会三线建设指挥部领导。12月5日省革委会决定成立基本建设指挥部，领导全省的三线建设。其后，在三线建设任务比较重的宝鸡、汉中、安康、咸阳、渭南、商洛、西安等地市的革委会中也设立相应基本建设指挥机构，统一领导和管理本区域的三线建设工作。

1969年3月，苏联军队入侵乌苏里江主航道中国一侧的珍宝岛，造成严重流血事件。4月28日，毛泽东在党的九届一中全会上发出“要准备打仗”的号召。此后，新疆地区的中苏边境线又发生了一系列武装冲突，苏联在我国北方陈兵百万形成威胁，全国性的战备工作升级，大规模的三线建设全面展开。4月，兰州军区召开陕西、甘肃、宁夏、青海四省（区）三线建设座谈会，国家计委、国家建委、国防工办、国防科工委和

① 陕西省地方志编纂委员会编:《陕西省志·计划志》，陕西人民出版社1995年版，第237页。

16个有关部委负责人出席。根据中央“抓紧‘三线建设’、随时准备打仗”精神和“靠山、分散、隐蔽”方针，会议总结了四省（区）三线建设实践，讨论了四省（区）三线建设组织领导工作，研究了工业、农业、国防、交通等建设七年规划（1969—1975）以及工业布局和大中型项目的定点等问题。会议确定，工业过分集中的西安、兰州、宝鸡、咸阳等城市，今后不再摆大中和精尖建设项目；已建成的军工短线和“独生子”项目[①]另选第二厂址，准备战时搬出；充分利用公共基础支援工农业生产，促进三线建设。陕西的任务是：在原有布局的基础上适当发展关中、汉中地区，积极发展商洛、安康和陕北地区，重点发展以汉钢和特殊钢厂为中心的钢铁工业，以渭北黑腰带为中心的煤炭工业、电力工业，以及国防、机械、化工、电子、仪器、仪表工业，相应发展轻工业[②]。会议基本确定了陕西工业、农业、交通运输业和能源工业建设的重点任务。

与1965年三线建设初期的计划相比，兰州军区四省（区）三线建设座谈会提出的有关陕西规划设想以及陕西小三线建设项目规划，在地理布局上基本一致，只是更加详细具体，更加注重各方协调。这个规划打破了陕西工业主要集中在西安、宝鸡、咸阳三地，关中其他地区工业依旧薄弱，陕南、陕北基本空白的旧格局。三线建设的重点地区关中陇海铁路沿线、渭北和陕南，通过在汉中、渭南、韩城、黄陵等地新建47个工矿区和城镇，推动其成为初具规模的新兴工业城市。同时，军工企业和与之相关的重工业企业比重有所加强，军工生产成为三线建设重点。规划强调要加强农业基础设施建设，为大规模的三线建设提供坚实可靠的基础保障。但是，这些规划过于求全，各行各业在全省各地都有项目上马，虽然主观是尽量配合当地三线建设、做到取材方便，但却忽视了当地自然环境、资源、技术等客观条件。有些根本不适合本地的项目也被立项，如靖边联合制碱厂、陕南石油化工厂等。由于时间要求紧，又过分强调“靠山、分散、隐蔽”，许多项目在选址时没有经过深入调研和充分论证，为建设过程及以后发展留下了不少隐患。

---

① “独生子”项目，指仅此一家的项目。

② 《兰州军区三线建设座谈会纪要》，1969年4月。

为了贯彻兰州军区四省(区)三线建设座谈会精神,1969 年 4 月 29 日省革委会下发当年基本建设计划,安排了大量以交通、能源等基础工业和基础设施为主的小三线建设项目,努力更好地支援和配合国家大三线建设。主要是建设褒河的老君崖和武关河、石泉子午河的彭家湾、城固湑水河的大牯牛等 4 个小型发电站,改善西万、汉白、昌平、西包等公路干线,在城固、石泉、汉中以及渭南、周至、宝鸡等地的汉江、渭河上修筑 30 多座公路桥梁,新建三原到庆阳、周至到洋县、西安到宝鸡的环线以及疏散线路,建设西安到侯马、阳平关到城固的铁路线以及徐家村到白水、铜川经焦坪到延安的铁路支线。为了配合解决三线项目建设所需的钢材、水泥、砖瓦、沙石等建筑材料,投资建设了西安红星钢厂、略阳钢铁厂、渭北钢厂等地方钢铁企业,建设延河水泥机械厂、建材机械厂,在各县大力创办小型水泥厂。建设汉中石门水库、洛川石堡川友谊水库、宝鸡石头河水库、宝鸡冯家山水库等,提高当地防洪、灌溉和水产养殖能力;投资建设兴平氮肥厂、临潼氮肥厂、宝鸡磷肥厂、陕西化肥厂等,提高当地农业生产能力,增加农产品供给。

党中央和国务院十分重视陕西三线建设,周恩来、邓小平、李先念、王震、余秋里等党和国家领导先后来陕西视察,调研指导三线建设。1966 年 3 月,邓小平受党中央委托,在李富春、薄一波陪同下,带领 20 多名中央部委负责人视察西北三线建设进展情况。邓小平在陕西先后视察了三机部六院第八、第十二、第三十研究所和庆安机械厂等单位,研究了三线建设发展特别是陕西的航空、航天相关国防工业等问题。1972 年 7 月,按照周恩来指示,王震到汉中专门检查三线建设工程进度,在听取汉中地委书记罗铭汇报后指出,要明确陕西三线建设的战略意义,三线建设是汉中的重头,一定要集中人力物力把工作搞好。在周恩来、邓小平、王震等中央领导的关心下,陕西三线建设进展顺利,国防军事工业取得很大发展。

全面展开三线建设

按照中央统一部署和工作要求,陕西大小三线建设全面展开。1964 年至 1979 年,全省铁路累计投资 33.1 亿元,相继建成了阳安线、西韩线、梅七线、襄渝铁路陕西段、西宝复线等线路。阳安线西起阳平关，东至安康县城，全长358公里，总投资8.12亿元，是陕西三线建设中铁路的重点项目。1969年底动工修建，先后有铁道部第一工程局7万多名职工，汉中、渭南、安康等地区40万名民工，其他有关单位工程技术人员共计50万人参与建设。经过3年紧张施工，1972年10月完成全线铺轨，1976年9月全线交付营运。西韩铁路自1958年4月开工修建，1962年停工，1970年1月复工修建，1975年2月建成交付营运。1966年至1975年，全省公路建设投资达6.4亿元，修通了西万、周城（周至—城固）、兰宜（兰州—宜川）公路，各地区相应配套修建了不少地方道路。

1969年10月，为了提高三线企事业单位通信能力，周恩来批示建设陕西至四川205微波工程。1973年建成202（北京—西安）、205（西安—成都、重庆）、207（西安—襄樊）、216（西安—兰州—西宁）、219（西安—延安）等5条微波干线，陕西境内微波电路共1213.5公里，完成了23个微波站的土建和138部微波收发讯机及附属设备安装工程，建成了宝鸡—甘肃平凉、安康—四川万县省际明线12路载波工程和西安—石泉省内明线载波通信工程。省内长途通信主要是加强地区到所辖县和县与县的通信网建设，新建和扩建大中城市市内自动电话，重点解决农村电话线路存在的县到农村交换点中继线少的问题。此外，还在陕西建造一座大型短波国际电台，建设小三线通信网，陆续在重点厂矿设置邮电支局，建设配套专用通信网络，筹建西安火车站邮政枢纽工程等，并将这些战备设施纳入平时通信网使用，全省邮运能力明显增强。

从1970年开始，国家和地方加大投资渭北地区的韩城、澄合、蒲白等地煤田建设，三线建设时期累计投资21.02亿元，新建改扩建矿井21对、新增原煤年产能力1212万吨，建成洗煤厂2座、年入洗原煤能力120万吨。渭北煤炭基地固定资产投资达16亿元，拥有各种设备7万台（架），职工10.8万人，工程技术人员2200多人，建成矿井33对，年产能力1834万吨，相应建成了煤机厂、水泥厂、砖瓦厂、火药厂及铁路专用线、公路、供水、输变电、通讯等配套工程。同期还投资新建了崔家沟煤矿和黄陵巷村煤矿，分别形成年产原煤150万吨和90万吨生产能力。

三线建设期间，国家对三线地区电力工业投入大量人力、物力和财力，陕西先后建成4个大中型火力发电厂和两个水力发电厂，新增发电装机容量102.5万千瓦，全省发电量从1966年18.3亿千瓦增长到1979年71.3亿千瓦，增长2.89倍。1975年7月，建成全省梯级开发汉江水力资源的第一个大型项目石泉水力发电厂，电厂拦水坝高65米，水库库容4.7亿立方米，装机3台，容量13.5万千瓦，年发电量6.5亿度。1972年6月，刘天关输变电工程建成投运。这条线路西起甘肃刘家峡水电站，东至陕西关中眉县汤峪，是我国自行设计、自制设备、自己施工的第一条330千伏超高压跨省送电线路，它的建成把陕西、甘肃、青海电网连接在一起，形成了陕甘青电网，通过互调余缺发挥了较好的经济效益。此外，还建成石泉—西安枣园的22万伏高压输电线路，沿线设有洋县变电站、周至开关站和枣园变电站等相应配套变电工程，全长300公里，连通了陕西的南北电网，将石泉水电厂电能输送到关中，促进了关中地区工农业发展。

这一时期，陕西石油勘探步伐加快。从1970年11月开始，兰州军区组成陕甘宁石油勘探指挥部，在陕甘宁盆地展开石油会战，从有关方面抽调5万多人在陕甘宁盆地南部陕北吴旗、志丹和洛河、葫芦河两地区10多万平方公里范围开展大面积勘测探查。到1976年，查明油田面积193平方公里，石油储量8800万吨，天然气储量9.8亿立方米。这一时期，还扩建了延长油矿，新建了长庆油田，陕西石油工业的采油、炼油能力都有所增强。

三线建设时期国家投资29.92亿元，在陕西汉中、安康、宝鸡、商洛等地和关中沿山地带建设国防科技工业项目117个，其中生产企业60个、研究所26个，院、校、队、站、库31个，涉及航空、航天、电子、兵器、核工业等工业门类。陕西航空工业“一五”时期开始建设，“二五”时期初具规模。三线建设开始后，在陕西投资建成了大型运输机生产基地和飞机试验试飞中心，先后建成并投产大中型项目30多个，形成了包括飞机制造、航空发动机、辅机和专业化组件部件制造、航空教育科学研究等在内的航空工业基地，拥有了比较完整的科研试验手段和实力较强的科研、设计和生产力量。20世纪50年代开始建设的西安飞机制造公司，经过三线建设时期发展,成为综合生产能力较强的专业企业。1970年在汉中建设的012基地,主要生产军用运输机,属大型运输飞机制造企业,它的投资建设改善了中国航空工业布局,促进了汉中地区工业交通、文化事业的发展。1965年,国家确定在陕西建设航天工业科研生产基地,在蓝田、凤县、临潼、长安、户县、西安等地先后建设063、067基地,使陕西成为我国航天工业一个重要基地。1966年至1976年,国家先后在宝鸡、凤县、眉县、略阳、商洛、渭南和铜川等地建设了28个电子工业研究所和电子元器件生产企业,其中工厂15个、研究所7个、其他事业单位6个,加上地方投资建设的30多个小型电子工业企业,基本形成从元件、器件、仪器、仪表、专用设备到整机生产的完整体系。

自1966年开始,陕西开始发展核工业。陕西大量调入铀矿地质队伍,迅速建立核专用设备和核仪器工厂,动工兴建核燃料及燃料元件、轻材料厂,基本上形成了较为系统的核原料地质勘探、矿山开采、核工业控制设备、测试仪表、高压容器的研制和生产能力,为我国进行核弹、洲际导弹、水下潜艇导弹试验提供了重要支撑。1965年,陕西兵器工业按照改善布局、扩大品种、增加产量、提高水平的原则进行规划,新建和迁入11个兵器工业企事业单位,包括专业研究所、试验场、制造厂等,专业涉及光学仪器制造、兵器制导技术、火控雷达等,使陕西具备从研究到设计、试制、生产各种常规兵器的全方位能力,因此成为我国兵器工业的重要基地。期间,陕西船舶工业也试制成功舰船用柴油发动机、鱼雷仪器、鱼雷控制仪表等。经过建设,陕西拥有了较为齐全的国防科技工业门类,成为全国国防科技工业重要基地。

三线地区的机械工业建设,是按照既能为军事工业配套,又能为国民经济提供重要装备的原则规划的。1966年至1975年10年间,陕西机械工业系统共建成大中小项目56个,总投资88115万元,占全国机械工业同期总投资额的7.7%。新建陕西汽车制造厂、陕西压延设备厂、陕西汽车齿轮厂、陕西鼓风机厂、黄河工程机械厂、汉江油泵油嘴厂、汉江机床厂、汉川机床厂、汉江工具厂等,拥有了重型矿山机械、通用机械、机床工具、仪器仪表、电器工业、汽车、通用零部件、农机制造等8个主要行业。到1978年,陕西省机械工业系统共有企业419个、比1966年增长

9倍，职工173017人、比1966年增长11倍，固定资产原值171074.77万元、比1966年增长15倍，机床拥有量23874台、比1966年增加4倍，机械制造从此成为陕西经济发展的支柱产业。

三线建设开始后，国家对冶金工业重点投资，在陕西新建了略阳钢铁厂、陕西焦化厂、西安焦化厂、西北耐火材料厂、陕西精密合金厂等企业，并对原有企业进行技术改造。到1979年，全省冶金工业总产值为22313.4万元、钢铁工业产值19557.1万元、冶金机械工业产值3476.1万元，分别比1964年增长23.67倍、170.55倍和3.74倍。陕西的特钢生产、耐火材料生产以及冶金机械修造能力，在西北地区乃至全国都占有一席之地。这一时期，国家在陕西还投资兴建了宝鸡有色金属加工厂、西北金属研究院、金堆城钼业公司、西北半导体材料厂、华山有色冶金机械厂等大型企业和研究机构。陕西陆续新建扩建西安市铜材厂、西安市铜管厂、西安市铝材厂、铜川市铝厂，勘探开发八一铜矿、潼关金矿、金家河磷矿、茶店磷矿、白河硫铁矿等，在努力配合国家大三线建设的过程中，全省有色金属工业格局逐渐形成。

为配套军工生产、支援农业和改善群众生活，三线建设期间国家和陕西投资兴建了一批化工、建材、轻纺企业。在化工企业方面，改造扩建了汉中磷肥厂、西安农药厂、宝鸡磷肥厂，新建了宝鸡氮肥厂、兴平化肥厂、陕西化肥厂等，建设了西安化工厂、西北第二合成药厂等化工企业。在建材企业方面，先后建成兴平玻璃纤维厂、延河水泥机械厂、陕西省建材机械厂、陕西省玻璃纤维机械厂等重点企业，扩建和新建了新川水泥厂、铜川水泥厂等一批中小型水泥企业。在轻纺行业，除了从沿海城市迁进一批轻工企业来陕外，还新建扩建了许多项目，比如，陕西缝纫机厂、西安造纸机械厂、风雷仪表厂、红旗手表厂、西安钟表元件厂、国营第二钟表机械厂、西安造纸网厂、宝鸡五一造纸厂、西安铜网厂、陕西轻工机械厂、西安宝石轴承厂、铜川灯泡厂、宝鸡卷烟厂、延安卷烟厂等。纺织工业以西安为中心，扩大了包括咸阳、宝鸡、蔡家坡、兴平、渭南等地在内的关中棉纺织工业生产基地规模，新建扩建了陕西第一毛纺织厂二期工程、榆林毛纺织厂、陕西第二针织厂、汉中缫丝厂等。为加强纺织机械、器材、配件生产建设，新建了陕西第一、二、三纺织配件厂和南郑纺织器材厂，在关中及陕南陕北 20 余县市相继建立棉纺织、棉织、色织、针织、线带、纺织配件、纺织器材以及小化纤等工厂数十家，陕西地方纺织工业有了新的发展。

“三线学兵”参与修建襄渝铁路

20 世纪 60 年代后期，国家决定修建从湖北襄樊至四川重庆（时属四川省）的铁路，即襄渝铁路（代号“2107 工程”）。作为国家建设的重点战备工程，襄渝铁路建成后将成为连通我国中部和西南地区的大动脉，对于国家发展经济、加强国防有着重大而深远的意义。它全长 915.6 公里，沿途所经之地多为崇山峻岭，沟长壑深，80% 的路段需要修建隧道、架设桥梁，任务十分艰巨。陕西段长 264 公里，经过安康地区的紫阳、旬阳、白河等县，铁道兵第 2 师、第 10 师、第 11 师等部队官兵和陕西当地数十万名民工参加了该段建设。陕西成立了“2107 工程陕西省建设指挥部”组织协调襄渝铁路陕西段建设，省革委会副主任萧纯担任总指挥。

襄渝铁路陕西段线路长度不到总线路的三分之一，工程量却占到总工程量的三分之二，是襄渝铁路建设工程中地质情况最复杂、施工难度最艰巨的工段。因为沿线人烟稀少、交通闭塞，先后修建了运输物资的公路 380 多公里、林场公路 320 公里、运输便道 770 多公里、输水管道 500 多公里，建设临时房屋、工棚、库房 300 多万平方米，架设施工照明电线 900 多公里，通讯电线 260 多公里。先期准备工程花费 3163 万个工日，占工程总用工 27%。水利电力部沿铁路线修建了 110 千伏输变电工程为施工送电，交通部组织山东、安徽等省的汽车和船只支援运输，建筑材料工业部在西安组织生产混凝土构件，铁路部门从全国各地运来材料和设备，这样的建设规模在新中国铁路建设史上是空前的。经过 3 年艰苦会战，1973 年 10 月 19 日陕西段铺轨到达旬阳县棕溪镇，与襄樊段接通，全线接轨通车。

中国人民解放军铁道兵部队是襄渝铁路建设的主要施工力量，为了加快工程进度，陕西还动员了大量民工参与。尽管如此，人手仍然十分紧张。为了解决这个突出问题，陕西省革委会多次讨论后，决定从初中毕业生中选招人员，充实襄渝线建设。1970 年 8 月和 1971 年 3 月，陕西分两次从西安市和宝鸡、咸阳、渭南和铜川等地市招收 1969 届、1970 届初中毕业生共 25885 人，投入襄渝铁路建设。这些学生平均年龄十六七岁，被编成 141 个连队按军队模式统一管理，被称为“学生民兵”。他们主要被安排在安康、紫阳、旬阳等地的铁路工地上，参与隧道掘进施工、桥梁架设、转运材料等工作。虽然建设任务繁重、生活环境艰苦，但这些年轻的学生民兵热情高、肯吃苦，很快适应了建设要求，成长为襄渝铁路桥隧施工的主力军。由于文化程度较高，头脑灵活肯思考，不少学生民兵在施工过程中开展了许多技术革新，摸索出一些创造性的施工方法，他们之中也涌现出不少模范集体和先进个人，许多人在工地“火线入团、入党”。1972 年 6 月 17 日，襄渝铁路陕西段枫树哑隧道在修建中发生塌方，19 岁的西安学兵吴南为抢救战友牺牲。为了表彰吴南的英雄事迹，上级党组织追认他为中国共产党党员，授予他“革命烈士”的光荣称号。

从 1970 年 8 月到 1973 年 7 月近三年的时间里，学兵们克服困难、艰苦奋战，锻炼了品格、磨炼了意志，很多人在回到地方后成为各自岗位上的骨干力量。他们在襄渝线建设中展现出的精神风貌，为“爱国奉献、艰苦奋斗、团结协作、勇于创新”的三线精神增添了浓墨重彩的一笔。

三线建设的成就及影响

从 1964 年至 1979 年，国家在陕投资 200 多亿元，建设了 110 多个重点项目。在十多年的艰苦建设中，中央各部委积极指导帮助，地方各级党委政府大力支持配合，各行业各部门建设者协同努力奋斗，陕西三线建设取得了重要成就，对全省经济社会发展产生了重要影响。

首先，改善了全省工业布局，促进了陕西工业发展。经过“一五”“二五”时期的建设，陕西工业落后的面貌有了很大改变，但基础薄弱、门类不全，工业生产规模偏小、能力有限的问题依然突出。大规模的三线建设有力推动了陕西工业由点到面的扩展，改变了工业过分集中在西安、宝鸡、咸阳等城市的格局，发展了陇海铁路沿线的关中和陕南地区的工业,增强了陕西整体的工业实力。经过三线建设,陕西拥有了较强的生产技术装备,基本形成了比较雄厚的工业基础和一定规模的工业部门,出现了一批生产能力强、产品品质高、国内行业有影响的品牌企业,成为国家规划发展的电子、机械、纺织、电子仪器、有色金属、冶炼、能源、国防军工等多门类的生产基地。到 1979 年,按当年价格计算,陕西工业总产值比 1964 年增长 3.34 倍,工业总产值在工农业生产总值中的比重从 1964 年的 56.54% 提高到 69.75%,成为我国内地一个重要工业基地。

其次,带动了城市发展,推动了全省城镇化进程。“靠山、分散、隐蔽”的布局使不少三线建设项目布点在远离大中城市的偏远地区,随着大批资金投入和工业设施建设,铁路、公路、邮路不停开辟延伸,矿产资源不断开发,带动了当地经济发展和社会繁荣,一些历史悠久的城镇被注入新鲜血液,逐步成为交通枢纽和新型工业城市。三线建设期间,国家在宝鸡投资 11.8 亿元,相继成立涉及航天、电子、兵器、机械和有色金属工业等 21 个企事业单位,宝鸡由此拥有了集科研生产试验为一体的完整航天工业体系,形成了从元器件、仪器仪表到整机生产的电子工业配套体系,建成了我国最大的钛材加工企业,成为新兴产业基地。这一时期,国家在汉中安排了大量项目,投资巨大,仅 1970 年基本建设投资就达到 20 亿元,占全省基建总投资的 50%。012 基地及一批配套企业的建成,使汉中拥有了航空、核、机械、冶金、化工、建材、电力等工业门类,成为国家重要的航空工业基地。铜川在新中国成立之前经济发展缓慢,三线建设时期扩建铜川煤矿,带动了当地的交通基建,新建了机械、电子、航空、兵器等 9 个门类企业,构成了以煤炭、建材、冶金工业为骨干的产业群体和富有地方特色的工业体系,城市规模也相应扩大。

第三,设立了许多科研机构,增强了全省教育科技实力。三线建设时期,陕西新建工业、医药卫生、基础科学等研究所 20 个,先后完成科研项目数千个。围绕渭北煤炭基地生产建设,国家先后在西安、渭南等地建立了西安煤矿设计研究院、陕西煤炭建设公司、陕西煤田地质勘探公司、煤炭部西安航测遥感公司、西安矿业学院等地质勘探、设计、施工、煤机制造和科研教育单位。围绕农业技术研究和应用,扩大发展陕西省农林科学院、省水利科学研究所、省林业研究所、省棉花研究所、省果树研究所、省蚕桑研究所,新建省畜牧兽医研究所和水产研究所,在全省各地、市、县普遍建立农业科学试验站,开展农林作物良种选育、畜禽良种繁殖、水土保持、地下水合理开发利用、陕北沙漠造林、秦巴山区林副特产试验、高效低毒农药和农田水利基本建设机具研究。这些企业厂所的建立,增强了陕西科研教育实力。

当然,任何事物都有时代的印迹和局限,三线建设也不例外。出于对当时面临国际形势的判断,三线建设突出了备战需要,其指导思想和建设布局都有当时的历史色彩,存在着投资规模过于庞大、项目建设过急过快、忽视经济规律造成巨大浪费等问题。但总体来说,它改变了国家的工业布局,建起了国家后方战略基地,促进了内地经济社会发展,特别是对陕西而言,其影响和意义尤为重大和深远。

三、工业学大庆和农业学大寨运动的曲折发展

工业学大庆运动

新中国成立后,为了解决国内石油短缺,打破西方石油禁运、甩掉中国“贫油”的帽子,满足适应经济建设需求,国家投入大量人力物力进行石油勘探和开发。1959 年,勘查人员在东北松辽盆地找到工业性油流,时值新中国成立十周年大庆,油田被命名为“大庆油田”。以“铁人”王进喜为代表的大庆石油工人和技术人员克服种种困难,经过三年多奋战,建成年产 600 万吨原油的大庆油田,为中国经济建设奠定了重要的物质基础。

为发扬大庆石油工人不畏困难、建设祖国的奉献拼搏精神,1964 年初党中央和毛泽东发出工业学大庆的号召。全国各个行业掀起学习大庆经验的运动,前后持续 10 多年。陕西工业学大庆运动从工交系统开始。1964 年 1 月上旬,省委工交部印发《石油工业部副部长康世恩在北京市领导干部大会上关于大庆石油会战的汇报》,逐级向机关和企业领导干部传达。1 月 20 日,省委工交部向省委报送《关于计划在八四七厂

进行推广大庆油田经验试点的报告》。部长张方海带领工作组在西安昆仑机械厂进行试点，召开厂党委扩大会，组织中层以上党员干部学习，确定一个车间向工人讲解大庆经验，开展评比和比学赶帮竞赛活动。西北局经委在西安西北光学仪器厂、国营黄河机器制造厂，五机部在华山机械厂也先后组织开展学习大庆经验的试点工作。

为进一步推动全省工业学大庆运动，副省长惠世恭带领省工交系统111名同志赴大庆参观学习，成员包括60名有关市区、各委办局相关领导及51名企业负责人。回陕西后，这些人员分别到基层蹲点调研或回本厂介绍传授大庆经验。

省委要求采取层层抓试点的方式推广大庆经验。1964年上半年，全省各级试点单位75个，其中省级工交领导部门、各地委、市委直接试点28个，西安、宝鸡市级工业领导部门、西安市各区委试点13个，企业自己试点34个。在省、市两级的28个试点单位中，6个是省上直接试点，分别是西安动力机械厂、西北国棉一厂、西北国棉四厂、西安制药厂、咸阳造纸厂、陕北运输公司第三车队。每个试点单位都有负责干部带领工作组具体指导，多数工作组成员都在基层与职工同吃、同住、同劳动。工作组根据不同企业制订符合实际的试点计划，与解决基层单位的生产、管理和职工思想等突出问题相结合，积极开展工作。

在省委领导下，全省学习大庆经验由点到面逐级开展，调动了广大干部职工建设社会主义的积极性，涌现出许多学习大庆经验的优秀个人和先进集体。西北国棉一厂“赵梦桃小组”成为全省学大庆先进班组，被树立为全国工业学大庆典型。这一阶段的工业学大庆运动方向是正确的，效果是明显的。

1966年1月2日，《人民日报》发表《中国工业化的正确道路》的社论，随后连续发表文章介绍大庆人建设石油基地的经验，掀起全国工业学大庆运动的高潮。在3月召开的全国工交工作会议和全国工交政治工作会议上，西安人民搪瓷厂、陕西澄城半机械化农具公司、西安储运公司咸阳仓库被授予“大庆式先进企业”称号。

“文化大革命”开始后，由于“无产阶级专政下的继续革命”的错误理论指导，正常生产生活秩序遭到破坏，工业学大庆以大批判开路、以政治运动形式推进，学大庆运动在曲折中发展。

1971年2月底召开的省第五次党代会提出，继续大力开展工业学大庆群众运动，迅速在全省掀起学大庆新高潮。8月初，省革委会召开全省工交和基建战线抓革命、促生产电话会议，要求各地市各单位坚决贯彻落实“鞍钢宪法”①，深入开展工业学大庆运动，加快全省生产建设。1972年9月12日至30日，省委工业交通工作会议召开，这是“文化大革命”开始后省委重新成立以来召开的第一次工交工作会议。会议交流了工业学大庆经验，分析了陕西工交战线的生产形势，指出存在的突出问题，要求发动广大群众，全面整顿企业管理，把工业学大庆群众运动推向新阶段；发扬延安精神，破除懒汉懦夫思想，大搞技术革新和技术革命，向生产深度和广度进军。会后，与会代表参观国棉一厂、宝鸡石油机械厂、西安电力电容器厂等先进单位，学习他们的有效做法。

这一时期，全省各地和工业部门加强党委对工业学大庆运动的组织领导，不断总结经验并召开交流会议。国防、冶金、燃化、电子、机械、电力、轻纺、交通、地质等系统或部门召开多次经验交流会、现场会、先进人物报告会等，互学互鉴、取长补短，深化学大庆运动。

在工业学大庆运动中，企业主要采取了开办政治夜校、自学小组、业余党校、工人大学等方式，学习先进、改进自己，提高生产效率。宝鸡石油机械厂、西安钟表元件厂、西安东风车辆厂等企业制定干部每年参加劳动一百天的制度，西安铁路局严格实行蹲点、劳动、值班“三三制”，干部下去和群众实行“五同”②。

1975年1月22日至2月2日，省委在西安召开全省工业学大庆经验交流会，回顾十年来全省工交系统学大庆的历程，总结学大庆的经验，号召“学大庆、搞规划、闹翻番，大搞技术革命、技术革新，赶超国内外先

---

① 1960年3月11日，中共鞍山市委向党中央作了《关于工业战线上的技术革新和技术革命运动开展情况的报告》，毛泽东在3月22日的批示中，高度评价了鞍山钢铁公司的经验，提出了管理社会主义企业的原则，即开展技术革命，大搞群众运动；实行干部参加生产劳动、工人参加企业管理，改革企业中不合理的规章制度，在技术改革中实行企业领导干部、技术人员、工人三结合的原则；坚持政治挂帅，实行党委领导下的厂长负责制。这些原则被称为“鞍钢宪法”。

② “五同”，即同吃、同住、同学习、同批判、同劳动。

进水平",要求制定本年学大庆计划和长远规划,争取三五年内全省20%到30%的企业办成大庆式企业[①]。会后,全省各地和工交系统普遍组织开展了工业学大庆大检查活动。省电子、轻纺、机械、电管、地质、燃化局等单位组织检查团,检查部属和省属企业学大庆情况。省总工会、团省委和省工交办组织赵梦桃小组、1060机车包乘组、西安市焊接工具厂等先进单位形成"学习大庆经验报告团",在全省各地市巡回介绍经验。

1971年至1975年是我国国民经济"四五"时期,也是陕西开展工业学大庆运动的高潮时期。虽然这一时期"文化大革命"严重干扰和破坏了经济建设的正常进行,但在广大干部、职工和群众的艰苦努力下,通过开展工业学大庆运动,国民经济建设取得了一定成效。

1976年底国务院召开全国工业学大庆会议筹备会。1977年4月10日至26日,陕西省召开工业学大庆会议。会后,省委向中央、国务院上报《关于陕西省工业学大庆会议的情况报告》,报告中说,通过工业学大庆运动,1976年陕西较好贯彻落实发展国民经济的方针,农、轻、重经济结构趋于合理,工业迅速恢复和发展,全省多数企业扭转了生产计划完不成、发工资靠贷款的被动局面,全省社会经济呈现良好发展势头。

1978年4月,全国工业学大庆工作会议召开。4月20日中共中央印发《关于加快工业发展若干问题的决定(草案)》(以下简称"工业三十条"),明确指出,为实现新时期的总任务,加快工业发展步伐,必须解决的一个重要问题,就是要大力提高企业管理和工业管理水平。自此,全国工业战线围绕贯彻"工业三十条"开展工作,工业学大庆运动也转到落实"工业三十条"提出的一系列任务部署上。7月12日陕西召开全省工业学大庆工作会议,学习贯彻全国工业学大庆工作会议精神和"工业三十条",总结上半年各地市、省级各工业部门领导开展工业学大庆运动,交流学习宣传和贯彻落实"工业三十条"的经验,要求各地区各部门各企业以只争朝夕的精神,争分夺秒,掀起工业学大庆运动的高潮,掀起抓革命、促生产的高潮;所有工业企业要认真学习中央关于批判"四人帮"的一系列重要指示,深揭狠批"四人帮",搞好领导班子建设,

① 《关于省工交系统传达贯彻全省工业学大庆经验交流会情况的报告》,1975年3月26日。

加强思想政治工作,增强职工队伍的革命团结,建立和健全合理的规章制度,开展社会主义劳动竞赛,大搞增产节约,努力完成和超额完成国家计划。

“文化大革命”时期的工业学大庆运动,把大庆人的苦干精神和科学管理企业的经验渗透到各行各业,弘扬了“三老四严”和“四个一样”① 的作风,为工业生产带来了良好效益,体现了党领导工人阶级独立自主、自力更生发展社会生产力的决心,推动了社会主义工业化建设。但是,在“以阶级斗争为纲”的“左”倾错误思想影响下,以政治运动、群众运动的方式学习先进,出现了流于形式、空喊口号、生搬硬套、蛮干硬干、刮风走过场等偏差,不可避免地带来消极影响。1981 年 12 月 18 日,中央批准下发国家经委《关于工业学大庆问题的报告》,标志着全国工业学大庆运动的结束。

农业学大寨运动

1964 年 2 月 10 日,《人民日报》刊发《大寨之路》长篇通讯,并配发《用革命精神建设山区的好榜样》的社论,号召全国人民学习山西省昔阳县大寨大队的革命精神。4 月 8 日,《陕西日报》以《外学大寨革命精神,内树当地先进典型》为题,报道了汉中大搞农田基本建设的事迹,拉开了陕西农业学大寨运动的序幕。9 月 2 日,黄河中游水土流失重点区第三次水土保持会议在西安召开,西北局、陕西省级各单位干部 1500 多人参加,大寨党支部书记陈永贵受邀到会介绍大寨大队发扬自力更生精神,开展水土保持、治山治沟治水以及与自然灾害作斗争的具体经验。

此后,陕西各地积极行动,学习和弘扬自力更生、奋发图强的革命精神,涌现出一批农业学大寨运动的先进集体,米脂县高西沟生产大队和澄城县就是其中的典型。高西沟生产大队地处黄土高原丘陵沟壑地带,为了改善自然环境、提高粮食产量,从 20 世纪 50 年代开始高西沟人就开展整山治水,取得了很好成效。《人民日报》曾专题报道高西沟大队

① “四个一样”,即对待革命工作要做到:黑夜和白天干工作一个样;坏天气和好天气干工作一个样;领导不在场和领导在场干工作一个样;没有人检查和有人检查干工作一个样。

改善生态、保持水土的做法[①]。1965年9月，高西沟大队负责人参加了在北京举行的全国大寨式农业典型展览，其梯田工程受到谭震林等国家领导人的赞扬。在高西沟大队的带动下，米脂全县修筑梯田、人工开造小平原，山区面貌发生极大变化。澄城位于关中渭北黄土高原，这里塬高、土厚、沟多、地不平，水土流失严重，粮食产量极低。从1963年起，澄城开展治理水土流失、建设稳产高产农田，广大群众依靠锨、筐、担、石杵、木椽等简单工具努力奋战，经过两三年的努力，初步治理了60%以上的水土流失土地。到1966年，全县治理面积占全县总耕地78%、治理荒沟250多条、造林和育苗2万多亩，全县粮食产量大幅稳定上升，平均亩产量达到206斤，比治理前增加了近一倍。

为了进一步推动全省农业学大寨运动，1965年10月20日至30日，省委、省人委在澄城县召开关中旱塬地区农田基本建设现场会，号召全省学大寨赶澄城。11月25日，省委、省人委联合召开电话会议，号召全省人民发扬大寨精神，大搞农田基本建设。12月30日，西北区农业经验交流会议在西安举行。西北局农村工作部部长李登瀛在会上提出要“依靠大寨精神，千方百计地加快农业生产的发展”，“大搞农田基本建设，为完成和超额完成第三个五年计划，尽快地实现农业发展纲要的要求，加速西北建设而奋斗”[②]。这一时期，全省农业学大寨运动有序开展，群众以大寨精神为指引，积极建设农田基本设施，各地农业生产都取得了一定成绩。

“文化大革命”开始后，陕西农业学大寨运动受到“左”倾错误思想的影响，不可避免地给生产带来不利因素。党的九大后全国动乱局势稍趋平稳，“抓革命、促生产”被提上日程。1970年8月，周恩来主持召开了北方地区农业会议，要求兴修水利、加快北方缺粮地区农业生产发展。之后，省革委会召开全省农田水利基本建设电话会议，号召全省军民行

① 《群众自办水土保持的范例》，《人民日报》1962年1月18日。陕西省水利厅调查组、刘野：《山区生产的生命线——米脂县高庙山公社高西沟生产大队水土保持工作调查》，《人民日报》1962年1月18日。

② 李登瀛：《高举毛泽东思想伟大红旗，充分发扬自力更生精神，掀起农业生产建设的更大高潮》，1965年12月30日。

动起来，学大寨、赶昔阳，掀起冬季农田水利建设新高潮。

在农业学大寨运动中，为了改善农业基础建设和农业生产条件，全省主要采取三方面措施。一是加强了农田水利建设。陕西自古有“十年九旱”的说法，一直有重视兴修水利灌溉农田的传统。从1968年至1979年，全省共投资11.3亿元，兴建了一批水库、渠道和机井，提高了农田灌溉能力。其中1970年建成的交口抽渭灌溉工程，可灌溉农田124万亩。1971年建成宝鸡峡引渭灌溉工程，灌溉了关中西部渭北13个县（区）近300万亩农田。1970年开始修建的冯家山水库，使宝鸡、凤翔、岐山、扶风等7个县136万亩耕地受惠。同时，各地还修建了大批渠、库、塘和机井，进一步扩大了农田灌溉面积。据统计，1976年全省有效灌溉面积达到1755万亩，比1965年增长86%，占总耕地30.2%。

二是推广应用了农业科技。在农业学大寨运动中，农业科技工作者潜心研究和积极推广农业科技。西北植物研究所研究员李振声等人从1956年开始研究普通小麦与长穗偃麦远缘杂交育种，经过20余年努力，先后育成小偃967，小偃2、4、5、6号和高原506等小麦优良品种。省农业科学院先后培育出系列小麦良种和杂交玉米良种，其中玉米杂交良种在1973年至1981年累计种植4500万亩、增产22.5亿斤。针对陕西大部分地区干旱少雨的实际，广大农业科技人员和农民群众积极摸索、积累经验，在旱作农区种植牧草，修建具有蓄水保墒功能的水平梯田，培育抗旱作物良种，推广抗旱耕作法。省水利科学研究所与灌区试验站协作开展灌溉试验，提高了灌溉效果。全省建立了省地县三级农业技术推广机构，示范推广农作物优良品种。工业战线大力发展地方“五小”工业，努力开发生产支农产品，提高了陕西农业技术装备水平，使得机械耕作面积逐步扩大。

三是改善了农业生产环境。为了治理风沙、控制水土流失，全省大力开展群众性育苗造林运动。1971年省革委会下发《关于开展春季育苗造林运动的通知》，要求各地制订“四五”林业发展规划，根据不同自然区域合理布局，“荒山要一座一座，荒滩和沙漠要一片一片，河流、渠道、公路要一条一条地绿化”，切实收到显著效果。10月，省革委会召开电话会议部署秋季育苗造林活动，会议指出“绿化祖国”是改变自然面貌、减少自然灾害、保障农业高产稳产的一项重大建设,要“在一切宅旁、村旁、路旁、水旁,只要是可能的、都要有计划地种起树来”,“在自然条件许可和人力可能经营的范围内,绿化荒地荒山”。陕西是黄河流域水土流失严重省份,水土保持工作历来是重点。1972 年《陕西省第四个五年农田水利基本建设规划》要求“各地必须抓好当地的支流治理,无论抓水、抓土,都必须和当地的支流治理紧密结合,以彻底根治水害,改变流域面貌为指导思想”。省水土保持局在清涧县红旗沟、绥德县郝家桥和永寿县马坊镇郭门水库等地开展河流治理,为全省大规模治理工作进行了试点探索,积累了经验。随后,全省先后在渭河、泾河、洛河、延河、无定河、丹江、汉江等河流,开展流域综合治理。在此期间,54 名平均年龄只有 18 岁的女民兵响应“植树造林、绿化祖国”号召,组建长城姑娘治沙连(补浪河女子民兵治沙连的前身),拉开战天斗地、治沙造林的序幕,铸就了“自力更生、艰苦创业,乐观向上、无私奉献,团结协作、创新进取”的治沙连精神,激励和鼓舞了一代代沙区人民不懈投身到治沙防沙中。

在农业学大寨运动中,各地因地制宜、摸索方法、制定制度,促进了农业发展。比如,要求干部坚持参加集体生产劳动,充分发挥青年突击作用等。1976 年,省委三次召开农业学大寨会议,召开全省农业学大寨、普及大寨县运动经验交流会,抽调 5 万多名干部组成宣传队,分赴全省 9000 多个生产大队深入宣传,不断推动学大寨运动。

“文化大革命”结束后,农业生产的指导思想并未清除“左”倾错误,继续“以阶级斗争为纲”开展农业学大寨运动。1977 年 1 月,省委召开万人大会传达第二次全国农业学大寨会议精神,号召全省各级党组织开展普及大寨县运动。1978 年 1 月,省委作出《关于普及大寨县,高速度发展农业的决定》,要求苦战三年,到 1980 年将全省三分之一的县建成大寨县、基本实现农业机械化,将人民公社以生产队为核算单位过渡到以生产大队为核算单位[①],扩大了平均主义的“大锅饭”。1980 年中

① 陕西省农业合作史编委会编:《陕西省农业合作重要文献选编》下册,陕西人民出版社 1993 年版,第 1249 页。

央印发文件，标志着全国农业学大寨运动结束。

在这场历时16年的运动中，陕西很多社队发扬自力更生、艰苦奋斗的精神，填沟造田、平整土地、兴修水利、改良土壤，大搞农田基本建设，改善了农业生产基本条件，为实现农业机械化创造了条件。但受“左”倾错误思想影响，农业学大寨也存在不少问题，比如以阶级斗争方式推动，不顾本地条件照搬照抄，频繁召开会议，铺张浪费，盲目追求新跃进；一些地方评工分“主要是评思想”，忽视按劳分配原则；取消农民自留地，认为自留地是跟集体唱对台戏等，这些教训应该深刻汲取并注意克服。

第十七章

全面整顿与“文化大革命”结束

1974 年全国开展的“批林批孔”运动使国内政治局势再度陷入剧烈动荡，1975 年邓小平主持的全面整顿，有效改变了各条战线存在的混乱局面，全国局势出现显著积极变化。江青集团利用毛泽东对全面整顿会否定“文化大革命”的担忧而再度兴风作浪，妄图夺取党和国家最高权力。中共陕西省委在“批林批孔”运动中批判“右倾复辟回潮”，在 1975 年全面整顿中努力改进各项工作、开展反对“四人帮”的斗争。1976 年 10 月，在中央的正确领导下，陕西的“文化大革命”结束。

一、1975 年全面整顿

“批林批孔”运动

1973 年 5 月，中共中央在北京召开工作会议，讨论筹备召开党的十大、“批林整风”运动和本年度国民经济计划，根据毛泽东的意见，会议解放了谭震林、乌兰夫等 13 名老干部，决定王洪文、华国锋、吴德列席中央政治局会议并参加政治局工作，决定在中央政治局领导下由张春桥等人组成党章修改小组，起草《中国共产党章程（草案）》和党的十大政治报告。8 月 24 日到 28 日，党的十大在北京召开，会议代表通过所谓“民主协商”和党委扩大会议选举产生，有些代表的确定随意性很大。党的代表大会制度和工作惯例被破坏，江青集团的骨干分子搞政治投机有了条件。党的十大不论是在党的思想路线、政治路线还是组织路线上，都继承了党的九大“左”倾错误。

九一三事件后，毛泽东极其关心将来人们怎么看待“文化大革命”，并坚持认为发动“文化大革命”是完全必要的，对于反修防修、巩固社会主义制度具有重要而深远的意义。在深入揭批林彪反革命集团中，毛泽东对孔子和哲学史研究中涉及的儒法之争发表看法，提出了“批孔”的问题，并在多次谈话中把批判林彪同批判孔子和儒家、推崇法家联系起来，借以说明林彪路线的极右实质，把“批林”引上防止“右倾回潮”、反对“复辟倒退”的方向，希望从思想上和理论上消除由林彪事件引发的人民对“文化大革命”必要性的怀疑。江青集团不顾毛泽东的批评，利用“批孔”大做文章，力图通过批判“克己复礼”使“批林”和“批孔”相贯通，操纵写作班子连续发表“批孔”和“批儒”的文章，把攻击矛头一步一步地指向周恩来，妄图为他们谋取更多权力扫除障碍。1974 年江青等人控制下的“两报一刊”① 联合发表元旦社论，提出“要继续开展对尊孔反法思想的批判”，“批孔是批林的一个组成部分”。1 月 18 日，中央以一号文件的形式转发了北京大学、清华大学大批判组汇编的《林彪与孔孟之道（材料之一）》，认为“批孔”可以从思想根源上批判林彪集团。

1974 年 2 月 3 日至 15 日，省革委会召开五届六次全委会，传达学习《中共中央转发北京大学、清华大学汇编的〈林彪与孔孟之道（材料之一）〉》《中共中央转发〈南京军区党委关于学习江青同志给二十军防化连的信〉》，安排部署全省“批林批孔”工作。2 月 8 日，省委召开“批林批孔”电话会议，黄经耀在会上作了关于深入开展“批林批孔”的动员报告。他强调，“批林批孔”就是抓阶级斗争、路线斗争，要把“批林批孔”作为当前头等大事来抓。2 月 9 日，省委暨西安市委召开“批林批孔”动员大会，国务院副总理吴桂贤传达了毛泽东、党中央关于“批林批孔”的指示。大会提出要批判各条战线的“右倾复辟思潮”，特别是省委

① “两报一刊”，指《人民日报》《解放军报》和《红旗》杂志。

的“右倾复辟思潮”,西安地区的工人、农民、解放军、知识分子和干部学生代表共10万人参加。这次会议的召开,为全省“批林批孔”运动定下基调,作了初步部署。

随着“批林批孔”运动的深入,揭露和批判各条战线“右倾复辟思潮”的鼓噪之声不断,一些人把斗争矛头直指《传达提纲》。3月20日,在西安解放路、西安铁路局大门口分别贴出“揭穿省委汇报提纲的极右实质”的大字报,攻击《传达提纲》“是否定无产阶级文化大革命的产物”,与《“571”工程纪要》“是一个藤上的两个苦瓜”,“与林彪反动派极右路线是一脉相承的”。4月11日,《陕西日报》发表题为《牢牢掌握斗争大方向,把批林批孔斗争进行到底》的社论,提出:“在我省政治、经济、文化等各个方面,特别是在上层建筑领域内,那种否定无产阶级文化大革命的胜利成果,反对社会主义新生事物的右倾复辟回潮还严重存在。”4月29日,省委常委会上有人提出“批林批孔”运动深入不下去,“阻力主要来自思想领域内旧的右倾保守势力”,“这股势力就是彭、高、习、刘澜涛包括赵守一在内的影响”。一时间,批《传达提纲》、批“右倾复辟回潮”成为全省“批林批孔”运动的中心内容。

5月4日至22日,省革委会召开第十一次全委扩大会议,提出全省“否定无产阶级文化大革命,反对社会主义新生事物,复辟资本主义的右倾思潮,在某些地方、某些单位、某些问题上相当严重”,“右倾复辟实力是根深蒂固的。彭、高、习、刘澜涛以及赵守一、李启明等人,在陕西经营多年,根深蒂固”。会议检讨贯彻《传达提纲》中批判资产阶级派性、极左思潮以及无政府主义的工作,认为这种批判“实际上批了群众,批了无产阶级文化大革命,批了反潮流的革命精神,违背了毛主席的革命路线。这个错误的责任主要在省委”,提出今后要发动群众,进一步揭发批判林彪反革命修正主义的极右实质和反革命罪行,进一步批判各条战线的“右倾复辟回潮”。

1974年下半年,受江青集团“必须把批林批孔放在儒法斗争中来批才能深入”的影响,陕西“批林批孔”运动发展为评法批儒活动,把斗争矛头又一次指向原西北局、省委的一些老干部。7月19日,省委暨西安市委召开“批林批孔”经验交流会,韩城县燎原煤矿工人理论组的代表介绍他们注释法家著作、研究儒法斗争史、“批林批孔”的经验，西安人民搪瓷厂和大荔县雷北大队代表介绍了他们用马克思主义观点批判《三字经》及其体现的孔孟之道的经验。8月下旬，省委主要负责人在省委暨西安市委“批林批孔”报告会上指出，“广大干部和群众，要认真学习马克思主义、列宁主义、毛泽东思想，用马列主义立场、观点、方法，研究儒法斗争史，古为今用，把批林批孔运动深入、普及、持久地进行下去”①。在开展“批林批孔”运动中，全省工人阶级理论队伍从1974年6月的6万人发展到9月的12.7万人，大多数企业厂矿建立理论中心小组，各车间各生产小组都设立理论辅导员，逐步成为开展运动的主力。9月初，省总工会召开工人理论队伍工作经验交流会，韩城县燎原煤矿等17个单位和个人介绍了建设工人阶级理论队伍、开展“批林批孔”的经验，会议要求各级工会组织把培养和建设工人阶级理论队伍作为一项重要任务抓好。

陕西“批林批孔”运动特别是各条战线批判“右倾复辟回潮”，造成《传达提纲》的贯彻落实被迫中断，一些一度被冷落的极左势力重新抬头，刚刚好转的社会秩序和生产形势有所逆转。1974年，由于受“批林批孔”运动的冲击，陕西工农业发展速度明显下降。1974年工农业总产值完成100.79亿元，比年度计划差4.81亿元，比上年增长3.1%，其增长速度比上年下降5.3个百分点。其中农业总产值完成31.35亿元，比上年增长2.8%，增长速度比上年下降两个百分点；工业总产值完成69.44亿元，比上年增长3.3%，增长速度比上年下降近6个百分点。粮食总产量为75亿公斤、比上年增长11.1%，棉花总产量为190万担、比上年下降28.6%，生铁产量5.6万吨、比上年下降11.1%，原煤产量1072万吨、比上年下降1%，基本建设完成投资总额12.89亿元、为当年计划投资14.1亿元的91.4%，固定资产交付使用率和投产项目占施工项目的百分比率比上年都有较大幅度的下降，财政收入跌至13.97亿元、比上年减少1326万元。

---

① 《认真学习马克思主义理论　深入研究儒法斗争的历史》，《陕西日报》1974年8月25日。

整顿铁路系统

经过 1972 年全国批判极左思潮，广大干部群众对“文化大革命”的不满、厌倦和怀疑等情绪不断增长，希望社会安定、经济发展、生活有所改善的要求更加迫切。毛泽东虽然发动和支持“批林批孔”运动，但在此时毕竟不愿意再出现社会大动乱。同时，毛泽东对江青等人利用“批林批孔”另搞一套的图谋也有所察觉，并对他们多次提出批评。1974 年 10 月，中共中央发出通知，宣布在近期召开第四届全国人民代表大会，并传达毛泽东的指示，“无产阶级文化大革命，已经八年。现在以安定为好。全党全军要团结”，“把国民经济搞上去”。这对于扭转当时动乱局面具有重要作用。

1975 年 1 月，根据毛泽东提议，中央决定邓小平任中央政治局常委、中共中央副主席、国务院第一副总理、中共中央军委副主席兼解放军总参谋长。1 月 13 日至 17 日，四届全国人大一次会议在北京举行，会议批准的《政府工作报告》重新明确了 1964 年 12 月三届全国人大一次会议提出的全国实现农业、工业、国防和科学技术“四个现代化”的目标，并提出了“两步走”的设想，即“第一步，用十五年时间，即在一九八〇年以前，建成一个独立的比较完整的工业体系和国民经济体系；第二步，在本世纪内，全面实现农业、工业、国防和科学技术的现代化，使我国国民经济走在世界的前列”。四届全国人大一次会议后，周恩来病情加重。在毛泽东和周恩来的支持下，邓小平逐步全面主持国务院和中央日常工作。他不顾刚刚出来工作、困难重重的处境，根据广大干部群众的愿望和要求，顺应历史发展潮流，展开了大刀阔斧的整顿。

邓小平主持召开的各类会议明确而且坚定地提出进行全面整顿的指导思想，并从铁路运输系统入手，逐步扩展到工业、农业、科技、文教、军队等各个方面。在邓小平主持下，中央连续印发《关于加强铁路工作的决定》（中央 9 号文件）、转发《中共江苏省委关于徐海地区贯彻执行中央 9 号文件的情况向中共中央、国务院的报告》（中央 12 号文件）、印发《关于努力完成今年钢铁生产计划的批示》（中央 13 号文件）、转发《国务院〈关于今年上半年工业生产情况的报告〉》（中央 17 号文件），要求各省、市、自治区党委坚决贯彻执行毛泽东提出的“还是安定团结为好”的方针，认真进行全面整顿，集中解决领导班子问题，努力把国民经济搞上去。

陕西各级党组织认真传达贯彻毛泽东的“三项指示”① 和中央文件精神，广大干部群众衷心拥护整顿方针，努力扭转全省“批林批孔”以来的被动局面，经济发展出现良好势头，社会秩序和政治局面渐趋稳定。

全省整顿工作从 1975 年春开始，到 1976 年初被迫停止，持续近一年时间，涉及政治、经济、文化等领域的许多单位。由于各行业各单位的具体情况和需要解决的问题不同，整顿的任务轻重、时间长短、进程快慢以及方法步骤也不相同，加之“左”倾思想和势力的干扰阻挠，从全局看陕西整顿工作没有明显的阶段性。地方层面的整顿工作以问题为导向，重点解决影响社会稳定和经济发展的突出问题，在宣传理论战线仍然强调无产阶级专政理论，批判资产阶级法权、坚持“基本路线”等“左”的错误，陕西又刚刚经历了批判《传达提纲》、批判“右倾复辟回潮”，这些因素限制了整顿工作的积极作用。

按照中央统一部署，全省整顿首先从关系国民经济命脉的铁路运输行业开始，1975 年 6 月省委常委扩大会后，整顿工作在全省工交战线迅速展开，从 9 月全省社队工业会议召开到 1976 年初，整顿工作进一步在农村开展。

西安是西北铁路交通枢纽，许多国防重点企业、三线建设重要项目以及铜川煤矿都依赖于这条交通动脉。“文化大革命”以来，由于闹派性、打派仗，经常出现铁路堵塞及延误，同时由于秩序混乱及流动人员众多，铁路沿线也成了刑事案件高发区。仅 1975 年 3 月，西铁公安处管区内就发生重大刑事案件 9 起，货物列车盗窃案件 23 起。铁路运输系统的混乱，严重危及全省工业生产和部分城市人民日常生活，成为阻碍陕西局势好转的一个关键，也是全面整顿的一个突破点。

1975 年 3 月 5 日，中共中央发出 9 号文件，要求加强铁路工作整顿，省委接到文件后迅速转发。3 月 21 日，省公安局接到公安部传达华

---

① “三项指示”，指毛泽东关于“学习理论反修防修”“安定团结为好”“把国民经济搞上去”三项指示。这是毛泽东从 1974 年 8 月至 1975 年 1 月在不同时间、不同场合、针对不同情况先后提出并重申要求的。它比较集中地反映了毛泽东在“文化大革命”后期的思想。

国锋关于铁路工作整顿指示的通知后，立即召集西铁局、铁一局公安处和西安市政法组负责人研究，并向铁路沿线各地区、各市公安局发出紧急电话通知，提出贯彻落实措施。为了高效开展整顿工作，4 月 2 日至 3 日，省公安局和省法院联合召开铁路沿线 7 个地、市公安局和 16 个县（区）公安、法院及两个铁路公安处负责同志会议，研究破坏铁路运输、扰乱治安秩序的典型案例，部署了巡回批斗、宣判处治罪犯等工作。要求在党委统一领导下有准备、有计划、有组织地巡回批斗，搞准事实、抓紧审理罪犯，路内路外统一行动，铁路、法院、公安协同作战，严格执行党的政策。

在铁路整顿工作初期，全省部分非铁路部门领导对中央 9 号文件精神领会不深，认为这是铁路部门的事，与自己关系不大，积极性不高，造成了整顿工作的不平衡。针对这种情况，省委 4 月 17 日召开大会，省委第一书记李瑞山在会上指出，9 号文件不只是铁路工作文件，也是指导全省各项工作的文件，要求各级党委和部门认真学习领会，深入传达贯彻，结合本单位实际做好整顿工作。此后，全省各级党组织对中央 9 号文件进行了深入传达学习，各自结合实际制定了整顿工作措施。

8 月 5 日至 17 日，全省铁路治安工作会议传达全国铁路治安工作会议精神，分析全省铁路治安形势，总结交流经验，讨论进一步贯彻全国会议精神、整顿铁路治安秩序问题，作出了放手发动群众、以点带面、大力整顿铁路秩序、全面整顿城乡治安秩序等部署。此后，全省广泛发动群众，抓紧侦查破案，进行公审公判，大力清查和打击流窜犯。同时，派出工作组发动群众批判派性，撤换派性严重、不停捣乱的坏头目，坚决调整问题严重的领导班子，恢复和健全各项规章制度，加强了铁路系统内部和铁路沿线后进队的整顿。西安铁路局公安处对 11 个问题较多、治安秩序不好的单位进行重点整顿。渭南、汉中、安康、铜川 4 个地市和铁路系统对铁路沿线的后进队和后进单位进行了调查摸底，派出 342 名干部进驻 53 个大队和 44 个单位进行整顿，取得了一定成效。

通过整顿，铁路和城乡治安秩序有了很大改善。9 月刑事案件比 8 月下降 6.4%，重大刑事案件发案率全面下降。西安铁路局系统 8 月到 9 月各类刑事案件比 6 月、7 月下降 32.8%，比 1974 年同期下降 41.3%。

全省铁路沿线治安秩序全线好转，扒乘火车、无票乘车和自流人口大幅减少，良好的治安秩序畅通了列车运输，西安铁路系统截至9月完成全年生产任务87.9%。

1975年11月，全省召开铁路治安工作经验交流会，要求继续整顿铁路和城乡治安秩序，以此带动各项公安保卫工作。强调要认真执行党的政策，严格区分和正确处理两类不同性质的矛盾，认真执行“少捕少杀”“坦白从宽、抗拒从严”和“给出路”的政策。各级认真贯彻会议精神，全省铁路系统及城乡治安秩序持续好转，促进了生产形势稳定发展。

整顿工业企业

在铁路整顿的带动下，全省其他行业的整顿陆续展开。4月17日省委会议后，全省工业企业认真贯彻中央9号文件精神，生产呈现出你追我赶的势头。但是，部分企业的领导班子“软”“散”“懒”，不敢、不愿或不想抓生产，有的领导班子长期闹派性、不团结，个别人纠集团伙搞小圈子，致使企业管理混乱，无法正常开展生产，工作任务无法完成。

1975年5月29日，邓小平在接见钢铁工业座谈会代表时强调：必须建立一个坚强的领导班子，要找一些不怕打倒的人进领导班子，使领导班子一不软，二不懒，三不散，说了话大家都能听，都能指挥得动，都能领导起来。同时强调，必须坚决同派性作斗争，对于坚决闹派性的人该调的就调、该批的就批、该斗的就斗，不能慢吞吞的，总是等待。邓小平严厉地批评了派性，希望通过强有力的领导班子，尽快把局面扭转过来、把生产搞上去。

6月16日至21日，省委召开常委扩大会，总结贯彻中央9号文件的成绩，分析存在的突出问题，并学习中央13号文件，研究贯彻措施。针对全省前期贯彻落实中央9号文件的情况，李瑞山在会上指出，我们对中央文件认识不深、抓得不力，发展变化不显著。虽然抓了一些老大难单位，但真正改变面貌的不多，一些单位的根本问题没有解决。虽然调整了一些单位领导班子，但矛盾没有揭开，问题也没有解决。全省工业发展速度仍然缓慢，特别是农机、化肥、原煤等生产速度缓慢，跟不上国民经济发展的需要。更为严重的是许多干部对这种落后状况认识不足，存在着盲目自满情绪。为此李瑞山提了五点要求：一是迅速行动起来，推动学习、宣传、贯彻、落实中央13号文件真正形成普遍深入的群众运动；二是学理论、抓路线，把巩固无产阶级专政的任务落实到基层；三是继续贯彻安定团结的方针，深入批判资产阶级派性；四是加强各级领导班子建设，建立一个强有力的领导核心；五是认清形势，鼓足干劲，坚决完成当年的工业、交通和基本建设计划。

这次会后，各地市和省直各委、办、局对所属单位的领导班子都进行了调查摸底、分类排队，根据不同情况采取不同方法，全面进行整顿。省国防工办党委召集844、408、248、804等厂的党委和蹲点组汇报情况、统一认识，研究整顿措施。省建委系统对所属的51个县团级以上单位全面分析排队，11名委（局）负责人带领工作组整顿11个“老大难”单位。省公交系统所属9个局抽调干部110人组成20个工作组进驻“老大难”单位整顿领导班子、帮助解决突出问题。

7月12日，中央转发《国务院〈关于今年上半年工业生产情况的报告〉》（中央17号文件）。7月20日至28日省委召开工作会议，学习贯彻中央9号文件和中央13号文件精神，讨论加快国民经济发展速度、领导班子革命化建设和科学种田等工作。会后，全省各级党组织普遍召开会议，有的通过扩大会议、办学习班、读书会等形式，组织领导干部反复学习中央文件和省委领导讲话精神，引导大家联系本地实际情况，逐步对照中央文件检查，总结经验教训，提出贯彻落实措施。7月31日至8月1日，省委召开常委扩大会，学习讨论中央17号文件，要求把全省73个“老大难”单位作为重点继续抓好。

西安市工交系统共有285个企业，其中“老大难”单位30多个。在85个县团级企业中散班子6个、软班子5个，还有9个懒班子。为此西安市委组织局以上领导班子成员13人带领59名机关干部，深入11个单位蹲点调查并帮助解决问题。对3507厂30多人落实了政策，对针织厂闹事人员举办了学习班，还在“工作组八进八出”没整顿好的“老大难”单位西安钢铁厂重新组建工作组，抽调29名得力干部，由市委书记和一名常委带队进驻该厂。经过一段时间的工作，工厂面貌发生了变化。

8月7日至10日，省委召开地（市）、县工业书记及其所属各局的蹲点工作组负责人会议，学习中央领导接见国防工业重点企业会议全体代表时的讲话，分析全省工业生产形势，总结解决“老大难”单位问题经验，研究讨论贯彻中央17号文件工作。省委领导在讲话中强调，要认真学习文件，搞好安定团结，对一些“老大难”单位，负责人要亲自挂帅，带领强有力的工作班子下决心去抓。宝鸡发电厂是全省有名的“老大难”单位，企业领导班子闹派性、不团结，影响生产和建设。省电管局和宝鸡市委派出联络组协助厂党委举办学习班、调整党委班子、选送人员离职学习，帮助他们提高认识、端正态度、消除隔阂、促进团结，生产效益明显提高。东方机械厂担负着国家战备生产任务，由于派性严重，领导班子软弱涣散，企业管理混乱，生产任务完不成。省委和省国防工办调整和整顿领导班子，发动群众提意见，积极开展思想斗争，增强团结。到三季度，该厂生产完成年产值的80%，单位面貌发生了变化。陕西钢厂钢丝车间在整顿中发动群众开展“五查”[①]活动，第三季度的产量创造了10年来同期的最好水平，比1974年同期增长2.5倍。

10月6日至9日，省委在西安召开整顿“老大难”和重点单位蹲点工作会议，咸阳地委、铜川市委、陕西钢厂党委、804厂党委、宝鸡电厂工作组的参会代表分别介绍了整顿领导班子、批判派性、加强企业管理等方面的经验做法。经过努力，全省73个“老大难”和重点单位中的大部分企业领导班子通过组织调整、充实力量、学习培训等途径，实现了领导班子老中青三结合，激发了活力，增进了团结，面貌发生了较大改观。

整顿和发展社队企业

由于“文化大革命”造成全国范围内的动乱，社队企业也受到巨大损失。1970年8月，国务院召开北方地区农业会议，要求加快发展农业生产和农业机械化步伐，各地相继办起一批“五小”工业。但是，在农业学大寨运动中，由于开展“堵不住资本主义的路、就迈不开社会主义的步”等批判运动，发展社队企业被视为“以钱为纲”的“资本主义行为”

① “五查”，即查产品质量、查消耗材料、查设备安全、查生产效率、查思想路线。

受到批判。在人民公社体制下产生的社队企业,从产生之日就没有经营管理的自主权,企业的决策、投资、人财物、利润分配等都由公社和生产大队掌握。在社队企业内部,生产经营活动主要靠行政命令,务工农民受大队派遣来厂劳动,所得报酬是按同队同等劳力所得工分记分,年终回队分配。在生产管理活动中,企业管理存在效益不高、职工没有积极性等弊端。由于“左”倾错误思想影响和政策上的多次反复,陕西社队企业始终未能得到较大发展。

1975 年 9 月 1 日至 8 日,省革委会在渭南、西安召开全省社队工业会议。分析了社队工业相比兄弟省(区)落后的主要原因,强调各级党委要充分认识发展社队工业对发展农业生产、实现农业机械化的作用,克服怕发展社队工业影响农业的思想;坚持自力更生,艰苦奋斗的精神,克服“等靠要”“大洋全”的思想;制定好发展规划,领导要加强基层工作指导,并解决好政策落实问题。在分析总结全省社队工业的现状和存在问题后,会议提出社队工业要坚持为农业服务的方向,依靠群众、艰苦创业,加强社队工业管理,各行各业都要大力支持社队工业的发展等意见。

全省社队工业会议后,多数地(市)、县委及时传达会议精神并研究贯彻工作,不少县分别召开了公社书记会、三级干部会、千人以上的干部大会和几万至十几万人的广播动员大会,积极传达会议精神,引导干部群众重新认识发展社队工业的重要性和积极作用。全省有 10 个地市建立专管机构,三分之一的县把社队工业列入党委议事日程,实行有人专管、专题讨论和定期检查。绝大多数县分别设置或指定了管理社队工业的机构,有的成立了县委领导挂帅、各有关局负责人参加的社队工业领导小组。公社普遍安排一名领导抓社队工业,有的公社成立领导小组,有的设立工业办公室并配备人员,一些大队还明确了分管工业的干部。广大社员群众明白大办社队工业符合中央精神后,积极性也有所提高,一些原来被当成资本主义砍掉的工厂又办起来了,“半死不活”的工厂有了生气,暗地里办的公开了,短时间内又新办起了一批社队工厂。

各地市把办好社队工业作为建成大寨县、加速农业机械化的一项重要内容,不少县、社在传达贯彻全国农业学大寨会议精神的同时讨论了发展社队工业问题。礼泉、泾阳、长安、汉阴等县在“群英会”上交流了发展社队工业的典型经验,把社队工业大发展列入建成大寨县的口号和奋斗目标,进一步落实了社队工业的发展规划。据泾阳、陇县、大荔、洛南等10个县不完全统计,仅社队工业会议结束后的两个月内,就新办社队工厂300多个。延安、榆林两地区和关中、陕南的部分县组织公社负责人以上干部到河南巩县参观学习,原来社队工业发展较快的武功县杨陵公社组织大队支部书记到巩县参观学习后,打破自满松劲情绪,又新办了几个工厂。通过认真学习和领会中、省关于发展社队工业的指示精神,多数县认真调查本地资源,按照发动群众、因地制宜、就地取材的原则,围绕农业生产需要制订了发展社队工业的近期和长期规划。

在各级党委的领导下,一些地、县召开了厂社挂钩会,组织中央、省、地和县办企业帮助社队工业发展,这些企业也把帮助社队工业作为工业支援农业的一个重要内容来开展。汉中、岐山、千阳等县和宝鸡市渭滨区以及西安市纺织局向一些社队送去了60多种产品和零部件,府谷等县由县办企业帮助各公社建立农机修配厂,延长、太白、礼泉等县分别在物资分配和资金上扶助穷社办工业。商县积极召开商业、农机、财政、银行等部门负责人座谈会,研究解决社队工业的供产销问题,还选送60多名社队工业财会人员到省财校参加培训,提高了社队企业的管理能力。

整顿县委领导班子

党的十届二中全会和四届全国人大一次会议闭幕后,全国陆续开展全面整顿。为推动整顿工作有力进行,邓小平把领导班子和干部队伍建设作为整顿的前提和重中之重。各地区各系统积极揭露批判“四人帮”的宗派主义,反对闹派性,瓦解帮派势力,不断加强党的领导,加强领导班子和干部队伍建设,为开展各领域整顿奠定了坚实基础。

1975年11月22日,省委发出《关于加强县委领导班子整顿和建设的指示》指出,全省有相当一部分县委领导班子存在着“软、散、懒、满”的情况,20%左右的县委领导班子问题比较多。省委要求各地、市委采取得力措施，认真抓好县委领导班子整风，积极开展思想斗争，真正解决实际问题。省委提出今后五年，县委整风每年都要集中搞一至二次，每次有重点地切实解决一两个关键性问题。在思想整顿的基础上，要做好必要的组织调整。省委要求 1975 年底前，重点解决 16 个学大寨先进县和预计 1975 年建成大寨县的县委领导班子的问题，1976 年上半年解决其余各县一、二把手的问题，到 1976 年底把所有县委领导班子整顿好。

整顿县委领导班子是全省 1975 年农业学大寨运动的重要内容之一，也是 1975 年整顿农村的重大举措。在农业学大寨运动中，全省以县为单位召开农业学大寨群英会，着重解决突出问题，其中有一条就是对照大寨县的六条标准揭矛盾、找差距，帮助县委整风。在整风中，省委领导李瑞山、霍士廉、周茂芹、章泽等先后到户县、兴平、长安等县参加县委领导整风会议，帮助解决问题。这次整风虽然仍受“左”倾错误影响，比如，批评领导班子抓阶级斗争时紧时松，对资本主义批批停停，对所谓的“阶级敌人”心慈手软等。但是在整风中不少县（市）精简机构，合署办公，抽出大批干部到农业第一线参加劳动。有的县还抽出一些能力强的领导干部充实和加强公社领导力量，改进了领导作风，改善了干群关系。通过批判派性和适当的组织调整，兴平、武功、宝鸡、华阴、渭南、户县、子长等县长期存在领导班子不团结的问题在整风中化解，增强了领导班子的战斗力。

1975 年全面整顿虽然时间不长，但由于省委认真贯彻毛泽东“三项指示”和邓小平关于全面整顿的要求，充分调动了广大干部群众的生产积极性，有力地冲击了极左思潮，增强了干部群众扭转内乱局势的信心，遏制和削弱了极左势力，在一定范围内开始了有限度地拨乱反正，进一步促进了人民群众的思想觉醒。科技教育得到重视，文化禁锢开始松动，生产形势逐步好转，国民经济由停滞、下降迅速转向回升。到 1975 年 9 月底，全省工业总产值完成年计划的 83.71%、比 1974 年同期增长 23.8%，民用工业产值完成年计划的 71.75%、比 1974 年同期增长 15%，列入国家计划的 53 种主要产品中，钢、生铁、化肥、手扶拖拉机、机床、棉纱、棉布等 30 多种完成年计划 75% 以上，有些产品还超额完成 1975 年的国家计划。经过整顿，全省各条战线形势明显好转。

编制《国民经济十年规划纲要(草案)》和实施“五五”计划

为实现毛泽东提出的在20世纪用几个五年计划的时间赶上和超过世界水平的战略思想,1974年1月12日国家计委向国务院提出关于拟订长远计划的报告,设想了1976—1985年十年远景规划,而重点是1976—1980年的五年计划。2月省计委部署了编制第五个五年计划的工作。9月18日,省计委转发国家计委关于拟订十年规划的通知,开始编制陕西省发展国民经济十年规划纲要的准备。11月9日至25日,省计委召开工业生产部门汇报会议,传达国家计委负责同志有关编制长远规划的讲话精神,听取各地区各部门的初步规划构想。各地区各单位汇报了各自十年规划的奋斗目标、任务、建设重点、布局、工农业生产总值、生产水平以及经济政策和技术政策等,为编制《陕西省发展国民经济十年规划纲要》进行准备。

按照周恩来在《政府工作报告》中重申的发展国民经济两步设想,1975年6月,省计委开始编制《陕西省发展国民经济十年规划(1976—1985)(草案)》(以下简称“十年规划(草案)”),1976年6月向省委报送,7月向国家计委报送“十年规划(草案)”和《农业、工业、财贸、文教、劳动、科研、物资基本建设十年规划(草案)》。1979年4月中央确定了“调整、改革、整顿、提高”的八字方针,省委、省政府5月召开会议,分析了全省国民经济重大比例失调的突出表现,提出了三年调整意见,据此调整1979年计划、安排1980年计划。在实际工作中,陕西省“十年规划(草案)”对国民经济发展已失去了指导作用。

“十年规划(草案)”遵照周恩来在四届全国人大《政府工作报告》中提出的关于发展国民经济方针、任务、奋斗目标,确定了主要目标任务,具体有:一是明确今后十年要认真贯彻执行“以农业为基础、工业为主导”的总方针,坚持以农轻重的原则,一定把农业搞上去,1980年基本实现农业机械化,确保农业有较大跃进。同时,加速发展钢铁、石油化工等原材料工业,继续努力发展轻工业,处理好“骨头”和“肉”的关系,推动全省农业与工业基本相适应,改善原材料工业与加工工业不相适应的状况。继续加强三线建设,加强国防军工生产,搞好军民结合,作好反侵略战争的准备;发展科学技术,努力赶超国内外先进水平。二是

“五五”时期确保农业有较大增长。1980年农业总产值达到57亿元、五年平均增长9%,粮食总产量达到1250万吨、棉花产量18万吨、油料总产量22.25万吨、生猪存栏1300万头,1980年基本实现农业机械化,大幅增加化肥和拖拉机生产,化肥达到240万吨,大中型拖拉机达到2000台,手扶拖拉机1.1万台。三是“五五”时期工业总产值1980年达到120亿元,五年平均增长9%。钢30万—40万吨,钢材34万—40万吨,原煤2100万吨,发电量105亿度,水泥232万吨,棉纱14.25万吨。四是“五五”时期基本建设总投资71.8亿元,列入国家“五五”计划的大中型建设项目主要有东雷抽黄灌溉工程、冯家山水库、韩城电厂、石门水电站、陕西汽车制造厂、陕西汽车齿轮厂、襄渝铁路陕西段、陇海铁路陕西段电气化、长庆油田等。五是“五五”时期全省财政收入1980年达到21.2亿元,平均每年增长6.2%;财政支出1980年为18.6亿元。六是“五五”时期控制人口增长,人口自然增长率1980年降至10‰以下,年底总人口2833万人。

“五五”时期是政治路线和经济工作指导思想上发生重大变化和转折的时期,全省经济建设经历了三个具有显著特点的阶段。

第一阶段为1976年。由于“四人帮”在全国掀起了“批邓、反击右倾翻案风”,严重冲击和破坏了生产建设的正常进行,造成了巨大损失。因此,1976年不仅绝大部分指标没有完成计划,而且一些主要工农业产品产量还比上年减产,财政状况更加恶化,国民经济处于十分困难的境地。工农业总产值比上年下降3.6%,其中工业总产值下降5.1%,除原煤、发电量、卷烟、汽车、手扶拖拉机等产品产量比上年略有增长外,其余产品产量都有不同程度的下降。基本建设固定资产交付使用率仅为55.4%,比上年下降19%,财政收入下降10.7%。

第二阶段为1977年到1978年。粉碎“四人帮”以后,全国逐步出现比较安定的政治局面,国民经济扭转了停滞不前的局面,得到较快恢复和发展。这两年工农业总产值分别比上年增长9.9%和14.8%。1978年农业总产值比上年增长7.7%,粮食总产达到800万吨,创历史最高水平。工业总产值比上年增长17.5%,财政收入达19.76亿元、收支相抵结余1.46亿元。城乡人民生活有所改善,农民平均每人从集体分得粮食211公斤、现金68.3元，分别增长19.2%和10.9%，城市职工1978年平均工资654元，比上年增长8.1%。1978年国民经济存在的主要问题是“左”倾错误未得到清理和纠正，在经济状况好转的形势下又追求高指标、在农村搞“穷过渡”，基本建设规模过大，积累率由上年的33.1%增加到36%，国民经济比例失调仍然十分严重，农业生产落后，人民生活水平提高受到影响。

第三阶段为1979年到1980年。经过两年调整，经济增长速度减慢，经济向好的方面发展。

由于1977年和1978年的恢复，经济发展比较快，整个“五五”时期经济社会仍有一定发展，建成投产了一批重要建设项目，为“六五”期间经济发展打下了比较好的基础。主要表现是国民经济有一定增长，工业产品有较大幅度增加，基本建设取得重要成就，教育事业迅速发展，旅游业开始起步，对外贸易逐步扩大，人民生活有所改善。“五五”计划期末，整个经济面临的问题仍然很多，比如，农业基础薄弱，抗灾能力不强，生产水平低而不稳；工业生产特别是机械工业生产任务不足，生产能力难以充分发挥；轻重工业比例不协调，基本建设规模仍然过大、战线过长，文教卫生事业仍不适应经济发展需要等，这些都需要“六五”计划来解决。

二、“文化大革命”的结束

“批邓、反击右倾翻案风”

1975年邓小平领导的9个月整顿取得较大成就，产生广泛影响，全国政治、经济和社会秩序明显好转。但是，各领域的整顿不可避免地触及“文化大革命”的“左”倾错误，势必发展到系统纠正这些错误。这遭到了“四人帮”的强烈反对，也渐渐为毛泽东所不能容忍。11月20日，中央政治局召开会议，以“讨论文化大革命”问题为由，错误批评邓小平。下旬，中央召开会议宣读经毛泽东审阅批准的《打招呼的讲话要点》。随后中央批转该文件的通知及附件，通报这次会议情况，并指出：

“尽管党的九大、十大对无产阶级文化大革命已经做了总结，有些人总是对这次文化大革命不满意，总是要算文化革命的账，总是要翻案”，“毛主席指示，要向一些同志打个招呼，以免这些同志犯新的错误。”之后中央又转发了《清华大学关于教育革命大辩论，击退右倾翻案风的情况报告》。在“反击右倾翻案风”中，毛泽东先后做了多次谈话，根据毛泽东1975年10月至1976年1月的多次谈话，中央整理了《毛主席重要指示》，并经毛泽东审阅批准，1976年3月3日以通知的形式发至县团级。毛泽东在讲话中批评邓小平提出的“三项指示为纲”口号，他说“什么‘三项指示为纲’，安定团结不是不要阶段斗争，阶级斗争是纲，其余都是目”，“小平提出‘三项指示为纲’，不和政治局研究，在国务院也不商量，也不报告我，就那么讲。他这个人是不抓阶级斗争的，历来不提这个纲。还是‘白猫、黑猫’啊，不管是帝国主义还是马克思主义”。“反击右倾翻案风”随之扩大到全国。

从1975年12月起，陕西开展“反击右倾翻案风”，一度有所收敛的“四人帮”陕西骨干分子否定整顿工作，密谋策划再次夺省委权。陕西全面整顿出现的好势头遭到严重破坏，整顿工作被迫中断，刚有起色的各项生产再次陷入低谷。

1975年12月16日，省委召开地（市）委书记和省级部门负责人会议，传达中央《打招呼的讲话要点》和《清华大学关于教育革命大辩论，击退右倾翻案风的情况报告》。陕西高校展开了“教育革命大辩论”，并逐步扩大到科技、文艺、工业、农业及其他各条战线。为了搞好传达工作，省理论研究室召集部分工厂、农村理论队伍骨干和高等院校、干校、学习班专业理论工作者以及各地（市）宣传部门理论工作干部举行座谈会，批判“党内那个不肯改悔的走资派”的“修正主义”纲领，要求理论队伍在各级党组织领导下学习毛泽东对无产阶级“文化大革命”的一系列重要指示，继续“批孔”和评论《水浒》，从理论上思想上“把党内不肯改悔的走资派的修正主义谬论批深批透”。

1976年3月6日，省委发出《关于认真学习中共中央[1976]4、5、6号文件的通知》，要求县团级以上干部认真学习毛泽东指示，批判邓小平“修正主义”路线，回击“右倾翻案风”。从3月中旬起，全省各大单位陆续举办领导干部学习班，传达学习中央文件，揭发批判邓小平“修正主义”路线所谓的“错误和罪行”。3月中下旬，省委召开为期11天的各地（市）委书记和省级各部门负责人会议，重点传达中央文件，部署“反击右倾翻案风”，要求各级党委认真学习讨论毛泽东指示和中央文件精神，研究部署当前工作，批判“党内不肯悔改的走资派鼓吹的‘三项指示为纲’的修正主义纲领”。会后，各地（市）委、省直各单位党委陆续召开常委会、党的核心小组或领导小组会议，学习毛泽东的指示和中央文件。随后召开县团级以上领导干部会议传达学习，揭发和批判邓小平“反革命的修正主义路线”，提出要同邓小平的“修正主义路线”对着干，称邓小平炮制“三项指示为纲”散布阶级斗争熄灭论、否定阶级斗争这个纲，我们要坚持“以阶级斗争为纲”等。在“四人帮”大肆煽动下，他们在陕西的党羽与之遥相呼应，开始点名批评各级领导干部，任意给这些领导干部戴上“走资派”“翻案风”“算账派”“复辟派”“投降派”等帽子，迫使大批领导干部无法工作，许多单位再次陷于瘫痪状态，陕西政治形势由整顿后的相对稳定又转向动乱。

不断开展的政治运动严重扰乱正常社会秩序，违背了广大干部群众企盼社会环境安定团结的意愿，“批邓、反击右倾翻案风”的一系列观点已经很难再被广大干部群众所接受。全省多数地区和单位对“批邓”反应冷淡，明显表现出反感和抵触。为了“帮助各省领导思想上转好弯”，3月13日，中央印发毛泽东关于“批邓、反击右倾翻案风”的谈话，同时转发华国锋在中央召集的各省、市、自治区和各大军区负责人会议上的讲话，要求组织县团级以上干部认真传达学习，让受邓小平“修正主义路线”影响而犯了“错误”的同志回去要“转好弯子”。随后，“批邓、反击右倾翻案风”在全国全面展开。

4月1日，省委召开部分县（市）委书记座谈会，提出农村要把学习“资产阶级就在共产党内”“走资派还在走”等指示放在首位，进一步开展“反击右倾翻案风”的斗争。

随着“文化大革命”破坏性后果的不断暴露，党内外抵制“左”倾错误、反对江青集团的力量不断发展。1976年1月8日，周恩来总理因病在北京逝世。从3月底到4月5日清明节，天安门广场发生了人民群众大规模悼念周恩来、反对“四人帮”、支持邓小平的事件。4 月 6 日凌晨，部分中央政治局委员在听取北京市委报告后，认定天安门事件是“反革命暴乱性质”。7 日《人民日报》发表记者关于天安门事件的“现场报道”，诬陷广大群众悼念周恩来是“妄图扭转当前批邓和反击右倾翻案风斗争的大方向”。当晚，根据毛泽东提议，中央政治局会议决定，任命华国锋为中共中央第一副主席、国务院总理，撤销邓小平党内外一切职务。

4 月 8 日，省委发出《关于牢牢掌握“批邓斗争大方向”，深入开展“反击右倾翻案风”斗争的通知》，全省各地纷纷举行集会和游行，继续“批邓、反击右倾翻案风”。29 日，省委和西安市委召开陕西省暨西安市工人庆祝“五一”国际劳动节大会，指责天安门事件为“反革命政治事件”，说这“暴露了邓小平代表新老资产阶级和地、富、反、坏、右的反动本质”，号召掀起“批判邓小平、反击右倾翻案风、坚决追查反革命的新高潮”。6 月 5 日，省委召开地（市）委书记和省直各系统负责人会议，提出要围绕资产阶级“就在共产党内”“走资派还在走”这个重点，牢牢掌握斗争大方向，“始终把矛头对准邓小平”。

为了推动“批邓”，江青等人将 1975 年邓小平的多篇讲话以及所谓“三株大毒草”①，说成是“邓小平修正主义纲领下的产物”，下发到基层单位开展群众性批判。8 月 20 日，省委召开地（市）委书记会议，部署“联系实际，深入批邓”工作。会议错误地认为“邓小平虽然垮台了，但他的修正主义路线还没有批深批透”，对“三株大毒草”的批判仅是开始。9 月 3 日，省级宣传、新闻、出版单位联合召开大会，“联系邓小平一贯反党、反人民、反社会主义的言行，联系现实的阶级斗争和两条路线斗争的实际”，“深入批判邓小平授意炮制的‘三株大毒草’”。经过近十年的动乱，这个时候干部群众的认识已经同“文化大革命”初期有很大不同。邓小平主持整顿工作的成效有目共睹。所谓“批邓、反击右倾翻案风”运动既违背事理，又违背人心，一开始就受到干部群众的广泛抵制。

---

① “三株大毒草”，即“文化大革命”中对邓小平《关于加快工业发展的若干问题》《关于科技工作的几个问题》《论全党全国各项工作的总纲》三篇文章的诬蔑称呼。

人们从阅读印发的批判材料中,反而对坚持党的正确方针政策的邓小平有了更多了解和信任。对这三篇文章的批判,结果适得其反。这显然是“四人帮”始料不及的。

随着毛泽东病情日益加重,“四人帮”加紧了篡夺党和国家最高领导权的阴谋活动。8月底,省革委会召开常委扩大会,“四人帮”在陕西的党羽拟定进省委和省级机关的名单方案,扬言“已经等了数年,这次无论如何不能再等了”。他们在已经控制的地区、部门和单位大搞“突击入党”“突击提干”,造成一些党组织和领导班子严重不纯。在经济领域里煽动停工停产,制造混乱,企图乱中取胜。由于他们的捣乱和破坏,全省经济再次遭受严重挫折。

在“批邓、反击右倾翻案风”冲击下,1976年全省经济增速全面下降。工农业总产值完成106.65亿元,比上年下降3.2%。除原煤、发电量、卷烟、汽车、手扶拖拉机等比上年略有增长外,其余工农业产品产量均有不同程度下降,其中钢产量下降15.1%、农用化肥产量下降26.5%、水泥产量下降7.5%、金属切削机床产量下降14.3%、缝纫机产量下降17.4%、铁路货运量下降8.6%、公路货运量下降3.1%。基本建设固定资产交付使用率仅为55.4%,比上年下降19.1%。财政收入13.5971亿元,比预算少收2.5606亿元,比上年减少1.6287亿元,打乱了正在好转的经济社会秩序,中断了正在恢复向好的经济发展势头。

悼念周恩来活动

1976年1月8日周恩来总理逝世后,天安门广场上日夜汇集着前来哀悼的干部群众,人们送来花圈花篮,寄托哀思、表示哀悼。全省干部群众也沉浸在悲痛之中,以不同形式悼念人民的好总理。延安广大干部、工人、农民和解放军战士纷纷到周恩来故居前悼念。9日延安地委、延安地区革委会向党中央、全国人大常委会、国务院发出唁电。全省其他地区的广大干部群众也以各种形式悼念周总理,表达自己的哀思。

清明节前夕,北京大批群众自发汇集到天安门广场,在人民英雄纪念碑前献上花圈花篮、张贴传单、朗诵诗歌、发表演说,举行声势浩大的悼念周恩来的活动。在陕西,各界群众以各种方式哀悼周恩来,痛斥

“四人帮”的罪行。从3月下旬开始，全省一些工厂、机关、学校的干部群众和青年学生就开始制作花圈，表达悼念之情。4月2日下午，165信箱的部分职工来到西安新城广场，献上16个大花圈。随后132信箱、西安美术公司等单位的干部职工相继送来花圈。西安交通大学师生在街头贴出悼念周恩来的标语，还有人在校门口贴出“悼念周总理”“怀念杨开慧”等大标语。署名“延安儿女”的人张贴“清明时节泪霖霖，九州几曾欲断魂。借问苍天情何在，哀思难托思念情”。西安钟楼上挂满花圈、挽联，贴了许多诗词、漫画，表达着对周恩来的怀念，有的则指名道姓痛斥“四人帮”。132信箱试制工厂保管员庆满堂等贴出“警惕顶着红帽子藏着黑心肝的人分裂党中央”“谁反对周总理就打倒谁”的大幅标语。西安电缆厂工人李裕华在《怀念我心中的周总理》中写到：“忆总理心中永念，怎能忍鬼怪又现”，并刻印500余份，先后三次在钟楼、新城广场等处散发。西安电器设备厂工人聂滕生书写“愤怒声讨《文汇报》把矛头指向毛主席、周总理的滔天罪行”等大幅标语，贴在钟楼、新城广场等处。宝鸡市长岭机器厂职工4月4日举行悼念周恩来总理仪式，挂出“含悲悼念周总理，防止个人野心家”“用鲜血和生命捍卫总理的光辉形象”等挽联和条幅。

为了表达对首都人民的支持，陕西部分群众前往北京天安门广场开展悼念活动，更多的人则在省内各地向群众朗诵流传的革命诗作，作慷慨激昂的演说，用诗歌和语言表达对周总理的怀念、对邓小平的支持、对“四人帮”的不满和愤怒。他们中有知识分子、工人和市民，有上山下乡的知识青年，也有曾经的红卫兵。经过十年动乱的浩劫，许多人已经对“文化大革命”出现了深深的疑虑。“四人帮”的所作所为，周恩来的逝世，促使人们深思并忧虑党和国家的前途命运。132信箱试制工厂党委书记马立明针对“四人帮”的种种罪行，提出21条质问，光明正大地签上自己的名字，逐级上报各级党委。洛南县柏峪寺公社薛湾大队社员吕虎山把反对“四人帮”的一首诗词传抄在水电站的大门上，省安装公司汽车运输队司机王经异写出《志昂词》并张贴在邮政大楼上，指名“张、江、姚”是“披着人皮的豺狼，两三条疯狗想吃月亮”，“他们只能以失败而告终，遗臭万年就是他们的下场”。全省各地群众采用各种对抗形式，声援北京天安门悼念周恩来的活动,反对“四人帮”及其党羽。

人民群众悼念周恩来的活动引起“四人帮”及其在陕西代理人的恐慌,他们运用所掌控的舆论宣传工具极力歪曲事实,发出种种禁令,阻挠群众悼念活动。4 月 4 日清明节,天安门广场的悼念活动达到高潮,200 多万人次前往广场参加悼念活动。在江青等人的操纵下,群众大规模悼念周恩来、反对“四人帮”、支持邓小平的活动,被定性为反革命事件。

5 月 6 日,根据公安部的紧急电话通知,省委要求各地追查与“总理遗言”[①]有牵连的人员,全省随即追查“反革命”谣言,部分传抄者受到错误批判和处理。28 日,西安地区召开批判邓小平罪行,斗争反革命分子大会,会上批斗 7 名“反革命分子”。随后,许多支持天安门事件的群众被缉捕批斗,受到不公正待遇。

欢庆粉碎“四人帮”

1976 年 9 月 9 日毛泽东逝世,全国人民沉浸在巨大悲痛之中,这时“四人帮”加紧了篡党夺权的步伐。10 月 6 日晚,华国锋、叶剑英等代表中央政治局执行党和人民的意志,采取断然措施,一举粉碎了“四人帮”反革命集团,挽救了党,挽救了社会主义事业,党和国家事业的发展翻开了新的一页。当晚,中共中央召开政治局紧急会议,决定粉碎“四人帮”后党和国家的重大问题,一致通过由华国锋任中共中央主席、中央军委主席(待党的十届三中全会予以追认)的决议。

粉碎“四人帮”的消息传来,全省干部群众群情兴奋、一片欢腾。10 月 23 日,陕西省、西安市联合召开 60 万干部群众参加的集会,庆祝粉碎“四人帮”的伟大胜利。会上向全省群众宣读了中央文件,通过给党中央的致敬电,表达了陕西各界群众“庆胜利、欢欣鼓舞,除四害、人心大快”的激动心声。同日,延安、榆林、渭南、咸阳、汉中、安康、商洛地区和宝鸡、铜川市及陕西省军区、驻陕部队分别举行声势浩大的集会和游行。在延安,许多两鬓斑白的老红军、老八路纷纷参加集会游行。在榆

---

① 1976 年 1 月周恩来总理逝世后,一份所谓的“总理遗言”在各地传抄,后经查证是杭州一位青年工人所作。“总理遗言”当时被定性为“反革命谣言”,并在全国范围内展开追查收缴。

林，各级党政军领导干部带队上街，高举红旗、敲锣打鼓，举行庆祝大会。从西安古城到宝塔山下，从长城内外到汉江两岸，2600万三秦儿女以各种方式抒发着心中的喜悦，庆祝粉碎“四人帮”的伟大胜利。当时正在住院的著名作家柳青听到粉碎“四人帮”消息后，兴奋之际写了一首诗：“遥传京中除四害，未悉曲折泪满腮。儿女拍手竞相告，病夫下床走出来。忧愤经年无吉日，欢聚一夕新春开。问询医生期何远，创业史稿旧在怀。”

10月25日至28日，省委召开常委会传达学习中央文件，研究部署揭批“四人帮”反党集团的阴谋罪行，在全省开展揭批“四人帮”运动。文化战线是“文化大革命”的重灾区，许多文艺工作者受到极大迫害。11月8日，省革委会文化局召集省文化系统工作者座谈会，大家控诉“四人帮”，揭发批判“四人帮”反党集团的罪行。11月10日，省级财贸单位干部职工召开座谈会，批判“四人帮”对财贸工作的破坏，表示要做好财贸工作，支援工农业生产，安排好人民生活。省军区机关和部队的干部战士召开座谈会，揭发批判“四人帮”反党乱军、破坏军队建设的罪行。电影、戏剧、曲艺等行业工作者纷纷走上街头宣传游行，通过召开庆祝会、声讨会、批判会等形式，控诉“四人帮”的反动罪行。

粉碎“四人帮”反革命集团，实现了党和人民的共同愿望，从危难中挽救了党，挽救了革命，挽救了中国的社会主义事业，为实现党的历史的伟大转折创造了条件。随着“四人帮”被粉碎，他们在陕西长期经营起来的帮派体系也土崩瓦解。

三、“文化大革命”对陕西的影响

在十年“文化大革命”内乱中，陕西省各项事业遭受严重挫折，党的组织和各级政府受到极大削弱，一些干部和群众遭受严重迫害，民主和法治被肆意践踏，全省陷入严重的混乱状态。

十年“文化大革命”，严重破坏了党的建设。全省党的组织被迫瘫痪直至停止工作,从1967年1月开始,造反派组织掀起向各级党政领导机关和各行各业的“夺权”风暴,省委被迫停止工作达四年零一个月之久,各级党组织也都被迫停止活动。虽然经过“整党建党”,到1972年底全省各级地方和企事业单位的绝大部分党组织相继恢复,但这是在“文化大革命”环境中、在“左”倾错误思想指导下恢复的,一部分合乎条件的党员没能恢复组织生活或者被错误地开除党籍,相当一部分不合乎党员条件的人被接纳入党。特别是在“批林批孔”和“反击右倾翻案风”中,林彪、江青两个反革命集团在陕西的党羽趁机两次大搞“突击入党”“突击提干”,把一批靠造反起家的人、派性思想严重的人和打砸抢分子拉进党内和各级领导班子,使大批干部受到迫害和打击。四届省委常委的大多数同志被打成“叛徒”“特务”和“彭、习死党”。地(市)、县和各级企事业单位中有一大批党员领导干部受到残酷迫害,有的甚至被迫害致死。据统计,“文化大革命”中全省被揪斗和审查的干部、工人、农民和知识分子达40多万人。同时,党的领导体制遭到严重破坏。1968年5月以后,省、地(市)、县各级革命委员会相继成立,革委会集党政大权于一身,实行党政合一、高度集中的领导体制,这是国家政治体制和国家行政工作上的一次大倒退。党的思想作风建设遭到严重破坏,“文化大革命”中很多正确原则被当作修正主义思想进行批判,很多错误的东西则被当成新生事物加以扶持,颠倒了是非。“文化大革命”对社会主义民主和法制的破坏最为严重,“大鸣、大放、大字报、大辩论”的“四大”民主实际上是鼓励一些人随心所欲地乱贴大字报、乱发传单、诬陷他人,随心所欲地罗织罪名,揪斗、审讯干部和群众,制造冤、假、错案,随心所欲地捏造事实、煽动派性、挑动武斗。

十年“文化大革命”严重破坏了经济建设。全省工农业生产连年下降,总体发展倒退到三年调整时期的1964年水平。1968年武斗接连发生,一些地方发生了严重的“打、砸、抢”事件,交通严重阻塞,生产极不正常,经济陷入了无计划和无政府状态,工农业生产进一步下降,财政收入剧减,市场供应紧张。1967年陕西工业产值比1966年减少7.95亿元、下降18.5%,1968年又比1967年减少13.52亿元、下降60.9%。1967年粮食产量比1966年减少30.5万吨、下降5.17%,1968

年比1967年减少70万吨、下降17.72%。1967年财政收入比1966年减少21997万元、下降26.2%,1968年又比1967年减少28244.6万元、下降45.6%。1969年到1973年,虽然武斗被制止,经济秩序恢复,政治局势相对稳定,基本建设缩短,整顿和加强了企业管理,但受各种运动的干扰,经济发展呈现出波动中略有上升的态势。1974年受“批林批孔”运动的冲击,许多企业处于半瘫痪状态,生产难以正常进行,国民经济计划的执行受到严重影响。全年工农业总产值完成100.04亿元,为计划的94.7%,仅比上年增长3.12%。主要农产品除粮食外均未完成计划指标,原煤、发电量、钢材、生铁、有色金属同比均有所下降。全年完成投资14.98亿元,较1973年下降2.77亿元,同比下降15.6%,占年度计划的91%。固定资产交付使用率大幅度下降,列入国家计划的21个单体项目中只有10个按计划完成。1975年计划安排了吃、穿、用各类商品,供应比上年略有增加,有些商品特别是肉、油、蛋、糖、烟、酒等副食品的供应仍然十分紧张。1974年全省财政收入共完成13.96亿元,比上年减少1400多万元,占计划的92%。在1975年全面整顿中,陕西经济形势出现好转。1976年“批邓、反击右倾翻案风”使全国再度陷入一片混乱,陕西工农业总产值比1975年减少3.5亿元、下降3.2%,财政收入比1975年减少1.6亿元、下降10.7%,国民经济滑入崩溃边缘。十年内乱后,有相当一批待业人员需要就业,在职职工十多年没有增加工资,改善职工生活和安排就业任务激增。

十年“文化大革命”严重破坏了文教科技工作。新中国成立17年来全省文化艺术界的工作被全盘否定,许多著名专家、学者、艺术家遭受打击和迫害,著名文学作品《保卫延安》被诬蔑成“为彭德怀翻案、反党反社会主义的大毒草”,作者杜鹏程受到残酷迫害,全省数百名作家、艺术家被迫停止创作。全省艺术表演团体1965年有102个、1969年剩91个,文化馆1965年有110个、1970年剩98个,公共图书馆1965年有13个、1973年仅存8个,博物馆1965年有14个、1968年仅存6个。“文化大革命”开始后,陕西各类学校同全国一样“停课闹革命”,正常的教学被迫中断达数年。1968年至1978年全省先后有40多万名城镇知识青年上山下乡,有近百万农村知识青年回乡劳动,一大批青少年失去了接受正规学校教育的宝贵时光，直接造成人才成长的断层。十年中，全省高校系统半数以上的教师被立案审查，高等院校被关、停、并、转了7所，比1965年减少三分之一，期间中断招生少培养大学生约5万多人，大量教学和实验设备被破坏，21万多平方米校舍被占为他用。中等专业学校被停办和改为工厂的达118所，只保留了38所。许多科研院所被迫中止工作，许多正在进行的重大科研活动被迫停止，许多科技工作者被当作“反动学术权威”“臭老九”“阶级敌人”受到残酷斗争和无情打击，或被关进“牛棚”，或被下放到农村和工厂劳动，有的甚至被迫害致死。科研工作正常经费得不到保障，科研机构被随意撤并，中国科学院陕西分院和陕西省科学技术协会被撤销。

“文化大革命”是以革命的名义进行的，采取了似乎非常革命的手段，但实际上它不是也不可能是一场任何意义上的革命，没有也绝不可能带来任何的社会进步。它的惨痛教训告诉我们，在任何时候任何情况下，都要坚持实事求是，按照客观实际制定路线方针政策，推动党和国家政治生活制度化和法律化，否则将带来灾难性的后果。

同时我们也应该看到，这一时期，在党内正确力量的推动下，在全省人民的抵制和斗争下，“文化大革命”的破坏程度受到一定限制，陕西经济从总体上看还是有发展的，有的年份发展还比较快。

在工业方面，1976年工业总产值73.1亿元，为1965年的2.3倍，平均每年递增11%。全省拥有工业企业8951个，全民所有制工业企业固定资产原值接近100亿元，为1965年的5倍。矿产、能源产业、化工、军工等领域都有长足发展，全省基础设施建设有了很大改观。全省极不均衡的工业布局有了一定改观，1965年工业总产值关中占96.5%、陕南占2.5%、陕北占0.98%，1974年关中下降为91%、陕南上升为6.5%、陕北上升为2.1%，陕南、陕北形成了一批新的工厂群。

在农业方面，生产条件进一步改善。1976年有效灌溉面积达到1755万亩，比1965年增长86%，占总耕地面积的30.2%；机耕面积1736万亩，占总耕地面积的29.9%；每亩耕地施化肥19.8斤，用电17.76度。粮食产量1975年达到162亿斤，1976年为155.3亿斤，比1949年增长1.3倍，比1965年增长24%。油料总产量1976年达到142.6万担，比

1965年增长30%。

“文化大革命”期间陕西国民经济仍然取得发展的原因,一是陕西作为国家战略后方基地开展了大规模三线建设。10年间全省累计完成基本建设投资126.5亿元,全部建成投产的大中型项目96个,新增固定资产67.67亿元,这样大的投资额和建设规模在陕西发展历史上是空前的。二是党中央和周恩来等领导人经常对陕西工作给予关心和指导。针对陕西发展和人民生活改善,周恩来在不同时期作出重要指示。在邓小平主持的1975年全面整顿中,全省一大批工矿企业和基层单位,努力恢复正常的生产秩序和工作秩序,对陕西经济在“文化大革命”中仍然有所发展起到了一定作用。三是全省广大党员和干部群众发扬延安精神,爱岗敬业、无私奉献,并采用不同形式对“文化大革命”进行了抵制和斗争,在一定程度上削弱了林彪、江青反革命集团的破坏作用。“赵梦桃小组”20多年一直保持先进班组的光荣称号,为社会主义建设作出了积极贡献;铜川王石凹煤矿采煤区的职工努力提高采煤量,成为全国快速优质重点采煤队之一。国测一大队勇闯生命禁区,克服艰难险阻,成功实现了中国人对珠穆朗玛峰的首次精确测量,承建并完成了中华人民共和国大地原点的选址、建设和布测等一系列国家使命;某研究所工程师罗健夫,以惊人的毅力排除各种干扰,在当时技术被严密封锁,国内无图纸、无资料和无样机的情况下,研制成功我国第一台Ⅰ型、Ⅱ型图型发生器,为我国航天工业作出重大贡献。画家石鲁在遭受严重摧残的情况下,仍顽强斗争创作了大量书画作品。各行各业党员干部群众坚守岗位,坚持劳动生产,在极其混乱甚至受到打击的情况下仍然坚定信念、努力工作,并取得了新的业绩。

当然,如果没有“文化大革命”的干扰,陕西的社会主义建设会取得大得多的成就。肯定这些成绩,丝毫不是要、也不能够说明“文化大革命”本身有什么可取之处,只是说明不应该把“文化大革命”的错误理论和实践同这十年的整个历史完全等同起来,更不应该同这一时期在党的领导下,全省人民群众为维护社会稳定的努力完全等同起来。在经历了一系列曲折和严重挫折后,党最终依靠自己的力量结束了这场内乱,在总结正反两方面经验教训的基础上,义无反顾地走上社会主义改革之路。在进行社会革命的同时，不断进行自我革命，是我们党区别于其他政党最显著的标志。在领导中国革命建设改革的奋斗历程中，我们党为什么能够始终走在时代前列，成为中国人民和中华民族的主心骨，根本原因在于我们党始终保持了自我革命精神，保持了承认并改正错误的勇气。历史再一次表明，我们的人民是伟大的人民，我们的党是伟大的党，我们的社会主义制度是具有顽强生命力的伟大制度。

第 四 编

在徘徊前进中实现伟大转折

（1976 年 10 月—1978 年 12 月）

1976年10月粉碎江青反革命集团后，中共陕西省委带领各级党组织和全省人民积极揭批“四人帮”反革命罪行，清查其帮派体系，开展真理标准问题讨论，纠正影响较大的冤假错案，努力消除“文化大革命”造成的混乱，推动各项建设事业开始逐步走上正轨。由于“文化大革命”和长期“左”倾错误造成的混乱短期内难以消弭，指导思想上“左”倾错误仍在延续，许多工作呈现出徘徊前进的状态。1978年底党的十一届三中全会召开，作出了把党和国家工作中心转移到经济建设上来，实行改革开放的战略决策。省委认真学习全会精神，积极纠正“左”倾错误，推动陕西进入改革开放和社会主义现代化建设新时期。

第十八章

揭批“四人帮”与恢复政治经济秩序

1976年10月粉碎“四人帮”后,中共陕西省委认真学习贯彻中央部署,大力揭发批判“四人帮”反革命罪行,恢复全省生产秩序和调整政治关系。由于“左”的指导思想没有根本改变,出现了急于求成的倾向,制定修订高速度、全面跃进的经济发展规划,全省经济的恢复与发展受到很大影响。

一、开展揭批“四人帮”运动

揭批“四人帮”

1976年10月18日,中央将《关于王洪文、张春桥、江青、姚文元反党集团事件的通知》下发到县团级党组织,通报“四人帮”阴谋篡党夺权的反革命罪行,号召全党紧密团结起来揭发批判“四人帮”。10月25日,省委常委会传达学习中央《通知》精神,结合实际研究部署全省揭批“四人帮”工作。11月8日,省文化局首先召集省直文化系统揭批“四人帮”反党集团破坏文艺革命罪行座谈会,部分文艺和文化战线工作者参加座谈交流。省级其他部门也纷纷召开座谈会,结合各自实际揭批“四人帮”反党集团罪行。省军区官兵表示,要坚持无产阶级建军路线,加强军队建设。省农办直属机关干部职工表示,要坚持农业学大寨,加快普及大寨县的步伐，尽快把全省农业搞上去。各单位揭批“四人帮”座谈会的召开，为迅速掀起揭批“四人帮”运动做了重要准备。

11月24日，省委召开电话会议，要求全省上下动员起来，全面开展揭批“四人帮”斗争。11月26日至12月3日，省委召开全省宣传工作会议，部署全省揭批“四人帮”的宣传工作。会议强调，目前宣传工作的中心任务是组织群众打一场揭批“四人帮”的人民战争，迅速掀起“大学习”“大揭发”“大批判”的热潮，集中批判“四人帮”篡党夺权罪行，消除“四人帮”流毒和影响。全省通过报纸、广播、电视等媒体，以及创作文艺作品、办黑板报、办大批判专栏等形式，向各界群众传达中央揭批“四人帮”的文件和会议精神，各级党校、“五七”干校开办学习班、轮训班，把揭批“四人帮”作为学习的主要内容。各地区各单位也同时举办领导干部、党团员、理论骨干等各种类型的学习班，发动群众揭批“四人帮”的反革命罪行，从政治上思想上理论上肃清其流毒和影响。

12月10日，中央向全党批转《王洪文、张春桥、江青、姚文元反党集团罪证（材料之一）》，系统公布“四人帮”篡党夺权的反革命阴谋和罪行，开始全面揭批“四人帮”运动。在中央文件精神的指导下，全省各地党组织积极领导干部群众揭批“四人帮”的反革命罪行。延安地委召开揭批“四人帮”罪行广播大会，全区工人、农民、干部、学生和居民收听广播，大会揭发批判了“四人帮”干扰破坏延安社会主义革命和建设的罪行，引导干部群众认清“四人帮”的反革命真面目。14日省总工会召开工矿企业干部群众揭批“四人帮”篡党夺权罪行大会，陕西钢厂、省红旗水泥制品厂、国营渭阳柴油机厂、铜川矿务局桃园煤矿、国营宝成仪表厂等厂矿企业的工会干部和工人代表分别发言，表示要深揭猛批“四人帮”。21日省委召开省直机关揭批“四人帮”反党集团罪行大会，6位代表集中揭批了“四人帮”反革命修正主义路线。省委第一书记李瑞山就全省进一步深入揭发、批判、清查“四人帮”讲话。他指出，当前揭批“四人帮”是全党全军全国人民的头等大事，各级党委要把揭批“四人帮”摆在头等重要位置，积极地坚定地领导好这场斗争。并强调揭批“四人帮”的斗争必须联系实际，彻底揭批他们的反革命阴谋活动，彻底清查同“四人帮”有牵连的人和事，彻底肃清其流毒和影响。

12月25日，在中央召开的第二次全国农业学大寨会议上，华国锋提出经过“三个战役”[①]开展揭批“四人帮”斗争的要求。省委利用各种形式发动群众开展揭批“四人帮”斗争。西北大学校党委引导师生员工结合教学内容和专业特点开展批判，比如，中文系二年级的文学评论课就把教学与批判“四人帮”破坏文艺革命的罪行结合起来，批判其扼杀《创业》《园丁之歌》，肆意篡改毛泽东文艺工作方向和党的文艺政策的罪行；历史系三年级学员查阅大量报纸杂志，编印10多万字的《“四人帮”反革命罪行汇编》。

1977年1月，全省工业学大庆会议、传达第二次全国农业学大寨会议精神干部大会先后召开。两次会议都要求深入揭批“四人帮”篡党夺权和推行反革命修正主义路线的罪行，肃清其流毒和影响。这两次会议后，全省逐步形成了群众性揭批“四人帮”的高潮，同时加大力度揭批省内追随“四人帮”的帮派分子搞乱陕西、夺取各级党委领导权的罪行。

清查与“四人帮”有牵连的人和事

在揭批“四人帮”斗争中，按照省委安排，陕西一些地区和单位开始揭发批判与“四人帮”篡党夺权阴谋活动有牵连的人和事。1976年12月上旬，宝鸡市委召开为时62天的常委扩大会议，市级各部门和部、省、市属企事业单位负责人682人参加。会上揭发和批判了市委少数几个人积极追随“四人帮”、执行“四人帮”反革命路线、煽动层层揪“走资派”，大搞“突击入党”“突击提干”组建帮派、损害党的集中统一领导等严重错误。

1977年1月，西安一些企业单位的代表在全省工业学大庆会议上用大量事实揭露本单位“四人帮”的追随者企图夺取党委领导权，随意实行“飞过海”入党、“限期”入党、“挂问题”入党、“高速”入党和给老干部扣“走资派”“投降派”“复辟狂”“还乡团”等帽子的狂妄行为。宝鸡市委常委扩大会议上的揭批和省工业学大庆会议代表的发言，实际

① “三个战役”，即揭发批判“四人帮”篡党夺权的阴谋，揭发批判“四人帮”的反革命面目和罪恶历史，揭发批判“四人帮”的“反革命修正主义路线的极右实质及其在各方面的表现”。

上提出了揭批和清查追随"四人帮"帮派分子的问题,为全省揭批"四人帮"运动起了重要促进作用。

1977年2月2日,省委向中央报告了全省揭批"四人帮"斗争中存在的一些问题,"'四人帮'的反革命修正主义路线,对我省影响、干扰是很大的,比较严重的有西安、宝鸡和铜川市。在这几个市中,问题严重的也是少数单位,但危害很大"。报告列举王洪文、张春桥、江青等人在陕西有关部门安插的亲属和亲信频繁在西安和宝鸡等地串连、大造篡党夺权的反革命舆论、煽动和授意有的人给江青写"效忠信"、鼓动江青当中央主席、企图安插亲信进省委工作等情况,还报告了西安、宝鸡等地的一些组织和帮派分子煽动"层层揪走资派"、搞"突击入党、突击提干"及进行"夺权"的活动。省委向中央表示,陕西揭批"四人帮"任务是艰巨的、复杂的,将继续发动群众,进一步开展群众性的"大揭发""大批判""大清查",彻底查清"四人帮"在陕西的反革命阴谋活动,查清少数人紧跟"四人帮"进行篡党夺权的阴谋活动,肃清其流毒和影响。省委报告还明确将揭批"四人帮"运动初期的"大学习、大揭发、大批判"改为"大揭发、大批判、大清查",推动全省揭批"四人帮"运动进入联系实际、清查与"四人帮"有牵连的人和事的阶段。

根据省委安排,各地市和省级各部门相继召开常委扩大会议或党的核心小组扩大会,研究布置在揭批"四人帮"斗争中搞好大清查的问题。1977年3月6日,中央印发"四人帮"罪证材料之二即《"四人帮"的反革命面目及其罪恶历史》,全国揭批"四人帮"运动转为揭批"四人帮"反革命面目和罪恶的第二战役。在揭批运动中,省委要求各地区各单位紧密联系"四人帮"插手陕西的实际,揭发批判和清查"四人帮"在陕西的帮派体系和帮派分子问题。为了发动群众,深入开展"揭、批、查"运动,3月16日,省委抽调5万多名干部组成工作队,分赴全省803个人民公社和生产大队进行党的基本路线教育,发动干部群众联系实际揭批"四人帮"。

4月12日,省农办在《陕西日报》发表《领导带头联系实际把运动引向深入——西北农学院深入揭批"四人帮"的调查》一文,介绍了西北农学院党委和院系领导干部发动群众,联系实际揭批"四人帮"搞乱教育阵地的罪行。学院党委召开扩大会议并提出，“四人帮”长期控制舆论工具，直接插手教育阵地，西北农学院深受其害，其流毒影响不能低估，别人的批判不能代替自己的批判，“四人帮”在本单位的流毒和影响必须靠自己动手清除。

4月26日，陕西省暨西安市举行联系实际揭批“四人帮”大会，揭批省革委会常委中几个积极追随“四人帮”分子的严重错误。4月28日至5月20日，省委召开常委扩大会议，联系陕西实际批判“四人帮”反革命修正主义路线，进一步揭批省革委会常委中积极追随“四人帮”的少数几个人的严重错误。李瑞山强调，要从政治上思想上组织上经济上彻底肃清“四人帮”的流毒和影响，彻底粉碎他们的帮派体系。省委常委扩大会议后，全省各地区和各单位相继召开会议，开始揭批本地区本单位积极追随“四人帮”、进行篡党夺权阴谋活动的人和事。

随着“四人帮”罪证材料之三《“四人帮”在各个领域散布的反动谬论》的下发，全省开始了揭批“四人帮”的又一场战役，同时继续揭批省内追随“四人帮”的帮派分子。在清查中，省委重点抓了西安市、宝鸡市和铜川市。8月9日和10日，省委召集西安市、宝鸡市、铜川市委运动办负责人座谈，听取他们揭批“四人帮”运动的进展情况汇报。这3个市受“四人帮”干扰破坏严重的县团级以上单位有126个（西安市不包括文教系统），95个单位的问题已经基本解决和正在解决，31个单位的问题没有揭开、或者虽已揭开但还没有解决。座谈会分析了31个单位问题得不到解决的原因，决定针对不同情况，采取派工作组、调整充实领导班子、对少数问题严重的领导成员采取必要组织措施等形式，以清除障碍的方法推进运动开展。

除了重点地区和重点单位进行清查外，渭南、咸阳、安康、商洛、汉中、延安、榆林等其他地区也相继召开常委会和运动办公室负责人会，研究部署清查工作。咸阳地委常委扩大会议对全区14个县市中受“四人帮”干扰破坏严重的兴平县等4个县进行重点清查，对地委直属的128个单位中受“四人帮”干扰破坏比较严重的38个单位进行重点清查。截至1977年11月底，全省共列出揭批审查对象3306人，问题基本搞清的1688人、占审查对象总数的51%，已解放的760人、占审查对象总数的 23%。全省清查工作取得较大进展，推动了深入开展揭批“四人帮”运动。

通过清查全省追随“四人帮”搞篡党夺权阴谋活动的人和事，干部群众进一步认清“四人帮”的反革命真面目，认识到他们对党的事业造成的严重危害，坚定了把“四人帮”颠倒的是非纠正过来的信心。但由于受当时历史条件的限制，全省揭发和批判“四人帮”被局限在对“文化大革命”和毛泽东晚年的理论与实践全部肯定的范围内，政治思想组织等方面仍有许多问题没有根本解决。

二、恢复生产秩序和调整政治关系

恢复与发展农业生产

粉碎“四人帮”后，党和国家面临的一项紧迫任务是恢复和发展国民经济，改善人民物质文化生活。在部署揭批“四人帮”罪行、稳定社会局面的同时，党中央立即着手整顿和恢复工农业生产，分别于 1976 年 12 月和 1977 年 4 月至 5 月召开第二次全国农业学大寨会议和全国工业学大庆会议，号召全国人民努力把国民经济搞上去，为建设社会主义现代化强国而奋斗。省委带领全省人民投入生产建设，继续开展农业学大寨和工业学大庆运动，整顿和恢复国民经济，努力改变“文化大革命”造成的混乱和经济发展滞后的局面。

1976 年 12 月 10 日至 27 日，第二次全国农业学大寨会议在北京召开，讨论明确了全国农业学大寨、普及大寨县和实现农业机械化的任务。1977 年 1 月 11 日，省委在西安召开干部大会传达第二次全国农业学大寨会议精神，要求各级党组织深入开展农业学大寨，普及大寨县运动。会后，各地、市、县分别召开常委扩大会议、生产队长以上的四级干部会、公社党员大会，统一认识、协调行动，逐步掀起了全省农业学大寨、普及大寨县的热潮。

在农业学大寨运动中，各地积极开展科学种田、推进农业机械化，促进农业学大寨和普及大寨县。新中国成立以来，全省农业生产基本条件虽有较大改善，但抵御自然灾害的能力仍然比较弱，粮食增长速度缓慢且不稳定。加之“文化大革命”期间林彪、“四人帮”推行极左思潮，严重干扰和破坏农业生产，科学种田也不能正常进行。在揭批“四人帮”斗争中，干部群众狠抓生产，开展科学实验，努力提高生产水平。长安县抓住夏秋作物争土地、争劳力、争时间的矛盾，经过反复试验，对全县40多万亩粮食作物实行间作套种，全年增产粮食2亿斤。汉中、安康地区针对当地春寒、伏旱、秋淋等气候特点，普遍推广玉米和土豆早下种、红薯早栽苗、水稻早插秧等种植措施，土豆、红薯增产30%，玉米、水稻长势良好。榆林地区把水土保持和农田基建结合起来，在根治沙漠方面摸索总结出许多宝贵经验。广大干部群众以科学种田的实际行动，为恢复和发展农业生产做出了应有贡献。

发展农业机械化、提高农业劳动生产率，是第二次全国农业学大寨会议提出的重要任务。1977年2月，省革委会召开农机管理工作会议，总结交流农机管理工作经验，讨论落实1977年农业机械化任务以及改进农机管理工作，明确了加快农业机械化步伐的具体措施。根据省委和省革委会的安排，在恢复发展农业生产中，各地、县、公社和生产大队积极发展农业机械化，为农业生产提供服务。武功县杨陵公社采取加强农机队伍建设、定期举办农机人员培训班、建立农机管理制度等措施，添置农业机械，改革“一机多带”工具，有了大中小型拖拉机80台、机引农具340台（件），运输、加工、排灌、植保等各种机具5400多台（件），机井90多眼，机耕面积达到90%以上，基本实现机械化和半机械化。一些机械企业积极开展支农活动，国营第21建筑工程公司党委把支援农业作为重要任务，带领广大干部职工认真落实“以农业为基础、以工业为主导”总方针，先后协助当地公社架设农用高压电线、修建排灌站、建立2个农机具修配站，受到农村干部群众欢迎。

通过农业学大寨运动，各地制定实施了一些切实有效的措施，在1977年发生严重自然灾害的情况下粮棉生产稳步发展，农业总产值达到33.67亿元，粮食总产量为776万吨，棉花10.03万吨，农业生产逐步恢复和发展，为全省经济开始好转提供了有利条件。

恢复与发展工业生产

1977年1月，全省工业学大庆会议在西安召开。会议揭批了“四人帮”篡党夺权的反革命罪行，学习了毛泽东《论十大关系》、华国锋在第二次全国农业学大寨会议上的讲话以及中央有关文件，交流了贯彻“鞍钢宪法”和开展工业学大庆运动的实践经验，并对全省“五五”时期工业学大庆、普及大庆式企业作出规划，即1977年全省10%—15%的企业建成大庆式企业，1980年达到30%—40%。李瑞山强调，各级党委要加强经济工作领导，调整经济关系，整顿经济秩序，以大庆为榜样，自力更生、艰苦奋斗，充分发挥干部和工人群众的干劲、智慧和创造性，把被“四人帮”干扰破坏耽误的时间尽快夺回来，千方百计完成和超额完成工业战线的各项任务。全省工业学大庆会议的召开，顺应了粉碎“四人帮”后干部群众迫切要求改变工业战线混乱局势、恢复国民经济、发展工业生产的强烈愿望，调动了干部群众建设社会主义的积极性，为全省稳定经济发展秩序起到了重要作用。

全省工业学大庆会议后，各地掀起工业学大庆、普及大庆式企业的运动。各工业部门和各企业党委采取整顿企业生产秩序、建立健全企业规章制度、开展劳动竞赛等措施，积极恢复和发展生产。全省煤炭系统干部职工学大庆、赶开滦，1月重点煤矿比国家计划超额完成10.6%、比上年同期提高12.8%，地方煤矿超产7万吨、比国家计划超额完成19%，其中榆林、安康、汉中、商洛等地都达到历史最好水平。宝鸡市红光铁厂、渭南煤矿专用设备厂、西安东风车辆厂、渭阳柴油机厂、咸阳深井泵厂等单位深入揭批“四人帮”篡党夺权、破坏工业学大庆运动的罪行，提出了本单位学大庆的具体计划和措施。西安东风车辆厂表示要下决心、揭矛盾，找差距、订措施，力争建成大庆式企业。咸阳深井泵厂在全厂开展“五比、五赛”[①]社会主义劳动竞赛，健全岗位责任制、考勤制、质量检查、定额发料、生产计划调度管理、设备维修、安全生产等制度。通过这些措施，调动了各方面的积极因素，全厂干部职工团结一心，克服原材料

---

① “五比、五赛”，即比学习、赛思想，比干劲、赛贡献，比团结、赛风格，比安全、赛纪律，比革新、赛节约。

不足等困难，全面完成 1 月份生产计划，产值和产量均比 1976 年同期有所增长。

2 月 24 日，省委召开铁路工作会议，传达全国铁路工作会议精神。3 月 2 日，铁路系统召开万名干部大会，动员和落实省委关于加强对铁路工作领导的决定，李瑞山在会上指出，全国铁路工作会议精神适用于整个工交战线，适用于各行各业，要千方百计把铁路运输搞上去，把各项工作搞上去。同时，积极整顿和治理其他行业，建立各项规章制度，恢复正常生产秩序，尽快改变工作混乱状况。

4 月 20 日至 5 月 14 日，中共中央、国务院先后在大庆油田和北京召开全国工业学大庆会议，表彰了全国大庆式企业、全国先进企业和全国先进生产者。陕西省机械施工公司工人单怀香、西安市运输公司汽车司机杜明举、西安市第三建筑公司工人李振拴、周至县马召邮政所邮寄员王新成、陕西省地质局第二水文地质工程队工程师杜娥叶、西北建筑设计院工程师徐永基、国营西安机械厂工具科技师李相臣、西北机器厂十一车间工人技师靳新旺等 8 人被授予“全国先进生产者”称号。6 月 1 日，省委通过有线广播向 350 万干部职工传达了全国工业学大庆会议精神，号召各条战线学习大庆的基本经验，提出全省企业中大庆式企业所占比例 1977 年为 10%、1978 年为 25%、1980 年为 50% 的目标，要求企业搞好整顿工作，特别是整顿和建设好领导班子，建立健全规章制度，加快工业建设步伐。

全国和全省工业学大庆会议后，全省工交战线干部群众迸发出极大的生产热情。铁路、电力、公路、建材等系统的干部职工积极行动，提前完成全年生产任务。西安铁路局通过整顿健全各项规章制度，提前 33 天完成全年运输生产任务，货运量比历史最好水平增长 9.85%，前三季度运输收入、成本、利润等经济指标均超过历史同期最好水平。省电力系统企业积极开展学大庆运动，引导干部职工抓关键问题、强薄弱环节，提前 39 天完成全年发电生产任务，比 1976 年同期增长 19%，创造历史最好水平。省公路基建、运输战线职工提前 41 天完成全年公路货物运输计划。在全省干部职工努力下，1977 年 6 月 25 日我国第二条电气化铁路——阳安铁路建成通车，1978 年 6 月 1 日襄渝铁路建成正式交付使用,12 月 31 日陕西最大的现代化矿井——桑树坪煤矿正式建成投产、年产煤 90 万吨。这些大型基本工程的建成,为陕西后续发展奠定了良好基础。

从 1976 年 10 月至 1977 年底,省委贯彻中央深入揭批“四人帮”“抓革命、促生产”的指示精神,要求各工业企业以学大庆为动力,整顿各级领导班子、思想作风和生产秩序,建立健全各项规章制度,提高生产管理水平,开展社会主义劳动竞赛,完成国家下达的各项生产任务,争做大庆式企业。1977 年底,全省社会总产值达 141.69 亿元、比 1976 年增加 12.87 亿元,国民收入总额 62.19 亿元、比上年增加 6.54 亿元,人均国民收入 226 元、比上年增加 22 元。工业生产有了较大发展,全省经济恢复取得初步成效。

调整政治关系

1977 年 8 月 12 日至 18 日,中国共产党第十一次全国代表大会召开。大会强调调动党内外、国内外一切积极因素,团结一切可以团结的力量,在 20 世纪内把我国建设成为社会主义的现代化强国,是我们的历史责任。大会通过的新党章把“在本世纪内,党要领导全国各族人民把我国建设成为农业、工业、国防和科学技术现代化的社会主义强国”写入总纲,强调要恢复党的民主集中制原则,保持和发扬党的优良传统和作风。邓小平在闭幕词中号召全党,一定要恢复和发扬毛主席为我们党树立的群众路线、实事求是、批评和自我批评、谦虚谨慎、戒骄戒躁、艰苦奋斗和民主集中制等优良传统和作风,在全党全军全国努力造成一个又有集中又有民主,又有纪律又有自由,又有统一意志,又有个人心情舒畅、生动活泼的政治局面。党的十一大初步总结同“四人帮”的斗争,宣告历时十年的“文化大革命”结束,重申在 20 世纪内把我国建设成为社会主义现代化强国的任务。但这次大会仍然肯定“文化大革命”的错误理论和实践,因而没有从根本上着手纠正“文化大革命”的错误,也没有完成为实现历史转折制定正确路线方针的重大任务。

9 月 14 日,省委发出《关于进一步认真学习党的十一大文件的通知》,要求各级党委认真学习党的十一大文件,继续清查同“四人帮”篡党夺权阴谋活动有牵连的人和事，搞好整党整风，整顿领导班子，深入开展工业学大庆、农业学大寨群众运动，加快恢复与发展经济，努力调整政治关系，推动全省政治经济社会秩序正常。

12月15日至29日，省五届人大一次会议在西安举行，1114名代表出席，李瑞山作《陕西省革命委员会工作报告》，全面总结省革委会成立以来特别是粉碎“四人帮”后在揭批运动、经济建设、文化教育事业发展等方面所取得的成绩，提出今后的主要任务是继续进行揭批“四人帮”斗争，鼓足干劲、力争上游，高速度地发展国民经济；搞好上层建筑领域的革命、大力发展社会主义文化教育事业，把各级革命委员会整顿好、建设好。会议一致通过《关于省革命委员会工作报告的决议》，审议通过了1977年至1985年陕西省国民经济发展规划，选举产生了新一届陕西省革命委员会，选举李瑞山为省革委会主任，于明涛、姜一、萧纯、章泽、胡炳云、傅子和、李登瀛、惠世恭、舒同、任国义、郭允中、李海亭等12人为副主任，委员99人。大会号召全省干部群众以揭批“四人帮”为纲，深入开展工业学大庆、农业学大寨的群众运动，发扬延安精神，自力更生、艰苦奋斗，奋发图强、大干苦干，高速度发展国民经济，努力把陕西建设成为国家巩固的战略后方，为把我国建设成为社会主义现代化强国而奋斗。

省五届人大一次会议恢复了全省人民群众参政议政的民主权利，推进了政治生活的正常化。但受当时历史条件限制，会议仍然没有摆脱“以阶级斗争为纲”和“在无产阶级专政下继续革命”理论的影响，继续坚持了党的十一大肯定“文化大革命”和一些“左”倾错误观点，在经济建设上提出高速度发展国民经济、实现国民经济全面跃进的指导思想，提出了一些不切实际的目标和口号，会议没有起到历史转折时期应该起到的作用。

12月24日至30日，省政协四届一次会议召开，335名委员出席。李瑞山作《关于当前形势和任务》的报告，会议选举李瑞山为省政协主席，常黎夫、秦仲方、高长久、孙蔚如、张汉武、李瘦枝、伍晋南、侯宗濂、闵洪友、熊应栋、杨伯伦、陈雨皋、谈国帆、龚祖同、崔田夫等15人为副主席，常委71人。

为了保障人民民主，加强社会主义法制建设，1978 年 1 月，省委决定将陕西省高级人民法院党的核心小组“一元化”领导体制改为院长领导制，任命杨沛琛为院长。6 月，省委作出恢复省人民检察院的决定，任命杨存富为代检察长。11 月 25 日，省委印发《关于加速组建人民检察院的通知》，要求迅速建立各级检察院，抓紧调配检察干部，配好领导班子。随后，全省各地初步建立起了检察机关。这些举措，推动了全省社会主义法制建设正常化。11 月省委印发《关于成立中共陕西省委政法小组的通知》，决定成立陕西省委政法小组，进一步加强了党对政法工作的领导。

党的十一大通过的党章修正案恢复了有关纪律检查委员会的条款。1978 年 11 月，省委决定成立中共陕西省委纪律检查临时委员会，任命严克伦为第一书记、杨文海为第二书记，董学源、张汉武、罗文治、白耀明为副书记。12 月 1 日，省委决定，各地（市）、县和设党委的县级以上企事业单位均设党的纪律检查委员会。

省五届人大一次会议、省政协四届一次会议的召开，各级法院、检察、纪检机关的恢复，标志着“文化大革命”中被打乱的政治生活正常秩序逐步恢复并开始走上正常轨道，这些机构在维护政治稳定、促进经济建设健康发展方面发挥了保障作用。

出现急于求成倾向

随着政治局面的初步安定和经济形势的逐渐好转，全国广大干部群众建设愿望日渐强烈，盼望能尽快改变“文化大革命”造成的经济建设秩序混乱、发展步伐缓慢的状态，期望把被耽误的时间抢回来。但由于对过去经济建设方面的经验教训没有认真总结，对经济好转的形势又估计过高，经济工作指导思想上再度出现了急于求成的倾向。1977 年 4 月 19 日《人民日报》社论《抓纲治国推动国民经济新跃进》中指出的“一个新的跃进形势正在形成”，要达到和赶超“三个水平”① 的口号，为全国急于求成倾向制造了舆论氛围。陕西在恢复发展国民经济过程中，

---

① “三个水平”，即本单位历史最高水平、全国同行业最高水平、世界先进水平。

也出现了求高求快的现象。

1977 年 6 月 1 日,省委召开会议传达第二次全国工业学大庆会议精神,要求加快全省经济建设速度,提出“今后三年工业要以每年 15% 的增长速度前进”。相较于 1974 年工业总产值比上一年增长 5.6%、1975 年增长 12.2%、1976 年增长 4.38%,15% 的指标明显偏高,急于求成的思想开始显露。6 月 18 日,省委转发《陕西省农田基本建设会议纪要》,提出 1980 年全省粮食总产量 220 亿斤、棉花 320 万担,确保每个农业人口一亩旱涝保收稳产高产田。这些高速度发展工农业生产的思想和高指标的提出,对粉碎“四人帮”后经济恢复和发展具有一定的精神鼓舞作用,但却忽略了总结以往经济建设基本经验教训,忽视了陕西当时的经济基础和发展能力,使刚刚恢复的全省经济形势蒙上一层阴影。

11 月 3 日,省委下发《关于大干今年最后两个月加快我省工业发展速度的通知》,修订了全省工业生产指标,提出 1977 年全省工业发展速度由原定的 7% 提高到 14% 左右,在今后两个月内,钢产量完成 2.7 万吨、日均达到 443 吨,生铁完成 2.45 万吨、日均达到 401 吨,钢材完成 3.512 万吨、日均达到 575 吨的目标任务。同时,还修订了煤炭、发电量、化肥、铁路货运量以及其他各项产品的任务指标。

除了工业战线外,农业发展也有了新的要求。1978 年 1 月 16 日,省委《关于普及大寨县、高速度发展农业的决定》提出,苦战 3 年,到 1980 年把全省三分之一的县建成大寨县,基本实现农业机械化;粮食每年平均递增 10%—13%,总产量达到 200 亿斤至 225 亿斤,棉花平均每年递增 15% 以上,总产量达到 320 万担。这个决定虽然分析了全省实现农业高速度发展的困难和艰巨性,但却没有认真对待,而是夸大了现有发展农业生产的基本条件,认为只要“坚定信心,抖起劲来,带领广大群众,树雄心,立壮志,大干苦干,扎扎实实地开展农业学大寨群众运动,我省农业就一定能够实现高速度地向前发展”。

在急于求成的思想支配下,各地区各部门制订的计划也出现了新的“跃进”。武功县提出,1978 年粮食亩产要“过长江”,棉花亩产上百斤,争取人均产粮 1000 斤,上缴国家 300 斤。眉县提出要把眉站、常兴、城关、齐镇 4 个公社建成大寨社,青化、横渠、槐芽、第五村 4 个社建成学大寨先进社，全县粮食亩产660斤、棉花亩产100斤、生猪户均四头半，人均生产千斤粮，上缴国家300斤。宝鸡市提出所有工业企业的八项经济技术指标都要达到历史最好水平，已经达到的要赶超国内外先进水平；所有经营性亏损企业都要在上半年扭亏为盈，计划性亏损降到最低水平；所有企业的非生产人员都要力争减少到18%以下，所有企业都要在技术革新方面取得显著成果，所有企业的设备完好率要达到历史最好水平等。咸阳等地也修订了工农业生产发展规划。这种要求“高速度”发展工农业的倾向，以层层加码的方式迅速蔓延至全省各级和各地。

在普及大寨县的过程中，中央要求全国选择10%左右的生产大队实行大队统一核算试点，为进一步实行农村人民公社基本核算单位由生产队过渡到生产大队创造条件。陕西在临潼、蒲城等地进行试点，要求在一两年内使70%—80%的大队成为基本核算单位。在这种“左”的思想指导下，1977年冬至1978年春，长安县70%—80%的生产队、临潼县90%以上的生产队、渭南地区30%的生产队很快过渡到大队核算。1978年1月全省8.9%的生产队实行了大队核算。在这个“穷过渡”的风潮中，一些社队社员个人所有的架子车被集体收缴，自留地被取消，社员正当家庭副业和集市贸易被当作所谓的“资本主义尾巴”而遭到限制和打击。

急于求成的思想给全省经济建设造成消极影响，“穷过渡”风潮也影响到人民生活水平的提高。1978年，全国平均用于每亩耕地的投资额为3.6元、陕西为2.7元，灌溉面积占耕地面积比例全国为45.2%、陕西为31.5%，每亩耕地化肥施用量全国平均为58.6斤、陕西为37.8斤。1978年全省人均占有粮食576斤、低于1965年人均619斤的水平，全省农民人均集体分配获得的收入仅68.3元、低于全国69.48元的平均水平，人均分配收入50元以下的生产队有5.1万多个，占全省农村基本核算单位总数的35.1%。全省城市人均住房面积3.35平方米，低于1949年3.87平方米和1950年3.70平方米的水平。全省各部门各单位职工年平均工资仅669元，比1965年的674元还低。急于求成的思想和做法，进一步加剧“文化大革命”中已经相当严重的国民经济重大比例关系失调问题，给全省经济发展造成新的困难。

第十九章

拨乱反正与工作重点转移

随着真理标准问题的讨论和各条战线拨乱反正的开展，1978 年底召开的中央工作会议和党的十一届三中全会，就关系党和国家前途命运的大政方针作出了正确的政治决断和战略抉择，实现了新中国成立以来我们党历史上具有深远意义的伟大转折。中共陕西省委认真贯彻落实陕西汇报会议精神，深入揭批“四人帮”，积极贯彻中央对旬邑和志丹问题的批示精神，彻底清查“四人帮”在陕西的阴谋活动和帮派体系，整顿领导班子、转变干部作风，在拨乱反正中学习贯彻党的十一届三中全会精神，把全省工作重点逐步转移到经济建设上，全省开始进入改革开放和社会主义现代化建设新时期。

一、贯彻中央批示精神

召开陕西汇报会议

1978 年 7 月，省委召开常委会议，总结学习贯彻党的十一大以来中央关于陕西工作的一系列指示批示，研究迫切需要解决的突出问题。由于牵扯多年来省委内部的路线是非问题，情况比较复杂，认识不尽一致，经请示党中央批准，7 月 15 日至 8 月 9 日在北京召开陕西汇报会议，兰州军区主要负责人韩先楚和陕西省委常委会的 13 位同志参加。受中央政治局委托，李先念、纪登奎、韦国清、乌兰夫和胡耀邦全程参加并指导会议，在临近结束时王任重参加会议。

会议以严肃认真态度，采取整风方法，本着知无不言、言无不尽的精神，经过批评和自我批评，在分析形势、肯定成绩、揭露矛盾、总结经验教训的基础上，进一步分清路线是非，统一思想认识，讨论研究今后深入揭批“四人帮”、加快农业生产发展速度、加强党的领导和团结、把陕西各项工作搞上去等问题。

会议认为，陕西是革命圣地延安的所在地，曾经是中国人民解放斗争的总后方，现在又地处全国的大三线，有不少重点企业，战略地位十分重要。粉碎“四人帮”以来，陕西形势总的是好的，工作有成绩，但总体发展缓慢，起色不大。不论是工农业，还是干部作风方面，都不同程度地存在问题。要发扬延安精神，艰苦奋斗，自力更生，尽快改变全省落后面貌，把革命老根据地建设好，为实现新时期的总任务作出更大的贡献。会议提出了“拨乱反正、抓纲治陕”的任务和方针：一是把揭批“四人帮”斗争进行到底。要放手发动群众，紧密联系实际，深入揭批林彪、“四人帮”反革命罪行；二是加快国民经济发展速度，特别是农业发展速度。要紧密联系实际，学习贯彻中央转发的湖南湘乡县委《关于认真落实党的政策，努力减轻农民不合理负担的报告》和陕西省委《关于旬邑县少数干部强迫命令、违法乱纪问题的调查报告》等文件精神，落实党的农村政策，转变干部作风，调动农民群众建设社会主义积极性。要因地制宜，搞好规划，尽快把陕西经济搞上去；三是加强党的领导，增强革命团结。要加强省委和各级领导班子建设，特别要选配好一、二把手，大胆提拔和使用中年干部，培养教育青年干部。严肃处理和清除极少数“四人帮”阴谋活动骨干分子和打砸抢分子及坏分子。要坚持民主集中制原则，健全党内民主生活，不断增强各级领导的团结、党的团结、党与人民的团结以及地方和军队的团结，统一行动，同心协力，搞好工作。

这次会议是在揭批“四人帮”斗争进入深入发展、拨乱反正工作刚刚起步的情况下召开的，对省委继续抓紧抓好揭批“四人帮”运动，坚持拨乱反正，把被“四人帮”颠倒的思想理论和路线是非纠正过来，推动工农业生产发展和各项工作有着重要的指导作用。

8 月 10 日,中央转发《陕西汇报会议纪要》并作出批示,指出粉碎“四人帮”以来,陕西总的形势是好的,当前存在的主要问题是在揭批“四人帮”斗争中,陕西省委主要负责同志在一些重要问题上认识不清,顾虑较多,领导不力,致使陕西形势发展比较缓慢。“我们有什么理由不能把陕西的国民经济,特别是农业生产尽快地搞上去呢”。要求“不惜风霜之苦,夜以继日,勤勤恳恳,切切实实地去研究人民中间的生活问题,生产问题”,“并帮助人民具体地而不是讲空话地去解决这些问题”。

12 日,中央决定调整陕西省委、省革委会领导班子,任命王任重为陕西省委第二书记、陕西省革委会第一副主任,免去吴桂贤陕西省委书记、常委和委员职务;调陕西省委书记萧纯到中央党校学习,后另行分配工作。中央要求,经过加强和调整后的陕西省委要团结一致,切实加强对揭批“四人帮”的领导,深入揭批“四人帮”及其代理人的罪行,尽快把陕西国民经济和其他各项工作搞上去。

8 月 20 日至 9 月 21 日,省委召开常委扩大会议,传达中央转发的《陕西汇报会议纪要》和批示,研究贯彻落实工作。省委第一书记李瑞山,第二书记王任重,省委书记于明涛、李尔重、章泽、胡炳云、王林、严克伦参加会议。会议认为,中央对陕西工作作了正确的分析和评价,指出了“抓纲治陕”的方向。会议充分揭露和批判了省委有关领导人积极推行“四人帮”反革命路线、给陕西造成严重后果的问题,开展了批评和自我批评。对犯错误的同志包括犯了严重错误的同志,既严肃认真地批评,又允许其对自己的错误有一个认识过程,达到了分清是非、增强团结的目的。会议提出要大干快上,加速发展国民经济特别是农业生产,加快落实农村政策。王任重在会上作《抓纲治陕,大干快上》的讲话,指出:“实践是检验真理的唯一标准,反对这个观点,就是否定马克思主义的基本原理。必须坚持实践第一的观点,实事求是,走群众路线,把党的好传统、好作风发扬起来。”这次省委常委会议是在全省开展“揭、批、查”运动中召开的一次重要会议,对于省委分清路线是非、总结经验教训,迅速深化揭批“四人帮”斗争,把全省各项工作搞上去有着重要意义。

省委常委扩大会议后,全省各级党委学习陕西汇报会议和省委常委扩大会议精神，各地市相继召开常委扩大会议，检查评估前一阶段运动开展情况，提出贯彻落实会议精神的相关部署。西安市委认为，西安市两年的“揭、批、查”运动取得了很大成绩，工作重点转移到社会主义现代化建设上。铜川市委梳理市委常委的路线是非，分析平反冤假错案现状。延安地委、榆林地委分别召开常委扩大会议，联系实际揭发批判本地区“文化大革命”以来发生的重大事件。延安地委还召开地直机关大会，动员机关干部给地委提意见，在全区召开数十万人参与的广播大会，逮捕了四名打砸抢首恶分子，广大干部群众拍手称快。榆林地委常委会采取会内会外相结合、大会小会相结合、揭批整改相结合的方法，充分发扬民主，让大家畅所欲言，充分揭露矛盾，及时解决一些亟待解决的问题。汉中地委常委扩大会在传达贯彻陕西汇报会议和省委常委扩大会议精神同时，着重对汉中的武斗问题、西乡县的清队现场会问题、“提高教育质量座谈会”问题、对待闹派人物等问题进行梳理澄清，提高认识、统一思想。

《陕西汇报会议纪要》和省委常委扩大会议精神的传达贯彻落实，统一了全省干部群众的思想认识，深化了揭批“四人帮”运动，推动了工农业生产发展，为推进全省拨乱反正工作创造了良好条件。

“揭、批、查”补课

粉碎“四人帮”后，全省联系实际清查“四人帮”及其追随者在陕西篡党夺权阴谋活动。1978 年，省委进一步加大了“揭、批、查”力度，审查和清理在“文化大革命”中犯有严重错误的人，解决各级党委和政府领导班子严重不纯的突出问题。

“文化大革命”期间，林彪和江青反革命集团在陕西大力培植势力，把他们的亲属和亲信安插在各级党政部门，为其篡党夺权做了大量政治上和组织上的准备。“四人帮”倒台后，这股势力中的残余党羽运用手中权力阻挠“揭、批、查”运动和拨乱反正工作，造成陕西“揭、批、查”斗争一直处于进展缓慢状态。到 1978 年 9 月，全省“揭、批、查”对象中还有 300 多人的问题没有搞清楚，一些“文化大革命”中的帮派头目基本没有触动，有些人甚至还升了职，群众对此意见很大。不少受“四人帮”干扰破坏严重的县级以上单位的问题难以及时揭开，有些单位的“揭、批、查”出现反复，落实干部政策缓慢，冤案不能昭雪，假案不能平反，错案不能纠正。这些情况的存在和延续，引起了干部群众不满，纷纷向中央反映，要求改变当前局面。

针对“揭、批、查”运动发展不平衡和一些地区和单位的群众没有充分发动起来、揭发不彻底、领导班子不纯等情况，省委结合整党整风加强领导班子整顿，严肃清理各级领导班子中“四人帮”的追随者。为了加强领导，省委从地县抽调一批领导骨干，充实省委清查办公室和落实政策办公室力量，调整和加强部分省直机关、地、县和企事业单位领导班子。各级党委主要领导亲自抓，固定一两名常委专门抓，并相应调整办公室工作人员。从 8 月省委扩大会议召开到 11 月 3 个月的时间里，全省县团级以上单位领导班子单位设立党组，调整补充 412 人，从全省 107 个县级以上领导班子中清除和调离 100 多名“四人帮”帮派分子。

根据省委要求，各单位还全面梳理本单位闹派、同“四人帮”篡党夺权阴谋活动有牵连的人和事以及“文化大革命”以来发生的重大案件。对清查工作做得不好的单位，上级领导机关派出工作组给予具体指导；对一些省级后进单位，省委直接派工作组帮助指导其开展“揭、批、查”补课工作。为了做好陕西的“揭、批、查”工作，中央调整和加强了陕西省委领导班子。1978 年 12 月 10 日，中央决定王任重任省委第一书记、省革委会主任。这一阶段“揭、批、查”补课主要有四个方面的内容：一是开展重点单位补课，二是处理“文化大革命”期间重大遗留问题以及大案要案，三是整顿领导班子，四是结合复查工作纠正冤假错案。这期间省委先后五次召开两案①审理工作座谈会，传达中央会议精神，研究部署全省受审查人员的定性和处理工作，揭发批判林彪、江青反革命集团及其在陕西代理人的罪行，清查他们在全省的帮派体系。省委有关领导还直接听取部分地市和委办工作汇报，亲自推动问题解决。在“揭、批、查”补课中，省委特别要求正确执行党的政策，坚决贯彻“既要解决问题，又要稳定大局”的方针，既放手发动群众、揭露矛盾，又要在具体定

① 两案，指林彪、江青反革命集团案件。

性定案处理时坚持实事求是，扎实细致开展工作。尤其是注意正确处理台上和台下、地方和军队、早结合和晚结合这几部分同志之间的关系，加强各方面的团结，保证“揭、批、查”运动健康发展。

10 月 24 日，省委召开 30 万人参加的群众大会，依法逮捕罪行严重、民愤极大的 10 多名打砸抢首恶分子。各地先后召开规模较大的群众大会，公开批斗和逮捕了一批打砸抢首恶分子，受到广大干部群众的支持和欢迎。截至 1978 年底，全省清查出给“四人帮”及其亲信写信、送材料或以其他形式来往的人和事共 534 起、702 人。通过“揭、批、查”补课，陕西基本上扭转了揭批运动发展缓慢、工作被动的局面，为拨乱反正工作的全面开展作了重要准备。

贯彻中央关于旬邑、志丹问题批示精神

随着揭批“四人帮”运动的深入发展，各级领导班子和干部队伍中出现了一些新的问题。有些混入干部队伍中的“四人帮”帮派分子持续闹事，阻碍揭批“四人帮”运动深入开展；有些基层干部违法乱纪，对群众随意采取专政手段，打骂群众。这些人的所作所为严重损害党的形象，破坏党群关系。对此，省委立足从路线上分清是非，开始整顿各级领导班子、转变干部作风的工作。

1978 年三四月间，旬邑县群众给党中央写信，反映当地县委及社队干部违法乱纪，随意打骂群众，致人伤残甚至死亡的情况。中央有关领导人在信件上作出批示，要求陕西省委调查处理。省委立即派出以省委书记姜一为组长，咸阳地委书记余明、副书记刘长凯、省委组织部副部长任应斌为副组长的 16 人工作组，与农林部派出的人员一起到旬邑调查群众反映的问题。7 月 5 日，省委向中央上报《关于旬邑县少数干部强迫命令、违法乱纪的调查报告》。报告认为，旬邑确实存在干部作风粗暴、违法乱纪、打骂群众、强迫命令、乱扣乱罚等问题，这些问题表现在基层，但主要责任在县委。一直以来，旬邑作为渭北高原的一个农业县，农田基本建设搞得好，省委过去只看到成绩，没有看到少数干部在工作作风方面存在的严重问题，没有及时采取有力的措施加以解决，使旬邑的群众受了罪，干部犯了错误，革命和建设事业受到损失，省委是有错误

的，教训是深刻的。类似旬邑这样的问题，在省内其他地方也不同程度地存在，这是陕西经济建设特别是农业生产发展缓慢的一个重要原因。

在深刻检讨的基础上，省委采取措施处理旬邑问题：对工作中犯有错误的干部，责成其向群众赔礼道歉，认真清理并向群众退赔乱扣乱罚的钱物；对 21 个性质特别恶劣的案子，组织专门班子深入社队查清落实、公开处理、严厉打击；责成县委书记深刻检查错误，向群众公开检讨，坚决改正；撤销打骂群众、严重违法乱纪的一批干部的职务或勒令其停职检查，并对其问题重新审查处理。

为了总结经验教训、改进领导作风和工作作风，省委帮助旬邑县委开展整风，调整领导班子，彻底解决问题。19 日中央批转陕西省委《关于旬邑县少数干部强迫命令、违法乱纪问题的调查报告》指出，“在当前运动中，真正做到了从路线上分清是非，整顿好各级领导班子，落实党的政策，转变干部作风，这对于充分调动广大群众的社会主义积极性，完成新时期的总任务，具有十分重要的意义”。中央批示精神在全省传达后，各级党委迅速行动，采取各种措施整顿领导班子，推进干部作风转变。旬邑县 7 月 27 日召开 10 万人大会，传达中央批示精神。全县各级党组织在省委和地委工作组帮助下，认真贯彻中央关于旬邑问题的重要批示。经过学习和整顿，旬邑干部作风有所转变，干群关系有所改善，“瞎指挥”现象少了，生产队有了自主权，农业生产有了新起色。

7 月 28 日，省委下发《关于认真贯彻执行中央 42 号文件的通知》，要求认真传达、学习和宣传，务必使中央 42 号文件精神家喻户晓，在随后开展的“一批双打三整顿”① 和农村基本路线教育中，把落实农村经济政策和改变干部作风作为重要内容，发动群众联系实际彻底批判和清除“四人帮”颠倒敌我关系、破坏社会主义法治、侵犯人民民主权利的流毒和影响，认真整顿领导班子。

8 月 3 日，《陕西日报》头版转载《人民日报》社论《干部作风要来一个大的转变》。社论指出，旬邑县一些干部违法乱纪的情况和造成的

① “一批”，即批“四人帮”。“双打”，即打击阶级敌人的破坏活动、打击阶级敌人的猖狂进攻。“三整顿”，即整顿领导班子、整顿党风、整顿干部队伍。

后果是严重的。全国其他一些地方也程度不同地存在着类似情况。陕西省委对旬邑县的问题采取措施，取得了初步成效，应当继续抓紧落实。全国凡是有类似情况的地方和单位，都要采取严肃认真的态度，切实解决这方面存在的问题，大力恢复党的优良传统和作风。

为了贯彻中央批示和《人民日报》社论精神，省委一方面把整顿领导班子和转变干部作风结合起来；另一方面加大检查力度，努力推动干部作风实现好转。8 月 3 日至 4 日，省委召集省直各部委办（局）和群众团体负责人汇报会，检查中央关于旬邑县问题批示的传达学习和贯彻落实情况。省农林系统各单位干部职工结合学习文件，以整风方式检查以往是否存在强迫命令、瞎指挥、加重农民负担的现象，认真解决存在的问题。省委组织部对照中央文件精神联系实际，从干部培养教育、提拔使用等方面总结经验教训。省公安局展开“四查”活动，一查是不是认真执行国家的法律和政策，二查是不是及时有力地打击阶级敌人的破坏活动，三查是不是对冤假错案进行平反昭雪，四查是不是坚决彻底废除法西斯式的审查方式。咸阳地委 7 月 26 日召开常委扩大会议，认真学习文件，总结经验教训，认识到在旬邑干部作风问题上地委是有责任和错误的，在以往工作中存在思想方法片面、抓工作就事论事和官僚主义等问题。为了认真整顿各级领导班子、解决干部作风问题，咸阳地委只留两名常委在机关主持日常工作，其余常委都赴基层调研，听取群众意见，帮助解决问题。礼泉县委以旬邑县问题为镜鉴，专门成立领导小组，深入社队调查研究，听取群众意见，吸取经验教训，整顿干部作风。旬邑县委从 9 月 20 日至 27 日召开四级干部会议，作出了《关于认真改进干部作风的几条规定》，调整、充实和加强了领导班子，进一步规范了干部作风。

志丹县干部作风也存在与旬邑县类似的问题。1978 年 4 月中旬，在志丹县插队的两名北京知青向党中央写信，反映志丹县一些干部用法西斯手段对待群众的严重错误。4 月 25 日，李先念批示，要求陕西省委、陕西省革委会调查核实，严肃处理。6 月 5 日，《人民日报》第一版以《党中央关怀革命老根据地陕北人民》为题，报道了中央领导对志丹县群众来信的重要批示，要求陕西省委负责同志“下决心把老根据地建设好”。为了进一步贯彻落实中央批示，省委派出工作组，省委书记李尔重任组长，全面调查志丹县问题，帮助县委切实把当地存在的问题解决好。省委工作组和延安地委工作组深入社队开展调查研究，发动群众开展整党整风，对广大党员干部进行集中的党的传统、政策和社会主义法治教育，全省干部作风出现大的转变。9月15日，省委工作组、延安地委工作组向省委报告志丹县委所犯错误的调查处理情况。报告对处理志丹县委问题进行了总结，指出要妥善解决和正确处理犯错误干部的问题，对个别犯错误人员的组织处理是必要的，可以进一步严肃党纪、教育干部，同时搞好善后工作。9月30日，省委转发工作组《关于志丹县委所犯严重路线错误的调查处理报告》，认为工作组在调查处理志丹县问题中所坚持的原则和采取的方法是正确的，要求各地参照解决类似问题。

旬邑问题和志丹问题的解决，保护和调动了农民群众生产积极性，干群关系进一步密切，干部队伍中存在的强迫命令、违法乱纪现象得到遏制，党的优良传统和作风得到恢复和发扬，对改进全省干部作风起到重要指导和推动作用。

二、拨乱反正

真理标准问题讨论

1977年2月7日，《人民日报》《解放军报》和《红旗》杂志刊发了题为《学好文件抓好纲》的社论，提出了“两个凡是”[①]的方针，划出了揭批“四人帮”的界限。在各个领域逐步展开的拨乱反正中，人们越来越感到，要彻底澄清思想混乱、纠正“文化大革命”中的错误，必须首先解决应当如何正确对待毛泽东的指示和决策、判定真理的标准到底是什么等根本问题，要解决这些问题，不可避免地引发了真理标准问题的争论。10月5日中共中央在《关于办好各级党校的决定》中明确指出，

① “两个凡是”，即“凡是毛主席作出的决策，我们都坚决维护，凡是毛主席的指示，我们都始终不渝地遵循”。

“要提倡理论密切联系实际的学风”。10 月 9 日叶剑英在中央党校开学典礼上作了《坚持和发扬理论联系实际的学风》的报告，指出在学习马克思主义理论著作时，要提倡融会贯通，联系实际，实事求是，有的放矢。1978 年 3 月 26 日，《人民日报》发表题为《标准只有一个》的评论文章，明确提出“真理的标准，只有一个，就是社会实践”。随后陆续有读者来信探讨这个问题。5 月 11 日《光明日报》发表《实践是检验真理的唯一标准》一文，新华社当天发了通稿。第二天《人民日报》《解放军报》全文转载，13 日多家省报转载。关于真理标准问题的讨论在全国引起热潮。

陕西关于真理标准问题的讨论始于全省高等院校自然辩证法课程的学习和研究。1977 年底，根据全国自然辩证法规划会议提出的奋斗目标和主要任务，省内高等院校理论工作者开始学习研究自然辩证法，通过举办学习班、组织辅导报告会等方式，为全省理、工、农、医、师院校培训自然辩证法教学和普及骨干。从 1977 级学生开始，全省各大专院校设立自然辩证法课程、成立研究会、建立专业教师队伍等，推动自然辩证法学习和运用，为陕西教育界、理论界开展真理标准问题讨论做了重要准备。

关于按劳分配问题的研究和讨论，是在以邓小平为代表的老一辈革命家的关心和支持下开展，运用民主讨论方式，弄清思想和理论是非问题以达到统一认识的新局面。1978 年 3 月 12 日至 18 日，陕西省理论研究室召开关于按劳分配问题理论研讨会，全省各高校、省地（市）委党校、省直各系统、军队系统、各地（市）委宣传部门等 79 个单位的 88 名人员参会。与会人员通过阅读材料、小组讨论和大会交流等形式，从不同侧面反复研讨按劳分配问题。在讨论中，大家对按劳分配中资产阶级权利的性质问题探讨比较集中，认为按劳分配中的资产阶级权利和资本主义制度下资产阶级权利性质是有本质区别的，对于限制资产阶级权利问题也有了比较全面的认识。关于如何搞好按劳分配问题，大家认为，第一，要把对于按劳分配问题的研究和揭批“四人帮”结合起来，彻底揭穿“四人帮”诋毁、否定按劳分配原则，挫伤群众积极性，破坏国民经济的发展，肆意曲解资产阶级权利的手段。第二，要完整准确地学习掌握马克思主义和毛泽东思想体系,学习掌握唯物辩证法,运用对立统一规律和基本的哲学范畴分析研究按劳分配问题。第三,要具体分析实际材料,深入研究理论问题,对有争论的问题,如怎样说明按劳分配的二重性问题、社会主义制度下新生资产阶级分子是怎样产生的等问题,要做出科学的回答和说明。

随着理论界讨论按劳分配问题的不断深入,6 月省理论研究室和省经济学会筹备组联合举办关于按劳分配问题报告会,近百名理论工作者参加。会议传达了全国按劳分配座谈会精神,明确了进一步推动按劳分配问题讨论的方向。按劳分配问题理论研讨会的召开,开始了经济领域的拨乱反正,促进了全省企事业单位落实劳动分配制度、建立必要的奖励制度,调动了干部群众建设社会主义现代化强国的积极性。对按劳分配问题的研究讨论和真理标准问题讨论,极大地推动了全省经济和政治领域的拨乱反正。

7 月,省理论研究室召开了理论与实践问题座谈会。8 月 10 日至 18 日,省委宣传部召开社会科学规划座谈会,讨论实践是检验真理的标准问题,省社会科学研究所筹备组和哲学、经济学、历史学、语言学 4 个学会筹备组的人员以及部分理论宣传干部 70 余人参加。

10 月中旬,省委宣传部、省理论研究室联合召开真理标准问题报告会。会上,学习了华国锋、叶剑英、邓小平在全军政治工作会议上的讲话和中央有关报刊关于真理标准问题讨论的文章,集中交流开展真理标准问题讨论的重要意义,以及为什么说实践是检验真理的唯一标准等问题。在讨论中,大家解放思想,畅所欲言,冲破林彪、江青反革命集团设置的精神壁垒,批判他们把马列主义和毛泽东思想绝对化、教条化,垄断马列主义和毛泽东思想的解释权,以及对其随意歪曲和篡改,导致一些干部群众心有余悸、不敢大胆放手工作。大家认为,只有从理论与实践的关系入手,才能拨乱反正,正本清源,真正从思想上理论上肃清其流毒和影响。通过讨论大家深刻认识到,实践是检验真理的唯一标准,是马克思主义的根本观点。只有坚持实践第一的观点,实事求是,一切从实际出发,理论联系实际,才能完整地、准确地领会毛泽东思想的科学体系,掌握马克思主义的立场、观点和方法,这才是真正高举毛泽东思想的伟大旗帜。这次会议在思想理论上统一了大家的认识，形成了全省开展真理标准问题讨论的良好开端。

10月18日，省委文教部召集西安地区高等院校党委书记座谈会，讨论实践是检验真理的唯一标准问题。与会同志联系高校教学、科研和管理工作实际，说明坚持实践是检验真理的唯一标准的重要性和必要性。大家认为，只有坚持实践是检验真理的唯一标准，才能打破“四人帮”设置的禁区，推翻林彪、“四人帮”对教育战线的“两个估计”，肯定广大知识分子的进步和成绩，砸烂旧思想对人们的种种束缚，才能促使教育形势发生根本性变化。与会同志认为，学习和讨论实践是检验真理的唯一标准，恢复和发扬实事求是的优良作风，对于做好冤假错案的平反工作，认真落实党的干部政策和知识分子政策十分必要。只有坚持实践是检验真理的唯一标准，破除迷信、解放思想，才能正确总结教育战线正反两方面的经验教训，摸索出新的历史条件下办好高等学校的规律，为加速实现四个现代化多出人才、早出人才。

10月19日，省委召开实践是检验真理的唯一标准问题座谈会，省直各部局委办负责同志和理论宣传干部共700人参加。省委书记李尔重指出，建设现代化的社会主义强国是一场新的革命，讨论实践是检验真理的唯一标准就是要解放思想，开展这场新的革命。但是，林彪、“四人帮”规定了许多死的公式，根本不联系实际，不提出矛盾，不分析问题，不解决问题。这些死的公式严重束缚大家思想，危害极大。强调要学习讨论实践是检验真理的唯一标准问题，狠批林彪、“四人帮”，解放思想，澄清他们在思想和理论上制造的混乱。座谈会上，省经委、省农办、省委党校、西北大学等省级机关和高校的有关同志发言，从理论和实践的结合上，从不同角度阐述实践是检验真理的唯一标准问题，并认为对这个问题的讨论是实现新时期总任务而开展的一场思想解放运动。这次会议，对于全省广大干部打破林彪、“四人帮”设置的精神枷锁，在新的历史条件下解放思想、实事求是，全面地科学地掌握毛泽东思想的科学体系，研究分析新情况新问题，带领广大群众建设社会主义现代化强国具有重要的推动作用。

随后，全省教育界、理论界关于真理标准问题的讨论不断深入。11月

13日至14日,省社会科学研究所和省哲学学会筹备组在西北大学召开真理标准问题座谈会。省直各部局委办理论宣传干部和省委党校、各军地高等院校理论教师以及部分地、市委宣传干部70多人参加。会议着重讨论如何高举毛泽东思想伟大旗帜、加快实现四个现代化等问题。在讨论中,有人提出真理的形成是一个过程,对真理的检验也是一个过程。毛泽东思想来自实践,又通过实践武装群众,发挥指导作用。林彪、"四人帮"把毛泽东说成是神,是天才,这是对毛泽东思想伟大实践的根本否定。与会同志提出,高举毛泽东思想伟大旗帜应包含三个方面,一是坚持毛泽东思想的立场、观点和方法,二是结合中国实际并向前发展的基本原理,三是符合当前实际的具体原理。此外,会上不少同志还谈到如何对待毛泽东晚年思想的理论问题。一些同志还提出当前社会上的一些具体问题,比如有人质疑知识青年上山下乡的必要性,认为知青上山下乡隔断了青年学习的连续性,不但给国家发展造成严重的损失,而且给农民和家长增加负担;关于"文化大革命"自下而上的"夺权",不要党委领导,这对不对;先进的社会制度和落后的生产力的矛盾等。这些问题的提出,既是大家解放思想,用实事求是态度观察和分析"文化大革命"期间发生的一些重大理论和实践问题,尝试用毛泽东思想的立场、观点和方法认识问题、分析问题、解决问题,也是真理标准问题讨论中出现的新气象。

关于按劳分配问题和真理标准问题的广泛讨论,打碎了长期束缚人们思想的精神枷锁,澄清了长期以来困扰人们的思想路线是非,恢复和发扬了党的实事求是的优良传统,对于深入揭批"四人帮"、推动全面拨乱反正、调动全省人民建设社会主义现代化强国的积极性具有重要的理论意义和实践意义。

平反冤假错案

审查和纠正冤假错案,尽快为受害人恢复名誉、落实政策,是粉碎"四人帮"后的一项极为迫切的任务,也是拨乱反正的重要内容之一。1976年12月5日,中共中央发出通知宣布:"凡纯属反对'四人帮'的人,已拘捕的,应予释放;已立案的,应予销案;正在审查的,解除审查;

已判刑的,取消刑期予以释放;给予党籍团籍处分的,应予撤销。”但又明确要求:“凡不是纯属反对‘四人帮’,而有反对伟大领袖毛主席、反对党中央、反对无产阶级文化大革命或其他反革命罪行的人,绝不允许翻案。”在没有纠正“文化大革命”错误的情况下,特别是随后提出的“两个凡是”方针,使得平反冤假错案、落实干部政策工作遭遇极大阻力,审查和平反工作进展缓慢。1977 年 8 月,党的十一大报告指出,干部是我们党的宝贵财富,“四人帮”强加于人的一切污蔑不实之词应予推倒。12 月,党中央任命胡耀邦为中央组织部部长,他到任后遵照党的实事求是、有错必纠的原则,立即大力推动平反冤假错案、落实干部政策工作。1978 年 4 月 5 日,中央批转中央统战部、公安部《关于全部摘掉右派分子帽子的请示报告》,平反冤假错案、落实干部政策工作逐步提速并向前推进。

1978 年 9 月,省委贯彻落实《陕西汇报会议纪要》精神常委扩大会议后,全省冤假错案审查和平反工作全面启动,各地市委加强冤假错案平反工作领导,成立专门机构充实工作人员。安康地委成立落实政策办公室,一位地委副书记挂帅,抽调 15 名人员加强力量,根据“实事求是、有错必纠”的原则,对凡是立案的,上文件、登报、广播的,领导正式表态的冤假错案,都一律予以平反;对由于派性干扰、群众乱揪乱斗的,一律宣布无效;对揪斗中被致死或致残的,对本人作出正确的结论,对受牵连的家属和子女作好安置。截至 12 月 5 日,共平反冤假错案 359 起。渭南地委由地委副书记和两名地委常委担任落实政策领导小组组长,组织开展全区冤假错案审查和平反工作。汉中地委召开县和地直单位落实政策工作会议,部署冤假错案审查和平反工作。其他地市也相继成立各级领导小组,充实人员力量,加强审查和平反冤假错案工作。

各地首先从一些影响较大的冤假错案入手,逐步开展平反工作。榆林地委针对本区情况主要抓了影响较大的 4 件大案要案。“文化大革命”中,在“四人帮”追随者支持下,榆林革委会把一派造反派组织认定为反革命集团,调集 10 个县的民兵进行围攻,造成一些人员伤亡,28 人被拘捕,牵连 700 多人。经过重新审查、复核,基本查清案件并定性。另外,有“杨、刘反革命潜伏特务集团”案涉及陕西、山西、内蒙古、甘肃、河北、西藏6个省（自治区）和中央一些部门，经过审查对涉及的721人予以平反。商洛地委主要抓了1970年“一打三反”运动中“刘总师反革命暴乱集团”的平反工作，此案在办理中大搞逼供信，造成人员伤亡。延安地委抓了3件大案，其中重点清查了“四八”烈士陵园被拆案[①]，为革命烈士平反。铜川市抓了3件大案，其中铜川焦坪煤矿“反共救国军”案是1969年煤矿革委会“清队”时大搞逼供信形成的冤假错案，涉及铜川、宝鸡、西安、宜君等地20多个单位、牵连313人，经过重新审查于1978年11月9日公开平反。宝鸡市委抓了4件大案，其中“西府地下党”案影响较大。一批曾在国统区工作的地下党员被扣上“土匪党”“黑窝子”“叛徒”等罪名，涉及麟游、岐山、扶风等11个县，牵连人数达1400余人，审查后由所牵扯的各县分别公开宣布平反。渭南地委抓了7件大案，查清并平反6件。其中潼关“代字营”事件是1968年县革委会将居聚在代字营一派的造反派组织定为反革命，进行武装围攻，550多人受到牵连，该案于1978年12月9日在潼关召开群众大会公开平反。

像榆林、延安、铜川等地区这样的大案要案，省级部门也不少。如西安地区“七十三号”一案就比较典型。“文化大革命”期间，陕西省革委会在林彪、江青等人追随者的控制下，在西安市建国路七十三号办了一个陕西省革命委员会监护管理所，对内称“建国路七十三号”。从1967年3月到1975年4月，原西北局部长以上、省委书记及副省长以上、省级机关副厅局长以上、西安市委书记及副市长以上55名老干部被关押在此，受到政治迫害。1979年5月13日，省委印发《关于“七十三号问题”的调查报告》指出，“现已查明，这是一起重大冤案”，“被关入‘七十三号’的所有老干部，没有一个坏人，没有一个叛徒、特务、反革命”，“省委决定，为这一冤案彻底平反”。省直系统和有些单位也相继审查和平反了一些大案，如省电管局、省公路局、省建材局、省地质局、省测绘局等系统结合实际情况，对一些牵扯面较广、涉及人员较多、影响较大

① “文化大革命”中，陕西积极追随“四人帮”的帮派分子污蔑“四八”烈士是“一伙黑帮”，在1969年下令拆除“四八”烈士陵园，致使20多位烈士遗骨被迫迁往别处安葬。

的案件，逐一认真审查并及时平反。

根据“实事求是、有错必纠”原则，省委直接为一些影响较大的重大冤假错案彻底平反昭雪。1978年7月13日，省委为西安交通大学原党委书记、校长彭康等一大批在“文化大革命”受到迫害的领导干部平反昭雪、恢复名誉。9月16日，省委作出决定，为国营红安公司“特务集团”假案平反，对被迫害致死的同志予以昭雪、恢复名誉。10月11日，省委召开省直文教系统揭批大会，否定了西安音乐学院“清队经验现场会”，并宣读了对郭琦、王云、陈吾愚等人的平反决定。10月25日，省委为麟游县所谓“叛徒、特务、反革命”集团假案平反。12月5日，省委印发通知宣布，在1976年清明节前后，广大群众采取各种形式怀念和哀悼周总理、声讨“四人帮”的行动是革命行动，为因悼念周总理而受迫害的马立明、庆满堂等31人彻底平反、恢复名誉。12月9日，省委作出为丛一平、吴刚、丁济沧、胡采等23人平反并恢复名誉的决定，恢复柯仲平革命烈士称号；同日还发出为陕棉十一厂“现行反革命集团”案平反的决定。12月19日，省委为所谓“恶毒攻击毛主席的严重反革命事件”平反。截至1978年12月25日，据不完全统计，全省查明的冤假错案有42912起，平反15093起、占总数的35.2%。查明集团性的案件326起，平反218起、占总数的66.8%。

在加快开展冤假错案平反工作的同时，省委着手处理右派分子摘帽这一历史遗留问题。1978年4月，根据中央统战部、公安部关于全部摘掉右派分子帽子的文件精神，省委成立摘掉右派分子帽子工作领导小组，专门负责全省右派摘帽工作。5月13日，领导小组举行第一次会议，学习中央文件和中央组织部等5个单位《关于贯彻执行中央第十一号文件有关事项的通知》，联系实际开展讨论，安排摘帽工作。一是给省委摘帽工作领导小组办公室抽调干部加强工作力量，二是确定基本任务，三是对带有政策性的问题提出具体解决意见。领导小组认真分析研究有关政策，了解掌握工作进展，加强工作经验交流，接待和处理来信来访，及时向上反映情况，全省右派摘帽工作不断推进。6月9日，省委摘帽工作领导小组召开第二次会议，明确要继续宣传中央第十一号文件精神，加强摘帽工作领导和督促检查工作，认真查核、弄清情况，热情认真地接待来信来访,听取意见和要求;公安、民政部门要调查劳改单位的摘帽人员状况,对需要给予社会救济的分别提出具体办法,在做好这些工作的基础上,为省委召开专门会议做好准备,也为下一步安置工作打好坚实基础。这两次会议的召开,有力推动了全省右派摘帽工作。

自中央下达关于全部摘掉右派分子帽子的通知后,群众衷心拥护中央决定,盼望尽快解决这一历史遗留问题,相关人员的家属子女来信来访不断增加。从 1978 年 5 月中旬到 8 月底,省委共收到来信 358 件、接待来访 177 人次,比 1977 年全年增加 3 倍。省委认真对待来信来访,及时掌握需要摘帽人员的具体要求,联系实际解决历史遗留问题。据统计,在反右派斗争中,全省被划为右派分子的共 8476 名。中央十一号文件下达前已摘帽 4306 名,文件下达后全省右派分子全部摘帽。

10 月 26 日,经省委批准,省委组织部、省委宣传部、省委统战部和省公安局、省民政局、省劳动局联合召开全省摘掉右派分子帽子工作会议。会后,全省大多数地区和单位的右派摘帽工作进入安置和改正阶段。按照中央精神,各地在为右派分子摘帽中,普遍对不是历史反革命的或一般政治历史问题的人,因戴上右派帽子又被加上历史反革命帽子或其他帽子的,在摘掉右派帽子的同时,经县以上公安机关审批后全部摘帽。对有错误言论但未戴右派帽子而被开除公职或劳教的,也予以妥善处理。对其他一些摘帽人员也做了相应安置。

全省冤假错案的审查、复核、平反以及为右派人员摘帽,是全面纠正"文化大革命"冤假错案的重要环节,为全面拨乱反正打下了良好基础,为实现伟大历史转折创造了重要的政治条件和社会条件。

教育文化等领域拨乱反正

教育和文化领域在"文化大革命"中首先遭到冲击,清除"四人帮"在这些领域的流毒影响,既可以带动其他领域的拨乱反正,也能够调动广大知识分子和专业人才的积极性,推进社会主义现代化建设。

陕西教育领域的拨乱反正从批判"四人帮"炮制的"两个估计"开始。"两个估计"是 1971 年 7 月"四人帮"在《全国教育工作会议纪要》中提出的,主要内容是"解放后十七年毛主席的无产阶级教育路线基本上没有得到贯彻执行”,大多数教师和解放后培养的大学生的“世界观基本上是资产阶级的”。“两个估计”导致广大知识分子长期遭受严重压制和迫害,推翻“两个估计”是教育战线拨乱反正的切入口和关键环节。1977 年 8 月,在邓小平主持召开的科学和教育工作座谈会上,与会同志提出要澄清教育战线“两个估计”的是非,重新树立全民族尊重知识、尊重文明的风尚,改善科技人员的生活工作待遇,解决科技工作后继乏人问题,改革高等学校现行招生制度等要求。邓小平明确指出,新中国成立十七年的教育战线“主导方面是红线”,十七年中“我国的知识分子绝大多数是自觉自愿地为社会主义服务的”,“如果对十七年不作这样的估计,就无法解释我们所取得的一切成就了”。11 月 23 日,省委和西安市委联合召开批判“两个估计”万人大会。省委第一书记李瑞山出席会议,省委书记李尔重讲话。李尔重指出,由于“四人帮”强行推行“两个估计”,全省教育战线广大干部和教师的社会主义积极性受到极大挫伤,教育事业受到严重破坏。要彻底推翻“四人帮”炮制的“两个估计”谬论,把颠倒了的是非颠倒过来。11 月 25 日,《陕西日报》发表题为《迅速掀起揭批“两个估计”高潮》的评论员文章指出,要全面理解和运用毛泽东思想,围绕“两个估计”深入揭发批判“四人帮”种种倒行逆施的反革命罪行,砸碎精神枷锁,分清路线是非,肃清其流毒和影响。随后,全省教育战线掀起了批判“两个估计”的热潮。

1977 年 8 月至 9 月,教育部召开全国高等学校招生工作会议,讨论通过了《关于一九七七年高等学校招生工作的意见》。11 月上旬,省革委会召开招生工作会议,出台《关于一九七七年高等学校、中专、技工学校招生工作若干具体问题的规定》,决定从 1977 年起采用自愿报名、统一考试、地市初选、学校录取、省市批准的办法,实行全省招生。由于招生工作涉及千家万户、关系群众切身利益,省革委会成立省招生委员会,专门负责和领导招生工作,高考制度的恢复,让“文化大革命”中被迫中断求学的千万学生看到希望,重新燃起了他们学习科学知识、报效国家的愿望。1977 年底,全国约有 570 万青年参加高考、27.3 万名学生被择优录取,陕西共录取新生 8200 人。

1978 年 1 月 10 日,教育部发出通知,决定将 1977 年和 1978 年两年招收研究生的工作合并进行,全国各大院校开始招收研究生,培养建设社会主义现代化的高层次人才。2 月 17 日,国务院转发教育部《关于恢复和办好全国重点高等院校的报告》,明确指出恢复办好全国重点高等院校是一项战略性措施,对于推动教育战线的整顿工作,迅速提高高等教育水平,尽快改变教育事业与社会主义革命和建设严重不相适应的状况是完全必要的,并确定了 88 所院校为全国重点高等院校。西安交通大学、西北工业大学、西北大学、西北电讯工程学院、西北轻工业学院、西北农学院、西安冶金学院等 7 所院校入选。

1978 年 1 月 28 日,省革委会召开陕西省高等院校教授、副教授大会,宣布晋升 58 名教授、副教授。这次会议鼓舞了教育战线教职工的士气,调动了教师积极性,对加快全省高等教育事业发展、建设高等教育人才队伍产生了重要意义。7 月 6 日至 15 日,省委召开高等院校党委书记会议,传达全国教育工作会议精神,重点讨论深入揭批“四人帮”、澄清思想路线是非,把学校整顿好;在新的历史条件下如何更好地贯彻党的教育方针和政策,努力提高教育质量,把学校各项工作搞上去。会议提出,要推动全省高等教育有一个大的提高和发展,中心环节是提高教育质量。要集中力量切实办好重点学校,带动整个教育质量提高;研究制定全省高等教育事业发展规划和措施,逐步建立起专业比较齐全、布局比较合理、适合陕西情况和社会主义经济基础的高等教育体系。为了加强高校工作,为此省委决定成立省委文教部和省政府高教局,具体负责和领导高等院校党委书记会议的召开,进一步推动了全省教育战线的拨乱反正。

文化艺术领域的拨乱反正工作也逐步展开。从 1977 年 10 月开始,《人民文学》《人民日报》编辑部数次召开座谈会,邀请文艺界和文学界人士参加,与会人员提出要贯彻“百花齐放”方针,批判“文艺黑线专政论”。11 月初,省委召开历时 13 天的全省文艺创作会议,来自全省各地的 500 多名代表参加。参会代表就全省文艺战线的形势、如何发展和繁荣社会主义文艺创作等问题展开热烈讨论。11 月 20 日,《陕西日报》发表题为《要迅速把文艺创作搞上去》的社论,要求加强党对文艺工作的领导,努力创作具有革命政治内容和尽可能完美的艺术形式、丰富多彩的文学艺术作品；发动群众，广泛深入地开展群众性的文艺创作活动，迎接社会主义文艺事业空前繁荣、百花盛开春天的到来。1978 年 4 月 30 日，省委发出《关于恢复和成立一些文艺、科技团体和陕西省科学院的通知》，决定恢复和成立中国作家协会西安分会、中国美术家协会西安分会、中国戏剧家协会陕西省分会。

12 月 18 日，在省委宣传部《关于对首都报纸和〈陕西日报〉曾经点名批判或在文章中点名给戴上帽子的文艺作品落实政策的意见》送阅件中，对在“文化大革命”中受到点名批判的电影、话剧、小说、戏剧等文艺作品，如西安电影制片厂拍摄的《桃花扇》、小说《保卫延安》、电影和戏剧《三滴血》、话剧《卧虎镇》《风云漫秦州》、京剧《风雪桥山》等近 20 部文艺作品，提出平反意见。随后，省委根据中央组织部、中央宣传部、文化部党组、全国文联筹备组联合下发的《全国文艺界落实党的知识分子政策汇报座谈会纪要》精神，逐步对全省文艺界在“文化大革命”以及历次政治运动中被立案审查的 1403 人进行复查，一大批冤假错案得到平反昭雪，许多长期遭受迫害的文艺工作者重新走上工作岗位，焕发出艺术青春和创作活力。

在教育、文化艺术领域拨乱反正不断推进的同时，医疗卫生工作的恢复和发展也取得重要进展。1976 年 10 月 1 日，陕西省药品标准办公室编辑出版的《陕西省药品标准》（中药炮制部分），经省卫生局批准实施。《标准》收集人参等 609 项中药饮片炮制标准，规范了药品的生产和检验流程及环节工作。1977 年 6 月 27 日至 7 月 4 日，国家卫生部、中央北方防治地方病领导小组办公室等部门主办的全国食盐加碘防治地方性甲状腺肿工作座谈会在宝鸡市召开。会议期间，代表们观看了陕西省食盐加碘防治甲状腺肿经验展览，参观了宝鸡市和岐山县蔡家坡碘盐加工厂，以及凤县、太白县、眉县几个生产大队综合防治点。1978 年 12 月，省委召开全省卫生工作会议，提出卫生工作要为加快实现四个现代化服务，医疗卫生工作由此进入新的发展时期。

陕西体育事业也有显著恢复与发展。粉碎“四人帮”后，陕西省体委在恢复机构的基础上增设科研室和《陕西体育》编辑室。1977 年 3 月，陕西省体育工作会议在西安召开，地（市）、县体委主任共 33 人参加。会议传达了中央对国家体委领导班子成员任免的决定和全国竞赛计划座谈会精神，讨论了全省体育工作及任务。10月，在石家庄举行的全国田径运动会上，陕西省代表队在18个比赛项目中获12项团体第2名，22人次获个人奖，标枪运动员申毛毛以80.18米的成绩打破78.56米的全国标枪纪录，省射击队打破3项全国纪录。在1978年全国体育工作会议上，省女排一队、省射击队手枪速射班被评为全国先进运动队，西安筑路机械厂、户县玉蝉公社、汉中第四中学、榆林青少年业余体校等被评为群众体育先进集体。8月1日至9月30日，第七届全省运动会举行，来自全省10个地市和西安铁路局、西安体院等12个单位的2380名运动员参加了16个项目的比赛，其中1人平1项世界纪录、5人3次破3项国家纪录、182人176次破54项省纪录。

恢复群团组织和落实统一战线政策

“文化大革命”期间，在“踢开党委闹革命”错误思潮的干扰破坏下，各群团组织遭受重创。粉碎“四人帮”后，全省工会、共青团和妇联系统以及其他群团组织机构逐渐恢复，在各级党委领导下深入揭批“四人帮”、开展拨乱反正，工作逐步进入健康发展轨道。

1976年12月，全省宣传工作会议后，省总工会召开全省工人群众揭批“四人帮”阴谋篡党夺权罪行大会，号召广大工人群众积极参加生产，尽快恢复工业秩序、发展工业生产。1978年9月，省总工会发出贯彻全国总工会转发天津市《关于认真为老劳模、老工人落实党的政策的几点意见》，要求各级工会组织主动配合有关部门做好工作，在新的历史条件下帮助劳动模范和老工人继续为社会主义建设贡献力量。10月，邓小平在中国工会第九次全国代表大会致辞中指出，过去这些年，林彪、“四人帮”使工会工作完全瘫痪，他们扶植一批坏人，把持一部分工人团体，使它们成为自己篡党夺权的工具。他强调，工会要教育全体会员认识实现四个现代化的伟大意义，努力提高自己的政治、管理、技术、文化水平，为实现四个现代化而努力奋斗。在邓小平讲话精神鼓舞下，省总工会集中力量推动政治和思想上的拨乱反正，平反冤假错案，落实工会干部和劳动模范政策，一大批“文化大革命”前从事工会工作的干部重新回到工作岗位。各级工会通过整顿得到恢复和发展，基本改变了“文化大革命”期间工会组织瘫痪半瘫痪状态，逐步把工作重点转移到生产建设上来。部分企业恢复建立职工代表大会制度，吸引和组织职工参加企业管理，开展职工业余文化和技术学习以及其他群众性活动，使工会工作逐步走上正轨。

在省委主持下，团省委撤销少数靠“造反起家”的团省委领导人职务，调整加强团省委领导班子，开展整团整风，召开各级团员代表大会，动员广大青年积极投入揭批“四人帮”斗争，在思想上和工作上开始拨乱反正，并号召全省团员青年认真学习马列主义和毛泽东思想，积极开展社会主义劳动竞赛，为社会主义建设添砖加瓦。根据中央精神及共青团十大筹委会决定，1978 年暑期后，取消中小学红卫兵和红小兵组织，恢复少先队的组织和活动。各级团组织开展创先进团支部、争当优秀团员的活动，组织团员青年开展以学习科学技术、加强岗位练兵、德智体全面发展为主要内容的争当新长征突击手活动。

与其他群众团体组织一样，妇联系统在“文化大革命”期间也处于瘫痪状态。在各级党委支持下，全省妇联工作得到恢复和发展。1977 年 4 月 16 日至 21 日，省妇联召开全省妇女先进专业队（组）经验交流会，表彰各地各条战线推荐的 436 个妇女先进专业队（组），其中 22 个单位被评为全省妇女专业队（组）工业学大庆、农业学大寨红旗单位。在各级党委领导下，妇联组织把工作重点放在恢复发展生产方面，培训妇女技术骨干，组织妇女干部参观学习，相关领导带头到基层蹲点抓工作。安康石泉县妇联为了增加群众收入，举办了五期蚕桑技术培训班，培训 8000 多人次，其中妇女占 70%。为鼓励妇女干部成为内行，石泉县给三级妇女干部每人发放一把桑刀、一把桑剪和一本蚕桑技术手册，并用 10 天时间集中培训和考核全县妇女，表彰表现突出的 32 名妇女，推动全县桑蚕副业发展。白河县中厂公社养蚕能手陈古珍等人被全国妇联授予“全国三八红旗手”荣誉称号。

1978 年 9 月 17 日中央批转中组部、中宣部、统战部、公安部和民政部《贯彻中央关于全部摘掉右派分子帽子决定的实施方案》，全省各级统战部门全面落实党的统战政策，为 1831 名各级政协委员、民主党派成员、社会知名人士落实政策。西安市清退“文化大革命”中被造反派查抄的大量文物字画，为受迫害的80名爱国人士政治上予以平反，给68人补发工资，清退被挤占的160间私房和151件被查抄的财物。西安、汉中、安康、宝鸡、榆林等地对“大跃进”“四清”运动和“文化大革命”中，作为城市闲散人口下放农村安家落户的少数民族人员有步骤有计划地安置返城，解决本人及其家属子女进城后的就业、入学、居住、生活等问题。省委统战部组织清退了查抄物品、宗教房产，补发“文化大革命”期间停付的房租，开放一批寺院教堂，修缮了一些遭到破坏且社会影响大的寺院教堂，恢复全省信教群众的正常宗教生活秩序。

省委逐步对原工商业者的冤假错案进行平反。对“文化大革命”前安排干部岗位和担任领导职务的原工商业者，承认其干部身份。对落实恢复原工商业干部身份问题，凡没有按有关精神执行的，迅速调查了解弄清情况，逐一落实。对已经作了处理但不符合政策规定的，坚决进行纠正。对已经按工人作了退职、退休处理的，对其按原任职务依照干部退职、退休落实政策。在落实恢复原工商业干部身份时，不需要办理转干手续，也不再进行报批。各地、市、县在检查验收落实各项统战政策时，把落实恢复原工商业干部身份作为一项重要工作内容。经过努力，“文化大革命”中被遣送原籍或下放农村劳动的1030名原工商业干部，全部被安排返城并安置工作或办理退职、退休手续。同时宣布原工商业者已经改造成为劳动者，平反工商业者的冤假错案，把1.5万多名小商小贩和手工业者从资产阶级工商业者中区分出来。对个别因情况特殊尚未解决的，转入日常工作，继续设法解决。

根据中央对国民党起义投诚人员落实政策的要求，省委统战部逐步为2422名在历次政治运动中被错判、错划、错处的起义投诚人员全部平反，恢复和提高其政治待遇，推选2名起义投诚人员担任全国政协委员，350人担任省、市、县政协委员，56人担任市、县人大代表，26人担任陕西省政府和市政府参事室参事。

省委认真落实台属、台胞、港澳人士及归侨政策。“文化大革命”开始时省内的台胞有30多户共150多人，受“文化大革命”极左思潮影响，许多台属、台胞以及归侨、侨眷被扣上“美蒋特嫌”“台湾关系”“政治历史不清”“反革命社会基础”等帽子，受到歧视和冲击，甚至遭到迫害。粉碎“四人帮”后，省委全面贯彻落实党对台胞的政策，平反冤假错案并妥善解决台胞子女家属就业问题。经过各方面努力，港澳和台胞政策得到有效落实，一些有影响的人士获得一定政治待遇。其中1人担任全国政协委员，8人担任省、市人大代表、政协委员，5人担任县（区）人大代表、政协委员，5人担任省、市青联、妇联委员。党的各项政策的落实，为全省的社会主义现代化建设积蓄了重要的社会力量和积极因素。

三、工作重点的转移

向科学技术现代化进军

1977年5月30日，中央政治局会议决定召开一次全国科学大会，这一决定极大地鼓舞了广大科技工作者，唤起了全国广大干部群众向科学技术现代化进军的积极性。各省、市、自治区采取各种形式向科技工作者和干部群众传达宣传，省委7月成立全国科学大会陕西筹备工作领导小组并下设办公室，开始各项筹备工作。

6月20日至7月7日，中国科学院召开粉碎“四人帮”后第一次科技工作会议，研究讨论恢复我国科技事业、落实知识分子政策等问题。9月18日，中央正式发出在1978年春天召开全国科学大会的通知，要求各级党委尽快落实党的知识分子政策，整顿领导班子，恢复建立各级科研机构，并根据邓小平建议成立全国科学技术委员会，统一管理科研工作。中央的一系列举措，为全国各级党组织抓紧抓好科技工作指明了方向。

6月23日，省委在西安举行科技工作报告会，号召全省广大科技工作者深入揭批“四人帮”的反革命罪行，努力把科学技术搞上去，为实现四个现代化做出贡献。随后召开大、中、小学教师代表座谈会，要求大家从全局高度认识科技和教育的地位与作用，把整顿科教文化作为重大工作来抓，以迎难而上的精神克服各种困难，恢复和整顿科学、教育及文化领域秩序。会议肯定科学技术是生产力，科技人员是劳动者，强调科研工作必须走在国民经济的前列,要爱护和鼓励有水平的科研人员,积极发挥其作用,尽全力把全省科学技术和教育工作搞上去。

9 月 25 日,省委召开广播动员大会传达《中共中央关于召开全国科学大会的通知》精神,省委主要负责人在动员讲话中指出,中央决定 1978 年春天召开全国科学大会,这是实现毛泽东主席提出的技术革命任务的一个新起点,是科研走在经济建设前面、促进国民经济发展的一个重大步骤。全国科学大会的召开,必将极大地调动科技战线广大干部和科技人员的积极性,推动向科学技术现代化进军的群众运动蓬勃发展,促进我国社会主义科学事业进入一个新的发展阶段。

1978 年 3 月 18 日至 31 日,中共中央在北京召开了全国科学大会,全国各条战线 5586 名代表参加。大会表彰了 826 个全国先进集体、1192 名全国先进科技工作者和 7657 项优秀科研成果的完成单位和个人。华国锋、邓小平等中央领导人出席了大会。在这次会议上,航空航天部 631 研究所工程师周天孝、陕西省地质局地质大队副总工程师刘民孝、西北大学教授张伯声、西安飞机制造公司总工程师顾松善、西北工业大学副校长罗时均、宝鸡石油机械厂总工程师李鹤林、中国农科院陕西分院植物保护研究所研究员路端谊、安康地区农科所农艺师蒲中荣等 34 名陕西代表被授予全国先进科技工作者称号。全国科学大会是我国科技发展史上一次具有里程碑意义的盛会,标志着科技工作迎来了科学的春天。

1978 年 4 月 23 日至 30 日,省委在西安召开全省科学大会,全省各条战线的优秀科学技术工作者、技术革新能手、科学种田模范和科技战线的代表共 1412 人参加。大会传达了全国科学大会精神,学习讨论华国锋、邓小平的重要讲话和方毅的报告。省委书记于明涛向大会作报告,总结新中国成立以来陕西省科技工作的成就,提出今后八年陕西科学技术发展任务。李瑞山在大会讲话中指出,新中国成立 28 年来,在“一穷二白”的基础上,全省的科学技术事业取得巨大发展,现有专业科研机构 302 个,专业科研人员 2.2 万余人,取得科研成果 3000 多项,其中 170 多项达到国际先进水平。会议讨论通过的《全省科学技术八年发展规划(草案)》提出:除完成全国规划明确陕西承担的任务外,根据全省国民经济发展规划要求，要扎扎实实地为打好农业这个基础提供系列科研成果支持，大力开展原材料工业的科学研究，着重解决钢铁、石油化工两个方面的技术问题，以发展大规模集成电路和电子计算机为重点加强现代化技术的研究与应用，努力发展国防科学技术，到 1985 年研究人员人数翻一番，基本形成具有陕西特色、学科配套、设备仪器基本齐全、实行科学管理的科学技术体系。大会还表彰奖励了全省 107 个先进集体、505 名先进科技工作者和 1151 项重大科技成果。

全省科学大会后，省委加强了科技工作领导，确定一名省委常委分管科技工作，成立电子工业领导小组，组织全省军民力量开展大规模集成电路项目攻关。成立各级科委（局），服务和保障科学技术事业、整顿科研机构领导班子，制定规章制度加强日常管理；落实知识分子政策，恢复技术职称，保证科研时间充裕；给一些老科学家配备必要的助手，给科技人员进行健康检查，加强项目规划，落实单位、人员、经费和物资；加强科技单位后勤保障，努力解决科技人员两地分居、住房等实际问题，消除他们的后顾之忧。

4 月 30 日，省委发出《关于恢复和成立一些文艺、科技团体和陕西省科学院的通知》，决定恢复成立陕西省科学技术协会和陕西省科学院，由省科委负责筹备工作。省科学院和科技团体的恢复和成立，是从组织上对科学技术领域拨乱反正的重要步骤，为全省科学技术发展提供了组织保证。为了集中力量发展农业科研，6 月省委批转省科委、省农办请示报告，同意成立武功农业科学研究中心，要求将其尽快建成全省农业科学技术四级农科网的中心，为广大农业科技者、农业科学技术现代化提供服务。

这一时期，陕西社会科学领域的拨乱反正工作也在逐步展开。1978 年 9 月 8 日，省委下发《关于恢复陕西省社会科学研究所的批复》和《关于恢复和成立省哲学学会等四个学会的批复》，同意在陕西省理论研究室基础上恢复陕西省社会科学研究所，同意恢复西安哲学学会（后改名为陕西省哲学学会），成立陕西省经济学会、陕西省历史学会、陕西省语言学会。10 月 20 日，省委批复省文化局请示报告，同意成立陕西省雕塑工作室，归省文化局领导。全省自然科学和社会科学机构的恢复与健全，表明陕西科学技术的春天已经来临。

实现伟大历史转折

开展揭批“四人帮”运动，党中央提出了以“揭批‘四人帮’为纲”的要求，但随着揭批运动的深入和拨乱反正的深化，在实际工作中各条战线已逐步突破了这个限制，把现代化建设推到更为重要的地位。1977年8月召开的党的十一大进一步提出，要把整个国民经济纳入有计划、按比例、高速度发展的轨道。1978年2月26日至3月5日召开的五届全国人大正式批准了《发展国民经济十年规划纲要》，《纲要》被称为是“显著改变我国经济面貌的规划”，是“高速度发展国民经济的规划”。显然，粉碎“四人帮”后，党和国家发展国民经济突出了高速度，突出了四个现代化建设。

按照党和国家发展国民经济的规划，省委开始部署全省经济建设，要求树立“以农业为基础、工业为主导”的战略思想，加快农业发展速度。1978年初，省委召开加快发展农业生产会议，讨论贯彻中央关于“抓纲治国”的战略决策以及加快农业发展的若干部署。会议分析了全省农业发展速度缓慢的现状，指出粮食增长速度尤其缓慢，既低于全国平均水平，又低于人口增长速度。农业上不去，对人民生活、工业发展和三线建设都有很大影响。为改变这种缓慢发展状态，会议提出“抓关键、抓关中地区、抓解决关中水利问题”，决定集中力量解决渭北高原干旱问题，实施“引泾灌溉”工程，解决泾河两岸大面积旱原的灌溉问题；充分利用黄河水源加快建设东雷抽黄一期工程，解决西安以东、渭河以北300多万亩旱原的灌溉问题。提出正在建设的宝鸡冯家山水库对改变宝鸡旱原地区生产条件具有重要作用，关中地区各个社队通过打深井和大口井，也可解决上百万亩灌溉问题。陕北高原十年九旱，要通过搞农田基本建设认真解决保水、保肥、保土问题。陕南在现有的水利设施基础上，修建一批中小水电站，做到粮食自给，大力发展多种经营。会议还提出，要大力发展地方支农工业，尽快建设地方支农工业体系；大力推广农业先进技术，实行科学种田。请求中央派出工作组帮助西北和陕西做好今后三年和八年的发展规划，期望国家计委、财政部、农林部等部门在支农物资分配、税收政策以及财政制度上给予照顾，帮助西北地区尽快发展起来。

1978 年 1 月 16 日，省委作出普及大寨县、高速度发展农业的决定。3 月 15 日至 19 日省革委会召开第二次全体扩大会议，进一步提出加速发展国民经济，实现工农业生产大跃进，要求各级党委认真贯彻省委《关于普及大寨县、高速度发展农业的决定》《一九七八年普及大寨县、高速度发展农业生产的计划》，完成当年粮食总产量 170 亿斤至 180 亿斤、棉花总产 260 万担以及多种经营等各项生产任务。要抓好两头，既抓好关中商品粮、棉基地建设，又抓好陕北、陕南低产地区和老革命根据地 35 个县的建设，认真落实党在农村现阶段的各项政策，充分调动广大农民群众的生产积极性。

为了高速度发展农业，调动农民群众生产积极性，省委积极落实中央关于农村的经济政策。5 月 20 日，省委下发《关于目前农村经济政策中若干问题的规定（试行草案）》强调，落实党的各项经济政策对调动广大干部群众的积极性，高速度发展农业，实现农业现代化关系极大。要求各级党委有计划、有领导地进行一次农村经济政策大清理、社队经营管理大整顿。7 月 11 日，省委召开电话会议，动员各级党委认真学习中央转发的关于减轻农民负担文件，检查本地区本部门存在的类似问题，研究解决办法，切实减轻农民不合理负担。8 月 8 日晚，国家计委、财政部有关同志同陕西省委主要领导就陕西农业问题座谈，针对陕西省委提出的发展农业需要解决的水利、化肥、粮食征购任务、财政收支等问题，商量提出处理意见并上报中央审批。8 月 20 日，省委召开常委扩大会议，分析陕西农业落后全国平均水平的状况及主要原因后指出，农村政策落实不好是主要问题之一，当前主要是把农业发展上去，并提出了今后三年发展农业和全省经济的目标及措施。

10 月 7 日，省委批准并转发省农办党的核心小组《关于当前几个急待解决的农村经济政策问题的请求报告》，明确粮食起购点全省 300 斤、主产稻谷地区 400 斤为宜，自留地一般应由社员自主经营，允许并鼓励社员按政策规定搞家庭副业，社员购置的架子车全部归己所有，国家指导下的农村粮食市场应当开放。11 月 15 日，省委发出《关于认真解决当前农村经济政策中几个突出问题的指示》,针对在落实农村经济政策方面所存在的一些急迫的问题,提出了十项具体政策。一是集体所有,队为基础,目前在全省大部分地区是基本适用的;二是坚决贯彻按劳分配原则,认真执行定额管理、评工记分制度;三是粮食分配坚决贯彻国家、集体和社员个人“三兼顾”原则,社员分配口粮在起购点 300 斤以下的队,不用上交征购粮,而改交代金,因灾减产交不起代金的,经过批准免交;四是大力发展畜牧业;五是植树造林实行国造国有、社造社有、队造队有,社员在房前屋后自种自有的政策;六是自留地由社员自己耕种,没收地退还社员;七是社员家庭副业,只要不投机倒把和弃农经商,应当允许和鼓励;八是社员购买的架子车永远归社员所有;九是开放国家指导下的农村粮食市场,禁止粮食熟食和副食品上市;十是尊重人民公社社员当家作主的权利,尊重生产队的自主权。这些政策的出台,增强了各级领导干部对以农业为基础的思想意识、政策意识和全心全意为农民服务的意识,改善了干部作风和党群关系,调动了农民加快发展农业的积极性。

在工业生产方面,省委延续 1977 年高速度、“全面跃进”的指导思想,实施“以钢为纲”,围绕农业发展工业的思路研究安排工作。1978 年 2 月,中央召开西北问题座谈会,提出新中国成立以来,陕、甘、宁、青四省区的国民经济有了很大发展,人民生活逐步改善,但农业仍然落后,特别是在地广人稀的现实条件下,必须有强大的工业作主导,充分发挥工业支援农业的作用,加速农业机械化步伐。经过讨论,会议对四省区的工业发展提出加速钢铁工业发展、提高农业机械和化肥工业生产能力、发展煤炭石油电力铁路运输、提高轻纺工业和纺织工业的自给水平、安排好内迁工厂职工生活、加强边防地区的公路和通讯建设等意见,并于 2 月 15 日通过《西北问题座谈会关于加快发展工业问题的纪要》。陕西省在会上提出今后三年工业发展的设想和要求,决定追加投资,扩大和提高化肥、农机、钢铁、电力、煤炭、铁路、小水电、轻纺等工业生产的规模和能力,加强商业部门油库建设和山区道路建设,形成稳固的农业基础,到 1980 年在陕西建成初具规模的支农工业体系,基本实现农业机械化,实现主要农产品高产稳产的目标。

1978年12月18日到22日，党的十一届三中全会在北京召开。这次全会高度评价了实践是检验真理的唯一标准问题的讨论，从根本上打破了“两个凡是”的束缚，结束了粉碎“四人帮”之后两年中党的工作在徘徊中前进的局面。全会充分肯定了必须完整、准确地掌握毛泽东思想的科学体系，确定了解放思想、开动脑筋、实事求是、团结一致向前看的指导方针，果断停止使用“以阶级斗争为纲”的口号，作出了把党和国家工作中心转移到经济建设上来实行改革开放的历史性决策，实现了新中国成立以来党的历史的伟大转折，我国改革开放由此揭开序幕，中国共产党人和中国人民踏上建设中国特色社会主义新的伟大征程。

在这次会议前后半个月的时间内，陕西省领导班子发生了变化。12月10日中央决定，任命王任重为陕西省委第一书记、省革委主任，免去李瑞山陕西省委第一书记、省革委会主任职务，另行安排工作。12月25日，中央又决定马文瑞任陕西省委第一书记，于明涛任省革委会主任，王任重调任国务院副总理。

12月23日至31日，省委在西安举行常委扩大会议，国务院副总理王任重，省委书记于明涛、李尔重、姜一、章泽、胡炳云、王林、严克伦、陈元方，省委常委、省革委会副主任，各地市委负责人，省委、省革委会各部委办局负责人，大专院校和部分厂矿企事业党委负责人，省军区、军分区和驻陕部队师级以上单位党委负责人，共280多人参加。会议传达了中央工作会议及党的十一届三中全会精神，学习讨论全会公报，要求各级党委要抓好三项工作。一要广泛宣传学习全会公报精神，提高干部群众觉悟，统一思想认识，促进各项工作开展。二要继续抓紧揭批运动，做到善始善终，进一步发展安定团结的大好形势，为加速实现四个现代化创造条件。三要抓好工农业生产，尽快改变落后面貌。

1979年1月8日至21日，省委召开省、地、县三级干部会议，750多人参加。会议传达了党的十一届三中全会精神，重点讨论了全省工作重点转移问题。会议认为，陕西揭批“四人帮”的群众运动已经取得决定性胜利，同“四人帮”有牵连的人和事已基本查清，大的路线是非已基本澄清，各级领导班子初步得到调整，安定团结的局面已经形成，实现工作重点转移的条件已经具备，陕西的工作重点要迅速转移到社会主义现代化建设上来。

省委常委扩大会议和省、地、县三级干部会议的召开，是省委贯彻落实党的十一届三中全会精神的重大举措，会议澄清了思想上路线上的是非，解决了全省历史遗留问题，进一步调动了干部群众建设社会主义的积极性。在省委的坚强领导下，全省各级党组织解放思想、实事求是，团结带领广大干部群众，以经济建设为中心，加快工农业生产，积极探索改革开放道路，为建设社会主义现代化强省而努力奋斗。

从此，陕西进入了改革开放和社会主义现代化建设新时期。

结　束　语

1949年中华人民共和国成立，中国历史开启了新纪元，陕西也进入社会主义革命和建设的历史时期。

新中国成立伊始，陕西各级党组织认真学习宣传贯彻毛泽东“复电”精神，结合实际贯彻落实党中央及西北局的决策部署，团结带领全省干部群众开展了一系列深刻的政治、经济、文化和社会变革，初步建立了社会主义基本制度。中国百余年来落后挨打的惨痛历史、一穷二白的严酷现实、“被开除球籍”的紧迫危机、第三次世界大战的阴云笼罩以及强烈的民族自尊心和自信心，促使党和人民急于尽快改变贫穷落后面貌、尽快建立和巩固社会主义制度。依靠党的坚强领导、依靠社会主义制度的优越性和我们党局部执政的实践经验，陕西社会主义建设在曲折探索中不断前进，取得了一系列巨大成就，鼓舞了干部群众建设社会主义的热情，也萌发和滋生了忽视客观经济规律、片面夸大主观能动作用等情绪和思想。加之，国内外形势复杂剧变、以阶级斗争理论为核心的“左”倾思潮不断发展，陕西社会主义建设事业遭受严重挫折。勇于自我革命是我们党最鲜明的品格。1976年10月党中央一举粉碎“四人帮”，1978年12月召开了具有历史转折意义的党的十一届三中全会。陕西各级党组织认真学习领会、坚决贯彻落实，逐步开启了改革开放和社会主义现代化建设新时期。

1949年到1978年的29年，是省委带领各级党组织学习贯彻党中央决策部署、西北局安排要求和完成国家使命的29年，是自力更生、发愤图强探索符合省情特点的社会主义革命和建设路子的29年，是陕西经济社会发生天翻地覆变化、人民群众当家作主和创造幸福生活的29

年,更是社会主义革命和建设取得显著成就的29年。

第一,社会主义基本制度在陕西落地生根,激发了人民群众空前的社会主义建设热情。新中国成立后,全省各地先后建立各级党组织和人民政权,带领人民群众以当家作主的豪迈和自信推动了一系列深刻的经济社会变革,以"一化三改"顺利完成为标志,社会主义基本制度在全省建立并初步显示出优越性。千百年来受奴役受压迫的劳苦大众翻身做主人,积极主动性不断迸发、精神面貌焕然一新,通过人民代表大会和政治协商会议等形式踊跃参政议政、积极建言献策,为全省大规模经济社会建设提供了根本制度前提和坚实群众基础。

第二,全省经济发展成就显著,古老的三秦大地旧貌换新颜。洛惠渠、红石峡水库、冯家山水库等一系列农田水利灌溉工程先后建设,西北农业机械厂、宝鸡氮肥厂、兴平化肥厂等一批批农机、化肥项目陆续建成,"碧蚂"系列小麦良种、"五一七"棉花良种、"马牙""金皇后"玉米良种等一项项农业科技成果的推广应用,全省人民千百年来靠天吃饭的状况根本改变。以24项国家重点建设项目落户陕西为开端,以三线建设为历史性机遇,一大批纺织、电力、煤炭、冶金、石化、军工大中型企业陆续建成,一批航天、航空等领域的高端工业项目相继建设落成,以水陆空交通干线和电力设施为代表的基础设施初步完善,全省工业体系初具规模并不断完善提升,陕西逐步成为国家重要的工业基地,三秦大地到处焕发出勃勃生机。

第三,富有地方特色的文化事业繁荣发展,陕西文化品牌的影响力与日俱增。蓝田猿人遗址、西安半坡遗址、宝鸡周原遗址、秦兵马俑等重大考古发现不断突破,黄帝陵、西安明城墙等古迹古建筑的保护修复,丰富了中华文明的内涵,为中华文化注入新的活力。延安革命纪念馆的建立和革命旧址的修复保护,为深化爱国主义教育和革命传统教育提供了新的载体。秦腔、陕北剪纸、户县农民画、皮影等地方艺术百花齐放,柳青、杜鹏程、马健翎、赵望云、石鲁等创作的文艺作品影响扩大,鼓舞了一代代中国人在艰难困苦条件下奋勇前进,形成了陕西文化的独特品牌。

第四,全省各项民生事业取得明显进步,人民生活水平不断提高。人民群众平均受教育程度逐年提高,西安成为仅次于北京、上海的全国高等教育中心。我国第一架军用大型运输机、第一颗人造地球卫星、第一次精准测量珠穆朗玛峰高度等开创性科研成果凝聚了陕西科技工作者的心血。西北农学院培育的小麦良种“碧蚂1号”在黄河流域大范围推广,为解决人民群众吃饭问题发挥了积极作用。全省人均国民收入从1949年的59元增加到1978年的259元,全省医疗卫生机构由新中国成立初期的149个增加到1978年的5598个,人口平均寿命从1949年的40岁大幅提升到1978年的65.6岁,各类体育设施先后建成,丰富多彩的体育赛事频繁举办,人民群众的物质文化生活得到较大改善,三秦儿女的飒爽英姿和昂扬风貌充分展现。

第五,全省生态建设初见成效,奠定了美丽陕西建设的坚实基础。榆林毛乌素沙漠治理扭转了陕北“沙进人退”的被动局面,米脂县高西沟水土流失综合治理探索出了一条农林牧全面发展的路子。以共青团中央在延安召开五省(区)青年造林大会为契机,全省拉开了绿化黄土高原的序幕。陕南山区因地制宜改造自然、依托当地自然条件发展特色经济,商洛山区“每户种一升核桃”的做法受到毛泽东充分肯定,也初步体现了人与自然和谐共生的发展理念,为建设美丽陕西积累了宝贵经验。

第六,全省各级党组织发展壮大,领导社会主义建设的本领不断增强。新中国成立后,全省党的组织和党员队伍逐步发展壮大,在建设社会主义的过程中积累了宝贵实践经验。“踢开党委闹革命”使党的组织遭受严重破坏,党的领导被严重削弱,各项事业蒙受极大损害。粉碎“四人帮”后,在党中央的正确领导和亲切关怀下,省委勇于正视和努力纠正党员干部队伍中存在的突出问题,全面总结正反两方面经验教训,努力自我革命,积极自我完善,全省各级党组织作用逐步得到发挥,各项工作逐步走向正轨,开创了社会主义现代化建设事业的新局面。

陕西29年的沧桑巨变是全国社会主义革命和建设成就的生动缩影,是省委带领全省干部群众继承和弘扬延安精神的生动实践。29年的风雨与彩虹,29年的奋斗与艰辛,有进步、成绩和骄傲,也有挫折、曲折和不平坦。由于国内外风云变化、社会主义建设起步推进、领导社会主义建设的经验不多、把中央决策部署与陕西实际结合起来创造性开展工作的能力不高等原因,没有取得本应取得的更多更大成就。世界上没有一帆风顺的事业,在中国这样的社会历史条件下、在陕西这样的西部落后省份开创前所未有的事业,犹如攀登一座人迹未至的高山,前辈攀登者一路披荆斩棘开通了前进道路、奠定了政治和制度基础,既标注了时代精神、留下了宝贵经验,又提供了历史借鉴、留下了深刻启示。

第一,坚持党的集中统一领导是做好各项工作的根本政治前提。中国特色社会主义制度的本质特征和最大优势是中国共产党的领导。新中国成立初期,在党中央的正确领导和西北局的具体领导下,省委紧紧依靠人民群众,充分发挥集中力量办大事的制度优势,在较短时间内超额完成了我省第一个五年计划,推动了三秦大地发生了巨大变化。20世纪60年代,刘少奇、朱德、邓小平等中央领导人数次视察陕西、指导工作,帮助纠正“左”倾错误。中央三线建设重大决策部署的落实,一大批工矿企业和科研院所迁入陕西,重塑了全省经济社会发展格局,奠定了今日之陕西的定位和基础。“文化大革命”时期,周恩来、李先念等中央领导人亲自听取陕西工作汇报,推动及时印发“七二四”布告,帮助和支持陕西及时纠正错误、稳控全省局面。回顾历史,陕西每一次重大成就的取得都离不开党中央的领导和帮助,每一次从错误的航道中驶离出来都离不开党中央的指导和关怀。我们应该始终清晰和牢记国之大者,自觉维护党中央权威和集中统一领导,集中全省干部群众的智慧和力量,认真落实中央各项决策部署,努力办好陕西的事情。

第二,坚持以经济建设为中心是解决所有问题的着力点。满足人民日益增长的物质文化需要,根本途径是大力发展社会生产力,开展大规模经济建设。新中国成立后的十余年时间,全省各级党组织贯彻中央决策部署,紧密结合陕西实际发展生产、开展建设,各项事业取得重大成就,人民群众生产和生活有了明显改变。但随着“左”倾错误思想的发酵与蔓延,特别是在“文化大革命”内乱中“以阶级斗争为纲”的推行,全省工作偏离了正确航道,出现了秩序动荡混乱、经济停滞不前、社会发展缓慢,1968年工农业生产水平甚至倒退到1964年的水平,群众生活质量不升反降。历史昭示我们,只有准确分析陕西发展的历史方位坐标,深刻理解和准确把握社会主要矛盾,始终坚持以人民为中心的发展思想系统研究谋划,以勇立潮头、真抓实干的精神推动落实,全省发展的物质基础才会更加坚实,发展的力量源泉才会更加旺盛。作为西部内陆省份和经济欠发达地区,主动适应世情国情省情变化,立足比较优势、完善发展思路、丰富工作部署,着力解决经济结构不合理问题,着力解决发展不平衡不充分问题,大力提升发展质量和效益,才能更好满足全省人民对美好生活的向往。

第三,坚持一切从实际出发是做好一切工作的根本点。坚持一切从实际出发,把中央的大政方针与陕西的实际紧密结合,因地制宜制定政策,精准高效推动落实,是做好各项工作的关键。脱离陕西发展实际,违背客观发展规律,都会严重损害陕西事业发展和人民群众福祉,也会损害党和政府的形象。在第一个五年计划时期,坚持了实事求是的原则,制定了切实可行的政策措施,经济社会发展取得显著成就。1958 年开始的“大跃进”和农村人民公社化运动严重超越实际,造成“二五”计划实施和经济社会发展严重受挫,工农业生产受到重创,群众生活受到严重影响。在“文化大革命”期间,由于缺乏调查研究、违背实事求是,盲目跟进“以阶级斗争为纲”的“左”倾错误,全省经济社会发展严重倒退。在党中央关怀和周恩来指导下制定的《陕西省委汇报会传达提纲》《陕西汇报会议纪要》,稳定了局势、促进了发展。实践告诉我们,必须始终牢记陕西的现状是什么、任务是什么,明确中央在关注什么、强调什么,顺应时代潮流,清晰指向要求,结合实际创造性贯彻中央决策部署。唯有如此,才能紧紧抓住和充分用好机遇,科学谋划和有效推动发展,才能谱写出新时代陕西追赶超越的精彩新篇章。

第四,坚持社会主义法治建设是推动各项事业顺利前进的重要保障。在中国开展社会主义革命和建设是前无古人的开创性事业,安定、有序、和谐的社会环境是基本条件和重要保证。新中国成立后,随着国内国际形势急剧复杂深刻变化,随着“左”倾错误逐渐占据主导地位,我国法治建设遭到巨大破坏。在“彻底砸烂公检法”口号下,全省司法体制逐步崩塌,保驾护航力量元气大伤,乱揪乱批私斗成风,“夺权”“抄家”“隔离审查”司空见惯,法律、法规和制度规定形同虚设,发生了较多的大规模武斗事件,社会正常秩序荡然无存,人们的思想观念变异、行为规范走形，社会主义建设失去了稳定有序的环境。在建设中国特色社会主义事业的伟大征途中，我们面临着许多繁重艰巨的任务，也会遇到许多前所未有的挑战，必须科学立法、严格执法、公正司法、全民守法，协调推进法治政府、法治社会建设，使法治成为发展社会主义市场经济、完善社会主义民主政治、促进社会公平正义、维护社会和谐稳定的重要基石。

第五，大力发展教育科学文化事业是推动陕西追赶超越的强大支撑。新中国成立后，党和人民政府与时俱进、革故鼎新，大力发展教育科学文化事业，扫除了愚昧落后观念和封建糟粕文化，广大人民群众逐渐接受了科学进步的世界观、人生观、价值观。在反右派斗争扩大化、“文化大革命”等特殊时期，各类学校和科研机构无法正常工作，社会失序、风气不佳，主流价值导向偏移，劳动者综合素质令人担忧，全省教育科学文化事业发展严重迟滞。纵向比较 29 年，陕西经济社会发展取得了不少成就，可以说前无古人；横向比较 29 年，与许多省市区还有不小差距，可以说标兵众多。倍加珍惜科教文化优势，利用好滋养好科教资源，有效增强全省科教文化实力，才能不断释放和溢出其独特效应，陕西发展才会有更加有力的支撑。历史告诉我们，加快教育科学文化建设是改变欠发达面貌和谱写追赶超越新篇章的治本之策，必须持续解放思想、不断更新观念，培育、保护和鼓励干部群众的创新创业创造精神，把要素驱动为主变为创新驱动为主，围绕产业链部署创新链、围绕创新链布局产业链，促进全省科技、金融、产业、人才有机结合，全省在创新驱动发展方面才能迈出更大步伐。

第六，不断加强和改进党的建设是各项事业健康前进的坚强保证。推动陕西经济社会高质量发展，关键在全省各级党组织，要害在各级党员领导干部。回顾 29 年的历史，每当各级党的组织机构健全、党组织战斗堡垒作用和党员先锋模范作用发挥充分之时，经济社会发展就能取得较大成绩。反之，发展就会陷于停滞乃至倒退，“文化大革命”中“踢开党委闹革命”给我们上了深刻惨痛的一课。在建设中国特色社会主义事业、实现中华民族伟大复兴的征途中，在改变陕西欠发达省情、实现追赶超越中，要解决经济结构不优、民营经济发展滞后、区域发展不平衡、群众收入水平不高等突出问题。消除党员干部精神懈怠、能力不足、脱离群众、消极腐败的危险，必须始终坚持马克思主义的指导地位，科学对待马克思主义，认真落实全面从严治党的要求，以加强党的长期执政能力建设、先进性和纯洁性建设为主线，以政治建设为统领，以坚定理想信念宗旨为根基，以调动党员的积极性、主动性、创造性为着力点，持续不断用延安精神滋养初心、淬炼灵魂，全面推进党的政治建设、思想建设、组织建设、作风建设、纪律建设，把制度建设贯穿其中，深入推进反腐败斗争，不断把党的建设制度优势转化为推动经济社会发展的治理效能。

历史是人民创造的，也是人民书写的。以张明亮互助组、补浪河女子民兵治沙连、国测一大队等为代表的先进群体团结协作、忠诚奉献、扎根基层、敢打硬仗。以蒲忠智、赵占魁、杨育才、罗健夫为代表的优秀共产党员牢记初心使命、忠诚担当、不怕困难、勇于牺牲，全心全意为人民服务。以张秋香、徐永基、赵洪璋等为代表的广大劳动者爱岗敬业、默默奉献、实事求是、创造性开展工作。以学习贯彻毛泽东“复电”为主线继承和弘扬延安精神的生动实践，以交通大学师生为代表创造的“胸怀大局、无私奉献、弘扬传统、艰苦创业”的西迁精神，以及“高标准、严要求、行动快、工作实、抢困难、送方便”的梦桃精神，既是29年陕西经济社会发展的精神财富，更是激励和鼓舞全省人民奋勇前进的精神动力。

29年岁月沧桑，29年风云变幻，古老的三秦大地经历了脱胎换骨的深刻变革，陕西已经站在了全新的历史起点上，陕西人民以崭新的姿态踏上了改革开放和社会主义现代化建设的新征程！

后　记

《中国共产党陕西历史》第二卷（1949—1978）（以下简称《陕西二卷》）反映的是1949年10月中华人民共和国成立到1978年12月党的十一届三中全会召开29年间中国共产党领导陕西人民开展社会主义革命和建设的奋斗历程以及党的自身建设的历史。

在《陕西二卷》组织编撰中，我们坚持以马克思列宁主义、毛泽东思想、邓小平理论、“三个代表”重要思想、科学发展观、习近平新时代中国特色社会主义思想为指导，认真学习党的十八大以来习近平总书记关于党的历史和党史及文献工作的重要论述，全面贯彻中共中央《关于若干历史问题的决议》《关于建国以来党的若干历史问题的决议》《关于党的百年奋斗重大成就和历史经验的决议》及党的二十大精神，紧扣以史鉴今、资政育人，努力做到党史姓党为党、育党护党。我们认真学习《中国共产党历史》第二卷（1949—1978）、《中国共产党的一百年》，积极借鉴多年来哲学社会科学界特别是党史界的研究成果，坚持以历史史实为基础、以历史发展的大事要事为节点，立足地方党史的职责定位，着眼时经事纬、史论结合，突出反映中国共产党领导陕西人民在社会主义革命和建设时期的主题和主线、主流和本质，实事求是地总结历史经验教训，努力揭示地方党组织领导社会主义革命和建设的客观规律，为陕西在新时代新征程上谱写追赶超越新篇章提供历史借鉴和启示。

《陕西二卷》是在中共陕西省委的领导下组织编撰的，历任省委领导高度重视并给予精心指导，中共中央党史和文献研究院始终支持并倾心帮助，省委党史研究室历届室委会反复研究并扎实推动，省委党史研究室干部职工付出了心血和汗水，全省党史工作者贡献了力量和智慧。

20 世纪 90 年代中后期，省委党史研究室完成新民主主义革命时期党史资料征编任务后，室委会组织实施了《陕西二卷》专题研究工作，先后组织编撰出版了 30 多部相关研究著作、专题资料和人物传记。2014 年初经省委批准，成立《陕西二卷》编委会，省委党史研究室主任安庆学任编委会主任，省委党史研究室副主任余少松任编委会办公室主任，先后制订编撰工作方案、编撰大纲和专题资料征编工作方案。6 月召开《陕西二卷》专题资料征编工作会议，省委分管党史工作的领导出席并讲话，编撰工作正式启动。之后，省委党史研究室向 41 个省级部门征集 93 个专题资料，同时，向原中央党史研究室呈报《陕西二卷》编撰大纲，第二研究部张化、黄一兵、傅颐、沈传宝等审核修定。随后，由中共西安市委党史研究室原副巡视员刘德海、中共陕西省委党校退休教师刘苗芳副教授与省委党史研究室研究二处全体人员组成编写组，开始集中查档、搜集资料试编试写，2016 年 12 月形成初稿。

2017 年 4 月，省委副秘书长、省委党史研究室主任高新民主持召开室委扩大会，梳理工作进展和运行机制，交流全国相应工作理念、思路和做法，形成了完善提纲、补齐手续，动态送审、调整计划，倒排时间、内外结合，集聚力量、协调推进的工作思路，明确了列出专题研讨、定期总结研究、充分学习借鉴、汇集全省力量的工作机制。随后，省委党史研究室副主任梁月兰主持召开有关厅局资料编撰工作会议，组织征集相关图片资料，听取（以姓氏笔画为序）王寿森、安启元、李焕政、杨永茂、张勃兴、陈再生、范肖梅、徐山林、崔林涛、董雷、程安东、蔡竹林等省级老领导和（以姓氏笔画为序）毕远佞、任晓伟、刘西建、辛拴明、宋新勇、罗凤琳、姚文琦、袁武振、贾自新、傅颐、熊美杰等党史界同志的意见建议，9 月形成修改稿并送原中央党史研究室审读。

2018 年 7 月，《陕西二卷》征求意见稿分送 58 个省级部门党委（党组）、12 个市级党史部门和有关专家学者审读，分系统分部门召开征求意见座谈会。10 月至 12 月，高新民、梁月兰分别主持会议分编章研究讨论修改。2019 年 3 月，形成修改稿并召开审稿座谈会。6 月至 12 月，高新民逐编逐章全面修改，并先后4次主持召开全室专题座谈会。12月10日，省委常委、省委秘书长卢建军在省委党史研究室调研时提出明确要求。2020年4月至9月，省委党史研究室组织召开《陕西二卷》送审稿审稿工作会议，室领导班子成员和各处室主要负责人三次认真审改提出修改意见，高新民分编章4次主持召开专题推进会，两轮系统审读书稿，提出具体修改意见。10月，《陕西二卷》由省委同意公开出版，并报中央党史和文献研究院审定。12月，《陕西二卷》正式出版发行。

《陕西二卷》参照《中国共产党历史》第二卷（1949—1978）共设4编19章。各编章撰稿人如下：孙应平（第一编第1、4、6章），刘德海（第一编第2、3章），李静（第一编第5章），梁月兰（第二编第7、10、12章），缑昱健（第二编第8章），刘东（第二编第9章，结束语），任晓滢（第二编第11章，后记），刘苗芳（第三编第13、14章），张奇（第三编第15章），柴云（第三编第16、17章），柴云、李海飞（第四编）。中共陕西省委党史研究室各处室为本书的编写、修改做了大量工作。研究二处承担主要编写任务和组织协调工作。参加《陕西二卷》多轮集中讨论修改的有高新民、梁月兰、孙应平、李海飞、柴云、任晓滢、刘东、张奇、缑昱健，张仁浩参加后期协调服务工作。

在《陕西二卷》资料征编和意见征求过程中，省纪委、省委办公厅、省人大办公厅、省政府办公厅、省政协办公厅、省军区政治工作局、省委组织部、省委宣传部、省委统战部、省委军民融合办（省国防科工办）、省委党校、省档案馆、省发改委（省粮食局、省物价局）、省教育厅、省科技厅、省工信厅、省民委（省宗教局）、省公安厅、省民政厅、省司法厅、省财政厅、省住建厅、省交通运输厅、省水利厅、省农业农村厅、省商务厅、省文旅厅、省卫健委、省国资委、省市场监管局、省统计局、省林业局、省外事办、省总工会、团省委、省妇联、省文联等单位提供了热情帮助，省档案馆、省地方志办公室、省图书馆等单位提供了档案、图书和报刊等资料，各市委党史部门提供部分资料和图片，省统计局核实了全书数据。我们也积极吸收了近年来党史专家学者的研究成果，参考了部分老同志撰写的回忆文章。在《陕西二卷》出版之际，对省级有关部门、各市委党史研究室和有关领导、专家、老同志的关心、支持、帮助表示衷心感谢，对中央党史和文献研究院第三研究部副主任傅颐研究员自始至终的指导和帮助表示诚挚谢意。对所有给予本书帮助和支持的单位和个人一并致谢。

由于作者水平所限,书中难免存在一些不当不周之处,期待广大读者对本书提出批评意见,以便再版时修订完善。

中共陕西省委党史研究室

2022年11月

从书后记

历史是最好的教科书。党的十八大以来,以习近平同志为核心的党中央高度重视党史和文献工作。全国党史和文献部门深入贯彻落实习近平总书记关于党史和文献工作的一系列重要论述,扎实开展党史研究和编写工作,推出系列党史编研成果,充分发挥了以史鉴今、资政育人的作用。

为庆祝中国共产党成立100周年,中央党史和文献研究院组织各省(自治区、直辖市)党史和文献部门编写和修订本地区新民主主义革命时期的中国共产党历史基本著作,由中共党史出版社推出《中国共产党历史(地方卷)集成·新民主主义革命时期》(简称"一卷集成"),为开展党史学习教育和"四史"宣传教育提供了重要读本,受到社会各界的好评。

为迎接党的二十大胜利召开,深入贯彻落实中共中央办公厅《关于推动党史学习教育常态化长效化的意见》,"推动正确党史观更深入、更广泛地树立起来,让正史成为全党全社会的共识",中央党史和文献研究院组织《中国共产党历史(地方卷)集成·社会主义革命和建设时期》(简称"二卷集成")编写出版工作,用党的光辉历程和伟大成就鼓舞斗志、明确方向,用党的光荣传统和优良作风坚定信念、凝聚力量,用党的实践创造和历史经验启迪智慧、砥砺品格,为实现中华民族伟大复兴的中国梦提供不竭精神动力。

"二卷集成"编写出版工作,坚持以习近平新时代中国特色社会主义思想和习近平总书记关于党史、文献工作的重要论述为指导,以党的第二个历史决议、第三个历史决议为遵循,注重吸收最新研究成果。中央党史和文献研究院院务会高度重视此项工作，曲青山院长给予大力指导。各地党史和文献部门积极配合，26个省（自治区、直辖市）完成了“二卷集成”的编写出版任务。“二卷集成”的出版，是全国党史和文献部门向党的二十大献上的一份厚礼！

党有所需，史有所为。编写出版中央和地方党史基本著作，是党中央赋予全国党史和文献部门的重要职责。我们将继续做好后续集成丛书的编写出版工作，全面系统讲好党的历史，修好红色家谱，为广大党员干部群众在新时代新征程深入学习党史、从党史中汲取前进的智慧和力量，不断作出新的贡献。

中央党史和文献研究院第七研究部

2022年9月